STEPHEN KING

DER DUNKLE TURM

Die beiden Romane »Schwarz« und
»Drei« in einem Band

WILHELM HEYNE VERLAG

MÜNCHEN

HEYNE ALLGEMEINE REIHE
Nr. 01/8838

2. Auflage

QUELLENVERZEICHNIS

SCHWARZ / The Dark Tower: The Gunslinger
Copyright © 1982 by Stephen King
Aus dem Englischen von Joachim Körber

Copyright © der einzelnen Geschichten:
DER REVOLERMANN / THE GUNSLINGER
Coypright © 1978 by Mercury Press, Inc.,
aus: THE MAGAZINE OF FANTASY AND SCIENCE FICTION,
Oktober 1978.
DAS RASTHAUS / THE WAY STATION
Coypright © 1980 by Mercury Press, Inc.,
aus: THE MAGAZINE OF FANTASY AND SCIENCE FICTION,
April 1980.
DAS ORAKEL UND DIE BERGE /
THE ORACLE AND THE MOUNTAINS
Coypright © 1981 by Mercury Press, Inc.,
aus: THE MAGAZINE OF FANTASY AND SCIENCE FICTION,
Februar 1981.
DIE LANGSAMEN MUTANTEN / THE SLOW MUTANTS
Coypright © 1981 by Mercury Press, Inc.,
aus: THE MAGAZINE OF FANTASY AND SCIENCE FICTION,
Juli 1981.
DER REVOLVERMANN UND DER MANN IN SCHWARZ /
THE GUNSLINGER AND THE DARK MAN
Coypright © 1981 by Mercury Press, Inc.,
aus: THE MAGAZINE OF FANTASY AND SCIENCE FICTION,
November 1981.
DREI / The Dark Tower: The Drawing Of The Three
Copyright © 1987 by Stephen King
Aus dem Englischen von Joachim Körber

Copyright © dieser Ausgabe 1993
by Wilhelm Heyne Verlag GmbH & Co. KG, München
Printed in Germany 1993

Umschlaggestaltung: Atelier Ingrid Schütz, München
Satz: (1656) IBV Satz- und Datentechnik GmbH, Berlin
Druck und Bindung: Elsnerdruck, Berlin

ISBN 3-453-07134-4

Schwarz

Inhalt

Erster Teil
Der Revolvermann

1

Der Mann in Schwarz floh durch die Wüste, und der Revolvermann folgte ihm.

Die Wüste war der Inbegriff aller Wüsten; sie war riesig und schien sich in alle Richtungen Parseks bis zum Himmel zu erstrekken. Weiß, grell, ohne Wasser, konturlos, abgesehen vom schwachen, dunstigen Schimmer der Berge, welche sich am Horizont abzeichneten, und dem Teufelsgras, das süße Träume, Alpträume, Tod brachte. Gelegentlich wies ein Grabsteinzeichen den Weg, denn einstmals war der verwehte Pfad, der sich seinen Weg durch die dicken Salzkrusten bahnte, eine Straße gewesen, auf der Kutschen gefahren waren. Seither hatte die Welt sich weitergedreht. Die Welt war leer geworden.

Der Revolvermann schritt gemächlich dahin, er eilte nicht, er trödelte nicht. Ein Wasserschlauch aus Tierhaut hing wie eine pralle Wurst um seine Leibesmitte. Dieser war fast voll. Er gehörte schon seit vielen Jahren dem Khefan und hatte die fünfte Stufe erreicht. In der siebten oder achten wäre er nicht durstig gewesen; er hätte mit klinischem, unbeteiligtem Interesse verfolgen können, wie sein Körper austrocknete, und er hätte seinen Klüften und dunklen inneren Höhlungen nur dann Wasser zuführen müssen, wenn die Logik ihm sagte, daß es getan werden mußte. Aber er war nicht in der siebten oder achten. Er war in der fünften. Daher war er durstig, obschon er keinen ausgeprägten Drang zu trinken verspürte. Das freute ihn auf eine unbestimmte Weise. Es war romantisch.

Unter dem Wasserschlauch befanden sich seine Pistolen, die seinen Händen makellos angepaßt waren. Die beiden Revolvergurte überkreuzten sich oberhalb seiner Lenden. Die Halfter waren so gut eingeölt, daß nicht einmal diese philisterhafte Sonne sie rissig machen konnte. Die Griffe der Pistolen waren aus gelblichem, fein gemasertem Sandelholz. Die Halfter waren mit Wildlederschnüren festgebunden und schwangen schwer gegen seine Hüften. Die in den Gürtelschlaufen steckenden Messinghülsen der Patronen funkelten und blitzten und heliographierten die Sonne. Das Leder gab leise, knirschende Geräusche von sich.

Die Pistolen selbst erzeugten keinen Laut. Sie hatten Blut vergossen. Es bestand keine Veranlassung, in der Kahlheit der Wüste Geräusche zu machen.

Seine Kleidung hatte die Farblosigkeit von Regen und Staub. Das Hemd war am Hals offen, eine Wildlederkordel baumelte lose in handgestoßenen Löchern. Seine Hosen waren aus genähtem Kattun.

Er erklomm eine sanft ansteigende Düne (wenngleich es hier keinen Sand gab; die Wüste war verkrustet, und selbst die rauhen Winde, die mit Einbruch der Dunkelheit aufkamen, wirbelten lediglich einen unangenehm beißenden, schmirgelnden Staub auf), und er sah die ausgetretenen Reste eines kleinen Lagerfeuers im Windschatten, auf der Seite, die die Sonne zuerst verließ. Winzige Zeichen wie dieses, welches wieder einmal bestätigte, daß der Mann in Schwarz durchaus menschlich war, erfreuten ihn stets. Die Lippen dehnten sich in den gegerbten, schuppenden Überresten seines Gesichts. Er kauerte sich nieder.

Er hatte natürlich Teufelsgras verbrannt. Das war hier draußen das einzige, das *überhaupt* brannte. Es brannte mit einem rußenden, kümmerlichen Licht, und es brannte langsam. Die Grenzbewohner hatten ihm erzählt, daß selbst in den Flammen Teufel wohnten. Sie verbrannten es, sahen aber nicht ins Licht. Sie sagten, die Teufel hypnotisierten, lockten und zogen denjenigen, der hineinsah, schließlich in das Feuer. Und der nächste Mann, der närrisch genug war, in dieses Feuer zu sehen, könnte dann den vorhergehenden darin erblicken.

Das verbrannte Gras war im inzwischen vertrauten ideographischen Muster gekräuselt und zerfiel unter der tastenden Hand des Revolvermannes zu grauer Sinnlosigkeit. In den Überresten befand sich nichts weiter als ein verkohlter Rest Speck, den er nachdenklich aß. So war es immer gewesen. Der Revolvermann folgte dem Mann in Schwarz nun schon seit zwei Monaten durch die Wüste, durch die endlosen, schreiend monotonen fegefeuerähnlichen Einöden, und er hatte noch niemals andere Spuren als die hygienisch sterilen Ideographen der Lagerfeuer des Mannes in Schwarz gefunden. Er hatte keine Dose gefunden, keine Flasche, keinen Wasserschlauch (der Revolvermann selbst hatte vier davon zurückgelassen, die abgestreiften Schlangenhäuten glichen.

Vielleicht sind die Lagerfeuer eine Botschaft, Letter für Letter buchstabiert. *Nimm eine Prise Schnupftabak.* Oder: *Das Ende ist nahe.* Vielleicht auch nur: *Eßt bei Joe's.* Einerlei. Er konnte die Ideographen nicht verstehen, sofern es überhaupt Ideographen waren. Und die Überreste waren so kalt wie all die anderen. Er wußte, er war ihm näher, aber er wußte nicht, woher er das wußte. Auch das war einerlei. Er stand auf und wischte sich die Hände ab.

Keine anderen Spuren; der rasiermesserscharfe Wind hatte selbstverständlich sogar die kargen Anhaltspunkte verweht, welche die verkrustete Wüste bot. Es war ihm nie gelungen, den Kot seines Widersachers zu finden. Nichts. Nur die kalten Lagerfeuer entlang dieser uralten Autobahn und der rastlose Entfernungsmesser in seinem eigenen Kopf.

Er setzte sich und gönnte sich einen kurzen Schluck aus dem Wasserschlauch. Er ließ den Blick über die Wüste schweifen, sah zur Sonne empor, die inzwischen am gegenüberliegenden Himmelsquadranten hinabsank. Er stand auf, nahm die Handschuhe vom Gürtel und fing an, Teufelsgras für sein eigenes Lagerfeuer auszureißen, das er auf die Asche legte, die der Mann in Schwarz zurückgelassen hatte. Er fand die Ironie wie die Romantik seines Durstes auf bittere Weise attraktiv.

Er griff erst dann zu Feuerstein und Stahl, als als letzte Reste des Tages nur die flüchtige Wärme im Boden unter ihm und eine sardonische orangefarbene Linie am monochromen westlichen Horizont bemerkbar waren. Er sah geduldig nach Süden, zu den Bergen, wenngleich er nicht hoffte oder erwartete, die dünne, gerade Rauchsäule eines anderen Lagerfeuers zu sehen, sondern lediglich beobachtete, weil das eben dazugehörte. Nichts zu sehen. Er war nahe, aber nur relativ nahe. Nicht nahe genug, nach Einbruch der Dämmerung Rauch zu sehen.

Er schlug Funken an das trockene, ausgerissene Gras und legte sich gegen den Wind, so daß der Traumrauch in die Wüste hinauswehen konnte. Der Wind wehte konstant, davon abgesehen, daß er hin und wieder einen Sandteufel erzeugte.

Die Sterne über ihm blinkten nicht, auch sie waren konstant. Nach Millionen zählende Sonnen und Welten. Schwindelerregende Konstellationen, kaltes Feuer in sämtlichen Primärfarben. Während er hinaufsah, wechselte der Himmel von Violett zu Ebenholz. Ein Meteor ätzte einen kurzen, spektakulären Bogen hinein und erlosch. Das Feuer warf seltsame Schatten, während das Teufelsgras langsam zu einem neuen Muster niederbrannte – keinem Ideographen, sondern einem geordneten Wirrwarr, das in seiner ureigenen Deutlichkeit vage beängstigend wirkte. Er hatte das Brennmaterial zu einem Muster gelegt, das nicht künstlerisch, sondern nur zweckdienlich war. Es sprach von Schwarz und Weiß. Es sprach von einem Mann, der in seltsamen Hotelzimmern schlechte Bilder geraderücken mochte. Das Feuer brannte mit seiner konstanten, trägen Flamme, und Phantome tanzten in seinem weißglühenden Kern. Der Revolvermann sah es nicht. Er schlief. Die beiden Muster, Kunst und Fertigkeit, verschmolzen miteinander. Der Wind heulte. Hin und wieder brachte ein perverser Windstoß den Rauch dazu, sich zu kräuseln und zu ihm zu wirbeln, gelegentlich berührte ihn ein Ausläufer des Rauchs. Sie erzeugten auf dieselbe Weise Träume, wie ein winziger Fremdkörper eine Perle in einer Auster erzeugen konnte. Gelegentlich stöhnte der Revolvermann mit dem Wind. Das betrachteten die Sterne so gleichgültig, wie sie Kriege, Kreuzigungen und Auferstehungen betrachteten. Auch das hätte ihm gefallen.

2

Er war den letzten Ausläufer des Vorgebirges heruntergekommen und hatte seinen Esel geführt, dessen Augen bereits tot waren und in der Hitze hervorquollen. Vor drei Wochen hatte er die letzte Stadt hinter sich gelassen, und seither hatte er nur den verlassenen Kutschenpfad und hin und wieder eine der Ansiedlungen von Lehmhütten der Grenzbewohner gesehen. Aus den Ansiedlungen waren vereinzelte Hütten geworden, die meistens von Leprakranken oder Wahnsinnigen bewohnt waren. Er stellte fest, daß die Wahnsinnigen die angenehmere Gesellschaft waren. Einer hatte ihm einen Silva-Kompaß aus rostfreiem Edelstahl gegeben und ihn gebeten, ihn Jesus zu bringen. Der Revolvermann hatte ihn ernst entgegengenommen. Wenn er Ihn träfe, würde er Ihm den Kompaß geben. Er rechnete aber nicht damit.

Seit der letzten Hütte waren fünf Tage vergangen, und als er über den letzten erodierten Hügel kam und das vertraute flache Lehmdach sah, hatte er eigentlich schon gar nicht mehr damit gerechnet, noch eine zu sehen.

Der Bewohner, ein überraschend junger Mann mit einem wilden Schopf roten Haares, das ihm fast bis zur Taille reichte, jätete mit emsiger Hingabe ein karges Getreidefeld. Das Maultier gab ein pfeifendes Schnauben von sich, und der Bewohner sah auf, seine strahlendblauen Augen erblickten den Revolvermann binnen eines Augenblicks zielsicher. Er hob beide Hände zu einem höflichen Gruß, dann beugte er sich wieder seinem Getreide zu; er jätete die Reihe direkt neben seiner Hütte mit gekrümmtem Rücken, wobei er ab und zu Teufelsgras oder eine gelegentliche verkümmerte Getreidepflanze über die Schulter warf. Sein Haar flatterte und wehte im Wind, der jetzt direkt aus der Wüste wehte, weil nichts mehr da war, ihn aufzuhalten.

Der Revolvermann kam langsam den Hügel herunter und führte den Esel, auf dessen Rücken die Wasserschläuche platschten. Er blieb am Rand des leblos aussehenden Getreidefeldes stehen, trank einen Schluck aus einem der Schläuche, um die Speichelbildung anzuregen, und spie auf den ausgetrockneten Boden.

»Leben für deine Saat.«

»Leben für deine eigene«, antwortete der Grenzbewohner und richtete sich auf. Sein Rücken knackte hörbar. Er musterte den Revolvermann furchtlos. Das bißchen Gesicht, das zwischen Haar und Bart zu sehen war, schien frei von Fäulnis zu sein, und seine Augen waren zwar ein wenig wild, schienen aber vernünftig zu sein. »Ich habe nichts, außer Getreide und Bohnen«, sagte er. »Getreide ist umsonst, aber für die Bohnen wirst du was ausspucken müssen. Ein Mann bringt sie ab und zu vorbei. Er bleibt nicht lange.« Der Grenzbewohner lachte kurz. »Er hat Angst vor Gespenstern.«

»Ich nehme an, er hält dich für eines.«

»Das nehme ich auch an.«

Sie sahen einander einen Augenblick schweigend an.

Der Grenzbewohner streckte die Hand aus. »Mein Name ist Brown.«

Der Revolvermann schüttelte die Hand. Als er das tat, krächzte auf dem flachen Giebel des Lehmdachs ein dürrer Rabe. Der Grenzbewohner deutete mit einer knappen Geste auf ihn.

»Das ist Zoltan.«

Als er seinen Namen hörte, krächzte der Rabe erneut und flog zu Brown herüber. Er landete auf dem Kopf des Grenzbewohners und nistete sich mit fest in dem Haarschopf verkrallten Klauen dort ein.

»Scheiß auf dich«, krächzte Zoltan fröhlich. »Scheiß auf dich und das Pferd, auf dem du geritten bist.«

Der Revolvermann nickte liebenswürdig.

»Bohnen, Bohnen, das musikalische Gemüse«, rezitierte der Rabe inspiriert. »Je mehr du frißt, desto mehr du furzt.«

»Bringst du ihm das bei?«

»Ich schätze, mehr will er nicht lernen«, sagte Brown. »Ich habe einmal versucht, ihm das Vaterunser beizubringen.« Sein Blick wanderte einen Moment über die Hütte hinaus zu der verkrusteten, konturlosen Wüste. »Dies ist wohl nicht das Land für das Vaterunser. Du bist ein Revolvermann. Stimmt das?«

»Ja.« Er beugte sich hinab und nahm seine Rauchutensilien heraus. Zoltan stieß sich von Browns Kopf ab und landete flügelschlagend auf der Schulter des Revolvermannes.

»Schätze, du bist hinter dem anderen her.«

»Ja.« Sein Mund formte die unausweichliche Frage: »Wie lange ist es her, seit er vorbeigekommen ist?«

Brown zuckte die Achseln. »Ich weiß nicht. Ist 'ne komische Sache mit der Zeit hier draußen. Mehr als zwei Wochen. Weniger als zwei Monate. Der Bohnenmann war zweimal hier, seit er vorbeigekommen ist. Ich würde sagen, sechs Wochen. Aber das stimmt wahrscheinlich nicht.«

»Je mehr du ißt, desto mehr du furzt«, sagte Zoltan.

»Hat er Rast gemacht?« fragte der Revolvermann.

Brown nickte. »Er blieb zum Essen, wie du es wohl auch machen wirst. Wir haben uns die Zeit vertrieben.«

Der Revolvermann stand auf, und der Vogel flog keifend zum Dach zurück. Er verspürte einen seltsamen, zitternden Eifer. »Wovon hat er gesprochen?«

Brown sah ihn mit einer hochgezogenen Braue an. »Nicht viel. Ob es jemals regnete, wann ich hierher gekommen sei und ob ich meine Frau begraben hätte. Meistens habe ich gesprochen, was nicht üblich ist.« Er machte eine Pause, und das einzige Geräusch war der heulende Wind. »Er ist ein Zauberer, nicht?«

»Ja.«

Brown nickte bedächtig. »Ich wußte es. Und du?«

»Ich bin nur ein Mensch.«

»Du wirst ihn nie erwischen.«

»Ich werde ihn erwischen.«

Sie sahen einander an, und plötzlich herrschte tiefes Einvernehmen zwischen ihnen, dem Grenzbewohner auf seinem staubtrockenen Boden, dem Revolvermann auf der verkrusteten Fläche, die in die Wüste überging. Er griff nach seinem Feuerstein.

»Hier.« Brown holte ein Schwefelholz hervor und entzündete es an einem schmutzigen Fingernagel. Der Revolvermann hielt die Spitze seiner Zigarette in die Flamme und zog. »Danke.«

»Du wirst deine Schläuche füllen wollen«, sagte der Grenzbewohner und wandte sich ab. »Die Quelle ist hinten unter dem Vorsprung. Ich mache das Essen.«

Der Revolvermann trat vorsichtig über die Getreidereihen und ging nach hinten. Die Quelle befand sich auf dem Grund eines handgegrabenen Brunnens, der mit Steinen eingefaßt war, damit der pulvrige Boden nicht einbrach. Während er die baufällige Leiter hinunterkletterte, überlegte der Revolvermann, daß mindestens zwei Jahre Arbeit in dieser Steinmauer stecken mußten – ausbrechen, herschleppen, aufschichten. Das Wasser war klar, floß aber nur träge, daher war es ein langwieriges Geschäft, die Schläuche zu füllen. Als er den zweiten füllte, flatterte Zoltan auf den Brunnenrand.

»Scheiß auf dich und das Pferd, auf dem du geritten bist«, empfahl er.

Er sah erschrocken auf. Der Schacht war knapp fünf Meter tief: Brown hätte mit Leichtigkeit einen Stein auf ihn werfen, ihm den Schädel brechen und ihm alles stehlen können. Ein Verrückter oder ein Verfaulender hätte das nicht getan; Brown war keines von beidem. Doch er mochte Brown, daher verdrängte er die Vorstellung aus seinen Gedanken und holte sich den Rest seines Wassers. Was geschehen sollte, würde geschehen.

Als er zur Tür der Hütte hereinkam und die Stufen hinabschritt (der Hauptteil der Hütte lag unter der Erdoberfläche, damit die Kälte der Nacht eingefangen und gespeichert wurde), füllte Brown gerade mit einem Hartholzlöffel Getreide in Henkeltöpfe über den glühenden Kohlen einer winzigen Feuerstelle. Zwei angeschlagene Teller standen an gegenüberliegenden Plätzen auf einer Tischdecke. Das Wasser für die Bohnen fing im Topf über dem Feuer gerade an zu kochen.

»Ich bezahle auch das Wasser.«

Brown sah nicht auf. »Das Wasser ist ein Geschenk Gottes. Die Bohnen bringt Pappa Doc.«

Der Revolvermann grunzte ein Lachen und setzte sich mit dem Rücken zu einer unbearbeiteten Wand, überkreuzte die Arme und machte die Augen zu. Nach einer Weile drang ihm der Geruch von röstendem Getreide in die Nase. Er vernahm ein körniges Rascheln, als Brown eine Papiertüte getrockneter Bohnen ins Wasser schüttete. Ab und zu ein *Tak-tak-tak*, wenn Zoltan rastlos auf dem Dach herumlief. Er war müde; zwischen hier und dem Grauen, das sich in Tull abgespielt hatte, dem letzten Dorf, war er sechzehn, manchmal achtzehn Stunden lang unterwegs gewesen; das Maultier war am Ende seiner Leistungsfähigkeit.

Tak-tak-tak

Zwei Wochen, hatte Brown gesagt, möglicherweise sechs. Einerlei. In Tull hatten sie Kalender gehabt, und sie hatten sich an den Mann in Schwarz erinnert, weil er auf der Durchreise einen alten Mann erweckt hatte. Einen alten Mann, der am Gras zugrunde gegangen war. Einen alten Mann von fünfunddreißig Jahren. Und wenn Brown recht hatte, hatte der Mann in Schwarz seither einen Teil seines Vorsprungs verloren. Aber nun kam die Wüste. Und die Wüste war die Hölle.

Tak-tak-tak.

– Gib mir deine Flügel, Vogel. Ich werde sie ausbreiten und mit den Aufwinden fliegen.

Er schlief ein.

3

Brown weckte ihn fünf Stunden später. Es war dunkel. Das einzige Licht war das dunkle, kirschrote Glühen der Kohlen im Feuer.

»Dein Maultier ist gestorben«, sagte Brown. »Das Essen ist fertig.«

»Wie?«

Brown zuckte die Achseln. »Geröstet und gekocht, wie sonst? Bist du pingelig?«

»Nein, ich meine das Maultier.«

»Es hat sich einfach hingelegt, das ist alles. Es sah wie ein altes Maultier aus.« Und gleichsam als Entschuldigung: »Zoltan hat die Augen gefressen.«

»Oh.« Damit hätte er rechnen können. »Schon gut.«

Als sie sich an den gedeckten Tisch setzten, überraschte ihn Brown erneut, indem er ein kurzes Gebet sprach und um den Segen bat: Regen, Gesundheit, Erleuchtung des Geistes.

»Glaubst du an das Leben nach dem Tod?« fragte der Revolvermann, während Brown ihm drei Schöpfer heißes Getreide auf den Teller gab.

Brown nickte. »Ich glaube, dies hier ist es.«

4

Die Bohnen waren die Patronen, das Getreide zäh. Draußen schnupperte und heulte der alles beherrschende Wind um den auf Bodenhöhe befindlichen Dachrand. Er aß hastig und heißhungrig und trank vier Tassen Wasser zum Essen. Er hatte die Hälfte gegessen, als es maschinengewehrartig gegen die Tür klopfte. Brown stand auf und ließ Zoltan ein. Der Vogel flog durch das Zimmer und ließ sich verdrossen in einer Ecke nieder.

»Musikalisches Gemüse«, murmelte er.

Nach dem Essen bot der Revolvermann seinen Tabak an.

– Jetzt. Jetzt wird die Frage kommen.

Aber Brown stellte keine Fragen. Er rauchte und betrachtete die erlöschende Glut des Feuers. In der Hütte war es bereits deutlich kälter.

»Führe uns nicht in Versuchung«, sagte Zoltan unvermittelt, apokalyptisch.

Der Revolvermann zuckte zusammen. Plötzlich war er sicher, daß es eine Illusion war, alles (kein Traum, nein; ein Zauber), daß der Mann in Schwarz einen Zauberspruch ausgesprochen hatte und versuchte, ihm auf eine in den Wahnsinn treibend verschlüsselte, symbolische Art und Weise etwas zu sagen.

»Bist du durch Tull gekommen?« fragte er plötzlich.

Brown nickte. »Als ich hierher kam, und einmal, um Getreide zu verkaufen. In jenem Jahr hat es geregnet. Dauerte vielleicht fünfzehn Minuten. Der Boden schien sich einfach aufzutun und es aufzusaugen. Eine Stunde später war es so weiß und trocken wie eh und je. Aber das Getreide ... mein Gott, das Getreide. Man konnte sehen, wie es wuchs. Was das Schlimmste nicht war. Aber man konnte es *hören*, als hätte ihm der Regen einen Mund gegeben. Es waren keine glücklichen Laute. Es schien sich seufzend und stöhnend seinen Weg aus dem Erdreich zu bahnen.« Er machte eine Pause. »Ich hatte Überschuß, daher nahm ich es mit und verkaufte es. Pappa Doc sagte, er würde es tun, aber er hätte mich betrogen. Also ging ich selbst.«

»Magst du die Stadt nicht?«

»Nein.«

»Ich wäre dort fast umgebracht worden«, sagte der Revolvermann unvermittelt.

»Tatsächlich?«

»Ich habe einen Mann getötet, der von Gott berührt worden war«, sagte der Revolvermann. »Aber es war nicht Gott. Es war der Mann in Schwarz.«

»Er hat dir eine Falle gestellt.«

»Ja.«

Sie betrachteten einander über die Schatten hinweg, und der Augenblick nahm eine Aura des Endgültigen an.

– *Jetzt* wird die Frage kommen.

Aber Brown hatte nichts zu sagen. Seine Zigarette war ein schwelender Stummel, aber als der Revolvermann auf seinen Tabaksbeutel klopfte, schüttelte Brown den Kopf.

Zoltan bewegte sich unruhig, schien etwas sagen zu wollen, schwieg aber.

»Darf ich dir davon erzählen?« fragte der Revolvermann.

»Klar.«

Der Revolvermann suchte nach einleitenden Worten, doch es fielen ihm keine ein. »Ich muß pinkeln«, sagte er.

Brown nickte. »Das liegt am Wasser. Bitte auf das Getreide, ja?«

»Klar.«

Er ging die Stufen hinauf und ins Dunkel hinaus. Oben funkelten die Sterne in verrückter Vielfalt. Der Wind wehte konstant. Sein Urin krümmte sich als wabernder Strahl über dem staubigen Getreidefeld. Der Mann in Schwarz hatte ihn hierher geschickt. Brown selbst konnte der Mann in Schwarz sein. Es könnte sein...

Er verdrängte den Gedanken. Die einzige Eventualität, die zu ertragen er nicht gelernt hatte, war die Möglichkeit, daß er selbst wahnsinnig sein konnte. Er ging wieder nach drinnen.

»Hast du schon entschieden, ob ich ein Zauberer bin?« fragte Brown amüsiert.

Der Revolvermann blieb verblüfft auf dem winzigen Absatz stehen. Dann kam er langsam wieder herunter und setzte sich.

»Ich fing an, dir von Tull zu erzählen.«

»Wächst es?«

»Es ist tot«, sagte der Revolvermann, und die Worte hingen schwer in der Luft.

Brown nickte. »Die Wüste. Ich glaube, letzten Endes wird sie alles vernichten. Hast du gewußt, daß einst eine Kutschenstraße durch die Wüste führte?«

Der Revolvermann machte die Augen zu. Sein Verstand wirbelte verrückt durcheinander.

»Du hast mir Drogen gegeben«, sagte er hastig.

»Nein. Ich habe nichts getan.«

Der Revolvermann machte argwöhnisch die Augen auf.

»Du wirst es erst richtig finden, wenn ich dich aufgefordert habe«, sagte Brown. »Was ich hiermit tue. Möchtest du mir von Tull erzählen?«

Der Revolvermann machte zögernd den Mund auf und stellte zu seiner Überraschung fest, daß die Worte dieses Mal da waren. Er fing an, in abgehackten Sätzen zu sprechen, aus denen allmählich eine gleichmäßige, tonlose Schilderung wurde. Das Gefühl, unter Drogeneinfluß zu sein, fiel von ihm ab, und er stellte fest, daß er seltsam aufgeregt war. Er sprach bis weit in die Nacht. Brown unterbrach ihn nicht. Und auch der Vogel nicht.

5

Er hatte das Maultier in Pricetown gekauft, und als er in Tull eingetroffen war, war es noch frisch gewesen. Die Sonne war eine Stunde vorher untergegangen, aber der Revolvermann war dennoch weitergereist und hatte sich vom Leuchten der Stadt am Himmel und von den Klängen eines Honky-Tonk-Klaviers leiten lassen, das *Hey Jude* spielte. Als es Beifall dafür bekam, wurde die Straße breiter.

Der Wald war längst verschwunden und monotonem Flachland gewichen: endlose einsame Felder mit Thimoteusgras und niederem Gestrüpp, Hütten, unheimliche, verlassene, von düsteren, schattigen Herrenhäusern bewachte Anwesen, wo zweifellos Dämonen wandelten; glotzende leere Schuppen, deren Bewohner weitergezogen oder vertrieben worden waren, gelegentlich die Hütte eines Grenzbewohners, die in der Nacht vom winzigen Aufflackern eines Lichts verraten wurde, und am Tage von mürrischen, inzüchtigen Familienklans, die schweigsam auf den Feldern arbeiteten. Getreide wurde am häufigsten angebaut, aber hin und wieder auch Bohnen und ein paar Erbsen. Ab und zu sah ihn eine vereinzelte Kuh glotzäugig zwischen abgeschälten Erlenpfosten heraus an. Viermal waren Kutschen an ihm vorbeigekommen, zweimal waren sie gekommen, zweimal gegangen, fast leer, als sie sich von hinten genähert und ihn und sein Maultier passiert hatten, voller, als sie zu den Wäldern des Nordens zurückfuhren.

Es war ein häßliches Land. Seit er Pricetown verlassen hatte, hatte es zweimal geregnet, beidesmal widerwillig. Selbst das Thimoteusgras sah gelb und niedergeschlagen aus. Häßliches Land. Vom Mann in Schwarz hatte er keine Spur gesehen. Vielleicht hatte er eine Kutsche genommen.

Die Straße machte eine Biegung, dahinter ließ der Revolvermann das Maultier anhalten und sah auf Tull hinab. Es lag auf dem Grund einer kreisrunden, schüsselförmigen Schlucht, ein kitschiges Juwel in einer billigen Fassung. Eine Anzahl Lichter war zu sehen, die sich weitgehend um die Gegend drängten, aus der die Musik kam. Es schien vier Straßen zu geben, drei davon verliefen rechtwinklig zur Kutschenstraße, die die Hauptstraße der Stadt war. Vielleicht würde er dort ein Restaurant finden. Er bezweifelte es, aber es könnte ja sein. Er schnalzte mit der Zunge, damit das Maultier weiterging.

Jetzt wurde die Straße von mehr sporadischen Häusern gesäumt, doch die meisten waren immer noch verlassen. Er kam an einem kleinen Friedhof mit morschen Holztafeln vorbei, die schief waren und vom üppigen Teufelsgras überwuchert und erwürgt wurden.

Etwa hundertfünfzig Meter weiter kam er an einem verwitterten Schild vorbei, auf dem stand: TULL.

Die Farbe war bis fast zur Unleserlichkeit abgeblättert. Etwas weiter hinten stand ein weiteres, aber das konnte der Revolvermann überhaupt nicht entziffern.

Ein Narrenchor halb drogenbenebelter Stimmen schwoll zur letzten langen Strophe von *Hey Jude* an – »Naa-naa-naa-na-nana-na... hey, Jude...« –, als er die Stadtgrenze überschritt. Es war ein toter Laut, wie der Wind im Innern eines hohlen Baumstamms. Nur das prosaische Klimpern und Dröhnen des Honky-Tonk-Klaviers hielt ihn davon ab, sich allen Ernstes zu fragen, ob der Mann in Schwarz nicht *Geister* heraufbeschworen haben konnte, um die Geisterstadt zu bevölkern. Er lächelte ein wenig über diesen Gedanken.

Ein paar Menschen waren auf den Straßen, nicht viele, aber ein paar. Drei Damen in schwarzen Hosen und in den gleichen Matrosenblusen gingen auf dem gegenüberliegenden Gehweg vorbei, sie sahen ohne besondere Neugier zu ihm herüber. Ihre Gesichter schienen wie riesige bleiche Baseballs mit Augen über ihren fast unsichtbaren Körpern zu schweben. Auf den Stufen eines zugenagelten Lebensmittelladens betrachtete ihn ein ernster alter Mann, der einen Strohhut fest auf den Kopf gezogen hatte. Ein hagerer Schneider, der noch einen späten Kunden hatte, sah ihm nach; er hielt die Lampe in seinem Schaufenster hoch, damit er besser sehen konnte. Der Revolvermann nickte. Weder der Schneider noch sein Kunde erwiderten das Nicken. Er konnte förmlich spüren, wie ihre

Blicke schwer auf den tiefhängenden Halftern an seinen Hüften ruhten. Ein Junge, schätzungsweise dreizehn, und sein Mädchen überquerten einen Block weiter die Straße und hielten unmerklich inne. Ihre Schritte wirbelten kleine, beständige Staubwolken auf. Einige der Straßenlaternen funktionierten, aber ihre Glasscheiben waren von geronnenem Öl verschmiert. Die meisten waren eingeschlagen worden. Da war eine Mietstallung, deren Überleben wahrscheinlich von der Kutschenlinie abhing. Drei Jungen kauerten schweigend um einen Murmelkreis herum, der an einer Seite des klaffenden Mauls der Stallung in den Staub gemalt worden war, und rauchten Zigaretten aus Maisschoten. Sie warfen lange Schatten im Hof.

Der Revolvermann führte sein Maultier an ihnen vorbei und sah in die schattigen Tiefen des Stalls. Eine Laterne leuchtete, und ein Schatten hüpfte hin und her, während ein schlacksiger alter Mann in Latzhose mit ausholenden, grunzenden Bewegungen seiner Gabel lockeres Thimoteusgrasheu auf den Heuschober schaufelte.

»He!« rief der Revolvermann.

Die Gabel hielt inne, und der Stallknecht sah sich gereizt um. »Selber he!«

»Ich habe hier ein Maultier.«

»Schön für Sie.«

Der Revolvermann schnippte ein schweres, unregelmäßig geformtes Goldstück ins Halbdunkel. Es klingelte auf den alten, häckselbedeckten Balken und glitzerte.

Der Stallknecht kam nach vorne, bückte sich, hob es auf und sah den Revolvermann blinzelnd an. Sein Blick fiel auf den Revolvergurt, und er nickte verdrossen.

»Wie lange möchten Sie es unterstellen?«

»Eine Nacht. Vielleicht zwei. Vielleicht länger.«

»Ich habe kein Wechselgeld für Gold.«

»Ich habe keines verlangt.«

»Blutgeld«, murmelte der Stallknecht.

»Was?«

»Nichts.« Der Stallknecht ergriff das Halfter des Maultiers und führte es hinein.

»Reiben Sie es ab!« rief der Revolvermann. Der alte Mann drehte sich nicht um.

Der Revolvermann ging zu den Jungs hinaus, die um den Murmelkreis kauerten. Sie hatten die ganze Unterhaltung mit verächtlichem Interesse verfolgt.

»Wie rollen sie denn?« fragte der Revolvermann im Plauderton.

Keine Antwort.

»Lebt ihr Burschen hier in der Stadt?«

Keine Antwort.

Einer der Jungs nahm eine windschief gedrehte Maisschote aus dem Mund, ergriff eine grüne Katzenaugenmurmel und warf sie in den Kreis im Staub. Sie prallte gegen einen Irrläufer und schubste ihn hinaus. Er hob das Katzenauge auf und bereitete sich auf den nächsten Wurf vor.

»Gibt es in dieser Stadt ein Restaurant?« fragte der Revolvermann.

Einer von ihnen sah auf, der jüngste. Er hatte einen gewaltigen Herpes im Mundwinkel, aber seine Augen wirkten intelligent. Er sah den Revolvermann mit verschleiertem, überquellendem Staunen an, das rührend und furchteinflößend war.

»Bei Sheb's bekommen Sie vielleicht einen Burger.«

»Ist das die Honky-Tonk-Kneipe?«

Der Junge nickte, sagte aber nichts. Die Augen seiner Spielkameraden waren häßlich und feindselig geworden.

Der Revolvermann berührte die Hutkrempe. »Vielen Dank. Schön zu wissen, daß es in dieser Stadt jemanden gibt, der so klug ist, daß er sprechen kann.«

Er ging an ihnen vorbei auf den Gehweg und schritt in Richtung von Sheb's, wobei er die deutliche, verächtliche Stimme eines der anderen hörte, die kaum mehr als ein kindlicher Diskant war: »Grasfresser! Wie lange vögelst du denn schon deine Schwester, Charlie? Grasfresser!«

Drei flackernde Petroleumlampen leuchteten vor Sheb's, eine auf jeder Seite, und eine war über der trunken schiefhängenden Schwingtür festgenagelt. Der Refrain von *Hey Jude* war verklungen, das Klavier klimperte eine andere alte Ballade. Stimmen murmelten wie zerrissene Fäden. Der Revolvermann verharrte einen Augenblick draußen und sah hinein. Sägemehl auf dem Boden, Spucknäpfe neben den wackligen Tischbeinen. Bretter auf Sägeböcken die Theke. Dahinter ein schmutziger Spiegel, in dem sich der Klavierspieler spiegelte, der den unvermeidlichen Klavierhocker-schlapphut auf dem Kopf trug. Die vordere Abdeckung des Klaviers war entfernt worden, so daß man die hölzernen Bolzen auf und ab hüpfen sehen konnte, wenn der Apparat gespielt wurde. Die Barkeeperin war eine Frau mit strohigem Haar in einem schmutzigen blauen Kleid. Ein Träger war mit einer Sicherheitsnadel festgesteckt. Etwa sechs Stadtbewohner, die tranken und apathisch ›Watch Me‹ spielten, saßen im rückwärtigen Teil des Raumes. Ein weiteres halbes Dutzend saß zwanglos um das Klavier herum. Vier oder fünf standen an der Theke. Ein alter Mann mit wirrem grauen Haar war an einem Tisch nahe der Tür in sich zusammengesackt. Der Revolvermann trat ein.

Köpfe wirbelten herum und betrachteten ihn und seine Pistolen. Es folgte ein Augenblick fast völligen Schweigens, abgesehen von dem selbstvergessenen Klavierspieler, der weiterklimperte. Dann wischte die Frau die Bar ab, und alles war wieder beim alten.

»Watch me«, sagte einer der Spieler in der Ecke und legte vier passende Pik zu den drei Herz, womit er das Spiel beendete. Derjenige mit dem Herz fluchte, schob seinen Einsatz hinüber, der nächste gab aus.

Der Revolvermann näherte sich der Theke. »Haben Sie Hamburger?« fragte er.

»Klar.« Sie sah ihm in die Augen; sie hätte hübsch gewesen sein können, als sie anfing, aber jetzt war ihr Gesicht teigig, und sie hatte eine deutliche Narbe, die sich korkenzieherförmig über ihre Stirn zog. Sie hatte dick Puder aufgetragen, doch das lenkte die Aufmerksamkeit mehr darauf, als sie abzulenken. »Ist aber teuer.«

»Das dachte ich mir. Geben Sie mir drei Burger und ein Bier.«

Wieder die subtile Veränderung der Geräuschkulisse. Drei Hamburger. Das Wasser lief in Mündern zusammen, Zungen leckten mit langsamem Appetit Speichel. Drei Hamburger.

»Das macht fünf Piepen. Mit dem Bier.«

Der Revolvermann legte ein Goldstück auf die Theke.

Blicke folgten ihm.

Hinter der Theke, links vom Spiegel, stand eine mürrisch brutzelnde Kupferpfanne auf dem Feuer. Die Frau verschwand in einer kleinen Kammer dahinter und kam mit Fleisch auf einem Papier zurück. Sie schnitt drei knausrige Scheiben und legte sie auf das

Feuer. Der Geruch, der aufstieg, konnte einen in den Wahnsinn treiben. Der Revolvermann stand mit unerschütterlicher Gleichgültigkeit da und registrierte nur am Rande, wie das Klavier verstummte, das Kartenspiel langsamer wurde, die Männer an der Bar einander Seitenblicke zuwarfen.

Der Mann war schon auf halbem Weg hinter ihm, als der Revolvermann ihn im Spiegel sah. Der Mann war fast völlig kahl, die Hand hatte er um den Griff eines riesigen Jagdmessers gelegt, das an seinem Gürtel baumelte wie ein Gurt.

»Setz dich«, sagte der Revolvermann leise.

Der Mann blieb stehen. Er zog unbewußt die Oberlippe hoch, wie ein Hund, und es folgte ein Augenblick des Schweigens. Dann ging er wieder zu seinem Tisch, und die Atmosphäre veränderte sich erneut.

Sein Bier kam in einem angeschlagenen Glaskrug. »Ich habe kein Wechselgeld für Gold«, sagte die Frau trotzig.

»Ich erwarte auch keines.«

Sie nickte erbost, als würde diese Zurschaustellung von Reichtum, selbst wenn sie zu ihrem Vorteil gereichte, sie verbittern. Aber sie nahm sein Gold, und einen Augenblick später kamen die Hamburger, die an den Rändern noch rot waren, auf einem schmutzigen Teller.

»Haben Sie Salz?«

Sie holte es ihm unter der Theke.

»Brot?«

»Nein.« Er wußte, daß sie log, wollte es aber nicht auf die Spitze treiben. Der kahle Mann sah ihn mit giftigen Blicken an, er ballte auf der gesplitterten und zerkratzten Tischplatte die Fäuste und öffnete sie wieder. Seine Nasenflügel bebten mit pulsierender Regelmäßigkeit.

Der Revolvermann fing an, gleichmäßig, beinahe höflich zu essen; er schnitt das Fleisch auseinander und schob es sich in den Mund und versuchte, nicht daran zu denken, was hinzugefügt worden sein könnte, um das Rindfleisch zu strecken.

Er war fast fertig und wollte gerade noch ein Bier bestellen und sich eine Zigarette drehen, als sich eine Hand auf seine Schulter legte.

Plötzlich merkte er, daß es in dem Raum wieder still geworden war, und er schmeckte die deutliche Spannung in der Luft. Er drehte sich um und sah in das Gesicht des Mannes, der neben der Tür geschlafen hatte, als er eingetreten war. Es war ein gräßliches Gesicht. Der Geruch des Teufelsgrases war wie ein übler Gestank. Die Augen waren verdammt, die glotzenden, gaffenden Augen derer, die sehen, aber doch nicht sehen, deren Blick nach Innen gerichtet ist, auf die sterile Hölle unkontrollierbarer Träume, entfesselter Träume, die aus den stinkenden Sümpfen des Unterbewußtseins emporgestiegen waren.

Die Frau hinter der Theke gab ein leises Stöhnen von sich.

Die rissigen Lippen teilten sich, öffneten sich, entblößten die grünen, moosbewachsenen Zähne, und der Revolvermann dachte: – Er raucht es nicht einmal mehr. Er kaut es. Er *kaut* es tatsächlich.

Und dem auf den Fersen: – Er ist ein toter Mann. Er hätte schon vor einem Jahr tot sein sollen.

Und dem auf den Fersen: – Der Mann in Schwarz.

Sie sahen einander an, der Revolvermann und der Mann, der die Grenze zum Wahnsinn überschritten hatte.

Er sprach, und der fassungslose Revolvermann hörte, wie er in der Hochsprache angeredet wurde:

»Ein Goldstück für einen Gefallenen, Revolvermann. Nur eines? Ein hübsches?«

Die Hochsprache. Einen Augenblick weigerte sein Verstand sich, das anzuerkennen. Es war Jahre her – großer Gott! –, Jahrhunderte, Jahrtausende; es gab keine Hochsprache mehr, er war der letzte, der letzte Revolvermann. Die anderen waren...

Er griff benommen in die Brusttasche und holte ein Goldstück heraus. Die rissige, schorfige Hand griff danach, liebkoste es, hielt es hoch, damit sich der fettige Schein der Petroleumlampen darin spiegelte. Es reflektierte sein stolzes, zivilisiertes Glühen; golden, rötlich, blutig.

»Ahhhh...« Ein unartikulierter Freudenlaut. Der alte Mann drehte sich wankend um und ging zu seinem Tisch zurück, wobei er die Münze in Augenhöhe hielt, sie drehte, sie blitzen ließ.

Der Raum leerte sich rasch, die Flügeltür schwang wie von Sinnen hin und her. Der Klavierspieler klappte den Deckel des Instruments mit einem Poltern zu und folgte den anderen mit ausgreifenden, einer komischen Oper würdigen Schritten hinaus.

»Sheb!« schrie die Frau ihm nach, und ihre Stimme drückte eine seltsame Mischung aus Angst und Boshaftigkeit aus. »Sheb, komm sofort zurück! Gottverdammt!«

Derweil war der alte Mann zu seinem Tisch zurückgekehrt. Er ließ das Goldstück auf dem abgenutzten Holz kreisen, seine tot-lebendigen Augen folgten ihm mit leerer Faszination. Er ließ sie ein zweites Mal kreisen, und ein drittes Mal, da sanken ihm die Lider herab. Beim vierten Mal sank sein Kopf auf die Tischplatte, bevor die Münze aufgehört hatte, sich zu drehen.

»So«, sagte sie leise und wütend. »Jetzt haben Sie meine Kundschaft vertrieben. Sind Sie jetzt zufrieden?«

»Die kommen wieder«, sagte der Revolvermann.

»Heute abend nicht mehr.«

»Wer ist er?« Er deutete auf den Grasesser.

»Gehen Sie . . .« Sie beendete den Satz, indem sie einen unmöglichen Akt der Masturbation beschrieb.

»Ich muß es wissen«, sagte der Revolvermann geduldig. »Er . . .«

»Er hat komisch mit Ihnen geredet«, sagte sie. »Nort hat in seinem ganzen Leben noch nicht so gesprochen.«

»Ich suche einen Mann. Sie dürften ihn kennen.«

Sie sah ihn an, und ihr Zorn verrauchte. Er wurde von Grübeln verdrängt, dann von einem aufgekratzten feuchten Glanz, den er schon früher gesehen hatte. Das baufällige Gebäude ächzte nachdenklich vor sich hin. Weit entfernt bellte plärrend ein Hund. Der Revolvermann wartete. Sie sah sein Wissen, und der Glanz wurde von Hoffnungslosigkeit verdrängt, von einem dumpfen Verlangen, das sich nicht ausdrücken ließ.

»Sie kennen meinen Preis«, sagte sie.

Er sah sie unverwandt an. Im Dunkeln würde die Narbe nicht zu sehen sein. Ihr Körper war so mager, daß Wüste, Sand und Staub nicht alles hatten abnützen können. Und sie war einmal hübsch gewesen, vielleicht sogar schön. Nicht, daß das eine Rolle gespielt hätte. Es hätte keine Rolle gespielt, wenn Grabkäfer in der unfruchtbaren Schwärze ihres Schoßes genistet hätten. Es stand alles geschrieben.

Sie legte die Hände vor das Gesicht, und sie hatte immer noch Flüssigkeit in sich – genug, um zu weinen.

»*Sieh nicht her! Du mußt mich nicht so gemein ansehen!*«

»Tut mir leid«, sagte der Revolvermann. »Ich wollte nicht gemein sein.«

»Das will keiner von euch!« schrie sie ihn an.

»Mach das Licht aus.«

Sie weinte mit vors Gesicht geschlagenen Händen. Er war froh darüber, daß sie die Hände vor dem Gesicht hatte. Nicht wegen der Narbe, sondern weil ihr das die Weiblichkeit wiedergab, wenn schon nicht ihren Kopf. Die Nadel, die den Träger ihres Kleides hielt, glitzerte im fettigen Licht.

»Mach das Licht aus und schließ ab. Wird er etwas stehlen?«

»Nein«, flüsterte sie.

»Dann mach das Licht aus.«

Sie nahm die Hände erst weg, als sie hinter ihm war, und sie löschte die Lampen eine nach der anderen, drehte die Dochte herunter und blies dann die Flammen aus. Sie ergriff seine Hand im Dunkeln, und sie war warm. Sie führte ihn nach oben. Dort war kein Licht, ihren Akt zu verbergen.

6

Er drehte im Dunklen Zigaretten, dann zündete er sie an und gab ihr eine. Ihr Geruch war im Zimmer, frischer Flieder, pathetisch. Der Geruch der Wüste überlagerte ihn, verkrüppelte ihn. Er war wie der Geruch des Meeres. Er stellte fest, daß er sich vor der vor ihm liegenden Wüste fürchtete.

»Sein Name ist Nort«, sagte sie. Die Schroffheit war nicht aus ihrer Stimme geschwunden. »Nur Nort. Er ist gestorben.«

Der Revolvermann wartete.

»Er wurde von Gott berührt.«

Der Revolvermann sagte: »Ich habe Ihn nie gesehen.«

»Er war hier, seit ich mich erinnern kann – Nort, meine ich, nicht Gott.« Sie lachte abgehackt ins Dunkel. »Er hatte eine Zeitlang einen Honigwagen. Fing an zu trinken. Fing an, das Gras zu inhalieren. Dann rauchte er es. Die Kinder fingen an, ihm zu folgen und ihre Hunde auf ihn zu hetzen. Er trug alte grüne Hosen, die stanken. Verstehst du?«

»Ja.«

»Er fing an, es zu kauen. Zuletzt saß er einfach nur da und aß nichts mehr. In seiner Fantasie hätte er König sein können. Die Kinder hätten seine Hofnarren sein können, und die Hunde seine Prinzen.«

»Ja.«

»Er starb direkt hier vor diesem Haus«, sagte sie. »Er kam den Gehweg entlanggestapft – seine Stiefel nutzten nicht ab, es waren Mechanikerschuhe –, die Kinder und Hunde hinter ihm her. Er sah wie ein Haufen zusammengewirbelter und eingepackter Drahtkleiderbügel aus. Man konnte sämtliche Lichter der Hölle in seinen Augen sehen, aber er grinste das Grinsen, das Kinder am Abend von Allerheiligen in Kürbisse schnitzen. Man konnte den Schmutz und die Fäulnis und das Gras riechen. Es lief ihm wie grünes Blut aus den Mundwinkeln heraus. Ich glaube, er wollte hereinkommen und Sheb Klavier spielen hören. Direkt vor der Tür blieb er stehen und legte den Kopf schief. Ich konnte ihn sehen und dachte, er würde eine Kutsche hören, wenngleich planmäßig keine eintreffen sollte. Dann übergab er sich, schwarz und voller Blut. Es floß durch das Grinsen wie Abwasser durch ein Gitter. Der Gestank reichte aus, daß man den Verstand hätte verlieren können. Er riß die Arme hoch und kippte einfach um. Das war alles. Er starb mit einem Grinsen im Gesicht in seinem eigenen Erbrochenen.«

Sie zitterte neben ihm. Draußen wahrte der Wind sein konstantes Heulen, und irgendwo weit entfernt schlug eine Tür, wie ein im Traum vernommenes Geräusch. Mäuse liefen in den Wänden herum. Der Revolvermann dachte im Hinterkopf, daß dies wahrscheinlich das einzige Haus der Stadt war, das wohlhabend genug war, Mäusen eine Lebensmöglichkeit zu bieten. Er legte eine Hand auf ihren Bauch, und sie zuckte heftig zusammen, doch dann entspannte sie sich.

»Der Mann in Schwarz«, sagte er.

»Du mußt es wissen, nicht?«

»Ja.«

»Na gut. Ich werde es dir sagen.« Sie nahm seine Hand zwischen ihre beiden und sagte es ihm.

7

Er kam am Spätnachmittag des Tages, an dem Nort gestorben war, und der Wind nahm an Heftigkeit zu und wehte die lockere Krume und wirbelnde Staubschleier und entwurzelte Getreidehalme vorbei. Kennerly hatte die Mietstallung abgesperrt, und die Kaufleute hatten ihre Fensterläden geschlossen und die Läden mit Brettern vernagelt. Der Himmel hatte die gelbe Farbe von altem Käse, und die Wolken flogen darüber hinweg, als hätten sie etwas Gräßliches im Ödland der Wüste erblickt, wo sie noch kurz zuvor gewesen waren.

Er kam mit einem wackligen Gespann, über dessen Pritsche eine flatternde Plane gespannt war. Sie sahen ihn kommen, und der alte Kennerly, der am Fenster lag und in einer Hand eine Flasche und in der anderen das lose, heiße Fleisch der linken Brust seiner zweitältesten Tochter hielt, beschloß, nicht dazusein, sollte er klopfen.

Aber der Mann in Schwarz ging vorüber, ohne dem Braunen, der sein Gespann zog, ein Hoo zuzurufen, und die kreisenden Räder wirbelten Staub auf, den der Wind begierig ergriff. Er hätte ein Priester oder Mönch sein können; er trug eine schwarze Soutane, die vom Staub überzuckert war, eine Kapuze bedeckte seinen Kopf und verbarg die Gesichtszüge. Sie wehte und flatterte. Unter dem Saum der Kleidung schauten derbe Schnürstiefel mit breiten Kappen hervor.

Vor Sheb's hielt er an und band das Pferd fest, das den Kopf senkte und den Boden anschnaubte. Er löste eine Ecke der Plane hinten am Gespann, holte eine verwitterte Satteltasche heraus, warf sie sich über die Schulter und trat durch die Schwingtür.

Alice betrachtete ihn neugierig, aber niemand sonst bemerkte seine Ankunft. Die anderen waren sturzbetrunken. Sheb spielte Methodistenpsalme im Ragtime-Stil, und die quengelnden Strolche, die früher hereingekommen waren, um dem Sturm zu entkommen und Norts Totenwache beizuwohnen, hatten sich heiser gesungen. Sheb, der fast bis zur Besinnungslosigkeit betrunken, berauscht und geil wegen seiner anhaltenden Existenz war, spielte mit hektischem, federballähnlichem Tempo, seine Finger flogen dahin wie Weberschiffchen.

Stimmen kreischten und bellten, sie übertönten den Wind niemals, schienen ihn aber manchmal herauszufordern. In der Ecke hatte Zachary Amy Feldons Röcke über ihren Kopf geworfen und malte ihr Tierkreiszeichen auf die Knie. Einige andere Frauen gingen im Kreis herum. Alle schienen einen fiebrigen Glanz an sich zu haben. Doch das trübe Leuchten des Sturms, das durch die Flügeltür hereinfiel, schien sie zu verspotten.

Nort war auf zwei Tischen in der Mitte des Raums aufgebahrt worden. Seine Stiefel bildeten ein mystisches V. Sein Mund hing zu einem schlaffen Grinsen offen, aber jemand hatte ihm die Augen zugedrückt und Metallstückchen daraufgelegt. Seine Hände umschlossen einen Halm Teufelsgras und waren auf seiner Brust gefaltet. Er roch wie Gift.

Der Mann in Schwarz stieß die Kapuze zurück und kam zur Theke. Alice beobachtete ihn und verspürte Bestürzung, verbunden mit dem vertrauten Verlangen, das sich in ihr verbarg. Er hatte kein religiöses Symbol an sich, doch das hatte an sich nichts zu bedeuten.

»Whiskey«, sagte er. Seine Stimme war sanft und angenehm. »Guten Whiskey.«

Sie griff unter die Theke und holte eine Flasche Star herauf. Sie hätte ihm den hiesigen Gaumenbeleidiger als ihre beste Marke andrehen können, aber das tat sie nicht. Sie schenkte ein, und der Mann in Schwarz beobachtete sie. Seine Augen waren groß und leuchtend. Die Schatten waren so dicht, daß man ihre Farbe nicht eindeutig feststellen konnte. Ihr Verlangen wuchs. Hinter ihnen ging das Brüllen und Toben ungebrochen weiter. Sheb, der nichtsnutzige Eunuch, spielte von den Soldaten Christi, und jemand hatte Tante Mill zum Singen überredet. Ihre verzerrte und überdrehte Stimme schnitt durch das Murmeln wie eine stumpfe Axt durch Kalbshirn.

»He, Allie!«

Sie ging, um zu bedienen, haßte das Schweigen des Fremden, haßte seine farblosen Augen und ihre eigenen rastlosen Lenden. Sie hatte Angst vor ihrem Verlangen. Es war kapriziös und entzog sich ihrer Kontrolle. Es mochte das Signal für die Wechseljahre sein, die wiederum den Anfang ihres Älterwerdens signalisierten – ein Zustand, der in Tull für gewöhnlich so kurz und bitter wie ein Sonnenuntergang im Winter war.

Sie zapfte Bier, bis das Faß leer war, dann stach sie ein neues an. Sie hatte genügend Verstand, Sheb nicht darum zu bitten; er würde willig wie ein Hund kommen, mehr war er ja auch nicht, und sich entweder die Finger abhacken oder das Bier überall hin verspritzen. Der Blick des Fremden ruhte auf ihr, während sie das alles tat; sie konnte es spüren.

»Gut besucht«, sagte er, als sie zurückkam. Er hatte seinen Drink nicht angerührt, sondern lediglich zwischen den Handflächen gerollt, um ihn zu wärmen.

»Totenwache«, sagte sie.

»Ich habe den Verstorbenen gesehen.«

»Taugenichtse«, sagte sie voll plötzlichem Haß. »Allesamt Taugenichtse.«

»Sie freuen sich. Er ist tot. Sie nicht.«

»Als er noch lebte, war er das Ziel ihres Spotts. Es ist nicht recht, daß er auch jetzt noch Ziel ihres Spotts ist. Es...« Sie verstummte, weil sie nicht ausdrücken konnte, was es war, oder weshalb es obszön war.

»Grasesser?«

»Ja! Was hatte er denn sonst?«

Ihr Tonfall war vorwurfsvoll, aber er senkte den Blick nicht, und sie spürte, wie ihr das Blut ins Gesicht schoß. »Tut mir leid. Sind Sie Priester? Dies muß Sie abstoßen?«

»Bin ich nicht und tut es nicht.« Er kippte den Whiskey sauber hinunter und verzog keine Miene dabei. »Noch einen, bitte.«

»Zuerst muß ich die Farbe Ihrer Münze sehen. Tut mir leid.«

»Keine Ursache.«

Er legte eine große Silbermünze auf die Theke, die an einem Ende dick und am anderen dünn war, und sie sagte das, was sie später wiederholen sollte: »Darauf habe ich kein Wechselgeld.«

Er schüttelte achtlos den Kopf und sah abwesend zu, wie sie wieder ein schenkte.

»Sind Sie nur auf der Durchreise?« fragte sie.

Er antwortete lange nicht, und sie wollte die Frage gerade wiederholen, als er ungeduldig den Kopf schüttelte. »Sprechen Sie nicht von trivialen Dingen. Sie sind hier mit einem Toten.«

Sie wich zurück, und ihr erster Gedanke war, daß er ihr seine Heiligkeit verschwiegen hatte, um sie auf die Probe zu stellen.

»Sie haben sich um ihn gekümmert«, sagte er unverblümt. »Stimmt das nicht?«

»Um wen? Nort?« Sie lachte und heuchelte Verdrossenheit, um ihre Verwirrung zu überspielen. »Ich glaube, Sie sollten besser...«

»Sie haben ein weiches Herz und ein bißchen Angst«, fuhr er fort, »und er war auf Gras und sah zur Hintertür der Hölle heraus. Und jetzt ist er hier, und sie haben selbst diese Tür zugeschlagen, und Sie glauben, daß sie sie erst wieder aufmachen werden, wenn es für Sie Zeit ist, dort einzutreten; ist es nicht so?«

»Was sind Sie, betrunken?«

»Mistah Norton tot«, intonierte der Mann in Schwarz sardonisch. »Tot wie alle. Tot wie Sie und alle anderen.«

»Verlassen Sie mein Lokal.« Sie spürte bebende Abscheu in sich emporsteigen, aber von ihrem Unterleib strahlte immer noch Wärme aus.

»Schon gut«, sagte er leise. »Schon gut. Warten Sie. Warten Sie nur ab.«

Seine Augen waren blau. Plötzlich verspürte sie eine große geistige Ruhe, als hätte sie eine Droge genommen.

»Sehen Sie?« fragte er sie. »Sehen Sie?«

Sie nickte benommen, und er lachte laut – ein prächtiges, kräftiges, unverdorbenes Lachen, bei dem sich Köpfe herumdrehten. Er wirbelte herum und sah sie an, und plötzlich war er durch eine unbekannte Alchemie zum Mittelpunkt der Aufmerksamkeit geworden. Tante Mills Stimme versagte und verstummte, ein brüchiger hoher Ton blutete in die Luft. Sheb schlug einen dissonanten Akkord an und hörte auf zu spielen. Sie sahen den Fremden unbehaglich an. Sand prasselte gegen die Seitenwände des Hauses.

Die Stille dauerte an, breitete sich aus. Der Atem stockte ihr in der Kehle, sie sah an sich hinab und stellte fest, daß sie unter der Theke beide Hände an den Unterleib gepreßt hatte. Sie sahen ihn alle an, und er sah sie an. Dann ertönte das Lachen wieder, kräftig, volltönend und unbestreitbar. Aber es bestand kein Drang, mit ihm zu lachen.

»Ich werde euch ein Wunder zeigen!« rief er ihnen zu. Aber sie sahen ihn nur wie gehorsame Kinder an, die mitgenommen worden waren, um einen Zauberkünstler zu sehen, an den sie aufgrund ihres Alters nicht mehr glauben konnten.

Der Mann in Schwarz sprang vorwärts, und Tante Mill wich vor ihm zurück. Er grinste diabolisch und schlug ihr heftig auf den feisten Bauch. Ein kurzes, unabsichtliches Kichern entrang sich ihr, und der Mann in Schwarz warf den Kopf zurück.

»Es ist besser, nicht?«

Tante Mill kicherte erneut, brach plötzlich in Schluchzen aus und floh durch die Tür. Die anderen verfolgten ihren Abgang stumm. Der Sturm fing an; Schatten folgten einander und schwollen auf dem weißen Zyklorama des Himmels an und ab. Ein Mann beim Klavier, der ein vergessenes Bier in der Hand hielt, gab einen stöhnenden, grinsenden Laut von sich.

Der Mann in Schwarz stand über Nort und grinste auf ihn herab. Der Wind heulte und kreischte und tobte. Etwas Großes prallte an die Seitenwand des Hauses und wirbelte davon. Einer der Männer an der Theke riß sich los und ging mit schlingernden grotesken Schritten hinaus. Donner krachte in plötzlichen trockenen Salven.

»Also gut«, grinste der Mann in Schwarz. »Also gut, fangen wir an.«

Er fing an, Nort ins Gesicht zu spucken, wobei er sorgfältig zielte. Die Spucke glitzerte auf seiner Stirn und lief die glatte Hakennase hinunter.

Ihre Hände unter der Theke arbeiteten heftiger.

Sheb lachte wie ein Irrer und klappte zusammen. Er fing an, Schleim zu husten, große Klumpen, die er ungeniert ausspie. Der Mann in Schwarz brüllte zustimmend und schlug ihm auf den Rücken. Sheb grinste, ein Goldzahn funkelte. Einige gingen. Andere bildeten einen lockeren Kreis um Nort. Auf dem Gesicht und den Hahnenkammfalten von Doppelkinn, Hals und Brust glänzte Flüssigkeit – Flüssigkeit, die in diesem trockenen Land so wertvoll war. Und plötzlich hörte es auf, wie auf ein Zeichen. Man hörte abgehacktes, keuchendes Atmen.

Plötzlich schnellte der Mann in Schwarz über den Leichnam, er machte eine Hechtbeuge, die zu einem anmutigen Bogen geriet. Es war schön, wie ein Wasserstrahl. Er landete auf den Händen, sprang mit einer Drehung auf die Beine, grinste und schnellte wieder zurück. Einer der Zuschauer vergaß sich selbst, applaudierte und wich plötzlich mit von Entsetzen umwölkten Augen zurück. Er schlug eine Hand vor den Mund und hastete zur Tür.

Als der Mann in Schwarz zum dritten Mal über ihn sprang, zuckte Nort zusammen.

Ein Geräusch lief durch die Menge – ein Raunen –, dann waren sie wieder still. Der Mann in Schwarz warf den Kopf zurück und heulte. Seine Brust bewegte sich mit einem raschen, flachen Rhythmus, während er Luft einsog. Er sprang immer schneller hin und her und glitt über Norts Leichnam wie Wasser, das von einem Glas in ein anderes gegossen wird. Die einzigen Geräusche in dem Raum waren das reißende Keuchen seines Atems und der anschwellende Pulsschlag des Sturms.

Nort machte einen trockenen, tiefen Atemzug. Seine Hände zitterten und klopften unablässig auf die Tischplatte. Sheb kreischte und lief hinaus. Eine der Frauen folgte ihm.

Der Mann in Schwarz sprang noch einmal, zweimal, dreimal. Jetzt vibrierte der ganze Leichnam, er zitterte und klopfte und zuckte. Der Gestank von Fäulnis und Exkrementen und Verwesung stieg in erstickenden Wogen auf. Er schlug die Augen auf.

Alice spürte, wie ihre Füße sie nach hinten stießen. Sie prallte gegen den Spiegel, der wackelte, und blinde Panik kam über sie. Sie ging durch wie ein junger Stier.

»Ich habe es Ihnen bewiesen«, rief ihr der Mann in Schwarz keuchend nach. »Jetzt können Sie beruhigt schlafen. Nicht einmal *das* ist unumkehrbar. Obwohl es... so... gottverdammt... *komisch* ist!« Und er fing wieder an zu lachen. Das Geräusch verhallte, während sie die Treppe hinaufstürzte und erst innehielt, als die Tür zu den drei Zimmern über dem Schankraum verriegelt war.

Dann fing sie an zu kichern und wippte hinter der Tür auf den Fersen hin und her. Das Geräusch schwoll zu einem scharfen Wimmern an, das mit dem Wind verschmolz.

Unten schlenderte Nort geistesabwesend in den Sturm hinaus, um sich etwas Gras zu zupfen. Der Mann in Schwarz, der mittlerweile der einzige Gast in der Bar war, sah ihm immer noch grinsend nach.

Als sie sich an diesem Abend zwang, wieder nach unten zu gehen, mit einer Lampe in einer und einem schweren Stück Feuerholz in der anderen Hand, war der Mann in Schwarz samt Gespann und allem verschwunden. Aber Nort war da, er saß am

Tisch neben der Tür, als wäre er nie weg gewesen. Er hatte den Geruch von Gras an sich, aber nicht so stark, wie sie erwartet hatte.

Er sah zu ihr auf und lächelte schüchtern. »Hallo, Allie.«

»Hallo, Nort.« Sie legte das Feuerholz weg und fing an, die Lampen anzuzünden, freilich ohne ihm den Rücken zuzuwenden.

»Ich wurde von Gott berührt«, sagte er schließlich. »Ich werde nicht mehr sterben. Das hat er mir gesagt. Es war ein Versprechen.«

»Wie schön für dich, Nort.« Der Fidibus, den sie hielt, fiel ihr aus den zitternden Fingern, sie hob ihn wieder auf.

»Ich würde gerne mit dem Graskauen aufhören«, sagte er. »Es macht mir keinen Spaß mehr. Es scheint für einen Mann, der von Gott berührt worden ist, nicht richtig zu sein, das Gras zu kauen.«

»Warum hörst du dann nicht auf?«

Ihr Zorn verleitete sie überraschenderweise dazu, ihn wieder als einen Menschen anzusehen, nicht als ein teuflisches Wunder. Sie sah ein recht traurig aussehendes Exemplar, das nur halb berauscht war und zerknirscht und beschämt aussah. Sie konnte keine Angst mehr vor ihm haben.

»Ich zittere«, sagte er. »Und ich will es haben. Ich kann nicht aufhören. Allie, du warst immer so gut zu mir...«, er fing an zu weinen. »Ich kann nicht einmal aufhören, mir in die Hose zu machen.«

Sie ging zu dem Tisch und blieb dort zögernd und unsicher stehen.

»Er hätte machen können, daß ich es nicht mehr haben will«, sagte er unter Tränen. »Das hätte er tun können, wenn er mich wieder zum Leben erwecken konnte. Ich beschwere mich nicht. Ich will mich nicht beschweren...« Er sah sich gehetzt um und flüsterte: »Er könnte mich töten, wenn ich es tun würde.«

»Vielleicht ist es ein Witz. Er schien einen eigenartigen Sinn für Humor zu haben.«

Nort griff nach seinem Beutel, der im Hemd baumelte, und holte eine Handvoll Gras heraus. Sie schlug es ohne nachzudenken weg und zog dann entsetzt die Hand zurück.

»Ich kann nichts dafür, Allie, ich kann nichts...« und er vollführte einen gebrechlichen Sprung nach dem Beutel. Sie hätte ihn aufhalten können, aber sie unternahm keinen Versuch. Sie machte sich wieder daran, die Lampen anzuzünden; sie war müde, wenngleich der Abend noch kaum angefangen hatte. Doch an diesem

Abend kam niemand, außer dem alten Kennerly, der alles verpaßt hatte. Er schien nicht besonders überrascht zu sein, Nort zu sehen. Er bestellte ein Bier, erkundigte sich, wo Sheb war, und begrapschte sie. Am nächsten Tag war fast alles wieder beim alten, doch die Kinder hatten aufgehört, Nort zu folgen. Am Tag danach fingen die Spottrufe wieder an. Das Leben war zu seiner liebgewonnenen Routine zurückgekehrt. Die Kinder sammelten das entwurzelte Getreide ein, und eine Woche nach Norts Auferstehung verbrannten sie es auf der Straße. Das Feuer brannte einen Augenblick lichterloh, und die meisten Besucher der Bar traten oder schwankten heraus, um zuzusehen. Sie sahen primitiv aus. Ihre Gesichter schienen zwischen den Flammen und der eiskristallklaren Brillanz des Himmels zu schweben. Allie betrachtete sie und verspürte ein Aufflackern vorübergehender Verzweiflung ob der traurigen Zeiten, die über die Welt gekommen waren. Die Dinge waren zerfallen. Es war kein Leim mehr im Zentrum der Dinge. Sie hatte nie das Meer gesehen, würde es nie sehen.

»Wenn ich den *Mumm* hätte«, murmelte sie. »Wenn ich den Mumm, Mumm, *Mumm* hätte...«

Nort hob den Kopf, als er ihre Stimme hörte, und lächelte sie aus der Hölle heraus nichtssagend an. Sie hatte keinen Mumm. Nur eine Bar und eine Narbe.

Das Feuer brannte rasch nieder, und ihre Kunden kamen wieder herein. Sie fing an, sich Star Whiskey einzuschenken, und um Mitternacht war sie sturzbetrunken.

8

Sie beendete ihre Geschichte, und da er nicht gleich antwortete, glaubte sie zuerst, ihre Schilderung hätte ihn in den Schlaf gewogen. Sie fing schon selbst an zu dösen, als er sagte: »Ist das alles?«

»Ja. Das ist alles. Es ist schon sehr spät.«

»Hm.« Er drehte sich eine neue Zigarette.

»Mach mir keine Tabakskrümel ins Bett«, sagte sie heftiger, als sie gewollt hatte.

»Nein.«

Wieder Schweigen. Die Glut seiner Zigarette loderte auf und nieder.

»Du wirst morgen früh weiterziehen«, sagte sie düster.

»Ich sollte. Ich glaube, er hat hier eine Falle für mich zurückgelassen.«

»Geh nicht«, sagte sie.

»Wir werden sehen.« Er drehte sich auf die Seite, weg von ihr, aber sie war beruhigt. Er würde bleiben. Sie döste ein.

Auf der Schwelle zum Schlaf dachte sie noch einmal daran, wie Nort ihn angesprochen hatte, in dieser seltsamen Sprache. Davor und danach hatte sie ihn keinerlei Gefühle mehr ausdrücken gesehen. Selbst sein Geschlechtsakt war eine stumme Angelegenheit gewesen, und erst ganz zuletzt war sein Atem heftiger gegangen und hatte dann eine Minute fast ganz aufgehört. Er war wie etwas aus einem Märchen oder einem Mythos, der Letzte seiner Art in einer Welt, die die letzte Seite ihres Buches schrieb. Das alles war unwichtig. Er würde eine Weile bleiben. Morgen war genügend Zeit zum Nachdenken, oder übermorgen. Sie schlief ein.

9

Am Morgen kochte sie ihm Grütze, die er kommentarlos aß. Er schaufelte sie sich in den Mund, ohne an sie zu denken, ja er sah sie kaum. Er wußte, er sollte weiterziehen. Mit jeder Minute, die er hier saß, entfernte sich der Mann in Schwarz weiter von ihm – wahrscheinlich war er inzwischen schon in der Wüste. Sein Weg hatte ihn unbeirrbar nach Süden geführt.

»Hast du eine Karte?« fragte er sie plötzlich und sah auf.

»Von der Stadt?« Sie lachte. »Die ist nicht so groß, daß man eine Karte brauchen würde.«

»Nein. Von dem, was südlich von hier liegt.«

Ihr Lächeln erlosch. »Die Wüste. Nur die Wüste. Ich dachte, du würdest eine Weile bleiben.«

»Was liegt südlich von der Wüste?«

»Woher soll ich das wissen? Niemand durchquert sie. Seit ich hier bin, hat es niemand versucht.« Sie wischte sich die Hände an der Schürze ab, nahm Topflappen und schüttete den Topf mit Wasser, das sie heiß gemacht hatte, ins Spülbecken, wo es spritzte und dampfte.

Er stand auf.

»Wohin gehst du?« Sie hörte die schrille Angst in ihrer Stimme und haßte sie.

»Zum Mietstall. Wenn es jemand weiß, dann der Stallknecht.« Er legte ihr die Hände auf die Schultern. Die Hände waren warm. »Und um mich um mein Maultier zu kümmern. Wenn ich hier bleibe, sollte sich jemand darum kümmern – bis ich wieder gehen muß.«

Aber noch nicht. Sie sah zu ihm auf. »Aber hüte dich vor diesem Kennerly. Wenn er nichts weiß, dann erfindet er etwas.«

Als er gegangen war, wandte sie sich dem Spülbecken zu und spürte das heiße, warme Fließen ihrer Tränen der Dankbarkeit.

10

Kennerly war zahnlos und unangenehm und mit Töchtern geschlagen. Zwei halb erwachsene sahen den Revolvermann aus dem staubigen Schatten der Stallung heraus an. Ein Baby sabberte glücklich im Staub. Eine, die schon erwachsener war, blond, schmutzig, sinnlich, betrachtete ihn mit abwägender Neugier, während sie mit der ächzenden Pumpe neben dem Gebäude Wasser pumpte.

Der Stallknecht kam ihm auf halbem Weg zwischen seinem Unternehmen und der Straße entgegen. Sein Benehmen schwankte zwischen Feindseligkeit und einer Art feigen Kriechens – wie ein Straßenköter, der zu oft getreten worden ist.

»Es ist versorgt«, sagte er, und bevor der Revolvermann antworten konnte, wandte sich Kennerly seiner Tochter zu: »Geh ins Haus, Soobie! Mach zum Teufel, daß du ins Haus kommst!«

Soobie schleppte ihren Eimer mürrisch auf den an die Stallung angrenzenden Schuppen zu.

»Sie meinten das Maultier«, sagte der Revolvermann.

»Ja, Sir. Ich habe schon eine ganze Weile kein Maultier mehr gesehen. Gab 'ne Zeit, da wuchsen sie wild, soviel man haben wollte, aber die Welt hat sich weiter gedreht. Hab' nur ein paar Ochsen und die Kutschenpferde gesehen, und... Soobie, bei Gott, ich prügle dich windelweich!«

»Ich beiße nicht«, sagte der Revolvermann freundlich.

Kennerly wand sich ein wenig. »Hat nichts mit Ihnen zu tun. Nein, Sir, das hat nichts mit *Ihnen* zu tun.« Er grinste anzüglich. »Sie ist nur von Natur aus einfältig. Sie hat den Teufel im Leib. Sie ist wild.« Seine Augen wurden dunkel. »Die letzten Tage brechen an, Mister. Sie wissen, wie es in der Schrift geschrieben steht. Kinder werden ihren Eltern nicht mehr gehorchen, und eine Seuche wird über die Massen kommen.«

Der Revolvermann nickte, dann deutete er nach Süden. »Was ist dort drüben?«

Kennerly grinste erneut und entblößte Zahnfleisch und ein paar lockere gelbe Zähne. »Grenzbewohner. Gras. Wüste. Was sonst?« Er kicherte, und sein Blick maß den Revolvermann kalt.

»Wie groß ist die Wüste?«

»Groß.« Kennerly bemühte sich, ernst dreinzuschauen. »Vielleicht dreihundert Meilen. Vielleicht tausend. Kann ich Ihnen nicht sagen, Mister. Dort draußen gibt es nichts, abgesehen von Teufelsgras und möglicherweise Dämonen. Der andere Bursche ist dorthin gegangen. Derjenige, der Norty wiederhergestellt hat, als er krank war.«

»Krank? Ich habe gehört, daß er tot war.«

Kennerly grinste weiter. »So, so. Vielleicht. Aber wir sind erwachsene Menschen, nicht?«

»Aber Sie glauben an Dämonen.«

Kennerly sah beleidigt drein. »Das ist etwas ganz anderes.«

Der Revolvermann nahm den Hut ab und wischte sich über die Stirn. Die Sonne war heiß und brannte unablässig herunter. Kennerly schien es nicht zu bemerken. Im dünnen Schatten der Stallung schmierte sich das Baby ernst Schmutz ins Gesicht.

»Sie wissen nicht, was nach der Wüste kommt?«

Kennerly zuckte die Achseln. »Irgend jemand wird es schon wissen. Vor fünfzig Jahren ist die Kutsche durch einen Teil hindurchgefahren. Hat mein Papa gesagt. Er sagte, dort seien Berge. Andere sprechen von einem Ozean... einem grünen Ozean mit Monstern.

Und manche sagen, dort sei das Ende der Welt. Dort sei nichts anderes als Lichter, die einen Menschen blind machen, und das Antlitz Gottes mit offenem Mund, um sie aufzufressen.«

»Dummes Zeug«, sagte der Revolvermann kurz angebunden.

»Sicher«, heulte Kennerly eilfertig. Er katzbuckelte erneut, haßte, fürchtete, wollte gefällig sein.

»Kümmern Sie sich darum, daß mein Maultier versorgt ist.« Er schnippte Kennerly eine weitere Münze zu, die Kennerly im Flug auffing.

»Klar. Bleiben Sie noch eine Weile?«

»Könnte sein.«

»Diese Allie ist verdammt nett, wenn sie es sein will, was?«

»Haben Sie etwas gesagt?« fragte der Revolvermann geistesabwesend.

Plötzlich dämmerte Entsetzen in Kennerlys Augen, gleich Zwillingsmonden, die über dem Horizont aufgehen. »Nein, Sir, kein Wort. Und es tut mir leid, falls doch.« Er erblickte Soobie, die sich aus dem Fenster herauslehnte, und wirbelte zu ihr herum. »Jetzt prügle ich dich windelweich, du kleine Schlampe! Bei Gott! Ich . . .«

Der Revolvermann ging davon; er wußte, daß sich Kennerly umgedreht hatte, um ihm nachzusehen, und er wußte, daß er jetzt herumwirbeln und einige wahre und unverhohlene Empfindungen auf das Gesicht des Stallknechts destilliert sehen konnte. Er ließ es sein. Es war heiß. Die einzige Gewißheit der Wüste war ihre Größe. Und in dieser Stadt war nicht alles überstanden. Noch nicht.

11

Sie lagen im Bett, als Sheb die Tür auftrat und mit dem Messer hereinkam.

Es war vier Tage her, und sie waren wie hinter einem blendenden Dunst vergangen. Er aß. Er schlief. Er machte Sex mit Allie. Er fand heraus, daß sie die Fiedel spielte, und er ließ sie für sich spielen. Sie saß im milchigen Licht des Tagesanbruchs am Fenster und spielte stockend etwas, das gut gewesen wäre, wenn sie mehr Übung gehabt hätte. Er verspürte eine wachsende (wenn auch seltsam geistesabwesende) Zuneigung für sie und dachte, daß dies die Falle sein könnte, die der Mann in Schwarz für ihn zurückgelassen hatte. Er las trockene und vergilbte alte Ausgaben von Zeitschriften mit verblichenen Bildern. Er dachte kaum an irgend etwas.

Er hörte den kleinen Klavierspieler nicht heraufkommen – seine Reflexe hatten nachgelassen. Auch das schien nicht wichtig zu sein, wenngleich es ihm andernorts und zu einer anderen Zeit sehr erschreckt hätte.

Allie war nackt, das Laken unter ihre Brüste gesunken, und sie hatte sich gerade auf den Liebesakt vorbereitet.

»Bitte«, sagte sie. »Ich möchte es wie vorhin, ich möchte...«

Die Tür flog krachend auf, und der Klavierspieler machte einen lächerlichen x-beinigen Spurt zum Gegner. Allie schrie nicht, obgleich Sheb ein fünfundzwanzig Zentimeter langes Tranchiermesser in der Hand hatte. Sheb gab ein Geräusch von sich, ein unartikuliertes Brabbeln. Er hörte sich an wie ein Mann, der in einem Eimer voll Schlamm ertränkt wird. Er stieß das Messer mit beiden Händen herab, und der Revolvermann packte seine Handgelenke und drehte sie herum. Das Messer flog davon. Sheb stieß einen schrillen, kreischenden Laut aus, wie eine rostige Tür. Seine Hände flatterten mit marionettengleichen Bewegungen, beide Handgelenke waren gebrochen. Der Wind schmirgelte gegen das Fenster. Allies leicht matter und verzerrter Spiegel an der Wand reflektierte das Zimmer.

»Sie gehörte mir!« Er weinte. »Sie gehörte mir zuerst! Mir!«

Allie sah ihn an und stieg aus dem Bett. Sie legte sich eine Decke um, und der Revolvermann empfand einen Augenblick Mitleid mit dem Mann, der sich selbst ausgestoßen von dem, was er einst besessen hatte, sehen mußte. Er war nur ein kleiner Mann, und ohnmächtig.

»Es war für dich«, schluchzte Sheb. »Es war nur für dich, Allie. Du kamst zuerst, und es war alles für dich. Ich... ah, o Gott, gütiger Gott...« Die Worte lösten sich in einem Krampf der Undeutlichkeit auf, danach in Tränen. Er wippte hin und her und hielt die gebrochenen Arme an den Bauch.

»Psst. Psst. Laß mal sehen.« Sie kniete neben ihn. »Gebrochen. Sheb, du Arschloch. Hast du nicht gewußt, daß du nicht kräftig bist?« Sie half ihm auf die Beine. Er versuchte, die Hände vor das

Gesicht zu halten, aber sie gehorchten ihm nicht, und er weinte unverhohlen. »Komm rüber zum Tisch und laß mich sehen, was ich tun kann.«

Sie führte ihn zum Tisch und schiente die Handgelenke mit Ästen aus der Feuerholzkiste. Er weinte schwach und ohne Willenskraft und ging hinaus, ohne sich noch einmal umzuschauen.

Sie kam wieder zum Bett. »Wo waren wir stehengeblieben?«

»Nein«, sagte er.

Sie sagte geduldig: »Du hast es gewußt. Man kann nichts machen. Und was bleibt uns sonst?« Sie berührte seine Schulter. »Ich bin froh, daß du so stark bist.«

»Nicht jetzt«, sagte er mit belegter Stimme.

»Ich kann dich stark machen...«

»Nein«, sagte er. »Das kannst du nicht.«

12

Am nächsten Abend war die Bar geschlossen. Es war das, was in Tull als Sabbath galt. Der Revolvermann ging zu der winzigen, windschiefen Kirche beim Friedhof, während Allie die Tische mit starkem Desinfektionsmittel abwischte und die Schirme der Petroleumlampe mit Seifenlauge spülte.

Eine seltsam purpurne Dämmerung hatte sich herabgesenkt, und von der Straße aus gesehen sah die innen erleuchtete Kirche beinahe wie ein Hochofen aus.

»Ich gehe nicht mit«, hatte Allie kurz angebunden gesagt. Die Frau, die predigt, hat eine vergiftete Religion. Sollen die Ehrbaren hingehen.«

Er stand im Schatten des Eingangs und sah hinein. Die Bänke waren entfernt worden, die Gemeinde stand (er sah Kennerly und seine Brut; Castner, den Besitzer des bescheidenen Konservenladens in der Stadt, und seine knochige Frau; ein paar Barbesucher; ein paar ›Stadtfrauen‹, die er vorher noch nie gesehen hatte; und überraschenderweise Sheb). Sie sangen abgehackt und *a cappella* einen Psalm. Er sah die Frau auf der Kanzel, die wie ein Gebirge wirkte, erstaunt an. Allie hatte gesagt: »Sie lebt allein und besucht kaum jemanden. Kommt nur an Sonntagen heraus, um das Höllenfeuer zu servieren. Ihr Name ist Sylvia Pittston. Sie ist verrückt, aber sie hat sie in ihrem Bann. Sie wollen es so. Es paßt zu ihnen.«

Keine Beschreibung konnte die Leibesfülle der Frau einfangen. Brüste wie Erdwälle. Eine gewaltige Säule von einem Hals, gekrönt von einem teigigen weißen Mond von einem Gesicht, in dem Augen blinzelten, die so riesig und so dunkel waren, daß sie wie grundlose Bergseen wirkten. Ihr Haar hatte eine wunderbar kräftige dunkelbraune Farbe und war auf dem Kopf zu einer beiläufigen, irren Hochfrisur aufgetürmt; es wurde von einer Haarnadel gehalten, die so groß war, daß sie ein Fleischspieß hätte sein können. Sie trug ein Kleid, das aus Sackleinwand gemacht zu sein schien. Die Arme, die das Gesangbuch hielten, waren Balken. Ihre Haut war milchig, makellos, herrlich. Er dachte, daß sie über dreihundert Pfund wiegen mußte. Er verspürte ein plötzliches rotglühendes Verlangen nach ihr, das ihn erzittern ließ, und er wandte den Kopf ab und sah weg.

»Gehen wir alle zum Fluß hinab,
Dem wunderbaren, dem wunderbaren
Fluuuß,
Gehen wir alle zum Fluß hinab,
Dem Fluß beim Reiche Gottes.«

Der letzte Ton der letzten Strophe verklang, es folgte ein Augenblick des Blätterns und Hustens.

Sie wartete. Als sie zur Ruhe gekommen waren, breitete sie die Hände über ihnen aus, als wollte sie sie segnen. Es war eine beschwörende Geste.

»Meine lieben kleinen Brüder und Schwestern in Christus.«

Das war ein quälender Satz. Der Revolvermann verspürte einen Augenblick gemischte Gefühle von Nostalgie und Furcht, verbunden mit einem unheimlichen Gefühl des *déja vu* – er dachte: Ich habe das geträumt. Wann? Er schüttelte den Gedanken ab. Das Publikum – alles in allem vielleicht fünfundzwanzig Personen – war totenstill geworden.

»Das Thema unserer heutigen Meditation ist der Versucher.« Ihre Stimme klang lieblich, melodiös, die Sprechstimme eines ausgebildeten Soprans.

Ein leises Rascheln lief durch das Publikum.

»Mir ist«, sagte Sylvia Pittston nachdenklich, »mir ist, als würde ich jeden in der Schrift persönlich kennen. Ich habe in den vergangenen fünf Jahren fünf Bibeln abgenutzt, und zahllose davor. Ich mag die Geschichte, und ich mag die Personen der Geschichte. Ich ging Arm in Arm mit Daniel in der Löwengrube. Ich stand neben David, als er von der im Teich badenden Bathseba in Versuchung geführt wurde. Ich war mit Schadrach, Meschach und Abednego im Feuerofen. Ich erschlug zweitausend mit Samson und wurde mit Paulus auf der Straße nach Damaskus geblendet. Ich weinte mit Maria auf dem Berg Golgatha.«

Ein leises, zischelndes Seufzen im Publikum.

»Ich habe sie gekannt und geliebt. Es gibt nur einen – *einen* . . .« – sie hielt einen Finger hoch – ». . . einen Mitspieler im größten aller Dramen, den ich nicht kenne. Nur *einen*, der mit im Schatten verborgenem Gesicht draußen steht. Nur *einen*, der meinen Leib erzittern und meine Seele verzagen läßt. Ihn fürchte ich. Ich kenne seine Gedanken nicht, und ich fürchte ihn. Ich fürchte den Versucher.«

Wieder ein Seufzen. Eine Frau hatte die Hand vor den Mund geschlagen, als wollte sie einen Laut unterdrücken, und wippte, wippte.

»Der Versucher, der als Schlange auf dem Bauch von Eva kam und grinste und sich wand. Der Versucher, der unter den Kindern Israel wandelte, während Moses auf dem Berg war, der ihnen einflüsterte, ein Götzenbild aus Gold zu machen, ein goldenes Kalb, und es mit Schmutz und Hurerei anzubeten.«

Stöhnen, Nicken.

»Der Versucher! Er stand mit Jezebel auf dem Balkon und sah zu, wie König Ahaz schreiend in den Tod stürzte, und er und sie grinsten, als die Hunde sich versammelten und sein Lebensblut aufleckten. O meine kleinen Brüder und Schwestern, haltet Ausschau nach dem Versucher.«

»Ja, o Jesus . . .« Der Mann, den der Revolvermann als ersten gesehen hatte, als er in die Stadt kam, der mit dem Strohhut.

»Er ist immer da gewesen, meine Brüder und Schwestern. Aber ich kenne seine Gedanken nicht. Und ihr kennt seine Gedanken nicht. Wer könnte die schreckliche Dunkelheit begreifen, die dort wirbelt, den Stolz, der einem Bollwerk gleicht, die titanische Blasphemie, die unheilige Wonne? Und den Wahnsinn! Den zyklopischen, stammelnden Wahnsinn, der durch die gräßlichsten Verlangen und Begierden der Menschheit geht und kriecht und sich windet?«

»O Jesus Erlöser...«

»*Er* war es, der unseren Herrn auf den Berg führte...«

»Ja...«

»*Er* war es, der ihn in Versuchung führte und ihm die ganze Welt und die Freuden der Welt zeigte.«

»Jaaa...«

»*Er* wird zurückkehren, wenn die letzten Tage der Welt anbrechen... und sie werden anbrechen, meine Brüder und Schwestern, könnt ihr sie spüren?«

»Jaaa...«

Die Gemeinde wurde zu einem wogenden, schluchzenden Meer; die Frau schien auf alle und keinen zu deuten.

»*Er* wird als der Antichrist kommen, um die Menschen in die lodernden Eingeweide der Verdammnis zu führen, zum blutigen Ende des Bösen, wenn der Stern unheilstrahlend am Himmel steht, wenn Galle die Eingeweide der Kinder zerfrißt, wenn der Schoß der Weiber Ungeheuer gebiert, wenn des Menschen Werke zu Blut werden...«

»Ahhh...«

»Ah, Gott...«

»Gooooo...«

Eine Frau fiel zu Boden, ihre Füße trampelten auf das Holz. Einer ihrer Schuhe flog davon.

»*Er* ist es, der hinter jeglicher Fleischeslust steht... er! Der Versucher!«

»Ja, Herr!«

Ein Mann sank auf die Knie, hielt sich den Kopf und kreischte.

»Wenn ihr trinkt, wer hält die Flasche?«

»*Der Versucher!*«

»Wenn ihr euch an einen Pharo- oder Watch-Me-Tisch setzt, wer dreht die Karten um?«

»*Der Versucher!*«

»Wenn ihr im Fleisch eines anderen Leibes wütet, wenn ihr euch selbst befleckt, wem verkauft ihr dann eure Seele?«

»*Ver*...«

»Dem . . .«

»O Jesus . . . Oh . . .«

». . . *sucher* . . .«

»Ah . . . ah . . . ah . . .«

»Und wer ist er?« schrie sie (aber ruhig im Inneren, er konnte die Ruhe, die Meisterschaft, die Beherrschung, die Überlegenheit spüren. Er dachte plötzlich mit Entsetzen und unerschütterlicher Gewißheit: Er hat einen Dämon in ihr gelassen. Sie ist besessen. Und er spürte durch seine Angst hindurch wieder das heiße Wallen sexuellen Verlangens).

Der Mann, der sich den Kopf hielt, sprang auf und stolperte nach vorne.

»Ich bin in der Hölle!« schrie er zu ihr hinauf. Sein Gesicht zuckte und wand sich, als würden Schlangen unter der Haut kriechen. »Ich habe die Ehe gebrochen! Ich habe gespielt! Ich habe Gras geraucht! Ich habe *gesündigt!* Ich . . .« Aber seine Stimme schwoll zu einem gräßlichen, hysterischen Wimmern an, das die Artikulation zunichte machte. Er hielt sich den Kopf, als könnte er jeden Augenblick wie eine überreife Melone platzen.

Das Publikum verstummte, als wäre ein Zeichen gegeben worden, sie erstarrten in ihren beinahe erotischen ekstatischen Haltungen.

Sylvia Pittston griff hinab und berührte seinen Kopf. Die Schreie des Mannes hörten auf, als ihre weißen, makellosen und sanften Finger durch sein Haar strichen. Er sah benommen zu ihr empor.

»Wer war bei dir, als du gesündigt hast?« fragte sie. Ihre Augen sahen in seine, sie waren so tief, so sanft, so kalt, daß man darin ertrinken konnte.

»Der . . . der Versucher.«

»Der wie genannt wird?«

»Der Satan genannt wird.« Ein rauhes, triefendes Flüstern.

»Wirst du entsagen?«

Eifrig: »Ja! Ja! O mein Erlöser Jesus!«

Sie wiegte seinen Kopf; er sah sie mit den leeren, glänzenden Augen eines Fanatikers an. »Wenn er durch diese Tür dort kommen würde . . .«, sie hämmerte einen Finger in den Schatten des Eingangs, wo der Revolvermann stand, ». . . würdest du vor seinem Angesicht entsagen?«

»Beim Namen meiner Mutter!«

»Glaubst du an die ewige Liebe von Jesus Christus?«

Er fing an zu weinen. »Worauf du pissen kannst.«

»Das vergibt er dir, Jonson.«

»Lobet den Herrn«, sagte Jonson immer noch weinend.

»Ich weiß, daß er dir vergibt, ebenso wie ich weiß, daß er die Reuelosen aus seinem Palast in den Ort der brennenden Dunkelheit verstoßen wird.«

»*Lobet den Herren.*« Die ausgelaugte Gemeinde sprach es feierlich aus.

»Ebenso wie ich weiß, daß dieser Versucher, dieser Satan, dieser Herr der Fliegen und Schlangen niedergeworfen und zerschmettert werden wird... wirst du ihn zerschmettern, wenn du ihn siehst, Jonson?«

»Ja, und lobet den Herren!« weinte Jonson.

»Werdet ihr ihn zerschmettern, wenn ihr ihn seht, Brüder und Schwestern?«

»Jaa...« Befriedigt.

»Wenn ihr ihn morgen die Hauptstraße entlangschlendern seht?«

»Lobet den Herrn...«

Gleichzeitig zog sich der beunruhigte Revolvermann von der Eingangstür zurück und machte sich auf den Weg in die Stadt.

Der klare Geruch der Wüste hing in der Luft. Es war beinahe Zeit weiterzuziehen. Beinahe.

13

Wieder im Bett.

»Sie wird dich nicht empfangen«, sagte Allie. Sie klang ängstlich. »Sie empfängt niemanden. Sie kommt nur am Sonntagabend heraus, um allen eine Heidenangst zu machen.«

»Wie lange ist sie schon hier?«

»Seit zwölf Jahren oder so. Sprechen wir nicht von ihr.«

»Woher kam sie? Aus welcher Richtung?«

»Ich weiß nicht.« Sie log.

»Allie?«

»Ich weiß nicht!«

»Allie?«

»Also gut! Sie kam von den Grenzbewohnern! Aus der Wüste!«

»Das dachte ich mir.« Er entspannte sich ein wenig. »Wo wohnt sie?«

Ihre Stimme sank an Lautstärke. »Wirst du mich lieben, wenn ich es dir sage?«

»Du kennst die Antwort darauf.«

Sie seufzte. Es war ein alter, vergilbter Laut, als würde man Seiten umblättern. »Sie hat ein Haus jenseits des Hügels hinter der Kirche. Eine kleine Hütte. Dort wohnte der ... der echte Pfarrer, bevor er ausgezogen ist. Ist das genug? Bist du jetzt zufrieden?«

»Nein, noch nicht.« Und er wälzte sich auf sie.

14

Es war der letzte Tag, und das wußte er.

Der Himmel hatte die häßlich purpurne Farbe einer Prellung und wurde von den ersten Ausläufern der Dämmerung auf unheimliche Weise von oben gefärbt. Allie schlich herum wie ein Gespenst, zündete Lampen an, wendete die Getreideschnitten, die in der Pfanne brutzelten. Er hatte brutal mit ihr geschlafen, nachdem sie ihm gesagt hatte, was er wissen wollte, und sie hatte das bevorstehende Ende gespürt und mehr gegeben, als sie jemals zuvor gegeben hatte, und sie hatte es in der heraufziehenden Dämmerung voller Verzweiflung gegeben, hatte es mit der unermüdlichen Energie einer Sechzehnjährigen gegeben. Aber heute morgen war sie blaß und wieder am Rand des Klimakteriums.

Sie servierte ihm wortlos. Er aß hastig, kaute, schluckte, ließ jedem Bissen heißen Kaffee folgen. Allie ging zur Flügeltür und sah in den Morgen hinaus, zu den stummen Bataillonen langsamer Wolken.

»Heute wird es sich bedecken.«

»Überrascht mich nicht.«

»Bist du jemals überrascht?« fragte sie ironisch, drehte sich um und sah ihm zu, wie er den Hut nahm. Er setzte ihn auf und ging an ihr vorbei.

»Manchmal«, sagte er zu ihr. Er sah sie nur noch einmal lebend wieder.

15

Als er Sylvia Pittstons Hütte erreichte, war der Wind vollkommen erstorben, und die ganze Welt schien zu warten. Er war lange genug im Wüstengebiet, daß er wußte, je länger die Ruhe, desto heftiger würde der Wind sein, wenn er schließlich beschloß zu wehen. Ein seltsam fahles Licht lag über allem.

An der windschiefen und müden Tür der Hütte war ein großes Holzkreuz festgenagelt. Er klopfte und wartete. Keine Antwort. Er klopfte noch einmal. Keine Antwort. Er schritt zurück und trat die Tür mit einem heftigen Tritt des rechten Fußes ein. Drinnen wurde ein kleiner Riegel herausgerissen. Die Tür schlug gegen eine schlampig getäfelte Wand und ängstigte Ratten, die fiepsend flohen. Sylvia Pittston saß in der Diele, saß auf einem gigantischen Hartholzschaukelstuhl und sah ihn mit ihren großen, dunklen Augen ruhig an. Das Licht des Sturms fiel in gräßlichen Halbtönen auf ihr Gesicht. Sie trug einen Schal. Der Schaukelstuhl gab leise quietschende Geräusche von sich.

Sie sahen einander einen langen, zeitlosen Augenblick an.

»Du wirst ihn niemals erwischen«, sagte sie. »Du schreitest auf dem Weg des Bösen.«

»Er war bei dir«, sagte der Revolvermann.

»Und in meinem Bett. Er sprach in der Zunge zu mir. Er...«

»Er hat dich gevögelt.«

Sie zeigte keine Regung. »Du schreitest auf dem Weg des Bösen, Revolvermann. Du stehst im Schatten. Du hast gestern abend im Schatten des heiligen Ortes gestanden. Dachtest du, ich könnte dich nicht sehen?«

»Warum hat er den Grasesser geheilt?«

»Er war ein Engel Gottes. Das hat er gesagt.«

»Ich hoffe, er hat gelächelt, als er es gesagt hat.«

Sie zog die Lippen von den Zähnen zurück, eine unbewußte, wilde Geste. »Er sagte mir, daß du ihm folgen würdest. Er sagte mir, was ich tun muß. Er sagte, du bist der Antichrist.«

Der Revolvermann schüttelte den Kopf. »Das hat er nicht gesagt.«

Sie lächelte lasziv zu ihm auf. »Er sagte, du würdest mit mir ins Bett gehen wollen. Willst du?«

»Ja.«

»Der Preis ist dein Leben, Revolvermann. Er hat mir ein Kind gemacht... das Kind eines Engels. Wenn du in mich eindringst...« Sie beendete den Satz mit ihrem lasziven Lächeln. Gleichzeitig gestikulierte sie mit ihren riesigen, gebirgsähnlichen Hüften. Sie erstreckten sich unter ihrem Gewand wie Säulen aus feinstem Marmor.

Die Wirkung war betörend.

Der Revolvermann legte die Hände auf die Kolben seiner Pistolen. »Du hast einen Dämon in dir, Weib. Ich kann ihn austreiben.«

Die Reaktion erfolgte augenblicklich. Sie preßte sich in den Stuhl, und ein frettchenähnlicher Ausdruck blitzte auf ihrem Gesicht auf. »Faß mich nicht an! Komm mir nicht zu nahe. Wage nicht, Hand an die Braut Gottes zu legen!«

»Möchtest du wetten?« sagte der Revolvermann grinsend. Er kam auf sie zu.

Das Fleisch des riesigen Leibes bebte. Ihr Gesicht war eine Karikatur wahnsinnigen Entsetzens geworden, und sie hielt ihm mit überkreuzten Fingern das Zeichen des Auges entgegen.

»Die Wüste«, sagte der Revolvermann. »Was kommt nach der Wüste?«

»Du wirst ihn niemals erwischen! Niemals! Niemals! Du wirst verbrennen! Das hat er mir gesagt!«

»Ich werde ihn erwischen«, sagte der Revolvermann. »Das wissen wir beide. Was liegt jenseits der Wüste?«

»Nein!«

»Antworte mir!«

»Nein!«

Er glitt nach vorne, sank auf die Knie und ergriff ihre Schenkel. Sie kniff die Beine wie einen Schraubstock zusammen. Sie gab merkwürdige, lüsterne Klagelaute von sich.

»Dann also der Dämon«, sagte er.

»*Nein . . .*«

Er zwängte ihre Schenkel auseinander und zog eine seiner Pistolen aus dem Halfter.

»Nein! Nein! Nein!« Ihr Atem ging in kurzen, wilden Grunzlauten.

»Antworte mir.«

Sie schaukelte mit dem Stuhl, und der Boden bebte. Gebete und zusammenhanglose Bruchstücke von Schimpfworten kamen über ihre Lippen.

Er stieß den Lauf des Revolvers nach vorne. Er konnte mehr spüren als hören, wie sie entsetzt Luft in die Lungen sog. Ihre Hände schlugen auf seinen Kopf; ihre Füße trommelten auf den Boden. Und gleichzeitig versuchte der riesenhafte Leib, den Eindringling zu nehmen und zu umschließen.

Draußen beobachtete niemand sie, außer dem purpurnen Himmel.

Sie kreischte etwas Schrilles und Unartikuliertes.

»Was?«

»*Berge!*«

»Was ist mit ihnen?«

»Er rastet . . . auf der anderen Seite . . . h-h-heiliger *Jesus!* . . . um K-kräfte zu sammeln. M-m-meditieren, verstehst du? Oh . . . ich . . . ich . . .«

Der ganze gewaltige Fleischberg bewegte sich plötzlich vorwärts und aufwärts, doch er achtete sorgfältig darauf, daß er sich nicht von ihrem inneren Fleisch berühren ließ.

Dann schien sie zu welken und wurde kleiner, und sie weinte, während ihre Hände im Schoß ruhten.

»Na also«, sagte er und stand auf. »Dem Dämon ist gedient, was?«

»Geh. Du hast das Kind getötet. Geh. Geh.«

Unter der Tür blieb er stehen und drehte sich um. »Kein Kind«, sagte er knapp. »Kein Engel, kein Dämon.«

»Laß mich allein.«

Das tat er.

16

Als er bei Kennerly ankam, war der nördliche Horizont merkwür-
dig verschleiert, und er wußte, daß das Staub war. Über Tull war
die Luft ruhig und totenstill.

Kennerly erwartete ihn auf der häckselbedeckten Bühne, die
der Boden seiner Stallung war. »Brechen Sie auf?« Er grinste den
Revolvermann verächtlich an.

»Ja.«

»Doch nicht während des Sturms?«

»Ihm voraus.«

»Der Wind ist schneller als ein Mann auf einem Maultier. Im offenen Gelände kann er Sie umbringen.«

»Ich möchte jetzt das Maultier«, sagte der Revolvermann
schlicht.

»Gewiß.« Aber Kennerly wandte sich nicht ab, er stand lediglich
da, als suchte er nach noch etwas, das er sagen konnte, und grinste sein kriecherisches, haßerfülltes Grinsen; sein Blick ging in die
Höhe und über die Schulter des Revolvermannes.

Der Revolvermann trat beiseite und wirbelte gleichzeitig herum,
und der schwere Ast aus dem Feuerholz, den das Mädchen Soobie
geschwungen hatte, traf lediglich seinen Ellbogen. Durch die
Wucht ihres Schlages verlor sie den Halt, und das Holz fiel polternd zu Boden. In der explosiven Höhe des Heubodens flatterten
schattenhafte Rauchschwalben auf.

Das Mädchen sah ihn dümmlich an. Ihre Brüste drängten in
überreifer Pracht gegen die vom Waschen ausgebleichte Bluse, die
sie anhatte. Ein Daumen suchte mit traumartiger Langsamkeit den
Hafen ihres Mundes.

Der Revolvermann drehte sich wieder zu Kennerly um. Kennerlys Grinsen war breit. Seine Haut war wächsern gelb. Die Augen
rollten in den Höhlen. »Ich . . .«, begann er mit einem verschleim-
ten Flüstern und konnte nicht weitersprechen.

»Das Maultier«, drängte der Revolvermann sanft.

»Gewiß, gewiß, gewiß«, flüsterte Kennerly, dessen Grinsen nun
Ungläubigkeit ausdrückte. Er schlurfte zu ihm.

Er ging dorthin, wo er Kennerly im Auge behalten konnte. Der
Stallknecht brachte das Maultier und gab ihm die Zügel. »Du

gehst rein und kümmerst dich um deine Schwester«, sagte er zu Soobie.

Soobie schüttelte den Kopf und bewegte sich nicht.

Der Revolvermann ließ sie dort stehen, wo sie sich über den kotbesudelten Boden hinweg ansahen, er mit seinem ekligen Grinsen, sie mit dummem, leblosen Trotz. Die Hitze draußen war immer noch wie ein Hammer.

17

Er führte das Maultier zur Straßenmitte, seine Stiefel wirbelten Staubwölkchen auf. Seine Wasserschläuche hatte er auf den Rükken des Maultiers geschnallt.

Bei Sheb's hielt er an, aber Allie war nicht da. Das Haus war verlassen, wegen des Sturms verbarrikadiert, aber immer noch schmutzig von gestern nacht. Sie hatte noch nicht zu putzen angefangen, und die Bar war so stinkend wie ein nasser Hund.

Er füllte seinen Lastsack mit Getreideschrot, getrocknetem und geröstetem Getreide und der Hälfte des rohen Hackfleischs aus dem Kühlschrank. Er stapelte vier Goldstücke auf die Brettertheke. Allie kam nicht herunter. Shebs Klavier entbot ihm mit seinen gelben Zähnen ein stummes Lebewohl. Er ging wieder nach draußen und wuchtete den Lastsack auf den Rücken seines Maultiers. Seine Kehle war wie zugeschnürt. Es könnte ihm gelingen, der Falle auszuweichen, aber die Chancen standen gering. Immerhin war er der Versucher.

Er ging an den zugenagelten, wartenden Häusern vorbei und spürte die Blicke durch die Ritzen und Fugen hindurch. Der Mann in Schwarz hatte in Tull Gott gespielt. War das ein Sinn für die Komik des Kosmos, oder eine Frage der Verzweiflung? Das war eine Frage von nicht unerheblicher Bedeutung.

Hinter ihm ertönte ein schriller, gequälter Schrei, und plötzlich wurden Türen aufgerissen. Gestalten schnellten heraus. Also war die Falle zugeschnappt. Männer in Overalls und Männer in schmutzigen Kattunhosen. Frauen in Pluderhosen und ausgebleichten Kleidern. Sogar Kinder, die hinter ihren Eltern einhertapsten. Und in jeder Hand war ein Holzknüppel oder ein Messer.

Seine Reaktion war automatisch, ohne Zögern, angeboren. Er wirbelte auf den Absätzen herum, während seine Hände die Pistolen aus dem Halfter zogen, deren Kolben schwer und sicher in seiner Hand lagen. Es war Allie, und selbstverständlich mußte es Allie sein, die mit verzerrtem Gesicht auf ihn zukam, in dem die Narbe im düsteren Licht eine höllische Purpurfärbung angenommen hatte. Er sah, daß sie als Geißel genommen worden war; das verzerrte, grimassenschneidende Gesicht von Sheb sah über ihre Schultern wie der Vertraute einer Hexe. Sie war sein Schild und Opfer. Er sah alles klar und ohne Schatten im gefrorenen unsterblichen Licht der sterilen Ruhe, und er hörte sie:

»Er hat mich, o Jesus, schieß nicht schieß nicht *schieß . . .*«

Aber seine Hände waren geübt. Er war der letzte seiner Rasse, und nicht nur sein Mund kannte die Hochsprache. Die Pistolen donnerten ihre schwere, atonale Musik in die Luft. Ihr Mund klappte herunter, sie sank in sich zusammen, und die Pistolen feuerten erneut. Shebs Kopf schnellte nach hinten. Sie fielen beide in den Staub.

Stöcke flogen durch die Luft und regneten herab. Er strauchelte, wehrte sie ab. Einer, durch den ein Nagel geschlagen war, riß ihm den Arm auf, und Blut floß. Ein Mann mit Bartstoppeln und Schwitzflecken unter den Achselhöhlen, der ein Küchenmesser in einer Hand hielt, warf sich ihm entgegen. Der Revolvermann erschoß ihn, und der Mann sackte auf die Straße. Seine Zähne klapperten hörbar, als das Kinn aufprallte.

»SATAN!« schrie jemand. »DER VERFLUCHTE! UNTERWERFT IHN!«

»DER VERSUCHER!« schrie eine andere Stimme. Stöcke regneten auf ihn herab. Ein Messer drang in seinen Stiefel ein und blieb wippend stecken. »DER VERSUCHER! DER ANTICHRIST!«

Er ballerte sich eine Gasse durch ihre Mitte und lief, während Menschen zu Boden fielen; seine Hände suchten mit grauenhafter Sicherheit ihr Ziel. Zwei Männer und eine Frau fielen, und er lief durch die Lücke, die sie freigemacht hatten.

Er führte die fiebrige Parade quer über die Straße und zu dem baufälligen Kaufhaus und Barbierladen an, der Sheb's gegenüberlag. Er sprang auf den Gehweg, wirbelte wieder herum und feuerte den Rest seiner Ladung in die heranbrandende Menge. Hinter ihnen lagen Sheb und Allie und die anderen gekreuzigt im Staub.

Sie zögerten oder besannen sich nicht, wenngleich jeder Schuß, den er abfeuerte, ein lebenswichtiges Organ traf und obwohl sie eine Pistole wahrscheinlich nur auf Bildern in alten Zeitschriften gesehen hatten.

Er wich zurück und bewegte seinen Körper wie ein Tänzer, um den Wurfgeschossen auszuweichen. Im Gehen lud er mit einer Schnelligkeit nach, die seinen Fingern ebenfalls antrainiert war. Sie wuselten emsig zwischen Patronengurt und Zylinder her. Der Mob kam auf den Gehweg, und er trat in das Warenhaus und schlug die Tür zu. Das große Schaufenster rechts davon barst nach innen, und drei Männer drängten sich hindurch. Ihre Gesichter waren fanatisch und ausdruckslos, die Augen von verzehrendem Feuer erfüllt. Er erschoß sie alle, auch die beiden, die ihnen folgten. Sie stürzten ins Fenster, hingen auf den Glasscherben, versperrten die Öffnung.

Die Tür krachte und erbebte unter ihrem Druck, und er konnte *ihre* Stimme hören: »DER KILLER! EURE SEELEN! DAS BOCKSBEIN!«

Die Tür wurde aus den Angeln gerissen und fiel einwärts, sie erzeugte ein tonloses Händeklatschen. Staub stob vom Boden empor. Männer, Frauen und Kinder drangen auf ihn ein. Speichel und Feuerholz flogen. Er schoß seine Pistolen leer, und sie fielen wie Kegel. Er wich zurück, stieß ein Mehlfaß um, rollte es ihnen entgegen, ging in den Barbierladen, warf einen Topf mit kochendem Wasser, in dem zwei gekerbte Rasiermesser lagen. Sie drängten weiter heran und kreischten wütend und unverständlich. Irgendwo trieb Sylvia Pittston sie an, ihre Stimme schwoll in zufälliger Modulation auf und ab. Er feuerte Geschosse in Dampfkammern, nahm den Geruch von Rasuren und Haarschnitten wahr, roch sein eigenes Fleisch, als die Schwielen an seinen Fingerspitzen versengt wurden.

Er ging zur Hintertür hinaus auf die Veranda. Jetzt hatte er das flache Buschland hinter sich, welches die Stadt achtlos leugnete, die sich an seine gewaltige Wampe schmiegte. Drei Männer mit breitem Verrätergrinsen auf den Gesichtern hasteten um die Ecke. Sie sahen ihn und sahen, daß er sie sah, und ihr Grinsen erlosch in dem Augenblick, bevor er sie niedermähte. Eine heulende Frau war ihnen gefolgt. Sie war groß und dick und den Zechbrüdern im Sheb's als Tante Mill bekannt. Der Revolvermann pustete sie um, und sie landete mit hurenhaft gespreizten Beinen und über die Schenkel gerutschtem Rock.

Er ging die Stufen hinunter und schritt rückwärts in die Wüste, zehn Schritte, zwanzig. Die Hintertür des Barbierladens flog auf, und sie brodelten heraus. Er erhaschte einen Blick auf Sylvia Pittston. Er eröffnete das Feuer. Sie fielen in Scharen, sie fielen nach hinten, sie kippten über das Geländer in den Staub. Im unsterblichen Purpurlicht des Tages warfen sie keine Schatten. Er merkte, daß er schrie. Er hatte die ganze Zeit geschrien. Seine Augen fühlten sich wie geborstene Kugellager an. Seine Eier waren zum Unterleib geschrumpelt. Seine Beine waren aus Holz. Seine Ohren waren aus Eisen.

Die Pistolen waren leer, und sie brodelten ihm entgegen, in ein Auge und eine Hand umgemodelt, und er stand da und schrie und lud nach, sein Verstand war weit entfernt und abwesend und ließ die Hände den Trick des Nachladens allein ausführen. Konnte er die Hand heben und ihnen sagen, daß er fünfundzwanzig Jahre damit verbracht hatte, diesen und andere Tricks zu lernen, ihnen von den Pistolen und dem Blut erzählen, das sie gesegnet hatte? Nicht mit dem Mund. Aber seine Hände konnten ihre eigene Geschichte erzählen.

Sie waren bis auf Wurfweite herangekommen, als er mit Laden fertig war, und ein Stock traf ihn an der Stirn und brachte Blutstropfen aus einer Schürfwunde zum Vorschein. In zwei Sekunden würden sie ihn ergreifen können. Er sah Kennerly in vorderster Front; Kennerlys jüngere Tochter, die vielleicht sieben war; Soobie; zwei männliche Barbesucher; eine Barbesucherin namens Amy Feldon. Er gab es ihnen allen, und denjenigen hinter ihnen. Ihre Leiber plumpsten wie Vogelscheuchen. Blut und Gehirn spritzten in Strömen.

Sie hielten einen Augenblick verwirrt inne, das Antlitz des Mobs zerfiel in einzelne bestürzte Gesichter. Ein Mann lief kreischend einen großen Kreis. Eine Frau mit Blasen an den Händen hob den Kopf und kicherte fiebrig zum Himmel empor. Der Mann, den er erstmals ernst auf den Stufen des Kaufhauses hatte sitzen gesehen, füllte seine Hose plötzlich mit einer erstaunlichen Ladung.

Er hatte Zeit, eine Pistole nachzuladen.

Dann lief Sylvia Pittston auf ihn zu und schwenkte in jeder Hand ein Holzkreuz. »TEUFEL! TEUFEL! TEUFEL! KINDERMÖRDER! UNGEHEUER! VERNICHTET IHN, BRÜDER UND SCHWESTERN! VERNICHTET DEN KINDERMORDENDEN VERSUCHER!« Er feuerte einen Schuß in jedes Kreuz und zersplitterte die Balken, dann vier in den Kopf der Frau. Sie schien wie eine Ziehharmonika in sich zusammenzufallen und zu wabern wie ein Hitzeflimmern.

Sie sahen sie alle einen Augenblick wie ein Gemälde an, während die Finger des Revolvermannes den Ladetrick ausführten. Seine Fingerspitzen zischten und verbrannten. Fein säuberliche Kreise waren in die Kuppe eines jeden eingebrannt.

Jetzt waren es weniger; er war durch sie gegangen wie die Sense eines Mähers. Er dachte, nach dem Tod der Frau würden sie sich zerstreuen, aber jemand warf ein Messer. Der Griff traf ihn genau zwischen die Augen und warf ihn um. Sie liefen als grapschendes, bösartiges Knäuel auf ihn zu. Er feuerte seine Pistolen wieder leer, während er in seinen eigenen leeren Hülsen lag. Sein Kopf schmerzte, und er sah große braune Ringe vor den Augen. Er schoß einmal daneben und brachte elf zu Fall.

Aber diejenigen, die übriggeblieben waren, waren über ihm. Er feuerte die vier Kugeln ab, die er hatte nachladen können, und dann schlugen sie ihn und stachen auf ihn ein. Er schüttelte ein paar von seinem linken Arm ab und rollte sich weg. Seine Hände fingen an, ihren unfehlbaren Trick auszuführen. Er wurde in die Schulter gestochen. Er wurde in den Rücken gestochen. Sie hieben ihm auf die Rippen. Er wurde in den Arsch gestochen. Ein kleiner Junge drängelte sich auf ihn zu und brachte ihm die einzige tiefe Schnittwunde über der Wadenwölbung bei. Der Revolvermann pustete ihm den Kopf weg.

Sie zerstreuten sich, und er gab es ihnen noch einmal. Diejenigen links zogen sich in Richtung der sandfarbenen, erodierten Gebäude zurück, und die Hände führten immer noch ihren Trick aus, gleich übereifrigen Hunden, die einem ihren Überrolltrick nicht einmal oder zweimal, sondern die ganze Nacht vorführen wollten, und die

Hände mähten sie nieder, während sie flohen. Der Letzte schaffte es bis zu den Stufen der Hintertür des Barbierladens, dort traf ihn die Kugel des Revolvermannes in den Hinterkopf.

Schweigen kehrte wieder ein, erfüllte den zerklüfteten Raum.

Der Revolvermann blutete aus etwa zwanzig verschiedenen Wunden, die allesamt oberflächlich waren, abgesehen vom Schnitt in der Wade. Er verband sie mit einem Streifen seines Hemdes, dann richtete er sich auf und begutachtete sein Blutbad.

Sie bildeten einen gekrümmten, zickzackförmigen Pfad von der Hintertür des Barbierladens bis zu der Stelle, wo er stand. Sie lagen in allen möglichen Haltungen da. Keiner von ihnen schien zu schlafen.

Er folgte ihrem Pfad zurück und zählte dabei. Im Laden lag ein Mann und hielt das geborstene Süßigkeitenglas, das er mit sich heruntergerissen hatte, in liebevoller Umarmung.

Er blieb dort stehen, wo er angefangen hatte, in der Mitte der verlassenen Hauptstraße. Er hatte neununddreißig Männer, vierzehn Frauen und fünf Kinder erschossen. Er hatte alle und jeden in Tull erschossen.

Die erste trockene Windbö trug ihm einen widerlich süßlichen Geruch in die Nase. Er folgte ihm, dann sah er auf und nickte. Norts verwesender Leichnam lag mit gespreizten Gliedern auf dem Bretterdach von Sheb's, wo er mit Holzpflöcken gekreuzigt worden war. Mund und Augen waren offen. Ein großer, purpurner gespaltener Huf war ihm auf die Haut seiner fettigen Stirn gedrückt worden.

Er schritt aus der Stadt hinaus. Sein Maultier stand etwa vierzig Meter entfernt am Rand dessen, was von der Kutschenstraße übriggeblieben war. Der Revolvermann führte es zu Kennerlys Stallung zurück. Draußen spielte der Wind eine Ragtime-Melodie. Er versorgte das Maultier und ging zu Sheb's zurück. Im rückwärtigen Schuppen fand er eine Leiter, stieg aufs Dach und machte Nort los. Der Leichnam war leichter als ein Sack voller Stöcke. Er schleppte ihn hinunter zum gewöhnlichen Volk. Dann begab er sich wieder nach drinnen, aß Hamburger und trank drei Bier, während das Licht erlosch und der Sand zu fliegen anfing. In dieser Nacht schlief er in dem Bett, in dem er und Allie gelegen hatten. Er träumte nicht. Am nächsten Morgen war der Wind verschwunden, und die grelle und vergeßliche Sonne war wieder ganz die alte. Der Wind hatte die Leichen wie Steppenhexen nach Süden geweht. Am späten Vormittag zog auch er weiter, nachdem er alle seine Wunden verbunden hatte.

18

Er dachte, Brown wäre eingeschlafen. Das Feuer war zu einem schwachen Glimmen niedergebrannt, und der Vogel, Zoltan, hatte den Kopf unter den Flügel gesteckt.

Als er gerade aufstehen und einen Strohsack in der Ecke ausbreiten wollte, sagte Brown: »Also. Nun hast du es erzählt. Fühlst du dich jetzt besser?«

Der Revolvermann zuckte zusammen. »Weshalb sollte ich mich schlecht fühlen?«

»Du sagtest, du bist ein Mensch. Kein Dämon. Oder hast du gelogen?«

»Ich habe nicht gelogen.« Er spürte das widerstrebende Eingeständnis in sich: Er mochte Brown. Ehrlich. Und er hatte den Grenzbewohner in keiner Weise belogen. »Wer bist du, Brown? In Wirklichkeit, meine ich.«

»Nur ich«, sagte er unbekümmert. »Warum mußt du glauben, daß du so geheimnisvoll bist?«

Der Revolvermann zündete sich eine Zigarette an und antwortete nicht.

»Ich glaube, du bist deinem Mann in Schwarz sehr nahe«, sagte Brown. »Ist er verzweifelt?«

»Ich weiß nicht.«

»Bist du es?«

»Noch nicht«, sagte der Revolvermann. Er sah Brown mit einer Spur Trotz an. »Ich tue, was ich tun muß.«

»Das ist gut«, sagte Brown, drehte sich um und schlief ein.

19

Am Morgen gab Brown ihm zu essen und schickte ihn seines Weges. Bei Tageslicht war er mit seiner mageren, braungebrannten Brust, dem bleistiftdünnen Brustbein und der lockigen roten Haartracht eine erstaunliche Gestalt. Der Vogel kauerte auf seiner Schulter.

»Das Maultier?« fragte der Revolvermann.

»Ich esse es«, sagte Brown.

»Einverstanden.«

Brown streckte ihm die Hand hin, und der Revolvermann schüttelte sie. Der Grenzbewohner nickte nach Süden und sagte: »Gute Reise.«

»Ganz bestimmt.«

Sie nickten einander zu, und dann schritt der Revolvermann davon, und sein Körper war mit Pistolen und Wasserschläuchen beladen. Er sah einmal zurück.

Brown jätete wie von Sinnen in seinem kleinen Getreidefeld. Die Krähe saß auf dem Flachdach seiner Behausung wie eine wasserspeiende Fratze.

20

Das Feuer war niedergebrannt, und die Sterne begannen zu verblassen. Der Wind schritt rastlos dahin.

Der Revolvermann zuckte im Schlaf und lag wieder still. Er träumte einen durstigen Traum. In der Dunkelheit waren die Silhouetten der Berge unsichtbar. Seine Schuldgefühle waren verschwunden. Die Wüste hatte sie ausgebrannt.

Statt dessen dachte er immer häufiger an Cort, der ihm das Schießen beigebracht hatte. Cort hatte Schwarz und Weiß unterscheiden können.

Er bewegte sich wieder und erwachte. Er blinzelte in das tote Feuer, dessen eigene Form die andere, geometrischere überlagerte. Er wußte, er war ein Romantiker, und dieses Wissen hütete er eifersüchtig.

Das ließ ihn natürlich wieder an Cort denken. Er wußte nicht, wo Cort war. Die Welt hatte sich weiter gedreht.

Der Revolvermann schulterte seinen Lastsack und zog mit ihm weiter.

Zweiter Teil
Das Rasthaus

Den ganzen Tag ging ihm schon ein Kinderlied durch den Kopf, die Art von Lied, die einen wahnsinnig machen kann, die nicht locker-läßt, die spöttelnd außerhalb der Apsis des bewußten Verstandes steht und dem vernünftigen Wesen darin Grimassen schneidet. Das Lied lautete:

Es grünt so grün, wenn Spaniens Blüten blühen.
Und Freud und Leid sind Lohn für uns're Mühen.
Doch es grünt so grün, wenn Spaniens Blüten blühen.

Ob mit normalem oder verrücktem Sinn,
Die Welt, die wird stets weiterziehn,
Doch alles drängt zum alten hin,
Und bist du gewieft oder hinterm Ohr grün,
Es grünt so grün, wenn Spaniens Blüten blühen.

In Liebe wir ziehn, doch in Ketten wir fliehn,
Und wenn Spaniens Blüten blühen, grünt es grün.

Er wußte, weshalb ihm das Lied eingefallen war. Er hatte wieder-holt von seinem Zimmer im Schloß und seiner Mutter geträumt, die es ihm vorgesungen hatte, wenn er ernst in seinem winzigen Bett vor dem Fenster mit den vielen Farben lag. Sie sang es ihm nicht zur Schlafenszeit, denn alle Jungs, die mit der Hochsprache geboren werden, müssen allein mit der Dunkelheit fertig werden, aber sie sang es ihm vor seinem Mittagsschlaf, und er erinnerte sich an das schwere graue Regenlicht, das auf der Überwurfdecke Farben warf; er konnte die Kälte des Zimmers und die schwere Wärme der Dek-ken fühlen, die Liebe für seine Mutter und ihre roten Lippen, die einprägsame Melodie der Nonsensverse und ihre Stimme.

Jetzt fiel es ihm wieder ein und machte ihn verrückt wie Hitzepik-kel und ließ ihn in seinen Gedanken seinem eigenen Schwanz hin-terherjagen. Sein Wasservorrat war erschöpft, und er wußte, er war wahrscheinlich ein toter Mann. Er hatte nie damit gerechnet, daß es soweit kommen würde, und es tat ihm leid. Seit dem Nachmittag achtete er nur noch auf seine Füße und nicht mehr auf den vor ihm liegenden Weg. Hier draußen war selbst das Teufelsgras verkümmert und gelb. An verschiedenen Stellen war die Kruste zu Staub zerkrümelt. Die Berge waren nicht erkennbar deutlicher geworden, wenngleich sechzehn Tage verstrichen waren, seit er das Haus des letzten Grenzbewohners verlassen hatte, eines normal-verrückten jungen Mannes am Rand der Wüste. Er hatte einen Raben gehabt, erinnerte sich der Revolvermann, aber der Name des Raben fiel ihm nicht mehr ein.

Er sah zu, wie sich seine Füße hoben und senkten, lauschte dem Nonsenslied, das sich in seinem Verstand zu bemitleidenswerter Verstümmelung sang, und fragte sich, wann er zum ersten Mal hinfallen würde. Er wollte nicht hinfallen, auch wenn es niemand sehen konnte. Das war eine Frage des Stolzes. Ein Revolvermann weiß, was Stolz ist – der unsichtbare Knochen, der den Hals steif hält.

Er blieb unvermittelt stehen und sah auf. Sein Kopf summte, und einen Augenblick schien sein ganzer Körper zu schweben. Am fernen Horizont träumten die Berge. Aber vor ihm war noch etwas anderes, etwas viel Näheres. Möglicherweise nur fünf Meilen entfernt. Er blinzelte, aber seine Augen waren sandverklebt und blind vom grellen Sonnenlicht. Er schüttelte den Kopf und ging weiter. Das Lied kreiste und summte. Etwa eine Stunde später fiel er hin und schürfte sich die Hände auf. Er sah die winzigen Blutstropfen auf seiner sich abschälenden Haut ungläubig an. Das Blut sah nicht dünner aus; es schien auf stumme Weise lebensfähig zu sein. Es schien beinahe ebenso schmuck wie die Wüste zu sein. Er strich die Tropfen voll blindem Haß weg. Schmuck? Warum nicht? Das Blut war nicht durstig. Dem Blut wurde gedient. Dem Blut wurden Opfer dargebracht. Blutopfer. Das Blut mußte nichts weiter tun als fließen... fließen... fließen.

Er betrachtete die Tropfen, die auf die Kruste gefallen waren, und beobachtete, wie sie mit unziemlicher Hast aufgesogen wurden. Wie schmeckt dir dieses Blut? Macht es dich an?

O Jesus, du bist völlig hinüber.

Er stand auf und hielt die Hände vor die Brust, und das Ding, das er vorhin gesehen hatte, war fast direkt vor ihm und entlockte ihm einen überraschten Schrei – einen stauberstickten Krähenruf. Es war ein Gebäude. Nein; zwei Gebäude, die von einem umgestürzten Lattenzaun umgeben waren. Das Holz schien alt und bis zur Elfenhaftigkeit zerbrechlich zu sein; es war Holz, das in Sand umgewandelt wurde. Eines der Gebäude war ein Stall gewesen – die Form war klar und unmißverständlich. Das andere war ein Haus, oder ein Gasthaus. Ein Rasthaus der Postkutschenlinie. Das baufällige Sandhaus (der Wind hatte das Holz so sehr mit Sand verkrustet, daß es wie eine Sandburg aussah, welche die Sonne bei Ebbe gebacken und zu einer vorübergehenden Bleibe gehärtet hatte) warf einen schmalen Schatten, und in diesem Schatten saß jemand und lehnte sich an das Gebäude. Und das Gebäude schien sich unter der Last seines Gewichts zu biegen.

Also er. Endlich. Der Mann in Schwarz.

Der Revolvermann stand mit den Händen an der Brust da, bemerkte die deklamatorische Haltung aber nicht und glotzte. Und anstelle des gewaltigen Flügelschlags der Aufregung, den er erwartet hatte – oder sogar Angst, oder Ehrfurcht –, spürte er lediglich ein vages, atavistisches Schuldgefühl angesichts des tobenden Hasses seines eigenen Blutes vor wenigen Augenblicken, sowie den endlosen Ringelreihen des Kinderliedes:

...es grünt so grün...

Er ging einen Schritt weiter und zog eine Pistole.

...wenn Spaniens Blüten blühen.

Die letzte Viertelmeile legte er laufend zurück, ohne einen Versuch zu unternehmen, sich zu verstecken; es war nichts da, hinter dem er sich hätte verstecken können. Sein kurzer Schatten eilte ihm voraus. Ihm war nicht bewußt, daß sein Gesicht zu einer grauen, grinsenden Totenmaske der Erschöpfung geworden war; er sah nur die Gestalt im Schatten. Erst später kam ihm der Gedanke, daß die Gestalt im Schatten hätte tot sein können.

Er kickte eine der windschiefen Zaunlatten durch – sie brach lautlos, beinahe unterwürfig entzwei – und lief über den stummen und sengenden Vorplatz des Stalls, wobei er die Pistole hochhob.

»Keine Bewegung! Keine Bewegung! Keine...«

Die Gestalt bewegte sich unruhig und stand auf. Der Revolvermann dachte: Mein Gott, er ist zu einem Nichts geschwunden, was ist mit ihm passiert? Denn der Mann in Schwarz war um ganze sechzig Zentimeter geschrumpft, sein Haar war weiß geworden.

Er blieb wie vom Donner gerührt stehen, sein Kopf summte unmelodisch. Sein Herzschlag raste mit irrer Geschwindigkeit, und er dachte: Ich werde genau hier sterben...

Er sog die weißglühende Luft in die Lungen und ließ einen Augenblick den Kopf hängen. Als er ihn wieder hob, sah er, daß es überhaupt nicht der Mann in Schwarz war, sondern ein kleiner Junge mit sonnengebleichtem Haar, der ihn mit Augen ansah, denen jegliches Interesse zu fehlen schien. Der Revolvermann sah ihn verständnislos an und schüttelte dann verneinend den Kopf. Doch der Junge überlebte seine Weigerung zu glauben; er stand immer noch da, in Bluejeans mit einem Flicken auf dem Knie und ein derb gewobenes braunes Hemd gekleidet.

Der Revolvermann schüttelte noch einmal den Kopf und ging mit gesenktem Kopf auf den Stall zu, ohne die Pistole aus der Hand zu nehmen. Er konnte noch nicht denken. Sein Kopf war mit Sandkörnern gefüllt, dumpf pochende Kopfschmerzen bildeten sich darin. Das Innere des Stalls war still und dunkel und explodierte vor Hitze. Der Revolvermann sah sich mit riesigen, verschwimmenden Glupschaugen um. Der Revolvermann machte eine trunkene Kehrtwendung und erblickte den Jungen, der unter der geborstenen Tür stand und ihn betrachtete. Eine riesige Lanzette des Schmerzes bohrte sich traumgleich in seinen Kopf, schnitt von einer Schläfe zur anderen und teilte sein Gehirn wie eine Orange. Er steckte die Pistole wieder in den Halfter, schwankte, hielt die Hände hoch, als wollte er Phantome abwehren, und fiel vornüber aufs Gesicht.

Als er erwachte, lag er auf dem Rücken und hatte ein Bündel lockeres, geruchloses Heu unter dem Kopf. Es war dem Jungen nicht gelungen, ihn zu bewegen, aber er hatte es ihm so angenehm wie möglich gemacht. Und ihm war kühl. Er sah an sich herab und stellte fest, daß sein Hemd von Feuchtigkeit dunkel verfärbt war. Er leckte sich das Gesicht und schmeckte Wasser. Er blinzelte danach.

Der Junge kauerte neben ihm. Als er sah, daß die Augen des Revolvermannes offen waren, griff er hinter sich und reichte dem Revolvermann eine verbeulte Blechkanne voll Wasser. Er nahm sie

mit zitternden Händen und genehmigte sich einen kleinen
Schluck – nur einen ganz kleinen. Als der unten in seinem Magen
angelangt war, trank er ein wenig mehr. Dann schüttete er sich
den Rest über das Gesicht und gab prustende, erschreckte Laute
von sich. Die hübschen Lippen des Jungen kräuselten sich zu einem kleinen Lächeln.

»Möchten Sie was essen?«

»Noch nicht«, sagte der Revolvermann. Er hatte immer noch die
üblen Kopfschmerzen des Hitzschlags in sich, und das Wasser lag
ihm unbehaglich im Magen, als wüßte es nicht, wohin es gehen
sollte. »Wer bist du?«

»Mein Name ist John Chambers. Sie können mich Jake nennen.«

Der Revolvermann richtete sich auf, und die üblen Schmerzen
schwollen an und wurden bohrend. Er beugte sich nach vorne und
verlor einen kurzen Kampf mit seinem Magen.

»Es gibt noch mehr«, sagte Jake. Er nahm die Kanne und ging in
den rückwärtigen Teil des Stalls. Er blieb stehen und lächelte den
Revolvermann unsicher an. Der Revolvermann nickte ihm zu,
dann senkte er den Kopf und stützte ihn mit den Händen. Der
Junge war gut gebaut, hübsch und vielleicht neun Jahre alt. Ein
Schatten lag über seinem Gesicht, aber heutzutage lag über jedem
Gesicht ein Schatten.

Im hinteren Teil des Stalls fing ein pochendes Summen an, und
der Revolvermann hob argwöhnisch den Kopf und legte die Hände
auf die Pistolengriffe. Das Geräusch dauerte etwa fünfzehn Sekunden an, dann verebbte es. Der Junge kam mit der Kanne zurück –
die jetzt gefüllt war.

Der Revolvermann trank wieder zögernd, doch dieses Mal ging
es etwas besser. Seine Kopfschmerzen ließen nach.

»Ich wußte nicht, was ich mit Ihnen machen sollte, als Sie hinge-
fallen waren«, sagte Jake. »Draußen dachte ich ein paar Sekunden
lang, Sie würden mich erschießen.«

»Ich hielt dich für jemand anderen.« – »Den Priester?«

Der Revolvermann sah ruckartig auf. »Welchen Priester?«

Der Junge sah ihn an und runzelte ein wenig die Stirn. »Der Priester. Er schlug sein Lager im Hof auf. Ich war drüben im Haus. Ich
mochte ihn nicht, daher bin ich nicht herausgekommen. Er kam in
der Nacht und zog am nächsten Tag weiter. Ich hätte mich auch vor

dir versteckt, aber ich schlief, als du gekommen bist.« Er sah düster über den Kopf des Revolvermannes hin weg. »Ich mag keine Menschen. Sie bringen mich durcheinander.«

»Wie sah der Priester aus?«

Der Junge zuckte die Achseln. »Wie ein Priester. Er hatte schwarze Sachen an.«

»Kapuze und Soutane?«

»Was ist eine Soutane?«

»Ein Gewand.«

Der Junge nickte. »Gewand und Kapuze.«

Der Revolvermann beugte sich nach vorne, und etwas in seinem Gesichtsausdruck veranlaßte den Jungen, ein wenig zurückzuschrecken. »Wie lange ist das her?«

»Ich... ich...«

Der Revolvermann sagte geduldig: »Ich werde dir nicht weh tun.«

»Ich weiß nicht. Ich kann mir die Zeit nicht merken. Jeder Tag ist wie der andere.«

Der Revolvermann fragte sich zum ersten Mal bewußt, wie der Junge an diesen Ort gekommen war, mitten in die trockene und mörderische Wüste, die sich meilenweit ringsum erstreckte. Aber das sollte nicht seine Sorge sein, wenigstens vorerst nicht. »Dann schätze. Ist es lange her?«

»Nein. Nicht lange. Ich bin noch nicht lange hier.«

Das Feuer in ihm loderte wieder empor, und er griff mit etwas zitternden Händen nach der Kanne. Ein Stück des Kinderliedes ging ihm wieder durch den Kopf, doch dieses Mal sah er nicht das Gesicht seiner Mutter vor sich, sondern das von der Narbe entstellte Gesicht Alices, die in der jetzt entvölkerten Stadt Tull seine Geliebte gewesen war. »Wie lange? Eine Woche? Zwei? Drei?«

Der Junge sah ihn geistesabwesend an. »Ja.«

»Was nun?«

»Eine Woche. Oder zwei. Ich bin nicht herausgekommen. Er hat nicht einmal etwas getrunken. Ich dachte, er könnte der Geist eines Priesters sein. Ich hatte Angst. Ich hatte fast die ganze Zeit Angst.« Sein Gesicht erbebte wie ein Kristall kurz vor dem endgültig letzten Ton, der ihn zum Bersten bringt. »Er hat nicht einmal ein Feuer gemacht. Er saß einfach nur da. Ich weiß nicht einmal, ob er geschlafen hat.«

Nahe! Er war ihm näher, als er es jemals gewesen war. Obwohl er im höchsten Grade ausgetrocknet war, fühlten sich seine Hände leicht feucht an; schmierig.

»Ich habe Dörrfleisch«, sagte der Junge.

»In Ordnung«, sagte der Revolvermann. »Gut.«

Der Junge stand auf, um es zu holen, und seine Knie knackten ein wenig. Er ist voller Saft, dachte der Revolvermann. Er trank wieder aus der Kanne. Er ist voller Saft, und er stammt nicht von hier.

Jake kam mit einem Stapel Dörrfleisch auf einem von der Sonne gebleichten Brettchen zurück. Das Fleisch war zäh, knorpelig und so salzig, daß die offenen Lippen des Revolvermannes brannten. Er aß und trank bis er sich träge fühlte, dann lehnte er sich zurück. Der Junge aß nur wenig.

Der Revolvermann sah ihn unverwandt an, und der Junge betrachtete ihn ebenfalls. »Woher kommst du, Jake?« fragte er schließlich.

»Ich weiß nicht.« Der Junge runzelte die Stirn. »Ich wußte es. Als ich hierher kam, da wußte ich es. Aber inzwischen ist alles verschwommen, wie ein Alptraum, wenn man aufgewacht ist. Ich habe jede Menge Alpträume.«

»Hat dich jemand hergebracht?«

»Nein«, sagte der Junge. »Ich war einfach hier.«

»Deine Worte ergeben überhaupt keinen Sinn«, sagte der Revolvermann unverblümt.

Der Junge schien mit einem Mal kurz davor zu sein, in Tränen auszubrechen. »Ich kann nichts dafür. Ich war einfach hier. Und jetzt wirst du weggehen, und ich werde hier verhungern, weil du fast mein ganzes Essen aufgegessen hast. Ich habe nicht darum gebeten, hier zu sein. Es gefällt mir nicht. Es ist unheimlich.«

»Hör auf mit deinem Selbstmitleid. Hilf dir selbst.«

»Ich habe nicht darum gebeten, hier zu sein«, erwiderte der Junge voll betroffenem Trotz.

Der Revolvermann aß noch ein Stück Dörrfleisch, aus dem er das Salz herauskaute, bevor er es schluckte. Der Junge war hierher verschlagen worden, und der Revolvermann war davon überzeugt, daß er die Wahrheit sagte – er hatte nicht darum gebeten. Zu dumm. Er selbst... *er* hatte darum gebeten. Aber er hatte nicht darum gebeten, daß das Spiel so schmutzig werden würde. Er hatte nicht darum gebeten, seine Pistolen auf die unbewaffnete Bevölkerung von Tull richten zu dürfen; hatte nicht darum gebeten, Allie erschießen zu dürfen, deren Gesicht von dieser seltsamen, leuchtenden Narbe entstellt gewesen war; hatte nicht darum gebeten, vor die Wahl zwischen der Besessenheit seiner Pflicht und krimineller Unmoral gestellt zu werden. Der Mann in Schwarz hatte in seiner Verzweiflung angefangen, böse Drähte zu ziehen, falls der Mann in Schwarz der Drahtzieher hinter dieser Sache war. Es war nicht fair, unbeteiligte Außenstehende herbeizuholen und sie dazu zu bringen, auf einer seltsamen Bühne Dialogzeilen zu sprechen, die sie nicht verstanden. Allie, dachte er, Allie war wenigstens in ihrer eigenen selbsttäuschenden Weise in dieser Welt gewesen. Aber dieser *Junge*... dieser gottverdammte *Junge*...

»Sag mir, woran du dich erinnern kannst«, bat er Jake.

»Das ist nicht viel. Und es ergibt sowieso keinen Sinn mehr.«

»Sag es mir. Vielleicht kann ich den Sinn erkennen.«

»Da war ein Ort... derjenige vor diesem. Ein hoher Ort mit vielen Zimmern und einem Dachgarten, wo man hohe Gebäude und Wasser sehen konnte. Im Wasser stand eine Statue.«

»Eine Statue im Wasser?«

»Ja. Eine Frau mit Krone und Fackel.«

»Erfindest du das?«

»Muß wohl so sein«, antwortete der Junge resigniert. »Da waren Dinge, mit denen man auf der Straße fahren konnte. Große und kleine. Gelbe. Eine ganze Menge gelbe. Ich ging zu Fuß zur Schule. Neben den Straßen waren Betonwege. Fenster, in die man hineinschauen konnte, und Puppen mit Kleidern an. Die Puppen verkauften die Kleider. Ich weiß, das hört sich verrückt an, aber die Puppen verkauften die Kleider.«

Der Revolvermann schüttelte den Kopf und suchte im Gesicht des Jungen nach Lügen. Er fand keine.

»Ich ging zu Fuß zur Schule«, wiederholte der Junge beharrlich. »Und ich hatte eine...« Er kniff die Augen zusammen, seine Lippen bewegten sich suchend, »...eine braune... Bücher... tasche.

Ich hatte Essen dabei. Und ich trug...«, wieder dieses Suchen, schmerzvolles Suchen, »...eine Krawatte.«

»Eine was?«

»Ich weiß nicht.« Die Finger des Jungen machten eine langsame, unbewußte Geste des Knüpfens am Hals – eine Geste, die der Revolvermann mit Hängen assoziierte. »Ich weiß nicht. Es ist alles fort.« Er wandte den Blick ab.

»Darf ich dich in Schlaf versetzen?« fragte der Revolvermann.

»Ich bin nicht müde.«

»Ich kann dich müde machen, und ich kann dafür sorgen, daß du dich wieder erinnerst.«

Jake fragte zweifelnd: »Wie kannst du das machen?«

»Damit.«

Der Revolvermann nahm eine Patrone aus dem Gürtel und wirbelte sie zwischen den Fingern. Die Bewegung war geschickt und ging wie geschmiert. Die Patrone wirbelte mühelos vom Daumen zum Zeigefinger, vom Zeigefinger zum Mittelfinger, vom Mittelfinger zum Ringfinger, vom Ringfinger zum kleinen Finger. Sie verschwand und kam wieder zum Vorschein; schien einen Sekundenbruchteil zu verharren und wanderte dann zurück. Die Patrone spazierte über die Finger des Revolvermannes. Die Finger selbst bewegten sich wie ein Perlenvorhang im Wind. Der Junge sah zu, seine anfänglichen Zweifel wichen offenem Entzücken, dann Faszination, schließlich dämmernder, stummer Ausdruckslosigkeit. Die Augen fielen zu. Die Patrone tanzte hin und her. Jake machte die Augen wieder auf, verfolgte den unablässigen, behenden Tanz zwischen den Fingern des Revolvermannes noch eine Weile, dann fielen die Augen wieder zu. Der Revolvermann machte weiter, aber der Junge machte die Augen nicht noch einmal auf. Der Junge atmete mit unerschütterlicher, träger Ruhe. War das ein Teil davon? Ja. Es hatte eine gewisse Schönheit, eine Logik, gleich den weißen spitzenähnlichen Auswüchsen an den Rändern harter blauer Eisblocks. Er schien den Klang von Glocken im Wind zu hören. Der Revolvermann schmeckte nicht zum ersten Mal den glatten, bleischweren Geschmack kranker Seelen. Die Patrone in seinen Fingern, die er mit so unbekannter Anmut manipuliert hatte, war plötzlich untot, gräßlich, die Spur eines Ungeheuers. Er ließ sie in die Handfläche fallen und ballte mit schmerzhafter Anstrengung die Faust. Dinge wie Vergewaltigung existierten in dieser Welt. Vergewaltigung und Mord und unaussprechliche Praktiken, und sie alle waren für das Gute, für das verdammte Gute, für den Mythos, für den Gral, für den Turm. Ah, irgendwo befand sich der Turm, streckte seine schwarze Masse himmelwärts, und der Revolvermann hörte in seinen von der Wüste versengten Ohren den leisen, lieblichen Klang von Glocken im Wind.

»Wo bist du?« fragte er.

Jake Chambers geht mit seinem Schulranzen die Treppe hinunter. Erdkunde, Wirtschaftsgeographie. Ein Notizblock, ein Kugelschreiber, ein Frühstückspaket, das die Köchin seiner Mutter, Mrs. Greta Shaw für ihn in der Küche aus Chrom und Kunststoff gemacht hat, wo ewig der Ventilator surrt und fremde Gerüche aufsaugt. In diesem Frühstückspaket hat er ein Erdnußbutter- und ein Geleebrot, ein Salat-und-Zwiebelbrot mit Sauce bolognaise und vier Oreo-Plätzchen. Seine Eltern hassen ihn nicht, aber sie scheinen ihn übersehen zu haben. Sie haben abgedankt und ihn Mrs. Greta Shaw, dem Kindermädchen, im Sommer einem Privatlehrer und die restliche Zeit der SCHULE übergeben (die privat und ordentlich und, vor allem, weiß ist). Keiner dieser Menschen hatte vorgegeben, etwas anderes zu sein, als das, was er ist – Profis, die besten auf ihrem Gebiet. Keiner hat ihn je an ein besonders gütiges Herz gedrückt, wie es in den historischen Romanen geschieht, die seine Mutter liest, und in die Jake auf der Suche nach »heißen Stellen« auch schon hineingelesen hat. Hysterische Romane nennt sein Vater sie manchmal, und manchmal »Unterwäsche-Ripper«. Das mußt ausgerechnet du sagen, sagt seine Mutter mit grenzenloser Verachtung hinter einer verschlossenen Tür, wo Jake lauscht. Sein Vater arbeitet. Sein Vater arbeitet für das Fernsehen, und Jake könnte ihn in einer Reihe anderer Männer identifizieren. Wahrscheinlich.

Jake weiß nicht, daß er alle Profis haßt, aber er haßt sie. Menschen haben ihn stets durcheinandergebracht. Er mag Treppen und benützt nicht den Fahrstuhl im Haus, den man selbst bedienen kann. Seine Mutter, die auf sexy Weise mager ist, geht oft mit üblen Freunden ins Bett.

Jetzt ist er auf der Straße, Jake Chambers ist auf der Straße, er hat »den Gehweg betreten.« Er ist sauber und hat gute Manieren, ist ansehnlich und feinfühlig. Er hat keine Freunde; nur Bekannte. Er hat sich nie die Mühe gemacht, darüber nachzudenken, aber es kränkt ihn. Er weiß nicht und begreift nicht, daß sein langes Zusammensein mit den Profis ihn dazu ge-

bracht hat, viele ihrer Merkmale anzunehmen. Mrs. Greta Shaw macht sehr professionelle Brote. Sie viertelt sie und schneidet die Brotkrusten weg, so daß er beim Essen während der vierten Turnstunde aussieht, als sollte er bei einer Cocktailparty sein und einen Drink in der anderen Hand halten und nicht einen Sportroman aus der Schulbibliothek. Sein Vater verdient eine Menge Geld, weil er ein Meister des »Tötens« ist – das bedeutet, eine zugkräftige Sendung gegen eine weniger gute bei einem Sender der Konkurrenz zu plazieren. Sein Vater raucht vier Schachteln Zigaretten täglich. Sein Vater hustet nicht, aber er hat ein verkniffenes Grinsen, das den Fleischmessern ähnelt, die sie in Supermärkten verkaufen.

Die Straße entlang. Seine Mutter läßt Geld für ein Taxi da, aber wenn es nicht regnet, geht er jeden Tag zu Fuß und schwingt seinen Schulranzen, ein kleiner Junge, der mit seinem blonden Haar und den blauen Augen sehr amerikanisch aussieht. Die Mädchen sind bereits auf ihn aufmerksam geworden (mit der Billigung seiner Mutter), und er scheut nicht mit der kindischen Arroganz kleiner Jungen vor ihnen zurück. Er spricht mit unwissentlicher Professionalität zu ihnen, und sie lassen verwirrt von ihm ab. Er mag Erdkunde und kegelt nachmittags. Sein Vater besitzt Aktien einer Firma, die automatische Anlagen zum Aufstellen der Kegel herstellt, aber die Kegelbahn, der Jake den Vorzug gibt, verwendet diese Anlage nicht. Er denkt nicht, daß er darüber nachgedacht hat, aber er hat es getan.

Während er die Straße entlang geht, kommt er an Brendio's vorbei, wo die Schaufensterpuppen Pelzmäntel, zweireihig geknöpfte Edwardianische Anzüge und manche überhaupt nichts anhaben; einige sind »splitternackt«. Diese Schaufensterpuppen – diese »Modelle« – sind vollkommen professionell, und er haßt alles Professionelle. Er ist noch so jung, daß er noch nicht gelernt hat, sich selbst zu hassen, aber die Veranlagung ist da; der Same wurde in den verbitterten Boden seines Herzens gepflanzt.

Er kommt zur Ecke und bleibt mit dem Ranzen an seiner Seite stehen. Der Verkehr rast brüllend vorbei – grunzende Busse, Taxis, Volkswagen, ein großer Lastwagen. Er ist nur ein Junge, aber kein durchschnittlicher, und er sieht den Mann, der ihn tötet, aus dem Augenwinkel. Es ist der Mann in Schwarz, und er sieht nicht sein Gesicht, nur das wallende Gewand, die ausgestreckten Hände. Er fällt mit ausgestreckten Armen auf die Straße ohne dabei den Ranzen loszulassen, in dem sich Mrs. Greta Shaws außerordentlich professionelles Frühstück befindet. Ein kurzer Blick durch eine getönte Windschutzscheibe auf das entsetzte Gesicht eines Geschäftsmannes, welcher einen dunkelblauen Hut aufhat, in dessen Hutband eine *kleine, kecke Feder steckt. Eine alte Frau auf der anderen Straßenseite schreit – sie hat einen schwarzen Hut mit Netz auf. Das schwarze Netz hat nichts Keckes an sich; es erinnert an den Schleier einer Trauernden. Jake empfindet lediglich Überraschung und ein übliches Gefühl vollkommener Bestürzung – ist dies das Ende? Er fällt heftig auf die Straße und sieht einen fünf Zentimeter von seinen Augen entfernten asphaltierten Riß. Der Schulranzen wird ihm aus der Hand gerissen. Er überlegt gerade, ob er die Knie aufgeschürft hat, als der Wagen des Geschäftsmannes mit dem blauen Hut mit der kecken Feder ihn überfährt. Es ist ein großer blauer Cadillac Baujahr 1976 mit Breitreifen. Er hat fast dieselbe Farbe wie der Hut des Geschäftsmanns. Er bricht Jakes Rücken, zerdrückt den Magen und treibt ihm das Blut wie einen Hochdruckstrahl aus dem Mund. Er dreht den Kopf und sieht die grellen Bremslichter des Cadillacs und den Rauch, der von den blockierenden Hinterreifen aufsteigt. Das Auto hat auch den Schulranzen überfahren und eine breite schwarze Spur darauf hinterlassen. Er dreht den Kopf auf die andere Seite und sieht einen großen gelben Ford, der mit quietschenden Reifen Zentimeter von ihm entfernt zum Stillstand kommt. Ein Schwarzer, der mit einem Handwagen Brezeln und Getränke verkauft hat, kommt im Laufschritt auf ihn zugerannt. Aus Jakes Nase, Ohren, Augen und Rektum läuft Blut. Seine Genitalien wurden zerdrückt. Er überlegt verärgert, wie schlimm seine Knie wohl aufgeschürft sind. Jetzt läuft der Fahrer des Cadillacs stammelnd auf ihn zu. Irgendwo sagt eine schreckliche, ruhige Stimme, die Stimme des Untergangs: »Ich bin Priester. Lassen Sie mich durch. Ein Akt der Reue...«*

Er sieht das schwarze Gewand und verspürt plötzlich Entsetzen. Er ist es, der Mann in Schwarz. Er wendet mit letzter Kraft das Gesicht ab. Irgendwo spielt ein Radio ein Stück der Rockgruppe Kiss. Er sieht seine eigene Hand auf dem Asphalt, sie ist klein, weiß, wohlgeformt. Er hat nie Nägel gekaut.

Während er seine Hand betrachtet, stirbt Jack.

Der Revolvermann saß mit gerunzelter Stirn nachdenklich da. Er war müde, sein ganzer Körper schmerzte, sein Denken war ärgerlich schleppend. Ihm gegenüber schlief der erstaunliche Junge, der immer noch gleichmäßig atmete, mit im Schoß gefalteten Händen. Er hatte seine Geschichte emotionslos erzählt, nur am Ende hatte er gezittert, als er zu dem »Priester« und dem »Akt der Reue« gekommen war. Selbstverständlich hatte er dem Revolvermann nichts von seiner Familie und seinem bestürzenden persönlichen Zwiespalt erzählt, aber etwas war dennoch durchgesickert – es war genügend durchgesickert, daß man die ungefähre Form erahnen konnte. Die Tatsache, daß eine Stadt, wie der Junge sie beschrieben hatte, niemals existiert hatte (und wenn, dann bestenfalls in prähistorischen Mythen), war längst nicht der beunruhigendste Teil der Geschichte, aber er war beunruhigend. Alles war beunruhigend. Der Revolvermann hatte Angst vor den daraus resultierenden Schlußfolgerungen.

»Jake?«

»Hm-hmm?«

»Möchtest du dich daran erinnern, wenn du aufwachst, oder möchtest du es vergessen?«

»Vergessen«, sagte der Junge sofort. »Ich habe geblutet.«

»Gut. Du wirst jetzt schlafen, verstanden? Komm, leg dich hin.«

Jake, der klein und friedfertig und harmlos aussah, legte sich hin. Der Revolvermann glaubte nicht, daß er harmlos war. Er hatte eine tödliche Aura um sich, und den Gestank von vorherbestimmtem Schicksal. Diese Aura mochte er nicht, aber den Jungen mochte er. Er mochte ihn sehr.

»Jake?«

»Psst. Ich will schlafen.«

»Ja. Und wenn du aufwachst, wirst du dich an nichts erinnern.«

»Gut.«

Der Revolvermann betrachtete ihn kurze Zeit und dachte dabei an seine eigene Kindheit, die ihm stets so vorkam, als hätte eine andere Person sie erlebt – eine Person, die durch eine osmotische Linse gesprungen und zu jemand anderem geworden war –, die ihm aber momentan schmerzlich nahe schien. Im Stall des Rasthauses war es sehr heiß, und er trank vorsichtig noch etwas Wasser. Er stand auf und schlenderte in den rückwärtigen Teil des Gebäudes, wo er innehielt, um in einen der Pferdeställe zu sehen. In der Ecke lag ein kleiner Stapel weißes Heu, sowie eine ordentlich zusammengelegte Decke, aber es roch nicht nach Pferd. In dem Stall roch es nach überhaupt nichts. Die Sonne hatte jeden Geruch ausgeblutet und nichts zurückgelassen. Die Luft war völlig neutral.

Im hinteren Teil des Stalles befand sich ein kleiner, dunkler Raum, in dessen Mitte eine Maschine aus rostfreiem Stahl stand.

Sie war nicht von Rost oder Verfall angegriffen. Sie sah wie ein Butterstampfer aus. Links ragte ein verchromtes Rohr heraus, das über einem Abfluß im Boden aufhörte. Der Revolvermann hatte ähnliche Pumpen an anderen trockenen Orten gesehen, aber noch niemals eine so große. Er konnte nicht abschätzen, wie tief sie hatten bohren müssen, um Wasser zu finden, das im geheimen und in ewiger Schwärze unter der Wüste floß. Warum hatten sie die Pumpe nicht abgebaut, als das Rasthaus aufgegeben worden war?

Vielleicht Dämonen.

Er erschauerte unvermittelt, ein plötzliches Zucken seines Rückens. Er bekam eine Gänsehaut, die wieder verschwand. Er ging zur Bedienungseinrichtung und drückte auf den Knopf mit der Aufschrift EIN. Die Maschine fing an zu summen. Nach etwa einer halben Minute rülpste ein Strahl kalten, klaren Wassers aus dem Rohr und ergoß sich in den Abfluß, damit es dem Kreislauf wieder zugeführt wurde. Etwa zehn Liter flossen aus dem Rohr, bevor die Pumpe sich mit einem Klick wieder abschaltete. Sie war etwas, das sich an diesem Ort und in dieser Zeit so fremd ausnahm wie wahre Liebe, und dennoch so konkret wie ein Gottesurteil war, eine stumme Erinnerung an die Zeit, als die Welt sich noch nicht weiter gedreht hatte. Sie wurde wahrscheinlich von Kernenergie angetrieben, da es im Umkreis von tausend Meilen keine Elektrizität gab und selbst Trockenbatterien schon vor langer Zeit ihre Ladung verloren gehabt hätten. Das gefiel dem Revolvermann nicht.

Er ging zurück und setzte sich neben den Jungen, der eine Hand unter die Wange geschoben hatte. Hübscher Junge. Der Revolvermann trank noch etwas Wasser und überkreuzte die Beine, so daß er nach Art der Indianer dasaß. Der Junge hatte jegliches Zeitgefühl verloren, so wie der Grenzbewohner am Rand der Wüste, der den Vogel bei sich gehabt hatte (Zoltan, erinnerte sich der Revolvermann unvermittelt, der Name des Vogels war Zoltan), aber es schien kein Zweifel an der Tatsache zu bestehen, daß er dem Mann in Schwarz nähergekommen war. Der Revolvermann fragte sich nicht zum ersten Mal, ob der Mann in Schwarz ihn aus seinen eigenen unerfindlichen Gründen aufholen ließ. Vielleicht spielte ihm der Revolvermann in die Hände. Er versuchte sich vorzustellen, wie die Konfrontation aussehen mochte, konnte es aber nicht.

Ihm war sehr heiß, aber nicht mehr übel. Das Kinderlied fiel ihm wieder ein, aber dieses Mal dachte er nicht an seine Mutter, sondern an Cort – an Cort, dessen Gesicht von den Narben von Steinen und Kugeln und stumpfen Gegenständen verunstaltet war. Den Narben des Krieges. Er fragte sich, ob Cort jemals eine Liebe empfunden hatte, welche diesen monumentalen Narben gleichgekommen war. Er bezweifelte es. Er dachte an Aileen und an Marten, den unvollkommenen Zauberer.

Der Revolvermann war kein Mensch, der an die Vergangenheit dachte; nur eine schemenhafte Vorstellung von der Zukunft und seiner eigenen emotionalen Ausstattung bewahrten ihn davor, ein Geschöpf ohne Phantasie zu sein, ein Langweiler. Daher erstaunte ihn der gegenwärtige Verlauf seiner Gedanken. Jeder Name beschwor andere herauf – Cuthbert, Paul, der alte Jonas; und Susan, das liebreizende Mädchen am Fenster.

Der Klavierspieler in Tull (der auch tot war, wie alle in Tull, von seiner Hand getötet) war in die alten Stücke vernarrt gewesen, und nun summte der Revolvermann eines tonlos beim Atmen:

Love o love o careless love
See what careless love has done.

Der Revolvermann lachte verwirrt. *Ich bin der Letzte der grünen, warm getönten Welt.* Doch trotz aller Sehnsucht empfand er kein Selbstmitleid. Die Welt hatte sich gnadenlos weitergedreht, aber seine Beine waren immer noch kräftig, und der Mann in Schwarz war ihm näher. Der Revolvermann nickte ein.

Als er aufwachte, war es fast dunkel, und der Junge war fort.

Der Revolvermann stand auf, wobei er seine Gelenke knacken hörte, und ging zur Stalltür. Auf der Veranda des Gasthauses tanzte eine winzige Flamme in der Dunkelheit. Er schritt darauf zu, und sein Schatten war lang und schwarz und folgte ihm im ockerfarbenen Licht des Sonnenuntergangs.

Jake saß neben einer Petroleumlampe. »Das Öl war in einem Faß«, sagte er, »aber ich hatte Angst davor, es im Haus anzuzünden. Es ist alles so trocken...«

»Das hast du richtig gemacht.« Der Revolvermann setzte sich; er sah den Staub der Jahre, der um seinen Körper herum emporstob, dachte aber nicht darüber nach. Die Flamme der Lampe zeigte das Gesicht des Jungen in feinen Schattierungen. Der Revolvermann holte den Tabaksbeutel heraus und drehte eine Zigarette. »Wir müssen miteinander reden«, sagte er.

Jake nickte.

»Du wirst wahrscheinlich wissen, daß ich hinter dem Mann her bin, den du gesehen hast.«

»Wirst du ihn umbringen?«

»Ich weiß nicht. Ich muß ihn dazu bringen, mir etwas zu sagen. Ich werde ihn dazu zwingen müssen, mich irgendwo hinzubringen.«

»Wohin?«

»Zu einem Turm«, sagte der Revolvermann. Er hielt die Zigarette über den Kegel der Lampe und zog daran; der Rauch wehte mit dem aufkommenden Nachtwind davon. Jake sah ihm nach. Sein Gesicht zeigte weder Angst noch Neugier, aber auch eindeutig keine Begeisterung.

»Ich werde morgen weiterziehen«, sagte der Revolvermann. »Du wirst mich begleiten müssen. Wieviel Fleisch ist noch da?«

»Nur eine Handvoll.«

»Getreide?«

»Ein wenig.«

Der Revolvermann nickte. »Gibt es hier einen Keller?«

»Ja.« Jake sah ihn an. Die Pupillen seiner Augen waren zu gewaltiger, zerbrechlicher Größe angeschwollen. »Man muß an dem Ring im Fußboden ziehen, aber ich bin nicht nach unten gegangen. Ich hatte Angst, die Leiter würde brechen und ich könnte nicht mehr nach oben. Außerdem riecht es schlecht. Es ist der einzige Raum hier, wo es riecht.«

»Wir stehen früh auf und schauen nach, ob sich dort unten etwas befindet, das sich mitzunehmen lohnt. Dann machen wir uns aus dem Staub.«

»In Ordnung.« Der Junge machte eine Pause, dann sagte er: »Ich bin froh, daß ich dich nicht getötet habe, als du geschlafen hast. Ich hatte eine Gabel und dachte daran, es zu tun. Aber ich habe es nicht getan, und jetzt werde ich keine Angst mehr vor dem Einschlafen haben müssen.«

»Wovor hast du denn Angst?«

Der Junge sah ihn geheimnisvoll an. »Gespenster. Daß *er* zurück-kommen könnte.«

»Der Mann in Schwarz«, sagte der Revolvermann. Es war keine Frage.

»Ja. Ist er ein böser Mensch?«

»Das kommt auf den eigenen Standpunkt an«, sagte der Revol-vermann abwesend. Er stand auf und trat seine Zigarette auf der Kruste aus. »Ich gehe schlafen.«

Der Junge sah ihn schüchtern an. »Kann ich bei dir im Stall schla-fen?«

»Aber sicher.«

Der Revolvermann stand auf den Stufen und sah nach oben, und der Junge kam zu ihm. Der Polarstern war zu sehen, und der Mars. Dem Revolvermann war, als könnte er die Augen schließen und das erste Krächzen der Singvögel des Frühlings hören, den grünen und beinahe sommerlichen Geruch des Rasens nach dem ersten Mähen riechen (und möglicherweise das lässige Klicken von Krok-ketbällen hören, während die Damen vom Ostflügel, die in der dem Dunkel entgegenfunkelnden Dämmerung lediglich ihre Leib-chen anhatten, um Punkte spielten), als könnte er beinahe Aileen sehen, die durch die Lücke in den Hecken kam...

Es paßte gar nicht zu ihm, daß er so sehr an die Vergangenheit dachte.

Er drehte sich um und ergriff die Lampe. »Gehen wir schlafen«, sagte er.

Sie gingen gemeinsam zum Stall.

Am nächsten Morgen erforschte er den Keller.

Jake hatte recht; er roch übel. Er hatte einen feuchten, sumpfigen Geruch, der den Revolvermann nach der antiseptischen Geruchlo-sigkeit der Wüste und des Stalls mit Übelkeit und einem Schwindel-gefühl erfüllte. Der Keller roch nach Kohl und Rüben und Kartof-feln mit blicklosen Augen, die in ewige Fäulnis übergegangen wa-ren. Die Leiter dagegen machte einen stabilen Eindruck, und er stieg hinunter.

Der Boden bestand aus gestampfter Erde, und sein Kopf be-rührte fast die Deckenbalken. Hier unten existierten noch Spinnen, beängstigend große mit graugescheckten Leibern. Viele waren mutiert. Einige hatten Augen auf Stielen, andere bis zu sechzehn Beinen.

Der Revolvermann sah sich um und wartete darauf, daß sich seine Augen an die Dunkelheit gewöhnten.

»Alles klar?« rief Jake nervös herunter.

»Ja.« Er konzentrierte sich auf eine Ecke. »Warte. Hier sind Dosen.«

Er ging mit eingezogenem Kopf vorsichtig in die Ecke. Dort stand ein alter Karton mit einer heruntergeklappten Seite. Bei den Dosen handelte es sich um Gemüsekonserven – grüne Bohnen, weiße Bohnen... und drei Dosen Corned beef.

Er nahm einen Arm voll und ging zur Leiter zurück. Er stieg halb hinauf und reichte sie Jake, der sich niederkniete, um sie entgegenzunehmen. Dann ging er weitere holen.

Beim dritten Mal hörte er das Stöhnen im Fundament.

Er drehte sich um, spähte um sich und spürte ein traumähnliches Entsetzen über sich hinwegbranden, ein Gefühl, das erregend und abstoßend zugleich war, wie Sex im Wasser – ein Ertrinken in einem anderen.

Das Fundament bestand aus riesigen Sandsteinquadern, die wahrscheinlich gleichmäßig ausgerichtet gewesen waren, als das Rasthaus erbaut wurde, die aber inzwischen zu trunkenen, unebenmäßigen Winkeln verrutscht waren. Die Mauer sah aus, als wäre sie mit seltsamen, mäandernden Hieroglyphen überzogen. An einer Nahtstelle von zwei dieser zickzackförmigen Fugen rann ein dünner Strom Sand herab, als würde sich jemand auf der anderen Seite mit sabbernder, schmerzhafter Anstrengung durchgraben.

Das Stöhnen schwoll an und ab, es wurde lauter, bis der ganze Keller davon erfüllt zu sein schien, ein abstraktes Geräusch stechender Schmerzen und äußerster Anstrengung.

»Komm herauf!« kreischte Jake. »O Jesus, Mister, komm herauf!«

»Geh weg«, sagte der Revolvermann ruhig.

»*Komm herauf!*« kreischte Jake noch einmal.

Der Revolvermann antwortete nicht. Er griff mit der rechten Hand zum Gurt.

Jetzt war ein Loch in der Mauer; ein Loch, das so groß wie eine Münze war. Er konnte durch den Vorhang seines eigenen Entsetzens Jakes stampfende Füße hören, als der Junge weglief. Dann versiegte das Rieseln des Sandes. Das Stöhnen hörte auf, dafür konnte man das Geräusch unablässigen, keuchenden Atmens vernehmen.

»Wer bist du?« fragte der Revolvermann. Keine Antwort.

Dann nahm seine Stimme den alten donnernden Befehlston an, und Roland verlangte in der Hochsprache zu wissen: »Wer bist du, Dämon? Sprich, wenn du sprechen willst. Meine Zeit ist knapp; meine Hände werden ungeduldig.«

»Mach langsam«, sagte eine schleppende, rauhe Stimme in der Mauer. Der Revolvermann spürte, wie das traumgleiche Entsetzen tiefer und beinahe greifbar wurde. Es war die Stimme von Alice, der Frau, bei der er in der Stadt Tull gewohnt hatte. Aber sie war tot; er hatte sie mit eigenen Augen mit einem Einschußloch zwischen den Augen niedersinken sehen. Abwärts sinkende Fäden schienen vor seinen Augen zu schwimmen. »Sei vorsichtig am Paß, Revolvermann. Solange du mit dem Jungen unterwegs bist, hat der Mann in Schwarz deine Seele in der Tasche.«

»Was meinst du damit? Sprich weiter!«

Aber das Atmen hatte aufgehört.

Der Revolvermann stand einen Augenblick erstarrt da, dann ließ sich eine der großen Spinnen auf seinen Arm herab und krabbelte hektisch zur Schulter hinauf. Er wischte sie mit einem unwillkürlichen Grunzen fort und setzte sich in Bewegung. Er wollte es nicht tun, aber der Brauch war strikt und unübertretbar. Tod von den Toten, wie das alte Sprichwort sagte; nur ein Leichnam darf sprechen. Er ging zu dem Loch und stieß dagegen. Der Sandstein bröckelte an den Rändern ohne Anstrengung ab, und er stieß die Hand durch die Mauer, ohne dabei die Muskeln sonderlich anstrengen zu müssen.

Und berührte etwas Festes mit vorstehenden und verwitterten Erhebungen. Er zog es heraus. Er hielt einen an einem Gelenk verfaulten Kieferknochen in der Hand. Die Zähne standen hierhin und dorthin.

»Nun gut«, sagte er leise. Er schob ihn grob in die Rückentasche und ging zur Leiter zurück, wo er die letzten Dosen linkisch hochtrug. Er ließ die Falltür offen. Die Sonne würde hereinscheinen und die Spinnen töten.

Jake hatte den Stallhof zur Hälfte durchquert und kauerte auf der rissigen, körnigen Kruste. Er schrie, als er den Revolvermann sah, wich einen Schritt zurück und lief dann weinend auf ihn zu. »Ich dachte, es hätte dich erwischt, es hätte dich erwischt, ich dachte . . .«

»Nein.« Er hielt den Jungen an sich und spürte das Gesicht heiß an seiner Brust, die Hände trocken auf dem Brustkasten. Später dachte er, daß er hier angefangen hatte, den Jungen liebzugewinnen – und natürlich mußte der Mann in Schwarz das alles die ganze Zeit geplant haben.

»War es ein Dämon?« Die Stimme klang erstickt.

»Ja. Ein sprechender Dämon. Wir müssen aber nicht mehr dorthin zurück. Komm mit.«

Sie gingen in den Stall, und der Revolvermann machte aus der Decke, unter der er geschlafen hatte, einen behelfsmäßigen Rucksack – sie war warm und kratzte, aber er hatte nichts anderes. Nachdem er das getan hatte, füllte er die Wasserschläuche an der Pumpe.

»Du trägst einen der Wasserschläuche«, sagte der Revolvermann. »Nimm ihn über die Schultern – wie ein Fakir seine Schlange trägt. Siehst du?«

»Ja.« Der Junge sah voller Verehrung zu ihm auf. Er hob einen der Wasserschläuche auf.

»Zu schwer?«

»Nein. Prima.«

»Sag mir jetzt die Wahrheit. Ich kann dich nicht tragen, wenn du einen Hitzschlag bekommst.«

»Ich bekomme keinen Hitzschlag. Alles in Ordnung.« Der Revolvermann nickte.

»Wir gehen zu den Bergen, nicht?«

»Ja.«

Sie traten hinaus in die unbarmherzig sengende Sonne. Jake, dessen Kopf sich auf Höhe der Ellbogen des Revolvermannes befand, marschierte ein Stück voraus und rechts von ihm, die wildlederverstärkten Ecken des Wasserschlauchs hingen ihm fast bis zu den Schienbeinen herab. Der Revolvermann trug zwei weitere Wasserschläuche überkreuzt auf dem Rücken und die Schlinge mit den Konserven unter der Achselhöhle, sein linker Arm drückte sie an den Körper.

Sie schritten durch das gegenüberliegende Tor des Rasthofs und fanden die verwehte Spur der Kutschenroute wieder. Sie waren vielleicht fünfzehn Minuten gegangen, als Jake sich umdrehte und den beiden Gebäuden zuwinkte. Sie schienen sich im gewaltigen Raum der Wüste niederzukauern.

»Lebt wohl!« rief Jake. »Lebt wohl!«

Sie schritten aus. Der Kutschenweg führte um eine festgebakkene Sandmoräne herum, und als sich der Revolvermann umdrehte, war das Rasthaus verschwunden. Wieder einmal war die Wüste um ihn herum, und ausschließlich sie.

Das Rasthaus lag drei Tage hinter ihnen; die Berge waren jetzt trügerisch deutlich. Sie konnten sehen, wie die Wüste in Vorgebirge überging, die ersten kahlen Hänge, das Urgestein, das voll dumpfem, erodiertem Triumph aus der Erde emporwuchs. Weiter oben stieg das Land wieder sanfter an, und der Revolvermann konnte zum ersten Mal seit Monaten oder Jahren Grün sehen – echtes, lebendes Grün. Gras, Zwergkiefern, vielleicht sogar Weiden, die alle von der Schneeschmelze weiter oben am Leben erhalten wurden. Dahinter freilich begann erneut die Vorherrschaft der Felsen, die mit zyklopenhafter, kunterbunter Pracht bis zu den gleißenden Schneekappen anstiegen. Links wies eine gewaltige Kluft den Weg zu den kleineren, erodierten Sandsteinfelsen und Hochebenen und Klippen auf der anderen Seite. Dieser Einschnitt wurde von der fast unablässigen grauen Membran von Regenschauern verhüllt. Abends saß Jake die wenigen Minuten, bevor er einschlief, fasziniert da und betrachtete den gleißenden Schwertkampf der fernen weißen und purpurnen Blitze, die in der Klarheit der Nachtluft erstaunlich aussahen.

Sie kamen in regelmäßigen Abschnitten an den symmetrischen Überresten der Lagerfeuer des Mannes in Schwarz vorbei, und der Revolvermann hatte den Eindruck, daß diese Überbleibsel nun viel frischer waren. In der dritten Nacht war der Revolvermann sicher, daß er den fernen Widerschein eines anderen Lagerfeuers irgendwo in den ansteigenden Hängen des Vorgebirges erkennen konnte.

Am vierten Tag ihres Aufbruchs vom Rasthaus strauchelte Jake gegen zwei Uhr und wäre um ein Haar gestürzt.

»Halt, setz dich hin«, sagte der Revolvermann.

»Nein, alles in Ordnung.«

»Setz dich.«

Der Junge setzte sich gehorsam. Der Revolvermann kauerte sich dicht neben ihm nieder, so daß Jake in seinem Schatten saß.

»Trink.« – »Ich soll erst wieder, wenn...« – »Trink.«

Der Junge trank drei Schluck. Der Revolvermann machte einen Zipfel der Decke naß, die schon deutlich leichter geworden war, und legte dem Jungen den feuchten Stoff auf Handgelenke und Stirn, die fiebrig trocken waren.

»Von jetzt an machen wir jeden Nachmittag um diese Zeit Rast. Fünfzehn Minuten. Möchtest du schlafen?«

»Nein.« Der Junge sah ihn beschämt an. Der Revolvermann erwiderte den Blick ausdruckslos. Er holte geistesabwesend eine Patrone aus dem Gurt und wirbelte sie zwischen den Fingern. Der Junge sah ihm fasziniert zu.

»Das ist gut«, sagte er.

Der Revolvermann nickte. »Auf jeden Fall.« Er machte eine Pause. »Als ich in deinem Alter war, wohnte ich in einer befestigten Stadt, habe ich dir das schon gesagt?«

Der Junge schüttelte schläfrig den Kopf. »Doch, doch. Und dort war ein böser Mann...«

»Der Priester?«

»Nein«, sagte der Revolvermann, »aber ich glaube inzwischen, daß die beiden irgendwie verwandt waren. Vielleicht sogar Halbbrüder. Marten war ein Zauberer... wie Merlin. Erzählt man sich dort, wo du herkommst, von Merlin?«

»Merlin und Arthur und die Ritter der Tafelrunde«, sagte Jake verträumt.

Der Revolvermann spürte, wie ihn eine garstige Regung durchlief. »Ja«, sagte er. »Ich war sehr jung.«

Aber der Junge war eingeschlafen, er saß aufrecht und hatte die Hände ordentlich im Schoß gefaltet.

»Wenn ich mit den Fingern schnippe, wirst du aufwachen. Du wirst ausgeruht und erfrischt sein. Hast du verstanden?«

»Ja.«

»Dann leg dich hin.«

Der Revolvermann holte Tabak aus dem Beutel und drehte sich

eine Zigarette. Etwas fehlte. Er suchte auf seine sorgfältige, gründliche Art danach und fand es. Was fehlte war das Gefühl der Eile, das ihn fast in den Wahnsinn getrieben hatte, das Gefühl, daß er jeden Augenblick zurückgelassen werden konnte, daß die Fährte abreißen und er mit einem abgerissenen Stück Schnur zurückbleiben würde. Das alles war jetzt verschwunden, und der Revolvermann kam allmählich zu der Überzeugung, daß der Mann in Schwarz erwischt werden wollte.

Was würde dann werden?

Die Frage war zu unbestimmt, sein Interesse zu wecken. Cuthbert hätte Interesse daran gehabt, großes Interesse, aber Cuthbert war nicht mehr, und der Revolvermann konnte nur auf die Weise weitermachen, die er kannte.

Er sah den Jungen an, während er rauchte, und sein Verstand wanderte zu Cuthbert zurück, der stets gelacht hatte – er war sogar lachend in den Tod gegangen –, und zu Cort, der niemals gelacht hatte, und zu Marten, der manchmal gelächelt hatte – ein dünnes, stummes Lächeln, das seinen ureigenen beängstigenden Schimmer gehabt hatte ... gleich einem Auge, das sich in der Nacht öffnet und Blut offenbart. Und dann war da natürlich noch der Falke gewesen. Der Falke hieß David, nach der Legende von dem Jungen mit der Schleuder. Er war ziemlich sicher, daß David lediglich das Bedürfnis nach Mord, Gemetzel und Schrecken zu verbreiten wußte. David war, wie der Revolvermann auch, kein Dilettant; er spielte eine zentrale Rolle auf dem Spielfeld.

Doch in letzter Instanz war David, der Falke, Marten wahrscheinlich näher gewesen als sonst jemand ... und seine Mutter, Gabrielle, hatte das wahrscheinlich gewußt.

Der Magen des Revolvermannes schien schmerzhaft gegen sein Herz zu drücken, aber sein Gesichtsausdruck veränderte sich nicht. Er sah dem Zigarettenrauch nach, der in die heiße Wüstenluft emporstieg und verschwand, und seine Gedanken wanderten in die Vergangenheit zurück.

Der Himmel war weiß, makellos weiß, und der Geruch von Regen hing in der Luft. Der Geruch der Hecken und des wachsenden Grüns war stark und süß. Es war Frühling.

David saß auf Cuthberts Arm, eine kleine Kampfmaschine mit strahlend goldenen Augen, die ins Nichts hinaussahen. Die Wildlederleine, mit der seine Beine gefesselt waren, war sorglos um Cuthberts Arm geschlungen.

Cort stand abseits von den beiden Jungen, eine schweigsame Gestalt in geflickten Lederhosen und einem grünen Baumwollhemd, das von seinem alten, breiten Infanteriegürtel gehalten wurde.

Das Grün seines Hemdes verschmolz mit den Hecken und den wogenden Rasenflächen der Gärten, wo die Damen noch nicht angefangen hatten, um Punkte zu spielen.

»Mach dich bereit«, flüsterte Roland Cuthbert zu.

»Wir sind bereit«, sagte Cuthbert zuversichtlich. »Oder etwa nicht, Davey?«

Sie sprachen die Niedersprache, die Sprache von Küchenjungen und Landjunkern; der Tag, da ihnen gestattet werden würde, in Gegenwart anderer ihre eigene Sprache zu sprechen, war noch in weiter Ferne. »Es ist ein schöner Tag dafür. Kannst du den Regen riechen? Es ist....«

Cort hob völlig unvermittelt den Käfig an seiner Seite und machte die Klappe auf. Die Taube flog heraus und strebte mit raschen, flatternden Flügelschlägen himmelwärts. Cuthbert zog an der Leine, doch er war langsam; der Falke war bereits hochgeflogen, und sein Start war linkisch. Der Falke korrigierte mit einem raschen Flügelschlag. Er schoß in die Höhe, höher als die Taube, er war schnell wie eine Kugel.

Cort kam wie beiläufig zu den beiden Jungen herüber und schwang seine gewaltige Faust nach Cuthberts Ohr. Der Junge kippte ohne einen Laut um, wenngleich er die Lippen über das Zahnfleisch hochzog. Blut troff langsam aus seinem Ohr auf das saftige grüne Gras.

»Du warst langsam«, sagte er.

Cuthbert bemühte sich, auf die Beine zu kommen. »Tut mit leid,

Cort. Es ist nur, ich...« – Cort schlug wieder zu, und Cuthbert stürzte wieder. Nun floß das Blut schneller.

»Sprich die Hochsprache«, sagte er leise. Seine Stimme klang tonlos und vom Trinken ein wenig rauh. »Sprich deinen Akt der Reue in der Sprache der Zivilisation, für die bessere Männer gestorben sind, als du je einer sein wirst, Wurm.«

Cuthbert stand wieder auf. Glitzernde Tränen standen in seinen Augen, aber seine Lippen waren fest zu einer schmalen Linie des Hasses zusammengepreßt, die nicht zitterte.

»Ich bedauere«, sagte Cuthbert mit einer Stimme atemloser Selbstbeherrschung. »Ich habe das Antlitz meines Vaters vergessen, dessen Pistolen ich eines Tages zu tragen hoffe.«

»Ganz recht, Balg«, sagte Cort. »Du wirst darüber nachdenken, was du falsch gemacht hast, und dein Nachdenken durch Hunger unterstützen. Kein Abendessen. Kein Frühstück.«

»Seht!« rief Roland. Er deutete nach oben.

Der Falke war jetzt über der fliegenden Taube. Er schwebte einen Augenblick mit ausgestreckten, muskulösen Schwingen reglos in der ruhigen, weißen Frühlingsluft. Dann legte er die Flügel an und stieß wie ein Stein herab. Die beiden Vögel prallten zusammen, und Roland bildete sich einen Augenblick ein, er könnte Blut in der Luft sehen... aber das konnte er sich auch nur eingebildet haben. Der Falke stieß einen kurzen Triumphschrei aus. Die Taube flatterte wirbelnd zu Boden, und Roland lief auf die Stelle zu, wo der Vogel landete, und ließ Cort und den gezüchtigten Cuthbert hinter sich zurück.

Der Falke war neben seiner Beute gelandet und hackte selbstgefällig in die weiße Brust. Ein paar Federn schwebten langsam herab.

»David!« rief der Junge und warf dem Falken ein Stück Kaninchenfleisch aus seinem Beutel zu. Der Falke fing es im Flug auf und verschlang es, indem er Kopf und Hals aufwärts reckte, und Roland versuchte, den Vogel wieder an die Leine zu nehmen.

Der Falke wirbelte beinahe gleichgültig herum und riß einen langen, baumelnden Hautfetzen aus Rolands Arm. Dann machte er sich wieder über seine Mahlzeit her.

Roland formte die Leine mit einem·schmerzerfüllten Stöhnen wieder zu einer Schlinge, und dieses Mal wehrte er Davids herabstoßenden, messerscharfen Schnabel mit dem Lederhandschuh ab, den er trug. Er gab dem Falken noch ein Stück Fleisch und streifte ihm die Haube über. David kletterte lammfromm auf sein Handgelenk.

Er stand stolz da und hielt den Falken auf dem Arm.

»Was ist das?« fragte Cort und deutete auf die blutende Wunde an Rolands Unterarm. Der Junge wappnete sich für den Schlag und preßte die Lippen zusammen, damit er nicht schrie, aber es kam kein Schlag.

»Er hat nach mir gepickt«, sagte Roland.

»Du hast ihn gereizt«, sagte Cort. »Der Falke hat keine Angst vor dir, Junge, und der Falke wird nie welche haben. Der Falke ist Gottes Revolvermann.«

Roland sah Cort nur an. Er war kein Junge mit viel Fantasie, und wenn Cort ihm eine Moral hatte vermitteln wollen, so verstand er sie nicht; er war so pragmatisch zu glauben, daß dies eine der wenigen albernen Bemerkungen war, die er Cort jemals hatte von sich geben hören.

Cuthbert kam von hinten näher und streckte Cort hinter dessen Rücken sicher die Zunge heraus. Roland lächelte nicht, sondern nickte ihm zu.

»Geht jetzt«, sagte Cort und nahm den Falken. Er deutete auf Cuthbert. »Aber vergiß nicht dein Nachdenken, Wurm. Und dein Fasten. Heute abend und morgen früh.«

»Ja«, sagte Cuthbert nun steif und förmlich. »Danke für diesen lehrreichen Tag.«

»Du lernst«, sagte Cuthbert, »aber deine Zunge hat die schlechte Angewohnheit, aus deinem dummen Mund herauszuhängen, wenn dir dein Lehrmeister den Rücken zugewendet hat. Vielleicht wird der Tag kommen, da du und sie lernen, wohin ihr beide gehört.« Er schlug Cuthbert erneut, diesmal direkt zwischen die Augen und so heftig, daß Roland das dumpfe Plumpsen hören konnte – das Geräusch, das der Hammer erzeugt, wenn ein Küchenjunge ein Faß Bier anzapft. Cuthbert fiel rückwärts auf den Rasen, und seine Augen waren anfangs umwölkt und benommen. Dann klärten sie sich, und er sah brennend zu Cort auf, sein Haß war unverhohlen, und in der Mitte eines jeden Auges leuchtete ein Stecknadelkopf, der so hell war wie das Blut der Taube.

Cuthbert nickte und verzog die Lippen zu einem so furchteinflö-ßenden Lächeln, wie Roland es noch niemals gesehen hatte.

»Dann gibt es noch Hoffnung für dich«, sagte Cort. »Wenn du der Meinung bist, daß du es kannst, dann komm zu mir, Wurm.«

»Woher habt Ihr es gewußt?« sagte Cuthbert zwischen zusam-mengebissenen Zähnen hervor.

Cort drehte sich so heftig zu Roland herum, daß dieser um ein Haar einen Schritt zurückgewichen wäre – und dann hätten sie beide auf dem Gras gelegen und das frische Grün mit ihrem Blut verziert. »Ich sah dein Spiegelbild in den Augen dieses Wurms«, sagte er. »Vergiß das nicht, Cuthbert. Die letzte Lektion des heuti-gen Tages.«

Cuthbert nickte noch einmal, und er hatte immer noch dieses furchteinflößende Lächeln im Gesicht. »Ich bedauere«, sagte er. »Ich habe das Antlitz...«

»Laß diesen Mist«, sagte Cort, der das Interesse verloren hatte. Er wandte sich an Roland. »Geht jetzt. Beide. Wenn ich eure dum-men Wurmgesichter noch länger ansehen muß, kotze ich mir die Gedärme heraus.« – »Komm«, sagte Roland.

Cuthbert schüttelte den Kopf, um ihn zu klären, und stand auf. Cort schritt bereits mit seinem ausgreifenden, o-beinigen Gang den Hügel hinab, er sah mächtig und irgendwie prähistorisch aus. Die rasierte und polierte Fläche auf seinem Kopf ragte hinter einer Schräge auf, verschwand.

»Ich werde den Hurensohn umbringen«, sagte Cuthbert immer noch lächelnd. Auf seiner Stirn wuchs auf geheimnisvolle Weise eine große purpurne, knotige Beule.

»Du nicht und ich nicht«, sagte Roland und fing plötzlich auch an zu grinsen. »Du kannst mit mir zusammen in der Westküche essen. Der Koch wird uns etwas geben.«

»Er wird es Cort sagen.«

»Er ist kein Freund von Cort«, sagte Roland und zuckte die Ach-seln. »Und wenn schon?«

Cuthbert grinste zurück. »Klar. Sicher. Ich wollte schon immer wissen, wie die Welt aussieht, wenn man den Kopf verkehrt herum und auf den Rücken gedreht auf den Schultern trägt.«

Sie gingen gemeinsam über den grünen Rasen zurück und war-fen Schatten im milden weißen Frühlingslicht.

Der Koch in der Westküche hieß Hax. Er war ein Riese in weißer Kleidung voller Essensflecken, ein Mann mit der Gesichtsfarbe von Rohöl, dessen Herkunft ein Viertel schwarz, ein Viertel gelb, ein Viertel von den heute fast vergessenen südlichen Inseln (die Welt hatte sich weitergedreht) und ein Viertel Gott weiß was war. Er schlurfte in seinen großen, kalifenähnlichen Hausschuhen wie ein Traktor im ersten Gang durch drei Räume mit hohen Decken, die voller Dampf waren. Er gehörte zu jenen seltenen Erwachsenen, die mit Kindern ganz gut zurechtkommen und sie alle gleich gern haben – nicht auf eine überzuckerte Weise, sondern auf eine geschäftsmäßige Art, zu der manchmal eine Umarmung gehört, so wie ein Handschlag zum Abschluß eines guten Geschäfts. Er hatte sogar die Jungen gern, die die Ausbildung angefangen hatten, auch wenn diese anders als andere Kinder waren – nicht immer überschwenglich und irgendwie gefährlich, nicht so wie Erwachsene, sondern vielmehr, als wären sie gewöhnliche Kinder mit einer Spur Wahnsinn –, und Cuthbert war nicht der erste Schüler von Cort, dem er heimlich zu essen gegeben hatte. In diesem Augenblick stand er vor seinem riesigen, üppigen Elektroherd – einem von insgesamt sechs noch funktionierenden Geräten auf dem Anwesen. Dies war sein persönliches Reich, und hier stand er und sah den beiden Jungen zu, wie sie die Fleischstücke in Soße hinunterschlangen, die er für sie gemacht hatte. Hinter ihm, vor ihm und rings um ihn herum huschten Küchenjungen, Dienstboten und verschiedene Unterlinge durch die schäumende, feuchte Luft, klapperten mit Pfannen, rührten Eintopfgerichte um und verrichteten in anderen Ecken Sklavenarbeit über Kartoffeln und Gemüse. In einem spärlich erleuchteten Alkoven der Küche verteilte eine Putzfrau mit teigigem, kläglichem Gesicht und von einem Lappen zusammengehaltenem Haar mit einem Mop Wasser auf dem Fußboden.

Ein Küchenjunge kam mit einem Wachsoldaten im Schlepptau herein. »Dieser Mann will was von dir, Hax.«

»Gut.« Hax nickte dem Wachsoldaten zu, dieser erwiderte das Nicken. »Jungs«, sagte er. »Geht rüber zu Maggie, sie wird jedem ein Stück Kuchen geben. Und dann zieht Leine.«

Sie nickten und gingen zu Maggie, die ihnen riesige Kuchenstücke auf Tellern reichte... aber vorsichtig, als wären sie wilde Hunde, die sie beißen könnten.

»Essen wir sie auf der Treppe«, sagte Cuthbert.

»Einverstanden.«

Sie setzten sich hinter eine breite, schwitzende Steinsäule, wo sie aus der Küche nicht zu sehen waren, und verschlangen den Kuchen mit den Fingern. Augenblicke später sahen sie Schatten auf die gegenüberliegende gekrümmte Wand des breiten Treppenhauses fallen. Roland ergriff Cuthberts Arm. »Komm mit«, sagte er. »Da kommt jemand.« Cuthbert sah auf, sein Gesicht war überrascht und beerenverschmiert.

Aber die Schatten hielten immer noch außerhalb ihres Sehbereichs inne. Es waren Hax und der Wachsoldat. Die Jungen blieben sitzen, wo sie waren. Wenn sie sich jetzt bewegten, konnten sie gehört werden.

»... der gute Mann«, sagte der Wachsoldat. »In Farson?«

»In zwei Wochen«, antwortete der Wachsoldat. »Vielleicht dreien. Du mußt mit uns kommen. Es kommt eine Ladung aus dem Frachtdepot...« Ein besonders lautes Klirren von Töpfen und Pfannen und eine Flut von Schimpfworten für den unglücklichen Küchenjungen, der sie fallengelassen hatte, übertönten den Rest des Gesagten. Schließlich hörten die Jungen den Wachsoldaten schließen: »... vergiftetes Fleisch.«

»Riskant.«

»Frag nicht, was der gute Mann für dich tun kann...«, begann der Wachsoldat.

»... sondern was du für ihn tun kannst«, seufzte Hax. »Frag nicht, Soldat.«

»Du weißt, was es bedeuten könnte«, sagte der Wachsoldat leise.

»Ja. Und ich kenne meine Verantwortung für ihn; du mußt mir keine Moralpredigten halten. Ich habe ihn ebenso gern wie du.«

»Gut. Das Fleisch wird als kurzfristig in deinen Kühlräumen lagerfähig ausgezeichnet sein. Aber du mußt schnell handeln. Das muß dir klar sein.«

»Gibt es in Farson Kinder?« fragte der Koch traurig. Es war eigentlich gar keine Frage.

»Dort sind überall Kinder«, sagte der Wachsoldat sanft. »Uns – und ihm – ist besonders viel an den Kindern gelegen.«

»Vergiftetes Fleisch. Komische Art zu zeigen, wieviel einem an Kindern gelegen ist.« Hax gab ein tiefes, pfeifendes Seufzen von sich. »Werden sie sich krümmen und sich die Bäuche halten und nach ihren Müttern weinen? Ich nehme an, das werden sie.«

»Es wird sein, als würden sie einschlafen«, sagte der Wachsoldat, aber seine Stimme klang zu überzeugt vernünftig.

»Gewiß«, sagte Hax und lachte.

»Du hast selbst gesagt, ›Frag nicht, Soldat.‹ Gefällt es dir, Kinder unter der Herrschaft der Pistolen zu sehen, wo sie doch unter seinen Händen sein könnten, der den Löwen dazu bringt, sich friedlich neben das Lamm zu legen?«

Hax antwortete nicht.

»Mein Wachdienst beginnt in zwanzig Minuten«, sagte der Wachsoldat, dessen Stimme wieder gelassen klang. »Gib mir eine Hammelkeule, und ich werde eines deiner Mädchen kneifen, daß sie kichert. Wenn ich gehe...«

»Mein Hammel wird dir keine Magenkrämpfe verursachen, Robeson.«

»Wirst du...« Aber die Schatten entfernten sich, die Stimmen waren nicht mehr zu verstehen.

Ich hätte sie töten können, dachte Roland starr und fasziniert. Ich hätte sie beide mit einem Messer töten, ihre Kehlen wie die von Schweinen durchschneiden können. Er sah auf seine Hände, die nun von Soße und Beeren und vom Schmutz der Lektionen des Tages verschmiert waren.

»Roland.«

Er betrachtete Cuthbert. Sie sahen einander im wohlriechenden Halbdunkel einen langen Augenblick an, und ein Geschmack warmer Verzweiflung stieg in Rolands Hals empor. Seine Empfindungen hätten eine Art Tod sein können – etwas so Brutales und Endgültiges wie der Tod der Taube am weißen Himmel über dem Spielfeld. Hax? dachte er bestürzt. Hax, der mir damals einen Umschlag ums Bein gemacht hat? *Hax?* Dann schlug sein Verstand zu und sperrte den Gedanken aus.

In Cuthberts humorvollem, intelligentem Gesicht sah er nichts – absolut nichts. In Cuthberts nüchternen Augen stand Hax' Untergang zu lesen. In Cuthberts Augen war es schon vorbei. Er hatte ihnen zu essen gegeben, und sie waren zur Treppe gegangen, um zu essen, und dann hatte Hax den Wachsoldaten namens Robeson zu ihrem kleinen verräterischen *tête-à-tête* in die falsche Ecke der Küche gebracht. Das war alles. In Cuthberts Augen sah Roland, daß Hax für seinen Verrat sterben würde wie eine Natter in der Grube stirbt. Das, und nichts anderes. Überhaupt nichts.

Es waren die Augen eines Revolvermannes.

Rolands Vater war gerade aus dem Hochland zurückgekehrt und wirkte inmitten der Vorhänge und Chiffonverzierungen der Hauptempfangshalle, zu der der Junge erst vor kurzem als Zeichen seiner Ausbildung Zutritt erlangt hatte, fehl am Platze. Sein Vater trug schwarze Jeans und ein blaues Arbeitshemd. Seinen staubigen und schmutzigen und an einer Stelle bis zum Futter aufgerissenen Mantel hatte er achtlos über die Schulter geworfen, ohne sich darum zu kümmern, in welch schroffem Gegensatz er zur Eleganz des Raumes stand. Er war zum Verzweifeln mager, und der dichte Schnurrbart unter der Nase schien seinen Kopf nach vorne zu ziehen, während er auf seinen Sohn hinabsah. Die Pistolen im kreuzförmig über die Hüfte geschnallten Gurt hingen genau in Reichweite seiner Hände, die abgenutzten Sandelholzgriffe sahen im trüben Licht des Zimmers stumpf und schläfrig aus.

»Der Chefkoch«, sagte sein Vater leise. »Das muß man sich vorstellen! Die Gleise, die im Hochlandbahnhof gesprengt wurden. Das tote Vieh in Hendrickson. Und vielleicht sogar... Das muß man sich vorstellen! Das muß man sich vorstellen!«

Er sah seinen Sohn genauer an. »Es zerfrißt dich.«

»Wie der Falke«, sagte Roland. »Der zerfrißt einen.« Er lachte – aber nicht, weil die Situation komisch war, sondern weil der Vergleich so zutreffend war.

Sein Vater lächelte.

»Ja«, sagte Roland. »Ich glaube... es zerfrißt mich.«

»Cuthbert war bei dir«, sagte sein Vater. »Er wird es seinem Vater mittlerweile auch erzählt haben.«

»Ja.«

»Er hat euch zu essen gegeben, wenn Cort...«

»Ja.«

»Und Cuthbert. Was meinst du, ob es ihn auch zerfrißt?«

»Weiß ich nicht.« Ein solcher Vergleich interessierte ihn nicht. Ihm lag nichts daran, ob seine Empfindungen sich mit denen von anderen deckten.

»Es zerfrißt dich, weil du der Meinung bist, daß du getötet hast?«

Roland zuckte verstockt mit den Schultern, und plötzlich fühlte er sich mit dieser Sondierung seiner Motivation überhaupt nicht mehr glücklich.

»Und dennoch hast du es mir gesagt. Warum?«

Der Junge riß die Augen auf. »Wie hätte ich es nicht tun können? Verrat ist...«

Sein Vater winkte ungehalten mit der Hand. »Wenn du es wegen etwas so Billigem wie einer Schulbuchregel getan hast, dann war es unwürdig. Lieber würde ich ganz Farson vergiftet sehen.«

»Das habe ich nicht getan!« Die Worte sprudelten mit Macht aus ihm heraus. »Ich wollte ihn umbringen... sie beide! Lügner! Schlangen! Sie...«

»Nur weiter.«

»Sie haben mir weh getan«, endete er trotzig. »Sie haben mir etwas angetan. Haben etwas verändert. Dafür wollte ich sie töten.«

Sein Vater nickte. »Das ist würdig. Nicht moralisch, aber es ist nicht deine Sache, moralisch zu sein. Tatsächlich...« Er betrachtete seinen Sohn. »Moral mag immer außerhalb deines Verständnisses sein. Du bist nicht gewitzt, wie Cuthbert oder der Junge von Wheeler. Das wird dich großartig machen.«

Der Junge, der alles mit Ungeduld gehört hatte, war erfreut und besorgt zugleich. »Er wird...«

»Hängen.«

Der Junge nickte. »Ich möchte es sehen.«

Roland der Ältere warf den Kopf zurück und lachte schallend. »Nicht so großartig wie ich gedacht habe... oder vielleicht einfach nur dumm.« Er klappte den Mund unvermittelt zu. Ein Arm schoß wie ein Blitzschlag hervor und packte den Arm des Jungen schmerzhaft. Er verzog das Gesicht, zuckte aber nicht zurück.

Sein Vater sah ihn unverwandt an, und der Junge hielt dem Blick stand, auch wenn das schwerer war, als dem Falken die Haube aufzuziehen.

»Also gut«, sagte er und drehte sich abrupt um.

»Vater?«

»Was?«

»Weißt du, von wem sie gesprochen haben? Weißt du, wer der gute Mann ist?«

Sein Vater drehte sich um und sah ihn abschätzend an. »Ja. Ich glaube schon.«

»Wenn du ihn fangen würdest«, sagte Roland auf seine nachdenkliche, fast schwerfällige Weise, »würde außer dem Koch niemand... gehalsbrochen werden.«

Sein Vater lächelte dünn. »Eine Zeitlang vielleicht nicht. Aber früher oder später muß immer einmal jemand gehalsbrochen werden, wie du es so hübsch genannt hast. Das Volk verlangt danach. Wenn es keinen Schurken gibt, dann müssen die Menschen früher oder später einen dazu machen.«

»Ja«, sagte Roland, der das Konzept sofort begriff – und er vergaß es niemals wieder. »Aber wenn du ihn fangen würdest...«

»Nein«, sagte sein Vater brüsk.

»Warum?«

Einen Augenblick schien sein Vater im Begriff zu sein, es zu sagen, doch dann schluckte er es wieder. »Ich glaube, wir haben für heute lange genug miteinander gesprochen. Geh jetzt von mir.«

Er wollte seinem Vater sagen, daß er sein Versprechen nicht vergessen sollte, wenn der Zeitpunkt gekommen war, da Hax zum Galgen ging, aber er war einfühlsam gegenüber den Stimmungen seines Vaters. Er vermutete, daß sein Vater ficken wollte. Diese Tür schlug er im Geiste rasch zu. Er wußte, daß sein Vater und seine Mutter diese... diese Sache miteinander machten, und er war hinreichend darüber informiert, wie der Akt tatsächlich vonstatten ging, aber das geistige Bild, welches der Gedanke immer heraufbeschwor, machte ihn unbehaglich und seltsam schuldbewußt zugleich. Einige Jahre später sollte Susan ihm die Geschichte von Ödipus erzählen, und er würde sie mit seiner stillen Nachdenklichkeit verarbeiten und an das seltsame und blutige Dreieck denken, welches von seinem Vater, seiner Mutter und Marten – der in einigen Vierteln als der gute Mann bekannt war – gebildet wurde. Oder vielleicht war es ein Quadrat, wenn man ihn selbst noch mit einbeziehen wollte.

»Gute Nacht, Vater«, sagte Roland.

»Gute Nacht, mein Sohn«, sagte sein Vater geistesabwesend und fing an, sein Hemd aufzuknüpfen. In seinen Gedanken war der Junge bereits gegangen. Wie der Vater, so der Sohn.

Der Galgenberg befand sich an der Straße nach Farson, was sehr poetisch war – Cuthbert hätte es gefallen, aber Roland nicht. Ihm gefiel der wunderbar geheimnisvolle Galgen, der in den strahlendblauen Himmel ragte, eine schwarze und eckige Silhouette, welche die Kutschenstraße überragte.

Die beiden Jungen waren von den morgendlichen Übungen befreit worden – Cort hatte die Anweisungen ihrer Väter mühsam vorgelesen, indem er die Lippen bewegt und an manchen Stellen genickt hatte. Als er mit beiden fertig gewesen war, hatte er zum blauvioletten Himmel der Dämmerung hinaufgesehen und noch einmal genickt. »Wartet hier«, hatte er gesagt und war zu der windschiefen Steinhütte gegangen, die seine Unterkunft war. Er kam mit einem Stück derbem, ungesäuertem Brot zurück, brach es entzwei und gab jedem Jungen eine Hälfte.

»Wenn es vorbei ist, werdet ihr das unter seine Schuhe legen. Macht genau, was ich euch sage, sonst werde ich euch die ganze nächste Woche über windelweich prügeln.«

Sie verstanden erst, als sie dort ankamen, wohin sie beide auf Cuthberts Wallach geritten waren. Sie waren die ersten, zwei Stunden vor allen anderen, und vier Stunden vor dem Hängen, und der Galgenberg war verlassen – abgesehen von Krähen und Raben. Die Vögel waren überall, und sie waren selbstverständlich alle schwarz. Sie saßen lärmend auf dem harten, hervorstehenden Balken, der über die Falltür ragte – der Vorrichtung des Todes. Sie saßen in einer Reihe entlang der Plattform, sie buhlten um die Plätze auf den Stufen.

»Sie lassen sie hier«, murmelte Cuthbert. »Für die Vögel.«

»Gehen wir hinauf«, sagte Roland.

Cuthbert sah ihn mit so etwas wie Entsetzen an. »Glaubst du ...«

Roland unterbrach ihn mit einer Handbewegung. »Wir sind *Jahre* zu früh. Es wird schon niemand kommen.«

»Also gut.«

Sie schritten langsam auf den Galgen zu, und die Vögel flogen indigniert davon, sie keiften und kreisten wie ein Mob wütender, enteigneter Bauern. Vor dem reinen Licht der Dämmerung waren ihre Körper flach und schwarz.

Roland empfand zum ersten Mal das gewaltige Ausmaß seiner Verantwortung in dieser Frage; dieses Holz war nicht edel, kein

Bestandteil der ehrfurchtgebietenden Maschinerie der Zivilisation, sondern lediglich krummes Kiefernholz voll weißem Vogelmist. Er war überall – auf der Treppe, dem Geländer, der Plattform –, und er stank.

Der Junge drehte sich mit aufgerissenen, schreckgeweiteten Augen zu Cuthbert um und sah, daß Cuthbert ihn mit demselben Ausdruck ansah.

»Ich kann nicht«, flüsterte Cuthbert. »Ich kann nicht zusehen.«

Roland schüttelte langsam den Kopf. Dies war eine Lektion, das war ihm klargeworden, nichts Strahlendes, sondern etwas Altes, Rostiges und Mißgestaltetes. Darum hatten ihre Väter sie herkommen lassen. Und Roland legte mit seiner gewohnten störrischen und unartikulierten Schwerfälligkeit die geistigen Hände auf das, was immer es sein mochte.

»Du kannst es, Bert.«

»Ich werde heute nacht kein Auge zutun.«

»Dann wirst du es eben nicht tun«, sagte Roland, der nicht einsah, was das damit zu tun hatte.

Plötzlich ergriff Cuthbert Rolands Hand und sah ihn voll so stummem Leid an, daß Rolands eigene Zweifel zurückkehrten und er sich inbrünstig wünschte, sie wären in jener Nacht nicht in die Westküche gegangen. Sein Vater hatte recht gehabt. Besser jeder Mann, jede Frau und jedes Kind in Farson als das.

Aber um welche Lektion es sich auch handeln mochte, um welches rostige, halb begrabene Ding, er würde es nicht sein lassen oder seinen Griff darum lockern.

»Gehen wir nicht hinauf«, sagte Cuthbert. »Wir haben alles gesehen.«

Und Roland nickte widerwillig und spürte, wie sich sein Griff um das Ding – was immer es war – lockerte. Er wußte, Cort hätte sie beide umgeschlagen und dann fluchend gezwungen, jeden einzelnen Schritt zu gehen ... und dabei hätten sie das frische Blut die Nasen hochgeschnieft. Cort hätte wahrscheinlich höchstpersönlich einen neuen Strick über den Galgenbaum geworfen und sich gezwungen, auf der Falltür zu stehen, um es zu spüren; und Cort wäre bereit gewesen, sie wieder zu schlagen, sollte einer von ihnen weinen oder die Kontrolle über seine Blase verlieren. Und Cort hätte selbstverständlich recht gehabt. Roland stellte zum ersten

Mal fest, daß er seine eigene Kindheit haßte. Er wünschte sich die Größe und die Schwielen und die Sicherheit des Alters.

Bevor er sich abwandte, brach er absichtlich einen Splitter vom Geländer ab und steckte ihn in die Brusttasche.

»Warum hast du das gemacht?« fragte Cuthbert.

Er wollte zu gerne etwas Hochtrabendes antworten: *Oh, das Glück des Galgenbaums...* aber er sah Cuthbert nur an und schüttelte den Kopf: »Nur damit ich es habe«, sagte er. »Damit ich es immer habe.«

Sie entfernten sich vom Galgen, setzten sich und warteten. Nach etwa einer Stunde fanden sich die ersten ein, größtenteils Familien, die in wackligen Karren und Kutschen gekommen waren und ihr Frühstück dabei hatten – Körbe voll Pfannkuchen, die mit Marmelade aus wilden Erdbeeren gefüllt waren. Roland spürte, wie sein Magen hungrig knurrte, und fragte sich wieder, voller Verzweiflung, wo die Würde und die Erhabenheit waren. Ihm war, als hätte Hax, der in seiner schmutzigen weißen Kleidung in seiner dampfigen unterirdischen Küche herumstolzierte, mehr Würde als dies hier. Er betastete den Splitter vom Galgenbaum mit ekelerfüllter Bestürzung. Cuthbert lag neben ihm und wahrte einen gleichgültigen Gesichtsausdruck.

Letztendlich war es gar nicht so schlimm, und Roland war froh darüber. Hax wurde mit einem offenen Wagen hergefahren, aber lediglich seine große Leibesfülle verriet ihn; man hatte ihm ein schwarzes Tuch über den Kopf gehängt. Ein paar warfen Steine, aber die meisten ließen sich nicht bei ihrem Frühstück stören.

Ein Revolvermann, den der Junge nicht kannte (er war froh, daß sein Vater das Los nicht gezogen hatte), führte den dicken Koch wachsam die Stufen hinauf. Zwei Soldaten der Wache waren ihm vorausgegangen und standen auf beiden Seiten der Falltür. Als Hax und der Revolvermann oben angekommen waren, warf der Revolvermann das Seil mit der Schlinge über den Querbalken und legte es dann dem Koch um den Hals, worauf er den Knoten festzog, bis dieser sich direkt unter dem linken Ohr befand. Die Vögel waren alle davongeflogen, aber Roland wußte, daß sie warteten.

»Möchtest du ein Geständnis machen?« fragte der Revolvermann.

»Ich habe nichts zu gestehen«, sagte Hax. Seine Worte waren deutlich vernehmbar, und seine Stimme hatte etwas seltsam Würdevolles, obschon sie von dem Tuch gedämpft wurde, das vor seinem Gesicht hing. Das Tuch flatterte leicht im sanften, angenehmen Wind, der aufgekommen war. »Ich habe das Antlitz meines Vaters nicht vergessen; es hat mich bei allem begleitet.«

Roland betrachtete die Menge genau und war beunruhigt von dem, was er sah – eine Art Sympathie? Vielleicht sogar Bewunderung? Er würde seinen Vater fragen. Wenn Verräter Helden genannt wurden (oder Helden Verräter, mutmaßte er in seiner stirnrunzelnden Art), so mußten dunkle Zeiten gekommen sein. Er wünschte sich, er hätte alles besser verstanden. Er dachte an Cort und das Brot, das Cort ihnen gegeben hatte. Er empfand Verachtung; der Tag würde kommen, da Cort ihm dienen würde. Vielleicht nicht Cuthbert; Cuthbert würde vielleicht unter Corts Trommelfeuer zerbrechen und Page oder Pferdebursche bleiben (oder unendlich viel schlimmer: ein parfümierter Diplomat, der seine Zeit in Empfangszimmern vertrödelte oder in Gegenwart von tatternden Königen oder Prinzen in trügerische Kristallkugeln blickte), aber er nicht. Das wußte er.

»Roland?«

»Ich bin hier.« Er ergriff Cuthberts Hand, und ihre Finger schlossen sich wie Eisen umeinander.

Die Falltür ging auf. Hax stürzte hinab. Und in dem plötzlich eingetretenen Schweigen war ein Laut zu hören: Ein Laut, wie ihn ein explodierender Kiefernknarzen in einer kalten Winternacht im Herd macht.

Aber es war nicht so schlimm. Die Beine des Kochs traten einmal zu einem breiten Y aus; die Menge gab ein zufriedenes Pfeifen von sich; die Wachsoldaten ließen ihre militärische Haltung sein und fingen an, lässig die Sachen einzusammeln. Der Revolvermann ging langsam die Stufen hinunter, stieg auf sein Pferd und ritt davon, wobei er achtlos durch eine Gruppe von Essenden ritt, die auseinander stoben.

Danach löste sich die Menge rasch auf, und nach vierzig Minuten waren die beiden Jungen allein auf dem kleinen Hügel, für den sie sich entschieden hatten. Die Vögel kamen zurück, um ihren neuen Schmaus zu begutachten. Einer ließ sich auf Hax' Schulter nieder, wo er gesellig sitzenblieb und mit dem Schnabel nach dem glitzernden Ring pickte, den Hax stets im rechten Ohr getragen hatte.

»Sieht gar nicht wie er aus«, sagte Cuthbert.

»Doch, das tut er«, sagte Roland überzeugt, während sie mit dem Brot in der Hand zum Galgen gingen. Cuthbert machte einen verlegenen Eindruck.

Sie blieben unter dem Galgenbaum stehen und sahen zu dem baumelnden, kreisenden Leichnam hinauf. Cuthbert streckte eine Hand aus und berührte trotzig einen haarigen Knöchel. Der Leichnam beschrieb eine neue, veränderte Drehbewegung.

Dann brachen sie hastig das Brot und verteilten die Krümel unter den baumelnden Füßen.

Roland sah nur einmal zurück, als sie davonritten. Jetzt hatten sich Tausende Vögel dort eingefunden. Demnach war das Brot — was er nur vage begriff — symbolisch.

»Es war gut«, sagte Cuthbert plötzlich. »Es... es... es hat mir gefallen. Wirklich.«

Das schockierte Roland nicht, wenngleich ihm die Vorstellung nicht besonders zugesagt hatte. Aber er dachte, daß er es möglicherweise verstehen konnte.

»Das weiß ich nicht«, sagte er, »aber es war schon was. Ganz sicher.«

Das Land fiel dem guten Mann die nächsten zehn Jahre nicht in die Hände, und zu dieser Zeit war er selbst Revolvermann, sein Vater war tot, er selbst war zum Muttermörder geworden und die Welt hatte sich weiter gedreht.

3

»Schau«, sagte Jake und deutete nach oben.

Der Revolvermann sah auf und spürte einen vergessenen Wirbel in seinem Rücken knacken. Sie waren jetzt seit zwei Tagen im Vorgebirge, und die Wasserschläuche waren fast wieder leer, aber das machte jetzt nichts mehr. Bald würden sie mehr Wasser haben, als sie trinken konnten.

Er folgte dem Vektor von Jakes Finger nach oben, vorbei an dem ansteigenden grünen Hang und zu den kahlen und gleißenden Felsen und Schluchten darüber... bis zur schneebedeckten Kuppe selbst.

Der Revolvermann sah in weiter Ferne den Mann in Schwarz, lediglich als winzigen Punkt (es hätte einer der Splitter sein können, die einem unablässig vor dem Auge tanzen, wäre die konstante Bewegung nicht gewesen), der sich mit tödlicher Entschlossenheit die Hänge hinaufbewegte, eine winzige Fliege auf einer riesigen Granitmauer.

»Ist er das?« fragte Jake.

Der Revolvermann betrachtete den entpersonalisierten Punkt, der seine ferne Akrobatik vollführte, und empfand lediglich eine Vorahnung von Kummer.

»Das ist er, Jake.«

»Glaubst du, daß wir ihn erwischen?«

»Auf dieser Seite nicht. Auf der anderen. Aber sicher nicht, wenn wir hier stehenbleiben und darüber reden.«

»Sie sind so hoch«, sagte Jake. »Was liegt auf der anderen Seite?«

»Ich weiß nicht«, sagte der Revolvermann. »Ich glaube nicht, daß das überhaupt jemand weiß. Vielleicht wußten sie es einst. Komm jetzt, Junge.«

Sie gingen weiter aufwärts und ließen kleine Geröll- und Sandlawinen in die Wüste hinabrieseln, die sich wie ein endloses Backblech hinter ihnen auszudehnen schien. Vor ihnen, weit voraus, kletterte der Mann in Schwarz immer höher und höher und höher. Es war unmöglich zu sehen, ob er sich umdrehte. Er schien über unmögliche Klüfte zu springen, senkrechte Wände zu erklimmen. Ein- oder zweimal verschwand er, aber sie sahen ihn immer wieder, bis der violette Vorhang der Dämmerung ihn ihren Blicken entzog.

Als sie ihr Nachtlager aufschlugen, sagte der Junge kaum etwas, und der Revolvermann fragte sich, ob der Junge wußte, was er bereits intuitiv gespürt hatte. Er dachte an Cuthberts erhitztes, erschrockenes, aufgeregtes Gesicht vor sich. Er dachte an Brotkrümel. Er dachte an die Vögel. So endet es, dachte er. Immer wieder endet es so. Es gibt Suchen und Straßen, die unablässig weiter führen, und alle enden am selben Ort... auf dem Schlachtfeld.

Abgesehen vielleicht von der Straße zum Turm.

Der Junge, das Opfer, dessen Gesicht im Schein des winzigen Feuers sehr jung wirkte, war über seinen Bohnen eingeschlafen. Der Revolvermann deckte ihn mit der Pferdedecke zu, dann legte er sich selbst zum Schlafen nieder.

Dritter Teil
Das Orakel und
die Berge

Der Junge fand das Orakel, und es brachte ihn beinahe um.

Ein feiner Instinkt brachte den Revolvermann aus dem Schlaf in die samtene Dunkelheit zurück, welche sich mit Einbruch der Dämmerung wie ein Leichentuch aus Brunnenwasser über sie gesenkt hatte. Das war gewesen, als er und Jake die grasbewachsene, beinahe ebene Oase über dem ersten Wall des zerklüfteten Vorgebirges erreicht hatten. Selbst auf dem kahlen Felsen darunter, wo sie unter der mörderischen Sonne um jeden Fußbreit gekämpft und gerungen hatten, hatten sie das Zirpen von Grillen hören können, die im ewigen Grün der Weidenhaine über ihnen verführerisch die Beine aneinander gerieben hatten. Der Revolvermann hatte seinen kühlen Kopf bewahrt, und der Junge hatte immerhin die vorgebliche Fassade aufrechterhalten, und das hatte den Revolvermann stolz gemacht. Aber Jake hatte den wilden Blick seiner Augen nicht verheimlichen können, die weiß und glasig gewesen waren, die Augen eines Pferdes, das Wasser wittert und lediglich von dem schwachen Zügel des Verstandes seines Herrn am Durchgehen gehindert wird; eines Pferdes an dem Punkt, an dem nur noch Verständnis und nicht die Sporen es zurückhalten können. Der Revolvermann konnte Jakes Verlangen anhand des Irrsinns ermessen, den das Zirpen der Grillen in seinem eigenen Körper erweckte. Seine Arme schienen nach Schiefer zu suchen, auf dem sie kratzen konnten, und seine Knie schienen darum zu flehen, zu winzigen, in den Wahnsinn treibenden salzigen Wunden zerfetzt zu werden.

Die Sonne hämmerte die ganze Zeit auf sie herunter; selbst als sie bei Sonnenuntergang ein geschwollenes, fiebriges Rot angenommen hatte, schien sie auf perverse Weise durch einen Einschnitt in den Felsen links von ihnen, blendete sie und verwandelte jeden Schweißtropfen in ein Prisma der Schmerzen.

Dann fing das Gras an: anfangs nur gelbe Büschel, die sich dort an dem kargen Boden festklammerten, wo die letzten des Entscheidungskampfes mit ihrem ungebrochenen Lebenswillen hingelangt waren. Weiter oben folgte Hexengras, erst spärlich, dann grün und saftig... dann der erste süße Geruch von echtem Gras, vermischt mit Thimoteusgras und von ersten Krüppelkiefern überschattet. Dort erblickte der Revolvermann geschmeidige braune Bewegungen im Schatten. Er zog, schoß und tötete das Kaninchen, noch bevor Jake seine Überraschung hatte hinausschreien können. Einen Augenblick später hatte er die Pistole wieder ins Halfter gesteckt.

»So«, sagte der Revolvermann. Vor ihnen verdichtete sich das Gras zu einem Dschungel grüner Weiden, der nach der ausgedörrten Sterilität der endlosen Wüstenkruste etwas Schockierendes hatte. Dort war sicher eine Quelle, vielleicht sogar mehrere, und es würde noch kühler sein, aber hier, im offenen Gelände, war es besser. Der Junge hatte sich jeden Schritt, den er konnte, vorangeschleppt, und möglicherweise lebten Vampirfledermäuse in den tiefen Schatten des Hains. Die Fledermäuse konnten den Schlaf des Jungen stören, wie tief er auch immer schlafen mochte, und wenn es tatsächlich Vampire waren, dann wachte möglicherweise keiner von ihnen mehr auf... jedenfalls nicht in dieser Welt.

Der Junge sagte: »Ich gehe Holz holen.«

Der Revolvermann lächelte. »Nein, das wirst du nicht tun. Setz dich, Jake.« Wessen Ausdruck war das? Der irgendeiner Frau.

Der Junge setzte sich. Als der Revolvermann zurückkam, war Jake im Gras eingeschlafen. Eine große Gottesanbeterin führte auf der drahtigen Krümmung von Jakes Stirnlocke ihre Reinigungszeremonien aus. Der Revolvermann entfachte das Feuer und machte sich auf die Suche nach Wasser.

Der Weidendschungel war tiefer, als er vermutet hatte, und verwirrend im abendlichen Licht. Aber er fand eine Quelle, die von Fröschen und Singvögeln in großer Schar bewacht wurde. Er füllte einen ihrer Wasserschläuche... und hielt inne. Die Geräusche, welche die Nacht erfüllten, weckten eine unbehagliche Sinnlichkeit in ihm, ein Gefühl, das nicht einmal Allie, die Frau, mit der er in Tull das Bett geteilt hatte, zum Vorschein hatte bringen können. Sinnlichkeit und das Ficken sind schließlich Vettern von allerdünnster Verwandtschaftsbeziehung. Er schrieb es dem unvermittelten, grellen Kontrast zur Wüste zu. Das Dunkel schien so weich, daß es fast dekadent war.

Er kehrte zum Lager zurück und zog das Kaninchen ab, während das Wasser über dem Feuer kochte. In Verbindung mit ihren letzten Konservendosen ergab das Kaninchen einen herrlichen Eintopf. Er weckte Jake und sah ihm zu, wie er übermüdet, aber heißhungrig aß.

»Wir bleiben morgen hier«, sagte der Revolvermann.

»Aber der Mann, hinter dem du her bist... der Priester.«

»Er ist kein Priester. Und keine Bange, wir erwischen ihn.«

»Woher weißt du das?«

Der Revolvermann konnte nur den Kopf schütteln. Das Wissen in ihm war stark... aber es war kein gutes Wissen.

Nach dem Essen spülte er die Dosen, aus denen sie gegessen hatten (und staunte wieder über seine eigene Wasserverschwendung), und als er sich umdrehte, war Jake schon wieder eingeschlafen. Der Revolvermann verspürte wieder das mittlerweile altbekannte An- und Abschwellen in seiner Brust, das er nur mit Cuthbert identifizieren konnte. Cuthbert war in Rolands Alter gewesen, schien jedoch viel jünger zu sein.

Seine Zigarette sank in Richtung Gras, und er schnippte sie ins Feuer. Er sah es an, das klare gelbe Lodern, das sich so sehr davon unterschied, wie das Teufelsgras brannte. Die Luft war herrlich kühl, und er legte sich mit dem Rücken zum Feuer. Durch den Einschnitt, der ins Gebirge hineinführte, vernahm er die belegte Stimme des fernen, ewigen Donners. Er schlief ein. Und träumte.

Susan, seine Geliebte, starb vor seinen Augen:

Sie starb, während er zusah; zwei Dorfbewohner hielten ihn auf beiden Seiten fest, sein Hals steckte wie der eines Hundes in einem breiten rostigen Halsband aus Eisen. Roland konnte die klamme Feuchtigkeit der Grube sogar durch den starken Gestank des Feuers riechen... und er konnte die Farbe seines eigenen Wahnsinns erkennen. Susan, das liebreizende Mädchen am Fenster, die Tochter des Pferdekutschers. Sie wurde in den Flammen schwarz, ihre Haut platzte auf.

»Der Junge!« schrie sie. »Roland, der Junge!«

Er wirbelte herum und riß seine Häscher mit sich. Der Kragen riß ihm den Hals auf und er hörte die würgenden, erstickten Laute, die aus seiner eigenen Kehle kamen. Der ekelerregende Geruch verbrannten Fleisches hing schwer in der Luft.

Der Junge sah aus einem Fenster hoch über dem Burghof zu ihm herab, demselben Fenster, an dem Susan, die ihn gelehrt hatte, ein Mann zu sein, einst gesessen und die alten Lieder gesungen hatte; »Hey Jude« und »Ease on Down the Road« und »A Hundred Leagues to Banberry Cross«. Er sah aus dem Fenster heraus wie die Alabasterstatue eines Heiligen in einer Kathedrale. Seine Augen waren aus Marmor. Ein Pfahl war durch Jakes Stirn geschlagen worden.

Der Revolvermann spürte den erstickenden, schneidenden Schrei, der den Anfang seines Wahnsinns bedeutete, aus der Wurzel seines Magens emporsprießen.

»Nnnnnnnnnnn...«

Roland stieß einen grunzenden Schrei aus, als er spürte, wie das Feuer ihn versengte. Er saß kerzengerade in der Dunkelheit und spürte immer noch den Traum um sich herum, der ihn würgte wie der Kragen, den er getragen hatte. Er hatte sich hin und her gewälzt und dabei eine Hand in die erlöschenden Kohlen des Feuers fallen lassen. Er legte die Hand ans Gesicht, spürte den Traum entschwinden, sah nur noch das deutliche Bild des alabasterweißen Jake, ein Heiliger für die Dämonen.

»Nnnnnnnnnnn...«

Er sah in die geheimnisvolle Dunkelheit des Weidenhains und hielt beide Pistolen schußbereit. In der letzten Glut des Feuers waren seine Augen rote Sehschlitze.

»Nnnnnn-nnn...«

Jake.

Der Revolvermann sprang auf und lief los. Eine verbitterte Mondsichel war aufgegangen, und er konnte den Spuren des Jungen im Tau folgen. Er duckte sich unter der ersten Weide hindurch, stapfte durch die Quelle und erklomm das gegenüberliegende Ufer, wo er in der Feuchtigkeit ausrutschte (was sein Körper sogar jetzt genießen konnte). Weidengerten schlugen ihm ins Gesicht. Hier standen die Bäume dichter, der Mond war verdeckt. Baumstämme ragten in lauernden Schatten empor. Das jetzt kniehohe Gras peitschte gegen ihn. Halbverfaulte abgestorbene Zweige griffen nach seinen Schienbeinen, seinen *cojones*. Er hielt einen Augenblick inne, hob den Kopf und schnupperte in der Luft. Der Geist eines Lüftchens half ihm. Der Junge roch natürlich nicht gut, das tat keiner der beiden. Die Nasenflügel des Revolvermannes blähten sich wie die eines Affen. Der Schweißgeruch war schwach, ölig, unmißverständlich. Er stapfte durch eine Grube voll Gras, Brombeersträuchern und herabgefallenen Ästen und sprintete einen Tunnel überhängender Weiden und Sumach entlang. Moos fiel ihm auf die Schultern. Einiges blieb in seufzenden, grauen Ranken an ihm kleben.

Er brach durch die letzte Barrikade der Weiden und trat auf eine Lichtung, wo man zu den Sternen und dem höchsten Gipfel des Massivs hinaufschauen konnte, der totenkopfweiß in unvorstellbarer Höhe aufragte.

Er sah einen Kreis aus hohen, schwarzen Steinen, der im Mondenschein wie eine surrealistische Tierfalle aussah. In der Mitte befand sich ein Tisch aus Stein... ein Altar. Er war sehr alt und erhob sich auf einem mächtigen Basaltarm aus dem Boden.

Der Junge stand davor und wippte hin und her. Seine Hände an den Seiten zitterten, als wären sie von statischer Elektrizität aufgeladen. Der Revolvermann rief seinen Namen schneidend, und der Junge reagierte mit diesem unartikulierten Laut der Verneinung. Der winzige Klecks des Gesichts, der von der linken Schulter des Jungen fast verborgen wurde, sah entsetzt und strahlend zugleich aus.

Und da war noch etwas.

Der Revolvermann trat in den Kreis, und Jake schrie auf und wich zurück und hob schützend die Arme. Jetzt konnte man sein Gesicht deutlich und unverhüllt erkennen. Der Revolvermann sah Angst und Entsetzen, die sich mit einer beinahe quälenden Grimasse der Freude bekämpften.

Der Revolvermann spürte, wie er ihn berührte – der Geist des Orakels, der Sukkubus. Seine Lenden wurden plötzlich von rosa Licht überflutet, einem Licht, das weich und hart zugleich war. Er spürte, wie sein Kopf zuckte, seine Zunge anschwoll und selbst für den Speichelfilm, der sie bedeckte, quälend empfindlich wurde.

Er dachte nicht nach, als er den halbverfaulten Kieferknochen aus der Tasche zog, den er im Bau des sprechenden Dämons im Rasthaus gefunden hatte. Er dachte nicht nach, aber es machte ihm keine Angst, rein instinktiv zu handeln. Er hielt das erstarrte, prähistorische Grinsen des Kieferknochens vor sich hoch, den anderen Arm hatte er steif ausgestreckt und bildete mit dem ersten und letzten Finger den gabelförmigen Talisman, das uralte Zeichen des bösen Blicks.

Der Strom der Sinnlichkeit wurde wie ein Vorhang von ihm weggezogen.

Jake schrie erneut.

Der Revolvermann ging zu ihm und hielt den Kieferknochen vor Jakes gebannte Augen. Ein feuchter Schmerzenslaut. Der Junge versuchte, den Blick abzuwenden, konnte es aber nicht. Und mit einem Mal rollte er beide Augen nach oben, bis nur noch das Weiße zu sehen war. Jake brach zusammen. Sein Körper fiel schlaff zu Boden, eine Hand berührte das Orakel fast. Der Revolvermann ließ sich auf ein Knie niedersinken und hob ihn auf. Er war erstaunlich leicht und nach ihrem langen Fußmarsch durch die Wüste so ausgetrocknet wie ein Blatt im November.

Roland konnte die Präsenz, die den Kreis aus Steinen bewohnte, rings um sich herum vor eifersüchtigem Zorn vibrieren spüren – er hatte ihr die Beute weggenommen. Als der Revolvermann aus dem Kreis heraustrat, verschwand das Gefühl frustrierter Eifersucht. Er trug Jake zum Lager zurück. Als sie dort ankamen, war aus der unruhigen Bewußtlosigkeit des Jungen ein tiefer Schlaf geworden. Der Revolvermann verharrte einen Augenblick über der grauen Ruine des Feuers. Das Mondlicht auf Jakes Gesicht erinnerte ihn wieder an einen Kirchenheiligen aus Alabaster von ungewöhnlicher Feinheit. Plötzlich nahm er den Jungen in den Arm, weil er wußte, daß er ihn liebgewonnen hatte. Und es schien ihm fast, als könnte er irgendwo weit über sich das Lachen des Mannes in Schwarz hören.

Jake rief ihn; dadurch wurde er wach. Er hatte den Jungen fest an einen der kräftigen Büsche gefesselt, die in der Nähe wuchsen, und der Junge war hungrig und durcheinander. Dem Stand der Sonne nach zu urteilen, war es beinahe halb zehn.

»Warum hast du mich festgebunden?« fragte der Junge gekränkt, während der Revolvermann die dicken Knoten in der Decke aufknüpfte. »Ich wäre dir schon nicht weggelaufen!«

»Du bist weggelaufen«, sagte der Revolvermann, und Jakes Gesichtsausdruck brachte ihn zum Lachen. »Ich mußte aufstehen und dich holen. Du warst schlafwandeln.«

»Was war ich?« Jake sah ihn argwöhnisch an.

Der Revolvermann nickte und holte plötzlich den Kieferknochen hervor. Er hielt ihn Jake vor das Gesicht, und der Junge schreckte zurück und hob einen Arm.

»Siehst du das?«

Jake nickte verwirrt.

»Ich muß jetzt eine Weile gehen. Ich könnte den ganzen Tag unterwegs sein. Also hör mir gut zu, Junge. Es ist wichtig. Wenn ich bei Sonnenuntergang nicht zurück bin...«

Angst leuchtete in Jakes Gesicht auf. »Du läßt mich zurück!«

Der Revolvermann sah ihn nur an.

»Nein«, sagte Jake nach einem Augenblick. »Das wirst du wohl nicht tun.«

»Ich möchte, daß du dich nicht vom Fleck rührst, während ich weg bin. Und wenn du dich komisch fühlst – in irgendeiner Weise seltsam –, dann nimmst du diesen Knochen und hältst ihn in den Händen.«

Haß und Ekel huschten über Jakes Gesicht, verbunden mit Bestürzung. »Das kann ich nicht. Das... kann ich einfach nicht.«

»Du kannst. Es könnte sein, daß du es mußt. Besonders am Nachmittag. Es ist wichtig. Kapiert?«

»Warum mußt du weggehen?« platzte Jake heraus.

»Ich muß eben.«

Der Revolvermann bekam einen erneuten faszinierenden Eindruck von dem Stahl, der unter der Oberfläche des Jungen lag und der so rätselhaft war wie seine Geschichte, er würde aus einer Stadt kommen, wo die Häuser so hoch waren, daß sie tatsächlich an den Wolken kratzten.

»Na gut«, sagte Jake.

Der Revolvermann legte den Kieferknochen behutsam neben die Überreste des Feuers, wo er wie ein verwittertes Fossil, welches nach einer Nacht von fünftausend Jahren wieder das Tageslicht erblickt, aus dem Gras emporgrinste. Jake weigerte sich, ihn anzusehen. Sein Gesicht war blaß und kläglich. Der Revolvermann überlegte, ob es sich für sie auszahlen würde, wenn er den Jungen hypnotisierte und befragte, aber er kam zu dem Ergebnis, daß es wenig bringen würde. Er wußte ziemlich genau, daß der Geist des Steinringes ein Dämon war, und wahrscheinlich auch ein Orakel. Ein

Dämon ohne Gestalt, lediglich eine Art gestaltlose sexuelle Energie mit einem prophetischen Auge. Er fragte sich sardonisch, ob es sich nicht um die Seele von Sylvia Pittston handeln könnte, der riesenhaften Frau, deren religiöser Eifer zur letzten Schießerei in Tull geführt hatte... aber er wußte, daß es nicht so war. Die Steine des Rings waren uralt, das Reich dieses speziellen Dämons war schon lange vor dem frühesten Schatten der Vorzeit abgesteckt worden. Aber der Revolvermann beherrschte die Formen des Sprechens recht gut und glaubte nicht, daß der Junge den Zauber des Kieferknochens würde anwenden müssen. Stimme und Verstand des Orakels würden mit ihm mehr als beschäftigt sein. Und der Revolvermann mußte ungeachtet des Risikos bestimmte Dinge wissen... und das Risiko war hoch. Doch für sich selbst und für Jake mußte er gewisse Dinge mit aller Macht erfahren.

Der Revolvermann machte den Tabaksbeutel auf, kramte darin, schob die getrockneten Blatthäcksel beiseite und fand schließlich ein winziges, in ein Stück weißes Papier eingewickeltes Objekt. Er wog es in der Hand und sah geistesabwesend zum Himmel hinauf. Dann packte er es aus und hielt den Inhalt eine winzige weiße Tablette mit Kanten, die vom Reisen schon arg abgescheuert waren – in der Hand.

Jake sah ihn neugierig an. »Was ist das?«

Der Revolvermann stieß ein kurzes Lachen aus. »Der Stein der Weisen«, sagte er. »Cort hat uns immer die Geschichte erzählt, daß die Alten Götter in die Wüste gepißt und so das Meskalin erschaffen haben.«

Jake sah nur verwirrt drein.

»Eine Droge«, sagte der Revolvermann. »Aber keine, die einen in Schlaf versetzt. Eine, die einen kurze Zeit ganz aufweckt.«

»Wie LSD«, stimmte der Junge eilfertig zu und sah dann noch verwirrter drein.

»Was ist das?«

»Ich weiß nicht«, sagte Jake. »Ist mir gerade eingefallen. Ich glaube, es stammt von... du weißt schon, vorher.«

Der Revolvermann nickte, aber er hatte seine Zweifel. Er hatte noch nie gehört, daß Meskalin als LSD bezeichnet wurde, nicht einmal in Martens ältesten Büchern.

»Wird es dir schaden?«

»Bisher hat es noch nie geschadet«, sagte der Revolvermann, der sich der Ausflucht bewußt war.

»Gefällt mir nicht.«

»Vergiß es.«

Der Revolvermann kauerte sich vor dem Wasserschlauch nieder, trank einen Mundvoll und schluckte die Pille. Er spürte wie immer sofort eine Reaktion im Mund; er schien vom Speichel überzufließen. Er nahm vor dem erloschenen Feuer Platz.

»Wann geschieht etwas mit dir?« fragte Jake.

»Noch eine ganze Weile nicht. Sei still.«

Also war Jake still und verfolgte mit unverhohlenem Argwohn, wie der Revolvermann sich an das Ritual machte, seine Pistolen zu reinigen.

Er steckte sie wieder in die Halfter und sagte: »Dein Hemd, Jake. Zieh es aus und gib es mir.«

Jake zog das Hemd widerstrebend über den Kopf und gab es dem Revolvermann.

Der Revolvermann holte eine Nadel hervor, die im Saum seiner Jeans steckte, und einen Faden aus einer leeren Patronenhülse in seinem Gurt. Er fing an, einen langen Einriß in einem Hemdsärmel zuzunähen. Als er fertig war und das Hemd zurückgab, konnte er spüren, wie das Meskalin zu wirken anfing – sein Magen zog sich zusammen, und er hatte den Eindruck, als würden sämtliche Muskeln seines Körpers eine Skaleneinheit angezogen werden.

»Ich muß gehen«, sagte er und stand auf.

Der Junge erhob sich halb, sein Gesicht war ein Schatten der Sorge, doch dann ließ er sich wieder nieder. »Sei vorsichtig«, sagte er. »Bitte.«

»Vergiß den Kieferknochen nicht«, sagte der Revolvermann. Er legte Jake im Vorübergehen die Hand auf den Kopf und zerzauste das sandfarbene Haar. Die Geste entlockte ihm ein kurzes Lachen.

Jake sah ihm mit besorgtem Lächeln nach, bis er im Weidendschungel verschwunden war.

Der Revolvermann schritt entschlossen auf den Ring aus Steinen zu und hielt nur einmal inne, um Wasser aus der Quelle zu trinken. Er konnte sein Spiegelbild in dem kleinen, von Moos und Wasserlilien eingesäumten Teich sehen und betrachtete sich einen Augenblick so fasziniert wie Narziß. Die verstandesmäßige Reaktion setzte ein, sie verlangsamte den Lauf seiner Gedanken, indem sie die Bedeutung eines jeden Einfalls und einer jeden Sinneswahrnehmung verstärkte. Alles nahm ein Gewicht und einen Umfang an, der bislang nicht zu erkennen gewesen war. Er hielt inne, stand wieder auf und sah durch das verfilzte Geflecht der Weiden. Ein goldener, staubiger Strahl Sonnenlicht fiel schräg herab, und er beobachtete einen Moment das Spiel der winzigen Splitter und Staubkörnchen, bevor er weiterging.

Die Droge hatte ihn häufig verstört: Sein Ich war zu stark (oder vielleicht zu schlicht), Freude daran zu empfinden, wenn es überschattet und zurückgeschält und zur Zielscheibe einfühlsamerer Emotionen gemacht wurde – die ihn kitzelten wie die Schnurrhaare einer Katze. Aber diesesmal fühlte er eine große Ruhe. Das war gut.

Er betrat die Lichtung und schritt, ohne zu zögern, in den Kreis. Dort blieb er stehen und ließ seinen Gedanken freien Lauf. Ja, es kam jetzt schneller, fester. Das Gras schrie ihm grün entgegen; er hatte den Eindruck, er würde überall an Fingern und Handflächen grüne Farbe haben, wenn er sich bückte und mit den Händen hindurchstrich.

Er widerstand einem schalkhaften Drang, das Experiment auszuprobieren.

Aber er hörte keine Stimme des Orakels. Keine sexuelle Erregung.

Er trat vor den Altar und stand einen Augenblick davor. Es war ihm fast unmöglich, zusammenhängend zu denken. Seine Zähne fühlten sich seltsam im Kopf an. Die Welt enthielt zuviel Licht. Er kletterte auf den Altar und legte sich zurück. Sein Verstand wurde zu einem Dschungel voll seltsamer Gedankenpflanzen, die er vorher niemals gesehen oder auch nur vermutet hatte, einem Weidendschungel, der um eine Meskalinquelle herum gewachsen war. Der Himmel war Wasser und er hing freischwebend darüber. Der Gedanke versetzte ihm ein Schwindelgefühl, das fern und unwichtig schien.

Verse eines alten Gedichts fielen ihm ein, aber kein Kinderlied, nein; seine Mutter hatte Drogen und ihre Notwendigkeit gefürchtet (wie sie Cort und die Notwendigkeit gefürchtet hatte, daß er die Jungen schlug); dieser Vers stammte aus einer der Ansiedlungen im Norden, wo immer noch Menschen inmitten von Maschinen lebten, die für gewöhnlich nicht funktionierten... und die ab und zu Menschen verschlangen, wenn sie doch funktionierten. Der Vers wurde immer wieder heruntergeleiert und erinnerte ihn (auf eine zusammenhanglose Weise, die typisch für die Wirkung des Meskalin war) an den Schnee, der in einer Glaskugel gefallen war, die er als Kind gehabt hatte, geheimnisvoll und halb fantastisch:

Fern von der Menschen Zugriff ruht
Das Seltsame, die Höllenglut...

In den Bäumen, die über die Lichtung hingen, waren Gesichter. Er betrachtete sie voll abstrakter Faszination: Dort war ein grüner, sich windender Drache. Dort eine Waldnymphe mit lockenden Zweigenarmen. Dort ein lebender, von Schleim überwucherter Totenschädel. Gesichter. Gesichter.

Plötzlich bog sich das Gras auf der Lichtung und wogte.

Ich komme.

Ich komme.

Ein vages Regen seines Fleisches. Wie tief bin ich gesunken, dachte er. Einst liebkoste ich Susan im süßen Heu, und jetzt dies hier.

Sie preßte sich auf ihn, ein Leib aus Wind, eine Brust aus plötzlich wohlriechendem Jasmin, Rosen und Geißblatt.

»Sprich deine Prophezeihung«, sagte er. Sein Mund fühlte sich an, als wäre er voll Metall.

Ein Seufzen. Ein leises Weinen. Die Genitalien des Revolvermannes fühlten sich zusammengeschrumpelt und hart an. Über sich und jenseits der Gesichter in den Bäumen konnte er die Berge sehen – hart und brutal und voller Zähne.

Der Leib drückte sich gegen ihn, rang mit ihm. Er spürte, wie er die Hände zu Fäusten ballte. Sie hatte ihm eine Vision von Susan geschickt. Susan war über ihm, die liebreizende Susan am Fenster, die mit über Schultern und Rücken fallendem Haar auf ihn wartete. Er wandte den Kopf ab, doch ihr Gesicht folgte ihm.

Jasmin, Rosen, Geißblatt, altes Heu... der Geruch der Liebe. Liebe mich.

»Die Prophezeihung«, sagte er.

Bitte, weinte das Orakel. *Sei nicht so kalt. Es ist immer so kalt hier...*

Hände glitten über seinen Körper, betasteten ihn, setzten ihn in

Brand. Lockten ihn. Zogen ihn. Eine schwarze Spalte. Die ultimate Hure. Feucht und warm...

Nein. Trocken. Kalt. Steril.

Zeige eine barmherzige Regung, Revolvermann. Ah, bitte, ich flehe dich an. Barmherzigkeit!

Hättest du Barmherzigkeit mit dem Jungen?

Welchem Jungen? Ich kenne keinen Jungen. Ich brauche keine Jungen. O bitte.

Jasmin, Rosen, Geißblatt. Trockenes Heu mit seiner Ahnung von Sommerklee. Aus uralten Urnen gegossenes Öl. Lust für das Fleisch.

»Danach«, sagte er.

Jetzt. Bitte. Jetzt.

Er ließ seinen Verstand als Antithese von Gefühlen auf sie eindrängen. Der Leib, der über ihm hing, erstarrte und schien zu schreien. Zwischen seinen Schläfen fand ein kurzes, heftiges Tauziehen statt – sein Verstand war das graue und fasrige Tau.

Lange Augenblicke war außer dem leisen Hauchen seines Atems und der leichten Brise, welche die Gesichter in den Bäumen bewegte, blinzeln und Grimassen schneiden ließ, nichts zu hören. Kein Vogel sang.

Ihr Griff lockerte sich. Wieder war ein leises Schluchzen zu hören. Jetzt mußte es schnell geschehen, sonst würde sie ihn verlassen. Jetzt zu bleiben, würde eine Schwächung für sie bedeuten; vielleicht sogar ihre ureigene Art von Tod. Er spürte bereits, wie sie sich zurückzog, um den Kreis aus Steinen zu verlassen. Der Wind wogte gequält durch das Gras.

»Prophezeiung«, sagte er – ein schmuckloses Substantiv.

Ein schluchzendes, müdes Seufzen. Er hätte ihr beinahe die Barmherzigkeit gewähren können, um die sie bat, aber... da war Jake. Wäre er gestern nacht etwas später gekommen, hätte Jake wahnsinnig oder tot sein können.

Dann schlafe.

»Nein.«

Also Halbschlaf.

Der Revolvermann betrachtete die Gesichter in den Bäumen. Dort wurde zu seiner Unterhaltung ein Schauspiel gegeben. Welten stiegen vor ihm auf und stürzten wieder. Reiche wurden auf glitzerndem Sand erbaut, wo Maschinen für die Ewigkeit in abstrakter elektronischer Ekstase arbeiteten. Reiche gingen unter und fielen. Räder, die sich wie stumme Flüssigkeit gedreht hatten, liefen langsamer, fingen an zu quietschen, fingen an zu kreischen, blieben stehen. Sand erstickte die Edelstahlabflüsse konzentrischer Straßen unter dunklem Himmel voll kalten Juwelen gleichen Sternen. Und über alles wehte der sterbende Wind der Veränderung hinweg und trug den Zimtduft des späten Oktobers mit sich. Der Revolvermann sah zu, wie die Welt sich weiter drehte. Und versank in Halbschlaf.

Drei. Das ist deine Schicksalszahl.

Drei?

Ja, drei ist mystisch. Drei ist im Herzen des Mantras.

Welche drei?

›Wir sehen nur zum Teil, solchermaßen ist der Spiegel der Weissagung verdunkelt.‹

Sag mir, was du kannst.

Der erste ist jung und dunkelhaarig. Er steht am Rand von Raub und Mord. Ein Dämon hat von ihm Besitz ergriffen. Der Name des Dämons heißt HEROIN.

Was ist das für ein Dämon? Ich kenne ihn nicht, nicht einmal aus Kindergeschichten.

›Wir sehen nur zum Teil, solchermaßen ist der Spiegel der Weissagung verdunkelt.‹ Es gibt andere Welten. Revolvermann, und andere Dämonen. Diese Gewässer sind tief.

Der zweite?

Sie kommt auf Rädern. Ihr Verstand ist hart wie Stahl doch ihr Herz und ihre Augen sind weich. Mehr sehe ich nicht.

Der dritte?

In Ketten.

Der Mann in Schwarz? Wo ist er?

Nahe. Du wirst mit ihm sprechen.

Wovon werden wir sprechen?

Von dem Turm.

Der Junge? Jake?

…

Erzähl mir von dem Jungen!

Der Junge ist deine Pforte zum Mann in Schwarz. Der Mann in Schwarz ist deine Pforte zu den Dreien. Die Drei sind dein Weg zum Dunklen Turm.

Wie? Wie kann das sein? Warum muß es sein?

›Wir sehen nur zum Teil, solchermaßen ist der Spiegel...‹

Gott verfluche dich.

Kein Gott hat mich verflucht.

Werd nicht vorlaut, Ding. Ich bin stärker als du.

...

Wie nennt man dich? Sternendirne? Hure der Winde?

Manche leben von Liebe, welche zu den alten Stätten kommt... selbst in so traurigen und bösen Zeiten. Manche, Revolvermann, leben von Blut. Sogar, wie ich weiß vom Blut kleiner Jungen.

Kann er nicht verschont werden?

Doch.

Wie?

Laß ab, Revolvermann. Brich dein Lager ab und reise nach Westen. Im Westen besteht noch Nachfrage nach Männern, die von der Kugel leben.

Ich bin durch meines Vaters Pistolen und durch Martens Verrat gebunden.

Marten ist nicht mehr. Der Mann in Schwarz hat seine Seele verschlungen. Das weißt du.

Ich bin gebunden.

Dann bist du verflucht.

Benütze mich für deine Zwecke, Hure.

Eifer.

Der Schatten schwang sich über ihn, umhüllte ihn. Plötzliche Ekstase, welche lediglich von einer Milchstraße der Schmerzen unterbrochen wurde, so schwach und hell wie uralte Sterne, die im Untergang rot wurden. Auf dem Höhepunkt ihres Liebesaktes kamen ungebeten Gesichter zu ihm: Sylvia Pittston, Alice, die Frau aus Tull, Susan, Aileen, hundert andere.

Und schließlich, eine Ewigkeit später, stieß er sie von sich; er war wieder bei klarem Verstand, müde bis auf die Knochen und voller Ekel.

Nein! Es ist noch nicht genug! Es...

»Laß mich in Ruhe«, sagte der Revolvermann. Er richtete sich auf und wäre beinahe vom Altar gestürzt, bevor er auf die Füße kam. Sie faßte ihn zögernd an

(*Geißblatt, Jasmin, duftendes Rosenöl*)

und er stieß sie heftig von sich und fiel auf die Knie.

Er richtete sich strauchelnd auf und torkelte trunken zum Rand des Kreises. Er taumelte hinaus und spürte, wie ihm eine gewaltige Last von den Schultern fiel. Er holte erschauernd und schluchzend Atem. Als er sich entfernte, konnte er spüren, wie sie an den Gitterstäben ihres Gefängnisses stand und ihm nachsah, wie er von ihr ging. Er fragte sich, wie lange es dauern mochte, bis wieder jemand die Wüste durchquerte und sie hungrig und allein hier vorfand. Einen Augenblick fühlte er sich zwergenhaft angesichts der Möglichkeiten der Zeit.

— 2

»Du bist krank.«

Jake sprang auf, als der Revolvermann zwischen den letzten Bäumen hervorkam und ins Lager wankte. Jake hatte zusammengekauert vor den Überresten des winzigen Feuers gehockt, hatte den Kieferknochen im Schoß gehabt und untröstlich an den Knochen des Kaninchens genagt. Nun lief er mit einem besorgten Ausdruck auf den Revolvermann zu, der Roland das volle, häßliche Gewicht eines bevorstehenden Verrats spüren ließ – der, wie er spürte, nur der erste von vielen sein mochte.

»Nein«, sagte er. »Nicht krank. Nur müde. Ausgelaugt.« Er deutete abwesend auf den Kieferknochen. »Den kannst du wegwerfen.«

Jake warf ihn rasch und heftig weg und wischte sich anschließend die Hände an seinem Hemd ab.

Der Revolvermann setzte sich – fiel beinahe – nieder; er spürte die schmerzenden Gelenke und den schwerfälligen, trägen Verstand – die unliebsamen Nachwirkungen des Meskalins. Auch in seinen Lenden pochte ein dumpfer Schmerz. Er drehte sich mit sorgfältigen, gedankenlosen Bewegungen eine Zigarette. Jake sah ihm zu. Der Revolvermann verspürte den plötzlichen Impuls, ihm zu sagen, was er erfahren hatte, doch dann verwarf er den Gedanken voller Entsetzen. Er fragte sich, ob ein Teil von ihm – Verstand oder Seele – nicht im Verfall begriffen waren.

»Wir schlafen heute nacht hier«, sagte der Revolvermann. »Morgen klettern wir. Ich gehe später ein Stück weg und sehe zu, ob ich uns etwas zum Essen erlegen kann. Aber jetzt muß ich schlafen. Okay?«

»Klar.«

Der Revolvermann nickte und lehnte sich zurück. Als er erwachte, fielen lange Schatten über die kleine grasbewachsene Lichtung. »Mach ein Feuer«, sagte er zu Jake und warf ihm Feuerstein und Stahl zu. »Kannst du damit umgehen?«

»Ja, ich glaube schon.«

Der Revolvermann schritt zum Weidenhain, dann nach links, an ihm entlang. An einer Stelle, wo sich der Wald zu einer breiten grasbewachsenen Schneise öffnete, trat er in den Schatten zurück und blieb still stehen. Er konnte leise, aber deutlich das *Klick-klick-klick-klick* hören, während Jake Funken schlug. Er stand zehn, fünfzehn, zwanzig Minuten, ohne sich zu bewegen. Dann kamen drei Kaninchen, und der Revolvermann zog. Er erlegte die beiden fettesten, häutete sie, weidete sie aus und trug sie ins Lager.

Jake hatte das Feuer entfacht, das Wasser kochte bereits darüber. Der Revolvermann nickte ihm zu. »Gute Arbeit.«

Jake errötete vor Freude und gab ihm schweigend Feuerstein und Stahl zurück.

Während der Eintopf kochte, nutzte der Revolvermann das letzte Tageslicht, um zum Weidenhain zurückzugehen. In der Nähe des ersten Teiches schlug er Reben ab, die am sumpfigen Ufer des Wassers wuchsen. Später, wenn das Feuer zu Kohlen niedergebrannt war und Jake schlief, würde er sie zu Seilen flechten, die später von begrenztem Nutzen sein konnten. Aber irgendwie glaubte er nicht, daß ihnen das Klettern besonders schwerfallen würde. Er empfand ein Gefühl der Schicksalshaftigkeit, das er nicht einmal mehr als seltsam betrachtete.

Die Weinreben bluteten grünen Saft auf seine Hände, während er sie zu dem wartenden Jake trug.

Sie standen mit der Sonne auf und packten innerhalb einer halben Stunde zusammen. Der Revolvermann hoffte, er könnte noch ein Kaninchen schießen, wenn diese sich auf der Schneise zum Fressen einfanden, aber die Zeit war knapp, und es zeigte sich keines. Das Bündel mit ihren verbleibenden Lebensmitteln war jetzt so leicht, daß Jake es mühelos tragen konnte. Er war kräftiger geworden, dieser Junge; das konnte man sehen.

Der Revolvermann trug das Wasser, das er frisch an einer der Quellen geschöpft hatte. Die drei Rebenseile schlang er sich um den Bauch. Sie machten einen großen Bogen um den Kreis aus Steinen (der Revolvermann fürchtete, der Junge könnte neuerliche Angst empfinden, doch als sie auf einer felsigen Anhöhe darüber vorbeigingen, warf Jake ihm lediglich einen flüchtigen Abschiedsblick zu und sah dann einem im Wind schwebenden Vogel nach). Schon bald waren die Bäume weniger hoch und saftig. Die Stämme waren gekrümmt, die Wurzeln schienen in einer gequälten Jagd nach Wasser mit dem Boden zu ringen.

»Alles ist so alt«, sagte Jake düster, als sie eine Rast machten. »Gibt es hier nichts Junges?«

Der Revolvermann lächelte und stieß Jake mit dem Ellbogen an. »Du bist doch jung«, sagte er.

»Wird das Klettern schwer sein?«

Der Revolvermann sah ihn eigentümlich an. »Die Berge sind hoch. Glaubst du nicht, daß das Klettern schwer werden wird?«

Jake sah mit umwölkten und verwirrten Augen zu ihm. »Nein.«

Sie gingen weiter.

Die Sonne stieg zum Zenit, schien dort kürzer zu verweilen als während der ganzen Durchquerung der Wüste, und zog dann weiter und gab ihnen ihre Schatten zurück. Felsgesimse ragten aus der Erde empor wie die Arme gigantischer, im Erdreich vergrabener Lehnstühle. Das kümmerliche Gras wurde gelb und verbrannt. Schließlich versperrte ihnen ein tiefer, schornsteinartiger Riß den Weg, und sie erklommen einen niederen, verwitterten Felsvorsprung, um um sie herum und über sie hinweg zu gelangen. Der uralte Granit war in Abschnitte geborsten, die stufenähnlich waren, und das Klettern ging leicht vonstatten, wie sie beide intuitiv geahnt hatten. Auf der etwas mehr als einen Meter breiten Kuppe blieben sie stehen und sahen über das abfallende Land zur Wüste zurück, die sich wie eine riesige gelbe Pfote um das Hochland legte. Weiter entfernt gleißte sie wie ein weißes Schild, das das Auge blendete, und verbarg sich noch weiter entfernt hinter waberndem Hitzeflimmern. Der Revolvermann verspürte gelindes Erstaunen darüber, daß diese Wüste ihn um ein Haar umgebracht hätte. Von der Stelle, wo sie im Kühlen standen, machte die Wüste sicher einen monumentalen Eindruck, aber keinen tödlichen.

Sie wandten sich wieder der Aufgabe des Kletterns zu, kletterten über an ein Mikadospiel gemahnende Felswände und hasteten niedergekauert geneigte Felsflächen empor, in denen Quartz und Glimmer funkelten. Der Felsen faßte sich angenehm warm an, aber die Luft war merklich kühler geworden. Am Spätnachmittag hörte der Revolvermann leises Donnergrollen. Doch die steile Silhouette der Berge verbarg den Regen auf der anderen Seite noch.

Als die Schatten purpurn wurden, lagerten sie im Überhang eines vorspringenden Felsplateaus. Der Revolvermann verankerte ihre Decke oben und unten und schuf so einen behelfsmäßigen Windfang. Sie saßen an dessen Rand und sahen zu, wie der Himmel eine Decke über die Welt breitete. Jake ließ die Beine über den Vorsprung baumeln. Der Revolvermann drehte sich seine abendliche Zigarette und sah Jake halb belustigt an. »Dreh dich nicht im Schlaf herum«, sagte er, »sonst wirst du in der Hölle aufwachen.«

»Werde ich nicht«, antwortete Jake ernst. »Meine Mutter hat gesagt...« Er verstummte.

»Was hat sie gesagt?«

»Daß ich wie ein Toter schlafe«, beendete Jake seinen Satz. Er sah den Revolvermann an, und dieser sah, daß der Mund des Jungen zitterte, so sehr bemühte er sich, Tränen zurückzuhalten – *nur ein Junge,* dachte er, und der Schmerz durchbohrte ihn wie der Eispikkel, den einem zuviel kaltes Wasser manchmal in die Stirn treiben kann. *Nur ein Junge. Warum?* Dumme Frage. Wenn ein an Leib oder Seele verletzter Junge Cort diese Frage gestellt hatte, dieser uralten, mitgenommenen Kampfmaschine, deren Aufgabe es gewesen war, den Söhnen von Revolvermännern die Anfänge dessen beizubringen, was sie wissen mußten, hatte Cort geantwortet: *Warum ist ein krummer Buchstabe, der nicht gerade gemacht werden kann... küm-*

mere dich nicht um das Warum, steh einfach auf, Dummkopf. Steh auf! Der
Tag ist noch jung!

»Warum bin ich hier?« fragte Jake. »Warum habe ich alles vergessen, was vorher war?«

»Weil der Mann in Schwarz dich hierher geholt hat«, sagte der Revolvermann. »Und wegen des Turms. Der Turm steht an einer Art ... Energiebrennpunkt. In der Zeit.«

»Das verstehe ich nicht!«

»Ich auch nicht«, sagte der Revolvermann. »Aber es ist etwas geschehen. Nur in meiner eigenen Zeit. ›Die Welt hat sich weitergedreht‹, pflegen wir zu sagen ... das haben wir stets gesagt. Aber jetzt dreht sie sich schneller. Etwas ist mit der Zeit geschehen.«

Sie saßen schweigend nebeneinander. Ein leichter, aber dennoch beißender Wind zupfte an ihren Beinen. Irgendwo in einer Felsspalte erzeugte er ein hohles *huuuuuuu.*

»Woher kommst du?« fragte Jake.

»Aus einem Land, das nicht mehr existiert. Kennst du die Bibel?«

»Jesus und Moses. Klar doch.«

Der Revolvermann lächelte. »Ganz recht. Mein Land hatte einen biblischen Namen – es hieß Neu-Kanaan. Das Land, wo Milch und Honig fließen. Im biblischen Kanaan sollte es so große Trauben gegeben haben, daß die Menschen sie auf Schlitten transportieren mußten. So groß wurden unsere nicht, aber es war ein fruchtbares Land.«

»Ich weiß von Odysseus«, sagte Jake zögernd. »Kam er auch in der Bibel vor?«

»Vielleicht«, sagte der Revolvermann. »Die Schrift ging verloren – mit Ausnahme der Teile, die ich auswendig lernen mußte.«

»Aber die anderen ...«

»Es gibt keine anderen«, sagte der Revolvermann. »Ich bin der letzte.«

Ein kleiner, siechender Mond ging auf und warf seinen schlitzäugigen Blick in das Durcheinander der Felswände, in dem sie saßen.

»War es schön? Deine Heimat ... dein Land?«

»Wunderschön«, sagte der Revolvermann abwesend. »Es gab Felder und Flüsse und Morgennebel. Aber das ist nur hübsch. Meine Mutter pflegte das zu sagen ... und daß das einzig wirklich Schöne Ordnung und Liebe und Licht sind.«

Jake gab einen unverbindlichen Laut von sich.

Der Revolvermann rauchte und dachte daran, wie es gewesen war – die Nächte im riesigen Mittelsaal, Hunderte prunkvoll gekleideter Gestalten, die im langsamen, gemessenen Walzerschritt gingen, oder mit den schnelleren, leichtfüßigeren Bewegungen der *Pol-kam,* in seinen Armen Aileen, deren Augen strahlender als die kostbarsten Edelsteine waren, der Schein der kristallgeschmückten elektrischen Lichter, das sich in den frisch frisierten Haaren der Kurtisanen und ihrer halb zynischen Freier brach. Der Saal war riesig gewesen, eine Insel des Lichts, deren Alter unermeßlich war, wie das des ganzen Mittleren Palastes, der aus beinahe einhundert aus Stein gebauten Schlössern bestand. Zwölf Jahre war es her, seit er ihn zum letzten Mal gesehen hatte, und als er ihn endgültig hinter sich gelassen und das Gesicht abgewendet und die erste Spur des Mannes in Schwarz verfolgt hatte, da hatte Roland großes Leid empfunden. Schon damals, vor zwölf Jahren, waren die Mauern eingestürzt gewesen, wuchs Unkraut in den Gärten, nisteten Fledermäuse zwischen den größten Balken des Mittelsaales, hallte das leise Huschen und Zwitschern von Schwalben durch die Galerien. Die Wiesen, wo Cort ihnen Bogenschießen und Pistolenschießen und die Falkenjagd beigebracht hatte, waren Heu und Timotheusgras und wilden Reben gewichen. In der riesigen und hallenden Küche, wo Hax dereinst seinen eigenen schäumenden und wohlschmeckenden Hof gehalten hatte, hatte sich eine groteske Kolonie langsamer Mutanten eingenistet, die ihn aus der barmherzigen Dunkelheit von Speisekammern und gewaltigen Säulen heraus angeglotzt hatten. Der warme, vom beißenden Geruch bratenden Rind- und Schweinefleisches erfüllte Dampf war der klammen Feuchtigkeit von Moos gewichen, und in den Ecken, wo nicht einmal die Langsamen Mutanten sich hinwagten, wuchsen riesige weiße Pilze. Die gewaltige Eichentür des Kellers stand offen, und von dort war der durchdringendste Geruch von allen gekommen, ein Geruch, der mit seiner platten Endgültigkeit sämtliche harten Tatsachen von Verfall und Auflösung zu symbolisieren schien: der ätzende, scharfe Geruch von Wein, der zu Essig geworden war. Es hatte keine Mühe gekostet, das Gesicht gen Süden zu wenden und das alles hinter sich zu lassen – aber es hatte ihm im Herzen weh getan.

»War Krieg?« fragte Jake.

»Noch besser«, sagte der Revolvermann und schnippte die letzte Glut seiner Zigarette fort. »Es war eine Revolution. Wir haben die Schlacht gewonnen und den Krieg verloren. Niemand hat den Krieg gewonnen, es sei denn die Plünderer. Es muß noch Jahre später reichlich zu holen gegeben haben.«

»Ich wünsche mir, ich hätte dort gelebt«, sagte Jake sehnsüchtig.

»Es war eine andere Welt«, sagte der Revolvermann. »Und jetzt ist Schlafenszeit.«

Der Junge, der nur noch ein dunkler Schatten war, drehte sich auf die Seite und kuschelte sich unter eine lose über ihn geworfene Decke. Der Revolvermann saß noch etwa eine Stunde Wache bei ihm und hing seinen langsamen, ernsten Gedanken nach. Dieses Meditieren war etwas Neues für ihn, etwas Ungewöhnliches, etwas auf eine melancholische Weise Angenehmes, aber dennoch völlig ohne praktischen Wert: Für Jakes Probleme gab es keine andere Lösung als die, welche das Orakel vorhergesagt hatte – und das war schlichtweg unmöglich. Die Situation mochte etwas Tragisches an sich haben, aber das sah der Revolvermann nicht; er sah nur die schicksalhafte Vorherbestimmung, die immerzu dagewesen war. Schließlich gewann sein natürlicherer Charakter wieder die Oberhand, und er schlief tief und traumlos.

5

Am folgenden Tag fiel das Klettern schwerer, während sie sich weiter auf das schmale V des Gebirgspasses zuarbeiteten. Der Revolvermann bewegte sich gemächlich, immer noch ohne Eile. Auf dem harten Gestein unter ihnen war keine Spur des Mannes in Schwarz zu sehen, aber der Revolvermann wußte, daß er vor ihnen diesen Weg genommen hatte – nicht nur aufgrund der Route seines Aufstiegs, als er und Jake ihn winzig und insektenähnlich vom Vorgebirge aus gesehen hatten. Sein Geruch wurde von jeder kalten Windbö heruntergetragen. Es war ein öliger, zynischer Geruch, der in seiner Nase so bitter schmeckte wie das Aroma des Teufelsgrases.

Jakes Haar war viel länger geworden und lockte sich am Halsansatz. Er kletterte verbissen und bewegte sich sicher und ohne erkennbare Höhenangst, wenn sie Klüfte überquerten oder sich ihren Weg an Felsüberhängen hinauf bahnten. Er war schon zweimal an Stellen hinaufgeklettert, die der Revolvermann nicht bezwingen konnte. Dort hatte Jake eines der Seile verankert, so daß sich der Revolvermann Hand für Hand hatte hochziehen können.

Am darauffolgenden Morgen kletterten sie durch eine kalte, klamm-feuchte Wolkenbank, die die Sicht auf die darunterliegenden Berghänge verbarg. In den tieferen Felsnischen lag fester, körniger Schnee. Er glitzerte wie Quartz, und seine Beschaffenheit war so trocken wie Sand. An diesem Nachmittag fanden sie einen einzigen Fußabdruck in einem der Schneeflecken. Jake betrachtete ihn einen Augenblick voll entsetzter Faszination, dann sah er auf, als rechnete er damit, den Mann in Schwarz selbst zu sehen, der in seinem eigenen Fußabdruck Gestalt annahm. Der Revolvermann tippte ihm auf die Schulter und deutete geradeaus. »Geh. Der Tag geht zu Ende.«

Später schlugen sie im letzten Tageslicht ihr Lager auf einem breiten, flachen Sims nordöstlich des Passes auf, der ins Herz des Gebirges hineinschnitt. Die Luft war eisig kalt; sie konnten die Wölkchen ihres Atems sehen, und das feuchte Donnergrollen im rotpurpurnen Abendrot war surrealistisch und ein wenig irrsinnig.

Der Revolvermann dachte, der Junge könnte anfangen, ihm Fragen zu stellen, aber Jake stellte keine Fragen. Der Junge schlief fast auf der Stelle ein. Der Revolvermann folgte seinem Beispiel. Er träumte wieder von dem dunklen Ort in der Erde, dem Kerker, und von Jake als Heiligenbild aus Alabaster mit einem Nagel durch die Stirn. Er erwachte stöhnend und griff instinktiv nach dem Kieferknochen, der nicht mehr da war, und er rechnete damit, das Gras des uralten Hains zu spüren. Statt dessen spürte er Felsen und die dünne, kalte Höhenluft in den Lungen. Jake schlief neben ihm, aber sein Schlaf war unruhig: Er warf sich hin und her und murmelte unverständliche Worte und jagte seine eigenen Phantome. Der Revolvermann legte sich schweren Herzens nieder und schlief ebenfalls wieder.

Sie waren eine weitere Woche unterwegs, bevor sie das Ende vom Anfang erreichten – für den Revolvermann ein bewegter, zwölf Jahre dauernder Prolog vom endgültigen Untergang seiner Heimat bis zum Auserwählen der anderen drei. Für Jake war das Tor ein seltsamer Tod in einer anderen Welt gewesen. Für den Revolvermann war es ein noch seltsamerer Tod gewesen – die endlose Jagd nach dem Mann in Schwarz durch eine Welt ohne Karten oder Erinnerung. Cuthbert und die anderen waren nicht mehr, alle dahin: Randolph, Jamie und Curry, Aileen, Susan, Marten (ja, auch ihn hatten sie nach unten gezerrt, und Pistolenschüsse waren zu hören gewesen, doch selbst das hatte einen bitteren Beigeschmack gehabt). Bis schließlich nur noch drei der alten Welt übriggeblieben waren, drei gleich gräßliche Karten aus einem schrecklichen Tarotblatt: der Revolvermann, der Mann in Schwarz und der Dunkle Turm.

Eine Woche nachdem Jake den Fußabdruck gesehen hatte, sahen sie den Mann in Schwarz einen kurzen Augenblick der Zeit. In diesem Augenblick war dem Revolvermann, als könnte er die tiefe Bedeutung des Dunklen Turms selbst beinahe begreifen, denn dieser Augenblick schien sich zur Ewigkeit zu dehnen.

Sie gingen weiter nach Südwesten und kamen an einen Punkt etwa auf halbem Weg durch das zyklopenhafte Gebirgsmassiv, und gerade als das Vorankommen zum ersten Mal wirklich schwierig zu werden schien (die scheinbar vorspringenden eisbedeckten Simse und steilen Felsvorsprünge über ihnen weckten ein unangenehmes Schwindelgefühl in dem Revolvermann), schritten sie wieder am Rand des schmalen Passes abwärts. Ein eckiger, zickzackförmiger Pfad führte sie auf den Grund der Schlucht, wo ein an den Ufern vereister Gebirgsbach sich mit wilder, schiefergrauer Wildheit aus dem Hochland herab ergoß.

An diesem Nachmittag hielt der Junge inne und sah den Revolvermann an, der angehalten hatte, um sich in dem Gebirgsbach das Gesicht zu waschen.

»Ich rieche ihn«, sagte Jake.

»Ich auch.«

Vor ihnen hatte der Berg seine letzte Verteidigung aufgebaut –

eine riesige, unbezwingbare Granitplatte, welche bis in wolkenverhangene Unendlichkeiten anstieg. Der Revolvermann rechnete jeden Augenblick damit, daß eine Biegung des Baches sie zu einem tiefen Wasserfall und unbesteigbar glattem Fels bringen würde – Sackgasse. Doch die Luft hier besaß die seltsam vergrößernde Eigenschaft, die hochgelegenen Orten eigen ist, und es dauerte noch einen ganzen Tag, bis sie das gewaltige Granitantlitz erreichten.

Der Revolvermann verspürte wieder das grauenhafte Ziehen der Erwartung, das Gefühl, daß endlich alles innerhalb seiner Reichweite lag. Am Ende mußte er sich zurückhalten, um nicht in Laufschritt zu verfallen.

»Warte!« Der Junge blieb unvermittelt stehen. Sie befanden sich vor einer scharfen Haarnadelkurve des Baches; er schäumte und gischtete mit Macht um den erodierten Hang eines riesigen Sandsteinblocks herum. Sie waren den ganzen Morgen im Schatten des Gebirges dahingeschritten, während die Schlucht immer schmaler geworden war.

Jake zitterte heftig, sein Gesicht war blaß geworden.

»Was ist denn los?«

»Laß uns umkehren«, flüsterte er. »Laß uns rasch umkehren.«

Das Gesicht des Revolvermannes war hölzern.

»Bitte?« Das Gesicht des Jungen war verzerrt, sein Kiefer zitterte vor unterdrücktem Schmerz. Sie konnten sogar durch die Felsschicht ein Donnern hören, das so konstant wie Maschinen in der Erde klang. Der Ausschnitt des Himmels, den sie noch sehen konnten, hatte über ihnen eine turbulente, gotische Graufärbung angenommen – warme und kalte Luftströmungen trafen aufeinander und bekämpften sich.

»Bitte, *bitte!*« Der Junge hob eine Faust, als wollte er dem Revolvermann auf die Brust schlagen.

»Nein.«

Das Gesicht des Jungen nahm einen verwunderten Ausdruck an. »Du wirst mich umbringen. Er hat mich das erste Mal umgebracht, und du wirst mich jetzt umbringen.«

Der Revolvermann spürte die Lüge auf den Lippen. Er sprach sie aus: »Dir wird nichts geschehen.« Und eine größere Lüge. »Ich werde aufpassen.«

Jakes Gesicht wurde grau, er sagte nichts mehr. Er streckte widerstrebend die Hand aus, und er und der Revolvermann gingen um die Haarnadelkurve herum. Sie standen der letzten steilen Felswand und dem Mann in Schwarz von Angesicht zu Angesicht gegenüber. Er stand nicht mehr als sechs Meter über ihnen, direkt rechts neben dem Wasserfall, der sich aus einem großen, zerklüfteten Loch im Felsen ergoß. Unsichtbarer Wind zerrte und zupfte an seinem Kapuzengewand. Er hielt einen Stab in einer Hand. Die andere Hand streckte er ihnen zu einem spöttischen Willkommensgruß entgegen. Er wirkte wie ein Prophet, und speziell auf dem Felsgesimse unter dem dahinrasenden Himmel wie ein Prophet des Untergangs; seine Stimme war die Stimme von Jeremias.

»Revolvermann! Wie genau du die alten Prophezeiungen erfüllst! Guten Tag und guten Tag und guten Tag!« Er lachte, und das Lachen hallte über das Donnern des Wasserfalls.

Der Revolvermann hatte ohne nachzudenken und offenbar ohne ein Klicken motorischer Relais die Pistolen gezogen. Der Junge kauerte rechts hinter ihm, ein winziger Schatten.

Roland feuerte dreimal, bevor er seine verräterischen Hände unter Kontrolle bringen konnte – die Echos warfen ihre Bronzetöne gegen das Felsental, das sie umgab, und übertönten das Tosen von Wind und Wasser.

Ein Granitschauer stob über den Kopf des Mannes in Schwarz hinweg; ein zweiter links von seiner Kapuze; ein dritter rechts von ihm. Er hatte dreimal sauber danebengeschossen.

Der Mann in Schwarz lachte – ein volles, herzliches Lachen, das die verklingenden Echos der Schüsse herauszufordern schien. »Würdest du alle deine Antworten so leichtfertig umbringen, Revolvermann?«

»Komm herunter«, sagte der Revolvermann. »Ringsumher sind überall Antworten.«

Wieder dieses laute, höhnische Lachen. »Ich habe keine Angst vor deinen Kugeln, Roland. Deine Vorstellung von Antworten macht mir angst.«

»Komm herunter.«

»Auf der anderen Seite, glaube ich«, sagte der Mann in Schwarz. »Auf der anderen Seite werden wir viel zu reden haben.«

Sein Blick fiel auf Jake, und er fügte hinzu:

»Nur wir beide.«

Jake wich mit einem leisen, wimmernden Schrei vor ihm zurück, und der Mann in Schwarz drehte sich herum, sein Gewand flatterte in der grauen Luft wie Fledermausflügel. Er verschwand in der Öffnung im Berg, aus der das Wasser mit ungezügelter Wucht hervorschoß. Der Revolvermann nahm alle Willenskraft zusammen und schoß keine Kugel hinter ihm her – *würdest du alle deine Antworten so leichtfertig umbringen, Revolvermann?*

Nur das Geräusch von Wind und Wasser war noch zu hören ein Geräusch, das seit Jahrtausenden an diesem Ort der Einsamkeit erklang. Und doch war der Mann in Schwarz hiergewesen. Nach zwölf Jahren hatte Roland ihn aus der Nähe gesehen, mit ihm gesprochen. Und der Mann in Schwarz hatte ihn ausgelacht.

Auf der an deren Seite werden wir viel zu reden haben.

Der Junge sah ihn mit dümmlich unterwürfigen Schafsaugen an; er zitterte am ganzen Körper. Einen Augenblick sah der Revolvermann das Gesicht von Alice, dem Mädchen aus Tull, über dem Gesicht des Jungen, die Narbe leuchtete wie eine stumme Anklage, und er empfand wütende Abscheu vor beiden. (Erst viel später fiel ihm ein, daß die Narbe auf Alices Stirn und der Nagel, den er in seinen Träumen durch Jakes Stirn gebohrt gesehen hatte, beide an derselben Stelle waren). Jake schien eine Ahnung seiner Gedanken zu spüren, und ein Stöhnen entrang sich seiner Kehle. Aber es war nur kurz; er versiegelte es hinter seinen zusammengepreßten Lippen. Er hatte das Zeug zu einem prachtvollen Mann, vielleicht sogar zu einem eigenständigen Revolvermann, wenn er genügend Zeit hatte.

Nur wir beide.

Der Revolvermann verspürte in einer tiefen, unbekannten Höhle seines Körpers einen großen, unheiligen Durst, einen Durst, den kein Wein löschen konnte. Welten erzitterten fast in Reichweite seiner Finger, und er bemühte sich auf eine instinktive Weise, sich nicht korrumpieren zu lassen, obschon er in seinem kühleren Denken wußte, daß dieses Bemühen vergeblich war und es immer sein würde.

Es war Mittag. Er sah auf und ließ das wolkenverhangene, rastlose Tageslicht ein letztes Mal auf die nur allzu verletzliche Sonne seiner eigenen Rechtschaffenheit scheinen. Niemand bezahlt jemals mit Silberlingen dafür, dachte er. Der Preis eines jeden Bösen – notwendig oder unnötig – wird stets vom Fleisch bezahlt.

»Komm mit mir oder bleib«, sagte der Revolvermann.

Der Junge sah ihn nur stumm an. Und für den Revolvermann hörte er in diesem letzten und entscheidenden Augenblick, da er sich von einem moralischen Prinzip freimachte, endgültig auf, Jake zu sein, und wurde nur zu dem Jungen, einer Unperson, die man herumschieben und benützen konnte.

Etwas schrie in der windigen Stille; er und der Junge hörten es beide.

Der Revolvermann machte den Anfang, und Jake folgte ihm nach einem Augenblick. Sie erklommen gemeinsam den zerklüfteten Fels neben dem Wasserfall, der kalt wie Stahl war, und blieben dort stehen, wo der Mann in Schwarz vor ihnen gestanden hatte. Dann traten sie gemeinsam dort ein, wo er verschwunden war. Die Dunkelheit verschluckte sie.

Vierter Teil
Die Langsamen
Mutanten

Der Revolvermann sprach langsam zu Jake, mit der steigenden und fallenden Modulation eines Traumes:

»Wir waren drei: Cuthbert, Jamie und ich. Wir durften nicht dort sein, denn keiner von uns war dem Kindesalter entwachsen. Wären wir erwischt worden, hätte Cort uns ausgepeitscht. Aber wir wurden nicht erwischt. Ich glaube nicht, daß von denen, die vor uns gegangen sind, jemals einer erwischt worden ist. Jungen müssen einfach einmal heimlich die Hosen ihres Vaters anziehen, vor dem Spiegel damit einherstolzieren und sie dann wieder auf den Bügel hängen; so ungefähr war es auch damit. Der Vater tut so, als würde ihm nicht auffallen, daß sie anders hängen, oder als würde er die Reste der Schuhcremeschnurrbärte unter ihren Nasen nicht sehen. Verstehst du?«

Der Junge sagte nichts. Er hatte, seit sie das Tageslicht hinter sich gelassen hatten, nichts mehr gesagt. Der Revolvermann hatte hektisch, fiebrig geredet, um das Schweigen zu verdrängen. Er hatte nicht ins Licht zurückgesehen, als sie in die Lichtlosigkeit des Berginneren hinabgestiegen waren, aber der Junge hatte es getan. Der Revolvermann hatte das Schwinden des Tageslichts im weichen Spiegel von Jakes Wangen gesehen: erst zartrosa; dann Milchglas; dann silberne Blässe; dann der letzte düstere Schein des Abendrots; dann nichts mehr. Der Revolvermann hatte ein künstliches Licht angezündet, und sie waren weitergegangen. Jetzt lagerten sie. Sie hörten kein Echo von dem Mann in Schwarz. Vielleicht hatte auch er Halt gemacht, um sich auszuruhen. Oder vielleicht schwebte er ohne führendes Licht weiter durch nachtschwarze Kammern.

»Es fand einmal jährlich im Großen Saal statt«, fuhr der Revolvermann fort. »Wir nannten ihn Saal der Großväter. Aber es war nur der große Saal.«

Das Geräusch tröpfelnden Wassers drang ihnen in die Ohren.

»Ein Ritual der Partnerwahl.« Der Revolvermann lachte verächtlich, und die empfindungslosen Wände machten den Laut zu einem irren Winseln. »In den Büchern steht, daß es in alten Zeiten die

Begrüßung des Frühlings war. Aber die Zivilisation, du weißt ja...«

Er verstummte, weil er außerstande war, die diesem mechanisierten Substantiv innewohnende Veränderung zu beschreiben, den Tod des Romantischen und seine sterile, weltliche Bedeutung, nur durch den gezwungenen Atem von Flitter und Zeremoniell zu leben; die geometrischen Schritte der Brautwerbung beim Tanz in der Osternacht im Großen Saal, welche das aufgeregte Trippeln der Liebe verdrängt hatten, an das er sich nur vage und intuitiv erinnern konnte – hohles Pathos anstelle von bedeutungsvollen und mitreißenden Leidenschaften, die einstmals die Seelen ausgelöscht haben mochten.

»Sie haben etwas Dekadentes daraus gemacht«, sagte der Revolvermann. »Ein Schaustück. Ein Spiel.« Seine Stimme drückte das unbewußte Mißfallen des Asketen aus. Wäre das Licht stärker gewesen, so hätte es die Veränderung seines Gesichts deutlich machen können – Härte und Trauer. Aber sein essentieller Ausdruck war nicht gewichen oder verwässert worden. Der Mangel an Fantasie, den dieses Gesicht noch ausdrückte, war bemerkenswert.

»Aber der Ball«, sagte der Revolvermann. »Der Ball...«

Der Junge sagte nichts.

»Fünf schwere Lüster aus Kristall befanden sich dort, schweres Glas mit elektrischem Licht. Nichts als Licht, eine Insel aus Licht.

Wir waren in eine der alten Logen geschlüpft, die angeblich baufällig waren. Aber wir waren noch Jungen. Wir waren über allem und konnten darauf hinuntersehen. Ich kann mich nicht erinnern, daß einer von uns etwas sagte. Wir sahen nur zu, und wir sahen stundenlang zu.

Unten stand ein großer Tisch aus Stein, wo die Revolvermänner und ihre Frauen saßen und den Tänzern zusahen. Einige der Revolvermänner tanzten, aber nur wenige. Das waren die jüngeren. Die anderen saßen nur da, und mir schien, als wären sie im grellen Licht, in dem zivilisierten Licht, von großer Verlegenheit erfüllt. Sie waren die Geachteten, die Gefürchteten, die Wächter, aber in der Menge der Kavaliere mit ihren sanften Damen schienen sie wie Stallknechte zu sein...

Vier kreisrunde Tische waren mit Speisen beladen, und sie drehten sich ständig. Die Köche kamen und gingen von sieben Uhr abends bis drei Uhr morgens ohne Unterlaß. Die Tische drehten sich wie Uhren, und wir konnten gegrilltes Schweine- und Rindfleisch, Hummer, Hähnchen und Bratäpfel riechen. Es gab Eis und Süßigkeiten. Es gab große flambierte Fleischspieße.

Und Marten saß neben meiner Mutter und meinem Vater das konnte ich selbst so hoch droben erkennen –, und sie und Marten tanzten einmal langsam und schwungvoll, und die anderen machten ihnen Platz und applaudierten, als es vorbei war. Die Revolvermänner klatschten nicht, aber mein Vater stand langsam auf und streckte ihr die Arme entgegen. Und sie kam lächelnd zu ihm.

Es war ein Augenblick des Übergangs, Junge. Eine Zeit, wie sie im Turm selbst herrschen muß, wenn Dinge zusammenkommen und halten und Energie in der Zeit erzeugen. Mein Vater hatte die Macht übernommen, er war auserwählt und anerkannt worden. Marten war der Anerkenner, mein Vater der Lenker. Und seine Frau, meine Mutter, ging zu ihm, das Bindeglied zwischen beiden. Verräterin.

Mein Vater war der letzte Herr des Lichts.«

Der Revolvermann betrachtete seine Hände. Der Junge sagte immer noch nichts. Sein Gesicht war lediglich nachdenklich.

»Ich kann mich erinnern, wie sie tanzten«, sagte der Revolvermann leise. »Meine Mutter und Marten der Zauberer. Ich erinnere mich, wie sie tanzten, wie sie sich langsam einander zu- und voneinander wegdrehten und den alten Schritten des Brautwahlrituals folgten.«

Er sah den Jungen lächelnd an. »Aber weißt du, es bedeutete nichts. Denn die Macht war auf eine Weise übertragen worden, die keiner von ihnen kannte, aber alle verstanden, und meine Mutter gehörte dem Besitzer und Former dieser Macht mit Haut und Haaren. War es nicht so? Sie ging zu ihm, als der Tanz vorüber war; oder nicht? Sie kam zu ihm, als der Tanz vorbei war, nicht? Und hielt seine Hand? Applaudierten sie? Hallte der Saal nicht vom Beifall wider, als diese Weichlinge und ihre sanften Damen ihm applaudierten und ihn hochleben ließen? War es nicht so? War es nicht so?«

Bitteres Wasser tröpfelte fern in der Dunkelheit. Der Junge sagte nichts.

»Ich erinnere mich, wie sie tanzten«, sagte der Revolvermann

sanft. »Ich erinnere mich, wie sie tanzten . . .« Er sah zu der unebenmäßigen Felsdecke empor, und es schien einen Augenblick, als
würde er sie anschreien, sie lästern, sie in blinder Wut herausfordern – diese stumpfsinnigen Tonnen gefühllosen Granits, die ihre
winzigen Leben in ihren Eingeweiden aus Stein bargen.

»Welche Hand kann das Messer gehalten haben, das meinem Vater den Tod brachte?«

»Ich bin müde«, sagte der Junge sehnsüchtig.

Der Revolvermann verfiel in Schweigen, und der Junge legte sich
nieder und schob eine Hand zwischen Wange und Fels. Die winzige Flamme vor ihnen flackerte. Der Revolvermann drehte sich
eine Zigarette. Ihm war, als könnte er im zynischen Saal seiner Erinnerung die kristallenen Leuchter immer noch sehen; als könnte er
den leeren Schrei der Ehrenbezeugung in einem ausgebluteten
Land hören, das schon damals hoffnungslos gegen ein graues Meer
der Zeit gestanden hatte. Die Insel des Lichts schmerzte ihn bitter-
lich, und er wünschte sich, er wäre niemals Zeuge geworden, wie
sein Vater zum Hahnrei gemacht worden war.

Er blies Rauch aus Mund und Nasenlöchern heraus und sah auf
den Jungen hinab. Wie wir für uns selbst große Kreise in der Erde
ziehen, dachte er. Wie lange, bis wir wieder Tageslicht sehen?

Er schlief ein.

Nachdem sein Atem langgezogen und gleichmäßig und regelmäßig geworden war, machte der Junge die Augen auf und betrachtete den Revolvermann mit einem Ausdruck, der Liebe gleichkam.
Das letzte Licht des Feuers brach sich einen Augenblick in der Pu-
pille und ertrank dort. Er schlief wieder ein.

Der Revolvermann hatte einen Großteil seines Zeitgefühls in der
unveränderlichen Wüste verloren; den Rest verlor er hier in diesen
lichtlosen Gängen unter den Bergen. Keiner der beiden hatte eine
Möglichkeit, die Zeit zu bestimmen, und das Konzept von Stunden
wurde bedeutungslos. In gewissem Sinne standen sie außerhalb
der Zeit. Ein Tag hätte eine Woche sein können oder eine Woche
ein Tag. Sie wanderten, sie schliefen, sie aßen wenig. Ihr einziger
Begleiter war das konstante Rauschen des Wassers, das sich seinen
nagenden Weg durch den Fels bohrte. Sie folgten ihm und tranken
aus seiner flachen, mineralreichen Tiefe. Manchmal glaubte der Revolvermann, unter seiner Oberfläche flüchtige, schwebende Lich-

ter, Grableuchten gleich, zu erkennen, aber er ging davon aus, daß sie lediglich Projektionen seines Gehirns waren, das noch nicht vergessen hatte, wie Licht aussah.

Der Entfernungsmesser in seinem Kopf führte sie unablässig voran.

Der Pfad neben dem Fluß (denn es war ein Pfad, ein glatter, leicht konkaver Pfad) führte stetig aufwärts zum Ursprung des Flusses. Sie fanden in regelmäßigen Abständen runde Felssäulen mit darin versenkten Ringen; vielleicht waren hier dereinst Ochsen oder Kutschenpferde angezäumt worden. An jeder befand sich ein Stahldeckel, unter dem sich eine elektrische Taschenlampe befand, doch diese waren alle ohne Leben und Licht.

Während der dritten Ruheperiode vor dem Schlafen wanderte der Junge ein Stück weg. Der Revolvermann konnte leise Geröllawinen hören, während er sich vorsichtig bewegte.

»Vorsicht«, sagte er. »Du siehst nicht, wo du dich befindest.«

»Ich krieche. Es ist... nanu!«

»Was ist denn?« Der Revolvermann kauerte sich nieder und legte eine Hand auf den Pistolengriff.

Eine kurze Pause. Der Revolvermann strengte seine Augen überflüssigerweise an.

»Ich glaube, es ist eine Eisenbahn«, sagte der Junge zweifelnd.

Der Revolvermann stand auf und schritt vorsichtig in die Richtung, aus der Jakes Stimme gekommen war, wobei er mit einem Fuß behutsam auftrat, um nach Fallgruben zu tasten.

»Hier.« Eine ausgestreckte Hand glitt katzenpfotengleich über das Gesicht des Revolvermannes. Der Junge war sehr gut im Dunkeln, besser als der Revolvermann selbst. Seine Augen schienen sich zu weiten, bis keine Farbe mehr in ihnen war: Das sah der Revolvermann, als er ein spärliches Licht entzündete. In diesem Schoß aus Stein gab es keinen Brennstoff, und ihr knapper Vorrat schwand rapide zu Asche. Manchmal war der Drang, ein Licht anzuzünden, fast unersättlich.

Der Junge stand neben einer gekrümmten Felswand, an der parallele Metallstäbe in die Dunkelheit hineinführten. Auf jedem befand sich eine schwarze Kugel, die einstmals ein elektrischer Leiter gewesen sein mochte. Daneben und darunter, nur Zentimeter über dem Felsboden, waren Schienen aus hellem Metall. Was mochte früher auf diesen Schienen gefahren sein? Der Revolvermann konnte sich lediglich schwarze elektrische Geschosse vorstellen, die mit wachsamen Scheinwerferaugen vor sich durch diese ewige Nacht flogen. Er hatte noch nie von so etwas gehört. Aber es gab Skelette in der Welt, ebenso wie Dämonen. Er war einmal einem Einsiedler begegnet, der eine quasi-religiöse Macht über eine erbarmenswerte Herde von Kuhhirten erlangt hatte, weil er im Besitz einer uralten Benzinpumpe gewesen war. Der Einsiedler hatte neben dieser Pumpe gekauert, einen Arm fest um sie geschlungen, und wilde, vulgäre, mürrische Predigten gehalten. Gelegentlich hatte er den immer noch strahlend glänzenden Füllstutzen, der sich an einem verrotteten Gummischlauch befunden hatte, zwischen die Beine gehalten. Auf der Pumpe selbst stand in deutlich lesbaren (wenn auch rostfleckigen) Buchstaben ein Schriftzug von unbekannter Bedeutung: *AMOCO. Bleifrei.* Amoco war zum Totem eines Donnergottes geworden, und ihm hatten sie durch das halb irre Abschlachten von Schafen gedient.

Wracks, dachte er. Nur sinnlose Wracks in Sand, der einst ein Meer gewesen war.

Und jetzt eine Eisenbahn.

»Wir folgen ihr«, sagte er.

Der Junge sagte nichts.

Der Revolvermann löschte das Licht, und sie schliefen. Als der Revolvermann erwachte, war der Junge bereits auf, er saß auf einer der Schienen und beobachtete ihn blicklos in der Dunkelheit.

Sie folgten den Schienen wie Blinde, der Revolvermann voraus, der Junge hinterher. Sie glitten mit einem Fuß an einer Schiene entlang, ebenfalls wie Blinde. Das unablässige Rauschen des Flusses zu ihrer Rechten war ihr ständiger Begleiter. Sie sagten nichts, und das blieb drei Perioden des Wachseins so. Der Revolvermann verspürte keinen Drang, zusammenhängend zu denken oder zu planen. Sein Schlaf war traumlos.

Während der vierten Periode des Wachseins und Wanderns stolperten sie buchstäblich über eine Draisine.

Der Revolvermann lief in Brusthöhe gegen sie, und der Junge, der auf der anderen Seite ging, stieß mit der Stirn dagegen und fiel schreiend zu Boden.

Der Revolvermann machte sofort Licht. »Alles in Ordnung?« Die

Worte hörten sich scharf, beinahe gereizt an, und er zuckte zusammen.

»Ja.« Der Junge hielt sich behutsam den Kopf. Er schüttelte ihn einmal, um festzustellen, ob er auch die Wahrheit gesagt hatte. Dann drehten sie sich beide um und sahen nach, wogegen sie gestoßen waren.

Es war ein Rechteck aus Metall, das stumm auf den Schienen saß. In seiner Mitte befand sich ein wippenähnlicher Griff. Der Revolvermann konnte nichts damit anfangen, aber der Junge wußte sofort Bescheid.

»Eine Draisine.«

»Was?«

»Draisine«, sagte der Junge ungeduldig, »wie in alten Filmen. Sieh her.«

Er zog sich hinauf und ging zum Griff. Es gelang ihm, ihn nach unten zu drücken, aber er mußte sein ganzes Körpergewicht darauf stützen. Er grunzte kurz. Die Draisine bewegte sich mit stummer Zeitlosigkeit ein paar Zentimeter auf den Schienen.

»Geht etwas schwer«, sagte der Junge, als wollte er sich für sie entschuldigen.

Der Revolvermann zog sich selbst hinauf und drückte den Griff nieder. Die Draisine bewegte sich gehorsam vorwärts und blieb dann wieder stehen. Er konnte spüren, wie sich unter seinen Füßen eine Antriebswelle drehte. Diese Funktion freute ihn – abgesehen von der Pumpe im Rasthaus war dies seit Jahren die erste alte Maschine, die er sah, die noch richtig funktionierte –, aber sie beunruhigte ihn auch. Sie würde sie viel schneller ans Ziel bringen. Wieder der Kuß des Fluches, dachte er, und er wußte, der Mann in Schwarz hatte gewollt, daß sie auch dies finden sollten.

»Hübsch, was?« sagte der Junge, und seine Stimme war voller Grauen.

»Was sind Filme?« fragte der Revolvermann.

Jake antwortete nicht, und sie standen in schwarzer Stille, wie in einer Gruft, aus der das Leben entflohen war. Der Junge konnte das Arbeiten der Organe in seinem Körper und den Atem des Jungen hören. Das war alles.

»Du stehst auf einer Seite. Ich stehe auf der anderen Seite«, sagte Jake. »Du mußt allein drücken, bis sie wirklich gut läuft. Dann kann ich dir helfen. Zuerst drückst du, dann drücke ich. Wir werden damit fahren. Kapiert?«

»Ich habe kapiert«, sagte der Revolvermann. Er hatte die Hände hilflos und verzweifelt zu Fäusten geballt.

»Aber du mußt allein drücken, bis sie wirklich gut rollt«, wiederholte der Junge und sah ihn an.

Der Revolvermann sah plötzlich lebhaft das Bild des Großen Saals ein Jahr nach dem Frühlingsball vor sich – in den zerschmetterten, zerstörten Trümmern von Revolution, Bürgerkrieg und Invasion. Dem folgte die Erinnerung an Allie, die Frau mit der Narbe aus Tull, die von den Kugeln getroffen und gebeutelt wurde, die sie im Reflex töteten. Dann folgte Jamies im Tod blau angelaufenes Gesicht, dann das weinende und verzerrte von Susan. Alle meine alten Freunde, dachte der Revolvermann und lächelte grausam.

»Ich drücke«, sagte der Revolvermann.

Er fing an zu drücken.

2

Sie rollten durch die Dunkelheit, und jetzt ging es viel schneller, weil sie sich den Weg nicht mehr ertasten mußten. Nachdem die Trägheit eines vergessenen Zeitalters von der Draisine abgeschüttelt war, lief sie geschmeidig. Der Junge versuchte, seinen Teil beizusteuern, und der Revolvermann gestattete ihm kurze Schichten – aber er drückte weitgehend alleine, ein gewaltiges, die Brust dehnendes Auf und Ab. Der Fluß war ihr Begleiter, er war manchmal nahe zu ihrer Rechten, manchmal etwas weiter entfernt. Einmal nahm er ein gewaltiges, hohles Donnern an, als bewegten sie sich durch das Kirchenschiff einer prähistorischen Kathedrale. Einmal verschwand sein Geräusch fast völlig.

Die Geschwindigkeit und der Fahrtwind in ihren Gesichtern schien das Augenlicht zu ersetzen und versetzte sie wieder in einen Rahmen aus Zeit und Bezugspunkten. Der Revolvermann schätzte, daß sie mit einer Geschwindigkeit zwischen zehn und fünfzehn Meilen pro Stunde vorankamen, und zwar immer auf einem leichten, fast unmerklichen Aufwärtsweg, der ihn auf täuschende Weise auslaugte. Wenn sie anhielten, schlief er wie der Fels selbst. Ihr Essen war beinahe wieder zur Neige gegangen. Keiner machte sich Sorgen deswegen.

Für den Revolvermann war die Spannung des bevorstehenden Höhepunktes so unmerklich und dennoch so wirklich und zunehmend wie die Erschöpfung vom Antreiben der Draisine. Sie waren dem Ende des Anfangs sehr nahe. Er fühlte sich wie ein Schauspieler, der Sekunden bevor der Vorhang sich hebt in der Mitte der Bühne steht; er hatte seine Position bezogen und die erste Dialogzeile im Gedächtnis, während er das Publikum mit Programmen rascheln und auf den Stühlen rücken hörte. Er lebte mit einem zusammengekrampften dicken Klumpen unheiliger Vorahnungen im Bauch und begrüßte die Anstrengung, die ihm zu gesundem Schlaf verhalf.

Der Junge sprach immer weniger; aber an ihrem Rastplatz, eine Schlafperiode bevor sie von den Langsamen Mutanten angegriffen wurden, fragte er den Revolvermann beinahe schüchtern nach dessen Erwachsenwerden.

Der Revolvermann hatte am Griff gelehnt und eine Zigarette aus seinem schwindenden Tabaksvorrat im Mund gehabt. Er war am Rand seines gewohnheitsmäßig traumlosen Schlafes gewesen, als der Junge seine Frage gestellt hatte.

»Warum willst du das wissen?« fragte er.

Die Stimme des Jungen schien eigentümlich verstockt, als wollte er seine Verlegenheit verbergen. »Einfach so.« Und nach einer Pause fügte er hinzu: »Ich habe mir immer Gedanken über das Aufwachsen gemacht. Das meiste sind Lügen.«

»Ich wurde nicht erwachsen«, sagte der Revolvermann. »Ich wurde nicht mit einem Mal erwachsen. Ich wurde es hier und dort entlang des Weges. Einmal sah ich, wie ein Mann gehängt wurde. Das war ein Teil davon, auch wenn ich es damals nicht wußte. Vor zwölf Jahren habe ich ein Mädchen in einer Stadt namens King's Town zurückgelassen. Das war ein anderer Teil. Ich wußte nichts von den Teilen, wenn sie passierten. Erst später wurden sie mir klar.«

Ihm wurde mit einigem Unbehagen klar, daß er der Frage auswich.

»Ich denke, das Erwachsenwerden war auch ein Teil davon«,

sagte er fast widerstrebend. »Es war formell. Fast stilisiert; wie ein Tanz.« Er lachte unangenehm. »Wie die Liebe. Liebe und Tod waren mein Leben.« Der Junge sagte nichts.

»Es war nötig, sich selbst im Kampf zu bewähren«, fing der Revolvermann an.

3

Sommer und Hitze.

Der August war wie ein Vampirliebhaber über das Land gekommen, hatte Ländereien und Frucht der ansässigen Bauern vernichtet und die Felder der Residenzstadt weiß und steril gemacht. Im Westen, einige Meilen entfernt und an der Grenze gelegen, die das Ende der Zivilisation war, hatten die Kämpfe bereits begonnen. Alle Meldungen waren schlecht, und alle verloren jegliches Interesse angesichts der Hitze, die über dem Ort im Zentrum lag. Das Vieh trottete mit leeren Augen in den Pferchen des Marktes. Schweine grunzten lustlos und merkten nichts von den Messern, die für den kommenden Herbst gewetzt wurden. Die Menschen stöhnten wegen Steuern und Erlassen, wie sie es immer getan haben, aber hinter dem apathischen Passionsspiel der Politik herrschte nur Leere. Das Zentrum war ausgetreten wie ein Teppich, der gewaschen und getreten und geschüttelt und aufgehängt und getrocknet worden war. Die Leinen und Netzstränge, welche das letzte Juwel auf der Brust der Welt hielten, barsten entzwei. Die Dinge hatten keinen Zusammenhalt mehr. Im Sommer des bevorstehenden Zusammenbruchs hielt die Welt den Atem an.

Der Junge ging müßig den oberen Flur dieses aus Stein erbauten Ortes entlang, der seine Heimat war, und spürte all diese Dinge; doch er verstand sie nicht. Auch er war leer und gefährlich.

Es waren drei Jahre vergangen, seit man den Koch gehängt hatte, der stets etwas zu essen für hungrige Jungen gefunden hatte, und er war gewachsen. Jetzt war er vierzehn Jahre alt und nur in verblichene Jeans gekleidet, und er besaß bereits den gewaltigen Brustumfang und die langen Beine, die den Erwachsenen charakterisieren sollten. Er hatte seine Unschuld noch, aber zwei der jüngeren

Schlampen eines Kaufmanns aus der Weststadt hatten ein Auge auf ihn geworfen. Er hatte seine Reaktion gespürt, und in diesem Augenblick spürte er sie noch stärker. Obschon es in dem Flur kühl war, spürte er Schweiß auf dem Körper.

Vor ihm befanden sich die Gemächer seiner Mutter, und er näherte sich ihnen ungläubig, wollte aber nur an ihnen vorbei auf das Dach hinaufgehen, wo eine schwache Brise und die Freuden seiner eigenen Hand auf ihn warteten.

Er hatte gerade die Tür hinter sich gelassen, als eine Stimme ihn rief: »Du. Junge.«

Es war Marten der Zauberer. Er war mit einer befremdlichen, beunruhigenden Beiläufigkeit gekleidet – schwarze Whipcordhosen, die fast so eng wie ein Trikot waren, und ein weißes Hemd, das bis über die Brust herab aufgeknöpft war. Sein Haar war zerzaust.

Der Junge sah ihn schweigend an.

»Komm herein, komm herein! Steh nicht auf dem Flur herum! Deine Mutter möchte mit dir reden.« Er lächelte mit dem Mund, doch die Furchen seines Gesichts drückten einen tieferen, sardonischen Humor aus. Darunter war nur Kälte.

Aber seine Mutter schien ihn nicht sehen zu wollen. Sie saß im zentralen Salon ihrer Gemächer auf einem Hocker am großen Fenster, aus dem man die heißen, kahlen Pflastersteine des Innenhofes sehen konnte. Sie hatte ein weites, formloses Gewand an und sah den Jungen nur einmal an – ein rasches, glitzerndes und reuevolles Lächeln, wie Herbstsonne auf dem Wasser eines Bachs. Während des restlichen Gesprächs sah sie auf ihre Hände.

Er sah sie nur noch sehr selten, und die Gespenster von Wiegenliedern waren fast völlig aus seinem Gedächtnis verschwunden. Aber sie war eine geliebte Fremde. Er empfand eine formlose Furcht, und geboren wurde ein unversöhnlicher Haß gegenüber Marten, der rechten Hand seines Vaters. (Oder war es umgekehrt?)

Und selbstverständlich hatte es schon immer Klatsch auf den Straßen gegeben – auch wenn er von ganzem Herzen glaubte, er hätte diesen Klatsch nicht gehört.

»Geht es dir gut?« fragte sie ihn sanft und betrachtete ihre Hände. Marten stand neben ihr, seine schwere Hand ruhte beunruhigend nahe der Kreuzung ihrer weißen Schulter mit ihrem weißen Hals, und er lächelte sie beide an. Seine braunen Augen waren beim Lächeln so dunkel, daß sie fast schwarz wirkten.

»Ja«, sagte er.

»Verläuft deine Ausbildung gut?«

»Ich gebe mir Mühe«, sagte er. Sie wußten beide, daß er nicht sprühend intelligent war, so wie Cuthbert, oder auch nur schnell, so wie Jamie. Er war ein Arbeitstier und ein Keulenschwinger.

»Und David?« Sie wußte, daß er in den Falken vernarrt war.

Der Junge sah zu Marten auf, der immer noch väterlich auf alles herablächelte. »Er hat sein bestes Alter hinter sich.«

Seine Mutter schien zusammenzuzucken, einen Augenblick schien Martens Gesicht finsterer zu werden, sein Griff um ihre Schulter fester. Dann sah sie hinaus ins heiße Weiß des Tages, und alles war wieder beim alten.

Das ist eine Scharade, dachte er. Ein Spiel. Aber wer spielt mit wem?

»Du hast eine Narbe auf der Stirn«, sagte Marten, der immer noch lächelte. »Möchtest du ein Kämpfer werden wie dein Vater, oder bist du einfach langsam?«

Dieses Mal zuckte sie zusammen.

»Beides«, sagte der Junge. Er sah Marten unverwandt an und lächelte schmerzvoll. Selbst hier drinnen war es sehr heiß.

Marten hörte plötzlich auf zu lächeln. »Du kannst jetzt auf das Dach gehen. Ich glaube, du hast dort etwas vor.«

Aber Marten hatte ihn mißverstanden, unterschätzt. Sie hatten die Niedersprache gesprochen, eine Parodie des Unformellen. Aber nun donnerte der Junge in der Hochsprache:

»Meine Mutter hat mich noch nicht entlassen, Lehnsmann!«

Marten verzog das Gesicht, als wäre er von einem Peitschenhieb getroffen worden. Der Junge hörte das ängstliche, schmerzliche Stöhnen seiner Mutter. Sie nannte seinen Namen.

Doch das schmerzvolle Lächeln im Gesicht des Jungen blieb, während er einen Schritt vorwärts trat. »Wirst du mir ein Zeichen deiner Ergebenheit geben, Lehnsmann? Im Namen meines Vaters, dem du dienst?«

Marten sah ihn mit ungläubiger Fassungslosigkeit an.

»Geh«, sagte Marten leise. »Geh und bediene dich deiner Hand.«

Der Junge entfernte sich lächelnd.

Als er die Tür geschlossen hatte und in die Richtung zurückging, aus der er gekommen war, hörte er das Wehklagen seiner Mutter. Es war der Ruf einer Banshee.

Dann hörte er Marten lachen.

Der Junge lächelte immer noch, während er zu seiner Prüfung ging.

Jamie war von den Marktweibern zurückgekommen, und als er den Jungen sah, der über den Übungsplatz ging, eilte er zu ihm, um Roland den jüngsten Klatsch von Blutvergießen und Aufruhr im Westen mitzuteilen. Doch er blieb stehen, und seine Worte blieben ungesagt. Sie kannten einander seit der Kindheit, und als Jungen hatten sie einander herausgefordert, miteinander gestritten und tausendfach die Mauern erforscht, in denen sie geboren worden waren.

Der Junge stapfte an ihm vorbei, er starrte geradeaus, ohne zu sehen, das schmerzvolle Lächeln auf seinem Gesicht. Er ging auf Corts Hütte zu, wo die Rollos heruntergelassen waren, um die mörderische Hitze des Nachmittags abzuhalten. Cort schlief nachmittags, damit er seine abendlichen geilen Ausflüge in die labyrinthischen und schäbigen Bordelle der Unterstadt in vollen Zügen genießen konnte.

Jamie spürte intuitiv, was geschehen würde, und in seiner Angst und Aufregung war er zwischen den beiden Möglichkeiten hin- und hergerissen, Roland zu folgen oder die anderen zu rufen.

Dann fiel der hypnotische Bann von ihm ab, und er lief schreiend auf das Hauptgebäude zu. »Cuthbert! Allen! Thomas!« Seine Schreie klangen dünn und kläglich in der Hitze. Auf die unsichtbare Art, die Jungen innewohnt, hatten sie gewußt, hatten sie alle gewußt, daß dieser Junge der erste von ihnen sein würde, der seine Grenzen ausprobierte. Aber es war zu früh.

Das tückische Grinsen in Rolands Gesicht stimulierte ihn wie die Neuigkeiten von Kriegen, Revolutionen oder Hexerei es niemals gekonnt hätten. Dies war mehr als Worte aus einem zahnlosen Mund, die über fliegenfleckigen Salatköpfen gesprochen wurden.

Roland schritt zur Hütte seines Lehrmeisters und trat die Tür auf. Sie flog nach hinten, prallte gegen die schmucklos verputzte Wand und schnellte wieder zurück.

Er war noch nie hier gewesen. Die Eingangstür öffnete sich in eine spärliche Küche, die kühl und braun war. Ein Tisch. Zwei Lehnstühle. Zwei Schränke. Verblichener Linoleumboden mit schwarzen, ausgetretenen Spuren vom Kühlschrank im Boden, zur Theke, wo die Messer hingen, zum Tisch.

Dies war die Privatsphäre eines Mannes der Öffentlichkeit. Die letzte verblaßte Nüchternheit eines gewalttätigen mitternächtlichen Tunichtguts, der die Jungen dreier Generationen auf seine derbe Art geliebt und einige zu Revolvermännern gemacht hatte.

»Cort!«

Er trat gegen den Tisch, der durch den Raum gegen den Schrank flog. Messer fielen wie funkelnde Mikadostäbchen von der Wandhalterung.

Im Nebenzimmer war eine träge Bewegung zu hören, ein schlaftrunkenes Räuspern. Der Junge trat nicht ein, denn er wußte, daß es Schau war, Cort war im anderen Zimmer der Hütte sofort aufgewacht und stand mit einem wachsamen Auge neben der Tür und war bereit, dem unvorsichtigen Eindringling den Hals umzudrehen.

»Cort, ich will dich sehen, Lehnsmann!«

Jetzt sprach er die Hochsprache, und Cort stieß die Tür auf. Er hatte nur dünne Unterhosen an, ein vierschrötiger Mann mit krummen Beinen, der von Kopf bis Fuß mit Narben übersät war und dicke Muskelpakete hatte. Und einen runden, vorgewölbten Bauch. Der Junge wußte aus Erfahrung, daß er federnd wie Stahl war. Das eine unversehrte Auge betrachtete ihn aus dem zerschlagenen, haarlosen Kopf.

Der Junge salutierte formell. »Bringe mir nichts mehr bei, Lehnsmann. Heute werde ich dir etwas beibringen.«

»Du bist früh dran, Küken«, sagte er beiläufig, doch auch er benützte die Hochsprache. »Fünf Jahre zu früh, würde ich sagen. Ich frage dich nur einmal. Möchtest du zurücktreten?«

Der Junge lächelte sein tückisches, schmerzvolles Lächeln. Das genügte Cort, der dieses Lächeln schon auf einem Strich blutgetränkter Felder der Ehre und Unehre unter scharlachroten Himmeln gesehen hatte, als Antwort – vielleicht war es die einzige Antwort, die er geglaubt hätte.

»Zu schade«, sagte der Lehrer abwesend. »Du warst mein vielversprechendster Schüler – der beste seit zwei Dutzend Jahren, möchte ich sagen. Es wird weh tun, dich gebrochen und in einer Sackgasse zu sehen. Aber die Welt hat sich weitergedreht. Schlechte Zeiten sind im Sattel.«

Der Junge sagte immer noch nichts (und wäre auch keiner zusammenhängenden Erklärung fähig gewesen, wäre eine verlangt worden), aber das gräßliche Lächeln wurde zum ersten Mal sanfter.

»Doch du hast das richtige Blut in dir«, sagte Cort feierlich, »ob im Westen nun Aufruhr und Hexerei herrschen oder nicht. Ich bin dein Lehnsmann, Junge, ich anerkenne deinen Befehl und beuge mich ihm jetzt – wenn auch niemals wieder – von ganzem Herzen.«

Und Cort, der ihn geschlagen, getreten, bluten gelassen, verflucht, verspottet und ihn den Ausbund der Syphilis genannt hatte, ließ sich auf ein Knie nieder und senkte den Kopf.

Der Junge berührte das ledrige, verwundbare Fleisch seines Halses verwundert. »Steh auf, Lehnsmann. In Liebe.«

Cort stand langsam auf, und hinter der gleichgültigen Maske seiner entstellten Züge mochte Kummer verborgen sein. »Dies ist Verschwendung. Tritt zurück, Junge. Ich breche meinen eigenen Schwur. Tritt zurück und warte!«

Der Junge sagte nichts.

»Nun gut.« Corts Stimme wurde trocken und geschäftsmäßig. »Eine Stunde. Die Waffe deiner Wahl.«

»Bringst du deinen Stock mit?«

»Wie immer.

»Wie viele Stöcke wurden dir genommen, Cort?« Was auf dasselbe hinauslief wie die Frage: Wie viele Jungen haben den Hof hinter dem Großen Saal betreten und kehrten als Revolvermannlehrlinge zurück?

»Heute wird mir kein Stock genommen werden«, sagte Cort langsam. »Das bedaure ich. Es gibt nur dieses eine Mal, Junge. Die Strafe für Übereifrigkeit ist dieselbe Strafe wie die für Untauglichkeit. Kannst du nicht warten?«

Der Junge dachte an Marten, der groß wie ein Gebirge über ihm gestanden hatte. »Nein.«

»Nun gut. Welche Waffe wählst du?« Der Junge sagte nichts.

Corts Lächeln entblößte eine Reihe schiefer Zähne. »Ein kluger Anfang. In einer Stunde. Dir ist klar, daß du aller Wahrscheinlich-

keit die anderen, deinen Vater und diesen Ort nie mehr wiedersehen wirst?«

»Ich weiß, was Verbannung bedeutet«, sagte er leise.

»Geh jetzt.«

Der Junge ging, ohne sich noch einmal umzudrehen.

4

Der Keller der Scheune war trügerisch kühl, feucht, nach Spinnweben und Schwitzwasser riechend. Er wurde vom allgegenwärtigen
Sonnenlicht erhellt, spürte die Hitze des Tages jedoch nicht; hier
hielt der Junge den Falken, und der Falke schien sich wohl zu fühlen.

David war alt und jagte nicht mehr am Himmel. Sein Gefieder
hatte den animalischen Glanz von vor drei Jahren verloren, aber die
Augen waren noch so stechend und reglos wie eh und je.

Man kann mit einem Falken keine Freundschaft schließen, sagten sie, es sei denn, man ist selbst ein Falke, allein und nur ein
Fremder im Land, ohne Freunde oder das Bedürfnis, welche zu haben. Der Falke zollt der Moral keinen Tribut.

David war jetzt ein alter Falke. Der Junge hoffte (Oder war er zu
fantasielos, um zu hoffen? Wußte er es nur?), daß er selbst ein junger war.

»Hai«, sagte er und streckte den Arm zu der an Stricken hängenden Sitzstange aus.

Der Falke kletterte auf den Arm des Jungen und blieb dort reglos
und ohne Haube sitzen. Der Junge griff mit der anderen Hand in
die Tasche und holte ein Stück Dörrfleisch heraus. Der Falke pickte
es heftig aus seinen Fingern und ließ es verschwinden.

Der Junge fing an, David sehr behutsam zu streicheln. Cort hätte
es wahrscheinlich auch dann nicht geglaubt, wenn er es gesehen
hätte, aber Cort glaubte auch nicht, daß die Zeit des Jungen gekommen war.

»Ich glaube, heute wirst du sterben«, sagte er, ohne mit dem
Streicheln aufzuhören. »Ich glaube, du wirst zum Opfer gemacht
werden, wie die vielen kleinen Vögel, mit denen wir dich abgerich-

tet haben. Erinnerst du dich? Nein? Das macht nichts. Nach dem heutigen Tag bin ich der Falke.«

David saß stumm und ohne zu blinzeln auf seinem Arm; es war ihm einerlei, ob er lebte oder starb.

»Du bist alt«, sagte der Junge nachdenklich. »Und vielleicht nicht mein Freund. Noch vor einem Jahr hättest du lieber meine Augen gehabt als dieses Stück Fleisch, ist es nicht so? Cort würde lachen. Aber wenn wir ihm nahe genug kommen... was ist es, Vogel? Alter oder Freundschaft?«

David sagte es nicht.

Der Junge zog ihm die Haube auf und nahm die Leine, die um das Ende von Davids Stange geschlungen war. Sie verließen die Scheune.

5

Der Hof hinter dem Großen Saal war eigentlich überhaupt kein Hof, sondern nur ein grüner Korridor, dessen Mauern von verfilzten, dichten Hecken gebildet wurden. Er wurde schon seit undenklichen Zeiten für das Ritual des Erwachsenwerdens benützt, schon lange vor Cort und dessen Vorgänger, der an dieser Stelle an der von einer übereifrigen Hand herbeigeführten Stichwunde gestorben war. Viele Jungen hatten den Hof am Ostende, wo der Lehrmeister stets eintrat, als Männer wieder verlassen. Das Ostende lag im Angesicht des Großen Saals und all der Zivilisation und der Intrigen der erleuchteten Welt. Viele waren blutig und geschlagen vom Westende fortgekrochen, wo die Jungen stets eintraten, und waren für immer Jungen geblieben. Der Westen lag den Bergen und Hüttenbewohnern zugewandt; dahinter lagen die zugewucherten barbarischen Wälder; dahinter die Wüste. Der Junge, der ein Mann wurde, gelangte von Dunkelheit und Unwissenheit zu Licht und Verantwortung. Die Jungen, die geschlagen worden waren, konnten sich immer nur weiter und weiter zurückziehen. Der Korridor war so glatt und eben wie ein Spielfeld. Er war genau fünfzig Meter lang. Normalerweise drängten sich gespannte Zuschauer und Verwandte an beiden Enden, denn das Ritual wurde für gewöhnlich mit großer Präzision geplant – das übliche Alter war achtzehn (diejenigen, die ihre Prüfung im Alter von fünfundzwanzig Jahren nicht abgelegt hatten, versanken normalerweise in Vergessenheit und wurden Freisassen, weil sie nicht imstande waren, sich dem brutalen Alles-oder-Nichts der Prüfung zu stellen). Aber an diesem Tag waren nur Jamie, Cuthbert, Allen und Thomas anwesend. Sie kauerten mit aufgesperrten Mündern und eindeutig entsetzt am Jungenende.

»Deine Waffe, Dummkopf!« flüsterte Cuthbert gequält. »Du hast deine Waffe vergessen!«

»Ich habe sie«, sagte der Junge abwesend. Er fragte sich am Rande, ob die Kunde von dem hier schon ins Hauptgebäude gedrungen war, zu seiner Mutter – und zu Marten. Sein Vater war auf der Jagd und wurde erst in Wochen zurückerwartet. Er empfand deswegen ein Schuldgefühl, denn bei seinem Vater hätte er Verständnis, wenn nicht Billigung gefunden. »Ist Cort gekommen?«

»Cort ist hier«, ertönte eine Stimme vom anderen Ende des Flurs, und Cort, der ein kurzes Unterhemd trug, trat herein. Ein schweres Lederband zierte seine Stirn, das den Schweiß von den Augen fernhalten sollte. Er hielt einen Stock aus Eisenholz in der Hand, der an einem Ende spitz, am anderen schaufelartig verbreitert und klobig war. Er begann mit der Litanei, die sie alle, die vom blinden Blut ihrer Väter auserwählt worden waren, seit ihrer frühesten Kindheit kannten, als sie sie in Vorbereitung auf den Tag, da sie, mit Glück, zu Männern werden würden, gelernt hatten.

»Bist du mit ernster Absicht hierhergekommen, Junge?«

»Ich bin mit ernster Absicht gekommen, Lehrmeister.«

»Bist du als aus deines Vaters Haus Ausgestoßener gekommen?«

»So bin ich gekommen, Lehrmeister.« Und er würde Ausgestoßener bleiben, bis er Cort besiegt hätte. Besiegte Cort ihn, würde er für immer Ausgestoßener bleiben.

»Bist du mit deiner erwählten Waffe gekommen?«

»So bin ich gekommen, Lehrmeister.«

»Welches ist deine Waffe?« Das war der Vorteil des Lehrmeisters, seine Möglichkeit, die Kampfesweise der Schlinge, dem Speer oder dem Netz anzupassen.

»Meine Waffe ist David, Lehrer.«

Cort hielt kurz inne.

»Du forderst mich also heraus?«

»Das tue ich.«

»Dann sei geschwind.«

Und Cort trat in den Korridor, wobei er den Stab von einer Hand in die andere wechselte. Die Jungen seufzten flatternd wie Vögel, während ihr Gefährte ihm entgegentrat.

Meine Waffe ist David, Lehrmeister.

Erinnerte sich Cort? Hatte er es völlig begriffen? Wenn ja, dann war wahrscheinlich alles verloren. Alles hing von der Überraschung ab – und von dem, was der Falke eben noch in sich hatte. Würde er nur desinteressiert auf dem Arm des Jungen sitzen, während Cort ihn mit dem Eisenholz dumm prügelte? Oder zum hohen, heißen Himmel emporfliegen?

Sie näherten sich einander, und der Junge löste die Haube mit gefühllosen Fingern. Sie fiel ins grüne Gras, und der Junge blieb wie angewurzelt stehen. Er sah, wie Cort den Vogel ansah und Überraschung und allmähliche Erkenntnis in seinen Augen dämmerte.

Also dann jetzt.

»Auf ihn!« rief der Junge und hob den Arm.

Und David flog wie eine lautlose braune Kugel los, seine Stummelflügel schlugen einmal, zweimal, dreimal, dann prallte er in Corts Gesicht, sein Schnabel und seine Krallen suchten.

»Hai! Roland!« schrie Cuthbert begeistert.

Cort, der aus dem Gleichgewicht gekommen war, taumelte rückwärts. Er hob den Eisenholzstab und fuchtelte wirkungslos damit in der Luft über seinem Kopf herum. Der Falke war ein entfesseltes, verschwommenes Federbündel.

Der Junge schnellte vorwärts, er streckte den Arm mit angewinkeltem Ellbogengelenk wie einen Keil vor sich.

Trotzdem war Cort beinahe zu schnell für ihn. Der Vogel verdeckte neunzig Prozent seines Sehbereichs, doch das Eisenholz schnellte mit dem flachen Ende zuerst in die Höhe, und Cort vollführte kühn die einzige Tat, welche die Ereignisse an diesem Punkt beeinflussen konnte. Er schlug sich dreimal selbst ins Gesicht, sein Bizeps spannte sich gnadenlos.

David fiel verkrümmt und mit gebrochenen Knochen von ihm ab. Ein Flügel schlug heftig auf den Boden. Seine kalten Raubvogelaugen sahen kalt in das blutüberströmte Gesicht des Lehrmeisters. Corts schlimmes Auge wölbte sich blind aus der Höhle.

Der Junge trat nach Corts Schläfe und landete einen wuchtigen Treffer. Das hätte das Ende sein sollen; sein Bein war taub vom einzigen Hieb Corts, aber es hätte dennoch das Ende sein sollen. Es war es nicht. Corts Gesicht wurde einen Augenblick schlaff, doch dann sprang er und griff nach dem Fuß des Jungen.

Der Junge schnellte zurück und stolperte über seine eigenen Füße. Er fiel zu Boden. Er hörte aus weiter Ferne den Klang von Jamies Aufschrei.

Cort war aufgestanden und bereit, sich auf ihn fallen zu lassen und der Sache ein Ende zu machen. Er hatte seinen Vorteil verloren. Sie sahen einander einen Augenblick an, der Lehrmeister, von dessen linker Gesichtshälfte Blut troff und der das schlimme Auge jetzt bis auf einen weißen Schlitz geschlossen hatte, über seinem Schüler. Heute nacht würde Cort nicht in die Bordelle gehen können.

Etwas riß heftig an der Hand des Jungen. Es war David, der Falke, der blindwütig pickte. Beide Flügel waren gebrochen. Es war unglaublich, daß er noch lebte.

Der Junge hob ihn auf wie einen Stein, er achtete nicht auf den pickenden, hackenden Schnabel, der ihm das Fleisch in Streifen vom Handgelenk riß. Als Cort mit ausgebreiteten Armen auf ihn niederfiel, warf der Junge den Falken hoch.

»Hai! David! Töte!«

Dann verdunkelte Cort das Licht der Sonne und warf sich auf ihn.

Der Vogel wurde zwischen sie gequetscht, und der Junge spürte einen schwieligen Daumen, der nach seiner Augenhöhle tastete. Er wandte den Kopf ab und zog gleichzeitig den Fuß an, damit er Corts nach seinem Schritt tastendes Knie abwehren konnte. Seine eigene Hand schlug dreimal heftig nach Corts Halswirbel. Es war, als würde er auf schwieligen Fels schlagen.

Dann stieß Cort ein belegtes Grunzen aus. Sein Körper erschauerte. Der Junge sah aus dem Augenwinkel, wie eine Hand nach dem Stock tastete, und er kickte ihn mit einer federnden Bewegung seines Fußes außer Reichweite. David hatte eine Klaue in Corts rechtes Ohr geschlagen. Die andere zerkratzte die Wange des Lehrmeisters gnadenlos und verwandelte sie in eine Ruine. Warmes Blut, das nach grünspanigem Kupfer schmeckte, troff ihm ins Gesicht.

Corts Faust schlug einmal nach dem Vogel und brach ihm den Rücken. Noch einmal, und der Hals stand in einem unnatürlichen Winkel ab. Doch die Klaue ließ nicht los. Es war kein Ohr mehr da, nur noch ein rotes Loch, das in Corts Schädel hineinführte. Der dritte Schlag hieb den Vogel beiseite und klärte Corts Gesichtsfeld.

Der Junge schlug mit der Handkante auf Corts Nase und brach den dünnen Nasenrücken. Blut spritzte.

Corts tastende, blinde Hand zerrte an den Gesäßbacken des Jungen, und Roland rollte sich weg, ohne zu sehen, wohin, fand Corts Stock und richtete sich auf die Knie auf.

Auch Cort kam grinsend auf die Knie. Sein Gesicht war blutverschmiert. Das sehende Auge rollte wie irrsinnig in seiner Höhle. Die Nase war in einen unappetitlich schiefen Winkel geschlagen worden. Beide Wangen waren nur noch Fleischfetzen.

Der Junge hielt den Stock wie ein Baseballspieler, der auf den Wurf wartet.

Cort täuschte zweimal an und stürmte dann direkt auf ihn zu.

Der Junge war bereit. Der Eisenholzstab kreiste in einem weiten Bogen und traf Corts Kopf mit einem dumpfen Aufschlag. Cort fiel auf die Seite und sah den Jungen mit einem benebelten, blinden Blick an. Ein dünner Speichelfaden troff ihm aus dem Mund.

»Ergib dich oder stirb«, sagte der Junge. Sein Mund war mit feuchter Baumwolle gefüllt.

Und Cort lächelte. Er hatte das Bewußtsein fast völlig verloren, und hinterher sollte er fast eine Woche lang in der Schwärze eines Komas in seiner Hütte liegen und versorgt werden, doch nun hielt er mit aller Kraft seines mitleidlosen, schattenlosen Lebens durch.

»Ich ergebe mich, Revolvermann. Ich ergebe mich lächelnd.«

Corts sehendes Auge fiel zu.

Der Revolvermann schüttelte ihn sanft, aber beharrlich. Die anderen standen jetzt um ihn herum, ihre Hände zitterten danach, ihm auf den Rücken zu klopfen und an sich zu ziehen; aber sie hielten sich furchtsam zurück und spürten die neu aufgetane Kluft. Doch das war nicht so seltsam, wie es hätte sein können, denn zwischen diesem Jungen und den anderen hatte stets eine Kluft geklafft.

Flatternd und schwach öffnete Cort wieder das Auge.

»Der Schlüssel«, sagte der Revolvermann. »Mein Geburtsrecht, Lehrmeister. Ich brauche es.«

Sein Geburtsrecht waren die Pistolen – nicht die schweren, von Sandelholz verstärkten seines Vaters –, aber dennoch Pistolen. Für alle verboten, abgesehen von einigen wenigen. Die letzte, endgültige Waffe. Die Waffen seiner Lehrzeit, schwere, klobige Waffen aus Stahl und Nickel, hingen in der tiefen Gruft unter den Barakken, wo er sich nun nach uraltem Gesetz aufhalten durfte, fern von der Mutterbrust. Sie hatten seinen Vater durch seine Lehrzeit begleitet, und sein Vater regierte heute wenigstens dem Namen nach.

»Demnach ist es so beängstigend?« murmelte Cort wie im Schlaf. »So drängend. Das habe ich befürchtet. Und doch, du hast gesiegt.«

»Der Schlüssel.«

»Der Falke... ein großartiger Schachzug. Eine gute Waffe. Wie lange hast du gebraucht, das Miststück abzurichten?«

»Ich habe David nicht abgerichtet. Ich wurde sein Freund. Der Schlüssel.«

»Unter meinem Gürtel, Revolvermann.« Das Auge fiel wieder zu.

Der Revolvermann griff unter Corts Gürtel, er spürte den schweren Druck des Bauches, dessen Muskeln jetzt erschlafft waren und ruhten. Der Schlüssel war an einem Messingring. Er hielt ihn in der Hand umklammert und widerstand dem verrückten Wunsch, ihn als Salut seines Sieges himmelwärts zu halten. Er stand auf und drehte sich endlich zu den anderen um, als Corts Hand nach seinem Fuß tastete. Einen Augenblick fürchtete der Revolvermann einen letzten Angriff und verkrampfte sich, aber Cort sah lediglich zu ihm auf und winkte mit einem blutverschmierten Finger.

»Ich werde jetzt schlafen«, flüsterte Cort ruhig. »Vielleicht für immer, das weiß ich nicht. Ich bringe dir nichts mehr bei, Revolvermann. Du hast mich überwunden, zwei Jahre jünger als dein Vater, der bisher der jüngste war. Doch laß dir einen Rat von mir geben.«

»Welchen?« Ungeduldig.

»Warte.«

»Hm?« Überraschung stieß das Wort aus ihm heraus.

»Laß das Wort und die Legende dir vorauseilen. Es gibt Menschen, die beides verbreiten werden.« Sein Auge sah über die Schulter des Revolvermannes. »Möglicherweise Narren. Laß das Wort dir vorauseilen. Laß deinen Schatten wachsen. Laß ihm einen Bart wachsen.« Er lächelte grotesk. »Mit der Zeit vermögen Worte selbst einen Zauberer zu verzaubern. Verstehst du, Revolvermann?«

»Ja.«

»Wirst du meinen letzten Rat befolgen?«

Der Revolvermann wippte auf den Absätzen auf und ab, eine spärliche, nachdenkliche Haltung, die bereits den Schatten des Mannes warf. Er sah zum Himmel. Dessen Farbe wurde dunkler, purpurn. Die Hitze des Tages ließ nach, und Gewitterwolken im Westen kündeten von Regen. Blitze stachen auf die ungeschützten Flanken des Vorgebirges herab, das sich in einigen Meilen Entfernung erhob. Dahinter befand sich das Gebirge. Und dahinter die hochschießenden Fontänen von Blutvergießen und Unvernunft. Er war müde, müde bis auf die Knochen, und noch tiefer.

Er sah Cort wieder an. »Heute nacht werde ich meinen Falken begraben, Lehrmeister. Und später werde ich in die Unterstadt gehen und jene in den Bordellen informieren, die deiner harren.«

Cort öffnete die Lippen zu einem schmerzverzerrten Lächeln. Und dann schlief er ein.

Der Revolvermann stand auf und drehte sich zu den anderen herum. »Macht eine Bahre und tragt ihn in sein Haus. Dann holt eine Krankenschwester. Nein, zwei Krankenschwestern. Klar?«

Sie sahen ihn immer noch an und waren in einem verzauberten Augenblick gefangen, der noch nicht unterbrochen werden konnte. Sie suchten immer noch nach einer flammenden Korona oder einer werwolfhaften Verwandlung seiner Gesichtszüge.

»Zwei Krankenschwestern«, wiederholte der Revolvermann, und dann lächelte er. Sie lächelten auch.

»Du gottverdammter Pferdetreiber!« rief Cuthbert plötzlich grinsend. »Du hast für den Rest von uns nicht mehr genügend Fleisch übriggelassen, daß wir den Knochen abnagen können!«

»Die Welt wird sich morgen nicht gleich weiterdrehen«, sagte der Revolvermann und zitierte das alte Sprichwort mit einem Lächeln. »Allen, du Tranarsch. Beweg dich!«

Allen machte sich daran, die Bahre zu fertigen; Thomas und Jamie gingen gemeinsam zum Hauptgebäude und zum Krankenhaus. Der Revolvermann und Cuthbert sahen einander an. Sie hatten sich immer am nächsten gestanden – so nahe es die unterschiedlichen Schattierungen ihres Charakters zuließen. Ein abschätzendes, deutliches Licht leuchtete in Cuthberts Augen, und der Revolvermann bezwang nur unter großen Mühen das Bedürfnis, ihm zu sagen, er solle sich erst in einem Jahr oder besser in achtzehn Monaten selbst der Prüfung stellen, wenn er nicht nach Westen verbannt werden wollte. Aber sie hatten gemeinsam eine Menge durchgemacht, und der Revolvermann war der Überzeugung, daß er es nicht wagen konnte, ohne dabei einen Tonfall anzunehmen, den man nur als väterlich herablassend bezeichnen konnte. Ich fange an, Ränke zu schmieden, dachte er und war ein wenig abgestoßen. Dann dachte er an Marten und an seine Mutter, und er lächelte seinem Freund ein heuchlerisches Lächeln zu.

Ich werde der erste sein, dachte er und wußte es zum ersten Mal sicher, obschon er (auf besinnliche Weise) schon häufig darüber nachgedacht hatte. Ich werde der erste sein.

»Gehen wir«, sagte er.

»Mit Vergnügen, Revolvermann.«

Sie verließen den Hof durch das Ostende des heckengesäumten Korridors; Thomas und Jamie kamen bereits mit den Krankenschwestern zurück. Sie sahen in den schweren weißen, über der Brust mit einem roten Kreuz versehenen Kleidern wie Gespenster aus.

»Soll ich dir mit dem Falken helfen?« fragte Cuthbert.

»Ja«, sagte der Revolvermann.

Und später, als die Dunkelheit gekommen war und prasselnden Gewitterregen mit sich gebracht hatte, während riesige gespenstische Wolkenbänke über den Himmel rasten und Blitze die verwinkelten Gassen der Unterstadt in blaues Feuer hüllten, während Pferde mit hängenden Köpfen und triefenden Schweifen an ihren Geländern standen, nahm sich der Revolvermann eine Frau und schlief mit ihr.

Es war schnell und gut. Als es vorbei war und sie schweigend nebeneinander lagen, fing es mit kurzer, rasselnder Heftigkeit an zu hageln. Unten und weit entfernt spielte jemand *Hey Jude* als Ragtime. Das Denken des Revolvermannes wandte sich spekulierend nach innen. In dieser hagelprasselnden Stille dachte er, kurz bevor ihn der Schlaf überkam, zum ersten Mal, daß er auch der letzte sein könnte.

6

Selbstverständlich erzählte der Revolvermann das nicht alles dem Jungen, aber wahrscheinlich klang das meiste doch an. Er hatte schon gemerkt, daß dies ein außerordentlich empfänglicher Junge war, der sich nicht sehr von Cuthbert oder gar Jamie unterschied.

»Schläfst du?« fragte der Revolvermann.

»Nein.«

»Hast du verstanden, was ich dir erzählt habe?«

»Verstanden?« fragte der Junge voll vorsichtigem Abscheu. »Verstanden? Soll das ein Witz sein?«

»Nein.« Aber der Revolvermann fühlte sich in die Defensive gedrängt. Er hatte noch niemals vorher jemandem vom Ritual seines Erwachsenwerdens erzählt, weil er selbst seine Zweifel hatte. Der Falke war selbstverständlich eine völlig akzeptable Waffe gewesen, aber auch ein Trick. Und ein Verrat. Der erste von vielen: *Bereite ich mich darauf vor, diesen Jungen dem Mann in Schwarz zu opfern?*

»Ich habe es verstanden«, sagte der Junge. »Es war ein Spiel, nicht? Müssen erwachsene Männer immer Spiele spielen? Muß alles eine Ausrede für eine andere Art Spiel sein? Werden Männer überhaupt erwachsen, oder werden sie nur älter?«

»Du weißt nicht alles«, sagte der Revolvermann und versuchte, seinen wachsenden Zorn im Zaum zu halten.

»Nein. Aber ich weiß, was ich für dich bin.« »Und das wäre?« fragte der Revolvermann gepreßt.

»Ein Pokerchip.«

Der Revolvermann verspürte den Drang, einen Stein aufzuheben und dem Jungen den Schädel einzuschlagen. Doch er hielt seine Zunge im Zaum.

»Geh schlafen«, sagte er. »Jungen brauchen ihren Schlaf.«

Und in Gedanken hörte er Martens Echo: *Geh und bediene dich deiner Hand.*

Er saß steif in der Dunkelheit und war starr vor Entsetzen und fürchtete sich (zum ersten Mal in seinem Leben, ausgerechnet) vor der Abscheu vor sich selbst, die ihn erwarten mochte.

7

Während der nächsten Wachperiode führten die Schienen sie näher an den unterirdischen Fluß heran, und sie trafen auf die Langsamen Mutanten.

Jake sah den ersten und schrie laut auf.

Der Kopf des Revolvermanns, den er starr geradeaus gehalten hatte, während er die Draisine antrieb, schnellte nach rechts. Unter ihnen leuchtete ein Stück entfernt ein fahler irrlichtender Schimmer, der kreisförmig war und leicht pulsierte. Er nahm zum ersten Mal einen Geruch wahr – einen schwachen, unangenehmen und feuchten Geruch.

Das Grün war ein Gesicht, und dieses Gesicht war mißgestaltet. Über der plattgedrückten Nase befanden sich insektenhafte Facettenaugen, die sie ausdruckslos ansahen. Der Revolvermann verspürte ein atavistisches Kribbeln in den Eingeweiden und Geschlechtsorganen. Er beschleunigte den Rhythmus von Armen und Griff der Draisine etwas.

Das leuchtende Gesicht blieb zurück.

»Was war das?« fragte der Junge erschrocken. »Was…« Die Worte blieben ihm im Halse stecken, als sie zu einer Gruppe von drei leicht leuchtenden Gestalten kamen, die zwischen den Schienen und dem unsichtbaren Fluß standen und sie reglos beobachteten, und an ihnen vorbeifuhren.

»Das sind Langsame Mutanten«, sagte der Revolvermann. »Ich glaube nicht, daß sie uns Ärger machen werden. Sie haben wahrscheinlich ebenso große Angst vor uns wie wir vor… Eine der Gestalten löste sich von den anderen und schlurfte auf sie zu; sie leuchtete und veränderte sich. Das Gesicht war das eines ausgehungerten Idioten. Der zierliche nackte Körper war in eine wulstige Masse tentakelähnlicher Gliedmaßen mit Saugnäpfen verwandelt worden.

Der Junge schrie erneut und klammerte sich wie ein ängstlicher Hund am Bein des Revolvermannes fest.

Ein Tentakel schlängelte sich über die flache Plattform der Draisine. Er roch nach Nässe und Dunkelheit und dem Fremden. Der Revolvermann ließ den Griff los und zog. Er schoß dem ausgehungerten Idiotengesicht eine Kugel durch den Kopf. Es kippte weg, das schwache Sumpfbrandleuchten erlosch wie ein verfinsterter Mond. Das Mündungsfeuer hatte sich ihren dunklen Netzhäuten grell aufgeprägt und verblaßte nur widerwillig. Der Geruch von verbranntem Schießpulver war an diesem unterirdischen Ort heiß und streng und fremd.

Es wurden noch andere sichtbar, viel mehr. Keiner eilte ihnen mit übertriebener Hast entgegen, aber sie näherten sich den Schienen, eine böse Gruppe Schaulustiger.

»Du wirst für mich drücken müssen«, sagte der Revolvermann. »Schaffst du das?«

»Ja.«

»Dann mach dich bereit.«

Der Junge stand dicht neben ihm und balancierte seinen Körper aus. Seine Augen nahmen die Langsamen Mutanten nur im Vorbeifahren auf, sie verharrten nicht auf ihnen und sahen nicht mehr, als sie sehen mußten. Der Junge baute einen psychischen Schild des Entsetzens vor sich auf, als wäre sein Es irgendwie durch seine Poren hinausgedrungen, um einen telepathischen Schirm zu bilden.

Der Revolvermann drückte konstant, beschleunigte die Draisine aber nicht. Er wußte, daß die Langsamen Mutanten ihr Entsetzen riechen konnten, aber er bezweifelte, daß Entsetzen ihnen genügen würde. Schließlich waren er und der Junge Geschöpfe des Lichts und unversehrt. Wie sehr sie uns hassen müssen, dachte er und fragte sich, ob sie den Mann in Schwarz ebensosehr gehaßt hatten. Er glaubte es nicht, oder vielleicht war er unerkannt unter ihnen und durch ihre erbarmenswerte Stammesgesellschaft gegangen, nur der Schatten eines dunklen Flügels.

Der Junge gab einen kehligen Laut von sich, und der Revolvermann drehte fast beiläufig den Kopf. Vier verfolgten die Draisine stolpernd, einer war gerade dabei, nach einem Halt zu suchen.

Der Revolvermann ließ den Griff los und zog wieder mit derselben schläfrigen, beiläufigen Bewegung. Er schoß den führenden Mutanten in den Kopf. Der Mutant gab einen seufzenden, schluchzenden Laut von sich und fing an zu grinsen. Seine Hände waren schlaff und fischähnlich, tot; die Finger klebten aneinander wie die Finger eines alten Handschuhs, der schon lange in trocknendem Schlamm versunken ist. Eine dieser Leichenhände ertastete den Fuß des Jungen und fing an zu ziehen.

Der Junge kreischte laut im Schoß des Granits.

Der Revolvermann schoß dem Mutanten in die Brust. Er fing durch das Grinsen an zu sabbern. Jake verschwand an der Seite. Der Revolvermann ergriff einen seiner Arme und wäre beinahe selbst aus dem Gleichgewicht gerissen worden. Das Ding war erstaunlich kräftig. Der Revolvermann schoß eine weitere Kugel in den Kopf des Mutanten. Ein Auge erlosch wie eine Kerze. Er zog immer noch. Sie veranstalteten ein stummes Tauziehen um Jakes zuckenden, sich windenden Körper. Sie zerrten an ihm wie an einem Dreiecklenker.

Die Draisine wurde langsamer. Die anderen kamen näher – die Lahmen, die Hinkenden, die Blinden. Vielleicht suchten sie nur nach einem Jesus Christus, der sie heilte, der sie wie Lazarus aus der Dunkelheit emporholte. Dies ist das Ende des Jungen, dachte der Revolvermann kalt und teilnahmslos. Dies ist das Ende, das ihm vorherbestimmt war. Laß los und drücke, oder halte ihn fest und stirb. Das Ende des Jungen.

Er zog heftig am Arm des Jungen und schoß dem Mutanten in den Bauch. Einen erstarrten Augenblick lang wurde sein Griff noch fester, und Jake glitt wieder über den Rand. Dann lösten sich die toten Schlammhände, und der Langsame Mutant fiel hinter der langsamer werdenden Draisine zwischen die Schienen, grinste aber immer noch.

»Ich dachte, du würdest mich zurücklassen«, schluchzte der Junge. »Ich dachte... ich dachte...«

»Halt dich an meinem Gürtel fest«, sagte der Revolvermann. »Halt dich so fest du kannst.«

Eine Hand schob sich unter seinen Gürtel und verhakte sich dort;

der Junge atmete mit gewaltigen, konvulsivischen und stummen Zügen.

Der Revolvermann fing wieder gleichmäßig an zu drücken, und die Draisine beschleunigte. Die Langsamen Mutanten fielen einen Schritt zurück und sahen ihnen mit Gesichtern nach, die kaum menschlich waren (oder auf erbarmenswerte Weise doch), Gesichtern, die die schwache Phosphoreszenz erzeugten, die den unheimlichen Tiefseefischen eigen ist, die unter einem unglaublichen schwarzen Druck leben, Gesichter, deren sinnenlose Rundungen weder Zorn noch Haß ausdrückten, sondern lediglich etwas, das wie ein halbbewußtes, idiotisches Bedauern wirkte.

»Es werden weniger«, sagte der Revolvermann. Die angespannten Muskeln seines Unterleibs und seiner Geschlechtsorgane entspannten sich um den leisesten Hauch. »Sie...«

Die Langsamen Mutanten hatten Steine auf den Schienen aufgeschichtet. Der Weg war versperrt. Es war eine hastige, armselig ausgeführte Arbeit, möglicherweise lediglich die Arbeit einer Minute, aber sie wurden aufgehalten. Und jemand würde hinuntersteigen und den Weg freiräumen müssen. Der Junge stöhnte und drängte sich bibbernd dichter an den Revolvermann. Der Revolvermann ließ den Griff los, und die Draisine fuhr lautlos bis zu den Steinen, wo sie ruckartig zum Stillstand kam. Die Langsamen Mutanten kamen wieder näher, sie bewegten sich beiläufig, beinahe so, als wären sie traumverloren in der Dunkelheit vorbeigekommen und hätten jemanden gefunden, den sie nach dem Weg fragen konnten. Eine öffentliche Versammlung von Verdammten unter dem urzeitlichen Felsengebirge.

»Werden sie uns erwischen?« fragte der Junge ruhig.

»Nein. Sei einen Augenblick still.«

Er betrachtete die Steine. Die Mutanten waren natürlich schwach und außerstande gewesen, große Felsbrocken herbeizuschleppen, um ihnen den Weg zu versperren. Nur kleine Steine. Gerade ausreichend, sie aufzuhalten, so daß jemand absteigen und sie wegräumen mußte.

»Steig ab«, sagte der Revolvermann. »Du mußt sie entfernen. Ich gebe dir Deckung.«

»Nein«, flüsterte der Junge. »Bitte.«

»Ich kann dir keine Pistole geben, und ich kann nicht die

Steine wegräumen und gleichzeitig schießen. Du mußt absteigen.«

Jake verdrehte gräßlich die Augen, einen Moment erschauerte sein Körper in Einklang mit dem wirren Lauf seiner Gedanken, dann glitt er an der Seite hinab und fing an, wie von Sinnen Steine nach rechts und links zu werfen, ohne sich umzusehen.

Der Revolvermann zog und wartete.

Zwei von ihnen, die mehr schlurften als gingen, griffen mit Armen wie Teig nach dem Jungen. Die Pistolen führten ihre Arbeit aus, durchstachen das Dunkel mit weiß-roten Lanzen aus Licht, die schmerzende Nadeln in die Augen des Revolvermannes drückten. Der Junge schrie auf, warf aber weiter Steine beiseite. Hexenfeuer funkelte auf und tanzte. Jetzt fiel das Sehen schwer, und das war das schlimmste. Alles war in Schatten versunken.

Einer von ihnen, der fast überhaupt nicht leuchtete, griff plötzlich mit gummiartigen Gespensterarmen nach dem Jungen. Augen, die das halbe Gesicht des Mutanten ausmachten, kullerten feucht.

Jake schrie erneut und warf sich herum, um zu kämpfen.

Der Revolvermann feuerte ohne nachzudenken, bevor seine schlechte, fleckige Sicht seine Hände verräterisch zittern lassen konnte; die beiden Köpfe waren nur Zentimeter auseinander. Es war der Mutant, der zuckend zu Boden sank.

Jake schleuderte mit heftigen Bewegungen Steine. Die Mutanten verharrten gerade außerhalb der unsichtbaren Linie des Eindringens, schoben sich aber langsam näher; mittlerweile waren sie sehr nahe. Andere hatten sich zu ihnen gesellt und ihre Zahl verstärkt.

»Gut«, sagte der Revolvermann. »Komm rauf. Schnell.«

Als sich der Junge in Bewegung setzte, fielen die Mutanten über sie her. Jake kam über den Rand und strampelte sich auf die Beine. Der Revolvermann drückte bereits wieder mit voller Kraft. Er hatte beide Pistolen ins Halfter gesteckt. Sie mußten fliehen.

Seltsame Hände klatschten auf die Metallplatte der Oberfläche der Draisine. Der Junge hielt sich jetzt mit beiden Händen am Gürtel fest und hatte das Gesicht gegen den Rücken des Revolvermannes gepreßt.

Eine Gruppe von ihnen lief auf die Schienen, ihre Gesichter drückten ihre hirnlose, gleichgültige Vorfreude aus. Der Revolvermann war mit Adrenalin vollgepumpt; die Draisine flog in der Dunkelheit auf den Schienen dahin. Sie prallten mit voller Wucht auf die vier oder fünf bemitleidenswerten Gestalten. Diese flogen wie vom Stamm geschlagene verfaulte Bananen auf die Seite.

Immer weiter und weiter, in die stille, fliegende Bansheedunkelheit hinein.

Nach einer Ewigkeit hob der Junge das Gesicht in den Fahrtwind; es graute ihm, doch gleichzeitig mußte er es wissen. Die Schattenbilder des Mündungsfeuers brannten noch auf seiner Netzhaut. Er sah nichts als die Dunkelheit, hörte nichts als das Rauschen des Flusses.

»Sie sind fort«, sagte der Junge, plötzlich voller Angst, die Schienen würden in der Dunkelheit aufhören und sie selbst mit einem vernichtenden Aufprall ihrem tödlichen Ende entgegen von den Schienen springen. Er war schon Auto gefahren; einmal war sein humorloser Vater mit neunzig Stundenmeilen über die Autobahn von New Jersey gerast und war angehalten worden. Aber so wie hier war er noch niemals gefahren, im Wind, blind und mit Schrekken, die hinter ihnen und vor ihnen lauerten, während der Fluß mit kichernder Stimme sprach – mit der Stimme des Mannes in Schwarz. Die Arme des Revolvermannes waren Kolben einer wahnsinnigen menschlichen Maschine.

»Sie sind fort«, sagte der Junge schüchtern, und der Wind riß ihm die Worte aus dem Mund. »Du kannst jetzt langsamer fahren. Wir sind ihnen entkommen.«

Aber der Revolvermann hörte ihn nicht. Sie rasten weiter in die seltsame Dunkelheit.

Sie brachten drei Wach- und Schlafperioden ohne weitere Zwischenfälle hinter sich.

8

Während der vierten Wachperiode (nach der Hälfte? drei Vierteln? sie wußten es nicht – nur, daß sie noch nicht müde genug waren, um anzuhalten) ertönte ein scharfes Poltern unter ihnen, die Draisine schwankte, und ihre Körper folgten sofort der Schwerkraft und neigten sich nach rechts, als die Draisine in eine langgezogene Linkskurve bog.

Vor ihnen war Licht – ein so schwaches und fremdes Leuchten, daß es zuerst ein vollkommen neues Element zu sein schien, weder Erde, Luft, Feuer oder Wasser. Es hatte keine Farbe und konnte lediglich anhand der Tatsache identifiziert werden, daß sie ihre Hände und Gesichter wieder mit einer Dimension zurückerlangten, die über den Tastsinn hinausging. Ihre Augen waren so lichtempfindlich geworden, daß sie den Widerschein schon fünf Meilen, bevor sie sich ihm näherten, wahrnahmen.

»Das Ende«, sagte der Junge gepreßt. »Das ist das Ende.«

»Nein.« Der Revolvermann sprach voll seltsamer Gewißheit. »Ist es nicht.«

Und das war es auch nicht. Sie kamen zum Licht, aber nicht zum Tageslicht.

Als sie dem Ursprung des Widerscheins näher kamen, sahen sie zum ersten Mal, daß die Felswand links von ihnen zurückgewichen war und sich andere Schienen zu ihren eigenen gesellt hatten, die ein komplexes Spinnennetz bildeten. Das Licht zerlegte sie in polierte Vektoren. Auf einigen standen dunkle Güterwaggons, Passagierwagen, eine Kutsche, die auf Schienen umgerüstet worden war. Sie waren wie Gespensterschiffe, die in einem unterirdischen Sargassomeer gefangen waren, und sie machten den Revolvermann nervös.

Das Licht wurde stärker und tat ihren Augen etwas weh, aber es nahm so allmählich zu, daß sie Zeit hatten, sich daran zu gewöhnen. Sie kamen vom Dunkel ins Licht wie Tiefseetaucher, die etappenweise aus unergründlichen Tiefen emporsteigen.

Vor ihnen befand sich ein riesiger Hangar, der allmählich näher kam und sich oben in Finsternis verlor. In ihn waren etwa vierundzwanzig Eingänge geschnitten, die gelbe, erleuchtete Quadrate zeigten und deren Größe von der von Puppenhausfenstern bis zu einer Höhe von sechs Metern wuchs, als sie näher kamen. Sie fuhren durch eine der mittleren Zufahrten ein. Über dieser standen eine Reihe von Schriftzügen in verschiedenen Sprachen, wie der Revolvermann vermutete. Er stellte zu seinem Erstaunen fest, daß er die letzte davon lesen konnte; es war ein uralter Vorläufer der Hochsprache und hieß:

GLEIS 10 ZUR OBERFLÄCHE
UND IN WESTLICHE RICHTUNG

Drinnen war das Licht heller, die Schienen überkreuzten einander an mehreren Weichen. Hier funktionierten noch einige der Verkehrszeichen und leuchteten in ewigem Rot und Grün und Gelb.

Sie rollten zwischen ansteigenden Bahnsteigen aus Fels, die vom vielen Verkehr schwarz geworden waren, und schließlich befanden sie sich in einer Art Hauptbahnhof. Der Revolvermann ließ die Draisine langsam ausrollen, und sie sahen sich um.

»Wie in der U-Bahn«, sagte der Junge.

»U-Bahn?«

»Vergiß es.«

Der Junge kletterte heraus und auf den harten Beton. Sie sahen stumme, verlassene Kioske, wo einstmals Zeitschriften und Bücher verkauft worden waren; ein altes Schuhgeschäft; einen Waffenladen (der Revolvermann sah von plötzlicher Aufregung erfüllt Pistolen und Revolver; nähere Begutachtung zeigte freilich, daß die Läufe mit Blei verstopft worden waren; aber er nahm einen Bogen mit, den er sich über den Rücken schnallte, und einen Köcher voll fast nutzlosen, schlecht ausbalancierten Pfeilen); ein Geschäft für Damenbekleidung. Irgendwo wechselte ein Konverter die Luft, wie er es seit Jahrtausenden getan hatte – aber wahrscheinlich nicht mehr viel länger. In der Mitte seines Zyklus konnte man einen Knirschlaut hören, der daran erinnerte, daß das Perpetuum mobile selbst unter streng kontrollierten Bedingungen immer noch ein Narrentraum war. Die Luft hatte einen mechanischen Beigeschmack. Ihre Schuhe erzeugten leise Echos.

Der Junge rief: »He! He...«

Der Revolvermann drehte sich um und ging zu ihm. Der Junge stand starr vor dem Bücherkiosk. In seinem Inneren lag in der gegenüberliegenden Ecke eine Mumie. Die Mumie hatte eine blaue Uniform mit Goldlitzen an – eine Schaffnersuniform, wie es aussah. Auf dem Schoß der Mumie lag eine perfekt erhaltene Zeitung, die zu Staub zerfiel, als der Revolvermann versuchte, sie zu lesen. Das Gesicht der Mumie erinnerte an einen alten, runzligen Apfel. Der Revolvermann berührte behutsam die Wange. Eine winzige

Staubwolke stob hoch, und sie sahen durch die Wange in den Mund der Mumie. Ein Goldzahn funkelte.

»Gas«, murmelte der Revolvermann. »Früher konnten sie Gas herstellen, das das bewirkte.«

»Sie haben Kriege damit geführt«, sagte der Junge düster.

»Ja.«

Sie fanden noch weitere Mumien, nicht sehr viele, aber ein paar. Sie trugen alle blaue, goldverzierte Uniformen. Der Revolvermann vermutete, daß das Gas eingesetzt worden war, als sämtlicher ankommender und abfahrender Verkehr den Bahnhof verlassen gehabt hatte. Vielleicht war der Bahnhof auf unbestimmte Weise das Ziel einer lange vergessenen Armee in einem gleichermaßen vergessenen Krieg gewesen.

Der Gedanke deprimierte ihn.

»Wir sollten besser weitergehen«, sagte er und schritt zum Gleis 10 und der Draisine zurück. Doch der Junge blieb aufwieglerisch hinter ihm stehen.

»Ich gehe nicht.«

Der Revolvermann drehte sich überrascht um.

Das Gesicht des Jungen war verzerrt und zitterte. »Du wirst erst bekommen, was du willst, wenn ich tot bin. Ich möchte mein Schicksal selbst bestimmen.«

Der Revolvermann nickte unverbindlich und empfand Haß auf sich selbst. »Okay.« Er drehte sich um, ging zu dem Bahnsteig aus Stein und sprang elegant auf die Draisine.

»Du hast eine Abmachung getroffen!« rief ihm der Junge nach. »Ich weiß es genau!«

Der Revolvermann antwortete nicht, sondern legte behutsam den Bogen vor den T-Griff, der aus dem Boden der Draisine herausragte, damit ihm nichts passieren konnte.

Der Junge hatte die Fäuste geballt und das Gesicht schmerzlich verzogen.

Wie leicht du diesen Jungen täuschst, sagte sich der Revolvermann trocken. Seine Intuition hat ihn wieder und wieder zu diesem Punkt geführt, und du hast ihn wieder und wieder an der Nase herumgeführt – schließlich hat er außer dir keine Freunde.

Der plötzliche, einfache Gedanke (beinahe eine Vision) kam ihm, daß er lediglich aufgeben mußte, daß er umkehren und den Jungen mit sich nehmen und zum Zentrum einer neuen Streitmacht machen konnte. Der Turm mußte nicht auf diese demütigende, nasführende Weise erlangt werden. Sollte es geschehen, wenn der Junge reicher an Jahren war, wenn sie beide den Mann in Schwarz wie ein billiges aufziehbares Spielzeug beiseite stoßen konnten?

Sicher, dachte er zynisch. Sicher.

Er wußte mit plötzlicher kalter Überzeugung, daß es für sie beide den Tod bedeuten würde, wenn sie umkehrten – den Tod, oder noch Schlimmeres: Gefangenschaft bei den lebenden Toten hinter ihnen. Verfall sämtlicher Sinneswahrnehmungen. Nur die Pistolen seines Vaters würden wahrscheinlich länger als sie beide leben und in rostender Pracht als Totems verehrt werden, nicht unähnlich der unvergessenen Benzinpumpe.

Zeig Mumm, sagte er falsch zu sich.

Er packte den Griff und fing an zu drücken. Die Draisine entfernte sich vom Bahnsteig.

Der Junge schrie: »*Warte!*« und lief schräg auf die Stelle zu, an der die Draisine in der Dunkelheit verschwinden würde. Der Revolvermann verspürte den Impuls zu beschleunigen, den Jungen wenigstens mit einer Ungewißheit zurückzulassen.

Statt dessen fing er ihn auf, als er sprang. Das Herz unter dem dünnen Hemd schlug heftig und aufgeregt, während Jake sich an ihn klammerte. Es war wie der Schlag eines Hühnerherzens.

Es war jetzt kurz davor.

9

Der Lärm des Flusses war sehr laut geworden und drang mit seinem konstanten Donnern sogar in ihre Träume. Aus einer Laune heraus ließ der Revolvermann den Jungen weiter drücken, während er Pfeile ins Dunkel schoß, an denen er feinen weißen Zwirn befestigt hatte.

Der Bogen war schrecklich schlecht, er war ausgezeichnet erhalten, aber mit schlechtem Zug und ebensolcher Zielgenauigkeit, und der Revolvermann wußte, daß man das so gut wie nicht verbessern konnte. Nicht einmal, wenn er eine neue Schnur spannte, würde das dem müden Holz helfen. Die Pfeile flogen nicht weit in das Dunkel hinein, doch der letzte, den er wieder einzog, war naß und glitschig. Der Revolvermann zuckte nur die Achseln, als der Junge ihn fragte, wie weit es war, aber bei sich dachte er nicht, daß der Pfeil mit diesem Bogen weiter als hundert Meter weit geflogen sein konnte – und selbst das nur mit Glück.

Und der Lärm wurde immer noch lauter.

Während der dritten Wachperiode nach dem Bahnhof fing wieder ein geisterhaftes Leuchten an zu wachsen. Sie waren in einen langen Tunnel aus phosphoreszierendem Gestein eingefahren, und die feuchten Wände glitzerten und funkelten wie von Tausenden winziger explodierender Sterne. Sie sahen alles in einer surrealistischen Geisterbahnweise.

Das brutale Lärmen des Flusses wurde ihnen durch den umliegenden Fels zugetragen und von diesem natürlichen Verstärker potenziert. Doch das Geräusch blieb seltsam konstant, auch als sie sich dem Kreuzungspunkt näherten, der nach Meinung des Revolvermannes vor ihnen liegen mußte, da die Felswände sich wieder verbreiterten und zurückwichen. Der Winkel ihres Anstiegs wurde steiler.

Im neuen Licht verliefen die Schienen schnurstracks geradeaus. Dem Revolvermann kamen sie wie die länglichen Luftballons voller Sumpfgas vor, die manchmal für billiges Geld beim Jahrmarkt zum Fest des heiligen Joseph verkauft wurden; dem Jungen kamen sie wie endlose Reihen von Neonröhren vor. Im Licht konnten sie beide sehen, daß der Fels, der sie so lange eingeschlossen hatte, vor ihnen in einer zerklüfteten Zwillingshalbinsel endete, welche in einen Abgrund der dahinterliegenden Dunkelheit hineinragte – der Kluft über dem Fluß.

Die Schienen führten auf der Stütze eines äonenalten Gerüsts über den unauslotbaren Abgrund hinaus. Auf der anderen Seite, scheinbar eine unvorstellbare Strecke entfernt, befand sich ein winziger heller Stecknadelkopf, nicht Phosphoreszenz oder Fluoreszenz, sondern das harsche, wirkliche Tageslicht. Es war so winzig wie ein Stecknadelstich auf dunklem Stoff, doch mit einer furchteinflößenden Bedeutung belastet.

»Halt«, sagte der Junge. »Halt eine Minute an. Bitte.«

Der Revolvermann ließ die Draisine ausrollen, ohne eine Frage zu stellen. Der Lärm des Flusses war ein unablässiges, donnerndes Dröhnen, das vor ihnen und unter ihnen erklang. Plötzlich haßte er den künstlichen Schimmer der Felsen. Er spürte zum ersten Mal, wie ihn die kalte Hand der Klaustrophobie berührte, und der Drang, endlich hinauszugelangen, nicht mehr lebendig begraben zu sein, war stark und beinahe unwiderstehlich.

»Wir werden durchfahren«, sagte der Junge. »Möchte er das? Daß wir mit der Draisine über ... das ... fahren und hinunterstürzen?«

Der Revolvermann wußte, daß es das nicht war, aber er sagte: »Ich weiß nicht, was er will.«

»Wir sind jetzt sehr nahe. Können wir nicht zu Fuß gehen?«

Sie stiegen aus und näherten sich vorsichtig dem Rand des Abgrunds. Der Boden unter ihren Füßen stieg unablässig weiter an, bis er plötzlich fast rechtwinklig abfiel und die Schienen allein in die Dunkelheit weiterführten.

Der Revolvermann ließ sich auf die Knie hernieder und sah nach unten. Er konnte sehr undeutlich ein komplexes, beinahe unglaubliches Gitter von Stahlträgern und Verstrebungen erkennen, das sich zum Dröhnen des Flusses hinab erstreckte und einzig dazu diente, den anmutigen Bogen der Schienen über der Leere zu stützen.

Vor seinem geistigen Auge konnte er sehen, wie die Zeit und das Wasser als tödliche Zweifaltigkeit an dem Stahl fraßen. Wieviel Tragkraft war noch verblieben? Wenig? Kaum eine? Keine? Plötzlich sah er das Gesicht der Mumie wieder vor sich, und das scheinbar feste Fleisch, das bei der bloßen Berührung mit dem Finger mühelos zu Staub verfallen war.

»Wir gehen zu Fuß«, sagte der Revolvermann.

Er rechnete fast damit, daß der Junge nochmals widersprechen würde, doch er schritt ruhig vor dem Revolvermann auf die Schienen hinaus und überquerte die verschweißten Stahlplatten gelassen und sicheren Fußes. Der Revolvermann folgte ihm und war bereit, ihn aufzufangen, sollte der Junge einen falschen Schritt machen.

Sie ließen die Draisine hinter sich zurück und schritten unsicher über der Dunkelheit dahin.

Der Revolvermann spürte die Rinnsale von Schweiß auf der

Haut. Das Gerüst war verrostet, sehr verrostet. Es summte im Rhythmus des weit unten gelegenen Flusses unter seinen Füßen und wankte etwas an den unsichtbaren Seilverankerungen. Wir sind Artisten, dachte er. Schau her, Mutter, ohne Netz. Ich fliege. Einmal kniete er sich nieder und untersuchte die Querstreben, auf denen sie gingen. Sie waren vernarbt und vom Rost zerfressen (den Grund dafür konnte er im Gesicht spüren: frische Luft, der Freund des Verfalls; sie waren jetzt sehr nahe an der Oberfläche), und ein kräftiger Fausthieb brachte das Metall auf übelkeiterregende Weise zum Erzittern. Einmal hörte er ein warnendes Ächzen unter seinen Füßen und spürte, wie der Stahl sich anschickte nachzugeben, aber da war er schon weitergegangen.

Der Junge war natürlich mehr als hundert Pfund leichter und ziemlich sicher, wenn das Vorankommen nicht noch unsicherer wurde.

Die Draisine verschmolz hinter ihnen mit der allgemeinen Düsternis. Der Felspier zu ihrer Linken erstreckte sich etwa sechs Meter. Weiter als der rechts, aber auch dieser blieb zurück, und dann waren sie allein über dem Abgrund.

Anfangs schien es, als würde das winzige Lichtpünktchen auf spöttische Weise konstant bleiben (vielleicht entfernte es sich mit derselben Geschwindigkeit von ihnen, wie sie darauf zuschritten – das wäre wahrhaft ein wunderbarer Zauber), aber allmählich merkte der Revolvermann, daß es größer und deutlicher wurde. Sie waren immer noch darunter, aber die Schienen stiegen immer noch an.

Der Junge stieß einen Überraschungsschrei aus und kippte plötzlich zur Seite, wobei seine Arme langsame, kreisende Bewegungen ausführten. Es schien, als würde er tatsächlich sehr, sehr lange über dem Abgrund hängen, bevor er weiterging.

»Fast hätte es mich erwischt«, sagte er emotionslos. »Steig darüber hinweg.«

Der Revolvermann gehorchte. Die Strebe, auf die der Junge getreten war, hatte fast völlig nachgegeben und wippte träge nach unten; sie hing an einer rostzerfressenen Schraube wie der Fensterladen eines Spukhauses.

Aufwärts, immer noch aufwärts. Es war ein alptraumhafter Spaziergang, der viel länger zu dauern schien, als er tatsächlich dauerte; die Luft selbst schien dicker und wie Gallertmasse zu werden, und dem Revolvermann war zumute, als würde er mehr schwimmen als gehen. Sein Verstand versuchte immer wieder zu der gründlichen, verrückten Überlegung zurückzukehren, welch schrecklicher Abgrund zwischen den Schienen und dem unterirdischen Fluß klaffte. Sein Verstand sah alles, wie es sein würde, in spektakulären Einzelheiten vor sich: Das Kreischen von nachgebendem Metall, der Ruck, wenn sein Körper zur Seite kippte, wie er mit den Fingern nach einem nichtvorhandenen Halt griff, das rasche Klappern von Absätzen auf verräterischem, rostigem Stahl – und dann abwärts, er würde sich immer um sich selbst drehen, warme Flüssigkeit zwischen den Beinen spüren, wenn seine Blase nachgab, den Wind im Gesicht fühlen, der sein Haar wie bei einer Comic-Version von Angst zu Berge stehen lassen würde, der ihm die Lider aufreißen würde, dann das dunkle Wasser, das ihm entgegengerast kommen würde, schneller, sogar schneller als sein eigener Schrei…

Metall kreischte unter ihm, und er schritt ohne Hast darüber hinweg, verlagerte sein Gewicht und dachte nicht an den Sturz, wie weit sie gekommen waren und wieviel noch zurückzulegen blieb. Er dachte nicht daran, daß der Junge entbehrlich und der Ausverkauf seiner Ehre nun endlich beinahe abgeschlossen war.

»Hier fehlen drei Streben«, sagte der Junge gelassen. »Ich werde springen. Hier! Hier!«

Der Revolvermann sah seine Silhouette einen Augenblick vor dem Tageslicht, ein linkischer, flügellahmer Adler. Er landete, und die gesamte Konstruktion wankte trunken. Unter ihnen protestierte Metall, und ganz unten fiel etwas hinab, zuerst krachend, dann mit dem Geräusch von tiefem Wasser.

»Bist du drüben?« fragte der Revolvermann.

»Ja«, sagte der Junge aus einiger Entfernung, »aber es ist sehr verrostet. Ich glaube nicht, daß es dein Gewicht tragen wird. Mich ja, aber dich nicht. Kehr jetzt um. Kehr um und laß mich in Ruhe.«

Seine Stimme war hysterisch, kalt, aber hysterisch.

Der Revolvermann trat über die Lücke. Ein großer Schritt, und er war drüben. Der Junge schlotterte hilflos. »Geh zurück. Ich will nicht, daß du mich umbringst.«

»Um Himmels willen, geh weiter«, sagte der Revolvermann grob. »Es wird zusammenbrechen.«

Der Junge schritt jetzt wie betrunken dahin, er hatte die Hände zitternd mit gespreizten Fingern vor sich ausgestreckt.

Sie gingen aufwärts.

Ja, hier war es deutlich verfallener. Ab und zu fehlten eine, zwei, manchmal sogar drei Querstreben, und der Revolvermann rechnete ständig damit, daß sie einmal auf eine Lücke stoßen würden, die so lang war, daß sie entweder umkehren oder auf den Schienen selbst unsicher über den Abgrund balancieren mußten.

Er hielt den Blick starr auf das Tageslicht gerichtet.

Das Licht hatte einen Farbton angenommen – blau –, und je näher sie ihm kamen, desto weicher wurde es und ließ den Glanz des Phosphors verblassen, mit dem es sich vermischte. Fünfzig oder hundert Meter? Er konnte es nicht sagen.

Sie gingen weiter, und jetzt sah er auf seine Füße, die von Querstrebe zu Querstrebe schritten. Als er wieder hinsah, war das Licht zu einem Loch geworden, und es war kein Licht mehr, sondern ein Weg hinaus. Sie waren fast dort.

Ja, dreißig Meter. Neunzig kurze Schritte. Es war zu schaffen. Vielleicht konnten sie den Mann in Schwarz überlisten. Vielleicht verdorrten die bösen Blumen in seinen Gedanken im grellen Sonnenschein, und alles würde möglich sein.

Das Sonnenlicht wurde verdeckt.

Er sah verblüfft auf und erblickte eine Silhouette, die das Licht ausfüllte, es verschlang und lediglich Streifen spöttischen Blaus über den Schultern und die Gabelung zwischen den Beinen hereinscheinen ließ.

»Hallo, Jungs!«

Die Stimme des Mannes in Schwarz hallte von diesem natürlichen Sprachrohr aus Felsgestein verstärkt zu ihnen, und sein Zynismus nahm gewaltige Obertöne an. Der Revolvermann tastete blind nach dem Kieferknochen, aber der war dahin, irgendwo verloren, verbraucht.

Er lachte über ihnen, und der Laut hallte rings um sie herum und dröhnte wie die Brandung in einer vollaufenden Grotte. Der Junge schrie auf und ruderte mit den Armen, er wurde wieder zur Windmühle, seine Arme sausten durch die dünne Luft.

Unter ihnen riß Metall und kippte; die Schienen begannen ein langsames, verträumtes Schlingern. Der Junge stürzte, doch eine Hand flog wie eine Möwe in der Dunkelheit hoch, flog hoch, hoch, und dann hing er über dem Abgrund; dort baumelte er, und seine dunklen Augen sahen mit endgültigem, blindem, verlorenem Wissen zu dem Revolvermann auf.

»Hilf mir.«

Dröhnend, spöttisch: »Komm jetzt, Revolvermann. Oder du wirst mich niemals erwischen!«

Alle Chips lagen auf dem Tisch. Alle Karten aufgedeckt bis auf eine. Der Junge baumelte, eine lebende Tarotkarte, der Gehängte, der phönizische Seemann, der unschuldig gekentert war und sich in einem stygischen Meer kaum noch über Wasser halten konnte.

Warte doch, warte einen Augenblick.

»Muß ich gehen?« Die Stimme so laut, es fällt einem schwer zu denken, die Macht, den Verstand der Menschen zu umnachten...

Don't make it bad, take a sad song and make it better...

»Hilf mir.«

Das Gerüst schwankte heftiger, kreischte, löste sich in Einzelteile auf, gab...

»Dann werde ich dich verlassen.«

»*Nein!*«

Seine Beine beförderten ihn mit einem einzigen Sprung durch die Entropie, die ihn gefangenhielt, ein schlitternder, heftiger Sprung über den baumelnden Jungen hinweg zum lockenden Licht, der Turm als schwarzes Fresko auf der Netzhaut seines geistigen Auges eingeätzt, plötzliche Stille, die Silhouette verschwunden, sogar sein Herzschlag setzte aus, als sich die Brücke weiter neigte, ihren letzten langsamen Tanz in die Tiefe anfing, sich losriß, seine Hand ertastete den felsigen, erleuchteten Mund der Verdammnis; und hinter ihm sprach der Junge in der gräßlichen Stille zu weit unter ihm.

»Dann geh. Es gibt andere Welten als diese.«

Es riß sich von ihm los, das ganze Gewicht; und als er sich zum Licht und dem Wind und der Wirklichkeit seines neues Karmas *(we all shine on)* hinaufzog, drehte er den Kopf zurück und versuchte, in seinem Schmerz einen Augenblick lang Janus zu sein – aber da war nichts, nur abstürzendes Schweigen, denn der Junge gab keinen Laut von sich.

Dann war er oben und zog die Beine auf den Felsensims, der an der abwärts geneigten Seite Ausblick auf eine grasbewachsene Ebene gewährte, wo der Mann in Schwarz breitbeinig und mit überkreuzten Armen stand.

Der Revolvermann stand trunken und blaß wie ein Gespenst da, seine Augen waren riesig und schwammen unter der Stirn, sein Hemd war vom weißen Staub seines letzten, verzweifelten Hochziehens verschmutzt. Er dachte daran, daß er vor Mord stets fliehen würde. Er dachte daran, daß vor ihm weitere Entwürdigungen der Seele liegen mochten, gegen die sich diese hier bedeutungslos ausnehmen würde, und dennoch würde er fliehen, Flure entlang und durch Städte, von Bett zu Bett; er würde vor dem Gesicht des Jungen fliehen und versuchen, es in Fotzen oder selbst in weiterer Vernichtung zu begraben, nur um dann einen allerletzten Raum zu betreten, wo es ihn über eine Kerzenflamme hinweg ansehen würde. Er war zu dem Jungen geworden; der Junge war zu ihm geworden. Er war ein *Wurderlak*, ein selbsterschaffener Werwolf, und in seinen tiefsten Träumen würd er zu dem Jungen werden und in seltsamen Zungen sprechen.

Dies ist der Tod. Ist er es? Ist er es?

Er schritt langsam und mit trunkenen Schritten den Hang hinab zu der Stelle, wo der Mann in Schwarz wartete. Hier waren die Schienen unter der Sonne der Vernunft verfallen, und es war, als hätten sie nie existiert.

Der Mann in Schwarz stieß lachend mit beiden Handrücken die Kapuze zurück.

»Also!« rief er. »Kein Ende, sondern das Ende des Anfangs, was? Du machst Fortschritte, Revolvermann! Du machst Fortschritte! Oh, wie sehr bewundere ich dich!«

Der Revolvermann zog mit atemberaubender Geschwindigkeit und feuerte zwölfmal. Das Mündungsfeuer ließ die Sonne selbst verblassen, und das Donnern der Explosionen hallte von den Felsensimsen hinter ihnen wieder.

»Aber, aber«, sagte der Mann in Schwarz lachend. »Ach, komm schon. Wir beide zusammen, du und ich, können einen großen

Zauber wirken. Du wirst mich ebensowenig töten, wie du dich selbst töten wirst.«

Er zog sich zurück, ging rückwärts, sah den Revolvermann grinsend an. »Komm. Komm. Komm.«

Der Revolvermann folgte ihm mit seinen durchgelaufenen Stiefeln zum Ort des Gesprächs.

Fünfter Teil
Der Revolvermann
und
der Mann in Schwarz

1

Der Mann in Schwarz führte ihn zu einem uralten Schlachtfeld, um mit ihm zu reden. Der Revolvermann erkannte es augenblicklich; ein Golgatha, eine Stätte der Schädel. Und gebleichte Totenschädel starrten blicklos zu ihnen empor – Vieh, Kojoten, Wild, Kaninchen. Dort das Alabasterxylophon der Fasanenhenne, die beim Fressen gestorben war; dort die winzigen, zierlichen Knochen eines Maulwurfs, der möglicherweise von einem wilden Hund aus Spaß getötet worden war.

Dieses Golgatha war ein in den abschüssigen Berghang eingeprägtes Becken, und unten, in zugänglicheren Höhen, konnte der Revolvermann Josuabäume und Krüppelkiefern sehen. Der Himmel über ihm war von einem zarteren Blau, als er es seit zwölf Monden gesehen hatte, und ein undefinierbares Etwas tat kund, daß das Meer in nicht allzu weiter Ferne war.

Ich bin im Westen, Cuthbert, dachte er verwundert.

Und selbstverständlich sah er in jedem Totenschädel, in jeder leeren Augenhöhle das Gesicht des Jungen.

Der Mann in Schwarz saß auf einem alten Klotz aus Eisenholz. Seine Stiefel waren vom weißen Staub und dem unbehaglichen Knochenmehl dieses Ortes gepudert. Er hatte die Kapuze wieder hochgezogen, aber der Revolvermann konnte deutlich die eckige Form seines Kinns und die Schattierung seines Kiefers erkennen. Die überschatteten Lippen verzogen sich zu einem Lächeln. »Sammle Holz, Revolvermann. Diese Seite des Gebirges ist mild, aber in dieser Höhe kann einem die Kälte dennoch ein Messer in die Eingeweide stoßen. Und dies ist schließlich ein Ort des Todes, nicht?«

»Ich werde dich umbringen«, sagte der Revolvermann.

»Nein, das wirst du nicht tun. Das kannst du nicht. Aber du kannst Holz sammeln, um deines Isaak zu gedenken.«

Der Revolvermann verstand die Anspielung nicht. Er machte sich wortlos auf und sammelte Holz wie ein gewöhnlicher Küchenjunge. Seine Ausbeute war gering. Auf dieser Seite gab es kein Teufelsgras, und das Eisenholz brannte nicht. Es war versteinert. Schließlich kehrte er mit einem großen Armvoll zurück und war von verfallenen Knochen gepudert, als wäre er in Mehl gewendet worden. Die Sonne war hinter den höchsten Josuabäumen untergegangen, hatte ein rötliches Leuchten angenommen und sah sie zwischen den schwarzen, gepeinigten Ästen hindurch mit unheilvoller Gleichgültigkeit an.

»Ausgezeichnet«, sagte der Mann in Schwarz. »Wie außergewöhnlich du bist! Wie methodisch! Ich salutiere vor dir!« Er kicherte, und der Revolvermann warf ihm krachend das Holz vor die Füße, so daß Knochenstaub aufwirbelte.

Der Mann in Schwarz zuckte nicht zusammen oder sprang zurück; er fing lediglich an, die Feuerstelle aufzuschichten. Der Revolvermann sah fasziniert zu, wie das Ideograph (dieses Mal frisch) Gestalt annahm. Als es vorbei war, erinnerte es an einen etwa sechzig Zentimeter hohen, komplexen doppelten Schornstein. Der Mann in Schwarz hob eine Hand zum Himmel empor, schüttelte den weiten Ärmel von einer spitz zulaufenden, hübschen Hand zurück und stieß rasch mit ihr herab, wobei er den Zeigefinger und kleinen Finger zum traditionellen Zeichen des bösen Blicks gegabelt hatte. Eine blaue Flamme blitzte auf, und das Feuer brannte.

»Ich habe Streichhölzer«, sagte der Mann in Schwarz jovial, »aber ich dachte mir, der Zauber könnte dir gefallen. Ganz umsonst, Revolvermann. Und jetzt mach uns ein Essen.«

Die Falten seines Gewandes zitterten, und der gehäutete und ausgeweidete Kadaver eines Kaninchens fiel in den Schmutz.

Der Revolvermann spießte das Kaninchen wortlos auf und briet es. Ein verlockender Geruch stieg auf, während die Sonne unterging. Purpurne Schatten fielen gierig über das Becken, das der Mann in Schwarz für ihre endgültige Konfrontation ausgesucht hatte. Der Revolvermann spürte den Hunger endlos in seinem Bauch knurren, während das Kaninchen braun wurde; aber als das Fleisch gar und saftig war, reichte er dem Mann in Schwarz wortlos den ganzen Spieß, kramte in seinem eigenen, beinahe flachen Rucksack und holte den letzten Rest Dörrfleisch heraus. Es war salzig und tat seinem Mund weh, und es schmeckte wie Tränen.

»Eine wertlose Geste«, sagte der Mann in Schwarz, dem es gelang, wütend und belustigt zugleich zu klingen.

»Dennoch«, sagte der Revolvermann. Er hatte kleine wunde Stellen im Mund, die eine Folge von Vitaminmangel waren, und der Salzgeschmack ließ ihn bitter grinsen.

»Hast du Angst vor verzaubertem Fleisch?«

»Ja.«

Der Mann in Schwarz warf die Kapuze zurück.

Der Revolvermann sah ihn schweigend an. In gewisser Weise war das Gesicht des Mannes in Schwarz eine unbehagliche Enttäuschung. Es war hübsch und ebenmäßig, ohne die Spuren und Entstellungen von jemandem, der schlimme Zeiten durchgemacht hat und der in große, unbekannte Geheimnisse eingeweiht wurde. Sein Haar war schwarz und von verfilzter, stumpfer Länge. Seine Stirn war hoch, die Augen dunkel und strahlend. Die Nase war unauffällig. Die Lippen waren voll und sinnlich. Seine Gesichtsfarbe war bleich wie die des Revolvermannes.

Er sagte schließlich: »Ich hatte einen älteren Mann erwartet.«

»Nicht unbedingt. Ich bin fast unsterblich. Natürlich hätte ich ein Gesicht wählen können, das deinen Erwartungen besser entsprochen hätte, aber ich habe mich entschieden, dir das zu zeigen, mit dem ich – äh – geboren worden bin. Schau, Revolvermann, der Sonnenuntergang.«

Die Sonne war bereits untergegangen. Der Himmel im Westen war vom düsteren Glühen eines Hochofens erfüllt.

»Du wirst eine Zeit, die dir sehr lange erscheinen wird, keinen Sonnenaufgang mehr sehen«, sagte der Mann in Schwarz leise.

Der Revolvermann erinnerte sich an die Stollen unter dem Gebirge und sah dann zum Himmel, wo die Sternbilder sich in funkelnder Vielzahl erstreckten.

»Das macht nichts«, sagte er mit sanfter Stimme. »Jetzt nicht mehr.«

2

Der Mann in Schwarz mischte Karten mit fliegender, verwirrender Hast. Das Spiel war groß, das Muster auf den Kartenrückseiten überquellend. »Das sind Tarotkarten«, sagte der Mann in Schwarz,

»eine Mischung aus dem üblichen Blatt und meinen eigenen Verbesserungen. Sieh genau her, Revolvermann.«

»Warum?«

»Ich werde dir die Zukunft weissagen, Roland. Sieben Karten müssen nacheinander umgedreht und in Konjunktion mit den anderen gelegt werden. Ich habe das seit mehr als dreihundert Jahren nicht mehr gemacht. Und ich vermute, ich habe überhaupt noch nie eine wie deine vorhergesagt.« Der spöttische Ton stahl sich wieder in seine Stimme, gleich einem kuvianischen Nachtsoldaten, der ein todbringendes Messer in einer Hand hält. »Du bist der letzte Abenteurer der Welt. Der letzte Kreuzritter. Wie muß dich das doch freuen, Roland! Und doch hast du keine Ahnung, wie nahe du dem Turm jetzt bist, wie nahe in der Zeit. Über deinem Kopf kreisen Welten.«

»Dann lies meine Zukunft«, sagte er schroff.

Die erste Karte wurde umgedreht.

»Der Gehängte«, sagte der Mann in Schwarz. Die Dunkelheit hatte ihm seine Kapuze zurückgegeben. »Doch hier, ohne Konjunktion mit etwas anderem, versinnbildlicht er Kraft, nicht den Tod. Du, Revolvermann, bist der Gehängte, du schreitest über alle Gruben des Hades hinweg unverdrossen deinem Ziel entgegen. Einen Mitreisenden hast du bereits in diese Gruben gestoßen, nicht?«

Er drehte die zweite Karte um. »Der Seefahrer. Achte auf die klare Stirn, die haarlosen Wangen, die verletzten Augen. Er ertrinkt, Revolvermann, und niemand wirft ihm ein Seil zu. Der Junge Jake.«

Der Revolvermann zuckte zusammen, sagte aber nichts.

Die dritte Karte wurde umgedreht. Ein Pavian stand grinsend und breitbeinig auf der Schulter eines jungen Mannes. Das Gesicht des jungen Mannes war nach oben gerichtet, seine Züge waren eine stilisierte Maske von Grauen und Entsetzen. Als er genauer hinsah, stellte der Revolvermann fest, daß der Pavian eine Peitsche hielt.

»Der Gefangene«, sagte der Mann in Schwarz. Das Feuer warf unruhige, flackernde Schatten über das Gesicht des gepeinigten Mannes, so daß es sich in stummem Entsetzen zu verzerren und zu winden schien. Der Revolvermann wandte den Blick ab.

»Etwas beunruhigend, nicht?« sagte der Mann in Schwarz und schien ein Kichern zu unterdrücken.

Er drehte die vierte Karte herum. Eine Frau mit einem Schal auf dem Kopf saß spinnend an einem Spinnrad. Sie schien gleichzeitig verschmitzt zu lachen und zu weinen.

»Die Herrin der Schatten«, bemerkte der Mann in Schwarz. »Macht sie auf dich den Eindruck, als hätte sie zwei Gesichter? Hat sie. Ein wahrhaftiger Janus.«

»Weshalb zeigst du mir das?«

»Frag nicht!« sagte der Mann in Schwarz aufbrausend, doch er lächelte. »Sieh einfach nur her. Betrachte dies lediglich als sinnloses Ritual, wenn es dich erleichtert und dich beruhigt. Wie die Kirche.« Er kicherte und drehte die fünfte Karte um.

Ein grinsender Sensenmann hielt mit Knochenfingern eine Sense fest. »Der Tod«, sagte der Mann in Schwarz schlicht. »Aber nicht für dich.«

Die sechste Karte.

Der Revolvermann sah sie an und verspürte eine seltsam kribbelnde Vorahnung in den Eingeweiden. Freude und Grauen mischten sich in dieses Gefühl, die Gesamtheit seiner Empfindungen hatte keinen Namen. Ihm war zumute, als müßte er tanzen und sich gleichzeitig übergeben.

»Der Turm«, sagte der Mann in Schwarz leise.

Die Karte des Revolvermannes nahm die Mitte des Musters ein, die vier nachfolgenden lagen je in einer Ecke, gleich Satelliten, die einen Stern umkreisen.

»Wohin gehört diese?« fragte der Revolvermann.

Der Mann in Schwarz legte den Turm auf den Gehängten und verdeckte ihn völlig.

»Was bedeutet das?« fragte der Revolvermann. Der Mann in Schwarz antwortete nicht.

»Was bedeutet das?« fragte er keuchend.

Der Mann in Schwarz antwortete nicht.

»Gott verdammt!« Keine Antwort.

»Und was ist die siebte Karte?«

Der Mann in Schwarz drehte die siebte Karte um. Die Sonne stand an einem leuchtendblauen Himmel. Amor und Elfen schwirrten um sie herum.

»Die siebte ist das Leben«, sagte der Mann in Schwarz leise. »Aber nicht für dich.«

»Wie paßt sie in das Muster?«

»Das geht dich nichts an«, sagte der Mann in Schwarz. »Und mich auch nicht.« Er schnippte die Karte achtlos ins erlöschende Feuer. Sie verkohlte, bog sich und loderte in Flammen auf. Der Revolvermann spürte, wie sein Herz verzagte und in seiner Brust zu Eis wurde.

»Schlaf jetzt«, sagte der Mann in Schwarz gleichgültig. »Möglicherweise, um zu träumen, und das alles.«

»Ich werde dich erwürgen«, sagte der Revolvermann. Seine Beine stießen sich mit wilder, beeindruckender Schnelligkeit ab, und er schnellte über das Feuer hinweg auf den anderen zu. Der lächelnde Mann in Schwarz schwoll vor seinen Augen an und wich dann in einen langen, hallenden, von Obsidiansäulen gesäumten Flur zurück. Der Klang von sardonischem Gelächter erfüllte die Welt, und er stürzte, starb, schlief.

Er träumte.

Das Universum war leer. Nichts regte sich. Nichts war.

Der Revolvermann schwebte verwirrt.

»Es werde Licht«, sagte die Stimme des Mannes in Schwarz erhaben, und es ward Licht. Der Revolvermann dachte auf distanzierte Weise, daß das Licht gut war.

»Und nun Dunkelheit voll Sternen oben. Und Wasser unten.« So geschah es. Er schwebte über endlosen Wassern. Über ihm funkelten endlos die Sterne.

»Land«, forderte der Mann in Schwarz. Es geschah; es erhob sich in endlosen galvanischen Zuckungen aus dem Wasser. Es war rot, kahl, rissig und unfruchtbar. Vulkane, die häßlichen Riesenpickeln auf dem Baseballkopf eines Heranwachsenden glichen, stießen endlose Magmaströme aus.

»Gut«, sagte der Mann in Schwarz. »Kein schlechter Anfang. Und nun seien Pflanzen. Bäume. Gras und Wiesen.«

So geschah es. Hier und dort stapften Dinosaurier, knurrten und fauchten und fraßen sich gegenseitig und blieben in blubbernden, übelriechenden Teergruben stecken. Überall erstreckten sich endlose tropische Regenwälder. Riesenfarne winkten mit seratierten

Blättern dem Himmel zu. Auf einigen krabbelten Käfer mit zwei Köpfen. Der Revolvermann sah das alles. Und er fühlte sich immer noch groß.

»Jetzt der Mensch«, sagte der Mann in Schwarz leise, aber der Revolvermann fiel... fiel aufwärts. Der Horizont dieser unermeßlichen und fruchtbaren Erde begann sich zu runden. Ja, alle seine Lehrer hatten gesagt, daß sie rund war, sie behaupteten, das wäre lange, bevor die Welt sich weitergedreht hatte, bewiesen worden. Aber dies...

Immer weiter und weiter. Vor seinen erstaunten Augen nahmen Kontinente Gestalt an und wurden von Wolkenbergen verdeckt. Die Atmosphäre der Welt hüllte sie mit ihrer Plazenta ein. Und die Sonne, die jenseits des gekrümmten Weltrandes aufging...

Er schrie auf und schlug einen Arm vors Gesicht.

»Es werde Licht!« Die Stimme, die rief, war nicht mehr die des Mannes in Schwarz. Sie war gigantisch und hallend. Sie durchdrang den Raum und die Räume zwischen den Räumen.

»Licht!«

Er fiel, fiel.

Die Sonne schrumpfte. Ein von Kanälen durchzogener roter Planet, den zwei Monde hektisch umkreisten, wirbelte an ihm vorbei. Ein Gürtel wirbelnder Felsbrocken. Ein gigantischer Planet, auf dem Gase brodelten, der zu groß war, sich selbst zu stützen, und als Folge dessen an den Polen abgeflacht war. Eine Welt mit Ringen, deren Gürtel aus Eispartikeln glitzerten.

»*Licht! Es werde...*«

Andere Welten, eine, zwei, drei. Weit jenseits der letzten kreiste ein einsamer Ball aus Eis und Fels in toter Dunkelheit um eine Sonne, die nicht heller als ein matter Pfennig war.

Dunkelheit.

»Nein«, sagte der Revolvermann, und seine Worte klangen tonlos und ohne Echo in der Dunkelheit. Es war dunkler als dunkel. Damit verglichen war die schwärzeste Nacht in der Seele eines Mannes heller Nachmittag. Die Dunkelheit unter dem Gebirge war lediglich ein Klecks auf dem Antlitz des Lichts. »Nichts mehr, bitte, jetzt nichts mehr. Nichts mehr...«

»LICHT!«

»Nichts mehr. Nichts mehr, bitte...«

Die Sterne selbst fingen an zu schrumpfen. Ganze Spiralnebel zogen sich zusammen und wurden zu geistlosen Schlieren. Das ganze Weltall schien sich um ihn herum zusammenzuziehen.

»Jesus nichts mehr nichts mehr nichts mehr...«

Die Stimme des Mannes in Schwarz flüsterte ihm seidenweich ins Ohr: »Dann entsage. Laß alle Gedanken an den Turm sein. Geh deines Weges, Revolvermann, und rette deine Seele.«

Er nahm sich zusammen. Er war erschüttert und allein, von der Dunkelheit umhüllt, fürchtete sich vor der ultimaten Bedeutung, die auf ihn zugerast kam, doch er nahm sich zusammen und stieß einen letzten, donnernden Befehl hervor:

»NEIN! NIEMALS!«

»DANN WERDE ES LICHT!«

Und es ward Licht, das wie ein Hammer auf ihn herniederschlug ein gewaltiges, vorzeitliches Licht. Das Bewußtsein schwand unter ihm – doch zuvor sah der Revolvermann etwas von kosmischer Bedeutung. Er klammerte sich mit qualvoller Anstrengung daran und suchte sich selbst.

Er floh vor dem Wahnsinn, den das Wissen in sich barg, und fand so wieder zu sich selbst.

3

Es war immer noch Nacht – aber er wußte nicht, ob es dieselbe oder eine andere war. Er richtete sich an der Stelle auf, zu der sein dämonischer Sprung auf den Mann in Schwarz ihn getragen hatte, und sah auf den Klotz aus Eisenholz, auf dem der Mann in Schwarz gesessen hatte. Er war fort.

Ein Gefühl großer Verzweiflung strömte in ihn ein – Gott, alles würde wieder von vorne anfangen! –, und dann sagte der Mann in Schwarz hinter ihm: »Hier drüben, Revolvermann. Ich mag es nicht, wenn du mir zu nahe kommst. Du sprichst im Schlaf.« Er kicherte.

Der Revolvermann richtete sich benommen auf die Knie auf und drehte sich um. Das Feuer war zu roter Glut und grauer Asche niedergebrannt und hatte das vertraute verfallene Muster verbrauchten Brennmaterials hinterlassen. Der Mann in Schwarz saß daneben und schnalzte über den fettigen Resten des Kaninchens mit der Zunge.

»Du hast dich gut gehalten«, sagte der Mann in Schwarz. »Diese Vision hätte ich Marten niemals schicken können. Er wäre als sabbernder Idiot zurückgekehrt.«

»Was war das?« fragte der Revolvermann. Seine Worte waren undeutlich und erschüttert. Er spürte, daß seine Beine nachgeben würden, wenn er versuchen sollte, sich zu erheben.

»Das Universum«, sagte der Mann in Schwarz nebenbei. Er rülpste und warf die Knochen ins Feuer, wo sie in einem ungesunden Weiß schillerten. Der Wind über der Senke dieses Golgatha heulte voll schrillem Unglück.

»Universum«, sagte der Revolvermann verständnislos.

»Du möchtest den Turm«, sagte der Mann in Schwarz. Es schien eine Frage zu sein.

»Ja.«

»Aber du wirst ihn nicht bekommen«, sagte der Mann in Schwarz und lächelte voll strahlender Grausamkeit. »Ich habe eine Vorstellung davon, wie nahe an den Rand dich das Letzte brachte. Der Turm wird dich eine halbe Welt entfernt umbringen.«

»Du weißt nichts von mir«, sagte der Revolvermann leise, und das Lächeln auf den Lippen des anderen verschwand.

»Ich habe deinen gemacht, und ich habe ihn vernichtet«, sagte der Mann in Schwarz grimmig. »Ich kam durch Marten zu deiner Mutter und habe sie genommen. So stand es geschrieben, und so geschah es. Ich bin der fernste Günstling des Dunklen Turms. Die Erde wurde in meine Hände gegeben.«

»Was habe ich gesehen?« fragte der Revolvermann. »Das Letzte. Was war es?«

»Was schien es zu sein?«

Der Revolvermann schwieg nachdenklich. Er tastete nach seinem Tabak, aber er hatte keinen mehr. Der Mann in Schwarz bot ihm nicht an, seinen Beutel entweder durch schwarze oder weiße Magie wieder nachzufüllen.

»Da war Licht«, sagte der Revolvermann schließlich. »Gewaltiges weißes Licht. Und dann . . .« Er verstummte und sah den Mann in Schwarz an. Dieser beugte sich nach vorne, und ein unbekanntes

Gefühl war seinem Gesicht aufgeprägt, das zu deutlich war, als daß man es hätte leugnen können. Erstaunen.

»Du weißt es nicht«, sagte er und fing an zu lachen. »O großer Zauberer, der die Toten zum Leben erwecken kann. Du weißt es nicht.«

»Ich weiß es«, sagte der Mann in Schwarz. »Aber ich weiß nicht... was.«

»Weißes Licht«, wiederholte der Revolvermann. »Und dann einen Grashalm. Einen einzigen Grashalm, der alles ausfüllte. Und ich war winzig. Unvorstellbar winzig.«

»Gras.« Der Mann in Schwarz machte die Augen zu. Sein Gesicht sah hager und ausgezehrt aus. »Ein Grashalm. Bist du sicher?«

»Ja.« Der Revolvermann runzelte die Stirn. »Aber er war purpurn.«

4

Und nun fing der Mann in Schwarz an zu sprechen.

Das Universum (sagte er) enthält ein Paradoxon, das so groß ist, daß der endliche Verstand es nicht begreifen kann. So wie das lebende Gehirn sich kein nichtlebendes Gehirn vorstellen kann – auch wenn es denken mag, es könnte es –, so kann der endliche Verstand nicht das Unendliche begreifen.

Die prosaische Tatsache der Existenz des Universums allein besiegt den Pragmatiker und den Zyniker gleichermaßen. Es gab eine Zeit, hundert Generationen bevor die Welt sich weiterdrehte, als die Menschheit genügend technische und wissenschaftliche Erkenntnisse gesammelt hatte, daß sie ein paar Splitter von der großen Steinsäule der Wirklichkeit abklopfen konnte. Selbst damals schien das trügerische Licht der Wissenschaft (das Wissen, wenn du so willst) nur in einigen hochentwickelten Ländern.

Doch trotz der unglaublichen Zunahme von Faktenwissen gab es bemerkenswert wenig Einsicht. Revolvermann, unsere Vorfahren bezwangen die Krankheit des Verfaulens, die wir Krebs nennen, sie bezwangen fast das Altern, sie flogen zum Mond...

(»Das glaube ich nicht«, sagte der Revolvermann unverblümt,

worauf der Mann in Schwarz nur lächelte und antwortete: »Das mußt du auch nicht.«)

...und entdeckten oder erfanden hundert andere wunderbare Errungenschaften. Doch dieser Reichtum an Informationen erzeugte wenig oder gar keine Einsicht. Keine großen Oden wurden über die Wunder der künstlichen Befruchtung geschrieben...

(»Worüber?« »Babys mit tiefgefrorenem Männersperma zeugen.« »Bockmist.« »Ganz wie du meinst... doch nicht einmal unsere Vorfahren konnten aus dieser Substanz Kinder zeugen.«)

...oder über die Kutsche, die von selbst fährt. Wenige, wenn überhaupt jemand, schienen das Prinzip der Wirklichkeit verstanden zu haben; neues Wissen führt stets zu noch ehrfurchtgebietenderen Geheimnissen. Größeres physiologisches Wissen über das Gehirn verringert die Möglichkeit, daß die Seele existiert, doch die Natur der Suche macht sie dagegen wahrscheinlicher. Verstehst du? Aber natürlich nicht. Du bist von deiner eigenen romantischen Aura umgeben, du liegst jeden Tag Wange an Wange mit dem Gewöhnlichen. Doch jetzt näherst du dich den Grenzen – nicht des Glaubens, sondern des Verstehens. Du stehst der umgekehrten Entropie der Seele gegenüber.

Doch zum Prosaischeren:

Das größte Geheimnis, welches das Universum bereithält, ist nicht das Leben, sondern Größe. Größe umfaßt das Leben, und der Turm umfaßt die Größe. Das Kind, für das Wunder nichts Ungewöhnliches sind, sagt: Vater, was ist über dem Himmel. Und der Vater sagt: Das schwarze Weltall. Das Kind: Und über dem Weltall. Der Vater: Die Milchstraße. Das Kind: Über der Milchstraße. Der Vater: Eine andere Galaxis. Das Kind: Über den anderen Galaxien. Der Vater: Das weiß niemand.

Siehst du? Die Größe besiegt uns. Für den Fisch ist der See, in dem er lebt, sein Universum. Was denkt der Fisch, wenn er am Maul durch die silberne Grenze der Existenz gerissen und in ein neues Universum befördert wird, in dem die Luft ihn ertränkt und das Licht blauer Wahnsinn ist? Wo große Zweibeiner ohne Kiemen ihn in eine stickige Kiste stecken, ihn mit feuchtem Tang bedecken und sterben lassen?

Oder man könnte die Spitze eines Bleistifts nehmen und sie vergrößern. Dabei kommt man an den Punkt, wenn einem eine erstaunliche Erkenntnis aufgeht: Die Bleistiftspitze ist nicht fest; sie besteht aus Atomen, die wirbeln und kreisen wie eine Billion dämonischer Planeten. Was uns fest erscheint, ist in Wahrheit nur ein loses Netz, das von der Schwerkraft zusammengehalten wird. Schrumpft man auf die richtige Größe, dann werden die Entfernungen zwischen diesen Atomen zu Meilen, Abgründen, Äonen. Die Atome selbst bestehen aus Atomkernen und kreisenden Protonen und Elektronen. Man könnte noch weiter hinabgehen, zu den subatomaren Teilchen. Und wozu dann? Tachyonen? Nichts. Selbstverständlich nicht. Alles im Universum leugnet das Nichts; es ist unmöglich, an ein Ende der Dinge zu denken.

Wenn du bis zur Grenze des Universums fallen würdest, würdest du ein Schild mit der Aufschrift SACKGASSE finden? Nein. Du könntest etwas Hartes und Rundes finden, wie ein Kücken das Ei von innen sehen mag. Und wenn du durch diese Hülle hindurchpicken würdest, welches gewaltige und reißende Licht würdest du erblicken, das durch dein Loch am Ende des Raumes hereinscheint? Könntest du hindurchsehen und feststellen, daß unser gesamtes Universum nichts weiter ist als ein Atom in einem Grashalm? Könntest du zu dem Gedanken gezwungen werden, daß du eine Unendlichkeit von Unendlichkeiten vernichtest, wenn du einen Halm verbrennst? Daß die Existenz nicht zu einer Unendlichkeit reicht, sondern zu einer unendlichen Vielzahl von Unendlichkeiten?

Vielleicht hast du gesehen, welchen Stellenwert unser Universum im Plan der Schöpfung einnimmt – als Atom in einem Grashalm. Könnte es sein, daß alles, was wir wahrnehmen können, vom infinitesimalen Virus bis hin zum fernen Pferdkopfnebel, sich in einem einzigen Grashalm befindet... einem Halm, der in einem fremden Zeitstrom erst einen oder zwei Tage existiert haben mag? Was wäre, wenn dieser Halm von einer Sense gemäht werden würde? Wenn er verdorrte, würde die Fäulnis dann in unser eigenes Universum und unser eigenes Leben einsickern und alles gelb und braun und ausgetrocknet machen? Vielleicht ist das ja schon geschehen. Wir sagen, daß die Welt sich weitergedreht hat; vielleicht wollen wir wirklich damit sagen, daß sie angefangen hat auszutrocknen.

Bedenke, wie winzig uns diese Vorstellung macht, Revolvermann! Wenn ein Gott über das alles wacht, ermißt Er dann tatsächlich Gerechtigkeit für eine Rasse von Insekten in einer Unendlichkeit von Insektenrassen? Sieht er den Sperling stürzen, wo der Sperling doch weniger ist als ein Wasserstoffatom, das allein in den Tiefen des Alls schwebt? Und wenn Er ihn sieht... wie muß dann die Natur eines solchen Gottes sein? Wo wohnt Er? Wie ist es möglich, jenseits der Unendlichkeit zu leben?

Denke an den Sand der Mohainewüste, die du durchquert hast, um mich zu finden, und stelle dir eine Billion Universen vor – nicht Welten, sondern Universen –, die sich in jedem einzelnen Sandkorn dieser Wüste befinden; und in jedem Universum eine Unendlichkeit anderer Universen. Wir ragen mit unserem erbarmenswerten Grashalmvorteil über diesen Universen auf; und du könntest mit einem einzigen Stiefeltritt eine Milliarde Milliarden Welten in die Dunkelheit treten, eine Kette, die niemals vervollständigt wird.

Größe, Revolvermann... Größe...

Doch denke noch weiter. Stell dir vor, daß sich alle Welten, alle Universen, in einem einzigen Brennpunkt vereinigen, einer einzigen Säule, einem Turm. Möglicherweise einer Treppe zur Gottheit selbst. Würdest du es wagen, Revolvermann? Könnte es sein, daß irgendwo über der endlosen Wirklichkeit ein Zimmer existiert...?

Du würdest es nicht wagen.

Du würdest es nicht wagen.

»Jemand hat es gewagt«, sagte der Revolvermann.

»Und wer soll das sein?«

»Gott«, sagte der Revolvermann leise. Seine Augen glänzten. »Gott hat es gewagt... oder ist das Zimmer leer, Seher?«

»Ich weiß es nicht.« Angst huschte so sanft und dunkel wie der Flügel eines Bussards über das einschmeichelnde Gesicht des Mannes in Schwarz. »Und, offen gesagt, ich frage auch nicht. Es könnte unklug sein.«

»Hast du Angst, du könntest von einem Blitz erschlagen werden?« fragte der Revolvermann sardonisch.

»Vielleicht Angst vor der Rechenschaft«, antwortete der Mann in Schwarz, worauf eine Zeitlang Schweigen herrschte. Die Nacht war sehr lang. Die Milchstraße erstreckte sich in großer Pracht über ihnen, aber ihre Leere war grauenerregend. Der Revolvermann überlegte, was er empfinden würde, sollte sich dieser schwarze Himmel auftun und eine Sturzflut aus Licht sich herein ergießen würde.

»Das Feuer«, sagte er. »Mir ist kalt.«

5

Der Revolvermann nickte ein, wachte auf und stellte fest, daß der Mann in Schwarz ihn gierig und ungesund betrachtete.

»Was gaffst du denn an?«

»Dich natürlich.«

»Dann hör auf.« Er stocherte im Feuer und vernichtete die Präzision des Ideographs. »Ich mag es nicht.« Er sah nach Osten, ob es bereits heller wurde, doch die Nacht dauerte immer noch an.

»Du suchst das Licht so bald schon?«

»Ich wurde für das Licht geschaffen.«

»Ah, wurdest du das! Wie unhöflich von mir, diese Tatsache zu vergessen! Doch wir müssen uns noch über vieles unterhalten, du und ich. Denn so wurde es mir von meinem Herrn aufgetragen.

»Wem?«

Der Mann in Schwarz lächelte. »Sollen wir die Wahrheit sagen, du und ich? Keine Lügen mehr? Kein Flimmer?«

»Flimmer? Was bedeutet das?«

Doch der Mann in Schwarz beharrte: »Soll Wahrheit zwischen uns sein, als zwei Männer? Nicht als Freunde, sondern als Feinde und Ebenbürtige? Dies ist ein Angebot, das du selten erhalten wirst, Roland. Nur Feinde sagen die Wahrheit. Freunde und Liebende lügen ohne Unterlaß, weil sie im Netz von Pflichten gefangen sind.«

»Dann sagen wir die Wahrheit.« Er hatte in dieser Nacht nichts anderes gesagt. »Fang damit an, daß du mir sagst, was Flimmer ist.«

»Flimmer ist Zauberei, Revolvermann. Der Zauber meines Herrn hat diese Nacht verlängert und wird sie weiter verlängern... bis unsere Sache erledigt ist.«

»Wie lange wird das dauern?«

»Lange. Besser kann ich es dir nicht sagen. Ich weiß es selbst nicht.« Der Mann in Schwarz stand über dem Feuer, und die glühenden Kohlen erzeugten ein Muster auf seinem Gesicht. »Frage. Ich werde dir sagen, was ich weiß. Du hast mich erwischt. Es ist nur recht und billig; ich hätte es nicht für möglich gehalten. Doch deine Suche hat erst angefangen. Frage. Das wird uns schon früh genug zum Geschäft bringen.«

»Wer ist dein Herr?«

»Ich habe ihn nie zu Gesicht bekommen, aber du mußt ihn sehen. Bevor du den Turm erreichst, mußt du erst ihm begegnen, dem zeitlosen Fremden.« Der Mann in Schwarz lächelte ohne Boshaftigkeit. »Du mußt ihn umbringen, Revolvermann. Doch ich glaube, das hattest du nicht fragen wollen.«

»Woher kennst du ihn, wenn du ihn nie gesehen hast?«

»Er erschien mir einmal im Traum. Er kam zu mir, als ich ein Frischling war und in einem fernen Land lebte. Vor tausend Jahren, oder vor fünf oder zehn. Er kam in den Tagen zu mir, als die Alten das Meer noch nicht überquert hatten. In einem Land namens England. Vor Jahrhunderten teilte er mir meine Pflicht mit, obschon es zwischen meiner Jugend und meiner Apotheose kleinere Aufträge gab. Du bist es, Revolvermann.« Er kicherte. »Du siehst, es hat dich jemand ernst genommen.«

»Hat dieser Fremde keinen Namen?«

»Oh, er hat einen Namen.«

»Und wie lautet dieser Name?«

»Maerlyn«, sagte der Mann in Schwarz leise, und irgendwo in der östlichen Dunkelheit, wo die Berge lagen, bekräftigte ein Steinschlag seine Worte, und ein Puma schrie wie eine Frau. Der Revolvermann erschauerte, und der Mann in Schwarz zuckte zusammen. »Doch ich glaube, auch das wolltest du nicht fragen. Es liegt nicht in deiner Natur, so weit vorauszudenken.«

Der Revolvermann kannte die Frage; sie nagte schon die ganze Nacht in ihm, und schon Jahre vorher, dachte er. Sie lag ihm auf der Zunge, aber er sprach sie nicht aus... noch nicht.

»Dieser Fremde, dieser Maerlyn, ist er ein Günstling des Turms? So wie du?«

»Er ist viel größer als ich. Ihm wurde die Gabe verliehen, rückwärts in der Zeit zu leben. Er *dunkelt*. Er *szintilliert*. Er lebt in allen Zeiten. Und doch gibt es jemanden, der größer ist als er.«

»Wen?«

»Das Tier«, flüsterte der Mann in Schwarz ängstlich. »Der Hüter des Turms. Der Erzeuger allen *Flimmers*.«

»Was ist es? Was macht dieses Tier...«

»Frag nicht mehr!« rief der Mann in Schwarz. Seine Stimme bemühte sich um Festigkeit und verfiel in Flehen. »Ich weiß es nicht! Ich will es auch nicht wissen. Vom Tier zu sprechen bedeutet, vom Untergang der eigenen Seele zu sprechen. Vor Ihm ist Maerlyn so, wie ich vor ihm bin.«

»Und jenseits des Tiers ist der Turm und alles, was sich in dem Turm befindet?«

»Ja«, flüsterte der Mann in Schwarz. »Aber das alles ist nicht das, was du fragen willst.«

Das stimmte.

»Nun gut«, sagte der Revolvermann, und dann stellte er die älteste Frage der Welt. »Kenne ich dich? Habe ich dich schon einmal gesehen?«

»Ja.«

»Wo?« Der Revolvermann beugte sich eifrig nach vorne. Dies war seine Schicksalsfrage.

Der Mann in Schwarz schlug die Hände vor den Mund und kicherte wie ein kleines Kind zwischen ihnen hervor. »Ich glaube, das weißt du.«

Wo?« Er sprang auf die Beine, seine Hände senkten sich auf die abgenutzten Griffe der Pistolen.

»Nicht damit, Revolvermann. Sie öffnen keine Türen; sie schließen sie nur für immer.«

»Wo?« wiederholte der Revolvermann.

»Muß ich ihm einen Hinweis geben?« fragte der Mann in Schwarz die Dunkelheit. »Ich glaube, ich muß.« Er sah den Revolvermann mit brennenden Augen an. »Da war ein Mann, der dir einen Rat gegeben hat«, sagte er. »Dein Lehrmeister...«

»Ja, Cort«, unterbrach ihn der Revolvermann ungeduldig.

»Der Rat war zu warten. Das war ein schlechter Rat. Denn schon damals hatte Martens Plan gegen deinen Vater angefangen. Und als dein Vater zurückkehrte...«

»Wurde er getötet«, sagte der Revolvermann tonlos.

»Und als du angefangen hast zu suchen, war Marten nicht mehr da... er war nach Westen gegangen. Doch in Martens Gefolgschaft befand sich ein Mann, ein Mann, der die Kutte eines Mönchs und den rasierten Schädel eines Büßers hatte...«

»Walter...«, flüsterte der Revolvermann. »Du... du bist überhaupt nicht Marten. Du bist *Walter!*«

Der Mann in Schwarz kicherte. »Zu deinen Diensten.«

»Jetzt sollte ich dich umbringen.«

»Das wäre nicht gerecht. Schließlich war ich es, der dir Marten drei Jahre später in die Hände lieferte, als...«

»Dann hast du mich manipuliert.«

»In gewisser Weise, ja. Doch genug jetzt, Revolvermann. Die Zeit des Teilens ist gekommen. Und am Morgen werde ich das Horoskop erstellen. Du wirst Träume haben. Und dann muß deine wahre Suche beginnen.«

»Walter«, wiederholte der Revolvermann fassungslos.

»Setz dich«, forderte der Mann in Schwarz ihn auf. »Ich werde dir meine Geschichte erzählen. Ich glaube, deine wird viel länger sein.«

»Ich spreche nicht von mir selbst«, murmelte der Revolvermann.

»Aber heute nacht mußt du es tun. Damit wir verstehen.«

»Was verstehen? Mein Ziel? Das kennst du. Mein Ziel ist es, den Turm zu finden. Das habe ich geschworen.«

»Nicht dein Ziel, Revolvermann. Deinen Verstand. Deinen langsamen, regsamen, hartnäckigen Verstand. In der ganzen Weltgeschichte hat es seinesgleichen noch nicht gegeben. Vielleicht in der ganzen Schöpfungsgeschichte. Dies ist die Zeit des Redens. Dies ist die Zeit von Geschichten.«

»Dann sprich.«

Der Mann in Schwarz schüttelte den weiten Ärmel seines Gewands. Ein in Folie eingewickeltes Päckchen fiel heraus und reflektierte die erlöschende Glut in vielen spiegelnden Falten.

»Tabak, Revolvermann? Möchtest du rauchen?«

Dem Kaninchen hatte er widerstehen können, aber dem konnte er nicht widerstehen. Er wickelte die Folie mit gierigen Fingern auf. In ihrem Inneren befand sich feinkrümeliger Tabak und erstaunlich feuchte grüne Blätter, in die man ihn einwickeln konnte. Einen solchen Tabak hatte er seit zehn Jahren nicht mehr gesehen.

Er drehte zwei Zigaretten und biß beiden die Enden ab, damit sich das Aroma entfalten konnte. Eine bot er dem Mann in Schwarz an, der sie nahm. Beide holten einen brennenden Zweig aus dem Feuer.

Der Revolvermann zündete die Zigarette an und sog den aromatischen Rauch tief in die Lungen, wobei er die Augen schloß, um seine Sinne zu schärfen. Er blies den Rauch mit langsamer, langer Zufriedenheit aus.

»Gut?« wollte der Mann in Schwarz wissen.

»Ja. Sehr gut.«

»Genieße es. Es könnte für lange, lange Zeit deine letzte Zigarette sein.«

Das nahm der Revolvermann gleichgültig hin.

»Nun gut«, sagte der Mann in Schwarz. »Fangen wir an:

Du mußt wissen, daß der Turm schon immer existiert, und es hat immer Jungen gegeben, die von ihm wußten und sich danach sehnten, mehr als nach Macht oder Reichtum oder Frauen...«

6

Und dann redeten sie, sie redeten eine ganze Nacht und Gott weiß wieviel länger, aber später erinnerte sich der Revolvermann an wenig... und seinem seltsam praktischen Verstand schien auch sehr wenig wichtig zu sein. Der Mann in Schwarz sagte ihm, daß er zum Meer gehen müßte, das nicht viel weiter als zwanzig mühelose Meilen im Westen lag, und dort würde er die Gabe des *Auserwählens erlangen*.

»Doch auch das ist nicht vollkommen richtig«, sagte der Mann in Schwarz und schnippte seine Zigarette in die Reste des Lagerfeuers. »Niemand wird dir irgendeine Gabe verleihen, Revolvermann; sie ist einfach in dir, und zwar teilweise, wie ich dir sagen muß, durch das Opfer des Jungen und teilweise, weil es die Ordnung ist, die natürliche Ordnung der Dinge. Das Wasser fließt bergab, und ich muß es dir sagen. Soweit ich weiß, wirst du drei auserwählen . . . aber eigentlich ist mir das egal, und ich will es auch nicht wissen.«

»Die Drei«, murmelte der Revolvermann und dachte an das Orakel.

»Und dann fängt der Spaß erst richtig an. Aber dann werde ich längst fort sein. Lebwohl, Revolvermann, meine Aufgabe ist erfüllt. Du hast die Kette immer noch in der Hand. Gib acht, daß sie sich nicht um deinen Hals schlingt.«

Roland wurde von etwas außerhalb von ihm getrieben, als er sagte: »Du hast noch etwas zu sagen, nicht?«

»Ja«, sagte der Mann in Schwarz und lächelte den Revolvermann mit seinen unergründlichen Augen an und streckte ihm eine Hand entgegen. »Es werde Licht.«

Und es ward Licht.

Roland erwachte neben den Überresten eines Lagerfeuers und stellte fest, daß er zehn Jahre älter war. Sein Haar war an den Schläfen schütter geworden und hatte das Grau angenommen, das Spinnweben haben, wenn der Herbst vorbei ist. Die Linien seines Gesichts waren tiefer, seine Haut rauher.

Die Reste des Holzes, das er hergetragen hatte, waren zu Eisenholz geworden, und der Mann in Schwarz war ein grinsendes Skelett in einem schwarzen Gewand, weitere Knochen an diesem Ort der Knochen, ein Totenschädel mehr in Golgatha.

Der Revolvermann stand auf und sah sich um. Er sah das Licht und sah, daß das Licht gut war.

Er griff mit einer raschen Handbewegung nach seinem Gefährten der Nacht zuvor . . . einer Nacht, die irgendwie zehn Jahre gedauert hatte. Er brach Walters Kieferknochen ab und steckte ihn achtlos in die linke Hüfttasche seiner Jeans – ein hinreichend guter Ersatz für den, den er jenseits der Berge verloren hatte.

Der Turm. Er wartete irgendwo voraus auf ihn – Brennpunkt der Zeit, Brennpunkt der Größe.

Er ging weiter nach Westen, kehrte dem Sonnenaufgang den Rücken zu und wurde sich darüber klar, daß ein wichtiger Abschnitt seines Lebens gekommen und vorübergegangen war. »Ich habe dich geliebt, Jake«, sagte er laut.

Sein Körper überwand die Ungelenkigkeit, und er begann, schneller zu gehen. Er erreichte das Ende des Festlands noch an diesem Abend. Er saß an einem einsamen Strand, der sich endlos nach rechts und links erstreckte. Die Wellen brandeten unablässig ans Ufer und dröhnten und dröhnten. Die untergehende Sonne malte einen breiten Streifen Narrengold auf das Wasser.

Dort saß der Revolvermann und hatte das Gesicht dem schwindenden Licht zugewandt. Er träumte seinen Traum und sah zu, wie die Sterne aufgingen; seine Entschlossenheit ließ nicht nach, noch verzagte sein Herz: Das Haar, das jetzt dünner und grau war, wehte ihm um den Kopf, und die mit Sandelholz eingelegten Pistolen seines Vaters lagen glatt und tödlich an seinen Hüften, er war einsam, doch er hielt Einsamkeit keineswegs für eine schlechte oder unwürdige Sache. Dunkelheit senkte sich über die Welt, und die Welt drehte sich weiter. Der Revolvermann wartete auf den Zeitpunkt des *Auserwählens* und träumte seine langen Träume vom Dunklen Turm, den er eines Tages finden und dem er sich nähern würde, um in sein Horn zu stoßen und zu einer unvorstellbaren letzten Schlacht anzutreten.

Die vorhergehende Geschichte, die fast (aber nicht ganz) in sich abgeschlossen ist, ist der erste Teil eines viel längeren Werks mit dem Titel *The Dark Tower*. Ein Teil des Werks über diesen ersten Band hinaus ist fertiggestellt, aber es bleibt noch viel mehr zu tun – meine kurze Synopse der noch folgenden Abenteuer deutet auf eine Gesamtlänge von annähernd 3000 Seiten hin, möglicherweise mehr. Das hört sich wahrscheinlich so an, als wären meine Pläne für die Geschichte über bloße Ambitionen hinaus ins Land des Irrsinns gewachsen... aber bitten Sie Ihren Lieblingsenglischlehrer einmal, Ihnen von den Plänen zu erzählen, die Chaucer mit den *Canterbury Tales hatte* – nun, *Chaucer* könnte irrsinnig gewesen sein.

Bei der Geschwindigkeit, mit der das Werk bislang entstanden ist, müßte ich ungefähr dreihundert Jahre leben, um die Geschichte vom Turm fertigzustellen; dieser Teil »Der Revolvermann und der Dunkle Turm«, wurde über einen Zeitraum von zwölf Jahren hinweg geschrieben. Das ist bei weitem die längste Zeit, die ich je für ein Werk aufgewendet habe... und es wäre vielleicht ehrlicher, es anders auszudrücken: Es ist die längste Zeit, die jemals eines meiner unveröffentlichten Werke in meinem eigenen Verstand am Leben und von Bedeutung geblieben ist, und wenn ein Buch im Verstand des Schriftstellers nicht am Leben bleibt, dann ist es so tot wie jahrealte Pferdescheiße, auch wenn die Worte weiter über das Papier wandern.

Ich glaube, *The Dark Tower* begann, weil ich im Frühjahrssemester meines Abschlußjahres am College ein Ries Papier erbte. Es war kein Ries gewöhnlichen weißen Schreibmaschinenpapiers, nicht einmal ein Ries jenes bunten »zweite Wahl«-Papiers, das viele angehende Schriftsteller benützen, weil diese farbigen Blätter (die häufig unaufgelöste Holzfasern enthalten) drei oder vier Dollar billiger sind.

Das Ries Papier, das ich erbte, war hellgrün, fast so dick wie Pappkarton und von außerordentlich exzentrischem Format etwa achtzehn Zentimeter breit und fünfundzwanzig Zentimeter lang, soweit ich mich erinnere. Damals arbeitete ich in der Bibliothek der Universität von Maine, und eines Tages tauchten dort mehrere Ries dieses Papiers in verschiedenen Farbtönen und auf vollkommen unerklärliche und ungeklärte Weise auf. Meine zukünftige Frau, die damalige Tabitha Spruce, nahm ein Ries dieses Papiers (rotkehlcheneierblau) mit nach Hause; der Bursche, mit dem sie damals ging, nahm auch eines (Erdkuckucksgelb). Ich bekam das grüne.

Wie sich herausstellte, sind wir alle drei Schriftsteller geworden – ein Zufall, den man in einer Gesellschaft, in der buchstäblich Zehntausende (möglicherweise Hunderttausende) Collegestudenten sich an der Schriftstellerei versuchen und lediglich einige wenige Hundert tatsächlich den Durchbruch schaffen, kaum noch nur als Zufall bezeichnen kann. Ich habe etwa ein halbes Dutzend Romane veröffentlicht, meine Frau einen (*Small World*) und arbeitet hart an einem noch besseren, und der Bursche, mit dem sie damals ging, David Lyons, ist ein großartiger Dichter und Inhaber von Lynx Press in Massachusetts geworden.

Vielleicht lag es an dem Papier, Leute. Vielleicht war es *verzaubertes* Papier. Sie wissen schon, wie in einem Roman von Stephen King.

Wie dem auch sei, Sie da draußen, die Sie das lesen, werden vielleicht gar nicht verstehen, wie vollgeladen mit Möglichkeiten diese fünfhundert Blatt Papier zu sein schienen, doch ich vermute, daß manche von Ihnen jetzt auch vollkommen verständnisvoll nicken werden. Schriftsteller, die veröffentlicht werden, können sich natürlich soviel Papier kaufen, wie sie nur wollen; es ist ihr Handwerkszeug. Man kann es sogar von der Steuer absetzen. Sie können sich sogar so viel kaufen, daß die ganzen leeren Blätter tatsächlich anfangen können, einen bösen Zauber zu wirken – bessere Schriftsteller, als ich einer bin, haben schon von der stummen Herausforderung des vielen weißen Platzes geschrieben, und Gott weiß, viele hat er so eingeschüchtert, daß sie verstummt sind.

Die Kehrseite der Medaille ist, besonders für einen jungen Schriftsteller, eine beinahe unheilige Verzückung, die soviel leeres Papier herbeiführen kann; man fühlt sich wie ein Alkoholiker, der eine ungeöffnete Flasche Whiskey vor sich sieht.

Damals wohnte ich in einer schäbigen Absteige nicht weit von der Universität entfernt, und ich lebte ganz alleine – das erste Drittel der vorhergehenden Geschichte wurde in einer gräßlichen, ununterbrochenen Stille geschrieben, die ich mir heute, mit einem Haus voll lärmender Kinder, zwei Sekretärinnen und einer Haushälterin, die mir immer sagt, daß ich krank aussehe, kaum noch vorstellen kann. Die drei Zimmergenossen, mit denen ich das Schuljahr begonnen hatte, waren alle abgehauen. Als im März das Eis auf dem Fluß taute, kam ich mir vor wie das letzte der zehn kleinen Negerlein von Agatha Christie.

Diese beiden Faktoren, die Herausforderung des unbeschriebenen grünen Papiers und die völlige Stille (abgesehen vom Tröpfeln des schmelzenden Schnees, der in den Dachkanal floß), waren mehr als alles andere für den Auftakt von *The Dark Tower* verantwortlich. Es gab noch einen dritten Faktor, aber ich glaube, ohne die beiden ersten wäre die ganze Geschichte niemals geschrieben worden.

Dieser dritte Faktor war ein Gedicht, das ich zwei Jahre vorher während eines Anfängerkurses über die frühen romantischen Dichter gelesen hatte (und gibt es eine bessere Zeit, romantische Dichtung zu studieren, als das Anfängerjahr?). Im dazwischenliegenden Zeitraum waren mir die meisten anderen Gedichte wieder entfallen, aber dieses eine großartige, schöne und unerklärliche blieb... und es ist bis heute geblieben. Das Gedicht war »Childe Roland« von Robert Browning.

Ich hatte mit dem Gedanken gespielt, mich an einem langen romantischen Roman zu versuchen, der die Stimmung, wenn nicht den exakten Sinn, des Gedichtes ausdrücken sollte. Mehr als gespielt hatte ich freilich noch nicht, denn ich mußte zuviel andere Sachen schreiben – eigene Gedichte, Kurzgeschichten, Zeitungskolumnen, weiß Gott, was alles.

Doch während des Frühjahrssemesters fiel Schweigen über mein bisheriges kreatives Leben – kein schriftstellerisches Versagen, sondern ein Gefühl, daß es Zeit wurde aufzuhören, mit Pickel und Schaufel herumzuspielen, und mich statt dessen ans Steuer eines gewaltigen und allmächtigen Dampfbaggers zu setzen, ein Gefühl, daß es an der Zeit war, etwas wirklich Großes aus dem Sand zu baggern, auch wenn sich das Ergebnis als klägliches Versagen erweisen sollte.

Und so saß ich eines Abends im März 1970 an meiner alten Büroschreibmaschine von Underwood mit dem abgebrochenen »m« und dem hüpfenden großen »O« und schrieb die Worte, mit denen diese Geschichte anfängt: *Der Mann in Schwarz floh durch die Wüste, und der Revolvermann folgte ihm.*

In den Jahren seit ich diesen Satz geschrieben habe, während Johnny Winter über die Stereoanlage lief und nicht ganz das Geräusch von schmelzendem Schnee übertönen konnte, der draußen tröpfelte, bin ich ansatzweise grau geworden, habe Kinder gezeugt, habe am Grab meiner Mutter gestanden, habe Drogen genommen und es wieder sein gelassen und habe ein paar Dinge über mich selbst gelernt – manche davon waren reuevoll, manche unangenehm, die meisten jedoch nur komisch. Wie der Revolvermann selbst wahrscheinlich sagen würde, die Welt hat sich weitergedreht.

Aber ich habe in der ganzen Zeit die Welt des Revolvermanns nie ganz verlassen. Das dicke grüne Papier ging irgendwo unterwegs verloren, aber ich habe immer noch die etwa vierzig Seiten des ursprünglichen Manuskripts, die die Kapitel »Der Revolvermann« und »Das Rasthaus« bilden. Sie wurden durch angemessener aussehendes Papier ersetzt, aber an diese komischen grünen Blätter erinnere ich mich mit mehr Versonnenheit, als ich jemals mit Worten ausdrücken könnte. Ich kehrte in die Welt des Revolvermannes zurück, als ich mit *Salem's Lot* nicht vorwärtskam (»Das Orakel und die Berge«), und ich schilderte das traurige Ende des Jungen Jake nicht lange, nachdem ich einen anderen kleinen Jungen, Danny Torrance, in *The Shining* von einem anderen Ort des Bösen entkommen ließ. Tatsächlich kehrten meine Gedanken nur dann nicht gelegentlich in die trockene, aber irgendwie prachtvolle (jedenfalls war sie mir immer prachtvoll erschienen) Welt des Revolvermannes zurück, als ich eine andere bewohnte, die mir ebenso wirklich vorkam – die nachapokalyptische Welt von *The Stand.* Das letzte hier enthaltene Kapitel, »Der Revolvermann und der Mann in Schwarz«, wurde vor weniger als achtzehn Monaten im westlichen Maine geschrieben.

Ich bin der Meinung, daß ich den Lesern, die mir bis hierher gefolgt sind, eine Art Synopse (»einen Entwurf«, wie die großen alten romantischen Dichter es genannt hätten) dessen schuldig bin, was weiter geschehen soll, da ich wahrscheinlich sterbe, bevor ich den gesamten Roman vollendet habe... oder das Epos... oder wie immer Sie es nennen wollen. Die traurige Tatsache ist jedoch, daß ich das ganz einfach nicht kann. Die Leute, die mich kennen, werden wissen, daß ich kein intellektueller Hitzeblitz bin, und die Leute, die meine Werke mit einer gewissen kritischen Billigung gelesen haben (es gibt ein paar; die bezahle ich), werden wahrscheinlich mit mir einer Meinung sein, daß meine besten Arbeiten mehr aus dem Herzen als aus dem Verstand kommen... oder aus den Eingeweiden, denn dort hat das beste emotionale Schreiben seinen Ursprung.

Ich will damit eigentlich nur zum Ausdruck bringen, daß ich selbst nie ganz sicher bin, wie sich etwas entwickeln wird, und auf diese Geschichte trifft das noch viel mehr zu als auf andere. Aus Rolands Vision am Ende weiß ich, daß sich seine Welt tatsächlich weiterdreht, denn Rolands Universum existiert innerhalb eines einzigen Moleküls eines Grashalms, der auf einem kosmischen Brachland verdorrt (Ich glaube, diesen Einfall habe ich aus Clifford D. Simaks *Ring Around the Sun*; bitte verklag mich nicht, Cliff!), und ich weiß, daß es zum *Auswählen* gehört, drei Menschen aus unserer Welt zu holen (so wie Jake vom Mann in Schwarz selbst geholt wurde), die Roland bei seiner Suche nach dem Dunklen Turm begleiten – ich weiß das, weil Teile des zweiten Zyklus von Geschichten (die den Titel »The Drawing of the Three« tragen) bereits geschrieben sind.

Aber was ist mit der nebulösen Vergangenheit des Revolvermanns? Mein Gott, ich weiß so wenig. Die Revolution, die der »Welt des Lichts« des Revolvermanns das Ende bringt? Ich weiß es nicht. Rolands endgültige Konfrontation mit Marten, der seine Mutter verführte und seinen Vater ermordete? Weiß nicht. Der Tod von Rolands Gefährten, Cuthbert und Jamie, oder seine Abenteuer in den Jahren zwischen seinem Erwachsenwerden und seinem ersten Auftauchen in der Wüste? Auch das weiß ich nicht. Und dann ist da noch das Mädchen Susan. Wer ist sie? Weiß nicht.

Aber irgendwo tief drinnen weiß ich es doch. Ich weiß alles, und es besteht keine Veranlassung für eine Synopse oder eine Zusammenfassung (Zusammenfassungen sind die letzten Bastionen schlechter Schriftsteller, die zu Gott wünschen, sie würden Doktorarbeiten schreiben). Wenn die Zeit gekommen ist, dann werden sich diese Geschehnisse – und ihre Relevanz für die Suche des Revolvermannes – so natürlich ergeben wie Tränen oder Gelächter. Und wenn sie sich eben niemals ergeben, nun denn, wie Konfuzius einmal gesagt hat, das interessiert fünfhundert Millionen Rotchinesen einen Scheißdreck.

Ich weiß nur eines: Irgendwann einmal, zu einem magischen Zeitpunkt, wird es einen purpurroten Abend geben (einen Abend, der für Romantik wie geschaffen ist!), an dem Roland zu seinem Dunklen Turm kommen, ins Horn stoßen und sich ihm nähern wird... und wenn ich jemals dort ankomme, sind Sie die ersten, die es erfahren.

Stephen King
Bangor, Maine

Drei

Für Don Grant
der mit diesen *Romanen* ein Risiko einging,
mit jedem einzelnen

Inhalt

Vorrede

Drei ist der zweite Band einer langen Geschichte mit dem Titel *Der dunkle Turm*, eine Geschichte, die teilweise von Robert Brownings erzählendem Gedicht ›Childe Roland to the Dark Tower Came‹ inspiriert wurde (das selbst wiederum *King Lear* einiges verdankt).

Der erste Band, *Schwarz*, erzählt davon, wie Roland, der letzte Revolvermann einer Welt, die sich ›weitergedreht‹ hat, schließlich den Mann in Schwarz einholt... einen Zauberer, den er lange Zeit verfolgt hat – *wie* lange genau, wissen wir noch nicht. Wie sich herausstellt, ist der Mann in Schwarz ein Bursche namens Walter, der sich in den Tagen, ehe die Welt sich weitergedreht hatte, die Freundschaft von Rolands Vater hinterhältig erschlichen hatte.

Rolands Ziel ist aber nicht dieses halb menschliche Wesen, sondern der dunkle Turm; der Mann in Schwarz – genauer, der Mann in Schwarz *weiß* – ist der erste Schritt auf der Straße zu diesem geheimnisvollen Ort.

Wer genau ist Roland? Wie war seine Welt, bevor sie sich ›weitergedreht‹ hat? Was ist der Turm, und weshalb sucht er ihn? Darauf wissen wir nur bruchstückhafte Antworten. Roland ist ein Revolvermann, eine Art Ritter, einer derjenigen, deren Aufgabe es war, eine Welt, welche von ›Liebe und Licht erfüllt‹ war, wie Roland sich erinnert, zu bewahren; zu verhindern, daß sie sich weiterdreht.

Wir wissen, daß Roland zu einer frühen Mannbarkeitsprobe gezwungen war, nachdem er herausfand, daß seine Mutter die Geliebte von Marten geworden war, einem viel größeren Zauberer als Walter (der Martens Verbündeter ist, was Rolands Vater nicht weiß); wir wissen, daß Marten Rolands Entdeckung geplant hat, weil er erwartete, daß Roland scheitern und ›nach Westen‹ geschickt werden würde; wie wir auch wissen, hat Roland bei dieser Prüfung triumphiert.

Was wissen wir sonst noch? Daß die Welt des Revolvermannes nicht völlig von unserer verschieden ist. Artefakte wie Benzinpumpen und bestimmte Songs (›Hey Jude‹ zum Beispiel oder die Zote, die mit den Worten ›Bohnen, Bohnen, das musikalische Gemüse...‹ anfängt) haben überlebt; ebenso Geräusche und Rituale, welche unseren verklärten Ansichten über den amerikanischen Wilden Westen seltsam ähneln.

Und es existiert eine Nabelschnur, die unsere Welt irgendwie mit der des Revolvermannes verbindet.

In einem Rasthaus an einer längst vergessenen Kutschenstraße, in einer großen und unfruchtbaren Wüste, trifft Roland einen Jungen namens Jake, der in unserer Welt *gestorben* ist. Ein Junge, der tatsächlich vom allgegenwärtigen (und gemeinen) Mann in Schwarz an einer Straßenecke gerempelt wurde. Jakes letzte Erinnerung ist die, daß er in seiner Welt – *unserer* Welt – von den Reifen eines Cadillac zermalmt wurde, als er mit dem Schulranzen in einer und dem Vesperkoffer in der anderen Hand zur Schule ging – und starb.

Bevor sie den Mann in Schwarz erreichen, stirbt Jake noch einmal... dieses Mal, weil der Revolvermann, der vor die zweitschmerzlichste Entscheidung seines Lebens gestellt wurde, beschlossen hat, seinen symbolischen Sohn zu opfern. Mit der Wahl zwischen Turm und Kind, möglicherweise zwischen Verdammnis und Erlösung, entscheidet sich Roland für den Turm.

»Dann geh«, sagt Jake zu ihm, bevor er in den Abgrund stürzt. »Es gibt mehr Welten als diese.«

Die letzte Konfrontation zwischen Roland und Walter findet in einem staubigen Golgatha verfallender Gebeine statt. Der Mann in Schwarz sagt Roland mit Tarotkarten die Zukunft voraus. Diese Karten zeigen einen Mann mit Namen ›Der Gefangene‹, eine Frau namens ›Herrin der Schatten‹ und eine dunkle Gestalt, die schlicht der Tod ist (»Aber nicht für dich, Revolvermann«, sagt ihm der Mann in Schwarz); diese Prophezeiungen sind das Thema dieses Buches, das von Rolands zweitem Schritt auf dem langen und schwierigen Weg zum dunklen Turm berichtet.

Am Ende von *Schwarz* sitzt Roland am Ufer des westlichen Meeres und betrachtet den Sonnenuntergang. Der Mann in Schwarz ist tot, Rolands Zukunft ungewiß; Drei fängt weniger als sieben Stunden später am selben Ufer an.

Prolog:
Der Seefahrer

Der Revolvermann erwachte aus einem wirren Traum, der aus nur einem einzigen Bild zu bestehen schien: dem des Seefahrers im Tarotblatt, aus dem der Mann in Schwarz dem Revolvermann dessen jämmerliche Zukunft vorhergesagt (oder jedenfalls so getan) hatte.

Er ertrinkt, Revolvermann, sagte der Mann in Schwarz, *und niemand wift ihm ein Seil zu. Der Junge Jake.*

Aber dies war kein Alptraum. Es war ein guter Traum. Er war gut, weil *er* der Ertrinkende war, und das bedeutete, er war überhaupt nicht Roland, sondern Jake, und das war eine Erleichterung für ihn, weil es wesentlich besser war, als Jake zu ertrinken, denn als er selbst weiterzuleben, als ein Mann, der eines kalten Traumes wegen ein Kind verraten hatte, das ihm vertraute.

Gut, schon recht, ertrinke ich eben, dachte er und lauschte dem Dröhnen des Meeres. *Laß mich ertrinken.* Aber dies war nicht das Tosen offener Tiefen; es war das knirschende Geräusch von Wasser in einem Schlund voller Steine. *War* er der Seefahrer? Wenn ja, warum war das Land so nahe? Und war er nicht tatsächlich *auf* dem Land? Es war, als...

Eiskaltes Wasser drang durch seine Stiefel und lief an seinen Beinen hinauf bis zum Schritt. Er riß die Augen auf, und nicht seine fröstelnden Eier, die plötzlich, schien es, zur Größe von Walnüssen geschrumpft waren, holten ihn aus dem Traum zurück, auch nicht das Grauen zu seiner Rechten, sondern der Gedanke an seine Revolver... seine Revolver und, noch wichtiger, seine Patronen. Nasse Revolver konnte man rasch zerlegen, trocknen, ölen, nochmals trocknen und nochmals ölen und wieder zusammenbauen; nasse Patronen konnte man, wie nasse Streichhölzer, eventuell wieder benützen, möglicherweise auch nicht.

Das Grauen war ein kriechendes Ding, das von einer Woge emporgespült worden sein mußte. Es schleppte einen nassen, glänzenden Leib mühsam über den Sand. Es war etwa einen Meter lang und rund vier Meter von ihm entfernt. Es betrachtete Roland mit ausdruckslosen Stielaugen. Der lange, gezackte Schnabel klappte auf, und es fing an, ein Geräusch von sich zu geben, welches auf unheimliche Weise menschlicher Sprache glich: flehentliche, sogar verzweifelte Fragen in einer fremden Sprache.

»Did-a-chick? Dum-a-chum? Dad-a-cham? Ded-a-check?«

Der Revolvermann hatte schon Hummer gesehen. Dies war keiner, doch waren Hummer die einzigen Lebewesen, die er je gesehen hatte, mit denen dieses Wesen auch nur entfernte Ähnlichkeit aufwies. Es schien überhaupt keine Angst vor ihm zu haben. Der Revolvermann wußte nicht, ob es gefährlich war oder nicht. Seine eigene geistige Verwirrung war ihm einerlei – sein vorübergehendes Unvermögen, sich daran zu erinnern, wo er war und wie er hierher gelangt war, ob er den Mann in Schwarz tatsächlich eingeholt hatte oder ob alles nur ein Traum gewesen war. Er wußte nur, er mußte vom Wasser weg, bevor es seine Patronen überspülen würde.

Er hörte das knirschende, anschwellende Dröhnen des Wassers und sah von dem Wesen (es hatte innegehalten und hielt die Scheren hoch, mit denen es sich vorangeschleppt hatte, wodurch es auf absurde Weise wie ein Boxer aussah, der die Eröffnungsposition einnahm, die, wie Cort sie gelehrt hatte, die Ehrenposition genannt wurde) zu dem heranrollenden Brecher mit seiner Gischtkrone.

Es hört die Welle, dachte der Revolvermann. *Was immer es ist, es hat Ohren.* Er versuchte aufzustehen, aber seine Beine, die so gefühllos waren, daß er sie nicht spüren konnte, knickten unter ihm ein.

Ich träume immer noch, dachte er, doch das war selbst in seinem momentanen Zustand der Verwirrung eine Überzeugung, die zu verlockend war, als daß er sie wirklich glauben konnte. Er versuchte, nochmals aufzustehen, schaffte es fast, fiel dann aber zurück. Die Welle brach. Es gab kein zweites Mal. Er mußte sich damit begnügen, sich so zu bewegen, wie sich das Wesen zu seiner Rechten zu bewegen schien: Er grub beide Hände ein und zog seine Kehrseite den steinigen Kiesstrand entlang, weg von der Welle.

Er kam nicht weit genug, der Welle völlig zu entgehen, aber er kam für seine Zwecke weit genug. Die Welle begrub lediglich seine Stiefel. Sie kam bis fast an seine Knie, zog sich dann aber zurück. *Vielleicht ging die erste nicht so weit, wie ich gedacht habe. Vielleicht.*

Ein Halbmond stand am Himmel. Eine Nebelschwade verdeckte ihn, aber er spendete hinreichend Licht; der Revolvermann konnte sehen, daß die Halfter zu dunkel waren. Die Pistolen waren auf jeden Fall naß geworden. Es war unmöglich zu sagen, wie schlimm es war, ob die Patronen in den Zylindern oder die in den überkreuzten Patronengurten ebenfalls naß geworden waren. Bevor er es überprüfte, mußte er weg vom Wasser. Mußte...

»*Dod-a-chock?*« Viel näher. In seiner Sorge wegen des Wassers hatte er das Wesen vergessen, welches das Wasser gebracht hatte. Er sah sich um und stellte fest, daß es jetzt nur noch eineinhalb Meter entfernt war. Die Scheren waren im von Steinen und Muscheln übersäten Sand des Strandes vergraben, so zog es seinen Körper voran. Es hob den fleischigen, eingeschnürten Leib, wodurch es einen Augenblick einem Skorpion ähnelte, aber Roland konnte keinen Stachel am Ende des Körpers erkennen.

Wieder ein knirschendes Dröhnen, diesmal viel lauter. Das Wesen blieb auf der Stelle stehen und hob die Scheren wieder zu seiner eigentümlichen Version der Ehrenposition.

Diese Welle war größer. Roland schleppte sich wieder den Hang des Strandes hinauf, und als er die Hände ausstreckte, bewegte sich das Geschöpf mit den Scheren mit einer Schnelligkeit, die seine bisherigen Bewegungen nicht einmal angedeutet hatten.

Der Revolvermann verspürte ein grelles Auflodern von Schmerzen in der rechten Hand, aber jetzt war keine Zeit, darüber nachzudenken. Er schob mit den Absätzen seiner durchnäßten Stiefel, krallte sich mit den Händen fest und konnte so der Welle entkommen.

»*Did-a-chick?*« erkundigte sich die Monstrosität mit ihrer flehentlichen *Hilfst du mir nicht? Siehst du nicht, daß ich verzweifelt bin?*-Stimme; und Roland sah die Kuppen des ersten und zweiten Fingers seiner rechten Hand im gezackten Schnabel des Wesens verschwinden. Es schnellte erneut vor, und Roland hob die tropfende rechte Hand gerade noch rechtzeitig, um die beiden verbleibenden Finger zu retten.

»*Dum-a-chum? Dad-a-cham?*«

Der Revolvermann rappelte sich auf die Beine. Das Ding riß seine tropfnassen Jeans auf, schnitt einen Stiefel durch, dessen altes Leder weich, aber fest wie Eisen war, und riß ein Stück Fleisch aus Rolands Wade heraus.

Er zog mit der rechten Hand und stellte erst fest, daß zwei der

Finger, die zum Ausführen dieses uralten Tötungsvorgangs notwendig waren, fehlten, als der Revolver in den Sand fiel.

Die Monstrosität schnappte gierig danach.

»Nein, Miststück!« fauchte Roland und trat danach. Es war, als hätte er gegen einen Felsblock getreten ... der beißen konnte. Es riß das Ende von Rolands rechtem Stiefel weg, fast den ganzen großen Zeh, und zerrte den Stiefel vom Fuß.

Der Revolvermann bückte sich, hob den Revolver auf, ließ ihn fallen, fluchte und hatte schließlich Erfolg. Was einstmals so einfach gewesen war, daß er es nicht auf sich genommen hatte, darüber nachzudenken, war plötzlich zu einem dem Jonglieren vergleichbaren Trick geworden.

Das Wesen kauerte auf dem Stiefel des Revolvermanns, an dem es riß, während es seine stammelnden Fragen stellte. Eine Welle rollte dem Strand entgegen, die Gischt, welche ihren Gipfel krönte, sah im fahlen Licht des Halbmonds bleich und tot aus. Der Monsterhummer hörte auf, am Stiefel zu reißen, und hob die Scheren zur Boxerpose.

Roland zog mit der linken Hand und betätigte dreimal den Abzug. *Klick, klick, klick.*

Wenigstens wußte er jetzt über die Patronen in den Zylindern Bescheid.

Er steckte die linke Pistole ins Halfter. Um die rechte einzuhalftern, mußte er den Lauf mit der linken Hand nach unten drehen und dann an Ort und Stelle fallen lassen. Blut lief die abgegriffenen Eisenholzkolben entlang; Blut befleckte die Halfter und alten Jeans, an welche die Halfter mit Lederschnüren gebunden waren. Es floß aus den Stummeln, wo seine Finger gewesen waren.

Sein verstümmelter rechter Fuß war noch so taub, daß er nicht schmerzte, aber seine rechte Hand schrie. Die Geister geschickter und lange trainierter Finger, die sich bereits in den Verdauungssäften der Eingeweide dieses Dings zersetzten, schrien auf, daß sie noch da waren, daß sie brannten.

Ich sehe ernste Probleme auf mich zukommen, dachte der Revolvermann am Rande.

Die Welle wich zurück. Die Monstrosität senkte die Scheren und riß ein neuerliches Loch in den Stiefel des Revolvermannes, kam aber dann zu dem Ergebnis, daß der Träger ungleich wohlschmekkender gewesen war als dieses Stück Haut, das er irgendwie abgestreift hatte.

»*Du d-a-chum?*« fragte es und eilte mit gespenstischer Schnelligkeit auf ihn zu. Der Revolvermann wich auf Beinen zurück, die er kaum spüren konnte, und ihm wurde klar: Das Wesen mußte über eine Art Intelligenz verfügen. Es hatte sich ihm vorsichtig genähert, möglicherweise einen langen Strandabschnitt entlang, und war unsicher gewesen, was er war oder wozu er fähig sein würde. Hätte die spülende Welle ihn nicht geweckt, hätte das Ding sein Gesicht weggerissen, während er noch tief in seinen Traum versunken gewesen war. Jetzt war es zu dem Ergebnis gekommen, daß er nicht nur schmackhaft war, sondern auch verwundbar; leichte Beute.

Es war fast über ihm, ein eineinhalb Meter langes und dreißig Zentimeter hohes Ding, ein Lebewesen, das gut siebzig Pfund wiegen mochte und das ebenso ausschließlich fleischfressend war wie David, der Falke, den er als Junge besessen hatte – aber ohne Davids dumpfen Loyalitätssinn.

Der linke Absatz des Revolvermanns stieß gegen einen Stein, der aus dem Sand aufragte, und er stolperte am Rand des Fallens dahin.

»*Dod-a-chock?*« fragte das Ding scheinbar besorgt und betrachtete den Revolvermann mit seinen wankenden Stielaugen, während es die Scheren ausstreckte... dann kam eine Welle, und die Scheren schnellten wieder zur Ehrenposition in die Höhe. Doch jetzt zitterten sie ein klein wenig, und dem Revolvermann wurde klar, daß es auf den Laut der Welle reagierte, und dieser Laut wurde – jedenfalls für es – leiser.

Er trat über den Stein zurück, dann bückte er sich, während sich die Welle mit ihrem knirschenden Dröhnen am Strand brach. Sein Kopf war Zentimeter vom insektenhaften Gesicht der Kreatur entfernt. Eine der Scheren hätte ihm mühelos die Augen aus dem Gesicht reißen können, aber die zitternden Klauen, die so sehr an geballte Fäuste erinnerten, blieben zu beiden Seiten des papageienähnlichen Schnabels erhoben.

Der Revolvermann griff nach dem Stein, über den er fast gestürzt wäre. Er war groß und halb im Sand begraben, und seine verstümmelte rechte Hand heulte auf, als sich Sandkörner und die scharfen Kanten von Geröll in das bloße, blutende Fleisch bohrten, aber er zerrte den Stein frei und hob ihn, die Lippen über entblößten Zähnen gespannt, empor.

»Dad-a . . .«, begann die Monstrosität, die die Scheren senkte und öffnete, während die Welle brach und ihr Tosen zurückwich, und der Revolvermann schlug den Stein mit aller Kraft nach unten.

Man hörte ein knirschendes Geräusch, als der unterteilte Rücken der Kreatur brach. Es zuckte heftig unter dem Stein, die hintere Körperhälfte hob sich und bebte, hob sich und bebte. Seine Laute wurden zu summenden Schmerzensrufen. Die Scheren öffneten sich und schlossen sich um nichts. Das Maul des Schnabels warf Sandklumpen und Kieselsteine hoch.

Doch als eine weitere Welle heranwogte, versuchte es wieder, die Scheren zu heben, und als es das tat, trat ihm der Revolvermann mit dem verbliebenen Stiefel auf den Kopf. Ein Laut, als würden viele trockene kleine Zweige gebrochen. Zähe Flüssigkeit spritzte unter dem Absatz von Rolands Stiefel hervor in zwei Richtungen. Sie sah schwarz aus. Das Ding krümmte und wand sich wie von Sinnen. Der Revolvermann trat fester mit dem Stiefel auf.

Eine Welle kam.

Die Scheren der Monstrosität hoben sich einen Zentimeter . . . zwei Zentimeter . . . zitterten und sanken dann nach unten, wo sie sich zuckend öffneten und schlossen.

Der Revolvermann nahm den Fuß weg. Der zackige Schnabel des Dinges, der ihm bei lebendigem Leibe zwei Finger und einen Zeh abgebissen hatte, ging langsam auf und zu. Ein Fühler lag abgebrochen im Sand. Der andere zitterte sinnlos.

Der Revolvermann trat wieder zu. Und noch einmal.

Er kickte den Stein mit einem angestrengten Grunzen beiseite und schritt an der rechten Körperseite der Monstrosität vorbei, während er methodisch mit dem linken Fuß trampelte, die Schale zerschmetterte und die bleichen Gedärme auf den dunkelgrauen Sand quetschte. Es war tot, aber er wollte dennoch auf seine Weise damit umspringen, er war noch niemals so grundlegend verletzt worden, in seinem ganzen Leben nicht, und alles war so unerwartet geschehen.

Er machte weiter, bis er die Kuppe eines seiner eigenen Finger im sauren Matsch des Dinges sah, bis er den weißen Staub unter dem Fingernagel erblickte, der vom Golgatha stammte, wo er und der

Mann in Schwarz ihr langes Gespräch gehabt hatten, und dann wandte er sich ab und übergab sich.

Der Revolvermann schritt wie ein Betrunkener zum Wasser zurück, hielt die verletzte Hand ans Hemd, drehte sich von Zeit zu Zeit um und vergewisserte sich, daß das Ding nicht noch lebte, gleich einer zähen Wespe, die man immer wieder zerquetschen kann und die dennoch zuckt, die betäubt, aber nicht tot ist; um sich zu vergewissern, daß es ihm nicht folgte und mit der tödlich verzweifelten Stimme seine unverständlichen Fragen stellte.

Auf halbem Wege am Strand blieb er schwankend stehen, sah zu der Stelle, wo er gewesen war, und erinnerte sich. Er war offenbar direkt unterhalb der Flutlinie eingeschlafen. Er ergriff seine Tasche und den zerrissenen Stiefel.

Im kahlen Licht des Mondes sah er andere Geschöpfe derselben Art, und er konnte in den Zäsuren zwischen einer Welle und der nächsten ihre fragenden Stimmen hören.

Der Revolvermann wich einen Schritt nach dem anderen zurück, bis er den Grasrand des Strandes erreichte. Dort setzte er sich und erledigte alles, was ihm einfiel: Er bestreute die Stummel seiner Finger und Zehen mit dem letzten Rest seines Tabaks, um die Blutung zu stillen, und er trug ihn dick auf, obwohl das Brennen erneut begann (sein fehlender großer Zeh hatte sich zu dem Chor gesellt). Danach saß er nur noch da, schwitzte trotz der Kälte, machte sich Gedanken wegen Infektionen, fragte sich, wie er ohne die beiden fehlenden Finger seiner rechten Hand in dieser Welt bestehen wollte (was die Waffen anbetraf, so waren beide Hände gleichwertig gewesen, aber bei allem anderen regierte seine rechte Hand), fragte sich, ob der Biß des Dinges ein Gift enthalten haben mochte, das sich bereits in ihm ausbreitete, und fragte sich, ob der Morgen jemals kommen würde.

Der Gefangene

Erstes Kapitel

Die Tür

1

Drei. Das ist deine Schicksalszahl.

Drei?

Ja, drei ist mystisch. Drei ist im Herzen des Mantras.

Welche drei?

Der erste ist jung und dunkelhaarig. Er steht am Rand von Raub und Mord. Ein Dämon hat von ihm Besitz ergriffen. Der Name des Dämons heißt HEROIN.

Was ist das für ein Dämon? Ich kenne ihn nicht, nicht einmal aus Kindergeschichten.

Er versuchte zu sprechen, aber seine Stimme war dahin, die Stimme des Orakels, Sternendirne, Hure der Wende, beide waren dahin; er sah eine Karte vom Nichts ins Nichts flattern, die sich in der trägen Dunkelheit drehte und drehte. Auf ihr grinste ein Pavian über die Schulter eines jungen Mannes mit dunklem Haar; seine beunruhigend menschlichen Finger waren so tief im Nacken des Mannes vergraben, daß ihre Spitzen im Fleisch versunken waren. Als er näher hinsah, erkannte der Revolvermann, daß der Pavian eine Peitsche in einer seiner klammernden, würgenden Hände hielt. Das Gesicht des gepeinigten Mannes schien sich in stummem Entsetzen zu verzerren.

Der Gefangene, flüsterte der Mann in Schwarz (der einstmals ein Mann gewesen war, dem der Revolvermann vertraut hatte, ein Mann namens Walter) gesellig. *Etwas beunruhigend, nicht? Etwas beunruhigend... etwas beunruhigend... etwas...*

Der Revolvermann erwachte hochschreckend, winkte mit seiner verstümmelten Hand nach etwas und war überzeugt davon, daß sich binnen eines Augenblicks eines der monströsen Schalentiere aus dem Westlichen Meer auf ihn stürzen und verzweifelt in seiner fremden Sprache Fragen stellen würde, während es ihm das Gesicht vom Schädel riß.

Statt dessen flatterte ein Meeresvogel, den das Glitzern der Morgensonne auf seinen Hemdknöpfen angelockt hatte, mit erschrockenem Krächzen davon.

Roland setzte sich auf.

Seine Hand pochte übel und unablässig. Sein rechter Fuß ebenso. Beide Finger und der Zeh beharrten darauf, daß sie noch da waren. Die untere Hälfte seines Hemds war fort; was übriggeblieben war, erinnerte an eine ausgerissene Unterjacke. Mit einem Stück hatte er seine Hand verbunden, mit dem anderen den Fuß.

Geht weg, sagte er zu seinen fehlenden Körperteilen. *Ihr seid jetzt Geister. Geht weg.*

Das half ein wenig. Nicht viel, aber ein wenig. Sie waren Geister, richtig, aber lebhafte Geister.

Der Revolvermann aß ruckhaft. Sein Mund wollte wenig, sein Magen noch weniger, aber er bestand darauf. Als er es in sich hatte, fühlte er sich ein wenig kräftiger. Aber es war nicht mehr viel übrig; er war beinahe mittellos.

Dennoch mußte verschiedenes getan werden.

Er erhob sich unsicher auf die Beine und sah sich um. Vögel flogen und stießen hernieder, aber die Welt schien ausschließlich ihnen und ihm zu gehören. Die Monstrositäten waren verschwunden. Vielleicht waren sie Nachtlebewesen; vielleicht von den Gezeiten abhängig. Derzeit schien das einerlei zu sein.

Das Meer war gewaltig, es verschmolz an einem nebelverhangenen blauen Punkt, der unmöglich zu bestimmen war, mit dem Horizont. Während er nachdachte, vergaß der Revolvermann lange Augenblicke seine Schmerzen. Er hatte noch niemals soviel Wasser gesehen. Er hatte natürlich in Kindergeschichten davon gehört; seine Lehrmeister – jedenfalls einige – hatten ihm versichert, daß es existierte – aber sie nach all den Jahren der Trockenheit tatsächlich zu sehen, diese Unermeßlichkeit, diese erstaunliche Wassermasse, war schwer zu akzeptieren... sogar schwer zu *sehen*.

Er betrachtete es lange Zeit verzückt, *zwang* sich, es zu sehen, vergaß vorübergehend vor Staunen seine Schmerzen.

Aber es war Morgen, und es mußte noch verschiedenes getan werden.

Er tastete nach dem Kieferknochen in seiner Tasche, tastete behutsam mit der Handfläche, weil er nicht wollte, daß die Stummel seiner Finger damit in Berührung kamen, sollte er noch da sein, damit das unablässige Pochen der Hand nicht in schluchzende Schreie verwandelt wurde.

Er war noch da.

Gut.

Zum nächsten.

Er schnallte unbeholfen die Revolvergurte ab und legte sie auf einen sonnigen Felsen. Er nahm die Pistolen heraus, klappte die Trommeln auf und entfernte die nutzlosen Patronen. Er warf sie weg. Ein Vogel stieß auf den hellen Schimmer hernieder, den eine von ihnen zurückwarf, hob sie mit dem Schnabel auf, ließ sie dann fallen und flog wieder weg.

Auch die Revolver selbst mußten versorgt werden, hätten schon vorher versorgt werden müssen, aber da kein Revolver in dieser oder einer anderen Welt ohne Munition mehr als eine Keule war, legte er die Halfter selbst in den Schoß, ehe er etwas anderes tat, und strich sorgfältig mit der linken Hand über das Leder.

Jeder war von Schnalle und Klammer bis zu dem Punkt, wo die Gurte seine Hüften überkreuzten, feucht geworden; von dieser Stelle an schienen sie trocken zu sein. Er holte vorsichtig jede trockene Patrone aus den trockenen Abschnitten der Gurte. Seine rechte Hand versuchte ständig, das zu übernehmen, beharrte darauf, trotz der Schmerzen ihre Behinderung zu vergessen, und er stellte fest, daß sie immer und immer wieder zum Knie zurückkehrte, wie ein Hund, der zu dumm oder zu störrisch war, um Männchen zu machen. Er war, von seinen Schmerzen abgelenkt, ein- oder zweimal nahe daran, sie zu quetschen.

Ich sehe ernste Probleme auf mich zukommen, dachte er wieder.

Er legte diese hoffentlich noch guten Patronen auf einen Haufen, der entmutigend klein war. Zwanzig. Davon würden einige mit ziemlicher Sicherheit nicht losgehen. Er konnte sich auf keine von ihnen verlassen. Er nahm die restlichen heraus und legte sie auf einen anderen Haufen. Siebenunddreißig.

Nun, du warst sowieso nicht gut bestückt, dachte er, aber ihm war der Unterschied zwischen siebenundfünfzig verläßlichen Schüssen und möglicherweise zwanzig klar. Oder zehn. Oder fünf. Oder einem. Oder keinem.

Er schichtete die fraglichen Patronen zu einem zweiten Häufchen.

Er hatte noch seine Tasche. Das war eines. Er legte sie auf den Schoß, dann zerlegte er langsam seine Revolver und führte das Ritual der Reinigung durch. Als er damit fertig war, waren zwei Stunden verstrichen, und seine Schmerzen waren so groß, daß sein Kopf sich drehte; bewußtes Denken fiel ihm schwer. Er wollte schlafen. Das hatte er sich noch nie im Leben mehr gewünscht. Doch im Dienste der Pflicht gab es niemals einen akzeptablen Grund, sich zu drücken.

»Cort«, sagte er mit einer Stimme, die ihm fremd war, und lachte trocken.

Er setzte seine Revolver langsam, langsam wieder zusammen und lud sie mit den Patronen, die er für trocken hielt. Als er das erledigt hatte, hielt er denjenigen, der für seine linke Hand gemacht war, spannte ihn... und ließ den Hahn dann langsam wieder sinken. Er wollte es wissen, ja. Wollte wissen, ob er einen zufriedenstellenden Knall hören würde, wenn er den Abzug betätigte, oder nur ein nutzloses Klick. Aber ein Klick wäre bedeutungslos, und ein Knall würde lediglich zwanzig auf neunzehn verringern... oder neun... oder drei... oder keine.

Er riß einen weiteren Streifen von seinem Hemd ab, legte die anderen Patronen, die nicht naß geworden waren, hinein und band ihn unter Zuhilfenahme der linken Hand und der Zähne zu. Er legte sie in die Tasche.

Schlafe, verlangte sein Körper. *Schlafe, du mußt jetzt schlafen, vor Einbruch der Dunkelheit, es ist nichts mehr übrig, du bist verbraucht...*

Er kam torkelnd auf die Beine und sah rechts und links den verlassenen Strand entlang. Dieser hatte die Farbe von Unterwäsche; die schon lange nicht mehr gewaschen worden war, und war von farblosen Muscheln übersät. Hier und da ragten große Felsen aus dem grobkörnigen Sand hervor; diese waren von Guano überzogen, dessen ältere Schichten die gelbe Farbe alter Zähne hatten und dessen frischere Flecken weiß waren.

Die Flutlinie wurde von trocknendem Tang gekennzeichnet. Er konnte Stücke seines rechten Stiefels und seine Wasserschläuche in der Nähe dieser Linie liegen sehen. Er betrachtete es fast als ein Wunder, daß die Schläuche nicht von den hohen Wellen aufs offene Meer hinausgetragen worden waren. Der Revolvermann ging langsam und ausgeprägt hinkend zu der Stelle, wo sie lagen. Er hob einen auf und schüttelte ihn an einer Ecke. Der eine war leer. Der andere enthielt noch ein wenig Wasser. Die meisten wären nicht imstande gewesen, einen Unterschied zwischen den beiden zu erkennen, aber der Revolvermann konnte sie ebenso unterscheiden wie eine Mutter ihre eineiigen Zwillinge. Er reiste schon lange, lange Zeit mit diesen Wasserschläuchen. Wasser gurgelte im Inneren. Das war gut – ein Geschenk. Entweder hätte die Kreatur, die ihn angegriffen hatte, oder jedwede andere diesen oder den anderen mit einem beiläufigen Biß oder einem Hieb mit den Scheren aufreißen können, aber das war nicht geschehen; und auch die Flut hatte sie verschont. Von dem Wesen selbst war keine Spur zu sehen, wenngleich er es weit oberhalb der Flutlinie erledigt hatte. Vielleicht hatten es andere Fleischfresser geholt, vielleicht hatte seine eigene Art ihm ein Begräbnis im Meer verschafft, so wie die *Elaphaunten*, gigantische Geschöpfe, von denen er in Kindergeschichten gehört hatte, angeblich ihre Toten begruben.

Er hob den Wasserschlauch mit dem linken Ellbogen, trank herzhaft und spürte, wie seine Kraft teilweise zurückkehrte. Der rechte Stiefel war natürlich ruiniert... doch dann verspürte er einen Funken der Hoffnung. Der Fuß selbst war unversehrt – zerkratzt, aber noch ganz –, und es könnte möglich sein, den anderen Stiefel passend zurechtzuschneiden und etwas daraus zu machen, was wenigstens vorübergehend hielt.

Schwäche stahl sich über ihn. Er kämpfte dagegen an, aber seine Knie knickten ein, und er setzte sich und biß sich dabei dummerweise auf die Zunge.

Du wirst nicht bewußtlos werden, sagte er grimmig zu sich. *Nicht hier, wo heute nacht ein weiteres dieser Tiere zurückkommen und die Sache zu Ende bringen kann.*

Daher stand er auf und band sich den leeren Schlauch um die Taille, aber er kam nur zwanzig Meter in Richtung der Stelle zurück, wo er die Revolver und die Tasche gelassen hatte, als er wieder hinfiel und halb bewußtlos wurde. Dort lag er eine Weile, eine Wange in den Sand gedrückt, und die Kante einer Muschel schnitt ihm so tief in den Kiefer, daß Blut kam. Es gelang ihm, aus dem Wasserschlauch zu trinken, dann kroch er zu der Stelle zurück, wo er erwacht war. Zwanzig Meter hügelaufwärts stand ein Josuabaum; er war verkümmert, würde aber wenigstens etwas Schatten spenden.

Für Roland sahen die zwanzig Meter wie zwanzig Meilen aus.

Dennoch schaffte er mühsam die Reste seiner Habseligkeiten zu jener winzigen Schattenpfütze. Dort lag er mit dem Kopf im Gras und dämmerte bereits Schlaf oder Bewußtlosigkeit oder Tod entgegen. Er sah zum Himmel und versuchte, die Zeit zu schätzen. Nicht Mittag, aber die Größe der Schattenpfütze, in der er lag, verriet ihm, daß der Mittag nahe war. Er hielt noch einen Augenblick durch, drehte den rechten Arm um und führte ihn dicht vor die Augen, um die vielsagenden roten Linien der Infektion anzusehen, eines Giftes, das sich konstant in seinen Leib hinein vorarbeitete.

Seine Handfläche war dunkelrot. Kein gutes Zeichen.

Ich werde linkshändig abtreten, dachte er, *wenigstens etwas.*

Dann holte ihn die Dunkelheit, und er schlief die nächsten sechzehn Stunden, während das Dröhnen des Westlichen Meeres ihm unablässig in die träumenden Ohren toste.

3

Als der Revolvermann wieder erwachte, war das Meer dunkel, aber im Osten herrschte schwaches Licht am Himmel. Der Morgen war unterwegs. Er richtete sich auf, und eine Woge der Übelkeit übermannte ihn fast.

Er neigte den Kopf und wartete.

Als die Übelkeit vergangen war, betrachtete er seine Hand. Sie hatte tatsächlich eine Infektion – eine deutliche rote Schwellung, die sich über die Handfläche und das Gelenk ausbreitete. Dort hörte sie auf, aber er konnte bereits die Ansätze anderer roter Linien erkennen, die schließlich zu seinem Herzen führen und ihn umbringen würden. Er war heiß und fiebrig.

Ich brauche Medizin, dachte er. *Aber hier gibt es keine Medizin.*

War er nur um zu sterben so weit gekommen? Er würde nicht sterben. Und sollte er trotz seiner Entschlossenheit sterben, so würde er auf dem Weg zum Turm sterben.

Wie bemerkenswert du bist, Revolvermann, kicherte der Mann in Schwarz in seinem Kopf. *Wie unbezähmbar! Wie romantisch mit deiner dummen Besessenheit!*

»Scheiß auf dich«, krächzte er und trank. Es war auch nicht mehr viel Wasser übrig. Vor ihm befand sich ein ganzes Meer, doch was nützte ihm das; Wasser, überall Wasser, aber nicht ein Tropfen zu trinken. Egal.

Er legte die Revolvergurte an, band sie fest – das dauerte so lange, daß das erste schwache Licht der Dämmerung sich bereits zum tatsächlichen Prolog des Tages aufgehellt hatte, als er fertig war – und versuchte aufzustehen. Er war erst davon überzeugt, daß es ihm gelingen würde, als er wirklich stand.

Er stützte sich mit der linken Hand an den Josuabaum, während er den nicht ganz leeren Wasserschlauch mit der rechten hochnahm und über die Schulter warf. Dann die Tasche. Als er sich gerade aufrichtete, wusch die Schwäche wieder über ihn hinweg, und er senkte den Kopf, wartete und zwang sich.

Das Schwindelgefühl ging vorbei.

Der Revolvermann machte sich mit den schlingernden, schwankenden Schritten eines Mannes im letzten Stadium noch zu Bewegungen fähiger Trunkenheit auf den Rückweg zum Strand hinunter. Dort stand er und betrachtete das Meer, das so dunkel wie Maulbeerwein war, dann holte er den letzten Rest Dörrfleisch aus der Tasche. Er aß die Hälfte, und diesmal akzeptierten Mund und Magen etwas williger. Er drehte sich um und aß die andere Hälfte, während er zusah, wie die Sonne über den Bergen aufging, wo Jake gestorben war. Anfangs schien sie an den grausamen und baumlosen Zähnen dieser Höhen hängenzubleiben, doch dann erhob sie sich über diese.

Roland hielt das Gesicht der Sonne entgegen, machte die Augen zu und lächelte. Er aß den Rest Dörrfleisch.

Er dachte: *Nun gut, jetzt bin ich ein Mann ohne Nahrung und habe zwei Finger und einen Zeh weniger als zuvor; ich bin ein Revolvermann mit Patronen, die vielleicht nicht zünden; ich wurde durch den Biß eines Monsters krank und habe keine Medizin; ich habe noch für einen Tag Wasser, wenn ich Glück habe; und wenn ich mich bis zum Äußersten belaste, kann ich vielleicht noch ein Dutzend Meilen gehen. Ich bin, kurz gesagt, ein Mann am Rande von allem.*

Welchen Weg sollte er gehen? Er war von Osten gekommen; nach Westen konnte er ohne die Kräfte eines Heiligen oder Erlösers nicht gehen. Blieben Nord und Süd.

Nord.

Das war die Antwort, die sein Herz gab. Daran bestand keine Frage.

Nord.

Der Revolvermann setzte sich in Bewegung.

4

Er ging drei Stunden lang. Er fiel zweimal hin, und beim zweiten Mal glaubte er nicht, daß er noch einmal imstande sein würde aufzustehen. Dann rollte eine Welle auf ihn zu, und zwar so nahe, daß ihm seine Revolver wieder einfielen, und er sprang ohne zu überlegen auf und stand auf Beinen, die wie Stelzen zitterten.

Er glaubte, daß er in diesen drei Stunden vier Meilen zurückgelegt hatte. Jetzt wurde die Sonne heiß, aber nicht heiß genug, um zu erklären, daß sein Kopf pochte und ihm der Schweiß übers Gesicht strömte; und auch der Wind vom Meer war nicht so heftig, daß er die plötzlichen Zitteranfälle erklären konnte, die ihn überfielen, die seinen Körper mit Gänsehaut überzogen und seine Zähne zum Klappern brachte.

Fieber, Revolvermann, kicherte der Mann in Schwarz. *Was noch in dir ist, wurde von Feuer entzündet.*

Jetzt waren die Linien der Infektion deutlicher hervorgehoben; sie waren vom rechten Handgelenk halb bis zum Ellbogen hinaufgewandert.

Er legte noch eine Meile zurück und leerte den Wasserschlauch.

Er band ihn mit dem anderen um die Taille. Die Landschaft war monoton und unfreundlich. Rechts das Meer, links die Berge, unter den Sohlen seiner zusammengeschnittenen Stiefel der graue, von Muscheln übersäte Sand. Die Wellen kamen und gingen. Er hielt nach den Monsterhummern Ausschau, sah aber keine. Er kam aus dem Nichts und ging ins Nichts, ein Mann aus einer anderen Zeit, der, wie es schien, ein sinnloses Ende erreicht hatte.

Kurz vor Mittag fiel er wieder und wußte, er konnte nicht mehr aufstehen. Also war dies der Ort. Hier. Dies war schließlich das Ende.

Er lag auf Händen und Knien und hob den Kopf wie ein geschlagener Kämpfer... und in einer gewissen Entfernung, vielleicht eine Meile, vielleicht drei (es war schwer, an diesem einförmigen Strand Entfernungen zu schätzen, zumal er das Fieber in sich hatte, das seine Augäpfel nach innen und außen pulsieren machte), erblickte er etwas Neues. Etwas, das aufrecht auf dem Strand stand.

Was war es?

(drei)

Einerlei.

(drei ist deine Schicksalszahl)

Es gelang dem Revolvermann, wieder auf die Beine zu kommen. Er krächzte etwas, ein Flehen, das nur die kreisenden Meeresvögel hörten *(wie glücklich wären sie, könnten sie mir die Augen aus dem Kopf picken*, dachte er, *wie glücklich über einen so schmackhaften Happen!)*, dann setzte er sich, schwankender denn je, in Bewegung und ließ eine Spur hinter sich, die aus unheimlichen Schlaufen und Schlingen bestand.

Er ließ keinen Blick von dem, was da vorne auf dem Strand stand. Wenn ihm das Haar in die Augen fiel, strich er es beiseite. Es schien nicht näher zu kommen. Die Sonne erreichte das Dach des Himmels, wo sie viel zu lange zu verweilen schien. Roland stellte sich vor, er wäre wieder in der Wüste, irgendwo zwischen der Hütte des letzten Grenzbewohners

(das musikalische Gemüse, je mehr du frißt, desto mehr du furzt)

und dem Rasthaus, wo der Junge

(dein Isaak)

auf ihn gewartet hatte.

Seine Knie knickten ein, streckten sich, knickten ein, streckten sich wieder. Als ihm das Haar wieder einmal in die Augen fiel, machte er sich nicht mehr die Mühe, es zurückzustreichen; er hatte nicht mehr die Kraft, es zurückzustreichen. Er sah zu dem Gegenstand, der mittlerweile einen schmalen Schatten in Richtung Hochland warf, und ging weiter.

Jetzt konnte er es erkennen, mit oder ohne Fieber.

Es war eine Tür.

Weniger als eine Viertelmeile davon entfernt, knickten Rolands Knie wieder ein, und dieses Mal konnte er ihre Scharniere nicht steif machen. Er stürzte, seine rechte Hand glitt über körnigen Sand und Muschelschalen, die Stummel seiner Finger kreischten, als frischer Schorf weggerissen wurde. Die Stummel fingen wieder an zu bluten.

Er kroch weiter. Kroch, während das stetige Rauschen, Dröhnen und Zurückweichen des Westlichen Meeres in seinen Ohren klang. Er benützte Ellbogen und Knie und grub Vertiefungen in den Sand oberhalb des Streifens schmutziggrünen Tangs, der die Flutlinie markierte. Er nahm an, daß der Wind immer noch wehte – er mußte wehen, denn die Kälte lief weiterhin durch seinen Körper –, aber der einzige Wind, den er hören konnte, waren die rasselnden Atemstöße, die in seine Lunge gesogen und hinausgeweht wurden.

Die Tür kam näher.

Näher.

Gegen drei Uhr an diesem langen Tag im Delirium, als sein Schatten zu seiner Linken lang geworden war, erreichte er sie schließlich. Er kauerte sich auf die Fersen und betrachtete sie argwöhnisch.

Sie war zwei Meter hoch und schien aus solidem Eisenholz gemacht zu sein, obschon der nächste Eisenholzbaum siebenhundert Meilen oder mehr von hier entfernt wachsen mußte. Der Türknauf sah aus, als wäre er aus Gold; ein filigranes Muster war darin eingearbeitet, das der Revolvermann schließlich erkannte: Es war das grinsende Gesicht des Pavians.

Es war kein Schlüsselloch im Knauf, darüber oder darunter.

Die Tür hatte Angeln, aber sie waren an nichts befestigt – *jedenfalls scheint es so*, dachte der Revolvermann. *Das ist ein Geheimnis, ein höchst wundersames Geheimnis, aber spielt das wirklich eine Rolle? Du stirbst. Dein eigenes Geheimnis – das einzige, das letztendlich im Leben jedes Mannes und jeder Frau eine Rolle spielt – rückt näher.*

Dennoch schien es eine Rolle zu spielen.

Diese Tür. Diese Tür, wo keine Tür sein sollte. Sie stand einfach hier auf dem grauen Strand, zwanzig Schritte oberhalb der Flutlinie, und schien ebenso ewig wie das Meer selbst zu sein, und jetzt warf sie einen schrägen Schatten ihrer eigenen Stofflichkeit nach Osten, während die Sonne nach Westen zog.

In einer Höhe von etwa zwei Dritteln waren zwei Worte in der Hochsprache mit schwarzen Buchstaben daraufgeschrieben:

DER GEFANGENE

Ein Dämon hat von ihm Besitz ergriffen. Der Name des Dämons heißt HEROIN.

Der Revolvermann konnte ein leises Dröhnen hören. Zuerst dachte er, es müßte der Wind oder das Dröhnen seines eigenen fiebrigen Kopfes sein, aber er kam mehr und mehr zu der Überzeugung, daß es sich um den Lärm von Motoren handelte... und der kam von hinter dieser Tür.

Dann öffne sie. Sie ist nicht verschlossen. Du weißt, daß sie nicht verschlossen ist.

Statt dessen torkelte er ohne jegliche Anmut auf die Beine und schritt um die Tür herum zur anderen Seite.

Es *gab* keine andere Seite.

Nur den dunkelgrauen Strand, der sich immer weiter erstreckte. Nur die Wellen, die Muscheln, die Flutlinie, die Spuren seines eigenen Näherkommens – Stiefelabdrücke und Löcher, die seine Ellbogen gemacht hatten. Er sah noch einmal hin und riß ein wenig die Augen auf. Die Tür war nicht da, wohl aber ihr Schatten.

Er wollte die rechte Hand ausstrecken – oh, sie lernte so langsam ihren neuen Platz in dem, was von seinem Leben noch übrig war –, ließ sie sinken und hob statt dessen die linke. Er tastete, suchte nach festem Widerstand.

Wenn ich sie spüre, klopf ich auf nichts, dachte der Revolvermann. *Das wäre eine interessante Tat, bevor ich sterbe!*

Seine Hand ertastete nur Luft hinter der Stelle, wo sich die Tür – auch unsichtbar – hätte befinden sollen.

Nichts zu klopfen.

Und der Motorenlärm – falls es das wirklich gewesen war – war verschwunden. Jetzt war nur noch der Wind zu hören, die Wellen und das kranke Dröhnen in seinem Kopf.

Der Revolvermann schritt langsam wieder auf die andere Seite des Nichtvorhandenen und dachte schon, daß es eine Halluzination gewesen sein mußte, eine...

Er blieb stehen.

Eben noch hatte er nach Westen gesehen und einen freien Ausblick auf grauen Strand gehabt, und jetzt fiel sein Blick auf die solide Masse der Tür. Er konnte die Fassung des Knaufs sehen, die ebenfalls aus Gold zu sein schien, und daraus ragte der Schnappriegel wie eine stummelige Metallzunge hervor. Roland bewegte den Kopf zwei Zentimeter nach Norden, und die Tür war verschwunden. Bewegte ihn dorthin zurück, wo er gewesen war, und da war sie wieder. Sie *erschien* nicht; sie war einfach da.

Er ging den ganzen Weg herum und stand schwankend vor der Tür.

Er konnte auf der meerwärts gelegenen Seite um sie herumgehen, aber er war davon überzeugt, daß dasselbe geschehen würde, nur würde er dieses Mal umfallen.

Ich frage mich, ob ich von der Nichts-Seite durch sie hindurchgehen könnte?

Oh, es gab jede Menge, worüber man sich wundern konnte, aber die schlichte Wahrheit war die: Hier stand eine Tür einsam auf einem endlosen Strandabschnitt, und es gab nur zwei Möglichkeiten: sie aufzumachen oder zuzulassen.

Dem Revolvermann wurde mit schwacher Belustigung klar, daß er vielleicht doch nicht so schnell starb, wie er glaubte. Wäre das der Fall, würde er dann solche Angst haben?

Er streckte den Arm aus und berührte den Türknauf mit der linken Hand. Weder die tödliche Kälte des Metalls noch die dünne, feurige Hitze der eingravierten Runen überraschte ihn.

Er drehte den Knauf. Die Tür öffnete sich zu ihm, als er daran zog.

Er hatte viele Dinge erwartet, doch dies entsprach keinem davon.

Der Revolvermann sah hinein, erstarrte, stieß den ersten Entsetzensschrei seines Erwachsenenlebens aus und schlug die Tür zu. Sie hatte nichts, woran sie zuschlagen konnte, aber sie schlug dennoch zu, so daß die Meeresvögel kreischend von den Felsen aufstoben, auf denen sie sich niedergelassen hatten, um ihn zu beobachten.

5

Er hatte die Erde von einer hohen, unmöglichen Entfernung am Himmel aus gesehen – Meilen hoch, wie es schien. Er hatte die Schatten von Wolken gesehen, die auf der Erdoberfläche lagen und wie Träume darüber hinwegschwebten. Er hatte gesehen, was ein Adler sehen mochte, könnte er dreimal so hoch wie jeder Adler fliegen.

Durch diese Tür zu treten würde bedeuten, minutenlang schreiend in die Tiefe zu stürzen und sich am Ende tief in den Erdboden zu bohren.

Nein, du hast mehr gesehen.

Er dachte darüber nach, während er benommen und mit der verletzten Hand im Schoß vor der geschlossenen Tür im Sand saß. Die ersten schwachen Spuren waren jetzt schon oberhalb des Ellbogens. Die Infektion würde bald sein Herz erreicht haben, daran konnte kein Zweifel bestehen.

Er hörte Corts Stimme in seinem Kopf.

Hört mir zu, Maden. Hört um eures Lebens willen zu, denn eines Tages könnte es davon abhängen. Ihr seht niemals alles, was ihr seht. Ein Grund, weshalb sie euch zu mir schicken, ist der, daß ich euch zeige, alles zu sehen, was ihr nicht seht, wenn ihr etwas seht – was ihr nicht seht, wenn ihr Angst habt, wenn ihr kämpft, flieht oder fickt. Kein Mensch sieht alles, was er sieht, aber bis ihr Revolvermänner seid – das heißt, diejenigen unter euch, die nicht nach Westen gehen –, werdet ihr mit einem einzigen Blick mehr sehen als manche Männer in ihrem Leben. Und manches, was ihr bei diesem Blick nicht seht, werdet ihr hinterher im Auge eurer Erinnerung sehen – das heißt, wenn ihr lange genug lebt, daß ihr euch erinnern könnt. Denn der Unterschied zwischen Sehen und Nichtsehen kann der Unterschied zwischen Leben und Tod sein.

Er hatte die Erde aus dieser gewaltigen Höhe gesehen (und das war irgendwie schwindelerregender und beunruhigender als die

Vision von Wachstum gewesen, welche ihm kurz vor dem Ende seiner Zeit mit dem Mann in Schwarz zuteil geworden war, denn was er hier gesehen hatte, war keine Vision gewesen), und der geringe Rest seiner Aufmerksamkeit hatte die Tatsache registriert, daß es sich bei dem Land, das er gesehen hatte, weder um eine Wüste noch um ein Meer gehandelt hatte, sondern um einen grünen Ort unvorstellbarer Üppigkeit, mit Wasserflächen, die den Gedanken an einen Sumpf in ihm erweckten, aber...

Wie wenig von deiner Aufmerksamkeit geblieben ist, spottete die Stimme von Cort gehässig. *Du hast mehr gesehen!*

Ja.

Er hatte Weiß gesehen.

Weiße Ränder.

Bravo, Roland! schrie Cort in seinem Verstand, und Roland schien einen Hieb der harten, schwieligen Hand zu spüren. Er zuckte zusammen.

Er hatte durch ein Fenster gesehen.

Der Revolvermann stand unter Anstrengung auf, streckte die Hand aus, spürte Kälte und brennende Linien dünner Hitze auf der Handfläche. Er machte die Tür wieder auf.

6

Der Anblick, den er erwartet hatte – die Erde aus einer gräßlichen, unvorstellbaren Höhe – war verschwunden. Er sah Worte, die er nicht verstand. Er verstand sie *fast*; es war, als wären die Großbuchstaben verzerrt worden...

Über den Worten war das Bild eines Gefährts ohne Pferde, eines Motorfahrzeugs, wie sie angeblich die Welt erfüllt hatten, bevor diese sich weitergedreht gehabt hatte. Plötzlich dachte er an die Worte, die Jake gesprochen hatte, als ihn der Revolvermann im Rasthaus hypnotisierte.

Dieses Gefährt ohne Pferde, neben dem eine lachende Frau mit einer Pelzstola stand, konnte das sein, was Jake in dieser seltsamen anderen Welt überfahren hatte.

Dies ist jene *andere Welt*, dachte der Revolvermann.

Plötzlich geschah etwas mit dem Anblick...

Er veränderte sich nicht; er *bewegte* sich. Der Revolvermann schwankte auf den Füßen, er verspürte Schwindel und einen Anflug von Übelkeit. Die Worte und das Bild senkten sich, und jetzt sah er einen Korridor mit einer doppelten Sitzreihe auf der anderen Seite. Einige waren frei, aber auf den meisten saßen Männer mit seltsamer Kleidung. Er vermutete, daß es Anzüge waren, aber er hatte dergleichen vorher noch niemals gesehen. Auch die Sachen um ihre Hälse konnten Binder oder Krawatten sein, aber auch solche hatte er noch nie gesehen. Und soweit er das erkennen konnte, war keiner von ihnen bewaffnet; er sah weder Dolche noch Schwerter, geschweige denn eine Feuerwaffe. Was waren das für vertrauensselige Schafe? Einige lasen mit winzigen Worten bedecktes Papier – die Worte hier und da von Bildern unterbrochen –, während andere mit Stiften, wie sie der Revolvermann noch nie gesehen hatte, auf Papier schrieben. Aber die Stifte bedeuteten ihm wenig. Es war das *Papier*. Er lebte in einer Welt, in der Gold und Papier in etwa denselben Wert hatten. Er hatte in seinem ganzen Leben noch nicht soviel Papier gesehen. In diesem Augenblick riß ein Mann ein gelbes Blatt von dem Block auf seinem Schoß ab und knüllte es zu einem Ball zusammen, obwohl er erst die obere Hälfte der einen Seite und die andere noch überhaupt nicht beschrieben hatte. Dem Revolvermann war nicht so übel, daß er nicht eine Regung des Entsetzens angesichts solch unnatürlicher Verschwendung verspürt hätte.

Hinter den Männern befand sich eine gekrümmte weiße Wand und eine Fensterreihe. Einige waren von einer Art weißer Schiebeläden versperrt, aber hinter anderen konnte er blauen Himmel erkennen.

Jetzt näherte sich eine Frau dem Durchgang, eine Frau, die eine Art Uniform trug, aber keine, wie Roland sie je gesehen hatte. Sie war hellrot, und ein Teil davon bestand aus einer *Hose*. Er konnte die Stelle sehen, wo ihre Beine sich zum Schritt vereinigten. Das hatte er bei einer Frau, die nicht entkleidet war, noch niemals erblickt.

Sie kam der Tür so nahe, daß Roland glaubte, sie würde hindurchschreiten; er torkelte einen Schritt rückwärts und hatte Glück, daß er nicht fiel. Sie betrachtete ihn mit der einstudierten

Höflichkeit einer Frau, die Dienerin und zugleich ihr eigener Herr ist. Das interessierte den Revolvermann nicht. Ihn interessierte, daß sich ihr Ausdruck nicht veränderte. Man erwartete nicht, daß eine Frau – oder überhaupt jemand – einen schmutzigen, schwankenden, erschöpften Mann so ansah, der überkreuzte Revolvergurte an den Hüften hatte, einen blutgetränkten Lappen um die rechte Hand und Jeans an, die aussahen, als wären sie mit einer Art von Säge bearbeitet worden.

»Hätten Sie gerne…«, fragte die Frau in Rot. Sie sagte noch mehr, aber der Revolvermann verstand nicht genau, was es bedeutete. Essen oder Trinken, dachte er. Dieser rote Stoff – Baumwolle war es nicht. Seide? Er sah ein wenig wie Seide aus, aber…

»Gin«, antwortete eine Stimme, und das verstand der Revolvermann. Plötzlich verstand er noch viel mehr.

Es war keine Tür.

Es waren *Augen.*

So verrückt das sein mochte, er sah einen Teil eines Gefährts, das durch den Himmel flog. Er sah durch die Augen eines anderen.

Wessen Augen?

Aber er wußte es. Er sah durch die Augen des Gefangenen.

Zweites Kapitel

Eddie Dean

1

Wie um seine Vorstellung, so verrückt sie auch war, zu bestätigen, erhob sich das, was der Revolvermann durch die Tür sah, plötzlich und glitt seitwärts. Der Anblick machte *kehrt* (wieder das Gefühl des Schwindels, das Gefühl, auf einer Scheibe mit Rädern zu stehen, einer Scheibe, die Hände, welche er nicht sehen konnte, hierhin und dorthin bewegten), und dann schwebte der Korridor an den Rändern der Tür vorbei. Er kam an einem Ort vorbei, wo mehrere Frauen, alle in denselben roten Uniformen, beisammenstanden. Es war ein Ort von Gegenständen aus Stahl, und er hätte trotz seiner Schmerzen und der Erschöpfung den in Bewegung befindlichen Blick gerne zum Stillstand gebracht, damit er sehen konnte, was die Gegenstände aus Stahl waren – eine Art Maschinen. Eine sah einem Ofen ähnlich. Die Armeefrau, die er schon gesehen hatte, schenkte den Gin ein, den die Stimme verlangt hatte. Sie schenkte aus einer sehr kleinen Flasche ein. Sie war aus Glas. Das Gefäß, in das sie einschenkte, sah wie Glas *aus*, aber der Revolvermann glaubte nicht, daß es tatsächlich Glas war.

Was die Tür zeigte, hatte sich weiterbewegt, bevor er mehr sehen konnte. Es folgte eine weitere dieser schwindelerregenden Wendungen, dann stand er vor einer Metalltür. Ein erleuchtetes Schild befand sich in einem schmalen Kästchen. Dieses Wort konnte der Revolvermann lesen. FREI, stand da.

Der Blick glitt ein wenig abwärts. Eine Hand stieß rechts von der Tür herein, durch die der Revolvermann sah, und ergriff den Knauf der Tür, die der Revolvermann vor sich hatte. Er sah die Manschette eines blauen Hemds, die etwas zurückgezogen war und störrische schwarze Härchen entblößte. Lange Finger. An einem ein Ring, in den ein Edelstein eingelassen war, bei dem es sich um einen Rubin oder einen Granat oder ein Stück billigen Tand handeln konnte.

Der Revolvermann dachte an die letzte Möglichkeit – es war zu groß und vulgär, um echt zu sein.

Die Metalltür schwang auf, und der Revolvermann sah in die seltsamste Kammer, die er je gesehen hatte. Sie bestand ganz aus Metall.

Die Ränder der Metalltür schwebten an den Rändern der Tür auf dem Strand vorbei. Der Revolvermann hörte, wie sie zugemacht und verriegelt wurde. Eine weitere dieser schwindelerregenden Drehungen blieb ihm erspart, daher vermutete er, der Mann, durch dessen Augen er sah, mußte hinter sich gegriffen haben, um sich einzuschließen.

Dann aber drehte sich der Blick – nicht ganz herum, nur halb –, und er sah in einen Spiegel und erblickte ein Gesicht, das er schon einmal gesehen hatte... auf einer Tarotkarte.

Dieselben dunklen Augen und der dunkle Haarschopf. Das Gesicht war ruhig, aber blaß, und in den Augen – Augen, durch die er jetzt eine Reflexion sah – erblickte Roland etwas von dem Grauen und Entsetzen jener vom Pavian besessenen Kreatur der Tarotkarte.

Der Mann zitterte.

Obendrein ist er krank.

Dann erinnerte er sich an Nort, den Grasesser aus Tull.

Er dachte an das Orakel.

Ein Dämon hat von ihm Besitz ergriffen.

Plötzlich dachte der Revolvermann, daß er vielleicht doch wußte, was HEROIN war: etwas Ähnliches wie Teufelsgras.

Etwas beunruhigend, nicht?

Ohne nachzudenken, allein durch die schlichte Willenskraft, die ihn zum letzten von allen gemacht hatte, zum letzten, der weitermarschierte, nachdem Cuthbert und alle anderen gestorben waren oder aufgegeben hatten, Selbstmord oder Verrat begangen oder die Suche nach dem Turm einfach gelassen hatten; von der engstirnigen und desinteressierten Entschlossenheit getrieben, die ihn dem Mann in Schwarz durch die Wüste und vor der Wüste viele Jahre hatte folgen lassen, trat der Revolvermann durch die Tür.

Eddie bestellte einen Gin Tonic; es war wahrscheinlich keine gute Idee, betrunken durch den New Yorker Zoll zu gehen, und er wußte, wenn er anfing, würde er einfach weitertrinken – aber er brauchte *etwas*.

Wenn man runter muß und die Rolltreppe nicht finden kann, hatte Henry einmal zu ihm gesagt, *dann muß man es eben so machen, wie man kann. Und sei es mit einer Schaufel.*

Nachdem er seine Bestellung aufgegeben und die Stewardeß sich entfernt hatte, war ihm zumute, als müßte er sich gleich übergeben. Nicht *sicher* übergeben, nur vielleicht, aber es war besser, auf Nummer Sicher zu gehen. Mit zwei Pfund reinem Kokain und mit Gin im Atem durch den New Yorker Zoll zu gehen, mochte keine so gute Idee sein; aber zitternd und dazu mit trocknender Kotze auf den Hosen durch den Zoll zu gehen, wäre eine Katastrophe. Also besser auf Nummer Sicher gehen. Das Gefühl würde wahrscheinlich vorbeigehen, wie immer, aber lieber auf Nummer Sicher gehen.

Das Problem war, er war auf cool turkey. *Cool*, nicht cold. Weise Worte vom großen Weisen und bedeutenden Junkie Henry Dean.

Sie saßen auf dem Penthousebalkon des Regency Tower, noch nicht drauf, aber kurz davor, die Sonne schien ihnen warm in die Gesichter, sie waren so abgedröhnt... in den guten alten Zeiten, als Eddie gerade angefangen hatte, den Stoff zu schnupfen, und Henry selbst noch nicht zu seiner ersten Nadel gegriffen hatte.

Alle sprechen davon, daß sie auf cold turkey kommen, hatte Henry gesagt, *aber bevor man das bekommt, bekommt man erst einmal cool turkey.*

Und Eddie, der sich das Hirn zugedröhnt gehabt hatte, hatte wild angefangen zu kichern, weil er ganz genau wußte, wovon Henry sprach. Henry dagegen hatte nicht den Hauch eines Lächelns erkennen lassen.

In gewisser Weise ist cool turkey schlimmer als cold turkey, hatte Henry gesagt. *Wenn man es bis cold turkey schafft, dann WEISS man, daß man kotzen wird, dann WEISS man, daß man das Zittern kriegt, dann WEISS man, daß man schwitzt, bis man meint, man ertrinkt darin. Cool turkey ist dagegen wie der Fluch der Vorfreude.*

Eddie erinnerte sich, er hatte Henry gefragt, wie man es nannte, wenn ein Nadel-Freak (in jenen vagen Zeiten, die gerade erst sechzehn Monate her sein mochten, hatten sie sich beide feierlich geschworen, daß sie das selbst niemals werden würden) einen heißen Schuß bekam.

Das nennt man baked *turkey*, hatte Henry prompt geantwortet, und dann hatte er überrascht dreingeschaut, wie jemand schaut, wenn er etwas gesagt hat, das viel komischer ist, als es eigentlich beabsichtigt war, und sie sahen einander an und heulten dann vor Lachen und umklammerten einander. Baked turkey, damals ziemlich komisch, heute nicht mehr.

Eddie schritt den Mittelgang entlang, an der Kombüse vorbei in den vorderen Teil, überprüfte das Schild – FREI – und trat ein.

He, Henry, o großer Weiser und bedeutender Junkie, Großer Bruder, während wir noch beim Thema gefiederte Freunde sind, möchtest du meine Definition einer abgekochten Gans hören? Das ist, wenn der Zollbeamte am Kennedy zu der Überzeugung kommt, dein Aussehen ist ein wenig komisch, oder wenn es einer der Tage ist, wenn sie die Hunde mit den akademischen Spürnasen draußen haben, statt Port Authority, und die fangen an zu bellen und pissen auf den Boden, und sie erwürgen sich allesamt fast selbst an ihren Halsbändern, weil sie zu dir wollen, und wenn die Jungs vom Zoll dein ganzes Gepäck durchsucht haben, bitten sie dich in ein kleines Zimmer und fragen dich, ob es dir etwas ausmachen würde, dein Hemd auszuziehen, und du sagst, doch, das würde mir etwas ausmachen, weil ich mir auf den Bahamas eine Erkältung geholt habe, und die Klimaanlage hier drinnen ist so verdammt hoch eingestellt, daß ich fürchte, es könnte eine Grippe daraus werden, und sie sagen, ach ja, ist das so, und schwitzen Sie immer so, wenn die Klimaanlage zu hoch eingestellt ist, Mr. Dean, so, das machen Sie, wir bitten vielmals um Entschuldigung, aber machen Sie jetzt, und du gehorchst, und sie sagen, vielleicht sollten Sie besser auch noch Ihr T-Shirt ausziehen, weil es so aussieht, als hätten Sie vielleicht ein medizinisches Problem, Kumpel, diese Beulen unter ihren Achseln sehen aus, als könnten sie Lymphtumore sein oder so etwas, und du machst dir nicht einmal die Mühe, etwas anderes zu behaupten, wie ein Centerfield, der sich nicht einmal die Mühe macht, nach dem Ball zu jagen, wenn er auf eine bestimmte Weise geschlagen wurde, er dreht sich einfach um und sieht ihm zu, wie er in die Ehrentribüne fliegt, denn wenn er weg ist, ist er weg, und du nimmst also das T-Shirt ab, und schau her, haben Sie aber ein Glück, es sind gar keine Tumore, es sei denn, man würde sie Tumore am corpus *der*

Gesellschaft nennen, gacker-gacker-gacker, sehen mehr wie Beutel aus, die mit Tesaband dort festgemacht wurden, und machen Sie sich übrigens keine Gedanken wegen des Geruchs, Junge, das ist nur Gans. Sie ist abgekocht.

Er griff hinter sich und schob den Riegel vor. Die Lichter in der Kabine wurden heller. Das Motorengeräusch war ein leises Dröhnen. Er drehte sich zum Spiegel um, weil er sehen wollte, wie er aussah, und plötzlich überkam ihn ein schreckliches, überzeugendes Gefühl: das Gefühl, daß er beobachtet wurde.

He, komm schon, hör auf, dachte er unbehaglich. *Du bist doch angeblich der coolste Kerl der Welt. Darum haben sie dich geschickt. Darum haben sie . . .*

Aber plötzlich schien es, als wären das nicht seine eigenen Augen da im Spiegel, nicht Eddie Deans mandelbraune, fast grüne Augen, die im letzten Drittel seiner einundzwanzig Lebensjahre so viele Herzen geschmolzen und es ihm ermöglicht hatten, so viele Schenkel zu spreizen, nicht seine Augen, sondern die eines Fremden. Nicht Mandelbraun, sondern ein Blau von der Tönung verwaschener Levis. Augen, die kalt und präzise waren, unerwartete Wunder des Zielens. Kanoniersaugen.

Er sah – ganz deutlich – die Spiegelung einer Möwe in ihnen, die auf eine brechende Welle herabstieß und etwas daraus schnappte.

Er hatte noch Zeit zu denken: *Was in Gottes Namen soll diese Scheiße?* und dann wußte er, daß es nicht vorbeigehen würde; er würde sich doch übergeben müssen.

In der halben Sekunde, bevor er das tat, in der halben Sekunde, die er weiter in den Spiegel sah, sah er diese blauen Augen verschwinden . . . aber bevor das geschah, hatte er plötzlich das Gefühl, zwei Menschen zu sein . . . *besessen* zu sein, so wie das kleine Mädchen in *Der Exorzist.*

Er spürte deutlich einen neuen Verstand in seinem eigenen, und er hörte einen Gedanken, der nicht sein eigener Gedanke war, sondern mehr wie eine vom Funkgerät übermittelte Stimme: *Ich bin durchgekommen. Ich bin in der Himmelskutsche.*

Da war noch etwas, aber das hörte Eddie nicht. Er war zu sehr damit beschäftigt, so leise er konnte in die Kloschüssel zu kotzen.

Als er fertig war, noch ehe er sich auch nur den Mund abgewischt hatte, geschah etwas mit ihm, was ihm vorher noch niemals passiert war. Einen furchteinflößenden Augenblick lang war nichts –

nur ein leeres Intervall. Als wäre eine einzige Zeile in einer gedruckten Spalte fein säuberlich ausgelöscht worden.

Was ist das? dachte Eddie hilflos. *Was, zum Teufel, ist diese Scheiße?*

Dann mußte er wieder kotzen, und das war wahrscheinlich gut so; was immer man dagegen anführen mochte, das Erbrechen hatte wenigstens eines für sich: Solange man damit beschäftigt war, konnte man an nichts anderes denken.

3

Ich bin durchgekommen. Ich bin in der Himmelskutsche, dachte der Revolvermann. Und eine Sekunde später: *Er sieht mich im Spiegel!*

Roland wich zurück – er ging nicht, sondern wich zurück wie ein Kind, das sich in die fernste Ecke eines sehr langen Zimmers flüchtet. Er war in der Himmelskutsche; er war auch in einem Mann, der nicht er selbst war. Er war im Gefangenen. In jenem ersten Augenblick, als er *ganz vorne* gewesen war (anders konnte er es nicht beschreiben), war er mehr als im Inneren; er war beinahe der Mann *gewesen*. Er hatte die Krankheit des Mannes gespürt, was immer sie sein mochte, und hatte gemerkt, daß der Mann sich übergeben mußte. Roland begriff, daß er die Kontrolle über den Körper dieses Mannes erlangen konnte, sollte es nötig sein. Er würde seine Schmerzen erleiden, würde von dem Dämonen-Affen geplagt werden, der von ihm Besitz ergriffen hatte, aber wenn es nötig war, *konnte* er es.

Oder er konnte unbemerkt hierbleiben.

Als der Würgeanfall des Gefangenen vorbei war, schnellte der Revolvermann nach vorne – dieses Mal bis *ganz vorne*. Er begriff sehr wenig von dieser seltsamen Situation, und in einer Situation zu handeln, die man nicht versteht, heißt, die schrecklichsten Konsequenzen herausfordern, aber er mußte zweierlei wissen und zwar so verzweifelt, daß der Zwang zu wissen jedwede Konsequenzen, die sich ergeben mochten, überwand.

War die Tür, durch die er aus seiner eigenen Welt gekommen war, immer noch da?

Und wenn sie da war, war auch sein körperliches Selbst noch da, war es unbewohnt zusammengebrochen, starb es möglicherweise oder war es bereits tot, ohne seine Seele? Selbst wenn sein Körper noch lebte, er lebte vielleicht nur noch bis Einbruch der Nacht. Dann würden die Monsterhummer herauskommen, ihre Fragen stellen und am Strand nach Mahlzeiten suchen.

Er riß den Kopf, der einen Augenblick lang *sein* Kopf war, zu einem raschen Blick nach hinten herum.

Die Tür war noch da, war noch hinter ihm. Sie stand zu seiner eigenen Welt hin offen, ihre Angeln waren im Stahl dieser eigentümlichen Kabine verankert. Und ja, dort lag er, Roland, der letzte Revolvermann, auf der Seite, die verbundene rechte Hand auf dem Bauch.

Ich atme, dachte Roland. *Ich muß zurückgehen und mich an eine andere Stelle bringen. Aber zuerst muß verschiedenes getan werden. Verschiedenes...*

Er gab den Verstand des Gefangenen frei und zog sich zurück, beobachtete und wartete, ob der Gefangene von seiner Anwesenheit wußte oder nicht.

4

Nachdem das Erbrechen aufgehört hatte, blieb Eddie mit fest zugekniffenen Augen über das Becken gebeugt stehen.

Eine Sekunde lang weggetreten. Weiß nicht, was es war. Habe ich mich umgedreht?

Er tastete nach dem Hahn und ließ kaltes Wasser laufen. Er spritzte es sich über Wangen und Stirn, ohne die Augen aufzumachen.

Als es sich nicht mehr länger vermeiden ließ, sah er wieder in den Spiegel.

Seine eigenen Augen sahen ihn an.

In seinem Kopf war keine fremde Stimme.

Kein Gefühl, beobachtet zu werden.

Du hattest einen Augenblick einen Aussetzer, Eddie, sagte der große Weise und bedeutende Junkie zu ihm. *Bei einem, der auf cool turkey ist, kein außergewöhnliches Phänomen.*

Eddie sah auf die Uhr. Noch eineinhalb Stunden bis New York. Das Flugzeug sollte um 4.05 EDT landen, aber in Wirklichkeit würde es zwölf Uhr Mittag sein. Showdown-Zeit.

Er ging zu seinem Sitz zurück. Sein Drink stand auf dem Klapptisch. Er trank zwei Schluck, dann kam die Stew wieder und fragte, ob sie noch etwas für ihn tun konnte. Er machte den Mund auf, um nein zu sagen, und dann folgte wieder einer dieser seltsam weggetretenen Augenblicke.

5

»Ich hätte gerne etwas zu essen, bitte«, sagte der Revolvermann mit Eddie Deans Mund.

»Wir servieren gleich einen heißen Snack, in...«

»Ich bin wirklich am Verhungern«, sagte der Revolvermann in aller Aufrichtigkeit. »Irgend etwas, und sei es ein Belegter...«

»Belegter?« Die Armeefrau sah ihn stirnrunzelnd an, und der Revolvermann sah hastig in den Verstand des Gefangenen. *Sandwich*... das Wort war so fern wie das Rauschen in einer Muschel.

»Und sei es ein Sandwich«, sagte der Revolvermann.

Die Armeefrau sah ihn zweifelnd an. »Nun... ich habe etwas Thunfisch...«

»Das wäre herrlich«, sagte der Revolvermann, obwohl er in seinem ganzen Leben noch nichts von einem Tun-Fisch gehört hatte. Er konnte es sich nicht leisten, wählerisch zu sein.

»Sie sehen etwas blaß aus«, sagte die Armeefrau. »Ich dachte, es wäre vielleicht Luftkrankheit.«

»Nur Hunger.«

Sie schenkte ihm ein geschäftsmäßiges Lächeln. »Mal sehen, was ich zusammenpanschen kann.«

Pandschen? dachte der Revolvermann verwirrt. In seiner eigenen Welt war *pandschen* ein umgangssprachlicher Ausdruck, der bedeutete, eine Frau mit Gewalt zu nehmen. Egal. Er würde etwas zu essen bekommen. Er hatte keine Ahnung, ob er es durch die Tür zu dem Körper bringen konnte, der es so dringend brauchte, aber eins nach dem anderen, eins nach dem anderen.

Pandschen, dachte er, und Eddie Dean schüttelte wie fassungslos den Kopf.

Dann zog sich der Revolvermann wieder zurück.

6

Die Nerven, versicherte ihm das große Orakel und der bedeutende Junkie. *Nur die Nerven. Gehört alles zum cool turkey-Erlebnis, kleiner Bruder.*

Aber wenn es die Nerven waren, wie kam es dann, daß er spürte, wie diese seltsame Schläfrigkeit über ihn kam – seltsam, weil er aufgekratzt, gereizt sein und diesen Drang, sich zu winden und zu kratzen verspüren sollte, der vor dem eigentlichen Zittern kam; selbst wenn er nicht in Henrys ›cool turkey‹-Stadium gewesen wäre, war da die Tatsache, daß er vorhatte, zwei Pfund Koks durch den US-Zoll zu schmuggeln, eine Straftat, auf die nicht weniger als zehn Jahre in einem Bundesgefängnis standen, und jetzt schien er plötzlich auch noch Aussetzer zu haben.

Trotzdem das Gefühl der Schläfrigkeit.

Er trank wieder von seinem Drink, dann ließ er die Augen zufallen.

Warum bist du umgekippt?

Bin ich nicht, sonst hätte sie sämtliches Notfallzeug geholt, das sie bei sich haben.

Also ausgerastet. *So oder so, es ist nicht gut. Du bist in deinem ganzen Leben noch nie so ausgerastet.* Eingenickt, *ja, aber nicht* ausgerastet.

Auch mit seiner rechten Hand war etwas seltsam. Sie schien zu pulsieren, als hätte er mit dem Hammer darauf geschlagen.

Er spannte sie, ohne die Augen aufzumachen. Kein Pulsieren. Keine blauen Kanoniersaugen. Und was die Aussetzer anbelangte, sie waren lediglich eine Kombination von cool turkey und einer gehörigen Dosis dessen, was das große Orakel und der bedeutende und so weiter zweifellos den Schmuggler-Blues nennen würde.

Aber ich werde trotzdem schlafen, dachte er. *Was sagt man dazu?*

Henrys Gesicht schwebte wie ein freigelassener Ballon an ihm vorbei. *Keine Bange*, sagte Henry. *Alles wird gut, kleiner Bruder. Du wirst runter nach Nassau fliegen und dich im Aquinas einmieten, dort wird am Freitagabend ein Mann vorbeikommen. Einer der Guten. Er wird dir einen Schuß und genügend Stoff verschaffen, damit du übers Wochenende kommst. Sonntag nacht bringt er das Koks, und du gibst ihm den Schlüssel zum Schließfach. Montag machst du morgens die Routine, wie Balazar es gesagt hat. Der Bursche wird mitspielen; er weiß, wie es ablaufen soll. Nachmittags fliegst du zurück, und mit einem so ehrlichen Gesicht wie deinem, kommst du in windeseile durch den Zoll, und wir werden noch vor Sonnenuntergang Steaks im Sparks essen. Es wird ein Spaziergang werden, kleiner Bruder, nichts weiter als ein Spaziergang.*

Aber irgendwie war es dann doch mehr ein Gewaltmarsch geworden.

Das Problem bei ihm und Henry war, sie waren wie Charlie Brown und Lucy. Der einzige Unterschied war, ab und zu hielt Henry einmal den Football fest, damit Eddie ihn treffen konnte – nicht oft, aber manchmal. Einmal, im Heroinrausch, hatte Eddie sogar daran gedacht, er sollte Charles Schultz einen Brief schreiben. *Lieber Mr. Schultz,* würde er schreiben. *Ihnen entgeht etwas, weil Sie Lucy IMMER in letzter Sekunde den Football wegziehen lassen. Sie sollte ihn ab und zu einmal wirklich festhalten. Nicht, daß Charlie Brown es jemals vorhersehen könnte, wissen Sie. Manchmal sollte sie ihn drei- bis viermal hintereinander festhalten, dann einen Monat lang gar nicht, dann einmal, dann wieder drei oder vier Tage nicht, und dann, Sie wissen schon, Sie werden verstehen. Das würde den Burschen ECHT fertigmachen, oder?*

Eddie *wußte*, daß es den Burschen echt fertigmachen würde.

Er wußte es aus Erfahrung.

Einer der Guten, hatte Henry gesagt, aber der Mann, der gekommen war, war ein Ding mit teigiger Haut, einem britischen Akzent und einem Oberlippenbärtchen gewesen, das aus einem *film noire* der vierziger Jahre zu stammen schien, dazu gelbe Zähne, die nach innen gebogen waren wie die Zähne einer sehr alten Tierfalle.

»Haben Sie den Schlüssel, *Señor?*« fragte er, aber in seinem britischen Grundschulakzent hörte es sich mehr wie Seior an.

»Der Schlüssel ist in Sicherheit«, sagte Eddie, »falls Sie das meinen.«

»Dann geben Sie ihn mir.«

»So läuft das nicht. Sie sollen etwas haben, das mich übers Wochenende bringt. Sonntag nacht sollen Sie mir etwas bringen. Dann gebe ich Ihnen den Schlüssel. Sie gehen am Montag in die Stadt und holen etwas anderes damit. Ich weiß nicht was, weil mich das nichts angeht.«

Plötzlich hatte das Ding eine flache blaue Automatik in der teigigen Hand. »Warum geben Sie ihn mir nicht einfach, *Señor?* Ich spare Zeit und Mühe, Sie retten Ihr Leben.«

Junkie oder nicht, Eddie Dean war hart wie Stahl. Das wußte Henry; und noch wichtiger, Balazar wußte es. Darum war er geschickt worden. Die meisten glaubten, er wäre gegangen, weil er wieder bis über beide Ohren an der Nadel hing. Er wußte es, Henry wußte es, und Balazar auch. Aber nur er und Henry wußten, daß er auch gegangen wäre, wäre er *clean* wie frische Wäsche gewesen. Für Henry. Darauf war Balazar bei seinen Überlegungen noch nicht gekommen, aber scheiß auf Balazar.

»Warum stecken Sie das Ding nicht einfach weg, Sie kleiner Scheißer?« fragte Eddie. »Oder wollen Sie, daß Balazar jemanden herschickt, der Ihnen mit einem Messer die Augen herausschneidet?«

Das teigige Ding lächelte. Die Pistole war wie weggezaubert; an ihrer Stelle befand sich ein kleiner Umschlag. Er reicht ihn Eddie. »Kleiner Scherz, Sie verstehen.«

»Wenn Sie das sagen.«

»Ich sehe Sie Sonntag nacht.«

Er wandte sich zur Tür.

»Ich glaube, Sie warten besser.«

Das teigige Ding drehte sich mit hochgezogenen Brauen zu ihm herum. »Sie glauben, ich gehe nicht, wenn ich gehen will?«

»Ich glaube, wenn Sie gehen und dies ist schlechter Stoff, dann fliege ich morgen zurück. Dann stecken Sie *echt* in der Scheiße.«

Das teigige Ding drehte sich mürrisch herum. Es setzte sich auf den einzigen Sessel des Zimmers, während Eddie den Umschlag aufriß und eine kleine Menge brauner Substanz herausschüttete. Sah böse aus. Er sah das teigige Ding an.

»Ich weiß, wie es aussieht; sieht wie Scheiße aus, aber das ist nur der Verschnitt«, sagte das teigige Ding. »Ist gut.«

Eddie riß ein Blatt Papier vom Notizblock auf dem Tisch und trennte eine winzige Menge des braunen Pulvers von dem Häufchen ab. Er tauchte den Finger hinein und rieb ihn dann an der Zungenspitze. Eine Sekunde später spie er ins Waschbecken.

»Möchten Sie sterben? Ist es das? Verspüren Sie einen Todeswunsch?«

»Mehr ist nicht.« Das teigige Ding sah mürrischer denn je aus.

»Ich habe eine Resevierung für morgen«, sagte Eddie. Das war eine Lüge, aber er glaubte nicht, daß das teigige Ding über die Mittel verfügte, es nachzuprüfen. »TWA. Habe ich selbst gemacht, falls sich der Kontaktmann als Scheißer, wie Sie einer sind, erweisen sollte. Mir ist es egal. Eigentlich bin ich sogar erleichtert. Ich bin nicht für solche Unternehmen geschaffen.«

Das teigige Ding saß da und überlegte. Eddie saß da und konzentrierte sich darauf, sich nicht zu bewegen. Er *wollte* sich bewegen; er wollte ruckeln und juckeln, zippeln und zappeln, hoppeln und flippen, er wollte seine Kratzer kratzen und seine Knöchel knöcheln lassen. Er spürte sogar, daß seine Augen zu dem Häufchen braunen Pulvers sehen wollten, obwohl er wußte, daß es Gift war. Er hatte sich morgens um zehn einen Schuß gesetzt; seither waren ebenso viele Stunden verstrichen. Aber wenn er etwas davon tat, würde sich die Situation ändern. Das teigige Ding tat mehr als nachdenken; es beobachtete ihn und versuchte, ihn einzuschätzen.

»Ich könnte vielleicht etwas auftreiben«, sagte es schließlich.

»Warum versuchen Sie es dann nicht?« sagte Eddie. »Aber um elf werde ich das Licht ausmachen und das BITTE NICHT STÖREN-Schild vor die Tür hängen, und wenn danach noch jemand klopft, werde ich den Portier anrufen und ihm sagen, daß mich jemand belästigt und er den Wächter schicken soll.«

»Sie sind ein Pisser«, sagte das Ding.

»Nein«, sagte Eddie. »Sie hatten einen Pisser *erwartet*. Ich bin aber mit zugeknöpftem Reißverschluß gekommen. Sie sind vor elf wieder da, und zwar mit etwas, das ich nehmen kann – muß nichts Besonderes sein –, sonst werden Sie ein toter Scheißer sein.«

7

Das teigige Ding war lange vor elf wieder da; er war um halb zehn zurück. Eddie vermutete, daß er den anderen Stoff die ganze Zeit im Auto gehabt hatte.

Dieses Mal etwas mehr Pulver. Nicht weiß, aber immerhin blaß elfenbeinfarben, was Anlaß zu gelinder Hoffnung gab.

Eddie kostete. Schien in Ordnung zu sein. Sogar besser als in Ordnung. Ziemlich gut sogar. Er rollte einen Geldschein und schnupfte.

»Also dann, bis Sonntag«, sagte das teigige Ding unwirsch und stand auf.

»Warten Sie«, sagte Eddie, als wäre er derjenige mit der Waffe. In gewisser Weise war er das auch. Balazar war die Waffe. Emilio Balazar war ein großkalibriges Schießeisen in New Yorks wunderbarer Welt der Drogen.

»*Warten?*« Das teigige Ding drehte sich um und sah Eddie an, als wäre es der Meinung, Eddie müsse verrückt sein. »*Worauf?*«

»Nun, ich habe gerade über Sie nachgedacht«, sagte Eddie. »Wenn ich von dem, was ich mir gerade eingepfiffen habe, echt krank werde, ist es aus. Wenn ich sterbe, ist es *selbstverständlich* aus. Ich habe nur gerade gedacht, wenn mir nur *ein wenig übel* wird, gebe ich Ihnen vielleicht eine zweite Chance. Sie wissen schon, wie in der Geschichte, in der der Junge die Lampe reibt und ihm drei Wünsche gewährt werden.«

»Es wird Sie nicht krank machen. Das ist China White.«

»Wenn das China White ist«, sagte Eddie, »dann bin ich Dwight Gooden.«

»Wer?«

»Vergessen Sie's.«

Das teigige Ding setzte sich. Eddie saß mit einem kleinen Häufchen weißen Pulvers neben sich am Tisch des Hotelzimmers (das D-Con oder was immer es gewesen war, war schon längst das Klo runtergespült worden). Im Fernsehen wurden die Braves von den Mets zu Hackfleisch gemacht, dank WTBS und der großen Parabolantenne auf dem Dach des Hotels Aquinas. Eddie verspürte ein schwaches Gefühl der Ruhe, das aus seinem Hinterkopf zu kommen schien... aber in Wirklichkeit, das hatte er in medizinischen Fachzeitschriften gelesen, kam es aus einem Bündel Nervenfasern am Rückenmarksansatz, der Stelle, wo die Heroinsucht anfängt und eine unnatürliche Verdickung des Nervenstammes bewirkt.

Möchtest du eine rasche Heilung? hatte er Henry einmal gefragt.

Brich dir das Rückgrat, Henry. Deine Beine werden nicht mehr funktionie-
ren und dein Schwanz auch nicht, aber du wirst auf der Stelle keine Nadel
mehr brauchen.

Henry hatte das überhaupt nicht komisch gefunden.

In Wahrheit hatte auch Eddie selbst es gar nicht so komisch gefunden. Wenn die schnellste Möglichkeit, den Affen auf dem Rükken loszuwerden, die war, sich die Wirbelsäule oberhalb dieser
Nervenverdickung zu brechen, dann hatte man es mit einem verdammt gewichtigen Affen zu tun. Das war kein Kapuzineraffe,
kein Maskottchen eines alten Abenteurers; das war ein böser alter
Pavian.

Eddie fing an zu schnupfen.

»Okay«, sagte er schließlich. »Das wird gehen. Sie dürfen die
Bühne verlassen, Scheißer.«

Das teigige Ding stand auf. »Ich habe Freunde«, sagte es. »Sie
könnten hierherkommen und Sie in die Mangel nehmen. Sie würden flehen, mir zu sagen, wo der Schlüssel ist.«

»Ich nicht, Kumpel«, sagte Eddie. »Nicht dieser Junge.« Und lächelte. Er wußte nicht, wie das Lächeln aussah, aber es schien nicht
sehr fröhlich gewesen zu sein, denn das teigige Ding verließ die
Bühne, verließ sie schnell und drehte sich nicht noch einmal um.

Als Eddie Dean sicher war, daß er fort war, drückte er.

Fixte.

Schlief.

8

Wie er jetzt auch schlief.

Der Revolvermann, der irgendwo im Verstand dieses Mannes
war (eines Mannes, dessen Namen er immer noch nicht wußte; der
Kurier, den der Gefangene als ›das teigige Ding‹ bezeichnet hatte,
hatte ihn nicht gewußt und daher nie ausgesprochen), betrachtete
das alles, wie er einst als Kind Schauspiele betrachtet hatte, bevor
die Welt sich weitergedreht hatte... jedenfalls dachte er, daß er so
betrachtete, denn etwas anderes als Schauspiele hatte er nie gesehen. Hätte er jemals einen Film gesehen, hätte er zuerst daran ge-

dacht. Was er nicht direkt sehen konnte, könnte er aus dem Verstand des Gefangenen herausholen, denn die Assoziationen waren nahe. Aber das mit dem Namen war komisch. Er kannte den Namen des Bruders des Gefangenen, aber nicht den des Mannes selbst. Aber Namen waren etwas Geheimes, voller Macht.

Und der Name des Mannes gehörte auch nicht zu den Dingen, die wichtig waren. Eines war die Schwäche der Sucht. Das andere war der in dieser Schwäche verborgene stählerne Charakter, wie ein guter Revolver, der in Treibsand versunken war.

Dieser Mann erinnerte den Revolvermann auf schmerzhafte Weise an Cuthbert.

Jemand kam näher. Der Gefangene, der schlief, hörte es nicht. Aber der Revolvermann, der nicht schlief, hörte es und kam wieder in den Vordergrund.

9

Großartig, dachte Jane. *Da erzählt er mir, wie hungrig er ist, und ich mache ihm etwas zu essen, weil er irgendwie niedlich ist, und dann schläft er mir ein.*

Doch dann machte der Passagier – etwa zwanzig, groß, mit sauberen, leicht verwaschenen Bluejeans und Paisleyhemd – die Augen auf und lächelte sie an.

»*Dhanki sähr*«, sagte er – jedenfalls hörte es sich so an. Beinahe archaisch... oder ausländisch. *Schlaftrunkenes Sprechen, mehr nicht,* dachte Jane.

»Gern geschehen.« Sie lächelte ihr bestes Stewardessenlächeln und war sicher, er würde gleich wieder einschlafen und das Sandwich noch nicht aufgegessen sein, wenn es die eigentliche Mahlzeit gab.

Nun, schließlich brachten sie einem bei, mit so etwas zu rechnen, nicht?

Sie ging wieder in die Kombüse, um zu rauchen.

Sie zündete das Streichholz an, hob es halb bis zur Zigarette, und dort verharrte es vergessen, weil sie einem nicht *nur* beibrachten, mit so etwas zu rechnen.

Ich fand ihn irgendwie niedlich. Hauptsächlich wegen seinen Augen. Seinen mandelbraunen Augen.

Aber als der Mann auf 3A vor einem Augenblick die Augen aufgemacht hatte, waren sie *nicht* mandelbraun gewesen; sie waren blau. Kein süßes Sexy-Blau wie Paul Newmans Augen, sondern die Farbe von Eisbergen. Sie . . .

»Au!«

Das Streichholz war bis zu ihren Fingern abgebrannt. Sie schüttelte es aus.

»Jane?« fragte Paula. »Alles klar?«

»Bestens. Tagträume.«

Sie zündete ein neues Streichholz an und machte die Sache dieses Mal richtig. Sie hatte erst einen Zug getan, als ihr eine vollkommen vernünftige Erklärung einfiel. Er trug Kontaktlinsen. Natürlich. Mit denen man seine Augenfarbe verändern konnte. Er war auf der Toilette gewesen. So lange, daß sie sich schon Sorgen gemacht hatte, er könnte luftkrank sein – er hatte eine blasse Gesichtsfarbe, den Ausdruck eines Mannes, dem nicht gut ist. Aber er hatte nur die Kontaktlinsen herausgenommen, damit er angenehmer schlafen konnte. Vollkommen logisch.

Sie spüren vielleicht etwas, sagte plötzlich eine Stimme aus ihrer eigenen, nicht so fernen Vergangenheit. *Ein leichtes Kribbeln. Sie könnten etwas sehen, das nicht ganz in Ordnung ist.*

Farbige Kontaktlinsen.

Jane Dorning kannte mehr als zwei Dutzend Menschen, die Kontaktlinsen trugen. Die meisten arbeiteten für die Fluggesellschaft. Niemand sprach je darüber, aber sie vermutete, einer der Gründe mochte sein, daß die Passagiere nicht gerne Flugpersonal mit Brille sahen – das machte sie nervös.

Von diesen allen kannte sie vielleicht vier, die farbige Kontaktlinsen hatten. Normale Kontaktlinsen waren teuer, farbige kosteten die Welt. Die Leute aus Janes Bekanntenkreis, die dieses Geld ausgaben, waren allesamt Frauen und alle überaus eitel.

Na und? Männer können auch eitel sein. Warum nicht? Er sieht gut aus.

Nein. Sah er nicht. Niedlich vielleicht, aber mehr auch nicht, und mit seiner blassen Haut schaffte er es auch nur eine Nasenlänge bis niedlich. Warum also farbige Kontaktlinsen? Flugpassagiere haben häufig Angst vor dem Fliegen.

In einer Welt, in der Entführungen und Drogenschmuggel zu etwas Alltäglichem geworden waren, hatte das Flugpersonal häufig Angst vor den Passagieren.

Die Stimme, welche diesen Gedankengang ausgelöst hatte, war die einer Lehrerin an der Stewardessenschule gewesen, einer zähen alten Veteranin, die ausgesehen hatte, als hätte sie schon für Wiley Post Briefe geflogen; sie hatte gesagt: *Ignorieren Sie Ihre Verdachtsmomente nicht. Und wenn Sie alles vergessen, was Sie über den Umgang mit potentiellen oder tatsächlichen Terroristen gelernt haben, vergessen Sie eines nicht:* Ignorieren Sie Ihre Verdachtsmomente nicht. *In einigen Fällen wird die Besatzung beim Verhör aussagen, daß sie keine Ahnung hatten, bis der Mann eine Granate herauszog und sagte, biegen Sie links ab nach Kuba, sonst werden sich alle an Bord zum Kondensstreifen gesellen. Aber in den meisten Fällen gibt es zwei oder drei verschiedene Personen – hauptsächlich Stewardessen, wie Sie es in weniger als einem Monat sein werden –, die sagen, sie haben etwas gespürt. Ein leichtes Kribbeln. Das Gefühl, daß mit dem Mann auf 91 C oder der jungen Frau auf 5 A etwas nicht stimmt. Sie haben etwas gespürt, aber sie haben nichts getan. Wurden sie deswegen entlassen? Herrgott, nein! Man kann einen Menschen nicht verhaften lassen, weil einem nicht gefällt, wie er seine Pickel kratzt. Das wahre Problem ist, sie haben etwas gespürt ... und es dann vergessen.*

Die alte Veteranin hatte einen dicken Finger erhoben. Jane Dorning und ihre Klassenkameradinnen hatten gebannt zugehört, als sie sagte: *Wenn Sie dieses leichte Kribbeln spüren, tun Sie nichts ... aber das heißt nicht, daß Sie es vergessen sollen. Denn es besteht immer die winzige Möglichkeit, daß sie etwas verhindern können, ehe es angefangen hat ... zum Beispiel einen nicht eingeplanten zwölftägigen Aufenthalt auf der Landebahn des Pißpot-Flughafens eines arabischen Landes.*

Nur farbige Kontaktlinsen, aber ...

Dhanki sähr.

Schlaftrunkenes Sprechen? Oder ein Ausrutscher in eine andere Sprache?

Sie würde ihn im Auge behalten, beschloß Jane.

Und sie würde es nicht vergessen.

10

Jetzt, dachte der Revolvermann. *Jetzt werden wir es sehen, nicht?*

Es war ihm gelungen, durch die Tür am Strand aus seiner Welt in diesen Körper zu gelangen. Jetzt mußte er herausfinden, ob er Gegenstände mit hinübernehmen konnte. Oh, nicht sich selbst; er war davon überzeugt, daß er selbst jederzeit durch die Tür in seinen eigenen vergifteten, kranken Körper zurückkehren konnte, sollte er den Wunsch verspüren. Aber andere Gegenstände? *Stoffliche* Gegenstände? Hier, vor ihm, befand sich zum Beispiel Essen; die Frau in der Uniform hatte es ein Tun-Fisch-Sandwich genannt. Der Revolvermann hatte keine Ahnung, was Tun-Fisch war, aber er erkannte einen Belegten, wenn er einen sah; auch wenn dieser hier seltsam ungebraten aussah.

Sein Körper brauchte Essen, und sein Körper brauchte Trinken, aber mehr als das alles brauchte sein Körper eine Art Medizin. Ohne sie würde er am Biß des Monsterhummers sterben. In dieser Welt mochte es so eine Medizin geben; in einer Welt, in der Gefährte höher als jeder Adler durch die Lüfte zogen, war alles möglich. Aber es wäre einerlei, wie gut die Medizin hier war, wenn es ihm nicht gelang, etwas Stoffliches durch die Tür zu transportieren.

Du könntest in diesem Körper leben, *Revolvermann*, flüsterte die Stimme des Mannes in Schwarz tief in seinem Kopf. *Überlaß dieses Stück atmende Fleisch hier den Hummerwesen. Es ist sowieso nur ein Behältnis.*

Das würde er nicht tun. Zunächst einmal wäre es der mörderischste Diebstahl, denn er würde sich nicht lange damit zufriedengeben, nur Passagier zu sein und durch die Augen dieses Mannes zu sehen, wie ein Reisender sich die Landschaft aus dem Fenster einer Kutsche heraus ansieht.

Zum anderen war er Roland. Sollte das Sterben erforderlich sein, so hatte er die Absicht, als Roland zu sterben. Er würde dabei sterben, wie er auf den Turm zu*kroch*, sollte das erforderlich sein.

Dann meldete sich wieder der seltsam schroffe Pragmatiker zu Wort, der neben seiner romantischen Natur hauste wie ein Tiger neben einem Reh. Er mußte nicht ans Sterben denken, solange er sein Experiment nicht gemacht hatte.

Er nahm den Belegten. Er war in zwei Hälften geschnitten worden. Er nahm in jede Hand eine. Er machte die Augen des Gefangenen auf und sah durch sie hinaus. Niemand sah ihn an (aber in der Kombüse *dachte* Jane Dorning an ihn, und zwar sehr angestrengt).

Roland wandte sich zur Tür und trat mit den beiden Hälften des Belegten hindurch.

11

Zuerst hörte er das knirschende Dröhnen der heranbrandenden Welle; als nächstes hörte er den Protest zahlreicher Meeresvögel, die sich von den nächstgelegenen Felsen aufschwangen, während er sich mühsam in eine sitzende Haltung aufrichtete. (*Die feigen Mistviecher haben sich angeschlichen*, dachte er, *und sie hätten bald Stücke aus mir herausgepickt, ob ich noch atme oder nicht – sie sind lediglich farbig angemalte Geier.*) Dann stellte er fest, daß eine Hälfte des Belegten – die in seiner rechten Hand – auf den grauen Sand gefallen war, weil er sie mit einer gesunden Hand gehalten hatte, als er durch die Tür gekommen war, und jetzt hielt er sie in einer Hand – *hatte* sie gehalten –, die zum Teil amputiert worden war.

Er hob sie ungeschickt auf und hielt sie zwischen Daumen und Ringfinger, wischte soviel Sand wie möglich ab, dann biß er zögernd hinein. Einen Augenblick später schlang er es hinunter, ohne auf die Sandkörner zu achten, die zwischen seinen Zähnen knirschten. Sekunden später wandte er seine Aufmerksamkeit der anderen Hälfte zu. Sie war mit drei Bissen verschwunden.

Der Revolvermann hatte keine Ahnung, was Tun-Fisch war – er wußte nur, daß er köstlich schmeckte. Das schien ausreichend.

12

Im Flugzeug sah niemand das Thunfischsandwich verschwinden. Niemand sah, wie Eddie Deans Hände die beiden Hälften so fest hielten, daß Daumenabdrücke auf dem Weißbrot blieben.

Niemand sah das Sandwich transparent werden und dann verschwinden, so daß nur ein paar Krümel übrigblieben.

Etwa zwanzig Minuten nachdem das geschehen war, drückte Jane Dorning ihre Zigarette aus und durchquerte die Kabine. Sie holte ihr Buch aus der Handtasche, aber in Wirklichkeit wollte sie nur 3 A noch einmal ansehen.

Er schien fest zu schlafen ... aber das Sandwich war verschwunden.

Großer Gott, dachte Jane. *Er hat es nicht gegessen; er hat es in einem Stück verschluckt. Und jetzt schläft er wieder? Soll das ein Witz sein?*

Was immer das Kribbeln wegen 3 A in ihr verursachte, Mr. Jetzt-sind-sie-mandelbraun-jetzt-sind-sie-blau, kribbelte unaufhörlich weiter. Etwas an ihm stimmte nicht.

Etwas.

Drittes Kapitel

Kontakt und Landung

1

Eddie wurde von der Ansage des Kopiloten geweckt, daß sie in ungefähr fünfundvierzig Minuten auf dem Kennedy International Airport landen würden, wo die Sicht bestens war, der Wind mit zehn Meilen von Westen wehte und die Temperatur bei milden zweiundzwanzig Grad lag. Er sagte ihnen, falls er nicht mehr die Gelegenheit dazu bekommen sollte, er bedanke sich schon jetzt bei allen dafür, daß sie mit Delta geflogen waren.

Er sah sich um und erblickte Passagiere, die ihre Zollerklärungskarten und Ausweise überprüften – wenn man von Nassau kam, waren Führerschein und Kreditkarte einer hiesigen Bank normalerweise ausreichend, aber die meisten nahmen trotzdem ihre Pässe mit –, und Eddie spürte, wie sich ein Stahldraht in ihm zu spannen begann.

Er stand auf und ging auf die Toilette. Die Beutel mit dem Koks unter seinen Armen fühlten sich an, als wären sie sicher und fest verankert, sie schmiegten sich so unauffällig an seine Konturen wie im Hotelzimmer, wo ein leise sprechender Amerikaner namens William Wilson sie befestigt hatte. Nach dem Festkleben hatte der Mann, dessen Name Poe berühmt gemacht hatte (Wilson hatte Eddie lediglich verständnislos angesehen, als Eddie eine Anspielung darauf gemacht hatte), ihm das Hemd gereicht. Nur ein gewöhnliches Paisleyhemd, ein wenig verblichen, wie es jeder Hochschüler auf dem Rückflug von einem Kurzurlaub vor den Prüfungen tragen mochte ... aber dieses war speziell geschneidert, um unliebsame Wölbungen zu verbergen.

»Um sicherzugehen, werden Sie vor der Landung alles überprüfen«, hatte Wilson gesagt. »Aber es wird alles gutgehen.«

Eddie wußte nicht, ob es gutgehen würde oder nicht, aber er hatte noch einen Grund, weshalb er aufs Klo wollte, bevor das Schild BITTE ANSCHNALLEN wieder aufleuchtete. Trotz aller

Versuchung – und vergangene Nacht war es keine Versuchung mehr gewesen, sondern ein tobendes Bedürfnis –, war es ihm gelungen, einen letzten Rest des Stoffes aufzuheben, den das teigige Ding in seiner Dreistigkeit China White zu nennen gewagt hatte.

Der Zoll von Nassau war nicht der Zoll von Haiti oder Quincon oder Bogotá, aber dennoch sahen Leute zu. Ausgebildete Leute. Er brauchte allen und jeden Vorteil, den er bekommen konnte. Wenn er etwas beruhigt durchging, nur ein klein wenig, verschaffte ihm das vielleicht die Überlegenheit, die erforderlich war.

Er schnupfte das Pulver, spülte das Stück Papier, in dem es gewesen war, das Klo runter, dann wusch er sich die Hände.

Wenn du es schaffst, wirst du es natürlich nie erfahren, oder? dachte er. Nein. Würde er nicht. Und es war ihm auch egal.

Auf dem Rückweg zu seinem Sitz sah er die Stewardeß, die ihm den Drink brachte, den er noch nicht leergetrunken hatte. Sie lächelte ihn an. Er lächelte ebenfalls, setzte sich, machte den Sicherheitsgurt zu, nahm das Flugjournal heraus, blätterte die Seiten um und betrachtete Bilder und Worte. Nichts hinterließ einen Eindruck in ihm. Der Stahldraht zog sich weiter um seine Eingeweide zusammen, und als das BITTE ANSCHNALLEN-Zeichen endlich aufleuchtete, flackerte es zweimal und brannte grell.

Das Heroin hatte gewirkt – sein Schniefen bewies es –, aber er konnte es eindeutig nicht *spüren*.

Aber kurz vor der Landung verspürte er wieder einen dieser beunruhigenden, ausgerasteten Augenblicke... kurz, aber eindeutig.

Die 727 überflog die Gewässer des Long Island Sound und setzte zur Landung an.

2

Jane Dorning war in der Kombüse der Business Class gewesen und hatte Peter und Anne geholfen, die letzten Gläser des Drinks nach dem Essen zu verstauen, als der Bursche, der wie ein College-Student aussah, in die Toilette der ersten Klasse ging.

Als sie den Vorhang zwischen Business und erster zurückschob, ging er wieder zu seinem Sitz, und sie ging schneller, ohne darüber nachzudenken, und erwischte ihn mit ihrem Lächeln, das er aufschauend erwiderte.

Seine Augen waren wieder mandelfarben.

Schon gut, schon gut. Er ist vor seinem Nickerchen aufs Klo gegangen und hat sie herausgenommen; danach ist er wieder aufs Klo gegangen und hat sie eingesetzt. Mein Gott, Janey! Du bist eine Gans!

Aber das war sie nicht. Sie konnte nichts Bestimmtes feststellen, aber sie war auch keine Gans.

Er ist zu blaß.

Na und? Tausende Menschen sind zu blaß, sogar deine eigene Mutter, seit ihre Gallenblase zum Teufel ging.

Er hatte sehr fesselnde blaue Augen – vielleicht nicht so niedlich wie die mandelbraunen Kontaktlinsen –, aber eindeutig fesselnd. Also warum die Kosten und Mühen?

Weil er Designer-Augen mag. Genügt das nicht?

Nein.

Kurz vor BITTE ANSCHNALLEN und dem letzten Überprüfen machte sie etwas, das sie noch niemals vorher gemacht hatte, wobei sie immerzu an die alte Veteranin denken mußte. Sie füllte eine Thermoskanne mit heißem Kaffee und schraubte die rote Plastikhaube darauf, ohne vorher den Dichtungsstöpsel in den Flaschenhals zu drehen. Und die Haube drehte sie nur bis zur ersten Drehung der Spirale zu.

Susy Douglas machte die letzte Landeansage und sagte den Schafen, sie sollten die Zigaretten ausmachen, sagte ihnen, sie sollten verstauen, was sie herausgeholt hatten, sagte ihnen, daß jemand vom Bodenpersonal von Delta die Passagiere in Empfang nehmen würde, sagte ihnen, sie sollten überprüfen, ob sie ihre Zollerklärungskarten und Ausweise parat hatten, sagte ihnen, daß es jetzt erforderlich wäre, alle Tassen, Gläser und Kopfhörer einzusammeln.

Es überrascht mich, daß wir nicht noch nachprüfen müssen, ob sie trocken sind, dachte Jane gereizt. Sie spürte, wie sich ihr eigener Stahldraht um ihre Eingeweide legte und sich fest zusammenzog.

»Nimm meine Seite«, sagte Jane, nachdem Susy das Mikrofon eingehängt hatte.

Susy betrachtete die Thermoskanne, dann Janes Gesicht. »Jane? Ist dir schlecht? Du bist weiß wie eine...«

»Mir ist nicht schlecht. Nimm meine Seite. Ich werde es dir erklären, wenn du wieder da bist.« Jane warf den Notsitzen neben der linken Schleuse einen raschen Blick zu. »Ich will mit Blick auf die Passagiere sitzen.«

»Jane...«

»*Nimm meine Seite.*«

»Schon gut«, sagte Susy. »Schon gut, Jane. Kein Problem.«

Jane Dorning setzte sich auf den Notsitz direkt beim Gang. Sie hielt die Thermoskanne in der Hand und traf keine Anstalten, die Gurte anzulegen.

Sie wollte uneingeschränkte Kontrolle über die Thermoskanne, und dazu brauchte sie beide Hände.

Susy denkt, ich bin ausgeflippt.

Jane hoffte, daß sie es war.

Wenn Kapitän McDonald eine harte Landung macht, werde ich mir beide Hände verbrühen.

Das würde sie riskieren.

Das Flugzeug sank. Der Mann auf 3 A, der Mann mit den zweifarbigen Augen und dem blassen Gesicht, beugte sich plötzlich nach vorne und zog seine Reisetasche unter dem Sitz hervor.

Jetzt, dachte Jane. *Jetzt holt er die Granate oder die automatische Waffe oder was immer er hat heraus.*

Und in dem Augenblick, wenn sie es sah, genau in diesem Augenblick, würde sie die Haube der Thermoskanne in ihren plötzlich zitternden Händen herunterdrehen, und dann würde sich ein sehr überraschter Sohn Allahs auf dem Boden des Delta-Fluges 901 wälzen, während ihm die Haut im Gesicht kochte.

3 A machte den Reißverschluß der Tasche auf. Jane machte sich bereit.

Der Revolvermann war der Überzeugung, Gefangener oder nicht, daß dieser Mann in der hohen Kunst des Überlebens wahrscheinlich besser war als alle anderen Männer in der Himmelskutsche, die er gesehen hatte. Die anderen waren größtenteils dicke Wesen, und selbst die, die hinreichend fit aussahen, waren offen, unbedacht, mit den Gesichtern verzogener und verhätschelter Kinder, mit den Gesichtern von Männern, die letztlich kämpfen konnten – die vorher aber endlos lamentieren würden; man könnte ihre Eingeweide auf ihre Schuhe fallen lassen, und ihr letzter Gesichtsausdruck wäre wahrscheinlich nicht Wut oder Schmerz, sondern dümmliche Überraschung.

Der Gefangene war besser... aber nicht gut genug.

Die Armeefrau. Sie hat etwas gesehen. Ich weiß nicht was, aber sie hat gesehen, daß etwas nicht stimmt. Sie achtet in einer Weise auf ihn, wie sie auf die anderen nicht achtet.

Der Gefangene setzte sich. Betrachtete ein weich eingebundenes Buch, das er als ›Magda-Zin‹ bezeichnete, wenngleich es Roland keinen Pfifferling interessierte, wer Magda gewesen war. Der Revolvermann wollte kein Buch ansehen, so erstaunlich es sein mochte; er wollte die Frau in der Armeeuniform beobachten. Der Drang, nach vorne zu kommen und zu übernehmen, war sehr stark. Aber er hielt sich zurück... wenigstens vorerst.

Der Gefangene war irgendwohin gegangen und hatte eine Droge genommen. Nicht die Droge, die er selbst nahm, und keine Droge, mit der der Revolvermann seinen kranken Körper heilen konnte, aber eine, für die die Menschen viel Geld zahlten, weil sie gegen das Gesetz war. Er wollte diese Droge seinem Bruder geben, der sie wiederum einem Mann namens Balazar geben wollte. Der Handel würde abgeschlossen sein, wenn Balazar ihnen die Droge dafür gegeben hatte, die *sie* statt dieser nahmen – das hieß, wenn der Gefangene imstande war, ein dem Revolvermann unbekanntes Ritual auszuführen (und eine Welt, die so seltsam war wie diese, mußte zwangsläufig viele seltsame Rituale haben); es hieß ›durch den Zoll kommen‹.

Aber die Frau sieht ihn.

Konnte sie ihn daran hindern, durch den Zoll zu kommen? Roland dachte, daß die Antwort wahrscheinlich ja lautete. Und dann? Gefängnis. Und wenn der Gefangene ins Gefängnis kam, hatte er keine Möglichkeit, die Medizin zu bekommen, die sein von der Infektion befallener, sterbender Körper brauchte.

Er muß durch den Zoll kommen, dachte Roland. *Er muß. Und er muß mit seinem Bruder zu diesem Mann namens Balazar gehen. Das gehörte nicht zum Plan, und dem Bruder würde es nicht gefallen, aber er muß es tun.*

Denn ein Mann, der mit Drogen handelte, würde auch einen Mann kennen oder ein Mann *sein*, der die Kranken heilte. Ein Mann, der sich anhören würde, was nicht in Ordnung war, und dann... vielleicht.

Er muß durch den Zoll kommen, dachte der Revolvermann.

Die Antwort war so groß und einfach, so nahe, daß er sie beinahe überhaupt nicht gesehen hätte. Die *Droge*, die der Gefangene schmuggeln wollte, machte es so schwierig, durch den Zoll zu kommen, natürlich; es könnte eine Art Orakel geben, das zu Rate gezogen wurde, wenn Leute verdächtig schienen. Ansonsten, erkannte Roland, würde die Zollzeremonie die Einfachheit selbst sein, so wie in seiner Welt das Überqueren einer Grenze in befreundetes Land. Man machte das Ehrenzeichen für den Herrscher dieses Landes – eine einfache vereinbarte Geste – und durfte passieren.

Er *konnte* Gegenstände von der Welt des Gefangenen in seine eigene nehmen. Der Tun-Fisch-Belegte hatte das bewiesen. Er würde die Beutel mit den Drogen nehmen, wie er den Belegten genommen hatte. Der Gefangene würde durch den Zoll gehen. Und dann würde Roland ihm die Beutel mit der Droge zurückgeben.

Kannst du das?

Ah, das war eine Frage, die hinreichend beunruhigend war, ihn vom Anblick des Wassers unter sich abzulenken. Sie flogen über einem offenbar riesigen Meer und wendeten jetzt wieder in Richtung Küste. Während sie das taten, kam das Wasser immer näher. Die Himmelskutsche kam herunter (Eddies Blick war flüchtig, nebensächlich; der des Revolvermanns so gebannt wie der eines Kindes, das seinen ersten Schnee fallen sieht). Er konnte Gegenstände mit *in* seine Welt nehmen, das wußte er. Aber sie wieder zurückbringen? Das war etwas, das er bisher noch nicht wußte. Er würde es herausfinden müssen.

Der Revolvermann griff in die Tasche des Gefangenen und schloß die Finger des Gefangenen um eine Münze.

Roland ging durch die Tür zurück.

4

Die Vögel flogen weg, als er sich aufrichtete. Dieses Mal hatten sie es nicht gewagt, so nahe heranzukommen. Er hatte Schmerzen, war benommen und fiebrig; doch es war erstaunlich, wie sehr ihn selbst die wenige Nahrung belebt hatte.

Er betrachtete die Münze, die er dieses Mal mit herübergebracht hatte. Sie sah wie Silber aus, aber die rötliche Färbung am Rand deutete darauf hin, daß sie in Wirklichkeit aus einem gewöhnlicheren Metall bestand. Auf der einen Seite war das Profil eines Mannes, das Adel, Mut und Starrsinn ausdrückte. Sein Haar, das am Schädelansatz gelockt und im Nacken gebunden war, deutete auch auf Eitelkeit hin. Er drehte die Münze herum und sah etwas so Verblüffendes, daß er mit rostiger, krächzender Stimme aufschrie.

Auf der Rückseite war ein Adler, das Muster seiner eigenen Flagge in jenen fernen Zeiten, als es noch Königreiche und Flaggen, die sie symbolisierten, gegeben hatte.

Die Zeit ist knapp. Geh zurück. Spute dich.

Aber er verweilte noch einen Augenblick nachdenklich. In seinem eigenen Kopf fiel ihm das Nachdenken schwerer – der Gefangene war alles andere als rein, aber er war zumindest vorläufig ein reineres Behältnis als er selbst.

Mit der Münze beide Wege zu versuchen, war nur ein Teil des Experiments, nicht?

Er nahm eine Patrone aus dem Gurt und legte sie zu der Münze in seiner Hand.

Roland trat wieder durch die Tür zurück.

Die Münze des Gefangenen war noch da, sie lag fest in der Hand in der Tasche. Er mußte nicht *nach vorne* kommen, um nach der Patrone zu sehen; er wußte, daß sie die Reise nicht geschafft hatte.

Er kam dennoch kurz *nach vorne*, denn eines mußte er wissen. Mußte er *sehen*.

Daher drehte er sich um, als wollte er das kleine Papierding auf der Sitzlehne hinter sich zurechtrücken (bei allen Göttern, die jemals waren, *überall* in dieser Welt war Papier), und sah durch die Tür. Er sah seinen eigenen Körper, der wie zuvor niedergesunken war, doch nun troff frisches Blut aus einer Schnittwunde an der Wange – das mußte durch einen Stein passiert sein, als er sich selbst verlassen hatte und herübergekommen war.

Die Patrone, die er zusammen mit der Münze gehalten hatte, lag unmittelbar vor der Tür im Sand.

Damit war alles beantwortet. Der Gefangene konnte durch den Zoll gehen. Seine Wachmänner mochten ihn von Kopf bis Fuß, von Arschloch bis Magen untersuchen und wieder zurück.

Sie würden nichts finden.

Der Revolvermann zog sich zurück, er war zufrieden und war sich wenigstens vorläufig noch nicht darüber im klaren, daß er das wahre Außmaß seines Problems immer noch nicht begriffen hatte.

6

Die 727 machte einen ruhigen und glatten Landeanflug über den Salzmarschen von Long Island und zog eine rußige Spur verbrannten Treibstoffs hinter sich her. Das Fahrgestell wurde mit einem Rumpeln und einem Ruck ausgefahren.

3 A, der Mann mit den zweifarbigen Augen, richtete sich auf, und Jane sah – sah tatsächlich – eine abgesägte Uzi in seinen Händen, bis ihr klar wurde, daß es sich lediglich um seine Zollerklärungskarte und eine kleine Handtasche handelte, wie sie Männer manchmal für ihre Pässe benützen.

Das Flugzeug setzte glatt wie Seide auf.

Sie drehte mit einem tiefen, bebenden Erschauern die rote Haube der Thermoskanne fest zu.

»Kannst ruhig Arschloch zu mir sagen«, sagte sie mit leiser Stimme zu Susy und schnallte sich jetzt, wo es zu spät war, an. Sie hatte Susy beim Landeanflug gesagt, was sie vermutete, damit Susy vorbereitet sein würde. »Du hättest allen Grund dazu.«

»Nein«, sagte Susy. »Du hast richtig gehandelt.«

»Ich habe übertrieben reagiert. Und das Essen geht auf meine Rechnung.«

»Den Teufel geht es. Und sieh ihn nicht an. Sieh mich an. *Lächle*, Janey.« Jane lächelte. Nickte. Fragte sich, was in Gottes Namen jetzt los war.

»Du hast seine Hände beobachtet«, sagte Susy und lachte. Jane stimmte ein. »Ich dagegen habe beobachtet, was mit seinem Hemd los war, als er sich hinunterbeugte, um seine Tasche zu holen. Er hat genügend Stoff darunter, daß man eine Auslage bei Woolworth damit bestücken könnte. Nur glaube ich nicht, daß er die Art Stoff bei sich hat, die man bei Woolworth kaufen kann.«

Jane warf den Kopf zurück und lachte wieder; sie fühlte sich wie eine Marionette. »Was machen wir jetzt?« Susy hatte fünf Dienstjahre mehr als sie, und Jane, die noch vor einer Minute geglaubt hatte, sie hätte die Situation unter einer Art verzweifelter Kontrolle, war jetzt nur froh darüber, daß sie Susy an ihrer Seite hatte.

»*Wir* machen gar nichts. Sag es dem Kapitän, während wir zum Flugsteig rollen. Der Kapitän spricht mit der Zollbehörde. Unser Freund stellt sich in die Reihe, wie alle anderen auch, aber dann wird er von ein paar Männern *aus* der Reihe geholt, die ihn anschließend in ein kleines Zimmer begleiten. Ich glaube, für ihn wird das das erste von vielen kleinen Zimmern sein.«

»Mein Gott.« Jane lächelte, doch rasten abwechselnd heiße und kalte Schauer durch sie hindurch.

Als die Gegenschubdüsen aufhörten zu dröhnen, machte sie den Verschluß ihrer Gurte auf, gab Susy die Thermosflasche, stand dann auf und klopfte an die Cockpittür.

Kein Terrorist, sondern ein Drogenschmuggler. Gott sei Dank für die kleinen Gefälligkeiten. Doch in gewisser Weise mißfiel es ihr. Er war niedlich gewesen.

Nicht sehr, aber ein wenig.

8

Er sieht es immer noch nicht, dachte der Revolvermann voll Zorn und dämmernder Verzweiflung. *Ihr Götter!*

Eddie hatte sich gebückt, um die für das Ritual erforderlichen Unterlagen zu holen, und als er wieder hochkam, sah ihn die Armeefrau an, deren Augen aus den Höhlen quollen und deren Wangen so weiß wie die Papierdinger auf den Sitzlehnen waren. Die Silberröhre mit der roten Spitze, die er zuerst für eine Art Nahrungsbehälter gehalten hatte, schien offenbar eine Waffe zu sein. Jetzt hielt sie sie zwischen den Brüsten. Roland dachte, noch einen Augenblick, dann würde sie sie wahrscheinlich nach ihm werfen oder den roten Deckel entfernen und auf ihn schießen.

Dann entspannte sie sich und schnallte den Harnisch zu, wenngleich der Ruck dem Revolvermann und dem Gefangenen verriet, daß die Himmelskutsche bereits gelandet war. Sie wandte sich zu der Armeefrau, neben der sie saß, und sagte ihr etwas. Die andere Frau lachte und nickte, aber der Revolvermann dachte, wenn das ein echtes Lachen war, dann war er eine Flußkröte.

Der Revolvermann fragte sich, wie der Mann, dessen Verstand vorübergehend zum Heim für das *Ka* des Revolvermannes geworden war, so dumm sein konnte. Teilweise lag es natürlich an dem, was er seinem Körper zuführte... das Teufelsgras dieser Welt. Teilweise, aber nicht ganz. Er war nicht weich und unaufmerksam, so wie die anderen, aber mit der Zeit konnte er es werden.

Sie sind so, wie sie sind, weil sie im Licht leben, dachte der Revolver-

mann plötzlich. *Dem Licht der Zivilisation, das du, wie man dir beige-*
bracht hat, mehr als alles andere verehren sollst. Sie leben in einer Welt,
die sich nicht weitergedreht hat.

Wenn die Menschen in so einer Welt so wurden, war Roland
nicht sicher, ob er nicht die Dunkelheit vorzog. »Das war, bevor
die Welt sich weitergedreht hat«, sagten die Menschen in seiner
Welt, und es wurde stets in einem Tonfall der Trauer um den Verlust ausgesprochen... aber möglicherweise war es Trauer ohne
Nachdenken, ohne Bedacht.

Sie dachte, ich/er wollte eine Waffe holen, als ich/er mich hinunter-
bückte, um die Papiere zu holen. Als sie die Papiere gesehen hat, ent-
spannte sie sich und tat, was alle getan haben, bevor die Himmelskutsche
wieder auf dem Boden aufsetzte. Jetzt reden und lachen sie und ihre
Freundin, aber ihre Gesichter – besonders ihr Gesicht, das Gesicht der
Frau mit der Metallröhre, stimmt nicht. Sie reden, das stimmt, aber sie
tun nur so, als würden sie lachen... und das liegt daran, daß sie über
mich/ihn sprechen.

Die Himmelskutsche bewegte sich jetzt über eine lange Beton-
straße, eine von vielen. Er achtete größtenteils auf die Frauen,
aber aus den Augenwinkeln konnte der Revolvermann noch andere Himmelskutschen sehen, die sich auf anderen Straßen hin
und her bewegten. Einige träge, andere mit großer Geschwindigkeit, gar nicht wie Kutschen, sondern mehr wie Geschosse, die
aus Kanonen oder Pistolen abgefeuert worden waren und sich an-
schickten, sich in die Luft zu erheben. So verzweifelt seine Situation geworden war, ein Teil von ihm wollte von ganzem Herzen
nach vorne kommen, damit er diese Fahrzeuge sehen konnte, die
sich in die Lüfte schwangen. Sie waren von Menschen geschaffen,
aber in jeder Beziehung ebenso sagenhaft wie der Große Federix,
der einstmals im fernen (und höchstwahrscheinlich mythischen)
Königreich Garlan gelebt hatte – wahrscheinlich *noch* sagenhafter,
eben weil diese von Menschen geschaffen worden waren.

Die Frau, die ihm den Belegten gebracht hatte, öffnete ihren
Harnisch (weniger als eine Minute nachdem sie ihn angelegt
hatte) und ging zu einer kleinen Tür. *Dort sitzt der Kutscher,* dachte
der Revolvermann, aber als die Tür geöffnet wurde und sie eintrat, konnte er sehen, daß es offenbar dreier Fahrer bedurfte, die
Himmelskutsche zu steuern, und der noch so kurze Blick auf

scheinbar eine Million Skalen und Anzeigen und Lichter, der ihm gewährt wurde, ließ ihn den Grund dafür einsehen.

Der Gefangene betrachtete das alles, sah aber nichts – Cort hätte ihn erst verhöhnt und dann durch die nächstbeste Wand geprügelt. Der Verstand des Gefangenen war völlig damit beschäftigt, die Tasche unter dem Sitz und seine Jacke aus der Ablage über ihm zu holen... und sich der Prüfung des Rituals zu stellen.

Der Gefangene sah nichts; der Revolvermann sah alles.

Die Frau hielt ihn für einen Dieb oder Verrückten. Er – oder möglicherweise war ich es, ja, das scheint wahrscheinlicher – hat etwas getan, das sie dazu brachte. Sie hat ihre Meinung geändert, und dann hat diese andere Frau sie wieder umgestimmt... aber ich glaube, jetzt wissen sie, was wirklich los ist. Sie wissen, daß er vorhat, das Ritual zu entweihen.

Dann ging ihm wie mit einem Donnerschlag der Rest seines Problems auf. Zunächst einmal konnte er die Beutel nicht einfach mit in seine Welt nehmen, wie er die Münze mitgenommen hatte. Die Münze war nicht mit Klebeband am Körper des Gefangenen befestigt gewesen. Doch dieses Klebeband war nur ein Teil des Problems. Dem Gefangenen war das zwischenzeitliche Verschwinden einer Münze von vielen nicht aufgefallen, aber wenn er merkte, daß das, wofür er sein Leben riskiert hatte, plötzlich verschwunden war, würde er *sicherlich* durchdrehen... und was dann?

Es war mehr als wahrscheinlich, daß sich der Gefangene so irrational aufführen würde, daß er ebensoschnell im Gefängnis landen würde, als wäre er beim Akt der Entweihung erwischt worden. Der Verlust an sich wäre schlimm genug; wenn sich die Beutel unter seinen Achseln auf einmal in Nichts auflösen würden, würde er wahrscheinlich selbst denken, er wäre verrückt geworden.

Die Himmelskutsche, die jetzt auf dem Boden ochsengleich träge war, mühte sich in eine Linkskurve. Dem Revolvermann wurde klar, daß er sich den Luxus längeren Nachdenkens nicht mehr leisten konnte. Er mußte mehr tun, als *nach vorne* kommen; er mußte Kontakt mit Eddie Dean herstellen.

Sofort.

Eddie steckte Zollerklärungskarte und Ausweis in die Brusttasche. Der Stahldraht schlang sich jetzt unablässig um seine Eingeweide und schnürte sie fester und fester zusammen, so daß seine Nerven funkelten und kribbelten. Und plötzlich sprach eine Stimme in seinem Kopf.

Kein Gedanke; eine *Stimme*.

Hör mir zu, Junge. Hör genau zu. Und wenn du in Sicherheit bleiben möchtest, dann sieh zu, daß man deinem Gesicht nichts anmerkt, was weiterhin den Argwohn dieser Armeefrauen erregen könnte. Sie sind weiß Gott schon argwöhnisch genug.

Eddie dachte zuerst, er hätte die Kopfhörer der Fluggesellschaft noch auf und würde eine unheimliche Übertragung aus dem Cockpit empfangen. Aber die Kopfhörer waren vor fünf Minuten eingesammelt worden.

Sein zweiter Gedanke war, daß jemand neben ihm stand und redete. Er hätte beinahe den Kopf nach links gerissen, aber das war absurd. Ob es ihm gefiel oder nicht, die nackte Wahrheit war, die Stimme hatte *in* seinem Kopf gesprochen.

Vielleicht empfing er eine Übertragung, UKW, MW oder VHF, mit seinen Plomben. Er hatte von solchen Sachen geh...

Nimm dich zusammen, Wurm! Sie sind argwöhnisch genug, auch wenn du nicht aussiehst, als wärst du verrückt geworden!

Eddie richtete sich heftig auf, als wäre er gekniffen worden. Diese Stimme war nicht die von Henry, aber sie glich der von Henry, als sie noch Kinder droben in den Projects gewesen waren, Henry acht Jahre älter, die Schwester, die zwischen ihnen war, heute nur noch der Schemen einer Erinnerung; Selina war von einem Auto angefahren und getötet worden, als Eddie zwei und Henry zehn Jahre alt gewesen waren. Dieser schroffe Befehlston kam immer dann zum Vorschein, wenn Henry ihn etwas machen sah, das Eddie lange vor seiner Zeit in einen Kiefernholzsarg bringen konnte... so wie Selina.

Was beim blauen Fick ist hier los?

Du hörst keine Stimmen, die nicht da sind, antwortete die Stimme in seinem Kopf. Nein, nicht Henrys Stimme – älter, trockener... stärker. Aber *wie* Henrys Stimme... es war unmöglich, ihr nicht zu glauben. *Das ist das erste. Du wirst nicht verrückt. Ich bin eine andere Person.*

Ist das Telepathie?

Eddie bekam am Rande mit, daß sein Gesicht vollkommen ausdruckslos war. Er dachte, daß ihn das unter den gegebenen Umständen für einen Oscar als bester Schauspieler des Jahres qualifizieren sollte. Er sah zum Fenster hinaus und stellte fest, daß sich das Flugzeug dem für Delta reservierten Abschnitt des Ankunftsgebäudes des Kennedy International näherte.

Dieses Wort kenne ich nicht. Aber ich weiß, diese beiden Armeefrauen wissen, daß du...

Es folgte eine Pause. Ein Gefühl – seltsamer, als man es beschreiben könnte –, als würden lebende Finger sein Gehirn wie einen Katalog durchblättern.

...Heroin oder Kokain bei dir hast. Ich weiß nicht, welches von beiden – aber es muß Kokain sein, denn du transportierst das, was du nicht nimmst, um das zu bekommen, was du nimmst.

»Welche Armeefrauen?« murmelte Eddie mit gedämpfter Stimme. Er merkte überhaupt nicht, daß er laut gesprochen hatte. »Wovon zum Teufel sprechen Sie...«

Wieder das Gefühl, geschlagen zu werden... so wirklich, daß er seinen Kopf davon klingeln hörte.

Halt den Mund, verdammtes Arschloch!

Schon gut, schon gut! Mein Gott!

Jetzt wieder das Gefühl suchender Finger.

Armeestewardessen, antwortete die fremde Stimme. *Verstehst du mich? Ich habe keine Zeit, jeden einzelnen deiner Gedanken zu durchsuchen, Gefangener!*

»Wie haben Sie...«, begann Eddie, dann machte er den Mund zu. *Wie haben Sie mich genannt?*

Vergiß es. Hör einfach zu. Unsere Zeit ist sehr, sehr knapp. Sie wissen es. Die Armeestewardessen wissen, daß du dieses Kokain hast.

Wie sollten sie? Das ist lächerlich!

Ich weiß nicht, wie sie zu ihrem Wissen gekommen sind, das ist auch nicht wichtig. Eine hat es den Kutschern gesagt. Die Kutscher werden es an diese Priester weitergeben, die das Ritual durchführen, dieses durch den Zollgehen...

Die Sprache der Stimme in seinem Kopf war geheimnisvoll, die

Ausdrücke so daneben, daß es beinahe niedlich war... aber die Aussage kam laut und deutlich durch. Zwar blieb sein Gesicht ausdruckslos, aber Eddies Zähne schlugen mit einem schmerzhaften Klick aufeinander, und er sog leise zischend die Luft zwischen ihnen ein.

Die Stimme sagte, daß das Spiel gelaufen war. Er hatte das Flugzeug nicht einmal verlassen, und das Spiel war schon gelaufen.

Aber das war nicht wirklich. Dies konnte unmöglich wirklich sein. Es war nur sein Verstand, der in letzter Minute einen paranoiden kleinen Tanz aufführte, das war alles. Er würde nicht darauf achten. Nicht darauf achten, und es würde vorübergehen...

Du WIRST darauf achten, sonst kommst du ins Gefängnis, und ich sterbe! brüllte die Stimme.

Wer in Gottes Namen sind Sie? fragte Eddie zögernd und ängstlich, und er hörte, wie jemand in seinem Kopf einen tiefen, heftigen Seufzer der Erleichterung ausstieß.

10

Er glaubt mir, dachte der Revolvermann. *Dank sei allen Göttern, die sind oder jemals waren, er glaubt* mir!

11

Das Flugzeug kam zum Stillstand. Das BITTE ANSCHNALLEN-Zeichen erlosch. Der Jetway rollte vorwärts und stieß mit einem sanften Ruck gegen den vorderen Ausstieg.

Sie waren angekommen.

Es gibt einen Ort, wo du sie verstauen kannst, während du durch den Zoll gehst, sagte die Stimme. *Einen sicheren Ort. Wenn du dann durch bist, kannst du sie wieder holen und diesem Mann Balazar bringen.*

Inzwischen standen Passagiere auf und holten Sachen aus den oberen Ablagen; sie versuchten, mit Mänteln zurechtzukommen, für die es, so die Ansage aus dem Cockpit, zu warm war.

Nimm deine Tasche. Nimm deine Jacke. Und dann geh wieder in die Kammer.

Ka...

Oh. Waschraum. Klo.

Wenn sie denken, daß ich den Stoff habe, werden sie glauben, ich versuche ihn loszuwerden.

Aber Eddie war klar, daß es keine Rolle spielte. Sie würden die Tür nicht aufbrechen, weil das den anderen Passagieren angst machen würde. Und sie wußten, man konnte kein Kilo Kokain eine Flugzeugtoilette hinunterspülen, ohne eine Spur zu hinterlassen. Und wenn die Stimme wirklich die Wahrheit sagte... und es einen sicheren Ort gab. *Aber wo könnte das sein?*

Kümmere dich nicht darum, verdammt! BEWEG DICH!

Eddie bewegte sich. Denn er hatte die Situation plötzlich begriffen. Er sah nicht alles, was Roland aufgrund seiner Ausbildung mit Schmerz und Präzision sehen konnte, aber er konnte die Gesichter der Stewardessen sehen – die *wahren* Gesichter, diejenigen hinter dem Lächeln und dem hilfreichen Weitergeben von Handgepäck und Kartons, die im vorderen Spind verstaut worden waren. Er konnte sehen, wie ihre Blicke auf ihn fielen, immer wieder, schnell wie Peitschenschläge.

Er nahm seine Tasche. Er nahm sein Jackett. Die Tür zum Jetway war geöffnet worden, die Passagiere bewegten sich bereits den Gang entlang. Die Tür zum Cockpit war offen, und da stand der Kapitän, der ebenfalls lächelte... aber auch die Passagiere der ersten Klasse beobachtete, die immer noch ihre Sachen zusammensuchten; er erblickte ihn – nein, *suchte* ihn heraus – und sah wieder weg, nickte jemandem zu, wuschelte einem Kind das Haar.

Jetzt war ihm kalt. Kein cold turkey, einfach nur kalt. Er brauchte die Stimme in seinem Kopf nicht, damit ihm kalt wurde. Kalt –

manchmal war das in Ordnung. Man mußte nur darauf achten, nicht so kalt zu werden, daß man erfror.

Eddie ging nach vorne, erreichte die Stelle, wo er links zum Jetway gehen mußte – und dann legte er plötzlich die Hand vor den Mund.

»Mir ist schlecht«, murmelte er. »Entschuldigen Sie bitte.« Er bewegte die Tür des Cockpits, die die zu der Ersten-Klasse-Toilette etwas versperrte, dann machte er die Tür des rechten Waschraums auf.

»Ich fürchte, Sie müssen das Flugzeug verlassen«, sagte der Pilot heftig, als Eddie die Waschraumtür aufmachte. »Es ist...«

»Ich glaube, ich muß mich übergeben, und das will ich nicht auf Ihre Schuhe tun«, sagte Eddie, »und auf meine auch nicht.«

Eine Sekunde später war er drinnen und hatte die Tür verriegelt. Der Kapitän sagte etwas. Eddie konnte es nicht verstehen, *wollte* es nicht verstehen. Wichtig war, daß er nur redete und nicht *rief*. Er hatte recht gehabt, niemand würde anfangen zu schreien, solange noch zweihundertfünfzig Passagiere darauf warteten, das Flugzeug durch die vordere Tür zu verlassen. Er war drinnen, er war vorübergehend in Sicherheit... aber was nützte ihm das?

Wenn sie da sind, dachte er, *dann sollten sie besser etwas unternehmen, und zwar rasch, wer immer sie sein mögen.*

Einen schrecklichen Augenblick war überhaupt nichts. Es war ein kurzer Augenblick, aber in Eddie Deans Kopf schien er sich fast endlos zu dehnen, wie Bonomo's türkischer Honig, den Henry ihm im Sommer manchmal gekauft hatte, als sie noch Kinder waren; war er böse, prügelte Henry ihn windelweich, war er gut, kaufte Henry ihm türkischen Honig. So handhabe Henry seine höhere Verantwortung während der Sommerferien.

Gott, o Heiland, ich habe mir alles nur eingebildet, mein Gott, wie konnte ich nur so verrückts...

Mach dich bereit, sagte eine grimmige Stimme, *ich kann es nicht alleine machen. Ich kann NACH VORNE kommen, aber ich kann dich nicht HINDURCH BRINGEN Du mußt mir dabei helfln. Dreh dich um.*

Plötzlich sah Eddie durch zwei Augenpaare, fühlte mit zwei Nervensystemen (aber nicht alle Nerven dieser anderen Person waren da; Teile des anderen waren weg, erst kurze Zeit weg, und schrien vor Schmerzen), nahm mit zehn Sinnen wahr, dachte mit zwei Gehirnen, und sein Blut schlug durch zwei Herzen.

Er drehte sich herum. An der Seite des Waschraums war ein Loch, ein Loch, das wie eine Tür aussah. Er konnte einen grauen, körnigen Strand dahinter sehen und Wellen von der Farbe alter Turnersocken, die sich daran brachen.

Er konnte die Wellen hören.

Er konnte das Salz riechen, ein Geruch, der so bitter wie Tränen in seiner Nase war.

Geh durch.

Jemand klopfte an die Tür des Waschraums und sagte ihm, daß er das Flugzeug sofort verlassen mußte.

Geh durch, verdammt!

Eddie ging stöhnend auf die Tür zu... stolperte... und fiel in eine andere Welt.

13

Er stand langsam auf und stellte fest, daß er sich die rechte Hand an einer Muschelschale aufgeschnitten hatte. Er betrachtete dümmlich das Blut, das über seine Lebenslinie rann, dann sah er einen anderen Mann rechts von sich, der sich langsam auf die Beine erhob.

Eddie schreckte zurück, sein Gefühl der Desorientierung und der verträumten Verwirrung wurde plötzlich von heftigem Entsetzen verdrängt; dieser Mann war tot und wußte es nur noch nicht. Sein Gesicht war hager, die Haut spannte über den Knochen seines Gesichts wie Stoffstreifen, die über Gelenke aus Metall gespannt worden waren – bis fast zu dem Punkt, da der Stoff reißen mußte. Das Gesicht des Mannes war bleich, abgesehen von hektischen roten Flecken über jedem Wangenknochen, auf dem Hals, auf beiden Seiten unter den Kieferknochen und einem einzigen Mal zwischen den Augen, als hätte ein Kind ein Kastensymbol der Hindus nachgeahmt.

Aber seine Augen – blau, ruhig, normal – waren lebhaft und von einer schrecklichen und unbeugsamen Vitalität erfüllt. Er trug dunkle Kleidung aus einem selbstgesponnenen Material; das schwarze Hemd, dessen Ärmel hochgekrempelt waren, war grau verblichen, die Hosen erinnerten an Bluejeans. Revolvergurte kreuzten sich über seiner Hüfte, aber die Schlaufen waren beinahe leer. In den Halftern waren Revolver, die wie 45er aussahen – aber 45er antiker Machart. Das glatte Holz der Kolben schien von einem inneren Leuchten erfüllt zu sein.

Eddie, der gar nicht wußte, daß er die Absicht hatte zu sprechen, hörte sich dennoch etwas sagen. »Sind Sie ein Gespenst?«

»Noch nicht«, krächzte der Mann mit den Revolvern. »Das Teufelsgras. Kokain. Wie immer du es nennst. Zieh dein Hemd aus.«

»Ihre Arme...« Eddie hatte sie gesehen. Die Arme des Mannes, der aussah wie eine extravagante Art von Revolvermann in einem Spaghettiwestern, waren von häßlichen roten Linien überzogen. Eddie wußte ganz genau, was solche Linien bedeuteten. Sie bedeuteten Blutvergiftung. Sie bedeuteten, daß einem der Teufel mehr als nur in den Arsch pustete; er kroch bereits die Eingeweide hinauf, die zur Pumpe führten.

»Vergiß meine verdammten Arme!« sagte die bleiche Erscheinung zu ihm. *»Zieh dein Hemd aus und schaff es weg!«*

Er hörte Wellen; er vernahm das einsame Heulen eines Windes, der kein Hindernis kannte; er sah diesen verrückten sterbenden Mann und sonst nichts als Einsamkeit; und dennoch hörte er hinter sich die murmelnden Stimmen der aussteigenden Passagiere und gedämpftes Klopfen.

»Mr. Dean!« *Diese Stimme,* dachte er, *ist in einer anderen Welt.* Er zweifelte eigentlich nicht daran; er versuchte nur, es sich in den Kopf zu hämmern, wie man einen Nagel durch ein dickes Brett Mahagoni hämmert. »Sie müssen wirklich...«

»Du kannst es hier lassen und später wieder holen«, krächzte der Revolvermann. »Ihr Götter, begreifst du denn nicht, daß ich hier drüben *reden* muß? Und das tut weh! *Und wir haben keine Zeit, du Idiot!«*

Es gab Männer, die Eddie für den Gebrauch dieses Wortes umgebracht hätte... aber er hatte eine Ahnung, daß es kein Leichtes sein würde, diesen Mann zu töten, auch wenn er aussah, als könnte der Gnadentod gut für ihn sein.

Doch er spürte Aufrichtigkeit in diesen blauen Augen; sämtliche Fragen wurden von ihrem irren Blick untersagt.

Eddie knöpfte sein Hemd auf. Sein erster Impuls war, es einfach abzureißen wie Clark Kent, während Lois Lane an Eisenbahnschienen gefesselt war oder so etwas, aber im wirklichen Leben war das nicht so gut; früher oder später mußte man die fehlenden Knöpfe erklären. Daher schob er sie durch die Knopflöcher, während das Klopfen hinter ihm anhielt.

Er zog das Hemd aus den Jeans, zog es aus und ließ es fallen, so daß man die Klebebandstreifen über seiner Brust sehen konnte. Er sah aus wie ein Mann im letzten Stadium der Rekonvaleszenz nach einem Rippenbruch.

Er riskierte einen Blick hinter sich und sah eine offene Tür; ihre Unterkante hatte eine Fächerform in den grauen Sand des Strands gezeichnet, als jemand – wahrscheinlich der sterbende Mann – sie geöffnet hatte. Durch diese Tür sah er den Ersten-Klasse-Waschraum, das Waschbecken, den Spiegel... und darin sein eigenes verzweifeltes Gesicht und das schwarze Haar, das ihm über die Stirn und in die mandelbraunen Augen gefallen war. Im Hintergrund sah er den Revolvermann, den Strand, fliegende Meeresvögel, die kreischten und sich um weiß Gott was zankten.

Er zupfte an dem Band und fragte sich, wo er anfangen sollte, wie er den Anfang finden sollte, und eine benommene Art von Hoffnungslosigkeit überkam ihn. So mußte sich ein Hirsch oder ein Kaninchen fühlen, wenn es eine Landstraße zur Hälfte überquert hatte und dann den Kopf drehte und von den Scheinwerfern eines heranrasenden Autos gebannt wurde.

William Wilson, der Mann, dessen Name Poe berühmt gemacht hatte, hatte zwanzig Minuten gebraucht, das Band anzubringen. Sie würden die Tür zur Toilette der ersten Klasse in fünf, höchstens sieben Minuten aufbrechen.

»Ich bekomme diese Scheiße nicht ab«, sagte er dem wankenden Mann vor sich. »Ich weiß nicht, wer Sie sind oder wo ich bin, aber ich sage Ihnen, es ist zuviel Band und zuwenig Zeit.«

14

Deere, der Kopilot, schlug vor, Kapitän McDonald solle aufhören, gegen die Tür zu schlagen, als McDonald in seiner Frustration über die ausbleibende Reaktion von 3 A damit angefangen hatte.

»Wohin soll er denn gehen?« fragte Deere. »Was kann er tun? Sich selbst das Klo runterspülen? Dazu ist er zu groß.«

»Aber wenn er etwas bei sich hat...«, begann McDonald.

Deere, der selbst bei mehr als einer Gelegenheit Kokain genommen hatte, sagte: »Wenn er etwas bei sich hat, hat er viel bei sich. Er kann es nicht wegschaffen.«

»Stellen Sie das Wasser ab«, schnappte McDonald plötzlich.

»Schon geschehen«, sagte der Navigator (der gelegentlich auch schon mehr als eine Prise geschnupft hatte). »Aber das dürfte unwichtig sein. Man kann auflösen, was in die Auffangbehälter gelangt, aber man kann es nicht verschwinden lassen.« Sie drängten sich um die Waschraumtür, deren BESETZT fröhlich leuchtete, und alle unterhielten sich in gedämpftem Tonfall. »Die Jungs von der Spurensicherung leeren sie, nehmen eine Probe, und der Kerl hängt.«

»Er kann immer sagen, jemand war vor ihm drinnen und hat es hineingeschüttet«, antwortete McDonald. Seine Stimme bekam einen nervösen Unterton. Er wollte nicht darüber reden, er wollte etwas tun, wenngleich ihm klar war, daß noch nicht alle Passagiere das Flugzeug verlassen hatten, und viele sahen mit mehr als gewöhnlicher Neugier zum Flugpersonal und den Stewardessen herüber, die sich um die Waschraumtür versammelt hatten. Die Besatzung für ihren Teil war sich nur zu sehr darüber im klaren, daß ein Vorgehen, das – nun, allzu aufsehenerregend war, das Schreckgespenst des Terroristen heraufbeschwören konnte, das heutzutage im Hinterkopf eines jeden Flugreisenden herumspukte. McDonald wußte, sein Navigator und Flugzeugingenieur hatten recht, er wußte, der Stoff war wahrscheinlich in Plastiktüten, auf denen sich die Fingerabdrücke des Schmugglers befanden, und dennoch hörte er im Geiste Alarmsirenen aufheulen. Etwas an der Sache stimmte nicht. Etwas in ihm schrie immerzu: *Schnell! Schnell!*, als wäre der Bursche von 3 A ein Spieler mit falschen Assen im Ärmel, die er jeden Augenblick auszuspielen gedachte.

»Er versucht nicht, die Spülung zu betätigen«, sagte Susy Douglas. »Er versucht nicht einmal, die Wasserhähne aufzudrehen. Wir würden hören, wie sie Luft saugen, wenn er es tun würde. Ich höre etwas, aber...«

»Gehen Sie«, sagte McDonald höflich. Sein Blick glitt zu Jane Dorning. »Sie auch. Wir kümmern uns darum.«

Jane wandte sich mit brennenden Wangen zum Gehen.

Susy sagte leise: »Jane hat ihn bemerkt, und ich habe die Wölbungen unter seinem Hemd gesehen. Ich glaube, wir bleiben, Kapitän McDonald. Sollten Sie Anklage wegen Insubordination erheben, dann können Sie das tun. Sie sollten nicht vergessen, daß Sie der Drogenfahndung einen verdammt großen Fang verpatzen könnten.«

Ihre Blicke begegneten einander, Feuerstein auf Stahl.

Susy sagte: »Ich bin siebzig-, achtzigmal mit Ihnen geflogen, Mac. Ich will Ihnen nur helfen.«

McDonald sah sie noch einen Augenblick an, dann nickte er. »Dann bleiben Sie. Aber ich möchte, daß Sie beide etwas zum Cockpit zurückweichen.«

Er stellte sich auf die Zehenspitzen, sah nach hinten und erblickte das Ende der Schlange, das gerade von der Touristenklasse in die Business Class gelangte. Zwei Minuten, vielleicht drei.

Er drehte sich zu dem Flughafenwachmann am Eingang des Jetways um, der gespürt zu haben schien, daß etwas nicht stimmte, denn er hatte sein Walkie-talkie vom Halfter genommen und hielt es in der Hand.

»Sagen Sie ihm, ich möchte Zollbeamte hier oben haben«, sagte McDonald leise zum Navigator. »Drei oder vier. Bewaffnet. Sofort.«

Der Navigator drängte sich durch die Schlange der Passagiere, entschuldigte sich mit einem unbekümmerten Grinsen und sprach leise auf den Wachmann ein, der daraufhin das Walkie-talkie an den Mund hob und ebenfalls leise hineinsprach.

McDonald – der in seinem ganzen Leben noch nichts Stärkeres als Aspirin genommen hatte, und selbst das nur selten – wandte sich an Deere. Seine Lippen waren zu einer dünnen weißen Linie zusammengekniffen, einer Narbe ähnlich.

»Sobald der letzte Passagier draußen ist, brechen wir diese

Scheißhaustür auf«, sagte er. »Es ist mir gleich, ob der Zoll bis dahin hier ist. Ist das klar?«

»Roger«, sagte Deere und betrachtete das Ende der Schlange, das sich der ersten Klasse näherte.

15

»Hol mein Messer«, sagte der Revolvermann. »Es ist in meiner Tasche.«

Er gestikulierte in Richtung auf einen rissigen Lederbeutel, der im Sand lag. Er sah mehr wie ein großer Rucksack denn wie eine Tasche aus, etwas, das man bei Hippies zu sehen erwartet hätte, die den Appalachian Trail entlangzogen und sich von der Natur antörnen ließen (oder vielleicht ab und zu von einer Granate von einem Joint), aber diese sah echt aus, nicht nur wie eine Requisite für das Selbstbewußtsein eines Naturapostels; etwas, das jahrelanges hartes – möglicherweise verzweifeltes – Reisen hinter sich hatte.

Gestikulierte, deutete aber nicht. *Konnte* nicht deuten. Jetzt sah Eddie, weshalb der Mann einen schmutzigen Streifen seines Hemdes um die rechte Hand gewickelt hatte: Einige seiner Finger fehlten.

»Hol es«, sagte er. »Schneid das Band durch. Versuch, dich nicht selbst zu schneiden. Das kann leicht passieren. Du mußt vorsichtig sein, aber dennoch schnell handeln. Wir haben nicht viel Zeit.«

»Das weiß ich«, sagte Eddie und kniete im Sand. Dies alles war nicht wirklich. Das war es, das war die Lösung. Wie Henry Dean, der große Weise und bedeutende Junkie gesagt haben würde: *Flipflop, hippety-hop, locker vom Hocker und over the top, das Leben ist Lüge, die Welt ist Schein, also hören wir Creedence und ziehn uns was rein.*

Nichts war Wirklichkeit, es war alles nur ein ungewöhnlich echt wirkender Trip, daher war es das beste, einfach mitzumachen und sich treiben zu lassen.

Es war ein *echt* realistischer Trip. Er griff nach dem Reißverschluß – oder vielleicht würde es ein Velcro-Strip sein – an der ›Tasche‹ des Mannes, da sah er, daß sie von einer überkreuzt eingefädelten Wildlederschnur gehalten wurde, die an manchen Stellen gerissen und sorgfältig verknotet worden war – so fein verknotet, daß die Knoten noch durch die genähten Ösen gingen.

Eddie riß an dem oberen Band, zog die Öffnung der Tasche auseinander und fand das Messer unter einem etwas feuchten Päckchen, bei dem es sich um den um die Munition gewickelten Hemdstreifen handelte. Der Griff allein reichte aus, ihn zum Staunen zu bringen... er hatte den wahren, grau-weißen Farbton reinsten Silbers; darin eingraviert waren eine Reihe komplexer Muster, die das Auge auf sich lenkten, es anzogen...

Schmerzen explodierten in seinem Ohr, dröhnten durch seinen Kopf und stießen vorübergehend eine rote Wolke vor seine Sicht. Er fiel unbeholfen über die offene Tasche, lag im Sand und sah zu dem blassen Mann mit den zerschnittenen Stiefeln auf. Das war kein Trip. Die blauen Augen, die aus dem sterbenden Gesicht funkelten, waren die Augen absoluter Wahrhaftigkeit.

»Bewundere es später, Gefangener«, sagte der Revolvermann. »Benütze es vorläufig nur.«

Er spürte, wie sein Ohr pulsierte und anschwoll.

»Warum nennen Sie mich immerzu so?«

»Schneid das Band durch«, sagte der Revolvermann grimmig. »Wenn sie in deine Kammer eindringen, während du noch hier bist, wirst du, habe ich das Gefühl, sehr lange hier bleiben. Mit einer Leiche als Gesellschaft.«

Eddie zog das Messer aus der Scheide. Nicht alt; mehr als alt, mehr als uralt. Die Schneide, die fast bis zur Unsichtbarkeit geschärft war, schien in Metall eingefangenes Alter zu sein.

»Ja, sieht scharf aus«, sagte er, und seine Stimme war nicht fest.

16

Die letzten Passagiere gingen hinaus auf den Jetway. Eine alte Dame von etwa siebzig Lenzen, die den erlesenen Ausdruck von Verwirrung zur Schau stellte, wie ihn nur Erstflugreisende mit zu vielen Jahren oder zu wenig Englischkenntnissen fertigbringen können, blieb stehen und zeigte Jane Dorning ihre Tickets. »Wie soll ich nur *jemals* mein Flugzeug nach Montreal finden?« fragte sie.

»Und was ist mit meinem Gepäck? Machen sie die Zollabfertigung hier oder dort?«

»Am Ende des Jetway befindet sich eine Auskunft, die Ihnen alle notwendigen Informationen geben kann, Ma'am«, sagte Jane.

»Nun, ich sehe keinen Grund, weshalb *Sie* mir nicht alle notwendigen Informationen geben können«, sagte die alte Frau. »Der Jetway ist immer noch voller Menschen.«

»Bitte gehen Sie weiter, Madam«, sagte Kapitän McDonald. »Wir haben ein Problem.«

»Bitte entschuldigen Sie, daß ich lebe«, sagte die alte Frau verschnupft. »Ich schätze, ich bin einfach vom Leichenwagen gefallen!«

Damit ging sie an ihnen vorbei, die Nase hatte sie gesenkt wie ein Hund, der ein noch ziemlich weit entferntes Feuer riecht. Sie umklammerte die Handtasche mit einer Hand und mit der anderen den Ticket-Umschlag (der so viele Bordkartenabrisse enthielt, daß man hätte glauben können, die Dame sei fast um den ganzen Erdball gekommen und hätte bei jedem Zwischenhalt das Flugzeug gewechselt).

»Wieder eine Dame, die vielleicht nie wieder mit Delta fliegt«, murmelte Susy.

»Es ist mir scheißegal, ob sie vorne in Supermans Höschen gesteckt fliegt«, sagte McDonald. »Ist sie die letzte?«

Jane schoß an ihnen vorbei, steckte den Kopf in die Business Class, dann in die Hauptkabine. Sie war verlassen.

Sie kam zurück und meldete, daß das Flugzeug leer war.

McDonald wandte sich zum Jetway und sah zwei uniformierte Zollbeamte, die sich ihren Weg durch die Menge erkämpften, sich entschuldigten, aber nicht die Mühe machten, sich nach den Leuten umzudrehen, die sie aus dem Weg stießen. Die letzte von diesen war die alte Dame, die ihren Ticket-Umschlag fallen ließ. Papierschnipsel flatterten und schwebten überallhin, und sie keifte schrill wie eine wütende Krähe hinter ihnen her.

»Okay«, sagte McDonald. »Ihr Jungs bleibt genau dort stehen.«

»Sir, wir sind Beamte der Bundeszollbehörde...«

»Ganz recht, und ich habe Sie angefordert und bin froh, daß Sie so schnell gekommen sind. Aber jetzt bleiben Sie bitte dort stehen, denn dies ist mein Flugzeug und der Bursche einer meiner Passagiere. Sobald er das Flugzeug verlassen hat und sich im Jetway befindet, gehört er Ihnen, und Sie können mit ihm machen, was Sie wollen.« Er nickte Deere zu. »Ich werde dem Hurensohn noch eine Chance geben, und dann brechen wir die Tür auf.«

»Mir recht«, sagte Deere.

McDonald pochte mit dem Handballen gegen die Waschraumtür und rief: »Kommen Sie raus, mein Freund! Ich habe das Reden satt!«

Keine Antwort.

»Okay«, sagte McDonald. »Los geht's.«

17

Eddie hörte eine alte Frau in der Ferne sagen: »Bitte entschuldigen Sie, daß ich lebe! Ich schätze, ich bin einfach vom Leichenwagen gefallen!«

Er hatte die Hälfte der Klebebandstreifen durchgeschnitten. Als die alte Frau sprach, zuckte seine Hand ein wenig, und er sah einen Blutfaden seinen Bauch hinablaufen.

»Scheiße«, sagte Eddie.

»Da kann man jetzt nichts machen«, sagte der Revolvermann mit seiner heiseren Stimme. »Weitermachen. Oder wird dir beim Anblick von Blut schlecht?«

»Nur wenn es mein eigenes ist«, sagte Eddie. Das Band fing kurz über seinem Bauch an. Je höher er schnitt, desto schlechter konnte er sehen. Er kam fünf Zentimeter weiter, dann hätte er sich fast wieder geschnitten, als er McDonald zu den Zollbeamten sagen hörte: »Okay, ihr Jungs bleibt genau dort stehen.«

»Ich kann selbst weitermachen und mich vielleicht aufschlitzen, oder Sie können es versuchen«, sagte Eddie. »Ich kann nicht mehr sehen, was ich mache. Mein verfluchtes Kinn ist im Weg.«

Der Revolvermann nahm das Messer in die linke Hand. Die Hand zitterte. Wenn er die Klinge ansah, die mörderisch scharf geschliffen war, machte dieses Zittern Eddie extrem nervös.

»Vielleicht sollte ich es doch besser selbst versu...«

»Warte.«

Der Revolvermann sah seine linke Hand starr an. Es war nicht so, daß Eddie nicht an Telepathie glaubte, aber er hatte auch noch nie richtig daran geglaubt. Dennoch spürte er jetzt etwas, etwas so Greifbares und Echtes wie die Wärme, die von einem Ofen ausströmt. Nach ein paar Sekunden wurde ihm klar, was es war: Der seltsame Mann nahm seine ganze Willenskraft zusammen.

Wie, zum Teufel, kann er sterben, wo ich seine Kraft doch so deutlich spüre?

Die zitternde Hand wurde ruhiger. Wenig später zitterte sie kaum noch. Nach weniger als zehn Sekunden war sie so unerschütterlich wie ein Stein.

»Jetzt«, sagte der Revolvermann. Er kam einen Schritt näher und hob das Messer, und Eddie spürte, wie noch etwas anders von ihm ausging – Wundfieber.

»Sind Sie Linkshänder?« fragte Eddie.

»Nein«, sagte der Revolvermann.

»Mein Gott«, sagte Eddie und dachte, daß es ihm besser ginge, wenn er einen Moment die Augen zumachen würde. Er hörte das rauhe Flüstern des durchschnittenen Bandes.

»So«, sagte der Revolvermann und trat zurück. »Und jetzt zieh es ab, soweit du kannst. Ich wende mich dem Rücken zu.«

Jetzt wurde nicht mehr höflich an die Waschraumtür geklopft; dieses Mal hämmerte eine Faust. *Die Passagiere sind draußen,* dachte Eddie. *Ende der Höflichkeiten. O Scheiße.*

»Kommen Sie raus, mein Freund! Ich habe das Reden satt!«

»*Reiß!*« befahl der Revolvermann.

Eddie nahm einen breiten Streifen Klebeband in jede Hand und zog, so fest er konnte. Es tat weh, es tat höllisch weh. *Hör auf zu wimmern,* dachte er. *Es könnte schlimmer sein. Du könntest eine so haarige Brust wie Henry haben.*

Er sah nach unten und erblickte einen geröteten Streifen gereizter Haut etwa sieben Zentimeter unter dem Schlüsselbein. Die Stelle, wo er sich geschnitten hatte, war direkt über dem Solarplexus. Die Beutel mit Stoff baumelten jetzt wie schlecht verschnürte Satteltaschen unter seinen Achseln.

»Okay«, sagte die gedämpfte Stimme hinter der Tür. »Los ge...«

Eddie verlor den Rest Band mit einer unerwarteten Flutwelle

von Schmerzen, als der Revolvermann es unzeremoniell von ihm abzog.

Er biß einen Schrei nieder.

»Zieh dein Hemd an«, sagte der Revolvermann. Sein Gesicht, das so blaß gewesen war, wie das Gesicht eines lebenden Menschen nach Eddies Meinung nur werden konnte, hatte jetzt die Farbe alter Asche angenommen. Er hielt das Bandgewirr (das jetzt in sich selbst verklebt war und in dem die Beutel wie seltsame Kokons wirkten) in der linken Hand, dann warf er es von sich. Eddie sah frisches Blut durch den behelfsmäßigen Verband an der rechten Hand des Revolvermanns tropfen. »Schnell.«

Ein pochendes Geräusch. Jetzt klopfte niemand mehr, um Einlaß zu bekommen. Eddie sah die Waschraumtür erbeben und die Lichter flackern.

Sie versuchten einzudringen.

Er hob sein Hemd mit Fingern auf, die plötzlich zu groß und zu ungeschickt zu sein schienen. Der linke Ärmel war von innen nach außen gekehrt. Er versuchte, ihn durch das Loch zurückzustopfen, verheddert sich einen Augenblick mit der Hand und zog sie so heftig zurück, daß er den Ärmel mit herauszog.

Poch, und die Waschraumtür erbebte wieder.

»Großer Gott, wie kannst du nur so ungeschickt sein?« stöhnte der Revolvermann und rammte die eigene Faust in Eddies linken Hemdsärmel. Eddie hielt die Manschette, als der Revolvermann zog. Dann hielt ihm der Revolvermann das Hemd so wie ein Butler. Eddie zog es an und griff nach dem untersten Knopf.

»Noch nicht!« bellte der Revolvermann und wischte sich einen weiteren Streifen von seinem in Auflösung begriffenen Hemd ab. »Wisch dir den Bauch ab!«

Das tat Eddie, so gut er konnte. Aus der Wunde, die die Messerspitze gestochen hatte, tröpfelte immer noch Blut. Die Klinge war wirklich scharf. Scharf genug.

Er ließ den blutigen Streifen vom Hemd des Revolvermanns auf den Sand fallen und knöpfte das Hemd zu.

Poch. Dieses Mal erbebte die Tür nicht nur, sie wölbte sich im Rahmen. Eddie, der durch die Tür auf den Strand sah, erblickte die Flasche mit der Flüssigseife, die vom Waschbecken herunterfiel. Sie landete auf seiner Tasche.

Er hatte sein Hemd, das jetzt zugeknöpft war (und wie durch ein Wunder richtig zugeknöpft), in die Hose stecken wollen. Plötzlich kam ihm ein besserer Einfall. Er machte statt dessen den Gürtel auf.

»Dafür ist keine Zeit!« Der Revolvermann merkte, daß er schreien wollte, es aber nicht konnte. »Die Tür hält nur noch einen Tritt aus!«

»Ich weiß, was ich mache«, sagte Eddie, der hoffte, daß das stimmte, durch die Tür zwischen den Welten zurücktrat und dabei die Jeans aufknöpfte und den Reißverschluß herunterzog.

Nach einem verzweifelten, verzweifelnden Augenblick folgte ihm der Revolvermann, eben noch körperlich und voll leiblicher Schmerzen, im nächsten Augenblick lediglich kühles *Ka* in Eddies Kopf.

18

»Noch mal«, sagte McDonald grimmig, und Deere nickte. Nachdem alle Passagiere mittlerweile Flugzeug wie Jetway verlassen hatten, hatten die Zollbeamten die Waffen gezogen.

»*Jetzt!*«

Die beiden Männer stürmten vorwärts und rammten die Tür gemeinsam. Sie flog auf, ein Splitter blieb kurz am Schloß hängen und fiel dann auf den Boden.

Und da saß 3 A und hatte die Hose um die Knie, und die Zipfel seines verwaschenen Paisleyhemds verbargen – kaum – sein Glied. *Sieht tatsächlich so aus, als hätten wir ihn auf frischer Tat ertappt*, dachte Kapitän McDonald ernüchtert. *Das Problem ist nur, die Tat, bei der wir ihn erwischt haben, ist nach meinen neuesten Informationen nicht gegen das Gesetz.* Plötzlich konnte er das Pochen in seiner Schulter spüren, mit der er die Tür – wie oft? dreimal? viermal? gerammt hatte.

Er bellte lautstark: »Was in drei Teufels Namen machen Sie hier, Mister?«

»Nun, ich *habe* geschissen«, sagte 3 A, »aber wenn Sie *alle* ein schlimmes Problem haben, dann kann ich mir den Hintern auch im Terminal abwischen...«

»Und ich nehme an, Sie haben uns nicht gehört, Klugscheißer?«

»Konnte nicht an die Tür kommen.« 3 A streckte die Hand aus, um es vorzuführen, und wenngleich die Tür jetzt schief an der Wand links von ihm hing, sah McDonald das ein. »Ich schätze, ich hätte aufstehen können, aber ich hatte da ein ziemlich verzweifeltes Problem in Händen. Nun, nicht unbedingt in *Händen*, wenn Sie verstehen, was ich meine. Und ich *wollte* es auch nicht in Händen haben, wenn Sie weiterhin verstehen.« 3 A lächelte ein einnehmendes, leicht leutseliges Lächeln, das für Kapitän McDonald etwa ebenso echt wie ein Neundollarschein aussah. Wenn man ihm zuhörte, konnte man fast glauben, daß ihm nie jemand den einfachen Trick, sich nach vorne zu beugen, beigebracht hatte.

»Stehen Sie auf«, sagte McDonald.

»Mit Freuden. Wenn Sie vielleicht die Damen ein wenig zurücktreten lassen könnten?« 3 A lächelte liebenswürdig. »Ich weiß, in unserer heutigen Zeit ist das altmodisch, aber ich kann nun mal nichts dafür, ich bin schüchtern. Tatsache ist, ich habe eine ganze Menge, weswegen ich schüchtern sein muß.« Er hielt die linke Hand hoch, Daumen und Zeigefinger etwa zwei Zentimeter auseinander, und blinzelte Jane Dorning zu, die knallrot wurde und sofort im Jetway verschwand, gefolgt von Susy.

Du siehst aber nicht *schüchtern aus*, dachte Kapitän McDonald. *Du siehst aus wie die Katze, die gerade den Rahm gegessen hat, so siehst du aus.*

Als die Stewardessen gegangen waren, stand 3 A auf und zog Unterhose und Jeans hoch. Dann griff er nach dem Knopf der Spülung, und Kapitän McDonald schlug ihm sofort die Hand weg, packte ihn an den Schultern und schob ihn in Richtung Mittelgang. Deere drehte ihm die Hand auf den Rücken, um ihn festzuhalten.

»Nicht zudringlich werden«, sagte Eddie. Seine Stimme war unbekümmert und genau richtig – glaubte er jedenfalls –, aber in seinem Inneren war alles im freien Fall. Er konnte diesen anderen fühlen, konnte ihn deutlich fühlen. Er war in seinem Verstand, beobachtete ihn genau und war bereit, selbst einzugreifen, sollte Eddie etwas versauen. Großer Gott, das alles mußte doch ein Traum sein, oder nicht? *Oder nicht?*

»Stehenbleiben«, sagte Deere.

Kapitän McDonald sah in die Toilette.

»Keine Scheiße«, sagte er, und als der Navigator eine unwillkürliche Lachsalve von sich gab, sah McDonald ihn finster an.

»Nun, Sie wissen ja, wie das so ist«, sagte Eddie. »Manchmal hat man eben Glück und es ist nur falscher Alarm. Aber ich habe ein paar echte Hämmer abgelassen, ich meine, ich spreche von Sumpfgas. Wenn Sie hier drinnen vor drei Minuten ein Streichholz angezündet hätten, dann hätten Sie einen Weihnachtstruthahn braten können, wissen Sie. Muß etwas gewesen sein, das ich gegessen habe, bevor ich an Bord gekommen bin, ich verm...«

»Schafft ihn fort«, sagte McDonald, und Deere, der ihn immer noch festhielt, stieß ihn aus dem Flugzeug und in den Jetway, wo jeder Zollbeamte einen Arm packte.

»He!« schrie Eddie. »Ich will meine Tasche! Und ich will meine Jacke!«

»Oh, wir möchten auch, daß Sie *alle* Ihre Habseligkeiten bekommen«, sagte einer der Beamten. Sein Atem, der stark nach Maalox und Magensäure roch, schlug Eddie ins Gesicht. »Wir interessieren uns sehr für Ihre Habseligkeiten. Und jetzt gehen wir, Kleiner.«

Eddie sagte ihnen immerzu, sie sollten es leichtnehmen, sachte treten, er könne sehr gut alleine gehen, aber später dachte er, daß seine Schuhspitzen den Boden des Jetway nur drei- oder viermal zwischen der Schleuse der 727 und dem Ausgang zum Terminal, wo drei weitere Zollbeamte und ein halbes Dutzend Männer vom Flughafenpersonal auf ihn warteten, den Boden berührt haben konnten. Die Bullen hielten eine kleine Menge Schaulustige zurück, die ihn mit unbehaglichem, lebhaftem Interesse ansahen, während er abgeführt wurde.

Viertes Kapitel

Der Turm

1

Eddie Dean saß auf einem Stuhl. Der Stuhl befand sich in einem kleinen weißen Zimmer. Es war der einzige Stuhl in dem kleinen weißen Zimmer. Das kleine weiße Zimmer war überfüllt. Das kleine weiße Zimmer war rauchverhangen. Eddie hatte nur Unterhosen an. Eddie wollte eine Zigarette. Die anderen sechs nein, sieben – Männer in dem kleinen weißen Zimmer waren angezogen. Drei – nein, vier – von ihnen rauchten Zigaretten.

Eddie wollte ruckeln und juckeln. Eddie wollte zippeln und zappeln.

Eddie saß still und entspannt da und sah die Männer um ihn herum an, als wäre er nicht verrückt nach einem Schuß, als würde ihn allein die klaustrophobische Enge nicht schon verrückt machen.

Der Grund dafür war der *andere* in seinem Verstand. Zuerst hatte er eine Sterbensangst vor dem *anderen* gehabt. Jetzt dankte er Gott dafür, daß der *andere* da war.

Der *andere* war vielleicht krank, lag sogar im Sterben, aber er hatte noch soviel Stahl im Rückgrat, daß er diesem ängstlichen 21jährigen Junkie etwas davon abgeben konnte.

»Sie haben da sehr interessante rote Stellen auf der Brust«, sagte einer der Zollbeamten. In seinem Mundwinkel hing eine Zigarette. Er hatte eine ganze Packung in der Brusttasche. Eddie war zumute, als könnte er fünf Zigaretten aus dieser Packung nehmen, sie sich von einem Mundwinkel zum anderen in den Mund stecken, sie alle zusammen anzünden, tief inhalieren und sich entspannter fühlen. »Sieht wie ein Streifen aus. Sieht so aus, als hätten Sie dort etwas kleben gehabt, Eddie, und plötzlich beschlossen, daß es eine gute Idee wäre, es abzureißen und verschwinden zu lassen.«

»Ich habe auf den Bahamas eine Allergie bekommen«, sagte Eddie. »Das habe ich Ihnen doch gesagt. Ich meine, wir haben das alles jetzt schon mehrmals durchgekaut. Ich versuche, meine gute Laune nicht zu verlieren, aber das fällt mir zunehmend schwerer.«

»*Scheiß* auf Ihre gute Laune«, sagte der andere heftig, und Eddie erkannte diesen Ton. Er selbst hörte sich auch so an, wenn er die ganze Nacht in der Kälte auf den Dealer gewartet hatte, und dieser war nicht gekommen. Denn diese Burschen waren auch Junkies. Der einzige Unterschied: Leute wie er selbst und Henry waren der Stoff für diese Burschen.

»Was ist mit dem Loch in Ihrem Bauch? Woher kommt das, Eddie? Großer Hausputz?« Ein dritter Beamter deutete auf die Stelle, wo Eddie sich geschnitten hatte. Es hatte schließlich aufgehört zu bluten, aber es war noch eine dunkelrote Blase da, die aussah, als würde sie beim geringsten Drängen wieder aufbrechen.

Eddie deutete auf die rote Stelle, wo das Band gewesen war. »Es juckt«, sagte er. Das war nicht gelogen. »Ich bin im Flugzeug eingeschlafen – fragen Sie die Stewardeß, wenn Sie mir nicht glauben...«

»Warum sollten wir Ihnen nicht glauben, Eddie?«

»Ich weiß nicht«, sagte Eddie. »Haben Sie viele große Drogenschmuggler, die auf dem Weg zurück dösen?« Er machte eine Pause, ließ sie einen Augenblick darüber nachdenken, dann streckte er die Hände aus. Einige Fingernägel waren abgebissen. Andere waren eingerissen. Er hatte festgestellt, daß einem die Fingernägel zur Leibspeise wurden, wenn man auf cool turkey war. »Ich habe mir große Mühe gegeben, mich nicht zu kratzen, aber ich muß mir im Schlaf ziemlich eine verpaßt haben.«

»Oder während Sie high waren. Das könnte die Spur einer Nadel sein.« Eddie sah, daß sie es beide besser wußten. Wenn man sich einen Schuß so nahe am Solarplexus setzte, der Schaltzentrale des Nervensystems, würde man sich keinen weiteren Schuß mehr setzen können.

»Kommen Sie mir nicht damit«, sagte Eddie. »Sie sind mir so dicht ins Gesicht gekrochen, als Sie meine Pupillen angesehen haben, daß ich glaube, Sie wollten mir einen Zungenkuß geben. Sie wissen, daß ich nicht high war.«

Der dritte Zollbeamte sah verdrossen drein. »Für einen unschuldigen Hansguckindieluft wissen Sie verdammt viel über Drogen, Eddie.«

»Was ich in *Miami vice* nicht gesehen habe, habe ich aus dem *Reader's Digest.* Und jetzt sagen Sie mir die Wahrheit – wie oft wollen wir das noch durchkauen?«

Ein vierter Beamter hielt eine kleine Plastiktüte hoch. Mehrere Fasern befanden sich darin.

»Das hier sind Fasern. Wir werden sie im Labor untersuchen lassen, aber wir wissen, woher sie stammen. Sie sind vom Klebeband.«

»Ich habe nicht geduscht, bevor ich das Hotel verlassen habe«, sagte Eddie zum viertenmal. »Ich war am Pool und habe mich gesonnt. Ich habe versucht, den Ausschlag loszuwerden. Den *allergischen* Ausschlag. Ich bin eingeschlafen. Ich hatte verdammtes Glück, daß ich das Flugzeug überhaupt erreicht habe. Ich mußte laufen wie der Teufel. Der Wind hat geweht. Ich habe keine Ahnung, was auf meiner Haut hängenblieb und was nicht.«

Ein anderer streckte die Hand aus und strich mit dem Finger über die fünf Zentimeter Fleisch an der Innenseite von Eddies linkem Ellbogen.

»Und das sind keine Nadelspuren.«

Eddie schob die Hand weg. »Moskitostiche. Das habe ich Ihnen gesagt. Fast verheilt. Großer Gott, das sehen Sie doch selbst!«

Sie sahen es. Dieser Deal war nicht über Nacht zustande gekommen, und Eddie hatte schon vor mehr als einem Monat aufgehört, in den Arm zu drücken. Henry hätte das nicht gekonnt, und das war einer der Gründe, weshalb es Eddie gewesen war, weshalb es Eddie hatte sein *müssen.* Wenn er unbedingt hatte fixen müssen, dann hatte er es am linken Oberschenkel getan, wo sein linker Hoden über der Haut des Schenkels lag... wie vergangene Nacht, als das teigige Ding schließlich den Stoff gebracht hatte, der in Ordnung gewesen war. Er hatte weitgehend nur geschnupft, und damit kam Henry nicht mehr aus. Das verursachte Gefühle, die Eddie nicht genau definieren konnte... eine Mischung aus Stolz und Scham. Wenn sie dort nachsahen, wenn sie seine Hoden hoben, konnte er ernsthafte Schwierigkeiten bekommen. Eine Blutprobe konnte ihn in noch größere Schwierigkeiten bringen, aber das war ein Schritt weiter, als sie ohne stichhaltige Beweise gehen konnten – und die hatten sie ganz schlicht und einfach nicht. Sie wußten alles, konnten aber nichts beweisen. Der Unterschied zwischen Wollen und Haben, hätte seine liebe alte Mutter gesagt.

»Moskitostiche.«

»Ja.«

»Und die roten Stellen sind eine Allergie.«

»Ja. Hatte ich schon, als ich auf die Bahamas geflogen bin; nur nicht so schlimm.«

»Hatte er schon, als er dorthin geflogen ist«, sagte einer der Männer zu einem anderen.

»Hm-hmm«, sagte der zweite. »Glaubst du das?«

»Sicher.«

»Glaubst du an den Weihnachtsmann?«

»Sicher. Als Kind habe ich mich einmal mit ihm zusammen fotografieren lassen.« Er sah Eddie an. »Haben Sie ein Foto dieser berühmten roten Stellen vor Ihrer Reise, Eddie?«

Eddie antwortete nicht.

»Wenn sie clean sind, warum wollen Sie dann keine Blutprobe machen lassen?« Das war wieder der erste Mann, der mit der Zigarette im Mundwinkel. Sie war fast bis zum Filter heruntergebrannt.

Eddie war plötzlich wütend – bis zur Weißglut wütend. Er lauschte nach innen.

Okay, antwortete die Stimme auf der Stelle, und Eddie spürte mehr als Zustimmung, er spürte eine Art uneingeschränkter Zustimmung. Er fühlte sich so, wie er sich fühlte, wenn Henry ihn in die Arme nahm, sein Haar zauste, ihm auf die Schulter klopfte und sagte: *Das hast du gut gemacht, Junge. Laß es dir nicht zu Kopf steigen, aber das hast du gut gemacht.*

»Sie *wissen*, daß ich clean bin.« Er stand unvermittelt auf – so unvermittelt, daß sie zurückwichen. Er sah den Raucher an, der ihm am nächsten stand. »Und ich will Ihnen was sagen, Baby, wenn Sie nicht sofort diesen Sargnagel aus meinem Gesicht nehmen, dann schlage ich ihn heraus.«

Der Mann wich zurück.

»Sie haben den Scheißetank des Flugzeugs bereits geleert. Großer Gott, Sie haben genügend Zeit gehabt, sich dreimal durchzuwühlen. Sie haben meine Sachen durchsucht. Ich habe mich gebückt und mir von einem von Ihnen den längsten Finger der Welt in den Arsch bohren lassen. Wenn die Krebsvorsorge ein Ausflug ist, dann war das eine gottverdammte Safari. Ich hatte Angst, nach unten zu sehen. Ich habe befürchtet, der Finger dieses Burschen würde aus meinen *Schwanz* rausgucken.«

Er sah sie alle böse an.

»Sie waren in meinem Arsch, sie waren an meinen Sachen, und ich sitze hier in der Unterhose und lasse mir von Ihnen Rauch ins Gesicht blasen. Sie wollen eine Blutprobe? Okay, dann bringen Sie jemanden her, der eine machen kann.«

Sie murmelten und sahen einander an. Überrascht. Unbehaglich.

»Aber wenn Sie das ohne Gerichtsbeschluß machen wollen«, sagte Eddie, »dann sollte der, der ihn durchführt, besser eine ganze Menge zusätzliche Spritzen und Reagenzgläser mitbringen, weil mich der Teufel holen soll, wenn ich allein pisse. Ich möchte einen Bundesmarschall hier haben, und ich möchte, daß sich jeder einzelne von Ihnen demselben gottverdammten Test unterzieht, und ich möchte Ihre Namen und Ausweisnummern auf jedem Reagenzglas, und weiter möchte ich, daß besagter Bundesmarschall sie in seine Obhut nimmt. Und worauf immer Sie meine untersuchen – Kokain, Heroin, Pillen, Pot, was auch immer –, ich möchte, daß dieselben Tests an den Proben von euch Jungs durchgeführt werden. Und dann möchte ich, daß die Ergebnisse meinem Anwalt übergeben werden.«

»Mann o Mann, IHREM ANWALT«, brüllte einer von ihnen. »Darauf läuft es bei euch Scheißkerlen letztendlich immer hinaus, nicht, Eddie? Sie hören von MEINEM ANWALT. Ich hetze Ihnen MEINEN ANWALT auf den Hals. Wenn ich diese Scheiße höre, ist mir zum *Kotzen!*«

»Um die Wahrheit zu sagen, ich habe momentan keinen«, sagte Eddie, und das war die Wahrheit. »Ich hätte nicht gedacht, daß ich einen brauchen würde. Sie haben mich vom Gegenteil überzeugt. Sie haben nichts, weil *ich* nichts habe, aber der Rock 'n' Roll hört einfach nie auf, nicht? Sie wollen, daß ich tanze? Hervorragend. Ich werde tanzen. Aber ich werde es nicht alleine tun. Ihr Jungs werdet auch tanzen müssen.«

Es folgte ein betretenes, peinliches Schweigen.

»Ich möchte, daß Sie noch einmal Ihre Hosen herunterziehen,

Mr. Dean, bitte«, sagte einer von ihnen. Dieser Bursche war älter. Dieser Bursche sah aus, als hätte er das Sagen. Eddie dachte, daß diesen Burschen vielleicht – nur vielleicht – endlich dahintergekommen war, wo sich die frischen Einstiche befanden. Bisher hatten sie dort nicht nachgesehen. Seine Arme, seine Schultern, die Beine... aber nicht dort. Sie waren zu sicher gewesen, daß sie einen Schmuggler erwischt hatten.

»Ich habe es satt, Sachen auszuziehen, Sachen runterzuziehen und mir diese Scheiße anzuhören«, sagte Eddie. »Sie holen jemanden hierher, und wir machen jede Menge Blutproben, oder ich werde wieder gehen. Was wollen Sie?«

Wieder das Schweigen. Und als sie anfingen, einander anzusehen, wußte Eddie, daß er gewonnen hatte.

WIR haben gewonnen, verbesserte er sich. *Wie heißt du, Kumpel?*

Roland. Und du Eddie. Eddie Dean.

Du hörst gut zu.

Ich höre und sehe.

»Gebt ihm seine Kleidung«, sagte der alte Mann angewidert. Er sah Eddie an. »Ich weiß nicht, was Sie hatten oder wie Sie es losgeworden sind. Aber Sie sollen wissen, daß wir es herausfinden werden.«

Der alte Geck sah ihn an.

»Da sitzen Sie. Da sitzen Sie und grinsen beinahe. Nicht was Sie sagen, bringt mich zum Kotzen. Was Sie *sind*.«

»*Ich* bringe *Sie* zum Kotzen.«

»Eindeutig.«

»Junge, Junge«, sagte Eddie. »Das hab' ich gern. Ich sitze hier in einem winzigen Zimmer und habe nur meine Unterwäsche an, und um mich herum sitzen sieben Männer mit Revolvern an den Hüften, und *ich* bringe *Sie* zum Kotzen? Mann, Sie haben ein echtes Problem.«

Eddie machte einen Schritt auf ihn zu. Der Zollbeamte verteidigte seine Position einen Augenblick, dann zwangen ihn Eddies Augen – eine verrückte Farbe, halb mandelbraun, halb blau – gegen seinen Willen zum Rückzug.

»*ICH HABE NICHTS BEI MIR!*« brüllte Eddie. »*HÖREN SIE JETZT EINFACH AUF! HÖREN SIE AUF! LASSEN SIE MICH IN RUHE!*«

Wieder Schweigen. Dann drehte sich der alte Mann um und schrie jemanden an: »Haben Sie mich nicht verstanden? *Bringen Sie seine Kleidung!*«

Und damit war das erledigt.

2

»Glauben Sie, Sie werden verfolgt?« fragte der Taxifahrer. Er hörte sich amüsiert an.

Eddie drehte sich nach vorne. »Wie kommen Sie darauf?«

»Sie sehen immer zur Heckscheibe raus.«

»Ich habe nie gedacht, daß ich verfolgt werde«, sagte Eddie. Das war die völlige Wahrheit. Er hatte die Verfolger schon gesehen, als er sich das erste Mal umgedreht hatte. *Die* Verfolger, nicht *den*. Er mußte sich nicht umdrehen, um ihre Anwesenheit zu bestätigen. Freigänger aus einer Anstalt für geistig Behinderte hätten Mühe gehabt, Eddies Taxi an diesem Spätnachmittag im Mai zu verlieren; auf der L. I. E. herrschte kaum Verkehr. »Ich studiere Verkehrsmuster, das ist alles.«

»Oh«, sagte der Taxifahrer. In manchen Kreisen hätte eine so sonderbare Bemerkung Fragen nach sich gezogen, aber Taxifahrer in New York stellen selten Fragen; statt dessen erklären sie, für gewöhnlich in großem Stil. Die meisten dieser Erklärungen fangen mit den Worten *Diese Stadt!* an, als wären sie eine religiöse Beschwörung, die einer Predigt vorangehen... was üblicherweise auch so war. Statt dessen sagte dieser: »*Wenn* Sie denken würden, Sie werden verfolgt seien Sie versichert, das ist nicht der Fall. Ich wüßte es. Diese Stadt! Mein Gott! Ich habe selbst schon genügend Leute verfolgt. Sie wären überrascht, wie viele Leute in mein Auto springen und sagen: ›Folgen Sie diesem Wagen.‹ Ich weiß, klingt so, als würde man es nur in Filmen hören, richtig? Richtig. Aber wie man so sagt, das Leben ahmt die Kunst nach und die Kunst das Leben. Das kommt tatsächlich vor! Und wenn es darum geht, einen Verfolger abzuhängen, nichts leichter als das, wenn man weiß, wie man jemanden eine Falle stellen kann. Sie...«

Eddie schaltete den Taxifahrer auf ein Hintergrundmurmeln herunter und schenkte ihm gerade noch soviel Aufmerksamkeit, daß er an den richtigen Stellen nicken konnte. Wenn man darüber nachdachte, war das Geschwätz des Taxifahrers eigentlich ganz lustig. Einer der Verfolger war eine dunkelblaue Limousine. Eddie vermutete, daß die zum Zoll gehörte. Bei den anderen handelte es sich um einen Lieferwagen, auf dessen Seite sich die Aufschrift GINELLI'S PIZZA befand. Darunter war das Bild einer Pizza, aber die Pizza war ein lächelndes Jungengesicht, und der Junge leckte sich die Lippen; darunter wiederum befand sich die Unterschrift: ›MMMHHHH! Eine GUUUUUTE Pizza!‹ Ein junger städtischer Künstler mit Sprühdose und einem rudimentären Sinn für Humor hatte das *Pizza* durchgestrichen und MUSCHI darüber geschrieben.

Ginelli. Eddie kannte nur einen Ginelli; er hatte ein Restaurant, das Four Fathers hieß. Die Pizzeria war ein Tarnunternehmen, eine Fassade, eine Geldwäscherei. Ginelli und Balazar. Sie gehörten zusammen wie Hot dogs und Senf.

Gemäß dem ursprünglichen Plan hätten vor dem Terminal eine Limousine warten sollen, deren Chauffeur ihn zu Balazars Geschäftszentrum hätte bringen sollen, einem Saloon in der Stadtmitte. Aber natürlich hatten zum ursprünglichen Plan nicht zwei Stunden in einem kleinen weißen Zimmer gehört, zwei Stunden ununterbrochenen Verhörs durch eine Bande Zollbeamter, während eine andere Bande zuerst die Abfalltanks des Fluges 901 leerte und dann deren Inhalt durchkämmte, um nach der großen Ladung zu suchen, die sie vermuteten, der großen Ladung, die man nicht auflösen oder hinunterspülen konnte.

Als er herausgekommen war, hatte selbstverständlich keine Limousine mehr gewartet. Der Chauffeur hatte seine Anweisungen gehabt; wenn der Bote nicht 15 Minuten nach den letzten Passagieren aus dem Flughafengebäude kommt, nichts wie weg, und zwar schnell. Der Chauffeur würde nicht das Telefon der Limousine benützen, das eigentlich ein Funkgerät war, das man leicht abhören konnte. Balazar würde Leute anrufen, herausfinden, daß Eddie Ärger hatte, und sich selbst auf Ärger einstellen. Balazar war sich vielleicht über Eddies stählernen Charakter im klaren, aber das änderte nichts an der Tatsache, daß Eddie ein Junkie war. Man konnte sich nicht darauf verlassen, daß ein Junkie standhaft war.

Das schloß die Möglichkeit nicht aus, daß der Pizzalieferwagen einfach auf der zweiten Spur neben das Taxi fuhr, jemand eine Automatik aus dem Fenster des Pizzalieferwagens schob und den Rücksitz des Taxis in eine Art blutige Käseraspel verwandelte. Eddie hätte sich darüber mehr Sorgen gemacht, wenn sie ihn vier Stunden statt zwei festgehalten hätten, und noch mehr, wären es sechs statt vier gewesen. Aber nur zwei ... er ging davon aus, Balazar würde wissen, daß er wenigstens so lange durchhalten konnte. Er würde wissen wollen, was aus seiner Ware geworden war.

Der wahre Grund, weshalb Eddie immerzu nach hinten sah, war die Tür.

Sie faszinierte ihn.

Während die Zollbeamten ihn halb getragen und halb die Treppe zur Verwaltung des Kennedy-Flughafens hinabgezerrt hatten, hatte er über die Schulter zurückgesehen, und da war sie gewesen, unwahrscheinlich, aber unzweifelhaft, unbestreitbar wirklich, und war in einem Abstand von drei Schritten hinter ihm hergeschwebt. Er hatte die Wellen sehen können, die unablässig herangebrandet und auf den Sand getost waren; er hatte gesehen, daß der Tag dort drüben allmählich dunkler wurde.

Die Tür war wie eines dieser Täuschungsbilder, in denen ein Bild verborgen war, schien es; anfangs konnte man den verborgenen Teil nicht finden, selbst wenn es ums Leben gegangen wäre, aber wenn man ihn erst einmal gefunden hatte, konnte man ihn gar nicht mehr übersehen, wie sehr man es auch versuchte.

Zweimal war sie verschwunden, als der Revolvermann ohne ihn zurückgegangen ist, und das war furchterregend gewesen. Eddie war sich wie ein Kind vorgekommen, dessen Taschenlampe erloschen ist. Das erste Mal war es während des Verhörs durch den Zoll geschehen.

Ich muß gehen, hatte Rolands Stimme deutlich die Frage übertönt, mit der sie ihn gerade bombardierten. *Nur ein paar Augenblicke. Hab keine Angst.*

Warum? fragte Eddie. *Warum mußt du gehen?*

»Was ist los?« hatte ihn einer der Zollbeamten gefragt. »Sie sehen auf einmal aus, als hätten sie Angst.«

Er hatte plötzlich Angst *gehabt*, aber nicht vor etwas, das dieser Idiot verstanden hätte.

Er sah über die Schulter, und die Zollbeamten hatten sich ebenfalls umgedreht. Sie sahen lediglich eine weiße Wand, welche mit weißen Paneelen verkleidet war, in die zur Schalldämmung Löcher gebohrt worden waren; Eddie sah die Tür, die die üblichen drei Schritte entfernt war (jetzt war sie in die Mauer der Verhörzelle eingelassen, eine Fluchtmöglichkeit, die seine Befrager nicht sehen konnten). Er sah noch mehr. Er sah *Wesen* aus dem Wasser herauskommen, *Wesen*, die wie Flüchtlinge aus einem Horrorfilm aussahen, bei dem die Spezialeffekte ein wenig überzeugender gelungen waren, als man sie haben wollte, so überzeugend, daß alles ganz echt aussah. Sie sahen wie gräßliche Mischlinge zwischen Krabben, Hummern und Spinnen aus. Sie gaben unheimliche Laute von sich.

»Am Durchdrehen, ja?« hatte einer der Zollbeamten gefragt. »Sehen Sie ein paar Insekten die Wände runterkriechen, Eddie?«

Das kam der Wahrheit so nahe, daß Eddie beinahe gelacht hätte. Er begriff aber, weshalb der Mann namens Roland zurückkehren mußte; Rolands Verstand war in Sicherheit – wenigstens vorläufig –, aber die Kreaturen bewegten sich auf seinen Körper zu, und Eddie vermutete, wenn Roland seinen Körper nicht umgehend von dort wegschaffte, würde er keinen Körper mehr haben, in den er zurückkehren konnte.

Plötzlich hörte er in seinem Kopf David Lee Roth plärren: *O Iyyyyy ... ain't got no ...* Und dieses Mal lachte er *wirklich*. Er konnte nicht anders.

»Was ist denn so komisch?« fragte ihn der Zollbeamte, der wissen wollte, ob er Insekten gesehen hatte.

»Diese ganze Situation«, hatte Eddie geantwortet. »Aber eher grotesk, nicht zum Brüllen. Ich meine, wenn dies ein Film wäre, dann wäre er eher von Fellini als von Woody Allen, wenn Sie verstehen, was ich meine.«

Kommst du zurecht? fragte Roland.

Aber klar doch. KDG, Mann.

Das verstehe ich nicht.

Kümmere dich ums Geschäft.

Oh. Gut. Wird nicht lange dauern.

Und plötzlich war der *andere* verschwunden gewesen. Einfach weg. Wie ein so dünnes Rauchwölkchen, daß der leiseste Windhauch es fortwehen konnte. Eddie sah sich wieder um, sah lediglich weiße Wandverkleidungen, keine Tür, kein Meer, keine unheimlichen Monster, und er spürte, wie sich seine Eingeweide zusammenzogen. Kein Gedanke mehr, daß alles eine Halluzination gewesen war; immerhin war der Stoff verschwunden, mehr Beweise brauchte Eddie nicht. Aber Roland hatte ihm irgendwie... geholfen. Seine Anwesenheit hatte alles leichter gemacht.

»Wollen Sie, daß ich dort ein Bild aufhänge?« hatte einer der Zollbeamten gefragt.

»Nein«, sagte Eddie und stieß einen Seufzer aus. »Ich will, daß Sie mich hier rauslassen.«

»Sobald sie uns gesagt haben, was Sie mit dem Heroin gemacht haben«, sagte ein anderer. »Oder war es Koks?« Und damit fing alles von vorne an: Das Glücksrad dreht sich, und niemand weiß, wo es anhalten wird.

Zehn Minuten später – zehn sehr *lange* Minuten – war Roland plötzlich wieder in seinem Verstand. Eben noch fort, im nächsten Augenblick wieder da. Eddie spürte, daß er zutiefst erschöpft war.

Versorgt? fragte er.

Ja. Tut mir leid, daß es so lange gedauert hat. Eine Pause. *Ich mußte kriechen.*

Eddie drehte sich wieder um. Die Tür war wieder da, aber jetzt zeigte sie einen etwas anderen Ausschnitt jener Welt, und ihm wurde klar, daß sie sich dort drüben ebenso mit Roland bewegte, wie sie sich hier mit ihm bewegte. Dieser Gedanke ließ ihn ein wenig erzittern. Es war, als wäre er durch eine unheimliche Nabelschnur mit dem anderen verbunden. Der Körper des Revolvermanns lag wie bisher zusammengesunken davor, aber jetzt sah er einen langen Strandabschnitt zur unregelmäßigen Flutlinie hinunter, wo die Monster knurrend und summend umherwanderten. Jedesmal, wenn eine Welle brach, hoben sie alle die Scheren. Sie sahen wie das Publikum in alten Dokumentarfilmen aus, wenn Hitler sprach und alle den *Sieg heil!*-Gruß machten, als hinge ihr Leben davon ab – was wahrscheinlich so gewesen war, wenn man genauer darüber nachdachte. Eddie konnte die qualvollen Spuren des Revolvermanns im Sand sehen.

Während Eddie hinsah, griff eines der Monster schnell wie der Blitz in die Höhe und fing eine Möwe aus der Luft, die sich zu dicht an den Boden gewagt hatte. Sie fiel in zwei blutspritzenden Hälften zu Boden. Die Teile waren von den gräßlichen Schalentieren verschlungen, noch bevor sie zu zucken aufgehört hatten. Eine einzige weiße Feder schwebte in die Höhe. Eine Schere riß sie herunter.

Heiliger Christus, dachte Eddie benommen. *Seh sich einer diese Schnapper an.*

»Warum sehen Sie immer nach hinten?« hatte einer der Männer gefragt.

»Ich brauche von Zeit zu Zeit ein Gegengift«, sagte Eddie.

»Wogegen?«

»Gegen Ihr Gesicht.«

3

Der Taxifahrer ließ Eddie vor dem Gebäude in Co-Op City aussteigen, dankte ihm für den Dollar Trinkgeld und fuhr weiter. Eddie stand einen Augenblick nur da, hatte die Reißverschlußtasche in einer Hand und die Jacke am Finger der anderen über die Schulter geworfen. Hier hatte er eine Zweizimmerwohnung mit seinem Bruder. Er stand einen Augenblick da und sah an dem Gebäude hinauf: ein Monolith mit allem Stil und Geschmack einer Saltines Box aus Backstein. Mit den vielen Fenstern sah es für Eddie wie ein Gefängnisblock aus, für ihn war der Anblick so deprimierend wie er für Roland – den *anderen* – erstaunlich war.

Niemals, nicht einmal als Kind, habe ich ein so hohes Bauwerk gesehen, sagte Roland. *Und es gibt so viele!*

Ja, stimmte Eddie zu. *Wir wohnen wie Ameisen in ihrem Bau. Für dich mag das gut aussehen, Roland, aber ich sage dir, man hat es satt. Man hat es ziemlich schnell satt.*

Das blaue Auto fuhr vorbei; der Pizzalieferwagen bog ein und kam näher. Eddie erstarrte und spürte, wie Roland in ihm ebenfalls erstarrte. Vielleicht hatten sie doch vor, ihn wegzupusten.

Die Tür? fragte Roland. *Sollen wir durchgehen? Möchtest du das?* Eddie spürte, daß Roland bereit war – zu allem –, aber seine Stimme war ruhig.

Noch nicht, sagte Eddie. *Könnte sein, daß sie nur reden wollen. Aber sei bereit.*

Ihm war klar, daß es unnötig gewesen war, das zu sagen; er spürte, daß Roland im Tiefschlaf bereiter sein würde, zu handeln und sich zu bewegen, als Eddie es in seinen wachsten Augenblikken je sein würde.

Der Pizzawagen mit den lächelnden Jungen auf der Seite kam näher. Das Beifahrerfenster wurde heruntergekurbelt. Eddie wartete vor dem Eingang zu seinem Wohnhaus, sein Schatten erstreckte sich lang von den Schuhspitzen, wartete darauf, was sich zeigen würde – ein Gesicht oder ein Gewehr.

4

Fünf Minuten nachdem die Zollbeamten schließlich aufgegeben hatten und Eddie gehen ließen, hatte Roland ihn zum zweitenmal verlassen.

Der Revolvermann hatte gegessen, aber nicht genug; er brauchte etwas zu trinken; am dringendsten aber brauchte er Medizin. Eddie konnte ihm noch nicht mit der Medizin helfen, die Roland wirklich brauchte (auch wenn er vermutete, daß der Revolvermann recht hatte und Balazar es konnte... wenn Balazar wollte). Aber simples Aspirin konnte vielleicht wenigstens das Fieber senken, das Eddie gespürt hatte, als der Revolvermann sich dicht über ihn beugte, um den hinteren Teil des Klebebandes durchzuschneiden. Er blieb vor dem Zeitungskiosk im Hauptgebäude des Flughafens stehen.

Habt ihr Aspirin, wo du herkommst?
Davon habe ich nie gehört. Ist das Zauberei oder Medizin?
Beides, schätze ich.

Eddie betrat den Kiosk und kaufte eine Packung extrastarkes Anacin. Er ging zur Snackbar und kaufte ein Paar dreißig Zentimeter lange Hot dogs und eine extragroße Pepsi. Er strich gerade Senf und Ketchup auf die Würstchen (Henry nannte die 30 Zentimeter langen Godzilla dogs), als ihm plötzlich einfiel, daß sie gar nicht für ihn waren. Roland mochte Senf und Ketchup vielleicht gar nicht. Roland konnte sogar Vegetarier sein. Dieses Zeug konnte Roland vielleicht sogar umbringen.

Nun, jetzt ist es zu spät, dachte Eddie. Wenn Roland sprach wenn Roland *handelte –*, wußte Eddie, daß dies alles Wirklichkeit war. Wenn er still war, kehrte ständig das schwindelerregende Gefühl zurück, daß alles ein Traum war – ein außergewöhnlich lebhafter Traum, den er hatte, während er an Bord der Delta 901 Richtung Kennedy Airport schlief.

Roland hatte ihm gesagt, er könne das Essen in seine eigene Welt tragen. Er sagte, er hätte das schon einmal getan, während Eddie schlief. Eddie fand es unmöglich, das zu glauben, aber Roland beharrte darauf, daß es stimmte.

Nun, wir müssen immer noch verdammt vorsichtig sein, sagte Eddie. *Zwei Zollbeamte beschatten mich. Uns. Was, zum Teufel, ich auch jetzt immer sein mag.*

Ich weiß, daß wir vorsichtig sein müssen, erwiderte Roland. *Es sind nicht zwei; es sind fünf.* Plötzlich verspürte Eddie eine der unheimlichsten Empfindungen seines ganzen Lebens. Er bewegte die Augen nicht, spürte aber, wie sie bewegt *wurden*. Roland bewegte sie.

Ein Mann im Muskelhemd, der in einen Telefonhörer sprach.

Eine Frau, die auf einer Bank saß und in ihrer Handtasche kramte.

Ein junger Farbiger, der außergewöhnlich hübsch gewesen wäre, abgesehen von einer Hasenscharte, die ein chirurgischer Eingriff nur unzureichend entfernt hatte, welcher die T-Shirts in dem Kiosk betrachtete, den Eddie vor nicht allzulanger Zeit verlassen hatte.

Äußerlich war nichts Ungewöhnliches an ihnen, aber Eddie sah ihnen trotzdem an, was sie waren, und es war, als würde man die versteckten Bilder in einem Suchbild erkennen, die man gar nicht mehr übersehen konnte, wenn man sie erst einmal entdeckt hatte. Er spürte stumpfe Hitze in den Wangen, weil ihn der *andere* auf etwas hatte hinweisen müssen, das er sofort hätte sehen sollen. Er hatte nur zwei gefunden. Diese drei waren etwas besser, aber nicht sehr; der Blick des Telefonierers war nicht leer, weil er sich die Person vorstellte, mit der er sprach, sondern lebhaft; er *sah* richtiggehend, und der Blick kehrte immer wieder dorthin zurück, wo Eddie sich aufhielt. Die Handtaschen-Frau fand nicht, was sie suchte, gab auch nicht auf, sondern wühlte immer endlos weiter. Und der Einkäufer hatte genügend Zeit gehabt, sich jedes einzelne T-Shirt auf dem Ständer mindestens ein dutzendmal anzusehen.

Plötzlich fühlte sich Eddie wieder wie ein Fünfjähriger, der Angst davor hatte, die Straße zu überqueren, wenn Henry ihm nicht die Hand hielt.

Achte nicht darauf sagte Roland. *Und mach dir keine Gedanken wegen des Essens. Ich habe Insekten gegessen, die noch so lebendig waren, daß einige davon meinen Hals hinunterkrabbeln konnten.*

Ja, antwortete Eddie, *aber dies ist New York.*

Er nahm die Würstchen und das Getränk zum Ende des Tresens und stellte sich dort mit dem Rücken zum Durchgang des Hauptgebäudes. Dann sah er zur linken Ecke auf. Dort wölbte sich ein konvexer Spiegel gleich einem hypertonischen Auge. Er konnte seine sämtlichen Verfolger darin erkennen, aber keiner war so nahe, daß er das Essen und den Becher sehen konnte. Und das war gut so, denn Eddie hatte nicht die leiseste Ahnung, was damit passieren würde.

Leg das Astin auf die Fleischdinge. Und dann nimm alles zusammen in die Hände.

Aspirin.

Gut. Nenne es meinethalben Flutergork, wenn du willst, Gef... Eddie. Tu es einfach.

Er holte das Anacin aus der Tüte, die er in die Tasche gesteckt hatte, hätte es beinahe auf einen der Hot dogs gelegt, überlegte dann aber, daß Roland Mühe haben würde, auch nur das, was er selbst die Giftsicherung nannte, abzulösen, geschweige denn, es zu öffnen.

Er machte es selbst, schüttete drei Tabletten auf eine der Servietten, überlegte und fügte dann drei weitere hinzu.

Drei jetzt, drei später, sagte er. *Wenn es ein Später gibt.*

Gut. Danke.

Was jetzt?

Halte alles.

Eddie hatte wieder in den konvexen Spiegel gesehen. Zwei der Agenten schlenderten beiläufig auf die Snackbar zu; vielleicht gefiel es ihnen nicht, daß Eddie ihnen den Rücken zugekehrt hatte, vielleicht rochen sie einen kleinen Taschenspielertrick, den sie sich

näher ansehen wollten. Wenn etwas geschehen sollte, sollte es
besser schnell geschehen.

Er legte die Hände um alles, spürte die Wärme der Hot dogs in
den Weißbrötchen, die Kälte der Pepsi. In diesem Augenblick sah
er wie ein Familienvater aus, der dabei war, den Kindern einen
Imbiß zu bringen... und dann fing das Zeug an zu *schmelzen.*

Er sah nach unten, seine Augen wurden so groß, daß er glaubte,
sie müßten jeden Moment herausfallen und am Sehnerv herunter-
baumeln.

Er konnte die Hot dogs durch die Brötchen sehen. Er konnte die
Pepsi durch den Becher sehen, die eisgekühlte Flüssigkeit
krümmte sich gemäß einer Form, die nicht mehr zu sehen war.

Dann konnte er die rote Kunststofftheke durch die Hot dogs sehen, und die weiße Wand durch das Pepsi. Seine Hände näherten
sich einander, der Widerstand zwischen ihnen wurde immer geringer... und dann lagen sie Handfläche auf Handfläche aneinander. Das Essen... die Servietten... die Pepsi-Cola... die sechs
Anacin... alles, was zwischen seinen Händen gewesen war, war
weg.

Jesus sprang auf und spielte Fiedel, dachte Eddie benommen. Er
sah zu dem konvexen Spiegel hinauf.

Die Tür war verschwunden... wie Roland aus seinen Gedanken
verschwunden war.

Guten Appetit, mein Freund, dachte Eddie. Aber war diese fremde
Präsenz, die sich Roland nannte, *wirklich* sein Freund? Das war
noch lange nicht bewiesen, oder? Sicher, er hatte Eddies Speck gerettet, aber das bewies noch lange nicht, daß er ein Pfadfinder
war.

Wie dem auch sei, er *mochte* Roland. Fürchtete ihn... aber er
mochte ihn auch.

Vermutete, daß er ihn mit der Zeit liebgewinnen konnte, so wie
er Henry liebhatte.

Guten Appetit, Fremder, dachte er. *Iß gut, bleib am Leben... und
komm zurück.*

In der Nähe lagen ein paar senfverschmierte Servietten, die ein
anderer Kunde liegengelassen hatte. Eddie knüllte sie zusammen,
warf sie auf dem Weg hinaus in den Papierkorb neben der Tür
und kaute Luft, als würde er den letzten Bissen von etwas ver-

schlingen. Es gelang ihm sogar, ein Rülpsen zustande zu bringen, während er sich auf dem Weg zu den Schildern GEPÄCK und BODENTRANSPORT dem Farbigen näherte.

»Kein passendes Hemd gefunden?« fragte Eddie.

»Bitte?« Der Farbige wandte sich vom Monitor der American Airlines ab, den er vorgeblich studierte.

»Ich dachte mir, Sie suchen vielleicht nach einem mit der Aufschrift: BITTE FÜTTERT MICH, ICH BIN AGENT DER US-REGIERUNG«, sagte Eddie und ging weiter.

Während er die Treppe hinunterging, sah er, wie die Handtaschenkramerin hastig ihre Handtasche zuklappte und auf die Beine sprang.

Mann o Mann, das wird wie die Erntedank-Party der Macy's werden.

Es war ein verdammt interessanter Tag gewesen, und Eddie vermutete, daß er noch nicht vorbei war.

5

Als Roland die Hummerwesen wieder aus den Wellen kommen sah (also hatte ihr Auftauchen nichts mit den Gezeiten zu tun; die Dunkelheit lockte sie heraus), verließ er Eddie Dean, um sich zu entfernen, bevor die Kreaturen ihn finden und fressen konnten.

Die Schmerzen hatte er erwartet, auf sie war er vorbereitet. Er lebte schon so lange mit Schmerzen, daß sie ihm fast wie alte Freunde waren. Aber es erschreckte ihn, wie schnell das Fieber zugenommen hatte und seine Kraft abnahm. Hatte er bislang nicht im Sterben gelegen, jetzt tat er es eindeutig. Gab es in der Welt des Gefangenen etwas so Starkes, daß es den Tod verhindern konnte? Vielleicht. Aber wenn er nicht binnen der nächsten sechs bis acht Stunden etwas davon bekam, würde es wohl keine Rolle mehr spielen. Wenn es so weiterging, würde ihm keine Medizin oder Magie in dieser oder einer anderen Welt mehr helfen können.

Zu gehen war unmöglich. Er mußte kriechen.

Er wollte sich gerade aufmachen, als sein Blick auf die verschlungenen klebrigen Streifen und die Beutel mit dem Teufelspulver fielen. Wenn er das hierließ, würden die Monsterhummer die Beutel mit ziemlicher Sicherheit aufreißen. Der Meerwind würde den Stoff in alle vier Himmelsrichtungen verwehen. *Genau dort gehört er auch hin*, dachte der Revolvermann grimmig, aber das konnte er nicht zulassen. Wenn der Zeitpunkt gekommen war, würde Eddie Dean eine Menge Ärger bekommen, wenn er dieses Pulver nicht vorzeigen konnte. Es war kaum möglich, Männer zu bluffen, wie dieser Balazar seiner Meinung nach einer war. Er würde sehen wollen, was er bezahlt hatte, und bis er es sah, würden die Waffen einer kleinen Armee auf Eddie gerichtet sein.

Der Revolvermann zog das zerknüllte Bündel Klebebänder zu sich und schlang es über den Nacken. Dann mühte er sich den Strand entlang.

Er war zwanzig Meter gekrochen – fast so weit, daß er sich in Sicherheit fühlte –, als ihm die gräßliche (und doch auf kosmische Weise komische) Erkenntnis kam, daß er die Tür hinter sich zurück ließ. Wozu in Gottes Namen nahm er das alles auf sich?

Er drehte den Kopf und erblickte die Tür nicht unten am Strand, sondern drei Schritte hinter sich. Roland konnte sie einen Augenblick nur anstarren und einsehen, was ihm die ganze Zeit über klar gewesen wäre, wären nicht das Fieber und der Lärm der Inquisitoren gewesen, die Eddie mit ihren endlosen Fragen bombardierten (*Wo haben Sie, wie haben Sie, warum haben Sie, wann haben Sie* – Fragen, die auf unheimliche Weise mit den Fragen der wuselnden Alptraumgestalten verschmolzen, welche aus den Wellen gekrochen und gekrabbelt kamen: *Dad-a-chock? Dada-chum? Did-a-chick?*), sowie das Delirium. So nicht.

Ich nehme sie überallhin mit, wohin ich gehe, dachte er, *und er auch. Sie begleitet uns jetzt überallhin, folgt uns wie ein Fluch, den man nicht mehr loswerden kann.*

Das alles schien so sehr der Wahrheit zu entsprechen, daß es außer Frage stand... wie noch etwas.

Wenn sich die Tür zwischen ihnen schloß, würde sie sich für immer schließen.

Wenn das geschieht, dachte Roland grimmig, *muß er auf dieser Seite sein. Bei mir.*

Was bist du doch für ein Ausbund an Ehre, Revolvermann! lachte der Mann in Schwarz. Er schien ein permanentes Heim in Rolands Kopf bezogen zu haben. *Du hast den Jungen umgebracht; das war das*

*Opfer, das es dir ermöglicht hat, mich zu erwischen und, vermute ich, die
Tür zwischen den Welten zu erschaffen. Und jetzt hast du vor, deine Drei
zu erwählen, einen nach dem anderen, und sie zu etwas zu verurteilen, was
du selbst nicht haben wolltest: zu einem Leben in einer fremden Welt, in der
sie so leicht wie ein Zootier sterben können, das man in der Wildnis aussetzt.*

Der Turm, dachte Roland wild. *Wenn ich den Turm gefunden und getan habe, was ich dort auch immer tun soll, wenn ich den grundlegenden
Akt des Wiederaufbaus oder der Erlösung geleistet habe, für den ich auserwählt wurde, dann werden sie vielleicht...*

Aber das schrille Lachen des Mannes in Schwarz, des Mannes,
der tot war, aber im befleckten Gewissen des Revolvermanns wei-
terlebte, ließ ihn den Gedanken nicht zu Ende führen.

Doch auch der Gedanke an den Verrat, den er begangen hatte,
konnte ihn nicht von seinem Kurs abbringen.

Es gelang ihm, weitere zehn Meter zurückzuweichen, dann
drehte er sich um und sah, daß selbst die größten der Ungeheuer
nicht weiter als zwanzig Meter über die Flutlinie hinaus gelangen
konnten. Er hatte bereits das Dreifache dieser Distanz zurückgelegt.

Das ist gut.

Nichts ist gut, antwortete der Mann in Schwarz fröhlich, *und das
weißt du auch.*

Sei still, dachte der Revolvermann, und die Stimme gehorchte tatsächlich wie durch ein Wunder.

Roland schob die Beutel mit dem Teufelspulver in den Spalt zwischen zwei Steinen und deckte sie mit ausgerupftem spärlichem
Schilf zu. Nachdem er das getan hatte, ruhte er kurz aus, während
sein Kopf wie ein heißer Wasserschlauch pulsierte und seine Haut
sich abwechselnd heiß und kalt anfühlte, dann rollte er durch die
Tür in jene andere Welt zurück, in diesen anderen Körper, und ließ
seine zunehmend tödliche Infektion eine Weile hinter sich zurück.

Als er zum zweitenmal in seinen Körper zurückkehrte, kam er in einen so tief schlafenden Körper, daß er einen Augenblick dachte, er wäre in ein komatöses Stadium verfallen... ein Stadium so geringer Körperfunktionen, daß er binnen weniger Augenblicke spüren würde, wie sein Bewußtsein den langen Niedergang in die Dunkelheit beginnen würde.

Statt dessen zwang er seinen Körper zu erwachen, drängte und schubste ihn aus der dunklen Höhle, in die er gekrochen war. Er beschleunigte seinen Herzschlag, zwang seine Nerven, die Schmerzen, die durch ihn rasten, erneut zu akzeptieren, weckte sein Fleisch in die stöhnende Wirklichkeit.

Jetzt war es Nacht. Die Sterne waren herausgekommen. Die Belegten, die Eddie ihm gekauft hatte, waren winzige warme Stellen in der Kälte.

Er verspürte keine Lust, sie zu essen, aber er würde sie essen. Doch zuerst...

Er betrachtete die weißen Tabletten in seiner Hand. *Astin*, nannte Eddie sie. Nein, das war nicht ganz richtig, aber Roland konnte das Wort nicht so aussprechen, wie es der Gefangene gesagt hatte. Letztendlich lief es auf Medizin hinaus. Medizin aus jener anderen Welt.

Wenn mir etwas aus deiner Welt nützen wird, Gefangener, dachte Roland grimmig, *werden es, glaube ich, wohl mehr eure Gifte als eure Belegten sein.*

Dennoch würde er es versuchen müssen. Es war nicht das, was er wirklich brauchte – wie Eddie glaubte –, aber etwas, das sein Fieber senken würde.

Drei jetzt, drei später. Wenn es ein Später gibt.

Er nahm drei Tabletten in den Mund, dann stieß er den Deckel – ein seltsames weißes Material, das weder Papier noch Glas war, aber von beidem etwas zu haben schien – von dem Becher, in dem sich das Getränk befand, und spülte sie hinunter.

Der erste Schluck verblüffte ihn so durch und durch, daß er einen Augenblick nur an einen Felsen gelehnt dalag. Seine Augen waren so weit aufgerissen und reglos, daß er sicherlich von jedem möglichen Passanten bereits für tot gehalten worden wäre. Dann trank er gierig, hielt den Becher in beiden Händen und war so sehr mit dem Getränk beschäftigt, daß er die verderblichen, pulsierenden Schmerzen in den Stummeln seiner Finger kaum bemerkte.

Süß! Ihr Götter, wie süß! Wie süß! Wie...

Einer der kleinen flachen Eiswürfel in dem Getränk geriet ihm in den Hals. Er hustete, klopfte sich auf die Brust und würgte ihn heraus. Jetzt verspürte er neue Kopfschmerzen: die silbrigen Schmerzen, die davon herrühren, wenn man etwas zu Kaltes zu schnell trinkt.

Er lag still da und spürte sein Herz wie einen durchgedrehten Motor klopfen, spürte frische Energie so schnell in seinen Körper strömen, daß ihm war, als könnte er tatsächlich explodieren. Ohne darüber nachzudenken, was er tat, riß er ein weiteres Stück von seinem Hemd ab – es würde bald nur noch ein Lumpen sein, der um seinen Hals hing – und legte es über ein Bein. Wenn das Getränk leer war, würde er das Eis in den Stoffetzen kippen und daraus eine Packung für seine verletzte Hand machen. Aber seine Gedanken waren anderswo.

Süß! schrien sie immer und immer wieder und versuchten, den Sinn dessen zu erfassen oder sich wenigstens davon zu überzeugen, daß es einen Sinn *gab*, so sehr wie Eddie sich davon überzeugt hatte, daß der *andere* ein wahrhaftiges Wesen gewesen war und nicht eine Geistesverwirrung, die lediglich einen anderen Teil von ihm darstellte, der versuchte, ihn zu überlisten. *Süß! Süß! Süß!*

Das dunkle Getränk war mit Zucker versetzt, mit mehr noch, als selbst Marten – der hinter seinem ernsten asketischen Äußeren ein gewaltiges Leckermaul gewesen war – sich am Morgen oder Nachmittag in den Kaffee getan hatte.

Zucker... weiß... Pulver...

Der Blick des Revolvermanns wanderte zu den Beuteln, die unter dem Gras, mit dem er sie zugedeckt hatte, kaum zu sehen waren, und fragte sich kurz, ob der Stoff in den Beuteln und der in dem Getränk ein und dasselbe sein mochten. Er wußte, daß Eddie ihn hier drüben, wo sie zwei verschiedene körperliche Wesen waren, genau verstanden hatte; er vermutete, wenn er körperlich in Eddies Welt überwechselte (und er wußte instinktiv, daß das möglich *war*... doch sollte sich die Tür schließen, während er drüben weilte, würde er für immer dort sein, so wie Eddie für immer hiersein würde, sollte die Tür sich während seiner Anwesenheit in Rolands Welt schließen), würde er die Sprache dort ebenso perfekt verstehen. Von seinen Aufenthalten in Eddies Verstand wußte er, daß sich die Sprachen der beiden Welten von vornherein ähnlich waren. Ähnlich, aber nicht identisch. Hier war ein Sandwich ein Belegter. Dort bedeutete *pandschen*, etwas zusammenzubrauen. Also... war es nicht möglich, daß die Droge, die Eddie *Kokain* nannte, in der Welt des Revolvermannes *Zucker* wurde?

Doch bei genauerem Nachdenken war das unwahrscheinlich. Eddie hatte dieses Getränk in aller Öffentlichkeit und mit dem sicheren Wissen gekauft, daß er von den Priestern des Zolls beobachtet wurde. Des weiteren wußte Roland instinktiv, daß er vergleichsweise wenig dafür bezahlt hatte. Sogar noch weniger als für die fleischgefüllten Belegten. Nein, Zucker war nicht Kokain, aber Roland konnte nicht begreifen, wie jemand in einer Welt, in der eine so starke Droge wie Zucker so reichlich und billig war, Kokain oder irgendeine andere illegale Droge begehren konnte.

Er sah die Fleischbelegten wieder an und verspürte erste Regungen von Hunger... und erkannte voll Staunen und verwirrter Dankbarkeit, daß *er sich besser fühlte*.

Das Getränk? Lag es daran? Am Zucker in dem Getränk?

Das mochte ein Teil davon sein – aber ein geringer Teil. Zucker konnte die Kräfte neu beleben, wenn sie nachließen; das wußte er seit seiner Kindheit. Aber Zucker konnte keine Schmerzen lindern oder das Feuer im Leib löschen, wenn eine Infektion ihn in einen Brennofen verwandelt hatte. Doch genau das war mit ihm geschehen... geschah immer noch.

Das konvulsivische Zittern hatte aufgehört. Der Schweiß auf seiner Stirn trocknete. Die Angelhaken, die seinen Hals aufgerauht hatten, schienen zu verschwinden. So unglaublich es war, es war auch eine unbestreitbare Tatsache, nicht nur Einbildung oder Wunschdenken. (Eine Frivolität wie das letztere hatte sich der Revolvermann seit unbekannten und unerfindlichen Jahrzehnten nicht mehr geleistet.)

Seine fehlenden Finger und Zehen pulsierten und brüllten immer noch, aber er glaubte, daß auch diese Schmerzen gedämpft waren.

Roland legte den Kopf zurück, machte die Augen zu und dankte Gott.

Gott und Eddie Dean.

Mach nicht den Fehler und schenke ihm dein Herz, Roland, murmelte eine Stimme aus den tieferen Regionen seines Verstandes – dies war nicht die nervöse, keifend-garstige Stimme des Mannes in Schwarz oder die rauhe von Cort; dem Revolvermann erschien sie wie die seines toten Vaters. *Du weißt, was er für dich getan hat, hat er aus eigenen persönlichen Bedürfnissen heraus getan; so wie du weißt, daß diese Männer – und mögen sie auch Inquisitoren sein – teilweise oder völlig recht haben, was ihn anbelangt. Er ist ein schwaches Geschöpf und der Grund, weshalb sie ihn festgenommen haben, war weder falsch noch übelwollend. Er hat Stahl in sich, das will ich nicht bestreiten. Aber auch Schwäche. Er ist wie der Koch Hax. Hax vergiftete widerwillig... aber Widerwille hat nicht die Schreie der Toten verstummen lassen, deren Eingeweide zerfetzten. Und es gibt einen Grund, auf der Hut zu sein...*

Aber Roland brauchte keine Stimme, die ihm diesen anderen Grund nannte. Er hatte ihn in Jakes Augen gesehen, als diesem schließlich sein Zweck klar geworden war.

Mach nicht den Fehler und schenke ihm dein Herz.

Guter Rat. Du hast dir selbst geschadet, indem du freundschaftliche Gefühle für diejenigen gefaßt hast, denen letztlich geschadet werden mußte.

Bedenke deine Pflicht, Roland.

»Die habe ich nie vergessen«, krächzte er heiser, während die Sterne gnadenlos herabfunkelten und die Wellen ans Ufer dröhnten und die hummerähnlichen Monster ihre idiotischen Fragen schrien. »Wegen meiner Pflicht bin ich verdammt. Und weshalb sollten sich die Verdammten abwenden?«

Er fing an, die Fleischbelegten zu essen, die Eddie ›dogs‹ nannte.

Roland begeisterte die Vorstellung nicht, Dog – ›Hund‹ – zu essen, und verglichen mit dem Tun-Fisch schmeckte dies wie Abfälle aus der Gosse. Aber hatte er nach diesem wunderbaren Getränk ein Recht dazu, sich zu beschweren? Er glaubte nicht. Außerdem war das Spiel zu weit fortgeschritten, um sich über solche Kleinigkeiten Gedanken zu machen.

Er aß alles, dann kehrte er zu dem Ort zurück, wo sich Eddie jetzt befand, in einem magischen Gefährt, das auf einer Straße aus Metall dahinraste, welche von anderen solchen Gefährten bevöl-

kert war... Dutzenden, vielleicht sogar Hunderten, und nicht ein
einziges wurde von einem Pferd gezogen.

7

Eddie war bereit, während der Pizzalieferwagen näher kam; Roland in ihm war noch bereiter.

Nur eine weitere Version von Dianas Traum, dachte Roland. *Was war
in der Kiste? Der Goldpokal oder die Giftschlange? Und gerade als sie den
Schlüssel herumdreht und die Hände auf den Deckel legt, hört sie ihre Mutter rufen: »Wach auf Diana! Zeit zu melken!«*

Okay, dachte Eddie. *Welches von beiden? Die Dame oder der Tiger?*

Ein Mann mit blassem, pickligem Gesicht und großen Hasenzäh-
nen sah zum Beifahrerfenster des Pizzawagens heraus. Es war ein
Gesicht, das Eddie kannte.

»Hi, Col«, sagte Eddie ohne Begeisterung. Hinter Col Vincent saß
der alte Doppelthäßlich am Steuer – so nannte Henry Jack Andolini.

Aber Henry sagt ihm das nie ins Gesicht, dachte Eddie. Nein, natürlich nicht. Jack so etwas ins Gesicht zu sagen, wäre eine todsichere
Methode, ins Gras zu beißen. Er war ein hünenhafter Mann mit der
vorspringenden Stirn eines Höhlenmenschen und einem dazu pas-
senden Kiefer. Er war durch Heirat mit Enrico Balazar verwandt...
eine Nichte, Kusine oder sonst eine Tussie. Seine gigantischen
Hände klammerten sich an das Lenkrad des Lieferwagens wie die
Hände eines Affen an einen Ast. Störrische Haarbüschel wuchsen
ihm aus den Ohren. Eddie konnte momentan nur eines dieser
Haarbüschel sehen, weil Jack Andolini im Profil blieb und sich nicht
einmal umdrehte.

Der alte Doppelthäßlich. Aber nicht einmal Henry (der, wie Eddie zugeben mußte, nicht unbedingt immer der taktvollste Mensch
auf Erden war) hatte ihn jemals den alten Doppeldämlich genannt.
Colin Vincent war nicht mehr als ein verherrlichter Dummkopf.
Aber Jack hatte genügend Grips hinter seiner Neandertalerstirn,
daß er Balazars erster Leutnant geworden war. Eddie gefiel die Tatsache nicht, daß Balazar einen so wichtigen Mann geschickt hatte.
Das gefiel ihm überhaupt nicht.

316

»Hi, Eddie«, sagte Col. »Hab' gehört, du hast 'n wenig Ärger gehabt.«

»Nichts Unüberwindbares«, sagte Eddie. Er merkte, daß er erst den einen und dann den anderen Arm kratzte, eine der typischen Junkie-Gesten, die er so heftig unterdrückt hatte, während sie ihn in Gewahrsam gehabt hatten. Er zwang sich, damit aufzuhören. Aber Col lächelte, und Eddie verspürte den Drang, die geballte Faust durch dieses Lächeln hindurch- und auf der anderen Seite wieder hinauszuschlagen. Er hätte es vielleicht auch getan... wäre Jack nicht gewesen. Jack sah immer noch starr geradeaus, ein Mann, der seine eigenen bruchstückhaften Gedanken zu denken schien, während er die Welt in ihren simplen Primärfarben und elementaren Beweggründen betrachtete, zu denen ein Mann mit dieser Intelligenz (dachte man, wenn man ihn betrachtete) fähig war. Aber Eddie war der Überzeugung, daß Jack an einem einzigen Tag mehr sah als Col Vincent in seinem ganzen Leben.

»Schon, gut«, sagte Col. »Das ist gut.«

Schweigen. Col sah Eddie an, lächelte und wartete darauf, daß Eddie wieder den Junkie Shuffle anfangen würde, sich kratzen, von einem Bein aufs andere treten wie ein kleiner Junge, der aufs Klo muß, wartete hauptsächlich, bis Eddie fragen würde, was denn los sei und ob sie zufällig etwas Stoff bei sich hätten.

Eddie sah ihn einfach nur an, er kratzte sich nicht, bewegte sich überhaupt nicht mehr.

Ein leichter Wind wehte ein Ring-Ding-Packpapier über den Parkplatz. Das kratzende Geräusch seines Dahinschlitterns und das heulende Klopfen der lockeren Ventile des Lieferwagens waren die einzigen Laute.

Cols wissendes Grinsen wurde unsicher.

»Spring rein, Eddie«, sagte Jack, ohne sich umzudrehen. »Machen wir eine Spazierfahrt.«

»Wohin?« fragte Eddie, der genau Bescheid wußte.

»Zu Balazar.« Jack drehte sich nicht um. Er spreizte einmal die Hände am Lenkrad. Während er das tat, funkelte ein großer Ring aus massivem Gold, abgesehen von dem Onyx, der sich wie das Auge eines Rieseninsekts darauf wölbte, am dritten Finger seiner rechten Hand. »Er will wissen, was aus seiner Ware geworden ist.«

»Ich habe seine Ware. Sie ist sicher.«

»Fein. Dann hat keiner einen Grund, sich Sorgen zu machen«, sagte Jack Andolini, sah aber nicht herüber.

»Ich glaube, ich möchte erst hinaufgehen«, sagte Eddie. »Ich möchte mich umziehen, mit Henry sprechen...«

»Und dir einen Schuß setzen, vergiß das nicht«, sagte Col und grinste sein breites Grinsen mit den gelben Zähnen. »Aber du hast nichts, womit du dir einen Schuß setzen kannst, Dada.«

Dad-a-chum? dachte der Revolvermann in Eddies Verstand, und beide bebten ein wenig.

Col sah dieses Beben, und sein Grinsen wurde noch breiter. *Aha, da ist er endlich*, sagte dieses Grinsen. *Der gute alte Junkie Shuffle. Einen Augenblick hatte ich mir doch glatt Sorgen gemacht, Eddie.* Die Zähne, die bei der Verbreiterung dieses Grinsens sichtbar wurden, waren auch nicht besser als die bisherigen.

»Wie das?«

»Mr. Balazar fand, daß es besser wäre, wenn eure Wohnung clean ist«, sagte Jack, ohne sich umzudrehen. Er fuhr damit fort, die Welt zu beobachten, wie es jeder Beobachter bei einem solchen Mann für unmöglich gehalten haben würde. »Falls jemand vorbeischaut.«

»Zum Beispiel Leute mit Durchsuchungsbefehlen der Bundesbehörde«, sagte Col. Sein Gesicht verharrte und gaffte lüstern. Jetzt konnte Eddie spüren, wie auch Roland die Faust durch dieses Grinsen schlagen wollte, dessen verfaulte Zähne es so abstoßend machten, so irgendwie unverzeihlich. Diese Übereinstimmung der Empfindungen heiterte ihn ein wenig auf. »Er hat eine Putzkolonne geschickt, die die Wände abgewaschen und sämtliche Teppiche gesaugt hat, und er wird dir keinen roten Cent dafür in Rechnung stellen, Eddie!«

Jetzt wirst du fragen, was ich habe, sagte Cols Grinsen. *O ja, jetzt wirst du fragen, Eddie, mein Junge. Du kannst den Schneemann vielleicht nicht ausstehen, aber seinen Schnee unbedingt, oder? Und wo du jetzt weißt, wie Balazar sichergestellt hat, daß dein privater Vorrat verschwunden ist...*

Plötzlich flackerte ein häßlicher und furchteinflößender Gedanke durch seinen Verstand. Wenn der Stoff weg war...

»Wo ist Henry?« fragte er plötzlich und so schroff, daß Col überrascht zurückzuckte.

Endlich drehte Jack Andolini den Kopf. Er machte es langsam, als wäre es etwas, das er nur sehr selten tat, unter großen persönlichen Opfern. Man erwartete fast, alte, ungeölte Scharniere unter seinem Stiernacken quietschen zu hören.

»In Sicherheit«, sagte er, und dann drehte er den Kopf ebenso langsam wieder in seine ursprüngliche Haltung zurück.

Eddie stand neben dem Pizzalieferwagen und versuchte, die Panik zu unterdrücken, die in ihm aufstieg und drohte, das zusammenhängende Denken zu ertränken. Plötzlich war der Drang nach einem Schuß, den er bislang ziemlich gut im Zaum gehalten hatte, überwältigend stark. Er *brauchte* einen Schuß. Nach einem Schuß konnte er denken, konnte sich beherrschen...

Hör auf, brüllte Roland so laut in seinem Kopf, daß Eddie zusammenzuckte (und Col, der Eddies schmerzverzerrtes Gesicht irrtümlich für einen weiteren kleinen Schritt des Junkie Shuffle hielt, fing wieder an zu grinsen). *Hör auf! Ich bin alle Beherrschung, die du brauchst!*

Du verstehst das nicht! Er ist mein Bruder! Er ist mein verdammter Bruder! *Balazar hat meinen Bruder!*

Du redest, als wäre das ein Wort, das ich noch nie vorher gehört habe. Fürchtest du um ihn?

Ja! Mein Gott, ja!

Dann solltest du tun, was sie von dir erwarten. Weine. Winde dich und flehe. Bitte sie um diesen Schuß. Ich bin sicher, sie rechnen damit, und ich bin sicher, sie haben ihn. Mach das alles, sieh zu, daß sie deiner sicher sind, dann kannst du davon ausgehen, daß alle deine Befürchtungen gerechtfertigt sind.

Ich verstehe nicht, was du m...

Ich meine, wenn du jetzt Schwäche zeigst, dann wirst du das Risiko, daß dein kostbarer Bruder getötet wird, immens vergrößern. Möchtest du das?

Schon gut. Ich bin cool. Es hört sich vielleicht nicht so an, aber ich bin cool.

Nennst du es so? Also gut. Ja. Dann sei cool.

»So sollte das Geschäft nicht ablaufen«, sagte Eddie, der an Col vorbei und direkt in Jack Andolinis Haarbüschelohr sprach. »Dafür habe ich Balazars Ware nicht gerettet und die Klappe gehalten, wo jeder andere fünf Namen für jedes Jahr weniger in der Anklage ausgespuckt hätte.«

»Balazar war der Meinung, dein Bruder wäre bei ihm sicherer«, sagte Jack, ohne sich umzudrehen. »Er hat ihn in Schutzhaft genommen.«

»Schön und gut«, sagte Eddie. »Dann dankst du ihm in meinem Namen, sagst ihm, ich bin wieder da, seine Ware ist sicher, und ich kann mich allein um Henry kümmern, so wie Henry sich immer um mich gekümmert hat. Sag ihm, ich habe ein Sechserpack auf Eis, und wenn Henry die Wohnung betritt, werden wir es uns teilen und anschließend in die Stadt kommen und das Geschäft so abwickeln, wie es geplant war. Wie wir es besprochen haben.«

»Balazar will dich sehen, Eddie«, sagte Jack. Seine Stimme war makellos, unbewegt. Er drehte den Kopf nicht. »Steig in den Lieferwagen ein.«

»Den kannst du dir dorthin stecken, wo die Sonne nicht hin scheint, Arschloch«, sagte Eddie und ging auf die Eingangstür des Wohnblocks zu.

8

Es war eine kurze Strecke, aber er hatte sie kaum halb bewältigt, als sich Andolinis Hand mit der Kraft eines Schraubstocks um seinen Oberarm legte. Sein Atem war heiß wie der eines Bullen in Eddies Nacken. Er hatte das alles in einem Zeitraum fertiggebracht, die man seinem Gehirn zugetraut hätte, seine Hand zum Öffnen der Autotür zu bewegen, wenn man ihn ansah.

Eddie drehte sich um.

Sei cool, Eddie, flüsterte Roland.

Cool, antwortete Eddie.

»Dafür könnte ich dich umbringen«, sagte Andolini. »Niemand sagt mir, daß ich mir was in den Arsch stecken soll, besonders kein kleiner Scheißer von einem Junkie, wie du einer bist.«

»*Scheiß doch drauf*«, schrie Eddie ihn an. Aber es war ein berechnender Schrei. Ein *cooler* Schrei, wenn man das kapieren konnte. Sie standen da, zwei dunkle Gestalten im goldenen horizontalen Licht eines Sonnenuntergangs im Frühsommer in der Wüste von Sozialwohnungen, die die Co-Op City der Bronx bilden, und die

Leute hörten den Schrei und hörten das Wort *umbringen*, und wenn ihre Radios eingeschaltet waren, machten sie sie lauter, und wenn ihre Radios nicht eingeschaltet waren, schalteten sie sie ein und machten sie *dann* lauter, weil es so besser war, sicherer.

»Rico Balazar hat sein Wort gebrochen! Ich habe meinen Kopf für ihn riskiert, aber er seinen nicht für mich! Und eben darum sage ich dir, du sollst es dir in deinen verschissenen Arsch stecken, und ich sage ihm, er soll es sich in seinen verschissenen Arsch stecken, ich sage überhaupt jedem, dem ich es sagen will, er soll es sich in seinen verschissenen Arsch stecken!«

Andolini sah ihn an. Seine Augen waren so braun, daß es aussah, als wären sie ins Weiß geflossen und hätten das Gelb verblichenen Pergaments daraus gemacht.

»Ich sage Präsident Reagen, er soll es sich in seinen Arsch stecken, wenn er mir gegenüber sein Wort bricht, und scheiß auf seine Hämorrhoiden oder was immer er hat!«

Die Echos der Worte verhallten auf Backstein und Beton. Ein einziges Kind, dessen Haut gegen die weißen Basketballhosen und hohen Turnschuhe sehr dunkel aussah, stand ihnen gegenüber auf dem Spielplatz und beobachtete sie; seinen Basketball hielt es locker in der Beuge des Ellbogens an sich gepreßt.

»Fertig?« fragte Andolini, als das letzte Echo verklungen war.

»Ja«, sagte Eddie mit vollkommen normaler Stimme.

»Okay«, sagte Andolini. Er spreizte die anthropoiden Finger und lächelte. Und als er lächelte, geschahen gleichzeitig zwei Dinge; das erste war sein Charme, der so überraschend war, daß er den Leuten jede Möglichkeit der Gegenwehr nahm; das zweite war, man sah, wie intelligent er wirklich war. Wie gefährlich intelligent. »Können wir jetzt von vorne anfangen?«

Eddie strich mit den Händen durch das Haar, überkreuzte kurz die Arme, so daß er beide gleichzeitig kratzen konnte, und sagte: »Sollten wir wohl besser, denn dies führt zu nichts.«

»Okay«, sagte Andolini. »Niemand hat was gesagt, und niemand hat irgendwen beleidigt.« Dann fügte er, ohne den Kopf zu drehen oder den Rhythmus seiner Sprache zu unterbrechen, hinzu: »Steig in den Lieferwagen ein, Dummsack.«

Col Vincent, der durch die Tür, die Andolini offengelassen hatte, vorsichtig aus dem Lieferwagen ausgestiegen war, stieg so hastig wieder ein, daß er sich den Kopf anschlug. Er rutschte über die Sitzbank, sank mürrisch in seine vorherige Haltung und rieb sich den Schädel.

»Du solltest einsehen, daß sich das Geschäft geändert hat, als dich die Leute vom Zoll hopsgenommen haben«, sagte Andolini vernünftig. »Balazar ist ein großer Mann. Er muß Interessen schützen. *Menschen* beschützen. Und wie es der Zufall will, ist dein Bruder Henry einer von diesen Menschen. Glaubst du, daß das Scheiße ist? Wenn ja, solltest du lieber darüber nachdenken, wie Henry jetzt ist.«

»Mit Henry ist alles in Ordnung«, sagte Eddie, aber er wußte es besser und konnte dieses Wissen nicht aus seiner Stimme heraushalten. Er hörte es, und er wußte, Jack Andolini hatte es auch gehört. Es schien neuerdings so, als wäre Henry ununterbrochen high. Er hatte sich mit Zigaretten Löcher in die Hemden gebrannt. Er hatte sich mit dem elektrischen Dosenöffner eine Scheißwunde an der Hand zugefügt als er eine Dose Calo für Potzie, ihre Katze, aufgemacht hatte. Eddie wußte nicht, wie man sich mit einem elektrischen Dosenöffner schneiden konnte, aber Henry hatte es geschafft. Manchmal lagen auf dem Küchentisch pulverförmige Reste von Henrys Sachen, oder Eddie fand verkohlte Überreste im Waschbecken im Bad.

Henry, sagte er dann immer, *Henry, du solltest darauf achten, es gerät außer Kontrolle, du bist eine wandelnde Feuersbrunst, die nur darauf wartet, zu entflammen.*

Ja, okay, kleiner Bruder, antwortete Henry darauf, *null Problemo, ich hab' alles unter Kontrolle.* Aber wenn er manchmal Henrys äschernes Gesicht und die ausgebrannten Augen ansah, dann wußte Eddie, daß Henry nie mehr irgend etwas unter Kontrolle haben würde.

Was er Henry sagen wollte, aber nicht konnte, hatte nichts damit zu tun, daß Henry sich umbrachte oder sie beide umbrachte. Er *wollte* sagen: *Henry, sieht so aus, als würdest du nach einem Zimmer suchen, in dem du sterben kannst. Den Eindruck habe ich, und ich will, daß du verdammt noch mal damit aufhörst. Denn wenn du stirbst, wofür soll ich dann noch leben?*

»Mit Henry ist *nicht* alles in Ordnung«, sagte Jack Andolini. »Er braucht jemanden, der auf ihn aufpaßt. Er braucht... wie heißt der Song? A bridge over troubled water – eine Brücke über unruhige Gewässer. *Il Roche* ist diese Brücke.«

Il Roche *ist eine Brücke in die Hölle,* dachte Eddie. Laut sagte er: »Ist Henry dort? Bei Balazar?«

»Ja.«

»Ich gebe ihm seine Ware, er gibt mir Henry?«

»Und *deine* Ware«, sagte Andolini, »vergiß das nicht.«

»Mit anderen Worten, das Geschäft wird normal abgewickelt.«

»Richtig.«

»Und jetzt erzähl mir bloß noch, daß du wirklich glaubst, es wird so laufen. Komm schon, Jack. Sag es mir. Ich will sehen, ob du es mir sagen kannst, ohne eine Miene zu verziehen. Und *wenn* du es sagen kannst, ohne eine Miene zu verziehen, will ich sehen, wie sehr deine Nase dabei wächst.«

»Ich verstehe dich nicht, Eddie.«

»Aber sicher. Balazar glaubt, daß ich seine Ware *habe?* Wenn er das denkt, dann muß er dumm sein, und ich weiß, daß er nicht dumm ist.«

»Ich weiß nicht, was er denkt«, sagte Andolini gelassen. »Ist nicht meine Aufgabe zu wissen, was er denkt. Er weiß, du *hattest* seine Ware, als du die Inseln verlassen hast, er weiß, der Zoll hat dich geschnappt und wieder laufen lassen, er weiß, du bist hier und nicht auf dem Weg ins Rikers, und daher weiß er, seine Ware muß irgendwo sein.«

»Und er weiß auch, daß der Zoll noch an mir klebt wie der Gummianzug an einem Taucher, weil *Sie* es wissen und ihm eine Art kodierte Nachricht über den Funk des Lieferwagens geschickt haben. So etwas wie ›Doppelte Portion Käse, keine Sardellen‹, richtig, Jack?«

Jack Andolini sagte nichts und sah gelassen drein.

»Aber sie haben ihm nur etwas gesagt, das er ohnehin schon wußte. Als würde man die Punkte eines Strichbilds verbinden, nachdem man schon gesehen hat, was es ist.«

Andolini stand im goldenen Licht des Sonnenuntergangs, das langsam hochofenorange wurde, sah weiter gelassen aus und sagte kein einziges Wort.

»Er denkt, sie haben mich umgekrempelt. Er denkt, sie benützen mich. Er denkt, ich sei dumm genug, mich benützen zu lassen. Kann ich ihm eigentlich nicht verdenken. Ich meine, warum nicht? Ein Fixer wird alles tun. Möchtest du nachsehen, ob ich eine Wanze habe?«

»Ich weiß, daß du keine hast«, sagte Andolini. »Ich habe etwas im Wagen. Ähnlich wie ein Störsender, nur fängt es kurze Funkübertragungen auf. Und was mich betrifft, ich glaube nicht, daß du für die Bullen arbeitest.«

»Ach ja?«

»Ja. Also steigen wir jetzt in den Lieferwagen und fahren wir in die Stadt, oder was?«

»Habe ich eine Wahl?«

Nein, sagte Roland in seinem Kopf.

»Nein«, sagte Andolini.

Eddie kam mit zum Lieferwagen. Der Junge mit dem Basketball stand immer noch auf der anderen Straßenseite.

»Verschwinde von hier, Junge«, sagte Eddie. »Du bist nie hier gewesen, du hast nichts und niemanden gesehen. Verpiß dich.«

Der Junge lief weg.

Col grinste ihn an.

»Rutsch rüber, Kumpel«, sagte Eddie.

»Ich finde, du solltest in der Mitte sitzen, Eddie.«

»Rutsch rüber«, wiederholte Eddie. Col sah ihn an, dann Andolini, der ihn aber nicht ansah, sondern lediglich die Fahrertür schloß und gelassen geradeaus sah wie Buddha an seinem freien Tag und es ihnen überließ, die Sitzordnung auszuarbeiten. Col sah Eddie noch einmal ins Gesicht und beschloß dann zu rutschen.

Sie fuhren nach New York – und obwohl der Revolvermann (der lediglich staunend noch größere und anmutigere Bauwerke betrachten konnte, und Brücken, die einen breiten Fluß wie stählerne Spinnweben überspannten, und Luftgefährte mit Rotoren, die wie seltsame, von Menschenhand geschaffene Insekten oben schwebten) es nicht wußte, war der Ort, zu dem sie fuhren, der Turm.

9

Enrico Balazar glaubte – wie Andolini – nicht, daß Eddie Dean für die Bundesbehörde arbeitete; Balazar *wußte* es, wie Andolini.

Die Bar war leer. Auf dem Schild an der Tür stand HEUTE ABEND GESCHLOSSEN. Balazar saß in seinem Büro und wartete darauf, daß Andolini und Col Vincent mit dem jungen Dean zurückkamen. Seine beiden persönlichen Leibwächter, Claudio Andolini, Jacks Bruder, und 'Cimi Dretto, waren bei ihm. Sie saßen auf dem Sofa links von Balazars großem Schreibtisch und sahen fasziniert zu, wie das Kartenhaus, das Balazar baute, wuchs. Die Tür war offen. Hinter der Tür folgte ein kurzer Flur. Rechts führte er in den rückwärtigen Teil der Bar und die anschließende kleine Küche, wo ein paar einfache Nudelgerichte zubereitet wurden. Links befand sich das Büro der Buchhaltung und das Lager. In der Buchhaltung saßen drei weitere von Balazars ›Herren‹ – wie sie genannt wurden – und spielten mit Henry Dean Trivial Pursuit.

»Okay«, sagte George Biondi, »das ist wieder eine leichte, Henry. Henry? Bist du da, Henry? Erde an Henry, die Erdenmenschen brauchen dich. Bitte kommen, Henry. Ich wiederhole: Bitte kommen, H...«

»Ich bin da, ich bin da«, sagte Henry. Seine Stimme war die undeutliche, nuschelnde Stimme eines Mannes, der noch schläft, seiner Frau aber sagt, daß er wach ist, damit sie ihn noch fünf Minuten in Ruhe läßt.

»Okay. Es handelt sich um die Rubrik Kunst und Unterhaltung. Die Frage lautet... Henry? Schlaf mir verdammt noch mal nicht ein, Arschloch!«

»Ich schlafe *nicht*!« schrie Henry quengelig zurück.

»Okay. Die Frage lautet: ›Welcher ungeheuer populäre Roman von William Peter Blatty, der im vornehmen Vorort Georgetown in Washington D. C. spielt, handelt von der dämonischen Besessenheit eines jungen Mädchens?‹«

»Johnny Cash«, antwortete Henry.

»Mein Gott!« schrie Tricks Postino. »Das sagst du zu allem! Johnny Cash, das sagst du zu verdammt *allem*!«

»Johnny Cash *ist* alles«, antwortete Henry ernst, und darauf folgte ein Augenblick des Schweigens, der in seiner nachdenklichen Überraschung fast greifbar war... und dann eine körnige Lachsalve nicht nur von den Männern, die mit Henry im Zimmer waren, sondern auch von den beiden anderen ›Herren‹ im Lagerraum.

»Soll ich die Tür zumachen, Mr. Balazar?« fragte 'Cimi leise.

»Nein, schon gut«, sagte Balazar. Er war ein Sizilianer zweiter

Generation, aber seine Sprache hatte nicht die Spur eines Akzents, und es war auch nicht die Sprache eines Mannes, dessen Ausbildung auf der Straße stattgefunden hatte. Anders als viele seiner Zeitgenossen in dem Geschäft, hatte er die High-School abgeschlossen. Hatte sogar noch mehr getan: Er hatte zwei Jahre lang die Berufsschule besucht – NYU. Seine Stimme war, wie seine Geschäftsmethoden, leise und kultiviert und amerikanisch, und das machte seine körperliche Erscheinung ebenso täuschend wie die von Jack Andolini. Leute, die seine deutliche amerikanische Stimme zum erstenmal hörten, sahen fast immer verblüfft drein, als hörten sie eine besonders gute Bauchrednernummer. Er sah aus wie ein Farmer oder Restaurantsbesitzer oder kleiner *Mafioso*, der eher Erfolg gehabt hatte, weil er immer zur rechten Zeit am rechten Ort gewesen war, als wegen seiner Geisteskräfte. Er sah aus wie jemand, den die Klugscheißer einer vergangenen Generation ›Schnurrbart-Pete‹ genannt hatten. Er war ein dicker Mann, der sich wie ein Bauer kleidete. An diesem Abend trug er ein schlichtes weißes Baumwollhemd, das am Hals offen war (er hatte große Schwitzflecke unter den Achseln) und ebenso schlichte graue Stoffhosen. An den plumpen, bloßen Füßen hatte er braune Hausschuhe, die so alt waren, daß sie mehr wie Slipper denn Schuhe aussahen. Blaue und purpurne Krampfadern wanden sich auf seinen Knöcheln.

'Cimi und Claudio sahen ihm fasziniert zu.

In den alten Zeiten hatten sie ihn *Il Roche* genannt – der Fels. Manche der Altvorderen nannten ihn immer noch so. In der rechten oberen Schublade seines Schreibtisches, wo andere Geschäftsleute Blöcke, Kugelschreiber, Büroklammern und dergleichen aufbewahren mochten, hatte Enrico Balazar immer drei Blatt Spielkarten. Aber er spielte nicht damit.

Er baute damit.

Er nahm zwei Karten und lehnte sie aneinander, so daß ein A ohne den Querstrich entstand. Daneben baute er ein weiteres A. Auf die Spitzen dieser beiden legte er eine Karte, so daß ein Dach entstand. Er machte ein A nach dem anderen und legte eine Karte darüber, bis das Kartenhaus seinen ganzen Schreibtisch einnahm. Beugte man sich hinab und sah hinein, erblickte man etwas, das wie ein Bienenstock aus Dreiecken aussah. 'Cimi hatte diese Häuser Hunderte Male zusammenfallen sehen (auch Claudio hatte es oft gesehen, aber nicht so oft, weil er dreißig Jahre jünger war als 'Cimi, der damit rechnete, daß er sich zusammen mit seinem Miststück von einer Frau bald in den Ruhestand auf eine Farm im nördlichen New Jersey zurückziehen konnte, die ihnen gehörte, wo er seine ganze freie Zeit dem Garten widmen würde... und dem Versuch, länger zu leben als das Miststück, das er geheiratet hatte; nicht seine Schwiegermutter, er hatte schon längst jedwedes Wunschdenken aufgegeben, das er einst gehegt haben mochte, er könnte einmal *Fettucine* beim Leichenschmaus von *La Monstra* essen. *La Monstra* war ewig, aber das Miststück zu überleben, dafür bestand immerhin eine geringe Hoffnung; sein Vater hatte ein Sprichwort gehabt, das übersetzt so etwas wie ›Gott pißt *dir* jeden Tag die Rückseite deines Halses hinunter, aber er ertränkt dich nur einmal‹ bedeutete. 'Cimi war sich nicht ganz sicher, glaubte aber, das hieß, daß Gott letztendlich doch ein ziemlich guter Kerl war, und von daher konnte er wenigstens hoffen, daß er die eine überlebte, wenn nicht die andere), aber er war nur einmal Zeuge geworden, wie Balazar bei einem solchen Zusammenstürzen die Beherrschung verloren hatte. Meistens war ein Mißgeschick der Grund dafür – jemand schlug in einem Nebenzimmer eine Tür heftig zu, oder ein Betrunkener stolperte gegen eine Wand; zuzeiten hatte 'Cimi ein Kartenhaus, für dessen Bau Mr. Balazar (den er immer noch *Da Boß* nannte, wie eine Figur in einem Chester Gould-Comic strip) Stunden aufgewendet hatte, zusammenstürzen gesehen, weil der Baß der Musikbox zu laut war. Mitunter stürzten die ätherischen Gebilde ohne ersichtlichen Grund zusammen. Einmal – dies war eine Geschichte, die er wenigstens fünftausendmal erzählt hatte und der jede Person, die er kannte, abgesehen von ihm selbst, überdrüssig geworden war – hatte *Da Boß* von den Trümmern zu ihm aufgesehen und gesagt: »Siehst du das, 'Cimi? Dies ist die Antwort für jede Mutter, die jemals Gott verflucht hat, weil ihr Kind tot auf der Straße lag, für jeden Vater, der jemals den Mann verfluchte, der ihn ohne Arbeit von der Fabrik fortgeschickt hat, für jedes Kind, das jemals geboren wurde, Schmerzen zu erdulden, und sich nach dem Warum fragt. Unser Leben ist wie diese Häuser, die ich baue. Manchmal stürzen sie mit Grund ein, manchmal stürzen sie völlig ohne Grund ein.«

Für Carlocimi Dretto war dies die profundeste Darstellung des menschlichen Daseins gewesen, die er jemals gehört hatte.

Das eine Mal, als Balazar nach dem Einsturz eines seiner Kartenhäuser die Beherrschung verloren hatte, war vor zwölf, möglicherweise vierzehn Jahren gewesen. Ein Mann war wegen Fusel zu ihm gekommen. Ein Mann ohne Klasse, ohne Benehmen. Ein Mann, der gerochen hatte, als würde er einmal jährlich ein Bad nehmen, ob er es brauchte oder nicht. Mit anderen Worten, ein Schlenz. Und es war natürlich Fusel. Bei Schlenzen war es immer Fusel, nie Dope. Und dieser Schlenz, der dachte, was da auf dem Schreibtisch von *Da Boß* war, wäre ein Witz. »Wünschen Sie sich was!« schrie er, nachdem *Da Boß* ihm erklärt hatte – wie ein Herr einem anderen etwas erklärt –, warum sie keine Geschäfte machen konnten. Und dann hatte der Schlenz, einer der Burschen mit lockigem rotem Haar und einer so blassen Gesichtsfarbe, daß es aussah, als hätte er Tb oder so etwas, einer der Burschen, deren Namen mit O anfangen und die einen kleinen Apostroph zwischen dem O und dem tatsächlichen Namen haben, einfach über den Schreibtisch von Da Boß *geblasen* wie ein *niño*, der die Kerzen auf einer Geburtstagstorte ausbläst, und die Karten waren Balazar gehörig um den Kopf gewirbelt, und Balazar hatte die *linke* obere Schublade seines Schreibtischs aufgemacht, die Schublade, wo andere Geschäftsleute ihre persönlichen Unterlagen oder privaten Notizen oder etwas Ähnliches aufbewahren mochten, und er hatte eine 45er herausgeholt und dem Schlenz einen Kopfschuß verpaßt, und Balazars Gesichtsausdruck hatte sich nicht einmal verändert, und nachdem 'Cimi und ein Mann namens Truman Alexander, der vor vier Jahren an einem Herzanfall gestorben war, den Schlenz unter einem Hühnerhaus irgendwo draußen bei Sedonville, Connecticut, begraben hatten, hatte Balazar zu 'Cimi gesagt: »Es steht dem Menschen zu, etwas zu bauen, *paisan*. Es steht Gott zu, das umzublasen. Stimmst du zu?«

»Ja, Mr. Balazar«, hatte 'Cimi gesagt. Er stimmte zu.

Balazar hatte zufrieden genickt. »Habt ihr gemacht, was ich gesagt habe? Habt ihr ihn irgendwo begraben, wo Hühner oder Enten oder etwas Ähnliches auf ihn scheißen können?«

»Ja.«

»Das ist sehr gut«, hatte Balazar sehr ruhig gesagt und ein

328

frisches Kartenspiel aus der rechten oberen Schublade seines Schreibtischs geholt.

Eine Ebene genügte Balazar, *Il Roche*, nicht. Er baute eine zweite auf dem Dach der ersten, nur nicht ganz so breit; auf der zweiten eine dritte; auf der dritten eine vierte. Er machte weiter, aber nach der vierten Ebene mußte er dazu aufstehen. Man mußte sich nicht mehr so sehr bücken, um hineinsehen zu können, und wenn man es tat, sah man nicht reihenweise Dreiecke, sondern eine zerbrechliche, betörende und überaus liebreizende Halle voll Diamantformen. Sah man zu lange hinein, fühlte man sich benommen. 'Cimi hatte einmal das Spiegelkabinett in Coney besucht, dort hatte er sich ebenso gefühlt. Er war nie wieder hineingegangen.

'Cimi sagte (er war der Meinung, daß ihm niemand glaubte; in Wahrheit scherte es so oder so keinen), er habe Balazar einmal etwas bauen sehen, was kein Kartenhaus mehr war, sondern ein *Turm*, der neun Ebenen hoch gewesen war, ehe er einstürzte. 'Cimi erfuhr nie, daß das keinen einen Scheißdreck interessierte, weil alle, denen er es erzählte, Erstaunen heuchelten, da er *Da Boß* so nahe stand. Aber sie wären erstaunt gewesen, hätte er die Worte gehabt, den Turm zu beschreiben – wie zierlich er gewesen war, daß er fast drei Viertel der Strecke vom Schreibtisch bis zur Decke eingenommen hatte, ein spitzenähnliches Gebilde aus Buben und Damen und Königin und Zehnen und Assen, eine rote und schwarze Konfiguration von Papierdiamanten, die einer Welt zum Trotz standen, welche sich kreisend durch ein Universum unverständlicher Bewegungen und Kräfte bewegte; ein Turm, der für 'Cimis staunende Augen ein schallendes Leugnen sämtlicher unfairen Paradoxa des Lebens zu sein schien.

Hätte er gewußt wie, hätte er gesagt: *Ich habe gesehen, was er gebaut hat, und für mich hat es die Gestirne erklärt.*

10

Balazar wußte, wie alles gekommen sein mußte.

Die Bundesbehörde hatte Eddie gerochen. Vielleicht war es dumm von ihm gewesen, Eddie überhaupt zu schicken, vielleicht ließen seine Instinkte nach, aber Eddie schien irgendwie so richtig zu sein, so perfekt. Sein Onkel, der erste Mann, für den er in diesem Geschäft gearbeitet hatte, sagte, daß es für jede Regel eine Ausnahme gab, außer einer: Vertraue nie einem Junkie. Balazar hatte nichts gesagt – es stand einem fünfzehnjährigen Jungen nicht zu, zu sprechen, und sei es nur zuzustimmen –, aber insgeheim hatte er gedacht, die einzige Regel, für die es keine Ausnahme gab, war die, daß es einige Regeln gab, auf die das nicht zutraf.

Aber wenn Tio Verone heute noch leben würde, dachte Balazar, *würde er dich auslachen und sagen: Schau her, Rico, du warst immer schlauer, als gut für dich war; du hast die Regeln gekannt, du hast den Mund gehalten, wenn es respektvoll war, den Mund zu halten, aber du hattest immer diesen trotzigen Ausdruck in den Augen. Du hast immer zu genau gewußt, wie schlau du bist, und daher bist du letztendlich in die Fallgrube deines eigenen Stolzes gefallen, wie ich es immer gewußt habe.*

Er baute ein A und bedeckte es.

Sie hatten Eddie geschnappt, eine Weile festgehalten und wieder gehen lassen.

Balazar hatte sich Eddies Bruder und ihren gemeinsamen Stoff geschnappt. Das würde ausreichen, ihn hierherzubringen... und er wollte Eddie.

Er wollte Eddie, weil es nur zwei Stunden gewesen waren, und zwei Stunden – das war *nicht richtig*.

Sie hatten ihn direkt am Kennedy verhört und nicht in der 43. Straße, und auch das war nicht richtig. Das bedeutete, es war Eddie gelungen, den größten Teil des Koks oder alles verschwinden zu lassen.

Oder nicht?

Er dachte nach. Er überlegte.

Zwei Stunden nachdem sie ihn aus dem Flugzeug geholt hatten, hatte Eddie den Kennedy Airport verlassen. Das war so kurz, daß sie es nicht aus ihm herausgepreßt hatten, aber so lang, daß sie ihn auch nicht für clean hielten und dachten, eine Stewardeß hätte einen voreiligen Fehler gemacht.

Er dachte nach. Er überlegte.

Eddies Bruder war ein Zombie, aber Eddie war immer noch schlau, Eddie war immer noch zäh. Er hätte nicht nach zwei Stunden schon aufgegeben... es sei denn, es hätte sich um seinen Bruder gehandelt. Etwas mit seinem Bruder.

Trotzdem, wieso nicht die 43. Straße? Wieso kein Zollieferwagen, die aussahen wie Postautos, abgesehen von den Drahtgittern an den Heckscheiben? Weil Eddie *wirklich* etwas mit der Ware gemacht hatte? Sie weggeworfen? Versteckt?

In einem Flugzeug war es unmöglich, Ware zu verstecken.

Unmöglich, sie wegzuwerfen.

Aber natürlich war es auch unmöglich, aus bestimmten Gefängnissen zu fliehen, bestimmte Banken auszurauben, gewisse Kämpfer zu überwinden. Aber es geschah dennoch. Harry Houdini war aus Zwangsjacken, verschlossenen Truhen und verfluchten Banktresoren entkommen. Aber Eddie Dean war kein Houdini.

Oder doch?

Er hätte Henry in der Wohnung erschießen lassen können, hätte Eddie auf dem L. I. E. erledigen lassen können, oder noch besser *auch* in der Wohnung, wo es für die Bullen danach ausgesehen hätte, daß zwei Junkies so verzweifelt waren, daß sie vergessen hatten, daß sie Brüder waren, und einander gegenseitig umbrachten. Aber damit wären zu viele Fragen unbeantwortet geblieben.

Hier würde er diese Antworten bekommen, sich auf die Zukunft vorbereiten oder einfach nur seine Neugier befriedigen, je nachdem, wie die Antworten ausfielen, und dann würde er sie beide umbringen lassen.

Ein paar Antworten mehr, zwei Junkies weniger. Etwas Gewinn und kein großer Verlust.

Im anderen Zimmer war das Spiel wieder bis zu Henry gekommen. »Okay, Henry«, sagte George Biondi. »Paß auf, die hier ist schwierig. Die Kategorie ist Geographie. Die Frage lautet: ›Welches ist der einzige Kontinent, wo Känguruhs eine einheimische Lebensform sind?‹«

Eine gedämpfte Pause.

»Johnny Cash«, sagte Henry, und darauf folgte brüllendes Gelächter.

Die Wände bebten.

'Cimi erstarrte und wartete darauf, daß Balazars Kartenhaus

(das nur dann zum Turm werden würde, wenn Gott oder die blinden Kräfte, die das Universum beherrschten, es so wollten) einstürzen würde.

Die Karten zitterten ein wenig. Wenn eine fiel, würden alle fallen.

Keine fiel.

Balazar sah auf und lächelte 'Cimi an. »*Paisan*«, sagte er. »*Il Dio est bono; il Dio est malo; temps est poco-poco; tu est une grande peeparollo.*«

'Cimi lächelte. »*Si, señor*«, sagte er. »*Io grande peeparollo; Io va fanculo por tu.*«

»*None va fanculo, catzarro*«, sagte Balazar. »*Eddie Dean va fanculo.*«

Er lächelte sanft und begann mit dem zweiten Stock seines Kartenturms.

11

Als der Lieferwagen in der Nähe von Balazars Lokal an den Straßenrand fuhr, sah Col Vincent Eddie an. Er sah etwas Unmögliches. Er wollte sprechen, konnte es aber nicht. Seine Zunge klebte am Gaumen, er bekam nur ein gedämpftes Grunzen heraus.

Er sah, wie Eddies Augen die Farbe von Braun zu Blau wechselten.

12

Dieses Mal traf Roland keine bewußte Entscheidung, *nach vorne* zu kommen. Er sprang einfach, ohne nachzudenken, eine Bewegung, die so unwillkürlich war, wie er von einem Stuhl aufsprang und nach seinen Revolvern griff, wenn jemand in ein Zimmer hereinplatzte.

Der Turm! dachte er heftig. *Es ist der Turm, mein Gott, der Turm ist am Himmel, der Turm! Ich sehe den Turm am Himmel, in Linien aus rotem Feuer gezeichnet! Cuthbert! Alan! Desmond! Der Turm! Der T...*

Aber dieses Mal spürte er Eddies Gegenwehr – er kämpfte nicht gegen ihn, sondern versuchte, mit ihm zu reden, versuchte verzweifelt, ihm etwas zu erklären.

Der Revolvermann wich zurück und lauschte – lauschte verzweifelt, während, eine unbekannte Strecke in Raum und Zeit entfernt, sein seelenloser Körper zuckte und zitterte wie der Körper eines Mannes, welcher einen Traum von höchster Ekstase oder größtem Grauen erlebt.

13

Zeichen! schrie Eddie in seinem eigenen Kopf... und in den Kopf von dem *anderen*.

Das ist nur ein Zeichen, eine Neonreklame, ich weiß nicht, was für einen Turm du dir vorstellst, aber das ist nur eine Bar, Balazars Lokal, zum Schiefen Turm, er hat sie nach dem in Pisa genannt! Es ist nur ein Zeichen, das wie der verdammte Schiefe Turm von Pisa aussehen soll! Hör auf! Hör auf! Sollen sie uns umbringen, ehe wir eine Chance gehabt haben, es ihnen zu zeigen?

Pitsa? antwortete der Revolvermann zweifelnd und sah wieder hin.

Ein Zeichen.

Ja, richtig, jetzt sah er es auch: Es war nicht der Turm, sondern ein Firmenschild. Es war nach einer Seite geneigt, und es hatte viele kreisförmige Rundungen, und es war ein Wunder, aber das war alles. Jetzt konnte er sehen, daß das Schild aus Röhren bestand, Röhren, die irgendwie mit glühend rotem Sumpffeuer gefüllt waren. An manchen Stellen schien es weniger zu sein als andernorts; an diesen Stellen pulsierten und flackerten die Linien.

Jetzt sah er unter dem Turm Buchstaben, die aus geformten Röhren bestanden; die meisten waren Großbuchstaben. TURM konnte er lesen und, ja, SCHIEF. ZUM SCHIEFEN TURM. Das erste Wort bestand aus drei Buchstaben, der erste war ein Z, der letzte ein M, den in der Mitte hatte er noch nie gesehen.

Zom? fragte er Eddie.

ZUM. Ist doch egal. Siehst du, daß es nur ein Zeichen ist? Das ist wichtig!

Ich sehe es, antwortete der Revolvermann und fragte sich, ob der Gefangene wirklich glaubte, was er sagte, oder ob er es nur sagte, damit die Situation nicht umkippte, so wie der von diesen Linien aus Feuer beschriebene Turm umzukippen drohte; er fragte sich, ob Eddie wirklich der Meinung war, *irgendein* Zeichen könnte etwas Triviales sein.

Dann entspann dich! Hast du gehört? Entspann dich!

Sei cool? fragte Roland, und beide spürten Roland in Eddies Verstand ein wenig lächeln.

Richtig, sei cool. Laß mich das machen.

Ja. Gut. Er würde es Eddie machen lassen.

Eine Weile.

14

Schließlich gelang es Col Vincent, die Zunge vom Gaumen zu lösen. »Jack.« Seine Stimme war belegt wie ein Wurstbrötchen.

Andolini schaltete den Motor ab und sah ihn gereizt an. »Seine Augen.«

»Was ist mit seinen Augen?«

»Ja, was ist mit meinen Augen?« fragte Eddie.

Col sah ihn an.

Die Sonne war untergegangen und hatte lediglich die Asche des Tages zurückgelassen; aber es war noch hinreichend Licht vorhanden, daß Col erkennen konnte, Eddies Augen waren wieder braun geworden.

Wenn sie jemals anders gewesen waren.

Du hast es gesehen, beharrte ein Teil seines Verstandes, aber stimmte das?

Col war vierundzwanzig, und die letzten einundzwanzig Jahre davon hatte ihn eigentlich niemand mehr als glaubwürdig angesehen. Manchmal nützlich. Fast immer gehorsam... wenn man ihn an der kurzen Leine hielt. Glaubwürdig? Nein. Schließlich hatte sogar Col selbst es geglaubt.

»Nichts«, murmelte er.

»Dann gehen wir«, sagte Andolini.

Sie stiegen aus dem Pizzawagen aus. Eddie und der Revolvermann schritten mit Andolini zu ihrer Linken und Vincent zu ihrer Rechten in den Schiefen Turm.

Fünftes Kapitel

Konfrontation und Schießerei

1

In einem Blues aus den zwanziger Jahren sang Billy Holiday, die eines Tages selbst die Wahrheit herausfinden sollte: ›*Doctor tole me daughter you got to quit it fast / Because one more rocket gonna be your last.*‹ Henry Deans letzte Rakete startete gerade fünf Minuten bevor der Lieferwagen vor dem Schiefen Turm vorfuhr und sein Bruder hereingeführt wurde.

George Biondi – der bei seinen Freunden als ›Big George‹ und bei seinen Feinden als ›Big Nose‹ bekannt war – saß rechts von Henry, daher stellte er Henry die Fragen. Während Henry dasaß und eulenhaft über das Spielfeld nickte, legte Tricks Postino den Würfel in eine Hand, die bereits die staubgraue Farbe angenommen hatte, welche die Extremitäten nach langer Heroinabhängigkeit annehmen, die staubgraue Farbe, welche der Vorbote von Brand ist.

»Du bist dran, Henry«, sagte Tricks, und Henry ließ den Würfel aus der Hand fallen.

Da er ins Leere starrte und keinerlei Anstalten traf, den Spielstein zu verschieben, schob ihn Jimmy Haspio an seiner Stelle. »Sieh dir das an, Henry«, sagte er. »Du hast die Chance, dir ein Tortenstückchen zu verdienen.«

»Wortetorte«, sagte Henry verträumt, dann sah er sich um, als wäre er soeben erwacht. »Wo ist Eddie?«

»Er wird gleich hiersein«, beruhigte Tricks ihn. »Spiel einfach weiter.«

»Was ist mit einem Schuß?«

»Spiel weiter, Henry.«

»Okay, okay, hör auf, mich *anzumachen*.«

»*Mach* ihn nicht *an*«, sagte Kevin Blake zu Jimmy.

»Okay, mach ich nicht«, sagte Jimmy.

»Fertig?« sagte George Biondi und blinzelte den anderen übertrieben zu, während Henrys Kinn auf seine Brust sank und dann langsam wieder in die Höhe stieg – es war, als würde man einem vollgesogenen Stamm zusehen, der noch nicht zum Aufgeben bereit war und endgültig sank.

»Ja«, sagte Henry. »Laß knacken.«

»Laß knacken!« rief Jimmy Haspio glücklich.

»*Laß* es knacken!« stimmte Tricks zu, und sie brüllten alle vor Lachen. Im Nebenzimmer zitterte Balazars Kartenhaus, das mittlerweile drei Stockwerke hoch war, wieder, stürzte aber nicht ein.

»Okay, hör genau zu«, sagte George und blinzelte erneut. Obwohl Henry auf der Kategorie Sport saß, verkündete George, daß es sich um Kunst und Unterhaltung handelte. »Welcher populäre Country & Western-Sänger hatte Hits wie ›A Boy Named Sue‹, ›Folsom Prison Blues‹ und viele andere Scheiß-Songs?«

Kevin Blake, der *tatsächlich* sieben und neun addieren konnte wenn man ihm Pokerchips dazu gab –, heulte vor Lachen, schlug sich auf die Knie und hätte beinahe das Spielbrett umgeworfen.

George, der immer noch so tat, als würde er die Karte in seiner Hand lesen, fuhr fort: »Dieser populäre Sänger ist auch als der Mann in Schwarz bekannt. Sein Vorname bedeutet dasselbe wie das, wo man hingeht, um zu pissen, und sein Nachname ist das, was man im Geldbeutel hat, wenn man kein verdammter Nadelfreak ist.«*

Langes erwartungsvolles Schweigen.

»Walter Brennan«, sagte Henry schließlich.

Lachsalven. Jimmy Haspio umklammerte Kevin Blake. Kevin schlug Jimmy mehrmals gegen die Schulter. In Balazars Büro erzitterte das Kartenhaus, das mittlerweile zum Kartenturm zu werden schien, erneut.

»Seid still!« rief 'Cimi. »*Da Boss* baut!«

Sie wurden sofort still.

»Richtig«, sagte George. »Da hast du recht, Henry. War schwierig, aber du hast es geschafft.«

---

* Gemeint ist natürlich (s. o.) Johnny Cash. Die Anspielung bezieht sich dabei auf ›John‹, ein umgangssprachlicher amerikanischer Ausdruck, der soviel wie ›Klo‹ bedeutet, sowie ›Cash‹, was Kleingeld oder Wechselgeld ist. *Anmerkung des Übersetzers.*

»Wie immer«, sagte Henry. »Letztendlich schaffe ich es verdammt noch mal immer. Was ist mit einem Schuß?«

»Gute Idee!« sagte George und holte eine Zigarrenkiste Marke Roi-Tan hinter sich hervor. Daraus holte er eine Spritze. Er stach sie in die vernarbte Vene über Henrys Ellbogen, und Henrys letzte Rakete hob ab.

2

Das Äußere des Pizzalieferwagens war schäbig, aber unter dem Straßenschmutz und der Sprühfarbe war ein High-Tech-Wunder, auf das die Jungs vom DEA neidisch gewesen waren. Wie Balazar mehr als einmal gesagt hatte, man konnte die Scheißkerle nicht schlagen, wenn man nicht mit den Scheißkerlen konkurrieren konnte – wenn man nicht eine der ihren ebenbürtige Ausrüstung hatte. Es war eine teure Ausrüstung, aber Balazars Seite hatte einen Vorteil: Sie stahl das, was die DEA zu äußerst inflationären Preisen kaufen mußte. Es gab Angestellte von Elektronikfirmen genug, die bereit waren, Material strengster Geheimhaltung zu Ausverkaufspreisen abzugeben. Diese *cazzaroni* (Jack Andolini nannte sie Silicon Valley-Kokser) *schmissen* einem das Zeug förmlich *nach*.

Unter dem Armaturenbrett befand sich ein Störsender; ein UHF-Polizeiradarstörgerät; ein Detektor für hochfrequente, weitreichende Funksignale; ein Mittel- und Langwellenstörsender; ein Transponderverstärker, der jedem, der den Lieferwagen durch übliche Dreieckspeilungen aufspüren wollte, den Eindruck vermittelte, er wäre gleichzeitig in Connecticut, Harlem und Montauk Sound; ein Funktelefon... und ein kleiner roter Knopf, den Andolini in dem Augenblick drückte, als Eddie Dean aus dem Wagen ausgestiegen war.

In Balazars Büro gab die Sprechanlage einen kurzen Summton von sich.

»Das sind sie«, sagte er. »Claudio, laß sie rein. 'Cimi, du sagst allen anderen, daß sie sich verdrücken sollen. Soweit es Eddie Dean betrifft, seid nur du und Claudio bei mir. 'Cimi, geh mit den anderen Herren in den Lagerraum.«

Sie gingen, 'Cimi nach links, Claudio Andolini nach rechts. Balazar fing gelassen eine weitere Ebene seines Turms an.

3

Laß mich das machen, sagte Eddie noch einmal, als Claudio die Tür aufmachte.

Ja, sagte der Revolvermann, blieb aber aufmerksam und war bereit, in dem Augenblick, da es notwendig werden sollte, *nach vorne* zu kommen.

Schlüssel klirrten. Der Revolvermann nahm zahlreiche Gerüche wahr – alter Schweiß von Col Vincent rechts von ihm, ein scharfer, fast beißender Rasierwassergestank von Jack Andolini links von ihm und, während sie in die Düsternis schritten, das saure Aroma von Bier.

Er kannte lediglich den Biergeruch. Dies war kein heruntergekommener Saloon mit Sägemehl auf dem Fußboden und Brettern über Sägeböcken als Bar; er unterschied sich, so sehr es nur ging, von einem Lokal wie Sheb's in Tull, überlegte der Revolvermann. Überall funkelte Glas, in diesem einen Zimmer befand sich mehr Glas, als er in all den Jahren seit seiner Kindheit gesehen hatte, als die Versorgungswege zusammengebrochen waren, was mit daran gelegen hatte, daß die Rebellen von Farson, dem Guten Mann, Überfälle verübten, aber weitgehend schlichtweg eben daran, daß sich die Welt weitergedreht hatte. Farson war ein Symptom dieser großen Drehung gewesen, nicht deren Ursache.

Er sah ihre Spiegelungen überall – an den Wänden, auf der glasverkleideten Bar und in dem langen Spiegel dahinter; er konnte sie als gekrümmte Miniaturen sogar in den anmutigen Glockenformen von Weingläsern sehen, die über der Bar aufgehängt waren... Gläser, die so überwältigend und zerbrechlich waren wie festliche Ornamente.

In einer Ecke befand sich eine bildhauerische Kreation aus Lichtern, die emporstiegen und sich veränderten, emporstiegen und sich veränderten, emporstiegen und sich veränderten. Gold zu grün; grün zu gelb; gelb zu rot; rot wieder zu gold. Darauf stand in

Großbuchstaben ein Wort, das er lesen konnte, das ihm aber nichts sagte: ROCKOLA.

Einerlei. Es gab hier Geschäftliches zu erledigen. Er durfte sich nicht den Luxus erlauben, sich wie ein Tourist zu benehmen, wie wunderbar oder seltsam diese Sachen auch alle sein mochten.

Der Mann, der sie eingelassen hatte, war eindeutig der Bruder des Mannes, der das gefahren hatte, was Eddie immerzu den Wagen genannt hatte (wie in *Streitwagen*, vermutete Roland), wenngleich er viel größer und etwa fünf Jahre jünger war. Er trug einen Revolver im Schulterhalfter.

»Wo ist Henry?« fragte Eddie. »Ich will Henry sehen.« Er sprach lauter: »Henry! *He, Henry!*«

Keine Antwort; nur Stille, in der die über der Bar aufgehängten Gläser mit einer Feinheit zu erzittern schienen, die gerade außerhalb der menschlichen Hörfähigkeit schien.

»Zuerst würde Mr. Balazar gern mit dir sprechen.«

»Ihr habt ihn irgendwo gefesselt und geknebelt, nicht?« fragte Eddie, und bevor Claudio mehr tun konnte, als den Mund zur Antwort zu öffnen, lachte Eddie. »Nein, was denke ich nur – ihr habt ihn high gemacht, das ist alles. Weshalb solltet ihr euch die Mühe mit Fesseln und Knebeln machen, wenn ihr Henry nur die Nadel verpassen müßt, um ihn ruhig zu halten? Okay. Bringt mich zu Balazar. Bringen wir es hinter uns.«

4

Der Revolvermann betrachtete den Kartenturm auf Balazars Schreibtisch und dachte: *Wieder ein Zeichen.*

Balazar sah über den Kartenturm hinweg. Sein Gesichtsausdruck drückte Freude und Güte aus.

»Eddie«, sagte er. »Schön, dich zu sehen, mein Junge. Ich habe gehört, du hattest ein paar Schwierigkeiten am Kennedy.«

»Ich bin nicht Ihr Junge«, sagte Eddie brüsk.

Balazar machte eine kleine Geste, die komisch, traurig und nicht vertrauenswürdig zugleich war: *Du hast mir weh getan, Eddie,* sagte sie, *du tust mir weh, wenn du so etwas sagst.*

»Kommen wir zur Sache«, sagte Eddie. »Sie wissen, daß es auf eins von beidem hinausläuft: Entweder hat mich die Bundesbehörde gezwungen, für sie zu arbeiten, oder sie mußten mich gehen lassen. Sie wissen, daß sie es in nur zwei Stunden nicht aus mir herauspressen konnten. Und Sie wissen auch, wenn sie es aus mir herausbekommen hätten, dann wäre ich jetzt in der 43. Straße und würde Fragen beantworten, mit einer gelegentlichen kurzen Pause dazwischen, damit ich ins Waschbecken kotzen kann.«

»*Haben* sie dich gezwungen, Eddie?« fragte Balazar sanft.

»Nein. Sie mußten mich gehen lassen. Sie folgen mir, aber ich habe sie nicht hergeführt.«

»Also hast du den Stoff weggekippt«, sagte Balazar. »Das ist faszinierend. Du mußt mir sagen, wie man zwei Pfund Koks wegschafft, wenn man an Bord eines Flugzeugs ist. Das wäre eine sehr nützliche Information. Wie ein Krimi, bei dem die Tat in einem verschlossenen Zimmer stattgefunden hat.«

»Ich habe ihn nicht weggeworfen«, sagte Eddie. »Aber ich habe ihn auch nicht mehr.«

»Wer dann?« fragte Claudio, dann errötete er, als sein Bruder ihn voll böser Mißbilligung ansah.

»*Er*«, sagte Eddie lächelnd und deutete auf Enrico Balazar über dem Kartenturm. »Es wurde bereits abgeliefert.«

Nun drückte Balazars Gesicht zum erstenmal, seit Eddie in das Büro geführt worden war, eine echte Empfindung aus: Überraschung. Und schon war es wieder weg. Er lächelte höflich.

»Ja«, sagte er. »An einem Ort, der später bekanntgegeben wird, wenn du und dein Bruder und dein Stoff fort sind. Vielleicht nach Island. Soll es so ablaufen?«

»Nein«, sagte Eddie. »Sie verstehen nicht. Es ist *hier*. Es wurde zu *Ihnen* geliefert. Wie ausgemacht. Denn selbst in diesen Zeiten gibt es noch Leute, die sich an eine Abmachung halten, wie sie vereinbart worden ist. Erstaunlich, ich weiß, aber es stimmt.«

Sie sahen ihn alle an.

Wie mache ich das, Roland? fragte Eddie.

Ich finde, das machst du sehr gut. Aber laß diesen Balazar nicht die Oberhand gewinnen, Eddie. Ich glaube, er ist gefährlich.

Das glaubst du, ja? Nun, da habe ich dir etwas voraus, mein Bester. Ich weiß, daß er gefährlich ist. Verdammt gefährlich.

Er sah wieder zu Balazar und blinzelte ihm zu. »Und deshalb sollten *Sie* sich Gedanken wegen der Bundesbehörde machen, nicht ich. Wenn die mit einem Durchsuchungsbefehl hierherkommen, dann könnten Sie möglicherweise feststellen, daß Sie der Gefickte sind, Mr. Balazar, und zwar ohne die Beine breit zu machen.«

Balazar hatte zwei Karten genommen. Plötzlich zitterte seine Hand, und er legte sie weg. Es war eine Winzigkeit, aber Roland sah es, und Eddie sah es auch. Ein Ausdruck der Unsicherheit möglicherweise sogar momentaner Angst – erschien auf seinem Gesicht und verschwand wieder.

»Paß auf, was du sagst, Eddie. Paß auf, wie du mit mir sprichst, und vergiß bitte nicht, daß ich weder Zeit noch Verständnis für Unfug habe.«

Jack Andolini sah erschrocken drein.

»Er hat sich mit ihnen eingelassen, Mr. Balazar! Dieser kleine Scheißkerl hat ihnen den Koks gegeben, und sie haben ihn hier versteckt, während sie so getan haben, als würden sie ihn verhören!«

»Nein, es ist niemand hiergewesen«, sagte Balazar. »Niemand konnte auch nur in die Nähe kommen, Jack, das weißt du. Die Alarmanlage geht los, wenn auch nur eine Taube furzt.«

»Aber...«

»Und selbst wenn es ihnen irgendwie gelungen sein sollte, uns eine Falle zu stellen, wir haben so viele Leute in ihrer Organisation, daß wir binnen drei Tagen fünfzehn Löcher in ihren Fall bohren könnten. Wir wüßten wer, wann und wo.«

Balazar sah wieder zu Eddie.

»Eddie«, sagte er, »du hast fünfzehn Sekunden Zeit, mit dem Scheiß aufzuhören. Danach werde ich 'Cimi Dretto hereinrufen, damit er dich in die Mangel nimmt. Und wenn er dich eine Weile in der Mangel gehabt hat, wird er wieder gehen, und du wirst hören, wie er im Nebenzimmer deinen Bruder in die Mangel nimmt.«

Eddie erstarrte.

Sachte, murmelte der Revolvermann und dachte: *Man muß nur den Namen seines Bruders erwähnen, wenn man ihm weh tun will. Das ist, als würde man mit einem Stock in einer offenen Wunde stochern.*

»Ich werde jetzt in Ihr Badezimmer gehen«, sagte Eddie. Er deutete auf eine Tür in der gegenüberliegenden linken Ecke des Zimmers, eine so unauffällige Tür, daß man sie fast für einen Teil der

Wandtäfelung hätte halten können. »Ich gehe allein hinein. Und dann werde ich mit einem Pfund Ihres Kokains wieder herauskommen. Die halbe Lieferung. Sie probieren sie. Dann bringen Sie Henry herein, damit ich ihn ansehen kann. Wenn ich ihn sehe und feststelle, daß er okay ist, geben Sie ihm unsere Ware und lassen ihn von einem Ihrer Jungs nach Hause fahren. Während das geschieht, können ich und...« *Roland*, hätte er fast gesagt, »...ich und Ihre restlichen Leute, die hier sind, wie wir beide sehr genau wissen, Ihnen dabei zusehen, wie Sie dieses Ding bauen. Wenn Henry daheim und in Sicherheit ist – was bedeutet, daß niemand mit einer Pistole an seinem Ohr neben ihm steht –, wird er anrufen und mir ein bestimmtes Wort sagen. Das haben wir ausgemacht, bevor ich gegangen bin. Für alle Fälle.«

Der Revolvermann prüfte in Eddies Verstand, ob das die Wahrheit war oder nur ein Bluff. Es stimmte, jedenfalls dachte Eddie das. Roland sah, daß Eddie wirklich davon überzeugt war, sein Bruder würde eher sterben, als dieses Wort unrechtmäßig aussprechen. Der Revolvermann war da nicht so sicher.

»Du scheinst zu denken, ich glaube an den Weihnachtsmann«, sagte Balazar.

»Ich weiß, daß Sie das nicht tun.«

»Claudio. Durchsuche ihn. Jack, du gehst in mein Bad und durchsuchst das. Alles.«

»Gibt es dort drinnen eine Stelle, von der ich nichts weiß?« fragte Andolini.

Balazar überlegte eine Weile und studierte Andolini gründlich mit seinen dunkelbraunen Augen. »An der Rückwand des Medizinschränkchens ist eine Klappe«, sagte er. »Dahinter bewahre ich einige persönliche Dinge auf. Es ist nicht groß genug, daß man ein Pfund Stoff darin verstecken könnte, aber vielleicht solltest du trotzdem besser nachsehen.«

Jack entfernte sich, und als er die Kammer betrat, sah der Revolvermann dasselbe kalte weiße Licht aufflackern, welches die Kammer der Himmelskutsche erleuchtet hatte. Dann wurde die Tür zugemacht.

Balazars Blick fiel wieder auf Eddie.

»Warum erzählst du nur so verrückte Lügen?« fragte er fast traurig. »Ich habe dich für klug gehalten.«

343

»Sehen Sie mir ins Gesicht«, sagte Eddie leise. »Und sagen Sie mir, daß ich lüge.«

Balazar tat, was Eddie verlangt hatte. Er sah lange Zeit hin. Dann wandte er sich ab, und er hatte die Hände so tief in die Hosentaschen gesteckt, daß sich die Furche seines Bauernarschs ein wenig abzeichnete. Sein Gehabe drückte Traurigkeit aus – Traurigkeit über einen schlechten Sohn –, aber bevor er sich abwandte, hatte Roland einen Ausdruck auf Balazars Gesicht gesehen, der nicht traurig gewesen war. Was Balazar in Eddies Gesicht gesehen hatte, hatte ihn nicht traurig gemacht, sondern durch und durch verwirrt.

»Zieh dich aus«, sagte Claudio, und jetzt richtete er seine Pistole auf Eddie.

Eddie fing an, seine Kleidung auszuziehen.

5

Das gefällt mir nicht, dachte Balazar, während er darauf wartete, daß Jack Andolini wieder aus dem Badezimmer kam. Er hatte Angst, mit einem Mal schwitzte er nicht nur unter den Achseln oder im Schritt, Stellen, wo er selbst dann schwitzte, wenn es frostigster Winter und kälter als die Gürtelschnalle eines Brunnengräbers war, sondern überall. Eddie hatte aufgehört, wie ein Junkie auszusehen – ein *kluger* Junkie, aber nichtsdestotrotz ein Junkie, den man mit dem Stoff-Angelhaken in seinen Eiern überall hinführen konnte –, und war zurückgekommen und sah aus wie... wie was? Als wäre er irgendwie *gewachsen*, als hätte er sich *verändert*. *Als hätte ihm jemand zwei Eimer neuen Mumm in den Hals geschüttet.*

Ja. Das war es. Und das Dope. Das verfluchte Dope. Jack krempelte das Badezimmer um, und Claudio durchsuchte Eddie mit der gründlichen Boshaftigkeit eines sadistischen Gefängniswärters; Eddie stand mit einer Festigkeit da, die Balazar zuvor weder bei ihm noch bei irgendeinem anderen Junkie für möglich gehalten hätte, während sich Claudio viermal in die linke Handfläche spuckte sich den rotzfleckigen Speichel über die rechte Hand rieb und diese dann bis zum Handgelenk und ein, zwei Zentimeter darüber hinaus in Eddies Arschloch rammte.

Es war kein Stoff im Bad und kein Stoff an oder in Eddie. Es war kein Dope in Eddies Kleidung, seiner Jacke oder seiner Reisetasche. Also war es lediglich ein Bluff.

Sehen Sie mir ins Gesicht, und sagen Sie mir, daß ich lüge.

Das hatte er getan. Und was er gesehen hatte, war beunruhigend gewesen. Er hatte gesehen, daß Eddie Dean vollkommen zuversichtlich gewesen war: Er hatte vor, ins Bad zu gehen und mit der Hälfte von Balazars Stoff herauszukommen.

Balazar hätte es fast selbst geglaubt.

Claudio Andolini zog den Arm zurück. Sein Finger kam mit einem leisen Plop aus Eddie Deans Arschloch. Claudios Mund verzog sich wie eine Angelschnur mit Knoten darin.

»Beeil dich, Jack, ich hab' die Scheiße von diesem Junkie an der Hand!« schrie Claudio wütend.

»Wenn ich gewußt hätte, daß du dort oben schürfst, Claudio, hätte ich mir nach meinem letzten Schiß den Arsch mit einem Stuhlbein geputzt«, sagte Eddie sanft. »Deine Hand wäre sauberer wieder herausgekommen, und ich würde nicht dastehen und mich fühlen, als wäre ich gerade von Ferdinand dem Stier vergewaltigt worden.«

»*Jack!*«

»Geh in die Küche und wasch dich dort«, sagte Balazar leise. »Eddie und ich haben keinen Grund, einander weh zu tun. Oder, Eddie?«

»Nein«, sagte Eddie.

»Er ist sowieso sauber«, sagte Claudio. »Nun, *sauber* ist nicht das richtige Wort. Ich meine, er hat nichts bei sich. Dessen kannst du verdammt sicher sein.« Er ging hinaus und hielt seine schmutzige Hand vor sich wie einen toten Fisch.

Eddie sah Balazar gelassen an, und dieser mußte wieder an Harry Houdini denken, an Blackstone, an Doug Henning und an David Copperfield. Alle sagten, Zaubervorstellungen wären so tot wie das Vaudeville, aber Henning war ein Superstar, und der Junge Copperfield hatte das eine Mal, als Balazar ihn in Atlantic City gesehen hatte, die Menge von den Stühlen gerissen. Balazar hatte Zauberer vom ersten Tag an geliebt, als er einen an einer Straßenecke gesehen hatte, wo er für Kleingeld Kartentricks vorgeführt hatte. Und was machten die immer als erstes, bevor sie etwas auftauchen ließen, so daß das ganze Publikum zuerst aufschrie und dann applaudierte? Sie baten jemanden aus dem Publikum hoch, der sich vergewissern mußte, daß der Ort, wo das Kaninchen oder die Taube oder die Schönheit mit bloßen Brüsten oder was auch immer erscheinen sollte, vollkommen leer war. Mehr noch, um sicherzustellen, daß es unmöglich war, etwas *hinein* zu bekommen.

Ich glaube, er hat es vielleicht geschafft. Ich weiß nicht wie, und es ist mir auch einerlei. Ich weiß nur eines sicher, nämlich daß es mir nicht gefällt, kein bißchen.

6

George Biondi hatte auch etwas, das ihm nicht gefiel. Er bezweifelte, ob Eddie Dean so begeistert darüber sein würde.

George war ziemlich sicher, daß Henry irgendwann, nachdem 'Cimi ins Büro der Buchhaltung gekommen war und das Licht ausgemacht hatte, gestorben war. Leise gestorben, ohne Aufhebens, ohne Getue, ohne Ärger. War einfach davongeschwebt wie ein Löwenzahnsamen im leichten Wind. George dachte, daß es etwa zur selben Zeit geschehen sein mußte, als Claudio in die Küche gegangen war, um seine scheißeverschmierte Hand zu waschen.

»Henry?« murmelte George in Henrys Ohr. Er ging mit dem Mund so dicht hin, als würde er im Kino ein Mädchen aufs Ohr küssen, und das war verdammt abartig, besonders wenn man bedachte, daß der Bursche wahrscheinlich tot war – Narkophobie oder wie zum Teufel sie es nannten –, aber er mußte es wissen, und die Wand zwischen diesem Büro und dem von Balazar war dünn.

»Was ist los, George?« fragte Tricks Postino.

»Seid still«, sagte 'Cimi. Seine Stimme dröhnte leise wie ein Lastwagen im Leerlauf.

Sie waren still.

George schob eine Hand in Henrys Hemd. Oh, das wurde immer schlimmer. Diese Vorstellung, mit einem Mädchen im Kino zu sein, wich nicht von ihm. Jetzt fummelte er an ihr, aber es war keine *sie*, es war ein *er*, es war nicht nur Narkophobie, sondern verdammte *Homo*narkophobie, und Henrys Junkiehühnerbrust bewegte sich nicht auf und ab, und es war nichts darunter, das *klopf-klopf-klopf* machte. Für Henry Dean war es vorbei, für Henry Dean hatte das Spiel in der siebten Runde wegen Regen aufgehört. Nichts tickte, außer seiner Uhr.

Er rückte in die schwere Olivenöl- und Knoblauchatmosphäre des alten Landes, die 'Cimi Dretto umgab.

»Ich glaube, wir haben ein Problem«, flüsterte George.

7

Jack kam aus dem Bad.

»Da drinnen ist kein Dope«, sagte er, und seine ausdruckslosen Augen musterten Eddie. »Und wenn du ans Fenster gedacht hast, das kannst du vergessen. Das ist mit 10er Maschendraht gesichert.«

»Ich habe nicht an das Fenster gedacht, und es ist dort drinnen«, sagte Eddie leise. »Sie wissen einfach nicht, wo Sie suchen müssen.«

»Tut mir leid, Mr. Balazar«, sagte Andolini, »aber dieses Faß wird mir allmählich einfach etwas zu voll.«

Balazar studierte Eddie, als hätte er Andolini überhaupt nicht gehört. Er dachte sehr angestrengt nach.

Dachte an Zauberer, die Kaninchen aus dem Zylinder ziehen.

Man brauchte einen aus dem Publikum, der die Tatsache bestätigte, daß er leer war. Was änderte sich sonst noch niemals? Natürlich, daß außer dem Zauberer selbst niemand in den Zylinder hineinsah. Und was hatte der Junge gesagt? *Ich werde jetzt in Ihr Badezimmer gehen. Ich gehe allein hinein.*

Normalerweise wollte er nicht wissen, wie ein Zauberkunststück funktionierte; das Wissen machte den Spaß kaputt.

Normalerweise. Aber dies war ein Trick, bei dem er es gar nicht *erwarten* konnte, ihn zu verderben.

»Fein«, sagte er zu Eddie. »Wenn es da drinnen ist, dann hol es. So wie du bist. Nacktärschig.«

»Gut«, sagte Eddie und setzte sich in Richtung Badezimmertür in Bewegung.

»Aber nicht allein«, sagte Balazar. Eddie blieb sofort stehen, sein

Körper erstarrte, als hätte Balazar ihn mit einer unsichtbaren Harpune beschossen, und es tat Balazars Herz gut, das zu sehen. Zum erstenmal ging etwas nicht nach dem Plan des Jungen. »Jack kommt mit dir.«

»Nein«, sagte Eddie sofort. »Das habe ich nicht...«

»Eddie«, sagte Balazar sanft, »zu mir sagt man nicht nein. Das macht man niemals.«

8

Schon gut, sagte der Revolvermann. *Laß ihn mitgehen.*

Aber... aber...

Eddie war kurz davor zu stammeln, er wahrte nur mühsam seine Beherrschung. Es war nicht nur der unerwartete, angeschnittene Ball, den ihm Balazar zugespielt hatte; es war auch seine nagende Sorge wegen Henry und, langsam über alles andere emporsteigend, sein Bedürfnis nach einem Schuß.

Laß ihn mitkommen. Alles wird gut. Hör zu:

Eddie hörte zu.

9

Balazar sah ihn an, einen schlanken nackten Mann mit den ersten Anzeichen der typischen, hohlbrüstig eingesunkenen Körperhaltung eines Junkies, der den Kopf zur Seite geneigt hatte, und während er zuhörte, spürte er einen Teil seiner Zuversicht verpuffen. Es war, als würde der Junge einer Stimme lauschen, die nur er allein hören konnte.

Derselbe Gedanke ging Andolini durch den Kopf, aber auf andere Weise: *Was ist das? Er sieht wie der Hund auf den alten RCA Victor-Schallplatten aus!*

Col hatte ihm etwas über Eddies Augen erzählen wollen. Plötzlich wünschte sich Jack Andolini, er hätte zugehört.

Einen Wunsch in der einen Hand, Scheiße in der anderen, dachte er.

Wenn Eddie irgendeiner Stimme in seinem Kopf gelauscht hatte, dann hatte sie jetzt entweder zu sprechen aufgehört, oder er hörte nicht mehr zu.

»Okay«, sagte er. »Kommen Sie mit, Jack. Ich zeige Ihnen das achte Weltwunder.« Er strahlte ein Lächeln, das weder Jack Andolini noch Enrico Balazar im geringsten behagte.

»Tatsächlich?« Andolini zog eine Pistole aus dem Halfter, das am Rücken an seinem Gürtel befestigt war. »Werde ich staunen?«

Eddies Lächeln wurde noch breiter. »O ja. Ich glaube, das wird dich aus den Socken hauen.«

10

Andolini folgte Eddie ins Bad. Er hielt die Pistole hoch.

»Machen Sie die Tür zu«, sagte Eddie.

»Der Teufel soll dich holen«, antwortete Andolini. »Tür zu – oder kein Stoff«, sagte Eddie.

»Der Teufel soll dich holen«, sagte Andolini noch einmal. Jetzt hatte er ein wenig Angst und das Gefühl, daß hier etwas vor sich ging, das er nicht verstand; und nun sah Andolini plötzlich klüger aus als im Lieferwagen.

»Er weigert sich, die Tür zuzumachen«, rief Eddie Balazar zu. »Ich bin kurz davor, Sie aufzugeben, Mr. Balazar. Sie haben wahrscheinlich sechs Leute hier, und jeder dürfte etwa vier Knarren haben, und ihr beiden macht euch wegen einem Jungen in Unterhosen naß. Wegen einem *Junkie*.«

»Mach die verfluchte Tür zu, Jack!« brüllte Balazar.

»So ist's schön«, sagte Eddie, während Jack Andolini die Tür hinter sich zukickte. »Sind Sie ein Mann, oder sind Sie eine M...«

»O Mann, wie ich diese Kacke satt habe«, sagte Andolini zu niemandem speziell. Er hob die Pistole mit dem Griff voraus, um Eddie damit über den Mund zu schlagen.

Dann erstarrte er, die Pistole verweilte vor seinem Körper, das Fauchen, das seine Zähne entblößte, erschlaffte zu einem Gaffen der Überraschung, als er sah, was Col Vincent im Lieferwagen gesehen hatte.

Eddies Augen veränderten sich von Braun zu Blau.

»*Und jetzt pack ihn!*« sagte eine leise, befehlsgewohnte Stimme, und obwohl die Stimme aus Eddies Mund kam, war es nicht Eddies Stimme.

Schizo, dachte Jack Andolini. *Er ist ein Schizo geworden, ein verfluchter...*

... Aber der Gedanke riß ab, als Eddies Hände seine Schultern packten. Denn als das geschah, sah Andolini plötzlich ein Loch in der Wirklichkeit, das plötzlich drei Schritte hinter Eddie sichtbar wurde.

Nein, kein Loch. Dafür waren seine Abmessungen zu gleichmäßig.

Es war eine *Tür.*

»Heilige Maria, du Barmherzige«, sagte Jack leise stöhnend. Durch die Tür, die dreißig Zentimeter über dem Boden vor Balazars privater Dusche hing, konnte er einen dunklen Strand sehen, der sich zu tosenden Wellen hinab erstreckte. Auf diesem Strand bewegten sich Wesen. *Wesen.*

Er hieb mit der Pistole zu, aber der Schlag, der Eddies Vorderzähne direkt am Zahnfleisch hätte abbrechen sollen, schob diesem lediglich die Lippen zurück und riß sie ein wenig blutig. Sämtliche Kräfte verließen ihn. Jack konnte *spüren*, wie es geschah.

»Ich habe dir doch *gesagt*, es würde dich aus den Socken hauen, Jack«, sagte Eddie, und dann zog er ihn. Im letzten Augenblick wurde Jack klar, was Eddie vorhatte, und er fing an, sich wie eine Wildkatze zu wehren, aber es war zu spät – sie taumelten rückwärts durch die Tür, und das dröhnende Summen des nächtlichen New York City, das so vertraut und konstant war, daß man es gar nicht mehr hörte, bis es nicht mehr da war, wurde vom knirschenden Dröhnen der Wellen und den zänkischen, fragenden Stimmen der kaum erkennbaren Schreckgestalten verdrängt, die am Strand auf und ab krochen.

11

Wir müssen schnell handeln, sonst werden wir in einer heißen Darre ge-röstet, hatte Roland gesagt, und Eddie war ziemlich sicher, der Mann meinte, wenn sie nicht mit Lichtgeschwindigkeit zuckelten und hopsten, würden ihre Gänse abgekocht werden. Er war auch davon überzeugt. Wenn es um harte Jungs ging, war Jack Andolini wie Dwight Gooden: Man konnte ihm zusetzen, ja, man konnte ihm möglicherweise einen Schock verpassen, ja, aber wenn man ihn bei den ersten Schlägen davonkommen ließ, würde er einen später plattwalzen.

Linke Hand! schrie Roland sich selbst zu, während sie *durch*kamen und er sich von Eddie trennte. *Denk dran! Linke Hand! Linke Hand!*

Er sah Eddie und Jack nach hinten stolpern, stürzen und dann den felsigen Streifen hinunterrollen, der nach dem Strand kam, während sie um die Pistole in Andolinis Hand kämpften.

Roland überlegte gerade, was für ein kosmischer Witz es wäre, wenn er in seine eigene Welt zurückkehren und feststellen würde, daß sein stofflicher Körper gestorben war, während er andernorts weilte... und dann war es zu spät. Zu spät, sich Fragen zu stellen, zu spät, noch umzukehren.

12

Andolini wußte nicht, was geschehen war. Ein Teil von ihm war sicher, daß er verrückt geworden war, ein Teil war sicher, daß Eddie ihn mit Stoff oder Gas oder so etwas vollgepumpt hatte, ein Teil glaubte, der rächende Gott seiner Kindheit hätte seine bösen Taten endlich satt bekommen und ihn aus der Welt, die er kannte, fortgeholt und in dieses seltsame Fegefeuer versetzt.

Dann sah er die Tür, die offenstand und aus der sich ein Fächer weißen Lichts ergoß – Licht aus Balazars Klo – und über den felsigen Boden fiel. Und er begriff, daß es möglich war, dorthin zu-rückzukehren. Andolini war vor allem anderen ein praktischer Mensch. Er konnte sich später Gedanken darüber machen, was das alles zu bedeuten hatte. Momentan hatte er nur die Absicht, diesen Dreckarsch umzubringen und durch die Tür zurückzukehren.

Die Kraft, die ihn in seiner schockierten Überraschung verlassen hatte, kehrte zurück. Er merkte, daß Eddie versuchte, ihm seinen kleinen, aber sehr wirksamen Cobra-Colt aus der Hand zu ringen und es beinahe geschafft hatte. Jack riß ihn fluchend zurück und versuchte zu zielen, und Eddie ergriff unverzüglich wieder seinen Arm.

Andolini rammte ein Knie in den großen Muskel von Eddies rechtem Oberschenkel (das teure Gabardin von Andolinis Hosen war inzwischen von schmutziggrauem Sand verdreckt), und Eddie schrie auf, als sich der Muskel verkrampfte.

»Roland!« schrie er. *»Hilf mir! Um Himmels willen, hilf mir!«*

Andolini drehte den Kopf herum, und was er sah, brachte ihn erneut aus dem Gleichgewicht. Dort stand ein Mann... aber er sah mehr wie ein Gespenst als ein Mann aus. Und auch nicht unbedingt Caspar, das freundliche Gespenst. Auf dem weißen, hageren Gesicht der schwankenden Gestalt waren rauhe Bartstoppeln zu sehen. Sein Hemd hing in Fetzen, die als ungleichmäßige Bänder hinter ihm wehten und die ausgezehrten Rippen sichtbar machten. Um die rechte Hand hatte er einen schmutzigen Lappen gewickelt. Er sah krank aus, krank und sterbend, aber er sah trotzdem noch so hart aus, daß sich Andolini daneben wie ein weichgekochtes Ei vorkam.

Und der Joker hatte Revolver umgeschnallt.

Diese sahen älter als die Berge aus, so alt, daß sie aus einem Wildwestmuseum stammen konnten; aber es waren dennoch Waffen, sie funktionierten vielleicht wirklich noch, und plötzlich wurde Andolini klar, daß er sich auf der Stelle um den blassen Fremden kümmern mußte... wenn er nicht *wirklich* ein Gespenst war, und wenn das der Fall war, würde es einen Scheißdreck ausmachen, also hatte er wirklich keinen Grund, sich Sorgen zu machen.

Andolini ließ Eddie los und schnellte sich abrollend nach rechts, wobei er kaum die Felsen spürte, die seine fünfhundert Dollar teure Sportjacke aufrissen. Im selben Augenblick zog der Revolvermann mit der linken Hand, und sein Ziehen war, wie es immer gewesen war, krank oder gesund, hellwach oder im Halbschlaf: schneller als ein Blitzschlag im Sommer.

Ich bin geschlagen, dachte Andolini voll niedergeschlagenem Staunen. *Heiliger Herrgott, er ist schneller als alle, die ich jemals gesehen habe! Ich bin geschlagen, Heilige Maria, Mutter Gottes, er wird mich wegpusten, er w...*

Der Mann in dem zerrissenen Hemd betätigte den Abzug des Revolvers in seiner linken Hand, und Jack Andolini glaubte – glaubte wirklich –, er wäre tot, bis ihm klar wurde, daß er statt des donnernden Schusses lediglich ein leises Klicken gehört hatte.

Fehlzündung.

Andolini erhob sich lächelnd auf die Beine und hob seine eigene Pistole.

»Ich weiß nicht, wer du bist, aber du kannst deinem Arsch einen Abschiedskuß geben, du verdammtes Gespenst«, sagte er.

13

Eddie richtete sich zitternd auf, sein nackter Körper war von Gänsehaut überzogen. Er sah Roland ziehen, hörte das trockene Schnappen, das ein Knall hätte sein sollen, sah Andolini sich auf die Knie aufrichten, hörte ihn etwas sagen, und ehe er noch richtig wußte, was er tat, hatte seine Hand einen kantigen Felsbrocken ertastet. Er zog ihn aus dem körnigen Sand und warf ihn, so fest er konnte.

Der Stein traf Andolini hoch am Hinterkopf und prallte ab. Blut spritzte aus einem unregelmäßigen Hautlappen, der von Jack Andolinis Kopf weghing. Andolini feuerte, aber die Kugel, die den Revolvermann ansonsten sicher getötet hätte, ging weit daneben.

14

Nicht weit, hätte der Revolvermann Eddie mitteilen können. *Wenn man den Wind einer Kugel an der Wange spürt, kann man eigentlich nicht von weit sprechen.*

Während er noch vor Andolinis Schuß zurückprallte, spannte er den Hahn seines Revolvers erneut und betätigte den Abzug. Dieses Mal feuerte die Kugel in der Trommel – der trockene, mächtige Knall hallte am Strand auf und ab. Möwen, die auf Felsen hoch über den Monsterhummern geschlafen hatte, wachten auf und flogen als erschrockene, kreischende Schwärme empor.

Trotz seines eigenen unwillkürlichen Zurückprallens hätte die Kugel des Revolvermanns Andolini erledigt aber inzwischen war auch Andolini in Bewegung, er kippte vom Schlag auf den Kopf benommen zur Seite. Der Knall vom Revolver des Revolvermanns schien weit entfernt zu sein, aber der sengende Pfahl, den sie in seinen linken Arm trieb, als sie den Ellbogen zerschmetterte, war durchaus wirklich. Das riß ihn aus seiner Benommenheit, und er erhob sich auf die Beine, ein Arm war gebrochen und hing nutzlos herab, die Pistole in der anderen Hand zuckte hektisch hin und her und suchte ihr Ziel.

Zuerst sah er Eddie, Eddie den Junkie, Eddie, der ihn irgendwie an diesen verrückten Ort gebracht hatte. Eddie stand so nackt wie am Tag seiner Geburt da, zitterte im kalten Wind und hielt den Oberkörper mit beiden Armen umklammert. Nun, vielleicht mußte er hier sterben, aber er würde wenigstens das Vergnügen haben, daß er den Wichser Eddie Dean mit sich nahm.

Andolini hob die Pistole. Die kleine Cobra schien jetzt zwanzig Pfund zu wiegen, aber er schaffte es trotzdem.

5

Dies sollte besser keine Fehlzündung mehr sein, dachte Roland grimmig und spannte den Hahn mit dem Daumen. Er hörte über den Lärm der Möwen hinweg das glatte, geölte Klicken, mit dem sich die Trommel drehte.

16

Es war keine Fehlzündung.

17

Der Revolvermann hatte nicht auf Andolinis Kopf gezielt, sondern auf die Pistole in Andolinis Hand. Er wußte nicht, ob sie diesen Mann noch brauchten, aber es konnte möglich sein; er war wichtig für Balazar, und da sich Balazar in jeder Hinsicht als ebenso gefährlich entpuppt hatte, wie Roland geglaubt hatte, war der beste Weg der sichere.

Sein Schuß war gut, das war keine Überraschung; aber dafür das, was dann mit Andolinis Pistole und dabei mit ihm selbst geschah. Roland hatte so etwas schon einmal gesehen, aber erst zweimal in all den Jahren, seit er Menschen gesehen hatte, die mit Feuerwaffen aufeinander schossen.

Pech für dich, Kumpel, dachte der Revolvermann, während Andolini schreiend in Richtung Strand lief. Blut troff an seinem Hemd und der Hose hinunter. Die Hand, welche den Colt gehalten hatte, fehlte von Mitte der Handfläche abwärts. Die Pistole war ein nutzloses Stück Metall, das am Strand lag.

Eddie sah ihn fassungslos an. Niemand würde sich mehr von Jack Andolinis Höhlenmenschengesicht träumen lassen, weil dieses Gesicht nicht mehr da war; wo es gewesen war, befand sich jetzt nur noch ein versengtes Durcheinander rohen Fleisches und das schwarze, kreischende Loch seines Mundes.

»Mein Gott, was ist passiert?«

»Meine Kugel muß den Zylinder seiner Pistole in dem Augenblick getroffen haben, als er selbst den Abzug betätigte«, sagte der Revolvermann. Er sprach so unbeteiligt wie ein Professor, der an einer Polizeiakademie Ballistikunterricht erteilt. »Die Folge war eine Explosion, die seine Waffe zerfetzt hat. Ich glaube, eines oder zwei der anderen Geschosse sind ebenfalls explodiert.«

»Erschieß ihn«, sagte Eddie. Er zitterte mehr denn je, und jetzt war nicht mehr nur die Verbindung von Nacktheit und kaltem

Nachtwind dafür verantwortlich. »Töte ihn. Erlöse ihn von diesem Elend, um Gottes...«

»Zu spät«, sagte der Revolvermann mit einer kalten Gleichgültigkeit, die Eddie bis auf die Knochen frösteln ließ.

Und Eddie wandte sich gerade einen Augenblick zu spät ab, um nicht mehr sehen zu müssen, wie die Monsterhummer über Andolinis Füße schwärmten und seine Gucci-Schuhe zerfetzten... selbstverständlich mit den Füßen darin. Andolini fiel schreiend und mit rudernden Armen nach vorne. Die Monsterhummer wuselten gierig über ihn und stellten ihm die ganze Zeit ängstliche Fragen, während sie ihn bei lebendigem Leib fraßen: *Dad-a-chack? Did-a-chick? Dum-a-chum? Dod-a-chock?*

»Mein Gott«, stöhnte Eddie. »Was machen wir jetzt?«

»Jetzt nimmst du ganz genau soviel von dem (*Teufelspulver*, sagte der Revolvermann; *Kokain*, hörte Eddie), wie du dem Mann Balazar versprochen hast«, sagte Roland. »Nicht mehr und nicht weniger. Und wir gehen zurück.« Er sah Eddie gelassen an. »Aber dieses Mal muß ich mit dir zurückkehren. Als ich selbst.«

»Jesus Christus«, sagte Eddie. »Kannst du das?« Und er beantwortete seine Frage auf der Stelle selbst: »Sicher kannst du es. Aber warum?«

»Weil du alleine nicht damit fertig wirst«, sagte Roland. »Komm her.«

Eddie sah wieder zu dem wuselnden Klumpen scherenbewehrter Kreaturen am Strand. Er hatte Jack Andolini nie leiden können, aber er spürte trotzdem, wie sich ihm der Magen umdrehte.

»Komm her«, sagte Roland ungeduldig. »Wir haben wenig Zeit, und mir gefällt überhaupt nicht, was ich jetzt tun muß. Ich habe so etwas noch nie getan. Und nie gedacht, daß ich es einmal tun *würde*.« Seine Lippen verzogen sich verbittert. »Ich gewöhne mich aber daran, derlei Sachen zu machen.«

Eddie näherte sich der hageren Gestalt langsam und auf Beinen, die sich immer mehr wie Gummi anfühlten. Seine nackte Haut war weiß und leuchtete in der fremden Dunkelheit. *Wer bist du eigentlich, Roland?* dachte er. *Was bist du? Und die Hitze, die ich von dir ausgehen spüre – ist das nur Fieber? Oder eine Art Wahnsinn? Ich glaube, es könnte beides sein.*

Großer Gott, er brauchte einen Schuß; mehr noch, er hatte sich einen Schuß *verdient*.

»*Was* noch nie vorher gemacht?« fragte er. »Wovon sprichst du?«

»Nimm den«, sagte Roland und gestikulierte in Richtung auf den uralten Revolver, der an seiner rechten Hüfte hing. Er deutete nicht; er hatte keinen Finger, mit dem er deuten konnte, nur ein unförmiges, lappenumwickeltes Bündel. »Er nützt mir nichts mehr. Jetzt nicht und vielleicht nie mehr.«

»Ich . . .« Eddie schluckte. »Ich will ihn nicht anfassen.«

»Ich will auch nicht, daß du es tust«, sagte der Revolvermann mit eigentümlicher Sanftheit, »aber ich fürchte, keiner von uns hat eine andere Wahl. Es wird eine Schießerei geben.«

»Tatsächlich?«

»Ja.« Der Revolvermann sah Eddie gelassen an. »Eine ordentliche, glaube ich.«

18

Balazar war zunehmend unbehaglicher geworden. Zu lange. Sie waren zu lange da drinnen, und es war zu still. In der Ferne, möglicherweise im nächsten Block, konnte er ein paar Leute hören, die einander anschrien, danach ein paar krachende Laute, die sich wie Feuerwerkskörper anhörten . . . aber wenn man in Balazars Geschäft war, dachte man nicht zuerst an Feuerwerkskörper.

Ein Schrei. War das ein Schrei?

Egal. Was sich im nächsten Block abspielt, hat nichts mit dir zu tun. Du wirst zu einem alten Waschweib.

Dennoch waren die Zeichen schlecht. Sehr schlecht.

»Jack?« rief er in Richtung der geschlossenen Badezimmertür. Keine Antwort.

Balazar machte die linke obere Schreibtischschublade auf und holte die Pistole heraus. Dies war kein Cobra-Colt, der behaglich in ein Rückenhalfter paßte; es war eine 357er Magnum.

»'Cimi!« rief er. »Ich brauche dich!«

Er rammte die Schublade zu. Das Kartenhaus fiel mit einem leisen, seufzenden Prasseln in sich zusammen. Er bemerkte es nicht einmal.

'Cimi Dretto füllte mit seinen vollen zweihundertfünfzig Pfund den Türrahmen aus. Er sah, daß *Da Boss* die Pistole aus der Schublade geholt hatte, und 'Cimi zog auf der Stelle seine eigene unter einer karierten Jacke hervor, die so schreiend war, daß sie jedem, der den Fehler beging, sie zu lange anzusehen, die Augen hätte verblitzen können.

»Ich brauche Claudio und Tricks«, sagte er. »Hol sie rasch. Der Junge hat etwas vor.«

»Wir haben ein Problem«, sagte 'Cimi.

Balazars Blick glitt von der Badezimmertür zu 'Cimi. »Oh, davon habe ich schon eine Menge«, sagte er. »Was ist es denn für ein neues, 'Cimi?«

'Cimi leckte sich die Lippen. Selbst unter den besten Umständen überbrachte er *Da Boss* nicht gerne schlechte Nachrichten; wenn er so aussah...

»Nun«, sagte er und leckte sich die Lippen. »Sehen Sie...«

»*Könntest du dich verdammt noch mal beeilen?*« schrie Balazar.

19

Die Sandelholzgriffe des Revolvers waren so glatt, daß Eddie ihn als erstes, nachdem er ihn entgegengenommen hatte, beinahe auf seine Zehen fallengelassen hätte. Das Ding war so groß, daß es prähistorisch aussah, so schwer, daß er wußte, er würde es mit beiden Händen hochhalten müssen. *Der Rückstoß*, dachte er, *wird mich wahrscheinlich durch die nächste Wand donnern. Das heißt, falls er überhaupt feuert.* Und doch war ein Teil in ihm, der ihn halten *wollte*, der auf seinen deutlich kenntlichen Zweck ansprach, der seine vage und blutige Geschichte erkannte und Teil davon sein wollte.

Nur die Allerbesten haben dieses Baby je in Händen gehalten, dachte Eddie. *Jedenfalls bis jetzt.*

»Bist du bereit?« fragte Roland.

»Nein, aber bringen wir es«, sagte Eddie.

Er umklammerte mit der linken Hand Rolands linkes Handgelenk. Roland legte Eddie den heißen rechten Arm um die nackten Schultern.

Sie traten gemeinsam durch die Tür, aus der windigen Dunkelheit des Strandes in Rolands sterbender Welt ins kalte Neonlicht von Balazars privatem Bad im Schiefen Turm.

Eddie blinzelte, gewöhnte seine Augen ans Licht und hörte 'Cimi Dretto im Nebenzimmer. »Wir haben ein Problem«, sagte 'Cimi. *Haben wir das nicht alle,* dachte Eddie, und dann fiel sein Blick auf Balazars Medizinschränkchen. Es stand offen. Er hörte im Geiste, wie Balazar Jack gesagt hatte, er solle das Bad durchsuchen, und hörte Andolini fragen, ob es dort einen Platz gab, den er nicht kannte. Balazar hatte eine Pause gemacht, bevor er geantwortet hatte. *Auf der Rückwand des Medizinschränkchens ist eine Klappe,* hatte er gesagt. *Dahinter bewahre ich einge persönliche Dinge auf.*

Andolini hatte die Metallklappe zwar auf-, aber nicht wieder zugeschoben. »Roland«, zischte er.

Roland hob seinen Revolver und drückte den Lauf an die Lippen, um ihn zum Schweigen zu bringen. Eddie ging schweigend zu dem Medizinschränkchen.

Einige persönliche Dinge – dazu gehörten eine Flasche mit Zäpfchen, die Ausgabe eines schlechtgedruckten Magazins mit dem Titel *Child's Play* (der Umschlag zeigte zwei nackte, etwa achtjährige Mädchen beim Zungenkuß)... und acht oder zehn Musterproben Keflex. Eddie wußte, was Keflex war. Junkies, die für allgemeine und lokale Infektionen besonders anfällig waren, wußten es im allgemeinen.

Keflex war ein Antibiotikum.

»Oh, davon habe ich schon eine Menge«, sagte Balazar. Er hörte sich mitgenommen an. »Was ist es denn für ein neues, 'Cimi?«

Wenn das seine Krankheit nicht kuriert, wird es gar nichts können, dachte Eddie. Er griff nach den Packungen und wollte sie in die Taschen stecken. Er stellte fest, daß er gar keine Taschen *hatte,* und gab ein heiseres Bellen von sich, das einem Lachen nicht einmal nahe kam.

Er legte sie ins Waschbecken. Er würde sie später holen müssen... *wenn* es ein Später gab.

»Nun«, sagte 'Cimi, »sehen Sie...«

»Könntest du dich verdammt noch mal beeilen?« schrie Balazar.

»Es ist der Bruder des Jungen«, sagte 'Cimi, und Eddie erstarrte mit den beiden letzten Packungen Keflex in Händen und neigte den Kopf. So sah er dem Hund auf den alten RCA Victor-Schallplatten ähnlicher denn je.

»Was ist mit ihm?« fragte Balazar ungeduldig.

»Er ist tot«, sagte 'Cimi.

Eddie ließ das Keflex ins Waschbecken fallen und drehte sich zu Roland um.

»Sie haben meinen Bruder umgebracht«, sagte er.

20

Balazar machte den Mund auf, um 'Cimi zu sagen, er solle ihn mit dieser Scheiße verschonen, wo er sich wegen wichtigerer Dinge den Kopf zerbrechen müßte – etwa dieses unerschütterliche Gefühl, daß ihn der Junge bescheißen würde, Andolini hin oder her –, als er den Jungen so deutlich hörte, wie dieser zweifellos ihn und 'Cimi gehört hatte. »Sie haben meinen Bruder umgebracht«, sagte der Junge.

Plötzlich lag Balazar nichts mehr an seiner Ware, an den unbeantworteten Fragen oder allem anderen, er wollte die Situation nur noch quietschend zum Stillstand bringen, bevor sie noch unheimlicher werden konnte.

»*Schaff ihn weg, Jack!*« brüllte er.

Keine Antwort. Dann hörte er den Jungen noch einmal sagen: »Sie haben meinen Bruder umgebracht. Sie haben Henry getötet.«

Plötzlich wußte Balazar – *wußte* –, daß der Junge nicht mit Jack sprach.

»Bring alle Herren her«, sagte er zu 'Cimi. »*Alle*. Wir reißen ihm den Arsch auf, und wenn er tot ist, bringen wir ihn in die Küche, wo ich ihm höchstpersönlich den Kopf abschneiden werde.«

»Sie haben meinen Bruder umgebracht«, sagte der Gefangene. Der Revolvermann sagte nichts. Er sah nur zu und dachte: *Die Flaschen. Im Waschbecken. Die brauche ich; jedenfalls denkt er das. Die Packungen. Nicht vergessen. Nicht vergessen.*

Aus dem Nebenzimmer: »*Schaff ihn weg, Jack!*«

Weder der Revolvermann noch Eddie achteten darauf.

»Sie haben meinen Bruder umgebracht. Sie haben Henry getötet.«

Im Nebenzimmer erzählte Balazar jetzt, wie er Eddies Kopf als Trophäe nehmen wollte. Das spendete dem Revolvermann eine seltsame Art von Trost: Es schien, als wäre in dieser Welt doch nicht alles so verschieden von seiner eigenen.

Derjenige, der 'Cimi genannt wurde, fing an, heiser nach den anderen zu rufen. Man hörte das Trampeln von Füßen, welches so gar nicht zu Herren passen wollte.

»Möchtest du etwas tun, oder möchtest du einfach hier herumstehen?« fragte Roland.

»Oh, ich möchte etwas tun«, sagte Eddie und hob den Revolver des Revolvermanns. Obwohl er vor wenigen Augenblicken noch geglaubt hatte, er würde beide Hände dazu brauchen, stellte er fest, daß er es mühelos konnte.

»Und *was* möchtest du tun?« fragte Roland, und seine Stimme klang fern in seinen Ohren. Er war krank und voller Fieber, aber augenblicklich fühlte er sich von einem völlig andersgearteten Fieber überkommen, das er nur zu gut kannte. Es war das Fieber, das ihn auch in Tull überkommen hatte. Es war das Kampfesfeuer, das alle Gedanken verdrängte und lediglich das Bedürfnis zurückließ, mit dem Denken aufzuhören und mit dem Schießen anzufangen.

»Ich will Krieg«, sagte Eddie Dean leise.

»Du weißt nicht, wovon du sprichst«, sagte Roland, »aber du wirst es herausfinden. Wenn wir durch die Tür gehen, gehst du nach rechts. Ich muß nach links. Meine Hand.«

Eddie nickte. Sie zogen in ihren Krieg.

Balazar hatte Eddie oder Andolini erwartet oder beide. Er hatte nicht Eddie und einen vollkommen Fremden erwartet, einen großen Mann mit grauschwarzem Haar und einem Gesicht, das aussah, als wäre es von einem ungestümen Gott aus störrischem Stein gemeißelt worden. Er war einen Augenblick nicht sicher, auf wen er schießen sollte.

'Cimi freilich hatte derlei Probleme nicht. *Da Boss* war wütend auf Eddie. Daher würde er zuerst Eddies Licht auspusten und sich dann über den anderen *cazzarro* Gedanken machen. 'Cimi drehte sich behäbig zu Eddie und betätigte den Abzug seiner Automatik dreimal. Die Hülsen schnellten heraus und glitzerten in der Luft. Eddie sah, wie sich der große Mann drehte, und schlitterte wie von Sinnen über den Boden, er sauste dahin wie ein Junge bei einem Discowettbewerb, ein so aufgekratzter Junge, daß er gar nicht bemerkte, daß er sein gesamtes John-Travolta-Outfit, einschließlich Unterwäsche, vergessen hatte; er sauste mit wackelndem Schniepel auf den bloßen Knien, die erst warm wurden und dann durch die Reibungshitze verbrannten. Direkt über ihm bohrten sich Löcher in Plastik, das wie knorriges Kiefernholz aussehen sollte. Splitter regneten auf seine Schultern und in sein Haar.

Lieber Gott, laß mich nicht nackt und ohne einen Schuß sterben, betete er und wußte, daß so ein Gebet mehr als blasphemisch war; es war absurd. Trotzdem konnte er nicht aufhören. *Ich werde sterben, aber bitte, laß mich nur noch einen einzigen...*

Der Revolver in der linken Hand des Revolvermanns knallte. Am Strand war er laut gewesen; hier war er ohrenbetäubend.

»*Mein Gott!*« kreischte 'Cimi Dretto mit erstickter, schnaufender Stimme. Es war ein Wunder, daß er überhaupt noch schreien konnte. Seine Brust senkte sich plötzlich nach innen, als hätte jemand mit einem Vorschlaghammer auf ein Faß geschlagen. Sein weißes Hemd wurde an verschiedenen Stellen rot, als würden Blumen darauf erblühen. »*Mein Gott! Mein Gott! Mein G...*«

Claudio Andolini schob ihn beiseite. 'Cimi fiel polternd um. Zwei der gerahmten Bilder an Balazars Wand fielen krachend herunter. Dasjenige, das *Da Boss* zeigte, wie er einem grinsenden Jungen der Police Athletic League die Trophäe für den Sportler des Jahres überreiche, landete auf 'Cimis Kopf. Glasscherben regneten ihm auf die Schultern.

»*Mein Gott*«, flüsterte er mit versagender, leiser Stimme; Blut blubberte über seine Lippen.

Tricks und einer der Männer, die im Lagerraum gewartet hatten, folgten Claudio. Claudio hatte in jeder Hand eine Automatik; der Mann aus dem Lagerraum hatte eine Remington-Schrotflinte, deren Lauf so knapp abgesägt war, daß sie wie ein Derringer mit Mumps aussah; Tricks Postino hatte seine, wie er sie nannte, ›wunderbare Rambo-Maschine‹ bei sich – ein Schnellfeuergewehr M 16.

»Wo ist mein Bruder, du verdammter Nadelfreak?« schrie Claudio. »Was hast du mit Jack gemacht?« Die Antwort schien ihn nicht besonders zu interessieren, denn er fing, noch während er schrie, mit beiden Waffen an zu feuern. *Ich bin ein toter Mann*, dachte Eddie, und dann feuerte Roland erneut. Claudio Andolini wurde in einer Wolke seines eigenen Blutes nach hinten geschleudert. Die Automatiks flogen ihm aus den Händen und schlitterten über Balazars Schreibtisch. Sie fielen inmitten flatternder Spielkarten polternd auf den Teppich. Claudios Eingeweide prallten größtenteils eine Sekunde, bevor Claudio ihnen folgen konnte, gegen die Wand.

»*Erledigt ihn!*« kreischte Balazar. »*Erledigt das Gespenst! Der Junge ist nicht gefährlich! Er ist bloß ein nacktärschiger Junkie! Erledigt das Gespenst! Pustet ihn weg!*«

Er betätigte zweimal den Abzug der 357er. Die Magnum war fast so laut wie Rolands Revolver. Sie bohrte keine fein säuberlichen Löcher in die Wand, vor der Roland kauerte; die Geschosse rissen klaffende Wunden in die Täfelung auf beiden Seiten von Rolands Kopf. Weißes Licht aus dem Badezimmer fiel in unregelmäßigen Strahlen durch die Löcher.

Roland betätigte den Abzug seines Revolvers.

Nur ein trockenes Klicken.

Fehlzündung

»*Eddie!*« schrie der Revolvermann, und Eddie hob seine eigene Waffe und zog ab.

Der Knall war so laut, daß er einen Augenblick dachte, der Revolver wäre in seiner Hand hochgegangen, wie der von Jack. Der Rückstoß donnerte ihn nicht durch die Wand, aber er riß ihm den ganzen Arm so heftig nach oben, daß sämtliche Sehnen zuckten.

Er sah einen Teil von Balazars Schulter zu roter Gischt zerstäuben, und hörte Balazar wie eine verwundete Katze kreischen und schrie: »*Der Junkie ist nicht gefährlich, haben Sie das nicht gesagt? War es das, Sie Arschloch? Sie wollen sich mit mir und meinem Bruder anlegen? Ich werde Ihnen zeigen, wer gefährlich ist! Ich wer...*«

Ein Donnern wie von einer Granate, als der Mann aus dem Lagerraum die abgesägte Flinte abfeuerte. Eddie rollte sich weg, während der Schuß hundert winzige Löcher in die Wand und die Badezimmertür schlug. Seine nackte Haut war an mehreren Stellen von Schrot versengt. Eddie war klar: Wäre er dichter dran gewesen, wo der Brennpunkt der Waffe enger war, wäre er pulverisiert worden.

Zum Teufel, ich bin sowieso ein toter Mann, dachte er und beobachtete, wie der Mann aus dem Lagerraum den Bügel der Remington zog und frische Patronen hineinpumpte, um sie dann über den Unterarm zu legen. Er grinste. Seine Zähne waren gelb; Eddie dachte, daß sie seit einiger Zeit keine Zahnbürste mehr gesehen hatten.

Herrgott, ich werde von einem Pißkopf mit gelben Zähnen getötet werden, und ich kenne nicht einmal seinen Namen, dachte Eddie am Rande. *Aber wenigstens habe ich Balazar eine verpaßt. Wenigstens das.* Er fragte sich, ob Roland noch einen Schuß hatte. Er konnte sich nicht erinnern.

»Ich hab' ihn!« rief Tricks Postino fröhlich. »Mach das Schußfeld frei, Dario!« Doch Tricks eröffnete, noch bevor der Mann namens Dario ihm das Schußfeld oder sonst etwas freimachen konnte, das Feuer mit der wunderbaren Rambo-Maschine. Das laute Knattern von Maschinengewehrfeuer erfüllte Balazars Büro. Die erste Folge dieser Beschießung war, daß Eddie Deans Leben gerettet wurde. Dario hatte mit der abgesägten Flinte auf ihn angelegt aber bevor er den doppelten Abzug betätigen konnte, hatte Tricks ihn in zwei Hälften zerlegt.

»*Hör auf du Idiot!*« schrie Balazar.

Aber Tricks hörte ihn entweder nicht, oder er konnte oder *wollte* nicht aufhören. Er hatte die Lippen zurückgezogen, so daß die gelben, speichelglänzenden Zähne zu einem gewaltigen Haifischgrinsen entblößt waren, und so stand er da und fegte das Zimmer von einem Ende zum anderen, pustete zwei der Wandtäfelungen zu Staub, verwandelte gerahmte Fotos in Wolken fliegender Glasscherben, hämmerte die Badezimmertür aus den Angeln. Das halb durchsichtige Glas von Balazars Duschkabine explodierte. Die Trophäe vom March of Dimes, die Balazar im Vorjahr gewonnen hatte, hallte wie eine Glocke, als sie von einer Kugel durchbohrt wurde.

In Filmen bringen Menschen tatsächlich andere Menschen mit Schnellfeuerwaffen um, die sie in der Hand halten. Im wirklichen Leben passiert das selten. Wenn doch, dann mit den ersten vier oder fünf Schüssen, die abgefeuert werden (wie der unglückliche Dario hätte bestätigen können, wäre er überhaupt noch imstande gewesen, irgend etwas zu bestätigen). Nach den ersten vier oder fünf Schüssen geschieht zweierlei mit einem Menschen – selbst einem kräftigen –, der versucht, so eine Waffe zu handhaben. Die Mündung geht nach oben, der Schütze selbst dreht sich entweder nach rechts oder links, je nachdem, mit welcher unglücklichen Schulter er den Rückstoß des Gewehrs abzufangen sich befleißigt hat. Kurz gesagt, nur ein Schwachkopf oder ein Filmstar würde versuchen, so eine Waffe zu verwenden; es war, als würde man versuchen, jemanden mit einem Preßluftbohrer zu erschießen.

Eddie war einen Augenblick lang außerstande, etwas anderes zu tun, als dieses vollkommene Wunder der Dummheit zu betrachten. Dann sah er, wie sich weitere Männer hinter Tricks durch die Tür drängten, und hob Rolands Revolver.

»Hab' ihn!« schrie Tricks mit der freudigen Hysterie eines Mannes, der so viele Filme gesehen hat, daß er nicht mehr zwischen dem unterscheiden kann, was laut Drehbuch in seinem Kopf sein sollte, und dem, was tatsächlich ist. »Hab' ihn! Ich habe ihn! Ich h . . .«

Eddie betätigte den Abzug und zerstäubte Tricks von den Augenbrauen an aufwärts. Dem Verhalten des Mannes nach zu schließen, war das nicht besonders schlimm.

Jesus Christus, wenn diese Dinger schießen, dann pusten sie über wirklich Löcher, dachte er.

Links von Eddie erklang ein lautes *KA-WUMM*. Etwas riß ein heißes Loch in seinen unterentwickelten linken Bizeps. Er sah, wie Balazar hinter der Ecke seines kartenübersäten Schreibtischs mit der Magnum auf ihn zielte. Seine Schulter war eine triefende rote Masse. Eddie duckte sich, als die Magnum wieder knallte.

23

Es gelang Roland, in eine kauernde Haltung zu kommen, dann zielte er auf den ersten der neuen Männer, die durch die Tür drängten, und betätigte den Abzug. Er hatte die Trommel gedreht, die leeren Hülsen auf den Teppich gekippt und diese eine Patrone nachgeladen. Das hatte er mit den Zähnen gemacht. Balazar hatte Eddie festgenagelt. *Wenn dies eine Lusche ist, sind wir beide hinüber.*

Es war keine. Der Revolver dröhnte und zuckte in seiner Hand, und Jimmy Haspio wirbelte zur Seite, die 45er, die er in der Hand gehalten hatte, fiel aus seinen sterbenden Fingern.

Roland sah, wie der andere Mann sich duckte und dann durch die Holzsplitter und Scherben kroch, die auf dem Boden lagen. Er steckte den Revolver in den Halfter zurück. Die Vorstellung, ihn ohne die beiden fehlenden Finger zu laden, war ein Witz.

Eddie hielt sich wacker. Wie wacker, ermaß der Revolvermann an der Tatsache, daß er nackt kämpfte. Für einen Mann war das schwer. Manchmal unmöglich.

Der Revolvermann ergriff eine der automatischen Pistolen, die Claudio Andolini fallengelassen hatte.

»Worauf wartet ihr anderen denn noch?« kreischte Balazar. »Herrgott! Macht die Kerle fertig!«

Big George Biondi und der andere Mann aus dem Vorratsraum kamen durch die Tür. Der Mann aus dem Vorratsraum bellte etwas auf italienisch.

Roland kroch zur Ecke des Schreibtischs. Eddie erhob sich und zielte auf die Tür und die hereinstürmenden Männer. *Er weiß, daß Balazar da ist und wartet, aber er denkt, er ist jetzt der einzige von uns mit einer Waffe,* dachte Roland. *Wieder ist einer bereit, für dich zu sterben, Roland. Welches große Unrecht hast du jemals begangen, daß du in so vielen so schreckliche Loyalität weckst?*

Balazar erhob sich, er sah nicht, daß der Revolvermann jetzt an seiner Flanke war. Balazar dachte nur an eines: diesem gottverdammten Junkie, der das Verhängnis über ihn gebracht hatte, endlich den Garaus zu machen.

»Nein«, sagte der Revolvermann, und Balazar sah sich mit grenzenlosem Erstaunen zu ihm um.

»Abgewichster . . .«, begann Balazar und riß die Magnum herum.

Der Revolvermann schoß viermal mit Claudios Automatik auf ihn. Sie war ein billiges kleines Ding, nicht viel mehr als ein Spielzeug, und seine Hand fühlte sich schmutzig an, weil er sie berührt hatte; aber wahrscheinlich war es angemessen, einen abscheulichen Mann mit einer abscheulichen Waffe zu töten.

Enrico Balazar starb mit einem ewigen Ausdruck der Überraschung auf dem Rest seines Gesichts.

»Hi, George!« sagte Eddie und betätigte den Abzug am Revolver des Revolvermanns. Wieder dieser befriedigende Knall. *In diesem Baby sind keine Luschen*, dachte Eddie irrsinnig. *Schätze, ich muß die gute bekommen haben*. George konnte einen Schuß abfeuern, bevor Eddies Kugel ihn gegen einen schreienden Mann warf und ihn herausbeutelte wie einen Kegel, aber dieser Schuß ging daneben. Ein irrationales, aber vollkommen überzeugendes Gefühl war über Eddie gekommen: die Überzeugung, daß Rolands Revolver wie ein Talisman einen magischen Schutzzauber bewirkte. Solange er ihn hatte, konnte er nicht verletzt werden.

Stille senkte sich herab, in der Eddie nur den Mann unter Big George stöhnen hören konnte (als George auf Rudy Vechhio fiel, wie der Name des Unglücklichen lautete, hatte er drei von Vechhios Rippen gebrochen) sowie das schrille Klingeln in seinen Ohren. Er fragte sich, ob er jemals wieder richtig hören würde. Verglichen mit der Schießerei, die jetzt vorüber war, war das lauteste Rockkonzert, das Eddie je gehört hatte, wie ein Radio, das zwei Blocks entfernt spielte.

Balazars Büro war nicht mehr als irgendwie geartetes Zimmer erkennbar. Seine vorherige Funktion spielte keine Rolle mehr. Eddie sah sich mit den großen, fassungslosen Augen eines Mannes um, der so etwas zum erstenmal sieht, aber Roland wußte, wie es aussah, und es sah immer gleich aus. Ob es sich um ein Schlachtfeld handelte, auf dem Tausende durch Kanonen, Gewehre, Schwerter und Hellebarden gestorben waren, oder um ein kleines Zimmer, in dem sich fünf oder sechs gegenseitig erschossen hatten, am Ende war es derselbe Ort, immer wieder derselbe Ort: ein weiteres Totenhaus, das nach Schießpulver und rohem Fleisch roch.

Abgesehen von ein paar Streben, war die Wand zwischen Büro und Badezimmer verschwunden. Überall funkelten Glasscherben. Teile der Wandtäfelung, die von Tricks Postinos fröhlichem, aber sinnlosem M 16-Feuerwerk zerfetzt worden war, hingen wie Hautfetzen herab.

Eddie hustete trocken. Jetzt konnte er andere Laute hören – Murmeln aufgeregter Unterhaltungen, rufende Stimmen vor der Bar, und in der Ferne das Heulen von Sirenen.

»Wie viele?« fragte der Revolvermann Eddie. »Können wir sie alle erwischt haben?«

»Ja, ich glaube...«

»Ich habe etwas für dich, Eddie«, sagte Kevin Blake durch die Tür aus dem Flur. »Ich dachte mir, du magst es vielleicht, zum Beispiel als Andenken, weißt du.« Was Balazar dem jüngeren Dean-Bruder nicht hatte antun können, hatte Kevin mit dem älteren gemacht. Er kickte Henry Deans abgeschnittenen Kopf durch die Tür.

Eddie sah, was es war, und schrie. Er lief zur Tür, ohne auf die Splitter und Scherben zu achten, die sich in seine bloßen Füße bohrten, er schrie und schoß und feuerte die letzte intakte Patrone in dem großen Revolver dabei ab.

»*Nein, Eddie!*« rief Roland, aber Eddie hörte ihn nicht. Eddie konnte nichts mehr hören.

In der sechsten Kammer war eine Lusche, aber da wußte er schon nichts anderes mehr als die Tatsache, daß Henry tot war.

Henry, sie hatten seinen Kopf abgeschnitten, ein elender Hurensohn hatte Henrys *Kopf* abgeschnitten, und dieser Hurensohn würde dafür *bezahlen*, o ja, darauf konnte er Gift nehmen.

Daher rannte er auf die Tür zu, betätigte immer wieder den Abzug, merkte nicht, daß nichts passierte, merkte nicht, daß seine Füße blutrot waren und Kevin Blake in den Türrahmen trat, um ihn in Empfang zu nehmen; er war niedergekauert und hatte eine Llama 38 in der Hand. Kevins rotes Haar stand in Locken und Wellen von seinem Kopf ab, und Kevin lächelte.

24

Er wird geduckt sein, dachte der Revolvermann und wußte, er würde Glück brauchen, wenn er sein Ziel mit dieser unzuverlässigen kleinen Waffe überhaupt treffen wollte, selbst wenn er richtig geschätzt hatte.

Als ihm klar wurde, daß der Trick von Balazars Soldat Eddie herauslocken sollte, stützte sich Roland auf die Knie und hielt die linke Hand mit der rechten ruhig, wobei er grimmig das Kreischen der Schmerzen in der geballten Faust überhörte. Er hatte nur eine Chance. Die Schmerzen spielten keine Rolle.

Dann trat der Mann mit den roten Haaren lächelnd unter die Tür, und Rolands Gehirn war wie immer ausgeschaltet; sein Auge sah, seine Hand schoß, und plötzlich lag der Rothaarige mit offenen Augen und einem kleinen blauen Loch in der Stirn an der Wand des Flurs. Eddie stand über ihm und schrie und schluchzte, er feuerte den großen Revolver mit den Sandelholzgriffen immer wieder nutzlos ab, als könnte der Mann mit den roten Haaren niemals tot genug sein.

Der Revolvermann wartete auf das tödliche Kreuzfeuer, das Eddie in zwei Teile zerfetzen würde, und als das ausblieb, da wußte er, daß es wirklich vorbei war. Falls andere Soldaten da gewesen waren, so hatten sie die Beine in die Hand genommen.

Er erhob sich langsam auf die Beine, drehte sich um und ging zu der Stelle, wo Eddie Dean stand.

»Hör auf«, sagte er.

Eddie hörte nicht auf ihn und drückte weiter sinnlos mit dem leeren Revolver auf den toten Mann ab.

»Hör auf, Eddie, er ist tot. Sie sind alle tot. Deine Füße bluten.«

Eddie achtete nicht auf ihn und betätigte weiter den Abzug des Revolvers. Das Murmeln aufgeregter Stimmen draußen war lauter. Ebenso das Heulen der Sirenen.

Der Revolvermann griff nach dem Revolver und zog daran, und ehe Roland ganz sicher war, was geschah, schlug Eddie ihm mit seiner eigenen Waffe an den Kopf. Roland spürte warmes Blut fließen und taumelte gegen die Wand. Er bemühte sich, auf den Beinen zu bleiben – sie mußten schnellstens von hier verschwinden. Aber trotz seiner Anstrengung spürte er, wie sich die Welt vorübergehend in graue Nebelschwaden auflöste.

25

Er war weniger als zwei Minuten weg, dann gelang es ihm, seine Benommenheit abzuschütteln und aufzustehen. Eddie war nicht mehr im Flur. Rolands Revolver lag auf der Brust des toten rothaarigen Mannes. Der Revolvermann bückte sich, kämpfte gegen eine Woge des Schwindelgefühls, hob ihn auf und ließ ihn mit einer linkischen Bewegung vor dem Körper in den Halfter fallen.

Ich will meine verdammten Finger wiederhaben, dachte er müde und seufzte.

Er versuchte, in die Ruinen des Büros zurückzugehen, aber er brachte bestenfalls ein besseres Stolpern zustande. Er blieb stehen, bückte sich und hob sämtliche Kleidungsstücke von Eddie Dean auf, die er in der linken Armbeuge halten konnte. Das Heulen war jetzt fast vor der Tür. Roland vermutete, daß die Männer, die es erzeugten, wahrscheinlich Soldaten waren, die Truppe eines Marschalls, etwas Derartiges; aber es bestand immer die Möglichkeit, daß es weitere Männer von Balazar sein konnten.

»Eddie«, krächzte er. Sein Hals war wieder wund und pulsierte, sogar noch schlimmer als die Schwellung seitlich am Kopf, wo Eddie ihn mit dem Revolver geschlagen hatte.

Eddie bekam nichts mit. Eddie saß auf dem Boden und hatte den Kopf seines Bruders an den Bauch gedrückt. Er zitterte am ganzen Leib und schluchzte. Der Revolvermann sah nach der Tür, sah sie nicht und verspürte einen eisigen Schreck, der beinahe Entsetzen gleichkam. Dann fiel es ihm wieder ein. Da sie beide auf derselben Seite waren, konnte er die Tür nur erschaffen, indem er Körperkontakt mit Eddie herstellte.

Er streckte die Hand nach ihm aus, aber Eddie zuckte immer noch weinend zurück. »Faß mich nicht an«, sagte er.

»Eddie, es ist vorbei. Sie sind alle tot, und dein Bruder ist auch tot.«

»Laß meinen Bruder aus dem Spiel!« kreischte Eddie kindisch, und

ein weiterer Schauer durchlief ihn. Er schmiegte den abgeschnittenen Kopf an die Brust und wiegte ihn. Er sah dem Revolvermann mit tränenden Augen ins Gesicht.

»Er hat sich die ganze Zeit um mich gekümmert, Mann«, sagte er, schluchzte aber so heftig, daß ihn der Revolvermann kaum verstehen konnte. »Immer. Warum konnte ich mich nicht dieses eine Mal um ihn kümmern, wo er sich doch ständig um mich gekümmert hat?«

Er hat sich wahrhaftig um dich gekümmert, dachte Roland grimmig. *Schau dich doch an, du sitzt da und zitterst wie ein Mann, der einen Apfel vom Fieberbaum gegessen hat. Er hat sich prächtig um dich gekümmert.*

»Wir müssen gehen.«

»Gehen?« Eddies Gesicht drückte zum erstenmal vages Verstehen aus, dem sofort Erschrecken folgte. »Ich gehe nicht weg. Besonders nicht dorthin, wo die großen Krebse – oder was das war Jack gefressen haben.«

Jemand hämmerte gegen die Tür und brüllte, daß man aufmachen sollte.

»Möchtest du hierbleiben und diese Leichen erklären?« fragte der Revolvermann.

»Mir egal«, sagte Eddie. »Ohne Henry ist alles egal. Alles.«

»Dir ist es vielleicht egal«, sagte Roland, »aber es geht auch noch um andere, Gefangener.«

»*Nenn mich nicht so!*« brüllte Eddie.

»*Ich werde dich so lange so nennen, bis du mir bewiesen hast, daß du aus der Zelle herauskommen kannst, in der du dich befindest!*« brüllte Roland zurück. Es tat seinem Hals weh, wenn er schrie, aber er schrie trotzdem. »*Wirf dieses verwesende Stück Fleisch weg und hör auf zu jammern!*«

Eddie sah ihn an, seine Wangen waren naß, die Augen groß und ängstlich.

»*DAS IST IHRE LETZTE CHANCE!*« sagte eine verstärkte Stimme von draußen. Für Eddie hörte sie sich unheimlich wie die Stimme eines Moderators in einer Quizsendung an. »*DAS RÄUMKOMMANDO IST EINGETROFFEN – ICH WIEDERHOLE: DAS RÄUMKOMMANDO IST EINGETROFFEN!*«

»Was wartet auf der anderen Seite der Tür auf mich?« fragte Eddie leise den Revolvermann. »Komm schon, sag es mir. Wenn du es mir sagen kannst, komme ich vielleicht mit. Aber ich werde wissen, wenn du lügst.«

»Möglicherweise der Tod«, sagte der Revolvermann. »Aber ich glaube, bis der eintritt, wirst du dich nicht langweilen. Ich möchte, daß du mich auf einer Suche begleitest. Selbstverständlich wird möglicherweise alles mit dem Tod enden – dem Tod für uns vier an einem fremden Ort. Aber falls wir gewinnen...«

Seine Augen glänzten. »Wenn wir gewinnen, Eddie, wirst du etwas sehen, was du dir in deinen Träumen nicht vorstellen konntest.«

»Was denn?«

»Den Dunklen Turm.«

»Wo ist dieser Turm?«

»Weit von dem Strand entfernt, wo du mich gefunden hast. Wie weit, weiß ich nicht.«

»*Was* ist er?«

»Auch das weiß ich nicht – nur, daß er eine Art von... von Riegel sein könnte. Eine zentrale Lünse, die die gesamte Existenz zusammenhält. Alle Existenz, alle Zeit und alle Größe.«

»Du hast gesagt vier. Wer sind die anderen zwei?«

»Das weiß ich nicht. Sie wurden noch nicht auserwählt.«

»So wie ich auserwählt wurde. Oder wie du mich gern auserwählen würdest.«

»Ja.«

Draußen erfolgte eine hustende Explosion wie von einer Werfergranate. Das Glas des Schaufensters vom Schiefen Turm barst einwärts. Die Bar füllte sich mit erstickenden Tränengasschwaden.

»Nun?« fragte Roland. Er konnte Eddie packen, die Tür durch den Kontakt zum Erscheinen zwingen und sie beide hindurchstoßen. Aber er hatte gesehen, wie Eddie sein Leben für ihn riskiert hatte; er hatte gesehen, wie sich dieser gepeinigte Mann trotz seiner Sucht und der Tatsache, daß er gezwungen gewesen war, so nackt wie am Tag seiner Geburt zu kämpfen, mit aller Würde eines geborenen Revolvermanns geschlagen hatte, und er wollte, daß Eddie seine Entscheidung selbst traf.

»Suchen, Abenteuer, Türme, Welten erobern«, sagte Eddie und lächelte ergeben. Keiner drehte sich um, als frische Tränengassalven in die Bar flogen und zischend auf dem Boden explodierten.

Die ersten beißenden Dämpfe drangen in Balazars Büro. »Hört sich besser an als viele dieser Edgar Rice Burroughs-Bücher vom Mars, aus denen mir Henry manchmal vorgelesen hat, als wir noch Kinder waren. Du hast nur eines vergessen.«

»Das wäre?«

»Die wunderschönen barbusigen Mädchen.«

Der Revolvermann lächelte. »Auf dem Weg zum Dunklen Turm«, sagte er, »ist alles möglich.«

Ein weiterer Schauer schüttelte Eddies Körper. Er hob Henrys Kopf, küßte eine kalte, aschfahle Wange, dann legte er das blutige Relikt sanft beiseite. Er stand auf.

»Okay«, sagte er. »Ich hatte für heute abend sowieso nichts anderes vor.«

»Nimm das«, sagte Roland und hielt ihm die Kleidung hin. »Zieh dir wenigstens die Schuhe an. Du hast dir die Füße aufgeschnitten.«

Draußen auf dem Gehweg schlugen zwei Polizisten mit Plexiglashelmen, Fliegerjacken und kugelsicheren Westen die Tür des Schiefen Turms ein. Im Badezimmer reichte Eddie – der Unterhosen und Turnschuhe und sonst nichts anhatte – Roland die Musterpackungen Keflex eine nach der anderen, und Roland steckte sie in die Taschen von Eddies Jeans. Als sie alle sicher verstaut waren, legte Roland Eddie wieder den rechten Arm um die Schultern, und Eddie ergriff wieder Rolands linke Hand. Plötzlich war die Tür wieder da, ein dunkles Rechteck. Eddie spürte, wie ihm der Wind jener anderen Welt das schweißnasse Haar aus der Stirn wehte. Er hörte die Wellen ans Ufer branden. Er nahm den Geruch von saurem Meersalz wahr. Und trotz allem, trotz seiner Schmerzen und dem Kummer, wollte er plötzlich diesen Dunklen Turm sehen, von dem Roland gesprochen hatte. Er wollte ihn von ganzem Herzen sehen. Und da Henry tot war, was blieb ihm in dieser Welt noch? Ihre Eltern waren tot, und seit er vor drei Jahren so richtig mit dem Drükken angefangen hatte, hatte es keine feste Freundin mehr gegeben – nur eine ständige Parade von Schlampen, Fixerinnen und Schnupferinnen. Keine normal. Scheiß drauf.

Sie traten durch, und Eddie ging sogar ein wenig voraus.

Auf der anderen Seite überfielen ihn plötzlich neuerliche Schauer und schmerzende Muskelkrämpfe – die ersten Symptome eines ernsten Heroinentzugs. Und damit verbunden kamen ihm auch seine ersten ernsten Zweifel.

»Warte!« rief er. »Ich muß noch einen Augenblick zurück! Sein Schreibtisch! Sein Schreibtisch, oder im anderen Büro! Der Stoff! Wenn sie Henry einen Schuß gegeben haben, muß Stoff da sein! Heroin! Ich brauche es! Ich brauche es!«

Er sah den Revolvermann flehend an, aber dessen Gesicht war steinern.

»Dieser Teil deines Lebens ist vorbei, Eddie«, sagte er. Er streckte die linke Hand aus.

»Nein!« schrie Eddie und krallte nach ihm. »Nein, das verstehst du nicht, Mann, ich brauche es! ICH BRAUCHE ES!«

Er hätte sich ebensogut in einen Stein krallen können.

Der Revolvermann schlug die Tür zu.

Sie gab einen dumpfen, pochenden Laut von sich, der etwas ungemein Endgültiges hatte, und fiel auf den Sand. An den Rändern stob ein wenig Staub hoch. Nichts war mehr hinter der Tür, und es war kein Wort mehr darauf geschrieben. Diese spezielle Verbindung zwischen den Welten hatte sich für immer geschlossen.

»NEIN!« schrie Eddie, und die Möwen schrien wie in unsäglicher Verachtung zu ihm zurück; die Monsterhummer stellten ihm Fragen; vielleicht schlugen sie vor, er könnte sie ein wenig besser verstehen, wenn er näher kam, und Eddie fiel vornüber auf die Seite, weinte und erschauerte und wurde von Krämpfen geschüttelt.

»Dein Bedürfnis wird vergehen«, sagte der Revolvermann und holte eine Packung aus der Tasche von Eddies Hose, die seiner eigenen so ähnlich war. Wieder konnte er ein paar Buchstaben lesen, aber nicht alle. Das Wort sah wie *Cheefleet* aus.

Cheefleet.

Medizin aus dieser anderen Welt.

»Töte oder heile«, murmelte Roland und schluckte zwei der Kapseln trocken. Dann nahm er die anderen drei *Astin* und legte sich neben Eddie, nahm ihn, so gut er konnte, in die Arme, und nach einiger Zeit schliefen sie beide ein.

mischen

mischen

Die Zeit, die auf diese Nacht folgte, war für Roland gebrochene Zeit, Zeit, die überhaupt nicht als Zeit existierte. Er erinnerte sich lediglich an eine Reihe von Bildern, Augenblicken, Unterhaltungen ohne Zusammenhang; Bilder flogen vorüber wie Asse und Dreier und Neuner und die verdammte Schwarze Hurenkönigin der Spinnen, wie beim raschen Mischen eines Kartenspiels.

Später fragte er Eddie, wie lange diese Zeit gedauert hatte, aber Eddie wußte es auch nicht. Die Zeit war für sie beide vernichtet gewesen.

In der Hölle gibt es keine Zeit, und jeder war in seiner privaten Hölle gewesen: Roland in der Hölle des Fiebers und der Infektion, Eddie in der Hölle des Entzugs.

»Weniger als eine Woche«, sagte Eddie. »Mehr weiß ich nicht mit Bestimmtheit.«

»Woher weißt du das?«

»Ich konnte dir nur eine Wochenration Tabletten geben. Danach mußtest du aus eigenem Antrieb das eine oder andere machen.«

»Genesen oder sterben.«

»Richtig.«

mischen

Ein Schuß, während sich die Dämmerung dem Dunkel nähert, ein trockener Knall über dem unausweichlichen und unentrinnbaren Klang der Brecher, die am einsamen Strand starben: *KA-BUMM!* Er riecht einen Hauch Schießpulver. *Ärger*, denkt der Revolvermann schwach und tastet nach Revolvern, die nicht da sind. *O nein, es ist das Ende, es ist . . .*

Aber da ist nichts mehr. Etwas fängt an,

im Dunkeln gut zu riechen. Nach der ganzen langen, dunklen, trockenen Zeit *kocht* etwas. Es ist nicht nur der Geruch. Er kann das Knacken von Zweigen hören, kann das leichte orangefarbene Flakkern eines Lagerfeuers sehen. Wenn der *Wind* vom Meer zu einer Bö anschwillt, kann er manchmal neben dem Geruch, der ihm das Wasser im Mund zusammenlaufen läßt, einen anderen wahrnehmen. *Essen*, denkt er. *Mein Gott, bin ich hungrig? Wenn ich hungrig bin, geht es mir vielleicht besser.*

Eddie, versucht er zu sagen, aber er hat keine Stimme mehr. Sein Hals schmerzt, schmerzt schlimm. *Wir hätten auch etwas* Astin *mitbringen sollen*, denkt er, und dann versucht er zu lachen: alle Drogen für ihn, keine für Eddie.

Eddie erscheint. Er hat einen Blechteller, den der Revolvermann überall erkennen würde; schließlich stammt er aus seiner eigenen Tasche. Dampfende Stücke Fleisch liegen darauf.

Was? versucht er zu fragen, aber es kommt nichts weiter als ein krächzender leiser Furzlaut dabei heraus.

Eddie liest es ihm von den Lippen ab. »*Ich* weiß es nicht«, sagt er schroff. »Ich weiß nur, daß es mich nicht umgebracht hat. Iß, verdammt.«

Er sieht, Eddie ist sehr blaß, Eddie zittert, und er riecht etwas an Eddie, das entweder Scheiße oder Tod ist, und er weiß, um Eddie ist es schlimm bestellt. Er streckt eine tastende Hand aus, will Trost spenden. Eddie schlägt sie weg.

»Ich füttere dich«, sagt er böse. »Der Teufel soll mich holen, wenn ich weiß, warum. Ich sollte dich umbringen. Würde ich auch, wenn ich nicht denken würde, daß du wieder in meine Welt eindringen könntest, nachdem du es schon einmal getan hast.«

Eddie sieht sich um.

»Und wenn das nicht, so weil ich allein wäre. Abgesehen von *ihnen*.«

Er sieht Roland wieder an, und ein Zittern durchläuft ihn – so heftig, daß er fast die Fleischstücke vom Blechteller schüttet. Schließlich geht es vorbei.

»Iß, gottverdammt.«

Der Revolvermann ißt. Das Fleisch ist mehr als nur eßbar; es ist köstlich. Es gelingt ihm, drei Stücke zu essen, dann verschwimmt alles zu einem neuen

mischen

Bemühen zu sprechen; aber er kann nur flüstern. Eddies Ohr ist an seinen Mund gepreßt, nur ab und zu entfernt es sich, wenn Eddie einen seiner Anfälle hat. Er wiederholt es. »Norden. Am ... am Strand entlang.«

»Woher weißt du das?«

»Weiß es einfach«, flüstert er.

Eddie sieht ihn an. »Du bist verrückt«, sagt er.

Der Revolvermann lächelt und versucht, ohnmächtig zu werden, aber Eddie schlägt ihn, schlägt ihn fest. Roland reißt die blauen Augen auf, und die sind einen Moment so elektrisierend, so lebhaft, daß Eddie unbehaglich dreinschaut. Dann verzieht er die Lippen zu einem Lächeln, das fast ein Fauchen ist.

»Ja, du kannst abdröhnen«, sagt er. »Aber zuerst mußt du dein Dope nehmen. Es ist Zeit. Sagt die Sonne jedenfalls. Ich war nie Pfadfinder, daher weiß ich es nicht sicher. Aber ich glaube, für Regierungsarbeit ist es gut genug. Mach den Mund weit auf, Roland. Mach den Mund auf für Dr. Eddie, du verdammter Entführer.«

Der Revolvermann macht den Mund auf wie ein Baby für die Brust. Eddie legt ihm zwei Tabletten auf die Zunge, dann spült er achtlos frisches Wasser in Rolands Mund. Roland vermutet, daß es von einem Gebirgsbach irgendwo im Osten stammen muß. Es könnte vergiftet sein; Eddie würde frisches Wasser nicht von schlechtem unterscheiden können. Andererseits scheint es Eddie ganz gut zu gehen; und außerdem hat er keine andere Wahl, oder? Nein.

Er schluckt, hustet und erstickt beinahe, während Eddie ihn gleichgültig ansieht.

Roland greift nach ihm.

Eddie versucht auszuweichen.

Die herrischen Augen Rolands befehlen ihm.

Roland zieht ihn dicht an sich, so dicht, daß er den Gestank von

Eddies Krankheit riechen kann, und Eddie den von seiner; die Mischung stößt sie beide gleichzeitig ab und zieht sie an.

»Hier gibt es nur zwei Möglichkeiten«, flüstert Roland. »Weiß nicht, wie es in deiner Welt ist, aber hier gibt es nur zwei Möglichkeiten. Aufrecht stehen und möglicherweise überleben, oder auf den Knien sterben, mit gesenktem Kopf und dem Gestank der eigenen Achselhöhlen in der Nase. Nichts...« Er würgt ein Husten heraus. »Nichts für mich.«

»*Wer bist du?*« schreit Eddie ihn an.

»Dein Schicksal, Eddie«, flüstert der Revolvermann.

»Warum frißt du nicht einfach Scheiße und krepierst?« fragt Eddie Dean ihn. Der Revolvermann versucht zu sprechen, aber bevor er es kann, schwebt er davon, während die Karten

mischen

KA-BUMM!

Roland macht die Augen auf und sieht eine Milliarde Sterne durch die Dunkelheit wirbeln, dann macht er sie wieder zu.

Er weiß nicht, was vor sich geht, aber er glaubt, daß alles in Ordnung ist. Das Blatt ist noch in Bewegung, die Karten sind immer noch am

mischen

Weitere köstliche, wohlschmeckende Fleischstücke. Es geht ihm besser. Eddie sieht auch besser aus. Aber er sieht auch besorgt aus.

»Sie kommen näher«, sagt er. »Sie sind vielleicht häßlich, aber nicht völlig dumm. Sie wissen, was ich getan habe. Sie wissen es irgendwie, und sie kapieren es nicht. Sie kommen jede Nacht ein bißchen näher. Es wird klug sein, bei Tagesanbruch weiterzuziehen, wenn du kannst. Sonst könnte es der letzte Tagesanbruch sein, den wir erleben.«

»Was?« Nicht gerade ein Flüstern, aber ein heiseres Krächzen irgendwo zwischen Flüstern und richtigem Sprechen.

»Sie«, sagt Eddie und deutet zum Stand. »Dad-a-chack, dumachum, und diese ganze Scheiße. Ich glaube, sie sind wie wir, Roland – sehr fürs Fressen, aber nicht scharf aufs Gefressenwerden.«

Mit einem Anflug vollkommenen Entsetzens wird Roland mit einem Mal klar, was die weißlich-rosa Fleischstücke waren, mit denen Eddie ihn gefüttert hat. Er kann nicht sprechen; der Ekel raubt ihm das bißchen Stimme, das er wiedererlangt hat. Aber Eddie liest ihm alles, was er sagen will, vom Gesicht ab.

»Was hast du gedacht, hätte ich getan?« faucht er beinahe. »Angerufen und Hummer zum Mitnehmen bestellt?«

»Sie sind giftig«, flüstert Roland. »Darum bin ich...«

»Darum bist du *horse de combat.* Und ich versuche zu verhindern, mein Freund Roland, daß du auch zum *hors d'œuvre* wirst. Was das Gift anbelangt auch Klapperschlangen sind giftig, aber die Leute essen sie. Klapperschlange schmeckt wirklich gut. Wie Hähnchen. Das habe ich irgendwo gelesen. Ich fand, sie sehen wie Hummer aus, daher beschloß ich, es zu versuchen. Was sollten wir sonst essen? Dreck? Ich habe einen der Wichser erschossen und die Scheiße aus ihm rausgekocht. Es gab nichts anderes. Und außerdem schmecken sie ziemlich gut. Ich habe einen pro Nacht geschossen, jedesmal wenn die Sonne kurz vor dem Untergehen war. Sie werden erst richtig lebhaft, wenn es vollkommen dunkel geworden ist. Ich habe nicht gesehen, daß du das Fleisch abgelehnt hättest.«

Eddie lächelt.

»Ich stelle mir gerne vor, ich hätte eins von denen erwischt, die Jack gefressen haben. Der Gedanke, daß ich diesen Pisser esse, gefällt mir. Weißt du, es beruhigt mich irgendwie.«

»Eines von ihnen hat auch Teile von mir gegessen«, krächzt der Revolvermann. »Zwei Finger, einen Zeh.«

»Das ist auch cool«, sagt Eddie und lächelt weiter. Sein Gesicht ist bleich, haifischähnlich... aber das kranke Aussehen ist teilweise verschwunden, und der Geruch von Scheiße und Tod, der ihn wie ein Leichentuch eingehüllt hat, scheint sich zu verziehen.

»Scheiß auf dich«, krächzt der Revolvermann.

»Roland zeigt gute Laune!« ruft Eddie. »Vielleicht wirst du doch nicht sterben! Liiiiebling! Ich finde, das ist *wunnebar!*«

»Leben«, sagt Roland. Das Krächzen ist wieder zum Flüstern geworden. Die Angelhaken sind wieder in seinem Hals.

»Ja?« Eddie sieht ihn an, nickt und beantwortet dann seine eigene Frage. »Ja, ich glaube, es ist dein Ernst. Einmal habe ich gedacht, du stirbst, und einmal, du wärst schon gestorben. Jetzt sieht es so aus, als würde es besser werden. Die Antibiotika helfen wohl, schätze ich, aber ich finde, du richtest dich weitgehend *selbst auf.* Wozu? Warum bemühst du dich verdammt noch mal so sehr, an diesem gottverlassenen Strand am Leben zu bleiben?«

Turm, formt er mit dem Mund, denn jetzt kann er nicht einmal mehr krächzen.

»Du und dein Scheißturm«, sagt Eddie und will sich abwenden, aber dann dreht er sich überrascht wieder um, als Rolands Hand seinen Arm wie einen Schraubstock umklammert.

Sie sehen einander in die Augen, und Eddie sagt: »Schon gut! Schon *gut!*«

Norden, formt der Revolvermann. *Norden, ich habe es dir gesagt.* Hat er ihm das gesagt? Er glaubt es, aber es ist verschüttet. Beim Mischen verschüttet.

»Woher *weißt* du das?« schreit Eddie ihn in plötzlicher Frustration an. Er hebt die Fäuste, als wolle er Roland schlagen, dann senkt er sie wieder.

Ich weiß es einfach – warum also vergeudest du meine Zeit und Energie mit albernen Fragen? will er antworten, aber bevor er das kann, sind die Karten wieder am

mischen

wird fortgeschleppt, poltert und holpert, sein Kopf rollt hilflos von einer Seite auf die andere, er ist mit seinen eigenen Revolvergurten auf eine unheimliche Art von *travois* geschnallt, und er kann Eddie Dean ein Lied singen hören, das ihm so unheimlich bekannt ist, daß er zuerst denkt, es muß ein Traum im Delirium sein.

»*Heyy Jude . . . don't make it bad . . . take a saaad song . . . and make it better . . .*«

Wo hast du das gehört? will er fragen. *Hast du gehört, wie ich es gesungen habe, Eddie? Und wo sind wir?*

Aber bevor er etwas fragen kann

mischen

Cort würde dem Jungen den Schädel einschlagen, wenn er diese Tragbahre sehen könnte, denkt Roland und betrachtet die *travois*, auf der er den Tag verbracht hat, und er lacht. Kein besonderes Lachen. Es hört sich an wie eine der Wellen, die ihre Kieselsteinlast am Strand ablädt. Er weiß nicht, wie weit sie gekommen sind, auf jeden Fall so weit, daß Eddie vollkommen ausgepumpt ist. Er sitzt im Licht der Dämmerung auf einem Felsen und hat einen Revolver des Revolvermanns im Schoß und einen halbvollen Wasserschlauch an der Seite. Seine Hemdentasche ist leicht gewölbt. Das sind die Patronen aus dem Rückenteil der Gurte, der schwindende Vorrat ›guter‹ Patronen. Diese hat Eddie in ein Stück seines eigenen Hemdes eingewickelt. Der Hauptgrund, weshalb der Vorrat an ›guten‹ Patronen so schnell schwindet, ist der, daß sich auch davon jede vierte oder fünfte als Lusche erwiesen hat.

Eddie, der beinahe eingenickt ist, sieht auf. »Worüber lachst du?« fragt er.

Der Revolvermann winkt abwehrend mit der Hand und schüttelt den Kopf. Ihm ist klar geworden, daß er sich geirrt hat. Cort hätte Eddie wegen dieser *travois* nicht den Kopf eingeschlagen, auch wenn sie ein komisches, erbärmlich aussehendes Ding war. Roland hielt es sogar für möglich, daß Cort ein Wort der Anerkennung gegrunzt haben würde – was so selten vorkam, daß der Junge, dem es galt, meist nicht wußte, wie er darauf reagieren sollte; er stand mit offenem Mund da, wie ein Fisch, der gerade aus dem Topf des Kochs gezogen worden ist.

Die Hauptstreben waren zwei Pappeläste von ungefähr gleicher Länge und Stärke. Vom Sturm abgerissen, vermutet der Revolvermann. Er hatte kleinere Zweige als Stützen verwendet und sie mit einem aberwitzigen Sammelsurium von Materialien befestigt: Revolvergurten, dem Klebeband, mit dem er das Teufelspulver an der

Brust befestigt gehabt hatte, sogar der Lederschnur vom Hut des Revolvermanns und den Schnürsenkeln von Eddies Schuhen. Über dieses Gerüst hatte er den Schlafsack des Revolvermanns gelegt.

Cort hätte ihn nicht geschlagen, weil Eddie trotz seiner Krankheit nicht einfach niedergekauert war und sein Los beklagt hatte. Er hatte *etwas* getan. Hatte es *versucht*.

Und Cort hätte vielleicht eines seiner unerwarteten, brummigen Komplimente gemacht, weil das Ding, so verrückt es auch aussah, *funktionierte*. Die langen Spuren, die sich am Strand entlang erstreckten, bis sie am Rand des Horizonts zusammenzulaufen schienen, bewiesen das.

»Siehst du welche?« fragt Eddie. Die Sonne geht unter und hämmert einen orangefarbenen Pfad über das Wasser, und daher schätzt der Revolvermann, daß er dieses Mal länger als sechs Stunden weg gewesen ist. Er fühlt sich kräftiger. Er setzt sich auf und sieht zum Wasser hinunter. Weder der Strand noch das Land, das sich bis zum westlichen Massiv erstreckt, haben sich sehr verändert; er kann winzige Unterschiede der Landschaft und des Schutts erkennen (zum Beispiel eine tote Möwe, die in einem kleinen Haufen verwehender Federn etwa zwanzig Meter links von ihm liegt), aber davon abgesehen, könnten sie ebensogut noch dort sein, wo sie angefangen haben.

»Nein«, sagt der Revolvermann. Dann: »Doch. Da ist einer.«

Er deutet. Eddie blinzelt, dann nickt er. Als die Sonne tiefer sinkt und der orangefarbene Streifen immer mehr wie Blut aussieht, kommen die ersten Monsterhummer aus dem Wasser und fangen an, den Strand emporzukriechen.

Zwei rasen unbeholfen auf die tote Möwe zu. Der Sieger wirft sich darauf, reißt sie auf und stopft sich die verwesenden Überreste ins Maul. »*Did-a-chick?*« fragt er.

»*Dum-a-chum?*« antwortet der Verlierer. »*Dod-a . . .*«

KA-BUMM!

Rolands Revolver macht den Fragen des zweiten ein Ende. Eddie geht hinunter und packt ihn am Rücken, während er seinen Gefährten argwöhnisch im Auge behält. Der andere macht jedoch keine Schwierigkeiten. Er ist emsig mit der Möwe beschäftigt. Eddie bringt seine Beute mit. Die Kreatur zuckt noch und hebt und senkt die Scheren, aber sie hört bald auf, sich zu bewegen. Der Schwanz krümmt sich ein letztes Mal, dann fällt er einfach herunter, statt sich nach unten zu krümmen. Die Boxerscheren hängen schlaff herab.

»Ässän wird bal zerviert, Maihstah«, sagt Eddie. »Ihr habt die Wahl: Filet vom Grusligkriecher oder Filet vom Grusligkriecher. Was macht Euch an, Maihstah?«

»Ich verstehe dich nicht«, sagt der Revolvermann.

»Aber klar doch«, sagt Eddie. »Du hast nur keinen Sinn für Humor mehr. Was ist denn daraus geworden?«

»Wurde wohl beim einen oder anderen Krieg weggeschossen, schätze ich.«

Darüber lächelt Eddie. »Heute siehst du ein wenig lebhafter aus und hörst dich auch lebhafter an, Roland.«

»Bin ich auch, glaube ich.«

»Nun, vielleicht kannst du morgen sogar ein Stück gehen. Ich will dir ganz ehrlich sagen, mein Freund, dich zu ziehen, ist die beschissene Pest im Arsch.«

»Ich versuche es.«

»Tu das.«

»Du siehst auch etwas besser aus«, schweift Roland ab. Bei den beiden letzten Worten bricht seine Stimme wie die eines kleinen Jungen. *Wenn ich nicht bald zu reden aufhöre*, denkt er, *werde ich überhaupt nicht mehr reden können.*

»Ich schätze, ich werde überleben.« Er sieht Roland ausdruckslos an. »Aber du wirst nie erfahren, wie knapp es manchmal war. Einmal habe ich einen deiner Revolver genommen und an den Kopf gehalten. Gespannt, eine Weile dort gelassen und dann wieder weggenommen. Den Hahn entspannt und ihn wieder in deinen Gurt gesteckt. In einer anderen Nacht hatte ich einen Krampf. Ich glaube, es war in der zweiten Nacht, aber sicher bin ich nicht.« Er schüttelt den Kopf und sagt etwas, das der Revolvermann versteht und doch auch wieder nicht versteht. »Michigan kommt mir heute wie ein Traum vor.«

Seine Stimme hat wieder das heisere Krächzen angenommen, und obwohl er weiß, er soll überhaupt nicht sprechen, muß der Revolvermann eines wissen. »Was hat dich davon abgehalten abzudrücken?«

»Nun, ich habe nur dieses eine Paar Hosen«, sagt Eddie. »Ich habe mir in der letzten Sekunde gedacht, wenn ich abdrücke und es ist eine Lusche, werde ich nie wieder den Mut aufbringen, es noch einmal zu tun... und wenn man sich in die Hose geschissen hat, muß man sie entweder gleich waschen oder ein Leben lang mit dem Gestank leben. Das hat mir Henry gesagt. Er sagte, er hat das in Nam gelernt. Und weil es Nacht war und Lester, der Hummer, unterwegs, ganz zu schweigen von seinen Freunden...«

Aber der Revolvermann lacht, lacht sogar sehr, wenngleich nur ein gelegentlicher Krächzlaut über seine Lippen kommt. Eddie, der selbst ein wenig lächelt, sagt: »Ich glaube, dein Sinn für Humor wurde im Krieg nur bis zum Ellbogen weggeschossen.« Er steht auf, um den Hang emporzugehen, bis er Holz fürs Feuer findet, vermutet Roland.

»Warte«, flüstert er, und Eddie sieht ihn an. »Warum wirklich?«

»Ich schätze, weil du mich brauchst. Hätte ich mich umgebracht, wärst du auch gestorben. Später, wenn du wieder auf den Beinen bist, denke ich meine Möglichkeiten vielleicht noch einmal durch.« Er dreht sich um und seufzt tief.

»Es mag irgendwo auf deiner Welt ein Disneyland oder ein Coney Island geben, Roland, aber was ich bisher davon gesehen habe, interessiert mich nicht besonders.«

Er entfernt sich, bleibt stehen und sieht noch einmal zu Roland. Sein Gesicht ist ernst, doch die kranke Färbung ist weitgehend daraus verschwunden. Das Schlottern ist zu gelegentlichen Anfällen von Zittern geworden.

»Manchmal verstehst du mich wirklich nicht, was?«

»Nein«, flüstert der Revolvermann. »Manchmal nicht.«

»Dann werde ich es dir erklären. Es gibt Menschen, die es brauchen, daß andere Menschen sie brauchen. Der Grund, weshalb du nicht verstehst, ist der, daß du nicht zu denen gehörst. Du würdest mich benützen und dann wie eine Papiertüte wegwerfen, sollte es darauf hinauslaufen. Gott hat dich versaut, mein Freund. Du bist gerade schlau genug, daß dir das wehtun würde, aber gerade hart genug, daß du es trotzdem tun würdest. Du könntest nicht anders. Wenn ich an diesem verfluchten

Strand liegen und um Hilfe schreien würde, würdest du über mich hinwegtrampeln, wenn ich zwischen dir und deinem verdammten Turm wäre. Kommt das der Wahrheit nicht ziemlich nahe?«

Roland sagt nichts, er sieht Eddie nur an.

»Aber nicht alle sind so. Es gibt Menschen, die es brauchen, daß andere Menschen sie brauchen. Wie in dem Lied von Barbra Streisand. Kitschig, aber wahr. Das ist nur eine andere Form von An-der-Nadel-Hängen.«

Eddie schaut ihn an.

»Aber diesbezüglich bist du clean, nicht?«

Roland beobachtet ihn.

»Abgesehen von deinem Turm.« Eddie stößt ein kurzes Lachen aus. »Du bist ein Turm-Junkie, Roland.«

»Welcher Krieg war es?« flüstert Roland.

»Was?«

»Derjenige, in dem dein Sinn für Edelmut und Zielstrebigkeit weggeschossen wurde?«

Eddie zuckt zurück, als hätte Roland die Hände ausgestreckt und ihn geschlagen.

»Ich werde Wasser holen«, sagt er knapp. »Behalte die Gruselkriecher im Auge. Wir sind heute weit gekommen, aber ich weiß immer noch nicht, ob sie miteinander reden oder nicht.«

Danach wendet er sich ab; aber zuvor sieht Roland noch die letzten roten Sonnenstrahlen, die sich auf seinen feuchten Wangen spiegeln.

Roland wendet sich wieder zum Strand und wartet. Die Monsterhummer kriechen und fragen, fragen und kriechen, aber beide Aktivitäten scheinen ziellos zu sein; sie besitzen eine gewisse Intelligenz, aber nicht genug, um anderen ihrer Art Informationen weiterzugeben.

Gott sagt es dir nicht immer ins Gesicht, denkt Roland. *Meistens, aber nicht immer.*

Eddie kehrt mit Holz zurück.

»Nun?« fragt er. »Was denkst du?«

»Mit uns ist alles in Ordnung«, krächzt der Revolvermann, und Eddie will etwas sagen, aber der Revolvermann ist jetzt müde und legt sich zurück und betrachtet die ersten Sterne, die durch den violetten Baldachin des Himmels funkeln und

In den drei darauffolgenden Tagen schritt die Genesung des Revolvermanns immer weiter voran. Die roten Linien, die seine Arme hochgekrochen waren, kehrten ihre Richtung zuerst um, verblaßten dann und verschwanden. Am nächsten Tag ging er manchmal, manchmal ließ er sich von Eddie ziehen. Am darauffolgenden Tag mußte er überhaupt nicht mehr gezogen werden; sie setzten sich einfach alle ein bis zwei Stunden eine gewisse Zeit hin, bis das wäßrige Gefühl aus seinen Beinen verschwunden war. Während einer dieser Ruhepausen und in der Zeit, nachdem das Essen verschlungen, das Feuer aber noch nicht ganz niedergebrannt und sie schlafen gegangen waren, erfuhr der Revolvermann von Henry und Eddie. Er erinnerte sich, er hatte sich gefragt, was geschehen war, daß ihr Bruderverhältnis so schwierig gewesen war, aber nachdem Eddie stockend und von jenem beleidigten Zorn erfüllt, welcher aus tiefem Schmerz entsteht, zu sprechen angefangen hatte, hätte der Revolvermann ihm Schweigen gebieten und zu ihm sagen können: *Spar dir die Mühe, Eddie. Ich verstehe alles.*

Aber das hätte Eddie nicht geholfen. Eddie redete nicht, um Henry zu helfen, weil Henry tot war. Er redete, um Henry für immer zu begraben. Und um sich daran zu erinnern, daß Henry zwar tot war, aber er, Eddie, nicht.

Daher hörte der Revolvermann zu und sagte nichts.

Der Kernpunkt war einfach: Eddie glaubte, daß er seinem Bruder das Leben gestohlen hatte. Das glaubte Henry auch. Henry war vielleicht von alleine zu dieser Überzeugung gekommen, oder er war dazu gekommen, weil er ihre Mutter so häufig mit Eddie sprechen hörte, wieviel sie und Henry für ihn geopfert hatten, damit Eddie in diesem Dschungel von einer Stadt so sicher wie nur irgend jemand sein konnte, damit er *glücklich* sein konnte, so glücklich jemand in diesem Dschungel von einer Stadt nur sein konnte, damit er nicht dasselbe Schicksal erlitt wie seine arme Schwester, an die er sich kaum noch erinnern konnte, aber sie war so wunderschön gewesen, Gott schütze sie. Sie war bei den Engeln, und das war zweifellos ein wunderbarer Aufenthaltsort, aber sie wollte noch nicht, daß Eddie auch zu den Engeln ging, daß er auf der Straße von einem verrückten betrunkenen Fahrer überfahren wurde, wie seine

Schwester, oder daß er von einem wahnsinnigen Junkie wegen der fünfundzwanzig Cents in seiner Tasche aufgeschlitzt wurde und seine Eingeweide auf dem Gehweg lagen, und weil sie glaubte, daß *Eddie* auch nicht bei den Engeln sein wollte, sollte er besser darauf hören, was ihm sein großer Bruder sagte und tun, was ihm sein großer Bruder sagte, und niemals vergessen, daß Henry ein Opfer aus Liebe brachte.

Eddie sagte dem Revolvermann, er bezweifelte, daß seine Mutter vieles von dem wußte, was sie getan hatten – im Süßwarenladen in der Rincon Avenue Comics gestohlen, hinter der Bonded Electroplate Factory in der Cohoes Street geraucht.

Einmal hatten sie einen Chevrolet mit steckendem Schlüssel gesehen, und obwohl Henry kaum gewußt hatte, wie man fährt – er war sechzehn gewesen, Eddie acht –, hatte er seinen Bruder hineingedrängt und gesagt, sie würden nach New York City fahren. Eddie hatte Angst gehabt und geweint, Henry hatte auch Angst gehabt und war wütend auf Eddie gewesen, hatte ihm gesagt, er solle still sein, er solle aufhören, so ein verdammtes Baby zu sein, er hatte zehn Piepen und Eddie drei oder vier, sie konnten den ganzen verdammten Tag ins Kino gehen, mit dem Bus von Pelham zurückfahren und wieder zu Hause sein, bevor ihre Mutter Zeit gehabt hatte, das Essen auf den Tisch zu stellen und sich zu fragen, wo sie steckten. Aber Eddie weinte weiter, und in der Nähe der Queensboro Bridge sahen sie ein Polizeiauto in einer Seitenstraße, und obwohl Eddie ziemlich sicher war, daß der Polizist darin nicht einmal in ihre Richtung gesehen hatte, sagte er *Ja*, als Henry ihn mit schroffer, zitternder Stimme fragte, ob Eddie meinte, der Bulle hätte sie gesehen. Eddie wurde weiß und fuhr so unvermittelt an den Straßenrand, daß er beinahe einen Hydranten amputiert hätte. Er rannte den Block hinunter, während Eddie, mittlerweile selbst in Panik, sich immer noch mit dem unvertrauten Türgriff abmühte. Henry blieb stehen, kam zurück und zerrte Eddie aus dem Auto. Außerdem schlug er ihn zweimal. Dann waren sie den ganzen Weg nach Brooklyn zurückgegangen – besser gesagt, *geschlichen*. Sie hatten fast den ganzen Tag dazu gebraucht, und als ihre Mutter sie gefragt hatte, warum sie so heiß und müde aus sahen, hatte Henry gesagt, weil sie den ganzen Tag damit verbracht hatten, Eddie auf dem Basketballfeld des Spielplatzes am nächsten Block Unterricht zu erteilen. Dann waren größere Kinder gekommen und sie hatten weglaufen müssen. Ihre Mutter küßte Henry und strahlte Eddie an. Sie fragte ihn, ob er nicht den besten großen Bruder auf der ganzen Welt hatte. Eddie stimmte ihr zu. Und es war eine ehrliche Zustimmung. Er glaubte es wirklich.

»An diesem Tag hatte er so große Angst wie ich«, sagte Eddie zu Roland, während sie da saßen und zusahen, wie das letzte Licht vom Wasser verschwand, in dem das einzige Licht bald die Spiegelungen der Sterne sein würden. »Noch mehr, weil er glaubte, der Bulle hätte uns gesehen, und ich wußte, er hatte es nicht. Darum ist er weggelaufen. Aber er ist zurückgekommen. Das ist das Wichtige. *Er ist zurückgekommen.*«

Roland sagte nichts.

»Das verstehst du doch, nicht?« Eddie sah Roland mit glitzernden, fragenden Augen an.

»Ich verstehe.«

»Er hatte immer Angst, aber er kam immer zurück.«

Roland dachte, es wäre für Eddie besser gewesen, auf lange Sicht wahrscheinlich für beide, wenn Henry an diesem Tag einfach weiter Fersengeld gegeben hätte... oder an einem der anderen. Aber das machten Menschen wie Henry nie. Menschen wie Henry kamen immer zurück, weil Menschen wie Henry wußten, wie man Vertrauen ausnützt. Und das war das *einzige*, was Menschen wie Henry verstanden. Zuerst machten sie aus Vertrauen ein Bedürfnis, dann aus dem Bedürfnis eine Droge, und wenn sie das getan hatten, fingen sie an zu – wie lautete Eddies Wort dafür? – *pressen*. Ja. Sie preßten.

»Ich glaube, ich gehe schlafen«, sagte der Revolvermann.

Am nächsten Tag fuhr Eddie fort, aber Roland wußte schon alles. Henry hatte an der High-School keinen Sport getrieben, weil Henry nach der Schule nicht zum Trainieren bleiben konnte. Henry mußte auf Eddie aufpassen. Natürlich hatte die Tatsache, daß Henry hager und schlaksig war und sowieso nicht viel für Sport übrig hatte, nichts damit zu tun; Henry hätte ein *großartiger* Baseballwerfer oder ein Basketballspringer werden können, wie ihnen ihre Mutter immer wieder versicherte. Henrys Noten waren schlecht, und er mußte einige Fächer wiederholen – aber das lag nicht daran, daß

Henry dumm war; Eddie und Mrs. Dean wußten beide, daß Henry schlau wie ein Fuchs war. Aber in der Zeit, die Henry zum Lernen oder für seine Hausaufgaben hätte aufwenden können, mußte er auf Eddie aufpassen (die Tatsache, daß das meistens im Wohnzimmer der Deans geschah, wo sie beide vor dem Fernseher lagen oder miteinander rangelten, schien irgendwie nicht von Bedeutung zu sein). Die schlechten Noten hatten zur Folge, daß Henry lediglich von der NYU angenommen wurde, und das konnten sie sich nicht leisten, weil es wegen der schlechten Noten kein Stipendium gab. Und dann wurde Henry eingezogen, und dann kam Vietnam, wo Henry fast das ganze Knie weggeschossen wurde, und die Schmerzen waren schlimm, und die Droge, die sie ihm gaben, war auf Morphiumbasis, und als es ihm besser ging, entwöhnten sie ihn von der Droge, aber das machten sie anscheinend nicht so gut, denn als Henry nach New York zurückkam, hatte er immer noch den Affen auf dem Rücken, einen hungrigen Affen, der darauf wartete, daß er gefüttert wurde, und nach einem oder zwei Monaten war er zu einem Dealer gegangen, und vier Monate später, weniger als einen Monat nach dem Tod ihrer Mutter, sah Eddie seinen Bruder zum erstenmal ein weißes Pulver von einem Spiegel schnupfen. Eddie vermutete, daß es Koks war. Wie sich herausstellte, war es Heroin. Und wenn man es bis ganz zurück verfolgte, wessen Schuld war es?

Roland sagte nichts, aber er hörte die Stimme von Cort in seinem Kopf: *Die Schuld liegt immer am selben Ort, meine feinen Kinderchen: bei dem, der schwach genug ist, sie auf sich zu nehmen.*

Als er die Wahrheit herausfand, war Eddie erst schockiert und dann wütend gewesen. Henry hatte darauf reagiert, indem er nicht versprochen hatte, damit aufzuhören, sondern indem er Eddie sagte, er mache ihm keinen Vorwurf daraus, daß er wütend war. Er wisse, Nam habe ihn in ein wertloses Miststück verwandelt, er wäre schwach, er würde weggehen, das wäre das beste; Eddie habe recht, einen dreckigen Junkie, der alles versaute, könne er als allerletztes im Haus brauchen. Er hoffe nur, Eddie würde ihm keine allzu großen Vorwürfe machen. Er war schwach geworden; er gab es zu; etwas in Nam hatte ihn schwach gemacht, hatte ihn so verdorben wie Feuchtigkeit Schnürsenkel und die Gummis in der Unterwäsche verdarb. In Nam war auch etwas, das offensichtlich das

Herz verdarb, sagte ihm Henry unter Tränen. Er hoffte nur, Eddie würde sich an all die Jahre erinnern, die er sich bemüht hatte, stark zu sein.

Für Eddie.

Für Mama.

Henry versuchte also zu gehen, und Eddie konnte ihn natürlich nicht gehen lassen. Eddie war von Schuldgefühlen verzehrt. Eddie hatte das vernarbte Grauen gesehen, das einmal ein gesundes Bein gewesen war, ein Knie, das jetzt mehr Teflon als Knochen war. Sie brüllten sich im Flur an, Henry stand in einem alten Paar Khakihosen und mit gepacktem Seesack in einer Hand und purpurnen Ringen unter den Augen da; Eddie hatte nur ein paar gelbliche Unterhosen angehabt. Henry sagte, du brauchst mich hier nicht, Eddie, ich bin Gift für dich, und Eddie schrie zurück: Du gehst nicht fort, schlepp deinen Arsch wieder rein, und so ging das, bis Mrs. McGursky aus *ihrer* Wohnung kam und schrie *Geh oder bleib, mir ist das egal, aber du solltest dich besser schnell für das eine oder andere entscheiden, sonst rufe ich die Polizei.* Mrs. McGursky schien noch ein paar weitere Vorhaltungen hinzufügen zu wollen, als sie sah, daß Eddie nur eine Unterhose anhatte. *Und du bist nicht angezogen, Eddie Dean!* fügte sie hinzu und verschwand wieder im Inneren. Es war, als würde man einem umgekehrten Jack-in-the-Box zusehen. Eddie sah Henry an. Henry sah Eddie an. *Sieht so aus, als hätte Angel-Baby ein paar Pfund draufgesetzt*, sagte Henry mit leiser Stimme, und dann hatten sie vor Lachen gebrüllt, hatten einander umarmt und auf die Schultern geklopft, und Henry kam wieder herein, und etwa zwei Wochen später schnupfte Eddie den Stoff auch, und er konnte nicht verstehen, warum er so ein großes Aufhebens darum gemacht hatte, schließlich war es nur *Schnupfen,* Scheiße, man hob dabei ab, und wie Henry (den Eddie schließlich als den großen Weisen und bedeutenden Junkie bezeichnete) sagte, was war so schlimm daran, in einer Welt high zu werden, die so eindeutig Kopf voraus zum Teufel ging?

Zeit verging. Eddie sagte nicht, wieviel. Der Revolvermann fragte nicht. Er vermutete, Eddie wußte, daß es tausend Entschuldigungen dafür gab, high zu werden, aber keinen einzigen Grund, und daß er seine Gewohnheit ziemlich unter Kontrolle gehalten hatte. Und Henry war es ebenso gelungen, *seine* unter Kontrolle zu behalten. Nicht so gut wie Eddie, aber genügend, daß er nicht völlig aus der Bahn geriet. Denn ob Eddie die Wahrheit begriff oder nicht (und tief im Inneren glaubte Roland, daß er begriff), Henry mußte sie eingesehen haben: Ihre Positionen hatten sich umgekehrt. Jetzt hielt Eddie Henrys Hand, wenn sie über die Straße gingen.

Der Tag kam, als Eddie Henry dabei erwischte, wie er nicht schnupfte, sondern drückte. Darauf folgte ein erneuter hysterischer Streit; beinahe eine genaue Wiederholung des ersten, nur hatte der in Henrys Zimmer stattgefunden. Und er endete fast auf dieselbe Weise: Henry hatte geweint und diese unfehlbare, unwiderlegbare Entschuldigung vorgebracht, die in totaler Unterwerfung, totaler Kapitulation bestand: Eddie habe recht, er verdiene es nicht zu leben, verdiene es nicht, auch nur Abfall aus dem Rinnstein zu essen. Er würde gehen. Eddie dürfe ihn nie wiedersehen. Er hoffe nur, er würde sich an all die Jahre erinnern...

Es verblaßte zu einem Dröhnen, das sich nicht sehr vom kiesigen Geräusch der brechenden Wellen unterschied. Roland kannte die Geschichte und sagte nichts. *Eddie* war es, der die Geschichte nicht kannte, ein Eddie, der zum erstenmal seit etwa zehn Jahren einen klaren Kopf hatte. Eddie erzählte die Geschichte nicht Roland; Eddie erzählte die Geschichte endlich sich selbst.

Das war gut so. Soweit der Revolvermann sehen konnte, hatten sie Zeit im Überfluß. Mit Reden konnte man sie auf eine Weise ausfüllen.

Eddie sagte, Henrys Knie hätte ihn verfolgt, das Narbengewebe an seinem Bein (das war natürlich selbstverständlich inzwischen alles verheilt, Henry hinkte kaum noch... es sei denn, er und Eddie stritten; dann schien das Hinken immer schlimmer zu werden); alles, was Henry für ihn aufgegeben hatte, verfolgte ihn, und etwas ungleich Pragmatischeres verfolgte ihn auch: Henry hätte keine Chance auf der Straße. Er wäre wie ein Kaninchen, das man in einem Dschungel voller Tiger aussetzt. Auf sich allein gestellt, würde Henry vor Ablauf einer Woche im Gefängnis oder im Bellevue landen.

Daher flehte er ihn an, und schließlich tat Henry ihm den Gefallen, sich zurückzuhalten, und sechs Monate später hatte Eddie auch einen goldenen Arm. Von diesem Augenblick an ging es stetig und unausweichlich bergab, bis Eddie auf die Bahamas geflogen war und Roland so unvermutet in sein Leben eingegriffen hatte.

Ein anderer Mann, der weniger pragmatisch und introspektiver als Roland gewesen wäre, hätte sich vielleicht gefragt (sich selbst, wenn nicht direkt laut): *Warum dieser? Warum dieser Mann als erster? Warum ein Mann, der Schwäche oder Seltsamkeit oder regelrechten Untergang zu versprechen scheint?*

Der Revolvermann stellte diese Frage nicht nur nie; sie formulierte sich überhaupt nie in seinem Denken. Cuthbert würde gefragt haben; Cuthbert hatte immer und alles gefragt, Cuthbert war von Fragen vergiftet gewesen, war mit einer auf den Lippen gestorben. Jetzt waren sie dahin, allesamt dahin. Corts letzte Revolvermänner, die dreizehn Überlebenden einer Anfängerklasse, die sechsundfünfzig gezählt hatte, waren alle tot. Alle tot, außer Roland. Er war der letzte Revolvermann, der in einer Welt, die schal und steril und leer geworden war, unablässig weitermachte.

Dreizehn, erinnerte er sich, hatte Cort am Tag vor der Einweihungszeremonie gesagt. *Das ist eine böse Zahl.* Und am nächsten Tag war Cort zum erstenmal seit dreißig Jahren nicht bei den Feierlichkeiten dabeigewesen. Seine letzten Schüler waren zu seiner Hütte gegangen, um vor ihm niederzuknien und ihm die schutzlosen Hälse darzubieten und dann aufzustehen und den beglückwünschenden Kuß entgegenzunehmen und ihm zu gestatten, ihre Waffen das erstemal eigenhändig zu laden. Neun Wochen später war Cort tot gewesen. Gift, sagten manche. Zwei Jahre nach seinem Tod hatte der letzte blutige Bürgerkrieg angefangen. Das rote Gemetzel hatte die letzte Bastion von Zivilisation, Licht und Vernunft erreicht und alles, was sie für stark gehalten hatten, mit der Beiläufigkeit einer Welle fortgespült, die die Sandburg eines Kindes vernichtet.

Er war der letzte, und vielleicht hatte er überlebt, weil die dunkle Romantik in seiner Natur von seinem praktischen Wesen und seiner Schlichtheit übertroffen wurde. Ihm war klar, daß nur drei Dinge zählten: Sterblichkeit, *Ka* und der Turm.

Es war ausreichend, darüber nachzudenken.

Gegen vier Uhr am dritten Tag ihrer Reise nach Norden den konturlosen Strand entlang beendete Eddie seine Geschichte. Das Ufer selbst schien sich nie zu verändern. Wollte man sich vergewissern, daß man überhaupt voran kam, konnte man nur nach links sehen, nach Osten. Dort waren die scharfen Klüfte der Berge weicher und versunkener geworden. Wenn sie weit genug nach Norden gingen, würden die Berge vielleicht zu flachen Hügeln werden.

Nachdem er seine Geschichte erzählt hatte, verfiel Eddie in Schweigen, und sie gingen eine halbe Stunde oder länger, ohne zu sprechen, weiter. Eddie warf ihm verstohlene Blicke zu. Roland wußte, Eddie merkte nicht, daß er diese Blicke mitbekam; er war zu sehr mit sich selbst beschäftigt. Roland wußte auch, worauf Eddie wartete: eine Antwort. Irgendeine Art Antwort. *Irgend*eine Antwort. Zweimal machte Eddie den Mund auf, um ihn wieder zuzumachen. Schließlich stellte er die Frage, die der Revolvermann erwartet hatte.

»Und? Was meinst du?«

»Ich denke, du bist hier.«

Eddie blieb stehen und drückte die geballten Fäuste gegen die Hüften. »Das ist *alles*? Mehr *nicht*?«

»Mehr weiß ich nicht«, antwortete der Revolvermann. Die fehlenden Finger und Zehen pulsierten und juckten. Er wünschte sich etwas von dem *Astin* aus Eddies Welt.

»Hast du eine Meinung, was das alles, zum Teufel, zu *bedeuten* hat?«

Der Revolvermann hätte seine verstümmelte rechte Hand heben und sagen können: *Denk doch selbst darüber nach, was es bedeutet, du dummer Idiot!* Aber das zu sagen, kam ihm ebensowenig in den Sinn wie zu fragen, warum es in allen Universen, die existieren mochten, ausgerechnet Eddie sein mußte. »Das ist *Ka*«, sagte er und sah Eddie geduldig an.

»Was ist *Ka*?« Eddies Stimme war trotzig. »Davon habe ich noch nie gehört. Nur wenn du es zweimal hintereinander sagst, ist es das Babywort für Scheiße.«

»Davon weiß ich nichts«, sagte der Revolvermann. »Hier bedeutet es Pflicht oder Schicksal oder, umgangssprachlich, einen Ort, zu dem man gehen muß.«

Es gelang Eddie, mißfällig, angewidert und amüsiert zugleich auszusehen. »Dann sag es zweimal, Roland, denn Worte wie dieses hören sich für diesen Jungen hier wie Scheiße an.«

Der Revolvermann zuckte die Achseln. »Ich unterhalte mich

nicht über Philosophie. Ich studiere die Geschichte nicht. Ich weiß nur, die Vergangenheit ist Vergangenheit, und was vor uns liegt das liegt vor uns. Das zweite ist *Ka,* und das kümmert sich um sich selbst.«

»Ja?« Eddie sah nach Norden. »Nun, ich sehe vor uns etwa neun Milliarden Meilen desselben verdammten Strandes. Wenn *das* vor uns liegt, dann sind *Ka* und *Kaka* wirklich dasselbe. Wir haben vielleicht noch genügend gute Patronen, um fünf oder sechs dieser Hummerattrappen zu erlegen, aber dann werden wir sie mit Steinen erschlagen müssen. Also, wohin *gehen* wir?«

Roland fragte sich, ob das eine Frage war, die er seinem Bruder je gestellt hatte, aber eine solche Frage zu stellen, hätte lediglich zu einer Menge sinnloser Streitigkeiten geführt. Daher deutete er nur mit dem Daumen nach Norden und sagte: »Dorthin. Für den Anfang.«

Eddie sah hin, erblickte aber nur den einförmigen, grauen, muschelübersäten Strand. Er drehte sich wieder zu Roland um, um zu nörgeln, sah die gelassene Gewißheit in dessen Gesicht und sah wieder weg. Er blinzelte. Er schirmte die rechte Seite seines Gesichts mit der rechten Hand vor der Sonne im Westen ab. Er wollte verzweifelt etwas sehen, *irgend* etwas, Scheiße sogar eine Fata Morgana hätte ihm genügt, aber da war nichts.

»Scheiß mich an, soviel du willst«, sagte Eddie langsam, »aber ich finde, es ist ein verdammt übler Trick. Ich habe bei Balazar mein Leben für dich riskiert.«

»Das weiß ich.« Der Revolvermann lächelte – eine Seltenheit, die sein Gesicht erhellte wie ein vorübergehender Sonnenstrahl einen regnerischen, trüben Tag. »Darum habe ich nichts anderes gemacht, als dich in Ruhe zu lassen, Eddie. Sie ist da. Ich habe sie gesehen. Anfangs dachte ich, es wäre lediglich eine Fata Morgana oder Wunschdenken, aber sie ist tatsächlich da.«

Eddie sah noch einmal hin, bis ihm Tränen aus den Augenwinkeln rannen. Schließlich sagte er: »Ich sehe da vorne nur Strand. Und meine Sehfähigkeit ist zwanzig-zwanzig.«

»Ich weiß nicht, was das bedeutet.«

»Es bedeutet: Wenn es etwas zu sehen *gäbe,* würde ich es sehen!« Aber Eddie überlegte. Überlegte, wieviel weiter die blauen Schützenaugen des Revolvermannes sehen konnten als seine eigenen. Vielleicht ein wenig.

Vielleicht *viel* weiter.

»Du wirst sie sehen«, sagte der Revolvermann.

»*Was* sehen?«

»Wir werden sie heute nicht mehr erreichen, aber wenn du wirklich so gut siehst, wie du sagst, wirst du sie sehen, bevor die Sonne im Wasser versinkt. Das heißt, wenn du nicht einfach hier stehenbleiben und Maulaffen feilhalten willst.«

»*Ka*«, sagte Eddie mit belustigter Stimme.

Roland nickte. »*Ka*.«

»*Kaka*«, sagte Eddie und lachte. »Komm schon, Roland, gehen wir weiter. Und wenn ich *nichts* sehe, bis die Sonne untergeht, schuldest du mir ein Hähnchenessen. Oder einen Big Mac. Oder *irgend etwas*, bloß keinen Hummer.«

»Komm weiter.«

Sie setzten sich wieder in Bewegung, und es dauerte mindestens eine volle Stunde, bis der untere Rand der Sonne den Horizont berührte, als Eddie Dean den Umriß in der Ferne zu sehen begann – vage, schimmernd, undefinierbar, aber eindeutig *etwas*. Etwas *Neues*.

»Okay«, sagte er. »Ich sehe es. Du mußt Augen wie Superman haben.«

»Wer?«

»Vergiß es. Du hast wirklich einen unglaublichen kulturellen Nachholbedarf, weißt du das?«

»Was?«

Eddie lachte. »Vergiß es. Was ist es denn?«

»Wirst schon sehen.« Der Revolvermann schritt weiter, bevor Eddie noch etwas fragen konnte.

Zwanzig Minuten später dachte Eddie, *daß* er es sah. Fünfzehn Minuten später war er sicher. Der Gegenstand am Strand war immer noch zwei, vielleicht drei Meilen entfernt, aber er wußte, was es war. Natürlich eine Tür. Eine weitere Tür.

In dieser Nacht schlief keiner von ihnen gut, und sie waren schon eine Stunde, bevor die Sonne über die zerklüfteten Bergspitzen stieg, wieder auf den Beinen. Sie erreichten die Tür gerade, als die ersten schwachen Strahlen der Morgensonne auf sie fielen. Diese Strahlen erhellten ihre stoppligen Kinne wie Lampen. Sie machten den Revolvermann wieder vierzig Jahre alt, und Eddie nicht älter, als Roland gewesen war, als er sich Cort mit seinem Falken David als Waffe zum Kampf gestellt hatte.

Diese Tür war genau wie die erste, abgesehen davon, was darauf geschrieben stand:

DIE HERRIN DER SCHATTEN

»Also«, sagte Eddie leise und betrachtete die Tür, die einfach dastand und deren Scharniere an einem unsichtbaren Rahmen zwischen einer Welt und einer anderen verankert waren, zwischen einem Universum und einem anderen. Sie stand mit ihrer nüchternen Botschaft so wirklich wie der Fels und so seltsam wie das Licht der Sterne da.

»Also«, stimmte der Revolvermann zu.

»*Ka*.«

»*Ka*.«

»Hier erwählst du also den zweiten deiner Drei?«

»Sieht so aus.«

Der Revolvermann wußte, was in Eddies Verstand vor sich ging, bevor dieser selbst es wußte. Er sah Eddie seinen Zug machen, bevor Eddie wußte, daß er ihn machen würde. Er hätte sich umdrehen und Eddies Arm an zwei Stellen brechen können, bevor Eddie gewußt hätte, wie ihm geschah, aber er bewegte sich nicht. Er ließ Eddie den Revolver aus seinem rechten Halfter ziehen. Er hatte zum erstenmal in seinem Leben zugelassen, daß ihm eine seiner Waffen weggenommen wurde, ohne daß er sie zuvor angeboten hätte. Dennoch schritt er nicht ein. Er drehte sich um und sah Eddie gelassen, sogar sanft an.

Eddies Gesicht war lebhaft, angestrengt. Seine Augäpfel um die Pupillen waren schlohweiß. Er hielt den schweren Revolver mit beiden Händen, und dennoch schwankte der Lauf von einer Seite zur anderen, zielte, schwankte, zielte wieder, schwang wieder weg.

»Aufmachen«, sagte er.

»Du bist ein Narr«, sagte der Revolvermann mit derselben sanften Stimme. »Keiner von uns hat eine Ahnung, wohin diese Tür führt. Sie muß sich nicht in dein *Universum* öffnen, geschweige denn in deine Welt. Soviel ich weiß, könnte die Herrin der Schatten acht Augen und neun Arme haben, wie Suvia. Und selbst wenn sie sich in deine Welt öffnet, könnte es in eine Zeit lange vor deiner Geburt oder lange nach deinem Tod sein.«

Eddie lächelte gepreßt. »Ich will dir was sagen, Monty: Ich bin mehr als bereit, die Gummiadler und die beschissenen Ferien am Strand gegen das einzutauschen, was sich hinter Tür Numero zwei befindet.«

»Ich verstehe dich ...«

»Das weiß ich. Spielt auch keine Rolle. Mach das Miststück einfach auf.«

Der Revolvermann schüttelte den Kopf.

Sie standen in der Dämmerung, die Tür warf ihren schrägen Schatten in Richtung des zurückgehenden Meeres.

»*Mach sie auf!*« schrie Eddie. »Ich komme mit dir. Kapierst du nicht? Ich komme *mit dir!* Das heißt nicht, daß ich nicht wieder mit hierherkomme. Vielleicht komme ich. Ich meine, *wahrscheinlich* komme ich. Ich schätze, soviel bin ich dir schuldig. Du warst die ganze Zeit grundehrlich zu mir; glaub nicht, ich hätte das nicht mitbekommen. Aber während du dir dieses Vögelchen holst, wer immer sie ist, werde ich das nächstbeste Chicken delight suchen und mir was mitnehmen. Ich glaube, die dreißigteilige Familienpakkung dürfte für den Anfang genügen.«

»Du bleibst hier.«

»Glaubst du, es ist mir nicht ernst?« Jetzt war Eddie schrill, dicht am Zusammenbruch. Der Revolvermann konnte ihn beinahe sehen, wie er in die verhangenen Tiefen seiner eigenen Verdammnis hinabsah. Eddie zog mit dem Daumen den uralten Hahn des Revolvers zurück. Bei Tagesanbruch und mit der Ebbe hatte der Wind nachgelassen, das Klicken des Hahns, als Eddie spannte, war deutlich zu hören. »Führe mich nicht in Versuchung.«

»Ich glaube doch«, sagte der Revolvermann.

»*Ich werde dich erschießen!*« schrie Eddie.

»Ka«, antwortete der Revolvermann stoisch und wandte sich zu der Tür. Er griff nach dem Knauf, aber sein Herz wartete: Wartete, ob er leben oder sterben würde.

Ka.

Die Herrin
der Schatten

Erstes Kapitel

Detta und Odetta

Läßt man die Fachausdrücke weg, hat Adler folgendes gesagt: Der perfekte Schizophrene – wenn es so jemanden überhaupt gibt – wäre ein Mann oder eine Frau, die sich ihrer anderen Persönlichkeit(en) nicht nur nicht bewußt ist, sondern die darüber hinaus überhaupt nicht merken, daß etwas in ihrem Leben nicht stimmt.

Adler hätte Detta Walker und Odetta Holmes kennenlernen sollen.

1

»... letzte Revolvermann«, sagte Andrew.

Er redete schon eine ganze Weile, aber Andrew redete immerzu, und normalerweise ließ Odetta seine Worte einfach über sich hinwegfließen, wie man unter der Dusche warmes Wasser über Haare und Gesicht fließen läßt. Aber das erregte ihre Aufmerksamkeit; es stach, wie mit einem Dorn.

»Bitte?«

»Oh, nur ein Artikel in der Zeitung«, sagte Andrew. »Keinen Schimmer, wer ihn geschrieben hat. Ist mir nicht aufgefallen. Einer dieser politischen Burschen. Sie kennen ihn wahrscheinlich, Miz Holmes. Ich mochte ihn, und ich weinte in der Nacht, als er gewählt wurde...«

Sie lächelte gerührt, sie konnte nicht anders. Andrew sagte, er könne nichts gegen sein unablässiges Schwatzen tun, er wäre nicht dafür verantwortlich, das wäre der Ire in ihm, der herauskommt, und meistens war es auch nichts Wichtiges – Plappern und Schwatzen über Verwandte und Freunde, die sie nie kennenlernen würde, unausgegorene politische Ansichten, befremdliche wissenschaftliche Kommentare aus einer Vielzahl befremdlicher Quellen (unter anderem glaubte Andrew felsenfest an fliegende Untertassen, die er *you-foes* nannte) – aber das rührte sie, weil sie in der Nacht, als er gewählt worden war, auch geweint hatte.

»Aber ich habe nicht geweint, als ihn dieser Hurensohn – bitte meine Ausdrucksweise zu entschuldigen, Miz Holmes –, als ihn dieser Hurensohn Oswald erschossen hat, und ich habe seither nicht mehr geweint, und dabei ist es jetzt – wie lange her? Zwei Monate?«

Drei Monate und zwei Tage, dachte sie.

»Schätze, das dürfte ungefähr stimmen.«

Andrew nickte. »Dann habe ich diesen Artikel gelesen – könnte in der *Daily News* gewesen sein, gestern –, daß Johnson seine Aufgabe wahrscheinlich ziemlich gut erfüllen wird, aber es wird nicht dasselbe sein. Der Bursche hat geschrieben, Amerika hätte das Ende des letzten Revolvermanns der Welt miterlebt.«

»Ich glaube nicht, daß John F. Kennedy das war«, sagte Odetta, und wenn ihre Stimme schneidender klang als die, die Andrew zu hören gewohnt war (und das mußte so sein, denn sie sah seine Augen im Rückspiegel erstaunt blinzeln, ein Blinzeln, das mehr einem Zusammenzucken gleichkam), so lag das daran, daß auch das sie rührte.

Es war absurd, aber es war auch eine Tatsache. Dieser Satz – *Amerika hat das Ende des letzten Revolvermanns gesehen* – hatte etwas, das einen tiefen Akkord in ihrem Verstand anschlug. Es war häßlich, es war unwahr – John Kennedy war ein Friedensbringer gewesen, kein lederbegurteter Billy the Kid-Typ, das lag mehr auf der Goldwater-Linie –, aber aus irgendwelchen Gründen verschaffte es ihr auch Gänsehaut.

»Nun, der Mann hat auch geschrieben, es würde keine Knappheit an Schützen in der Welt herrschen«, fuhr Andrew fort und betrachtete sie nervös im Rückspiegel. »Er nannte zum einen Jack Ruby, und Castro, und diesen Burschen auf Haiti...«

»Duvalier«, sagte sie. »Papa Doc.«

»Ja, der, und Diem...«

»Die Brüder Diem sind tot.«

»Nun, er schrieb, Jack Kennedy wäre anders, das ist alles. Er schrieb, der würde auch ziehen, aber nur wenn ihn ein Schwächerer zum Ziehen zwingt und es keinen anderen Ausweg mehr gibt. Er schrieb, Kennedy war schlau genug einzusehen, daß Reden manchmal nicht mehr ausreicht. Er schrieb, Kennedy hat gewußt, wenn etwas Schaum vor dem Maul hat, muß man es erschießen.«

Seine Augen sahen sie weiterhin ängstlich an.

»Außerdem war es ja nur ein Artikel, den ich gelesen habe.«

Jetzt fuhr die Limousine die Fifth Avenue entlang, Richtung Central Park, das Cadillacemblem am Ende der Motorhaube schnitt durch die kalte Februarluft.

»Ja«, sagte Odetta sanft, und Andrews Augen entspannten sich ein wenig. »Ich verstehe. Ich stimme nicht zu, aber ich verstehe.«

Du lügst, sagte eine Stimme in ihrem Verstand. Das war eine Stimme, die sie ziemlich häufig hörte. Sie hatte ihr sogar einen Namen gegeben. Es war die Stimme des Viehtreibers. *Du verstehst vollkommen und du stimmst uneingeschränkt zu. Lüg Andrew an, wenn du es notwendig findest, aber lüg dich um Gottes willen nicht selbst an, Frau.*

Und doch protestierte ein Teil von ihr entsetzt. In einer Welt, welche zu einem nuklearen Pulverfaß geworden war, auf dem mittlerweile fast eine Milliarde Menschen saßen, war es ein Fehler – vielleicht einer von selbstmörderischen Ausmaßen –, an einen Unterschied zwischen guten Schützen und bösen Schützen zu glauben. Zu viele zittrige Hände hielten Feuerzeuge in die Nähe von zu vielen Zündschnüren. Dies war keine Welt für Revolvermänner. Wenn es je eine Zeit für sie gegeben hatte, so war sie vorbei.

Tatsächlich?

Sie machte kurz die Augen zu und rieb sich die Schläfen. Sie konnte Kopfschmerzen im Anzug spüren. Manchmal drohten sie nur, wie das ominöse Zusammenballen von Gewitterwolken an einem Sommertag, und wehten dann wieder fort... wie sich diese bösen Sommergewitter manchmal einfach in die eine oder andere Richtung verzogen, um ihren Donner und ihre Blitze über einer anderen Gegend auszuschütten.

Sie glaubte jedoch, daß der Sturm diesmal kommen würde. Er würde mit allem Drum und Dran kommen, mit Donner, Blitzen und Hagelkörnern so groß wie Golfbälle.

Die Straßenlampen, die die Fifth Avenue entlanghuschten, waren viel zu hell.

»Wie war es in Oxford, Miz Holmes?« fragte Andrew zögernd.

»Feucht. Februar oder nicht, es war feucht.« Sie verstummte und sagte sich, sie würde die Worte nicht aussprechen, die sich wie Erbrochenes in ihrem Hals stauten, sie würde sie wieder hinunterschlucken. Sie auszusprechen, wäre unnötig brutal. Andrews Worte vom letzten Revolvermann der Welt waren nichts weiter als Teil seines endlosen Geschwätzes gewesen. Aber zu allem anderen war es einfach etwas zuviel, und es kam trotzdem heraus, was sie nicht sagen wollte. Ihre Stimme klang so ruhig und resolut wie immer, vermutete sie, aber sie selbst ließ sich nicht täuschen: Sie konnte ein Nuscheln erkennen, wenn sie es hörte. »Der Bürge mit der Kaution kam sofort, er war im voraus verständigt worden. Sie hielten uns dennoch so lange sie konnten fest, und *ich* habe mich solange es ging zusammengenommen, aber ich denke, sie haben diese Runde gewonnen, weil ich mich am Ende naß gemacht habe.« Sie sah Andrews Augen wieder wegzucken und wollte aufhören, konnte aber nicht aufhören. »Sehen Sie, das wollen sie einem beibringen. Ich denke, teilweise, weil es einem angst macht, und eine verängstigte Person kommt vielleicht nicht wieder in ihre kostbaren Südstaaten hinunter. Aber ich glaube, die meisten – sogar die dummen, und sie sind keineswegs alle dumm – wissen, daß die Veränderungen letztendlich doch kommen werden, was sie auch immer tun, und daher ergreifen sie die Gelegenheit, einen zu entwürdigen, solange sie noch können. Um einem zu zeigen, daß man entwürdigt werden *kann*. Man kann vor Gott, Christus und sämtlichen Heiligen schwören, daß man sich nicht, *nicht* beschmutzen wird, aber wenn sie einen lange genug bearbeiten, macht man es natürlich doch. Die Lektion ist, man ist nur ein Tier im Käfig, nicht mehr und nicht besser. Nur ein Tier im Käfig. Und ich habe mich naß gemacht. Ich kann den verdammten getrockneten Urin und die Arrestzelle immer noch riechen. Wissen Sie, die glauben, wir stammen von den Affen ab. Und genauso rieche ich meines Erachtens momentan auch.

Wie ein Affe.«

Sie sah Andrews Augen im Rückspiegel, und es tat ihr leid, wie diese Augen dreinblickten. Manchmal war Urin nicht das einzige, was man nicht halten konnte.

»Tut mir leid, Miz Holmes.«

»Nein«, sagte sie und rieb sich wieder die Schläfen. »Ich bin diejenige, der es leid tut. Es waren drei anstrengende Tage, Andrew.«

»*Das* glaube ich«, sagte er mit einer schockierten, altjüngferlichen

Stimme, bei der sie unwillkürlich lachen mußte. Aber der größte Teil von ihr lachte nicht. Sie hatte zu wissen geglaubt, was sie erwartete, wie schlimm es wirklich werden konnte. Sie hatte sich geirrt.

Drei anstrengende Tage. Nun, so konnte man es auch ausdrücken. Eine andere Ausdrucksweise war, daß die drei Tage in Oxford, Mississippi, ein Kurzurlaub in der Hölle gewesen waren. Aber manche Dinge konnte man nicht aussprechen. Man starb lieber, bevor man sie aussprach... es sei denn, man wurde aufgefordert, sie vor dem Thron Gottes des Allmächtigen zu bezeugen, wo selbst die Wahrheiten, welche die schrecklichen Gewitter in der seltsamen grauen Gallertmasse zwischen den Ohren erzeugten (die Wissenschaftler sagten, diese graue Gallertmasse wäre ohne Nerven, und wenn *das* nicht ein Heuler und ein halber war, dann wußte sie nicht, was einer war), ausgesprochen werden mußten, wie sie glaubte.

»Ich will nur nach Hause und baden, baden, baden, und schlafen, schlafen, schlafen. Ich schätze, dann werde ich wieder so frisch wie Regen sein.«

»Aber sicher! Ganz genau das werden Sie sein!« Andrew wollte sich für etwas entschuldigen, und dies war die einzige Art, wie er es konnte. Darüber hinaus wollte er keine weitere Unterhaltung riskieren. Daher fuhren die beiden in ungewohntem Schweigen zu dem grauen viktorianischen Wohnblock an der Ecke Fifth und Central Park South, einem sehr exklusiven viktorianischen Wohnblock, und sie vermutete, diese Tatsache machte sie zu einem Durchbruch, und sie *wußte*, in diesen guti-guti Wohnungen gab es Leute, die nur dann mit ihr sprachen, wenn es sich auf gar keinen Fall vermeiden ließ, was ihr eigentlich nichts ausmachte. Zudem stand sie über ihnen, und sie *wußten*, daß sie über ihnen stand. Sie hatte bei mehr als einer Gelegenheit darüber nachgedacht, daß es einige von ihnen gewaltig vergällt haben mußte, das Wissen, daß im Penthouse dieses feinen, ehrbaren alten Bauwerks, wo die einzigen schwarzen Hände, die früher einmal zugelassen waren, weiße Handschuhe trugen oder höchstens die dünnen schwarzen Lederhandschuhe eines Chauffeurs gewesen waren, eine Niggerin wohnte. Sie hoffte, daß es sie *wirklich* gewaltig vergällte, und sie schalt sich selbst, weil sie böse war, weil sie *unchristlich* war; dennoch *wünschte* sie es. Sie hatte die Pisse nicht zurückhalten können,

die in den Schritt ihrer feinen importierten Seidenunterhöschen geflossen war, und es schien ihr auch nicht zu gelingen, diesen anderen Strom Pisse zurückzuhalten. Es war böse, es war unchristlich
und fast ebenso schlimm – nein, *schlimmer*, jedenfalls was das
Movement anbelangte, es war konterproduktiv. Sie würden die
Rechte bekommen, die sie bekommen mußten, und wahrscheinlich noch in diesem Jahr: Johnson wußte um das Erbe, welches ihm
der ermordete Präsident hinterlassen hatte (und er hoffte vielleicht,
einen weiteren Nagel in den Sarg von Barry Goldwater schlagen zu
können), und er würde mehr tun als nur zusehen, daß der Civil
Rights Act verabschiedet wurde; sollte es erforderlich sein, würde
er ihn durch die Verabschiedung *rammen*. Daher war es wichtig,
das Leid und die Schmerzen auf ein Minimum zu reduzieren. Es
gab noch viel Arbeit zu tun. Haß würde dieser Arbeit nicht hilfreich
sein. Haß würde sie sogar behindern.

Aber manchmal haßte man trotzdem.

Oxford Town hatte sie auch das gelehrt.

2

Detta Walker hatte absolut kein Interesse am Movement und lebte
in wesentlich bescheideneren Umständen. Sie lebte in der Mansarde eines verfallenden Wohnblocks im Greenwich Village.
Odetta wußte nichts von der Mansarde, und Detta wußte nichts
von dem Penthouse; der einzige, der vermutete, daß etwas nicht
ganz stimmte, war Andrew Feeny, der Chauffeur. Er hatte angefangen, für Odettas Vater zu arbeiten, als Odetta vierzehn gewesen
war und Detta Walker noch kaum existiert hatte.

Manchmal verschwand Odetta. Dieses Verschwinden konnte
Stunden oder Tage dauern. Letzten Sommer war sie drei Wochen
verschwunden gewesen, und Andrew hatte schon die Polizei ver-
ständigen wollen, als Odetta *ihn* eines Abends angerufen und gebeten hatte, um zehn am nächsten Tag mit ihrem Wagen vorzufahren
– sie sagte, sie wolle etwas einkaufen gehen.

Es zitterte auf seinen Lippen, hinauszuschreien: *Miz Holmes! Wo
sind Sie gewesen?* Aber das hatte er früher schon gefragt und ledig-

lich verwirrte Blicke – *echt* verwirrte Blicke, da war er ganz sicher – als Antwort geerntet. *Hier*, antwortete sie. *Direkt hier, Andrew – Sie haben mich doch dreimal täglich irgendwo hingefahren, oder nicht? Sie werden doch nicht ein wenig schwammig im Kopf oder?* Dann lachte sie, und wenn sie sich besonders gut fühlte (was nach ihrem Verschwinden häufig der Fall zu sein schien), kniff sie ihn in die Wange.

»Gut, Miz Holmes«, hatte er gesagt. »Also um zehn.«

Nach dieser Zeit der Angst, als sie drei Wochen fort gewesen war, hatte Andrew den Hörer weggelegt, die Augen zugemacht und der Heiligen Jungfrau ein rasches Dankgebet für Miz Holmes' wohlbehaltene Rückkehr gesprochen. Dann hatte er Howard angerufen, den Portier in ihrem Haus.

»Wann ist sie heimgekommen?«

»Vor etwa zwanzig Minuten«, sagte Howard.

»Wer hat sie gebracht?«

»Keine Ahnung. Sie wissen ja, wie das ist. Jedesmal ein anderes Auto. Manchmal parken sie um den Block und ich sehe sie überhaupt nicht, weiß nicht einmal, daß sie wieder da ist, bis ich den Summer höre, hinaus schaue und sehe, daß sie es ist.« Nach einer Pause fügte Howard hinzu: »Sie hat einen verdammten Bluterguß auf der Wange.«

Howard hatte recht gehabt, es war wirklich ein verdammter Bluterguß gewesen, und jetzt war er schon besser geworden. Andrew wollte gar nicht daran denken, wie er frisch ausgesehen haben mußte. Miz Holmes war pünktlich um zehn am nächsten Morgen erschienen, sie trug ein seidenes Sonnenhemd mit Spaghettiträgern (es war Ende Juli gewesen), und da hatte der Bluterguß schon angefangen, gelb zu werden. Sie hatte nur einen beiläufigen Versuch unternommen, ihn mit Make-up zu verbergen, als hätte sie gewußt, daß zuviel Make-up die Aufmerksamkeit nur darauf lenken würde.

»Wie sind Sie denn dazugekommen, Miz Holmes?« fragte er.

Sie lachte herzlich. »Du kennst mich doch, Andrew – ungeschickt wie eh und je. Gestern bin ich mit der Hand am Griff abgerutscht, als ich aus der Badewanne wollte – ich wollte mich beeilen, weil ich die nationalen Nachrichten noch sehen wollte. Ich bin gestürzt und habe mir das Gesicht angeschlagen.« Sie studierte *sein*

Gesicht. »Sie haben wieder vor, von Ärzten und Untersuchungen anzufangen, nicht? Sparen Sie sich die Worte; nach all den Jahren kann ich Sie lesen wie ein Buch. Ich werde nicht gehen, also müssen Sie gar nicht erst fragen. Ich fühle mich pudelwohl. Vorwärts, Andrew! Ich habe vor, Saks' halb und Gimbels ganz leerzukaufen, und dazwischen werde ich im Four Seasons alles essen.«

»Ja, Miz Holmes«, sagte er und lächelte. Es war ein gezwungenes Lächeln, und es war nicht leicht, es herbeizuzwingen. Dieser Bluterguß war keinen Tag alt, er war mindestens eine *Woche* alt... und er wußte es ja sowieso besser, nicht? Er hatte sie letzte Woche jeden Abend um sieben Uhr angerufen, denn wenn man Miz Holmes in ihrer Wohnung erwischen konnte, dann wenn die Huntley-Brinkley-Meldungen anfingen. Miz Holmes war ein regelrechter Junkie, wenn es um die Nachrichten ging. Er hatte jeden Abend angerufen, ausgenommen den letzten. Da war er hinübergegangen und hatte Howard den Schlüssel abgeschwatzt. Die Überzeugung war in ihm gewachsen, daß sie genau den Unfall gehabt hatte, den sie beschrieben hatte... aber sie hatte sich keinen Bluterguß geholt oder einen Knochen gebrochen, sie war gestorben, allein gestorben und lag derzeit tot in ihrer Wohnung. Er war mit klopfendem Herzen hineingegangen und hatte sich wie eine Katze in einem dunklen Zimmer gefühlt, in dem kreuz und quer Klavierdrähte gespannt waren. Aber er hatte keinen Grund gehabt, nervös zu sein. Auf der Küchentheke stand eine Butterdose, und die Butter war zwar zugedeckt, stand aber schon so lange dort, daß sich ein gehöriger Schimmelbewuchs eingestellt hatte. Er war zehn Minuten vor sieben dagewesen und fünf Minuten nach sieben wieder gegangen. Im Verlauf der raschen Durchsuchung der Wohnung hatte er auch ins Bad gesehen. Die Wanne war trocken gewesen, die Handtücher sauber – fast pingelig – aufgehängt, die zahlreichen Chromgriffe des Raumes waren blankpoliert und wiesen keine Wasserflecken auf.

Er wußte, der Unfall, den sie geschildert hatte, hatte nicht stattgefunden.

Aber Andrew glaubte auch nicht, daß sie gelogen hatte. Sie *glaubte*, was sie ihm gesagt hatte.

Er sah wieder in den Rückspiegel und sah, wie sie sich mit den Fingerspitzen leicht die Schläfen rieb. Das gefiel ihm nicht. Er hatte sie das schon oft machen sehen, bevor sie verschwunden war.

Andrew ließ den Motor an, damit sie im Genuß der Heizung blieb, dann ging er zum Kofferraum. Er betrachtete ihre beiden Koffer und zuckte erneut zusammen. Sie sahen aus, als wären sie von ungeduldigen Männern mit kleinen Gehirnen und großen Körpern unablässig hin und her gekickt worden; als hätten sie die Koffer in einer Art und Weise beschädigt, wie sie Miz Holmes zu beschädigen nicht ganz wagten – wie sie *ihn* zum Beispiel behandelt haben würden, wäre er dort gewesen. Sie war nicht nur eine Frau; sie war eine Niggerin, eine hochgekommene Niggerin aus dem Norden, die sich in Sachen einmischte, die sie nichts angingen, und sie dachten sich vielleicht, eine solche Frau verdiente, was sie bekam. Hinzu kam nämlich, daß sie obendrein noch eine ziemlich *reiche* Niggerin war. Sie war der amerikanischen Öffentlichkeit fast ebensogut bekannt wie Medgar Evers oder Martin Luther King. Sie hatte ihr reiches Niggergesicht auf dem Cover von *Time* gehabt, und wenn man so jemandem reintrat, dann war es ein wenig schwerer, damit davonzukommen und einfach zu sagen: *Was? Nein, Sir, Boß, war ham sicher kein gesehn' der so ausgesehn hat, was, Jungs?* Es war etwas schwerer, es über sich zu bringen, einer Frau etwas zuleide zu tun, die die alleinige Erbin von Holmes Dental Industries war, wo es doch zwölf Holmes-Niederlassungen im sonnigen Süden gab, eine davon nur ein County entfernt von Oxford Town, Oxford Town.

Daher hatten sie mit ihren Koffern gemacht, was sie mit ihr nicht zu machen wagten.

Er betrachtete die stummen Zeugen ihres Aufenthalts in Oxford Town voll Scham und Wut und Liebe; Gefühle, die ebenso stumm waren wie die Narben auf dem Gepäck, das gutaussehend weggegangen und zerstoßen und geprügelt zurückgekommen war. Er sah hin, war vorübergehend außerstande, sich zu bewegen, und sein Atem bildete Wölkchen in der kalten Luft.

Howard kam heraus, um ihm zu helfen, aber Andrew verweilte noch einen Augenblick, bevor er die Griffe der Koffer nahm. *Wer sind Sie, Miz Holmes? Wer sind Sie wirklich? Wohin gehen Sie manchmal, und was machen Sie, das so schlimm ist, daß Sie sogar sich selbst gegenüber einen falschen Ablauf der Stunden oder Tage erfinden müssen?* Und er dachte in dem Augenblick, bevor Howard kam, noch etwas anderes, etwas auf unheimliche Weise Zutreffendes: *Wo ist der Rest von Ihnen?*

Du solltest aufhören, so etwas zu denken. Wenn jemand hier so denken sollte, dann Miz Holmes, aber sie tut es nicht, und daher solltest du es auch nicht tun.

Andrew hob die Koffer aus dem Kofferraum und reichte sie Howard, der mit leiser Stimme fragte: »Geht es ihr gut?«

»Ich glaube schon«, antwortete Andrew, der die Stimme ebenfalls dämpfte. »Sie ist nur müde, das ist alles. Bis auf die Knochen müde.«

Howard nickte, nahm die zerschrammten Koffer und ging wieder hinein. Er hielt nur so lange inne, daß er vor Odetta Holmes, die hinter den getönten Scheiben fast unsichtbar war – an die Mütze tippen konnte, ein sanfter und respektvoller Salut.

Als er fort war, holte Andrew das zusammengeklappte Stahlgestell aus dem Kofferraum und klappte es auseinander. Es war ein Rollstuhl.

Seit dem 19. August 1959, also seit etwa fünfeinhalb Jahren, fehlte Odetta Holmes der Teil ihrer Beine von den Knien an abwärts ebenso wie diese rätselhaften Stunden und Tage.

4

Vor dem Zwischenfall in der U-Bahn war Detta Walker nur wenige Male bei Bewußtsein gewesen – es waren Koralleninseln, die einem Betrachter von oben zusammenhanglos erschienen, tatsächlich aber Erhebungen im Rückgrat eines langen Archipels sind, der sich größtenteils unter Wasser befindet. Odetta ahnte überhaupt nichts von Detta, und Detta hatte keine Ahnung, daß eine Person namens Odetta existierte ... aber Detta wußte wenigstens ganz genau, daß *etwas* nicht stimmte, daß jemand mit ihrem Leben herummachte. Odettas Fantasie erklärte alle möglichen Vorkommnisse während Dettas Herrschaft über den Körper; so schlau war Detta nie. Sie *dachte*, sie würde sich an Sachen erinnern, wenigstens *manche* Sachen, aber größtenteils war das nicht so.

Detta war sich der *leeren Stellen* wenigstens teilweise bewußt.

Sie erinnerte sich an den Porzellanteller. Daran konnte sie sich erinnern. Sie konnte sich erinnern, wie sie ihn in die Tasche ihres Kleides gesteckt und dabei immer über die Schulter gesehen hatte, ob die Blaue Frau nicht da war und guckte. Sie mußte sichergehen, weil der Porzellanteller der Blauen Frau gehörte.

Der Porzellanteller war, das begriff Detta auf unbestimmte Weise, etwas *Besonderes*. Detta nahm ihn aus eben diesem Grund. Detta erinnerte sich, sie hatte ihn zu einem Ort gebracht, den sie als The Drawers kannte (aber sie wußte nicht, woher sie das wußte), ein verrauchtes, abfallübersätes Loch in der Erde, wo sie einmal ein Baby mit Plastikhaut brennen gesehen hatte. Sie erinnerte sich, sie hatte den Porzellanteller behutsam auf den Kiesboden gelegt und dann darauftreten wollen, doch dann hatte sie innegehalten und ihr einfaches Baumwollhöschen ausgezogen und in die Tasche gesteckt, wo der Teller gewesen war, und dann war sie mit dem ersten Finger ihrer linken Hand sachte zu der Stelle geglitten, wo der Alte Dumme Gott sie und alle anderen Frauen und Mädchen nicht richtig zusammengefügt hatte, aber *etwas* an dieser Stelle mußte gut sein, denn sie erinnerte sich an den Schlag, erinnerte sich, daß sie drücken wollte, erinnerte sich, daß sie nicht gedrückt hatte, erinnerte sich, wie köstlich ihre Vagina nackt gewesen war, ohne das Höschen, und sie hatte nicht gedrückt, erst als ihr Schuh auch gedrückt hatte, ihr schwarzer Lederschuh, erst als ihr Schuh auf den Teller gedrückt hatte, da hatte sie mit dem Finger auf den Schlitz gedrückt, so wie sie mit dem Fuß auf den *besonderen* Teller der Blauen Frau gedrückt hatte, sie erinnerte sich, wie der schwarze Lederschuh das feine blaue Muster am Rand des Tellers bedeckt hatte, sie erinnerte sich an das *Drücken*, ja, sie erinnerte sich, wie sie in The Drawers gedrückt hatte, mit Finger und Fuß, erinnerte sich an das köstliche Versprechen von Finger und Schlitz, erinnerte sich, als der Teller mit einem spröden Laut zerbrochen war, war eine ähnlich spröde Lust von diesem Schlitz wie ein Pfeil in ihre Eingeweide geschossen, sie erinnerte sich an den Schrei, der ihr über die Lippen gekommen war, ein unangenehmes Krächzen wie von einer Krähe, die von einem Kornfeld aufgeschreckt worden war, sie konnte sich erinnern, wie sie die Scherben des Tellers benommen angesehen hatte, wie sie das schlichte weiße Baumwollhöschen langsam aus der Tasche geholt und wieder angezogen hatte, *Schlüpfer*, sie hatte einmal gehört, in einer von der Erinnerung nicht befestigten Zeit, die dahintrieb wie Treibholz auf Wasser, wie sie so genannt wurden, *Schlüpfer*, gut, weil man zuerst herausschlüpfte, um sein Geschäft zu machen, und dann schlüpfte man wieder hinein, zuerst der eine glänzende Lederschuh und dann der andere, gut, Höschen waren gut, sie erinnerte sich, wie sie sie so mühelos an den Beinen emporgezogen hatte, über die Knie, am linken fiel ein Schorf beinahe ab, um saubere rosa neue Babyhaut zu hinterlassen, ja, sie konnte sich so deutlich daran erinnern, daß es nicht vor einer Woche oder gestern hätte sein können, sondern erst vor einem einzigen Augenblick, sie konnte sich erinnern, wie das Hüftgummi den Saum ihres Partykleides erreicht hatte, der deutliche Kontrast zwischen weißer Baumwolle und brauner Haut, wie Sahne, ja, genauso, Sahne aus einer Kanne, die schwebend über Kaffee hing, die Beschaffenheit, das Höschen verschwand unter dem Saum ihres Kleides, nur war das Kleid da grell orange und das Höschen ging nicht hinauf, sondern hinunter, aber es war immer noch weiß, nur nicht Baumwolle, sondern Nylon, in mehr als einer Weise billig, und sie erinnerte sich, wie sie daraus herausgetreten war, erinnerte sich, wie es auf der Bodenmatte des '46er Dodge DeSoto gelegen hatte, ja, wie weiß es gewesen war, wie billig, nichts so Würdevolles wie Unterwäsche, sondern billige Höschen, das Mädchen war billig und es war gut, billig zu sein, billig zu haben zu sein, nicht einmal wie eine Hure feil zu sein, sondern wie eine gute Zuchtsau; sie erinnerte sich nicht an einen runden Porzellanteller, sondern an das runde weiße Gesicht eines Jungen, eines überraschten, betrunkenen Burschenschaftsjungen, er war kein Porzellanteller, aber sein Gesicht war so *rund* wie es der Porzellanteller der Blauen Frau gewesen war, und er hatte ein Netzmuster auf den Wangen, und dieses Netzmuster sah so blau aus wie das Netzmuster auf dem *besonderen* Porzellanteller der Blauen Frau, aber das lag nur daran, weil das Neon rot war, das Neon war schreiend, im Dunkeln machte das Neon der Fassadenreklame die Stellen auf seinen Wangen, wo sie ihn gekratzt hatte, ganz blau, und er hatte gesagt *Warum hast du warum hast du warum hast du* und dann kurbelte er das Fenster runter, damit er sein Gesicht zum Kotzen hinaushängen konnte, und sie erinnerte sich, sie hatte Dodie Ste-

vens in der Musicbox gehört, der von braunen Schuhen mit rosa
Schnürsenkeln und einem großen Panama mit purpurnem Hutband sang, sie erinnerte sich, die Laute seines Kotzens waren wie
Kies in einem Zementmixer gewesen, und sein Penis, der noch vor
wenigen Augenblicken ein lebendes Ausrufungszeichen gewesen
war, das aus dem lockigen Dickicht seines Schamhaars herausragte, fiel zu einem schwachen weißen Fragezeichen zusammen;
sie erinnerte sich, wie das heisere Kiesknirschen seines Kotzens
aufgehört und dann wieder angefangen hatte, und sie dachte *Nun,*
schätze, er hat noch nicht genügend gemacht, um dieses *Fundament zu le-*
gen, und sie lachte und drückte den Finger (der mittlerweile einen
langen, scharfen Nagel besaß) gegen ihre Vagina, die nackt war,
aber nicht mehr ganz nackt, denn inzwischen war sie von ihrem eigenen lockigen Dreieck überwuchert, und in ihr hatte dasselbe
spröde Schnappen stattgefunden, das immer noch ebenso sehr
Schmerz wie Lust war (aber besser, viel besser, mit nichts ver-
gleichbar), und dann tastete er blind nach ihr und sagte mit verletz-
tem, brechendem Tonfall *O du gottverdammte Niggerfotze* und sie
lachte trotzdem weiter, stieß ihn mühelos beiseite und hob das
Höschen auf und machte die Tür auf ihrer Seite des Autos auf,
spürte das letzte blinde Tasten seiner Finger auf dem Rücken ihrer
Bluse, bevor sie in die Mainacht lief, die schwach nach frühem
Geißblatt roch, und das rote Neonlicht erhellte flackernd den Kies
eines Parkplatzes nach dem Krieg, und sie steckte das Höschen,
das billige glatte Nylonhöschen, nicht in die Tasche ihres Kleides,
sondern in eine Handtasche zu der fröhlichen Ansammlung von
Kosmetika eines Teenagers, sie lief, das Licht flackerte, und dann
war sie dreiundzwanzig, und es waren keine Höschen, sondern ein
Kunstseidenschal, und sie ließ ihn beiläufig in ihre Tasche gleiten,
während sie an einer Theke in der Accessoires-Abteilung von Ma-
cy's entlangging – einen Schal, der zu der Zeit für $ 1,99 verkauft
wurde.
Billig.
Billig, wie das weiße Nylonhöschen.
Billig.
Wie sie.
Der Körper, in dem sie wohnte, war der Körper einer Frau, die
Millionen geerbt hatte, aber das war nicht bekannt und spielte

keine Rolle – der Schal war weiß, seine Ränder blau, und sie empfand dasselbe kurze, brechende Gefühl der Lust, während sie auf dem Rücksitz eines Taxis saß und gar nicht auf den Fahrer achtete, den Schal in einer Hand hielt und starr betrachtete, während ihre andere Hand sich unter den Tweedrock und das Hüftgummi ihres Höschens stahl, wo der einzelne lange Finger das erledigte, was erledigt werden mußte – mit einem einzigen gnadenlosen Hieb.

Manchmal fragte sie sich auf eine zerstreute Weise, wo sie war, wenn sie nicht *hier* war, aber meistens waren ihre Bedürfnisse zu plötzlich und drängend, um ausgiebiger darüber nachzudenken, und daher erfüllte sie einfach, was erfüllt werden mußte, und tat, was getan werden mußte.

Roland hätte das verstanden.

5

Odetta hätte überall mit der Limousine hinfahren können, selbst 1959 – obwohl da ihr Vater noch lebte und sie nicht so sagenhaft reich war, wie sie es nach seinem Tod im Jahre 1962 werden würde, als das Geld, das treuhänderisch für sie verwaltet worden war, an ihrem fünfundzwanzigsten Geburtstag in ihren Besitz überging und sie ziemlich damit machen konnte, was sie wollte. Sie scherte sich ziemlich wenig um einen Ausdruck, den konservative Kolumnisten ein oder zwei Jahre vorher geprägt hatten der Ausdruck lautete ›Limousinenliberale‹ –, und sie war jung genug, daß sie nicht als eine angesehen werden wollte, selbst wenn sie eine *war*. Nicht mehr jung genug (oder dumm genug!) zu glauben, daß ein Paar verblichene Levis und die Khakihemden, die sie so beiläufig trug, ihren grundlegenden Status in irgendeiner Weise änderten, oder gar die Tatsache, daß sie mit dem Bus oder der U-Bahn fuhr, obwohl sie das Auto hätte benützen können (sie war so mit sich selbst beschäftigt gewesen, daß sie Andrews verletzte, tiefe Verwirrung nicht bemerkt hatte; er mochte sie und glaubte, es müsse sich um eine persönliche Abneigung handeln), aber jung genug, immer noch zu glauben, daß eine Geste manchmal die Wahrheit überwinden (oder zumindest übertünchen) konnte.

In der Nacht des 19. August 1959 bezahlte sie für diese Geste mit der Hälfte ihrer Beine... und der Hälfte ihres Verstands.

6

Odetta war zuerst in den Strom, der zu einer Flutwelle anwachsen wollte, gesogen, dann gespült und schließlich davon fortgerissen worden. 1957, als sie damit anfing, hatte das, was schließlich als Movement bekannt werden würde, noch keinen Namen. Sie kannte einige der Hintergründe, wußte, daß das Ringen um Gleichheit nicht erst seit der Emancipation Proclamation stattfand, sondern fast seit dem Tag, als die erste Schiffsladung Sklaven nach Amerika gebracht worden war (nach Georgia, der Kolonie, die die Briten gegründet hatten, um ihre Kriminellen und Schuldner loszuwerden), aber für Odetta schien es immer am selben Ort anzufangen, mit denselben drei Worten: *Ich weiche nicht*.

Der Ort war ein städtischer Bus in Montgomery, Alabama, gewesen, und eine farbige Frau namens Rosa Lee Parks hatte die Worte ausgesprochen, und Rosa Lee Parks wich nicht vom vorderen Teil des Busses in den hinteren, der natürlich der Jim Crow Teil des Busses war. Viel später sang Odetta zusammen mit allen anderen ›We Shall Not be Moved‹, und dabei mußte sie immer an Rosa Lee Parks denken, und sie sang es nie ohne ein Gefühl der Scham. Es war so einfach, *we* – wir – zu singen, wenn man die Arme mit den Armen einer gewaltigen Menge untergehakt hatte; das war selbst für eine Frau ohne Beine einfach. Es war so leicht, *wir* zu singen, und so leicht, *wir* zu sein. In diesem Bus war es kein *wir* gewesen, in jenem Bus, der nach altem Leder und jahrelangem Zigarren- und Zigarettenrauch gestunken haben mußte, dem Bus mit den gekrümmten Werbeflächen, auf denen Sachen wie LUCKY STRIKE L. S. M. F. T. und BESUCHEN SIE UM GOTTES WILLEN DIE KIRCHE IHRER WAHL und TRINKEN SIE OVALTINE! SIE WERDEN SCHON SEHEN, WAS WIR MEINEN! und CHESTERFIELD, EINUNDZWANZIG WUNDERBARE TABAKSORTEN FÜR EINUNDZWANZIGMAL WUNDERBAREN RAUCHGENUSS standen, kein *wir* unter dem ungläubigen Blick des Fahrers, der weißen Passagiere, zwischen denen sie saß, und unter den gleichermaßen ungläubigen Blicken der Schwarzen im hinteren Teil.

Kein *wir*.

Keine marschierenden Tausende.

Nur Rosa Lee Parks, die mit drei Worten eine Flutwelle ausgelöst hatte: *Ich weiche nicht.*

Odetta pflegte zu denken: *Wenn ich so etwas tun könnte – wenn ich so tapfer sein könnte –, würde ich wahrscheinlich für den Rest meines Lebens glücklich sein. Aber diese Art von Mut ist nicht in mir.*

Sie hatte von dem Parks-Zwischenfall gelesen, aber anfangs mit geringem Interesse. Das Interesse kam Stück für Stück. Es war schwer zu sagen, wann genau ihre Fantasie von diesem ersten und beinahe lautlosen Rassenbeben gepackt worden war, welche begonnen hatten, den Süden zu erschüttern.

Etwa ein Jahr später nahm sie ein junger Mann, mit dem sie mehr oder weniger regelmäßig ausging, mit ins Village hinunter, wo einige der jungen (und größtenteils weißen) Folksänger, die dort auftraten, ihrem Repertoire ein paar neue und erstaunliche Stücke hinzugefügt hatten – plötzlich sangen sie zusätzlich zu den alten Heulern über John Henry, der seinen Hammer genommen und schneller gearbeitet hatte als der neue Dampfhammer (und der sich dabei umgebracht hatte, kicher, kicher) und über Barbry Allen, die ihren von Liebe verzehrten jungen Kavalier grausam zurückgewiesen hatte (und später dann vor Scham darüber gestorben war, lach – lach), neue Songs darüber, wie es war, kaputt und erledigt und in der Stadt mißachtet zu sein, wie es war, einen Job nicht zu bekommen, den man erledigen konnte, weil man die falsche Hautfarbe hatte, wie es war, von Mr. Charlie in eine Gefängniszelle geschleppt und ausgepeitscht zu werden, weil man dunkle Haut hatte und es gewagt hatte, lach – lach, am Imbißtresen des Woolworth in Montgomery, Alabama, in der weißen Abteilung zu sitzen.

Absurd oder nicht, erst da hatte sie angefangen, sich für ihre Eltern zu interessieren, *deren* Eltern und *deren* Eltern davor. Sie würde nie *Roots* lesen – sie war, lange bevor dieses Buch geschrieben wurde, in einer anderen Welt und einer anderen Zeit, vielleicht sogar bevor Alex Hailey es sich ausgedacht hatte, aber in dieser absurd späten Zeit ihres Lebens dämmerte es ihr zum erstenmal, daß

ihre Vorfahren vor gar nicht so vielen Generationen von Weißen in
Ketten gelegt worden waren. Diese *Tatsache* war ihr sicher bewußt
geworden, aber lediglich als Information ohne echten Temperatur-
gradienten, wie in einer Gleichung, niemals als etwas, welches un-
mittelbaren Einfluß auf ihr Leben hatte.

Odetta faßte zusammen, was sie wußte, und war bestürzt, wie
wenig es war. Sie wußte, ihre Mutter war in Odetta, Arkansas, geboren worden, der Stadt, nach der sie (als Einzelkind) getauft worden war. Sie wußte, ihr Vater war Kleinstadtzahnarzt gewesen, der
einen Verkronungsprozeß erfunden hatte und sich patentieren
ließ, welcher zehn Jahre lang schlafend und unbeachtet lag, bis er
ihn plötzlich zu einem bescheiden reichen Mann gemacht hatte. Sie
wußte, er hatte in den zehn Jahren vor und den vier Jahren nach
dem finanziellen Erfolg noch eine Reihe weiterer zahntechnischer
Prozesse entwickelt, von denen die meisten orthodontischer oder
kosmetischer Natur waren, und er hatte, kurz bevor er mit seiner
Frau und seiner Tochter (die vier Jahre nach Anmeldung des ersten
Patents zur Welt gekommen war) nach New York gezogen war,
eine Firma mit dem Namen Holmes Dental Industries gegründet,
die heute für Zähne das war, was Squibb für Antibiotika war.

Aber wenn sie ihn fragte, wie das Leben in den Jahren dazwischen gewesen war – den Jahren, als sie nicht da gewesen war, und
den Jahren, als sie da war –, wollte ihr Vater ihr nichts erzählen. Er
sagte alle möglichen Sachen, aber er *erzählte* nichts. Diesen Teil seiner selbst verschloß er vor ihr. Einmal hatte ihre Mutter, Alice – er
nannte sie Ma oder manchmal Alice, wenn er ein paar getrunken
hatte oder sich gut fühlte –, gesagt: »Erzähl ihr davon, wie diese
Männer auf dich geschossen haben, als du mit dem Ford über die
gesperrte Brücke gefahren bist, Dan«, und er bedachte Odettas Ma
mit einem so dunklen und gebieterischen Blick, daß ihre Ma, die
immer eine Art Sperling gewesen war, sich in den Sessel verkro-
chen und nichts mehr gesagt hatte.

Nach diesem Abend hatte Odetta es ein- oder zweimal allein bei
ihrer Mutter versucht, aber ohne Ergebnis. Hätte sie es vorher versucht, hätte sie vielleicht etwas herausbekommen, aber da er nichts
preisgeben wollte, gab sie auch nichts preis. Und ihr wurde klar,
für ihn war die Vergangenheit – die Verwandten, die roten Staub-
straßen, die Geschäfte, die schmutzigen einstöckigen Hütten ohne

Fensterglas und ohne den Schmuck auch nur eines einzigen Vorhangs, die Zwischenfälle des Leids und der Erniedrigung, die Nachbarkinder, die Kleider trugen, welche ihr Leben als Mehlsäcke angefangen hatten – begraben wie ein toter Zahn unter einer makellosen, blendend weißen Krone. Er wollte nichts erzählen, *konnte* es vielleicht nicht, hatte sich vielleicht selbst partieller Amnesie ausgesetzt; die Zahnkronen waren ihr Leben in den Greymarl Apartments an der Central Park South. Alles andere war unter dieser undurchdringlichen äußeren Hülle begraben. Seine Vergangenheit war so gut geschützt, daß es keine Lücke gab, durch die man zu ihr vordringen konnte, es gab keinen Weg durch das perfekt verkronte Gebiet in den Hals der Enthüllung.

Detta wußte verschiedene Dinge, aber Detta kannte Odetta nicht, und Odetta kannte Detta nicht, und daher waren die Zähne auch da so fest versiegelt wie mit einer Krone.

Sie hatte etwas von der Schüchternheit ihrer Mutter und von der unerschrockenen (wenn auch unausgesprochenen) Härte ihres Vaters, und eines Nachts in seiner Bibliothek hatte sie es gewagt, ihn weiter mit dem Thema zu bedrängen; sie hatte ihm gesagt, was er ihr vorenthielt, sei ein verdientes Treuhandvermögen, das ihr nie versprochen worden war und offensichtlich auch niemals zufallen sollte. Er hatte sein *Wall Street Journal* sorgfältig ausgeschüttelt, zugeklappt, zusammengelegt und auf das Tischchen neben der Stehlampe gelegt. Er hatte die randlose Stahlbrille abgezogen und auf die Zeitung gelegt. Dann hatte er sie angesehen, ein magerer schwarzer Mann, fast bis zur Ausgezehrtheit mager, dessen straff gekämmtes graues Haar zunehmend von den Höhlen seiner Schläfen zurückwich, wo zarte Uhrfedern von Äderchen unablässig pulsierten, und er hatte nur gesagt: *Ich spreche nicht über diesen Abschnitt meines Lebens, Odetta, ich denke nicht einmal daran. Es wäre sinnlos. Die Welt hat sich seitdem weitergedreht.*

Roland hätte das verstanden.

Als Roland die Tür mit der Aufschrift DIE HERRIN DER SCHATTEN aufmachte, sah er Dinge, die er überhaupt nicht verstand aber er begriff, daß sie nicht wichtig waren.

Es war Eddie Deans Welt, aber darüber hinaus bestand sie nur aus verwirrenden Lichtern, Menschen und Gegenständen – mehr Gegenständen, als er in seinem Leben je gesehen hatte. Frauensachen, wie es aussah, und offenbar zu verkaufen. Einige unter Glas, andere zu verlockenden Bergen und Auslagen hergerichtet. Das spielte jedoch ebensowenig eine Rolle wie die Bewegung, mit der diese Welt an den Rändern der Tür vor ihnen vorüberschwebte. Die Tür waren die Augen der Herrin. Er sah durch sie hindurch, wie er durch Eddies Augen gesehen hatte, als sich Eddie im Mittelgang der Himmelskutsche dahinbewegte.

Eddie dagegen war wie vom Donner gerührt. Der Revolver in seiner Hand zitterte und sank ein wenig nach unten. Der Revolvermann hätte ihn ihm mühelos wegnehmen können, tat es aber nicht. Er stand nur reglos da. Das war ein Trick, den er vor langer Zeit gelernt hatte.

Jetzt machte der Blick durch die Tür eine dieser Wendungen, die der Revolvermann so schwindelerregend fand – aber Eddie fand diese unerwartete Drehung seltsam tröstlich. Roland hatte noch nie einen Film gesehen. Eddie hatte Tausende gesehen, und was er hier sah war einer dieser mitreißenden Filme mit beweglicher Kamera wie *Halloween* und *Shining*. Er wußte sogar, wie die Kamera genannt wurde, mit der sie das machten. Steadi-Cam. Das war es.

»*Krieg der Sterne gerade auch*«, murmelte er. »Todesstern. Dieser verdammte Kerl, erinnerst du dich?«

Roland sah ihn an, sagte aber nichts.

Hände – dunkelbraune Hände – griffen in das, was Roland als Tür sah und was Eddie bereits als eine Art magischer Leinwand betrachtete... eine Leinwand, in die man unter den richtigen Umständen hineinspazieren konnte, so wie der Bursche in *Purple Rose of Cairo* einfach *aus* der Leinwand herausgekommen und in die echte Welt gegangen war. Verflixter Film.

Bis jetzt war Eddie gar nicht klar gewesen, wie verflixt.

Aber auf der anderen Seite der Tür, durch die er sah, war dieser

Film noch gar nicht gemacht worden. Es war New York, okay das verkündete irgendwie schon der Tonfall der Taxihupen, so leise und fern sie waren, und es war ein New Yorker Kaufhaus, in dem er auch schon gewesen war, aber es war... war...

»Es ist älter«, murmelte er.

»Vor deiner Zeit?« fragte der Revolvermann.

Eddie sah ihn an und lachte kurz. »Ja. Wenn du es so sagen willst, ja.«

»Hallo, Miß Walker«, sagte eine zögernde Stimme. Der Blick durch die Tür schnellte so unvermittelt hoch, daß selbst Eddie ein wenig schwindlig wurde, und er sah eine Verkäuferin, die die Besitzerin der schwarzen Hände offensichtlich kannte – kannte, aber nicht leiden konnte oder fürchtete. Oder beides. »Kann ich Ihnen heute helfen?«

»Den hier.« Die Besitzerin der schwarzen Hände hielt einen weißen Schal hoch. »Machen Sie sich nicht die Mühe, ihn einzupacken, Baby, stecken Sie ihn einfach in die Tasche.«

»Bar oder Sch...«

»Bar, es ist doch immer bar, nicht?«

»Ja, fein, Miß Walker.«

»Freut mich, daß Sie zufrieden sind, Liebste.«

Die Verkäuferin verzog etwas das Gesicht. Eddie bekam es gerade noch mit, als sie sich abwandte. Vielleicht lag es einfach daran, daß die Verkäuferin von einer Frau so angesprochen wurde, die sie als ›hochgekommene Niggerin‹ betrachtete (und wieder lag es an seiner Erfahrung mit Kino und weniger am Wissen um geschichtliche Ereignisse oder das Leben auf den Straßen, wie er es kannte, das diesen Gedanken auslöste, denn dies war, als würde man einen Film sehen, der entweder in den Sechzigern spielte oder damals entstanden war, so wie der mit Sidney Steiger und Rod Poitier, *In der Hitze der Nacht*, aber es konnte auch etwas Einfacheres sein: Rolands Herrin der Schatten war, ob schwarz oder weiß, ein unhöfliches Miststück.

Spielte auch keine Rolle, oder? Nichts machte irgend etwas aus. Ihm lag etwas an einem einzigen, und das war, wie er, zum Teufel, hier herauskommen konnte.

Das war New York, er konnte New York fast *riechen*. Und New York bedeutete Stoff.

Auch den konnte er fast riechen.

Aber es gab da einen Haken, nicht?

Einen verdammt großen Hurensohn von einem Haken.

8

Roland beobachtete Eddie genau, und wenngleich er ihn jederzeit mindestens sechsmal hätte töten können, hatte er beschlossen, still und stumm zu sein und Eddie sich die Situation alleine zusammenreimen zu lassen. Eddie hatte viele Eigenschaften, und viele waren nicht schön (als Mann, der ein Kind wissentlich in den Tod hatte stürzen lassen, kannte der Revolvermann den Unterschied zwischen schön und nicht schön ziemlich gut), aber Eddie war nicht dumm.

Er war ein kluger Junge. Er würde dahinterkommen.

Und so war es.

Er sah Roland an, lächelte, ohne die Zähne zu zeigen, ließ den Revolver des Revolvermanns einmal am Finger kreisen und reichte ihn dann, den Griff voraus, an Roland zurück.

»Soviel, wie mir dieses Ding nützen könnte, könnte es auch ein Stück Scheiße sein, richtig?«

Du kannst klug reden, wenn du möchtest, dachte Roland. *Warum beschließt du so oft, dumm zu reden, Eddie? Denkst du vielleicht, weil sie dort, wo dein Bruder mit seinen Waffen hingegangen ist, so gesprochen haben?*

»Ist das nicht richtig?« wiederholte Eddie.

Roland nickte.

»Wenn ich dich abgeknallt hätte, was wäre dann aus dieser Tür geworden?«

»Ich weiß nicht. Ich schätze, das könntest du nur herausfinden, wenn du es versuchst und abwartest.«

»Was meinst *du*, würde geschehen?«

»Ich glaube, sie würde verschwinden.«

Eddie nickte. Das hatte er auch gedacht. Puff! Wie weggezaubert! Eben noch seht ihr sie, meine Freunde, und plötzlich nicht mehr. Nichts anderes, als passieren würde, nähme der Vorführer in einem Kino einen Sechsschüsser und würde damit den Projektor durchlöchern, oder?

Zerschoß man den Projektor, hörte der Film auf. Eddie wollte nicht, daß der Film aufhörte. Eddie wollte etwas für sein Geld.

»Du selbst kannst durchgehen«, sagte Eddie langsam.

»Ja.«

»Irgendwie.«

»Ja.«

»Du landest in ihrem Kopf. Wie du in meinem gelandet bist.«

»Ja.«

»Also kannst du in meine Welt trampen, aber das ist alles.«

Roland sagte nichts. *Trampen* war eines der Worte, die Eddie manchmal benützte und die er nicht genau verstand ... aber er begriff den Sinn.

»Aber du *könntest* mit dem Körper durchgehen. Wie bei Balazar.« Er redete zwar laut, aber eigentlich nur mit sich selbst. »Aber du brauchst mich, um das zu tun, nicht?«

»Ja.«

»Dann nimm mich mit dir.«

Der Revolvermann machte den Mund auf, aber Eddie sprach bereits hastig weiter.

»Nicht jetzt, ich meine nicht jetzt«, sagte er. »Ich weiß, es würde einen Aufstand oder sonst etwas Gottverdammtes verursachen, wenn wir einfach ... dort drüben hineinplatzen würden.« Er lachte unbeherrscht. »Wie ein Zauberer, der Kaninchen aus dem Hut zieht, nur ohne Hut, aber sicher. Nun, warte, bis sie allein ist, und ...«

»Nein.«

»Ich komme mit dir zurück«, sagte Eddie. »Ich schwöre es, Roland. Ich meine, ich weiß, du hast eine Aufgabe zu erledigen, und ich weiß, ich bin Teil davon. Ich weiß, du hast am Zoll meinen gottverdammten Arsch gerettet, aber ich glaube, ich habe deinen bei Balazar gerettet – was meinst du?«

»Das glaube ich auch«, sagte Roland. Er erinnerte sich, wie Eddie, ohne auf das Risiko zu achten, hinter dem Schreibtisch aufgestanden war, und verspürte einen Augenblick des Zweifels.

Aber nur einen Augenblick.

»Und? Peter bezahlt Paul. Eine Hand wäscht die andere. Ich will nur ein paar Stunden zurück. Mir einen Karton Hähnchen zum Mitnehmen holen. Vielleicht ein paar Dunkin Donuts.« Eddie nickte zu der Tür, wo sich das Bild in Bewegung gesetzt hatte. »Was sagst du?«

»Nein«, sagte der Revolvermann, aber einen Augenblick dachte er nicht an Eddie. Diese Bewegung im Gang – die Herrin, wer immer sie war, bewegte sich nicht wie eine gewöhnliche Person – bewegte sich zum Beispiel nicht so, wie sich Eddie bewegt hatte, als Roland durch seine Augen sah, oder wie er selbst sich bewegte (jetzt, wo er sich die Mühe machte, darüber nachzudenken, was er nie vorher getan hatte, ebensowenig wie ihm jemals die konstante Präsenz seiner Nase im unteren Bereich eines peripheren Sehbereichs aufgefallen war). Wenn man ging, wurde die Sehachse zu einem schwachen Pendel: linkes Bein, rechtes Bein, linkes Bein, rechtes Bein, die Welt wiegte sich so sanft und schwach hin und her, daß man das bald – er schätzte, kurz nachdem man laufen gelernt hatte – einfach ignorierte. Der Gang der Herrin hatte nichts von dieser Pendelbewegung an sich – sie bewegte sich, als würde sie auf Schienen fahren. Ironischerweise hatte Eddie genau denselben Eindruck gehabt... nur für Eddie hatte es wie eine Kamerafahrt mit der Steadi-Cam ausgesehen. Für ihn war diese Wahrnehmung tröstlich gewesen, weil sie ihm vertraut war.

Für Roland war sie fremd... aber dann bedrängte Eddie ihn mit schriller Stimme.

»Und warum nicht? Warum, zum Teufel, nicht?«

»Weil du kein Hähnchen willst«, sagte der Revolvermann. »Ich weiß wie du es nennst, was du möchtest, Eddie. Du möchtest ›drücken‹. Du möchtest einen ›Schuß‹.«

»Na und?« schrie Eddie – kreischte beinahe. »Na und, selbst wenn ich es tue! Ich habe gesagt, ich würde mit dir zurückkommen! Du hast mein Versprechen! Ich meine, du hast mein verfluchtes VERSPRECHEN! Was willst du denn noch? Soll ich beim Namen meiner Mutter schwören? Okay, ich schwöre beim Namen meiner Mutter! Soll ich beim Namen meines Bruders Henry schwören? Okay, ich schwöre. Ich schwöre! ICH SCHWÖRE!«

Enrico Balazar hätte es ihm sagen können, aber der Revolvermann brauchte seinesgleichen nicht, um diese eine Wahrheit des Lebens zu kennen: Vertraue niemals einem Junkie.

Roland nickte zur Tür. »Bis nach dem Turm ist zumindest dieser Teil deines Lebens abgeschlossen. Danach ist es mir egal. Dann steht es dir frei, auf deine Weise zum Teufel zu gehen. Bis dahin aber brauche ich dich.«

»O du verfluchter dreckiger Lügner«, sagte Eddie leise. Seine Stimme drückte keine hörbare Gefühlsregung aus, aber der Revolvermann sah Tränen in seinen Augen glitzern. Roland sagte nichts. »Du weißt, daß es kein Danach geben wird, weder für mich noch für sie, noch für den dritten, wer, zum Teufel, er immer sein mag. Und für dich wahrscheinlich auch nicht. Du siehst so verdammt verbraucht aus wie Henry in seinen schlimmsten Zeiten. Wenn wir auf dem Weg zu deinem beschissenen Turm nicht sterben, dann sterben wir sicher, wenn wir dort angelangt sind. *Also warum lügst du mich an?*«

Der Revolvermann verspürte eine dumpfe Art von Scham, wiederholte aber nur: »Vorerst ist zumindest dieser Teil deines Lebens abgeschlossen.«

»Ja?« sagte Eddie. »Nun, ich habe Neuigkeiten für dich, Roland. Ich weiß, was mit deinem *echten* Körper passieren wird, wenn du durchgehst und *in* ihr bist. Ich weiß es, weil ich es schon einmal gesehen habe. Ich brauche deine Waffen nicht. Ich habe dich an der legendären Stelle, wo die kurzen Haare wachsen, fest im Griff, mein Freund. Du kannst sogar ihren Kopf drehen und zusehen, was ich mit dem Rest von dir mache, während du nichts weiter als gottverdammtes *Ka* bist. Ich werde bis zum Einbruch der Nacht warten, dann schleife ich deinen Körper zum Wasser hinunter. Und du kannst zusehen, wie die Hummer dich verschlingen. Aber vielleicht wirst du dazu in zu großer Eile sein.«

Eddie machte eine Pause. Das Brechen der Wellen und das konstante hohle Heulen des Windes schienen beide sehr laut zu sein.

»Ich denke, ich werde einfach dein Messer nehmen und dir die Kehle durchschneiden.«

»Und die Tür für immer schließen?«

»Du hast selbst gesagt, daß dieser Teil meines Lebens vorbei ist. Und du meinst nicht nur den Stoff. Du meinst New York, Amerika, meine Zeit, *alles*. Wenn dem so ist, dann möchte ich diesen Teil auch erledigt wissen. Die Landschaft hier ist beschissen, die Gesellschaft noch mehr. Manchmal, Roland, sieht Jimmy Swaggart neben dir beinahe geistig gesund aus.«

»Große Wunder warten auf uns«, sagte Roland. »Große Abenteuer. Mehr als das, es gilt, eine Suche fortzuführen, und es besteht die Möglichkeit, deine Ehre wiederherzustellen. Und noch etwas. Du könntest ein Revolvermann werden. Ich müßte nicht der letzte sein. Es ist in dir, Eddie. Ich sehe es. Ich *spüre* es.«

Eddie lachte, obwohl ihm die Tränen jetzt die Wangen hinabliefen. »Oh, wunderbar. *Wunderbar!* Genau das brauche ich. Mein Bruder Henry. *Der* war ein Revolvermann. In einem Land, das Vietnam hieß. War toll für ihn. Du hättest ihn sehen sollen, wenn er ernsthaft high war, Roland. Er konnte ohne fremde Hilfe nicht einmal den Weg ins verdammte Badezimmer finden. Wenn keine Hilfe da war, saß er einfach da und sah sich *Big Time Wrestling* an und machte sich in die verdammten Hosen. Es ist großartig, ein Revolvermann zu sein. Das ist mir klar. Mein Bruder war süchtig, und du bist nicht ganz richtig im Hirn.«

»Vielleicht war dein Bruder ein Mensch ohne klare Vorstellung von Ehre.«

»Vielleicht nicht. Wir hatten in den Projects nicht immer eine klare Vorstellung davon, was das war. Das war ein Wort, das man benützte, wenn man beim Jointrauchen erwischt worden war, oder wenn man die Felgen vom T-Bird eines Burschen geklaut hatte und dafür vor Gericht kam.«

Jetzt weinte Eddie heftiger, aber er lachte auch.

»Und deine Freunde? Dieser Bursche, von dem du im Schlaf sprichst, dieser Geck Cuthbert...«

Der Revolvermann zuckte unwillkürlich zusammen. Nicht einmal sein jahrelanges Training konnte dieses Zusammenzucken verhindern.

»Haben *sie* das alles bekommen, wovon du wie ein gottverdammter Anwerber der Marine sprichst? Abenteuer, Suchen, Ehre?«

»Sie wußten, was Ehre ist, ja«, sagte Roland und dachte an alle verschwundenen anderen.

»Hat es sie weitergebracht als das Revolverschwingen meinen Bruder?«

Der Revolvermann sagte nichts.

»Ich kenne dich«, sagte Eddie. »Ich habe eine Menge von deinesgleichen gesehen. Du bist nichts weiter als ein Narr, der mit einer Flagge in einer und einer Kanone in der anderen Hand ›Vorwärts, Christliche Soldaten‹ singt. Ich will keine Ehre. Ich will nur ein Brathähnchen und einen Schuß. In dieser Reihenfolge. Und daher sage ich dir: Geh durch. Du kannst es. Aber in dem Augenblick, wo du weg bist, werde ich den Rest von dir umbringen.«

Der Revolvermann sagte nichts.

Eddie lächelte verzerrt und wischte sich mit den Handrücken die Tränen von den Wangen. »Weißt du, wie man das bei uns zu Hause nennt?«

»Wie?«

»Ein mexikanisches Unentschieden.«

Sie sahen einander einen Augenblick an, dann blickte Roland unvermittelt in die Tür. Sie hatten beide am Rande mitbekommen – Roland deutlicher als Eddie –, daß ein weiterer Schwenk stattgefunden hatte, diesmal nach links. Hier befand sich eine Auslage funkelnder Juwelen. Vieles befand sich unter schützendem Glas, aber der größte Teil nicht, und daher vermutete der Revolvermann, daß es sich um Tinnef handelte... was Eddie Modeschmuck genannt haben würde. Die dunkelbraunen Hände begutachteten ein paar Stücke in einer beiläufigen Weise, dann kam eine andere Verkäuferin hinzu. Es hatte eine Unterhaltung stattgefunden, die keiner der beiden richtig mitbekommen hatte, und die Herrin (schöne Herrin, dachte Eddie) bat, etwas anderes sehen zu dürfen. Die Verkäuferin entfernte sich, und dann konzentrierte sich Roland ganz unvermittelt ausschließlich auf das Bild.

Die braunen Hände erschienen wieder, aber jetzt hielten sie eine Handtasche. Sie machten sie auf. Und plötzlich schaufelten die Hände Dinge – anscheinend völlig wahllos – in die Tasche.

»Du bekommst eine schöne Bande zusammen, Roland«, sagte Eddie voll bitterer Heiterkeit. »Zuerst einen weißen Junkie, und jetzt eine schwarze Ladendiebin...«

Aber Roland bewegte sich bereits auf die Tür zwischen den Welten zu, er bewegte sich rasch und achtete überhaupt nicht mehr auf Eddie.

»Es ist mein Ernst!« kreischte Eddie. »Wenn du durchgehst,

schneide ich dir die Kehle durch, ich schneide dir die verdammte Keh...«

Bevor er zu Ende sprechen konnte, war der Revolvermann verschwunden. Nur sein schlaffer, atmender Körper, der auf dem Strand lag, blieb zurück.

Eddie stand einen Augenblick nur da und konnte nicht glauben, daß Roland es getan hatte, daß er trotz seines Versprechens diese idiotische Tat begangen hatte – trotz seiner verdammten *Garantie*, was das anbetraf, wie die Konsequenzen aussehen würden.

Er stand einen Augenblick da und verdrehte die Augen wie ein ängstliches Pferd bei Beginn eines Gewitters... aber natürlich gab es kein Gewitter, abgesehen von dem im Kopf.

Also gut. Also gut, gottverdammt.

Es war vielleicht nur ein Augenblick. Mehr gab ihm der Revolvermann möglicherweise nicht, und Eddie wußte das ganz genau. Er schaute zur Tür und sah, wie die schwarzen Hände, die eine Goldkette hielten, in der Bewegung erstarrten, halb in der Tasche, die bereits wie die Schatzkiste eines Piraten funkelte, und halb draußen. Er konnte es zwar nicht hören, aber er vermutete, daß Roland mit der Besitzerin der schwarzen Hände sprach.

Er zog das Messer aus der Tasche des Revolvermanns, dann drehte er den schlaffen, atmenden Körper um, der vor der Tür lag. Die Augen waren offen, aber leer, nur das Weiße war zu sehen.

»Schau her, Roland!« schrie Eddie. Der monotone, idiotische, unablässige Wind wehte ihm um die Ohren. Herrgott, das reichte aus, jemanden irre zu machen. »Schau genau her! Ich möchte deine verfluchte Ausbildung vervollständigen! Ich will dir zeigen, was passiert, wenn man die Brüder Dean anscheißt!«

Er setzte dem Revolvermann das Messer an den Hals.

Zweites Kapitel

Veränderungen werden eingeläutet

1

August 1959:

Als der Internist eine halbe Stunde später nach draußen kam, sah er Julio, der am Krankenwagen lehnte, welcher immer noch vor der Notaufnahme des Sisters of Mercy-Krankenhauses in der 23. Straße parkte. Der Absatz eines von Julios spitzen Halbstiefeln stand auf der vorderen Stoßstange. Er hatte eine leuchtend rosa Hose und ein blaues Hemd angezogen, über dessen linker Brusttasche sein Name mit Goldfaden gestickt war: die Kleidung seines Kegelklubs. George sah auf die Uhr und stellte fest, daß Julios Mannschaft – die ›Spics of Supremacy‹ – schon angefangen haben mußte.

»Ich dachte, du wärst schon weg«, sagte George Shavers. Er war Internist im Sisters of Mercy. »Wie sollen deine Jungs denn ohne den Wunderwerfer gewinnen?«

»Sie haben Miguel Basale, der mich vertreten kann. Er ist nicht konstant, aber manchmal läuft er zu Bestform auf. Die kommen zurecht.« Julio machte eine Pause. »Ich war neugierig, wie es ausgehen würde.« Er war der Fahrer, ein Cubano mit einem Sinn für Humor, von dem er selbst, vermutete George, überhaupt nichts wußte. Er sah sich um. Keiner der Arzthelfer, die mit ihnen fuhren, war zu sehen.

»Wo sind sie?« fragte George.

»Wer? Die verfluchten Bobbsey-Zwillinge? Was glaubst du denn? Die jagen unten im Village Minnesota Poontang. Weißt du, ob sie durchkommen wird?«

»Keine Ahnung.«

Er bemühte sich, weise zu klingen, als wüßte er das Unbekannte, aber Tatsache war, zuerst hatte der Diensthabende und dann zwei Chirurgen ihm die schwarze Frau weggenommen, und zwar fast schneller als man *Heil Maria du Anmutige* sagen konnte

427

(was ihm tatsächlich auf der Zunge gelegen hatte – die schwarze Dame hatte wirklich nicht ausgesehen, als würde sie es noch lange machen).

»Sie hat eine gewaltige Menge Blut verloren.«

»Ach was.«

George war einer von sechzehn Internisten des Sisters of Mercy, und einer von acht, die einem neuen Programm namens Notfallfahrten zugeteilt worden waren. Man ging davon aus, daß ein Internist, der mit den Arzthelfern hinausfuhr, manchmal den Unterschied zwischen Tod und Leben ausmachen konnte, wenn es zu einem Notfall gekommen war. George wußte, die meisten Fahrer und Helfer dachten, daß ein Internist, der noch nicht trocken hinter den Ohren war, Unfallopfer mit ebenso großer Wahrscheinlichkeit umbrachte, wie er sie rettete, aber George glaubte, es könnte funktionieren.

Manchmal.

Wie auch immer, es war eine großartige Werbung für das Krankenhaus, und obwohl die Internisten des Programms sich ständig über die zusätzlichen acht Stunden (unbezahlt) beschwerten, war George Shavers der Überzeugung, daß die meisten wie er dachten – stolz, hart, imstande, alles zu nehmen, was sie ihm in den Weg warfen.

Dann war die Nacht gekommen, in der die Tri-Star von T. W. A. bei Idlewild abgestürzt war. Fünfundsechzig Menschen an Bord, sechzig davon bezeichnete Julio als A.D.S.T. – Auf der Stelle tot –, und drei der verbleibenden fünf sahen wie etwas aus, das man vom Boden eines Kohleofens abkratzte... aber was man von einem Kohleofen abkratzte, stöhnte und schrie normalerweise nicht und flehte, jemand möge ihm Morphium oder den Gnadentod geben, oder? *Wenn du das ertragen kannst,* hatte er danach gedacht, als er sich an die abgetrennten Gliedmaßen zwischen Aluminiumtrümmern und Teilen von Sitzkissen und einem unregelmäßigen Stück Heck mit der Zahl 17 und dem großen roten Buchstaben T und einem Teil des W darauf erinnerte, als er sich an den Augapfel erinnerte, den er auf einem verkohlten Samsonite-Koffer liegen sah, und an den Teddybär eines Kindes, mit gaffenden Knopfaugen, der neben einem kleinen roten Schuh lag, in dem sich der Fuß des Kindes noch befand, *wenn du das ertragen kannst, Baby, kannst du alles ertragen*. Und er hatte es ziemlich gut ertragen. Er hatte es den ganzen Nachhauseweg gut ertragen. Er hatte es ein verspätetes Abendessen, das aus einem Truthahnfertiggericht von Swanson bestand, über ertragen. Er hatte sich ohne Probleme schlafen gelegt, was ohne Zweifel bewies, daß er es gut ertragen konnte. Und dann war er in den frühen, dunklen Morgenstunden aus einem höllischen Alptraum erwacht, in dem das Ding auf dem verkohlten Samsonite-Koffer kein Teddybär gewesen war, sondern *der Kopf seiner Mutter*, und sie hatte die Augen aufgemacht, und die waren verkohlt gewesen; es waren die gaffenden ausdruckslosen Augen des Teddybärs, und sie hatte den Mund aufgemacht und sie hatte die abgebrochenen Hauer gezeigt, die ihre Zähne gewesen waren, bevor die Tri-Star von T.W.A. beim Landeanflug von einem Blitz getroffen worden war, und sie hatte geflüstert: *Du hast mich nicht retten können, George, wir haben für dich gespart, wir haben für dich gehungert, dein Dad hat das Malheur mit diesem Mädchen von dir ausgebügelt, und DU HAST MICH TROTZDEM NICHT RETTEN KÖNNEN, GOTT VERDAMMT* und er war schreiend aufgewacht und hatte am Rande mitbekommen, wie jemand gegen die Wand geklopft hatte, aber da war er schon auf dem Weg ins Badezimmer, und es gelang ihm gerade noch, sich vor dem Porzellanaltar in eine kniende Büßerhaltung zu bringen, bevor sein Abendessen mit dem Expreßlift wieder nach oben kam. Es kam als Sondersendung, immer noch heiß und dampfend, und es roch immer noch nach Truthahn. Er kniete und sah in die Schüssel, studierte die halb verdauten Truthahnstücke und die Karotten, die nichts von ihrer leuchtenden Röte verloren hatten, und dieses eine Wort leuchtete in großen roten Buchstaben in seinem Verstand auf:

GENUG

Korrekt.
Es war:

GENUG

Er würde aus dem Knochensägergeschäft aussteigen. Er würde aussteigen, denn:

GENUG WAR GENUG

Er würde aussteigen, weil Popeys Leitspruch lautete: *Das alles kann ich ertragen, aber mehr kann ich nimmer ertragen*, und Popey lag wie immer goldrichtig.

Er hatte die Toilette gespült und war wieder zu Bett gegangen und fast auf der Stelle eingeschlafen, und als er aufwachte, stellte er fest, daß er immer noch Arzt sein wollte, und es war verdammt gut, das sicher zu wissen, vielleicht das gesamte Programm wert, ob man es nun Notfallfahrt oder Eimerweise Blut oder Wie-heißt-die-Melodie nannte.

Er wollte *immer noch* Arzt sein.

Er kannte eine Frau, die Näharbeiten machte. Er bezahlte ihr zehn Dollar, die er sich nicht leisten konnte, damit sie ihm ein altmodisches kleines Sticktuch machte. Darauf stand:

WENN DU DAS ERTRAGEN KANNST,
KANNST DU ALLES ERTRAGEN.

Ja. Korrekt.

Die schreckliche Sache in der U-Bahn passierte vier Wochen später.

2

»Diese Dame war verflucht seltsam, weißt du das?« sagte Julio.

George stieß einen inneren Seufzer der Erleichterung aus. Wenn Julio die Sprache nicht auf das Thema gebracht hätte, hätte George selbst, vermutete er, auch nicht den Mumm aufgebracht. Er war Internist, eines Tages würde er ein vollwertiger Arzt sein, daran glaubte er inzwischen fest, aber Julio war *Tierarzt*, und vor einem Tierarzt wollte man doch nichts Dummes sagen. Er würde nur lachen und sagen: *Verflucht, ich habe diese Scheiße schon tausendmal gesehen, Junge. Nimm dir ein Handtuch und wisch dir das Nasse hinter den Ohren ab, weil es dir schon am Gesicht runtertropft.*

Aber offensichtlich hatte Julio es *nicht* schon tausendmal gesehen, und das war gut, denn George *wollte* darüber reden.

»Sie ist tasächlich unheimlich. Als wäre sie zwei Menschen.«

Er stellte zu seinem Erstaunen fest, daß *Julio* jetzt derjenige war, der erleichtert aussah, und war von plötzlicher Scham erfüllt. Julio Estavez, der den Rest seines Lebens nichts anderes machen würde, als eine Limousine mit rotem Blinklicht auf dem Dach zu fahren, hatte mehr Mut bewiesen, als er selbst hätte aufbringen können.

»Du hast's erfaßt, Doc. Hunnert Prozent.« Er nahm eine Packung Chesterfield heraus und steckte sich eine in den Mund.

»Die Dinger werden dich umbringen, Mann«, sagte George.

Julio nickte und hielt ihm die Packung hin.

Sie rauchten eine Weile schweigend. Die Helfer jagten möglicherweise wirklich Freiwild, wie Julio gesagt hatte... oder sie hatten ganz einfach die Schnauze voll. *George* hatte Angst gehabt, *das* war kein Witz gewesen. Aber er wußte auch, daß er derjenige war, der die Frau gerettet hatte, und nicht die Arzthelfer, und er wußte, daß Julio das auch wußte. Vielleicht war das der wahre Grund, weshalb Julio gewartet hatte. Die alte schwarze Frau hatte geholfen, und der weiße Junge ebenfalls, der die Bullen angerufen hatte, während alle anderen (ausgenommen die schwarze Frau) herumgestanden und zugesehen hatten, als wäre alles ein gottverdammter Film oder eine Fernsehsendung gewesen, eine Episode von *Peter Gunn* vielleicht, aber letztendlich war alles auf George Shavers angekommen, eine verängstigte Katze, die, so gut es ging, ihre Pflicht tat.

Die Frau hatte auf den Zug gewartet, auf den Duke Ellington so große Stücke hielt – den legendären A-Zug. Sie war nur eine hübsche, junge schwarze Frau in Jeans und einem Khakihemd gewesen, die auf den legendären A-Zug gewartet hatte, damit sie irgendwohin in die Stadt gehen konnte.

Jemand hatte sie gestoßen.

George Shavers hatte nicht die leiseste Ahnung, ob die Polizei den Dreckskerl erwischt hatte, der es gewesen war – das war nicht seine Sache. Seine Sache war die Frau, die schreiend vor dem legendären A-Zug auf die Schienen gestürzt war. Es war ein Wunder, daß sie das dritte Gleis verfehlt hatte; das legendäre dritte Gleis, das mit ihr gemacht hätte, was der Staat New York droben in Sing-Sing mit den bösen Buben macht, die eine Freifahrt auf dem legendären A-Zug bekamen, den man Old Sparky nannte.

Mann o Mann, das Wunder der Elektrizität.

Sie hatte versucht, aus dem Weg zu kriechen, aber sie hatte nicht genügend Zeit gehabt, und der legendäre A-Zug war quietschend und kreischend in die Haltestelle eingefahren, und er hatte Funken gesprüht, weil der Fahrer sie gesehen hatte, aber es war zu spät für ihn und zu spät für sie. Die Stahlräder des legendären A-Zuges hatten ihr direkt über den Knien die Beine abgeschnitten. Und während alle anderen nur dagestanden und die Patschhändchen gezogen hatten (oder die Genitalien gerieben, vermutete George) war die ältere Frau hinuntergesprungen, wobei sie sich die Hüfte ausgerenkt hatte (der Bürgermeister verlieh ihr später eine Tapferkeitsmedaille), und hatte mit ihrem Kopftuch ein Bein der jungen Frau abgebunden. Der junge weiße Bursche schrie auf einer Seite der Haltestelle nach einem Krankenwagen, und die alte Dame schrie auf der anderen Seite, jemand möge ihr helfen, jemand möge ihr um Himmels willen eine Krawatte geben, etwas, irgend etwas, und schließlich hatte ihr ein älterer weißer Geschäftsmann widerwillig seinen Gürtel gegeben, und die ältere Dame hatte aufgesehen und die Worte gesprochen, die am nächsten Tag als Schlagzeile der *New York Daily News* erscheinen sollten, die Worte, die sie zu einer authentischen amerikanischen Heldin machten: »Danke, Bruder.« Dann hatte sie den Gürtel um das linke Bein der jungen Frau geschlungen, auf halbem Weg zwischen Schritt und der Stelle, wo ihr Knie gewesen war, bevor der legendäre A-Zug gekommen war.

George hatte jemanden sagen hören, die letzten Worte der schwarzen Frau, bevor sie das Bewußtsein verlor, wären gewesen: »WER WAR DIESER WICHSAH? ICH WERD IHN JAGEN UND SEIN' ARSCH KALT MACHEN!«

Die alte Dame hatte keine Möglichkeit, so weit oben Löcher in den Gürtel zu machen, wie erforderlich gewesen wäre, daher hielt sie ihn einfach grimmig wie der Gevatter Tod fest, bis George und die Helfer eingetroffen waren.

George erinnerte sich an die gelbe Linie, wie seine Mutter ihm gesagt hatte, er dürfe niemals, *niemals* über diese gelbe Linie gehen, wenn er auf einen Zug wartete (legendär oder sonstwie), an den Gestank von Öl und Elektrizität, als er auf die Schienen hinuntergesprungen war, und er erinnerte sich, wie heiß es dort gewesen war. Die Hitze schien von ihm auszugehen, von der älteren schwarzen Dame, von der jungen schwarzen Frau, vom Zug, dem Tunnel, dem unsichtbaren Himmel droben und der Hölle selbst unten. Er erinnerte sich, er hatte zusammenhanglos gedacht: *Wenn sie mir jetzt einen Blutdruckmesser ansetzen, wird es die Anzeige oben rausdonnern,* und dann wurde er ganz cool und rief nach seiner Tasche, und als einer der Arzthelfer mit der Tasche herunterspringen wollte, hatte er ihm gesagt, er solle sich verpissen, und der Helfer hatte verblüfft dreingeschaut, als hätte er George zum ersten Mal richtig gesehen, und dann *hatte* er sich verpißt.

George band so viele Venen und Arterien ab, wie er abbinden konnte, und als ihr Herzschlag anfing, einen Be-Bop zu machen, pumpte er sie mit Digitalin voll. Blutkonserven kamen. Polizisten brachten sie. *Sollen wir sie raufheben, Doc?* hatte einer von ihnen gefragt, und George hatte zu ihm gesagt, noch nicht, und er hatte die Nadel genommen und die Flüssigkeit in sie reingestochen als wäre sie ein Junkie, der besonders dringend einen Schluß braucht.

Dann hatte er sie hochnehmen lassen.

Dann hatten sie sie weggefahren.

Auf dem Rückweg war sie erwacht.

Dann hatte das Unheimliche angefangen.

3

George gab ihr eine Spritze Demerol, als die Helfer sie in den Notarztwagen luden – sie hatte angefangen sich zu regen und geschwächt zu schreien. Er gab ihr eine solche Ladung, daß er sicher war, sie würde ruhig bleiben, bis sie im Sisters of Mercy waren. Er war zu neunzig Prozent überzeugt, daß sie noch unter ihnen sein würde, wenn sie dort ankamen.

Aber als sie noch sechs Blocks vom Krankenhaus entfernt waren, fingen ihre Lider an zu zittern. Sie gab ein belegtes Stöhnen von sich.

»Wir können ihr noch eine Spritze verpassen, Doc«, sagte einer der Helfer.

George bekam kaum mit, daß er zum ersten Mal von einem der Helfer anders genannt wurde als George, oder, noch schlimmer, Georgie. »Sind Sie verrückt? Ich würde lieber nicht D.O.A. und O.D. durcheinanderbringen, auch wenn Ihnen das einerlei ist.«

Der Arzthelfer wich zurück.

George sah die junge schwarze Frau wieder an und stellte fest, daß die Augen, die seinen Blick erwiderten, wach waren und wahrnahmen.

»Was ist mit mir passiert?«

George erinnerte sich an den Mann, der einem anderen Mann erzählt hatte, was angeblich ihre letzten Worte gewesen waren (sie würde den Wichser jagen und seinen Arsch kalt machen, und so weiter). Dieser Mann war weiß gewesen. Jetzt kam George zu der Überzeugung, daß alles erfunden gewesen war und entweder der seltsamen menschlichen Neigung entsprang, dramatische Situationen noch dramatischer zu machen, oder einfach Rassenvorurteilen. Dies war eine kultivierte, intelligente Frau.

»Sie hatten einen Unfall«, sagte er. »Sie wurden...«

Sie machte die Augen zu, und er dachte, sie würde wieder einschlafen. Gut. Sollte jemand anders ihr erzählen, daß sie die Beine verloren hatte. Jemand, der mehr als siebentausendsechshundert Dollar im Jahr verdiente. Er hatte sich ein wenig nach links gebeugt um noch einmal ihren Puls zu fühlen, als sie die Augen wieder aufmachte. Als sie das getan hatte, sah George Shavers eine andere Frau an.

»Pissah hat meine Füße abgesäbelt. Habse wegfliegen gespürt. Is dassier 'n Krankenwagen?«

»J-J-Ja«, sagte George. Er brauchte plötzlich etwas zu trinken. Nicht notwendigerweise Alkohol. Nur etwas Nasses. Seine Stimme war trocken. Dies war, als würde man Spencer Tracy in *Dr. Jeckyll und Mr. Hyde* in echt sehen.

»Hamse'n 'schissnen Wichsah jeschnappt?«

»Nein«, sagte George und dachte: *Der Mann hat recht gehabt, gottverdammt, der Mann hat tatsächlich recht gehabt.*

George bekam am Rande mit, daß die Arzthelfer, die in der Nähe gekauert hatten (wahrscheinlich in der Hoffnung, er würde einen Fehler machen), sich nacheinander zurückzogen.

»Gut. Scheißbulln würdenen sowieso nur abhaun lassen. Ich krieg'n. Schneid ihm'n Schwanz ab. Hurrnsohn! Ich sag dir, was ich mittem Hurrnsohn mache! Sag dir eins, verwichster Pisser! Sag dir... sag...«

Ihre Augen blinzelten wieder, und George dachte: *Ja, schlaf wieder, bitte schlaf wieder, dafür werde ich nicht bezahlt, das verstehe ich nicht, sie haben uns was über Schock erzählt, aber niemand hat etwas von Schizophrenie als Folge gesa...*

Die Augen gingen auf. Die erste Frau war da.

»Was für ein Unfall war es denn?« fragte sie. »Ich erinnere mich, ich bin aus dem *I* gekommen...«

»Ei?« sagte er dümmlich.

Sie lächelte ein wenig. Ein schmerzverzerrtes Lächeln. »Dem *Hungry I*. Das ist ein Kaffeehaus.«

»Oh. Ja. Richtig.«

Bei der anderen hatte er sich, verletzt oder nicht, ein wenig schmutzig und krank gefühlt. Bei dieser hier fühlte er sich wie ein Ritter in einer Artus-Geschichte, ein Ritter, der die Reine Dame erfolgreich aus den Fängen des Drachen gerettet hat.

»Ich erinnere mich, ich bin die Treppe zur Haltestelle hinuntergegangen, und danach...«

»Jemand hat Sie gestoßen.« Es hörte sich dumm an, aber was war daran schlimm? Es *war* dumm.

»Vor den Zug gestoßen?«

»Ja.«

»Habe ich die Beine verloren?«

George versuchte zu schlucken, konnte es aber nicht. In seinem Hals schien nichts zu sein, um die Maschinerie zu schmieren.

»Nicht ganz«, sagte er geistlos, und sie machte die Augen zu.

Laß sie ohnmächtig werden, dachte er dann, *bitte, laß sie ohnmächtig werden...*

Sie gingen blitzend wieder auf. Eine Hand schnellte hoch und kratzte Zentimeter von seinem Gesicht entfernt fünf Schlitze in die Luft – etwas näher, und er wäre selbst in der Unfallaufnahme gelandet und hätte die Wangen genäht bekommen, statt mit Julio Estavez Chesties zu rauchen.

»*IHR SEID NIX WEITER ALS 'NE DRECKSBANDE VON HURRN-SÖHNEN*«, kreischte sie. Ihr Gesicht war monströs, die Augen vom Licht der Hölle selbst erfüllt. Es war nicht einmal mehr das Gesicht eines menschlichen Wesens. »*ICH WERD JEDEN VERDAMMTEN BLASSN WICHSAH ABMURKSN, WENN ICH'N SEH! WERDSE RUCKZUCK SCHNAPPEN! WERD IHRE EIER ABSCHNEIDEN UND IHNEN INNE VISAGEN SPUCKEN! WERD...*«

Es war verrückt. Sie redete wie die Karikatur einer Farbigen. Butterfly McQueen als Loony Tune. Sie – oder es – schien außerdem übermenschlich zu sein. Dieses schreiende, zuckende Ding konnte nicht erst vor einer halben Stunde von einer U-Bahn einen unzureichenden chirurgischen Eingriff verpaßt bekommen haben. Sie biß. Sie krallte immer wieder nach ihm. Rotz flog ihr aus der Nase. Spucke von den Lippen. Unflat ergoß sich aus ihrem Mund.

»*Geben Sie ihr eine Spritze, Doc!*« rief einer der Arzthelfer. Sein Gesicht war blaß. »*Himmels willen, 'n Spritze!*« Der Helfer griff nach dem Arztkoffer. George schob seine Hand weg.

»Verpiß dich, Weichling.«

George sah wieder zu seiner Patientin, und die ruhigen, kultivierten Augen der anderen sahen ihn an.

»Werde ich überleben?« fragte sie mit beiläufiger Teestunden-Stimme. Er dachte: *Sie merkt nichts von ihren Persönlichkeitsveränderungen. Überhaupt nichts.* Und nach einem Augenblick: *Und die andere auch nicht, was das betrifft.*

»Ich . . .« Er schluckte, rieb sich durch den Kittel sein galoppierendes Herz und befahl sich dann, die Kontrolle über das alles zu erlangen. Er hatte ihr das Leben gerettet. Ihre geistigen Probleme gingen ihn nichts an.

»Alles in Ordnung mit *Ihnen?*« fragte sie, und die echte Anteilnahme in ihrer Stimme brachte ihn zum Lächeln – *sie* fragte *ihn* das.

»Ja, Ma'am.«

»Auf welche Frage antworten Sie?«

Einen Augenblick verstand er nicht, aber dann doch. »Auf beide«, sagte er und nahm ihre Hand. Sie drückte sie, und er sah ihr in die glänzenden, leuchtenden Augen und dachte: *Ein Mann könnte sich in dich verlieben,* und da wurde ihre Hand zur Klaue und sie sagte ihm, daß er ein blasser Wichsah war und sie nicht nur seine Eier nehmen, sonnern die Scheißdinger *kauen* würde.

Er zog sie zurück und sah nach, ob die Hand blutete, und er dachte zusammenhanglos, wenn ja, würde er etwas tun müssen, denn sie war giftig, diese Frau war reines Gift, und wenn man von ihr gebissen würde, würde das so sein, als würde man von einer Boa oder einer Klapperschlange gebissen werden. Kein Blut. Und als er wieder hin sah, war es die andere Frau – die erste Frau.

»Bitte«, sagte sie. »Ich will nicht sterben. Bi . . .« Dann verlor sie wieder auf Dauer das Bewußtsein, und das war gut. Für alle.

»Also, was meinste?« fragte Julio.

»Wer in der Serie mitspielen wird?« George trat die Kippe mit dem Absatz aus. »White Sox. Auf die setze ich wirklich alle Hoffnung.«

»Was meinste wegen der Dame?«

»Ich glaube, sie könnte schizophren sein«, sagte George langsam.

»Ja, das weiß ich. Ich meine, was wird aus ihr werden?«

»Weiß nicht.«

»Sie braucht Hilfe, Mann. Wer gibt ihr die?«

»Nun, ich habe ihr bereits geholfen«, sagte George, und sein Gesicht wurde heiß, als wäre er errötet.

Julio sah ihn an. »Wenn du ihr bereits sämtliche in deiner Macht stehende Hilfe gegeben hast, hättest du sie sterben lassen, Doc.«

George sah Julio einen Augenblick an, stellte aber fest, daß er nicht ertragen konnte, was er in Julios Augen sah – keine Vorwürfe, sondern Traurigkeit.

Daher ging er weiter.

Er hatte zu tun.

5

Die Zeit des Auserwählens:

In der Zeit nach dem Unfall war es weitestgehend Odetta Holmes, die das Sagen hatte, aber Detta Walker kam immer häufiger nach vorne, und was Detta am liebsten machte, war Stehlen. Es war einerlei, daß ihre Beute immer wenig mehr als Plunder war, ebenso, daß sie sie meistens hinterher wegwarf.

Das *Nehmen* zählte.

Als der Revolvermann im Macy's in ihren Kopf eindrang, schrie Detta mit einer Mischung aus Wut und Entsetzen und Schrecken auf, und ihre Hände erstarrten über dem Modeschmuck, den sie in die Tasche schaufelte.

Sie schrie, denn als Roland in ihren Verstand eindrang, als er *nach vorne* kam, da spürte sie den *anderen* einen Augenblick, als wäre in ihrem Kopf eine Tür aufgestoßen worden.

Und sie schrie, weil die eingedrungene, vergewaltigende Präsenz ein Blasser war.

Sie konnte ihn nicht sehen, spürte aber dennoch, daß er *weiß* war.

Leute drehten sich um. Ein Abteilungsleiter sah die schreiende Frau mit der offenen Handtasche im Rollstuhl, sah eine Hand, die in der Bewegung erstarrt war, Modeschmuck in eine Handtasche zu stopfen, die (selbst aus einer Entfernung von zehn Metern) dreimal so teuer aussah wie die Sachen, die sie stahl.

Der Abteilungsleiter schrie: »He, *Jimmy!*«, und Jimmy Halvorsen, einer der Hausdetektive von Macy's, drehte sich um und sah, was los war. Er stürzte sofort in Richtung der schwarzen Frau im Rollstuhl. Er konnte nicht anders, er mußte laufen – er war achtzehn Jahre lang Polizist der Stadt gewesen und es war ihm in Fleisch und Blut übergegangen –, aber er dachte bereits, daß es ein beschissener Fang war. Kleine Kinder, Krüppel, Nonnen; das waren immer beschissene Fänge. Sie zu schnappen war, als würde man einen Betrunkenen treten. Sie weinten ein wenig vor dem Richter, und dann spazierten sie hinaus. Es war schwer, einen Richter davon zu überzeugen, daß Krüppel auch Abschaum sein konnten.

Aber er rannte trotzdem.

6

Roland war einen Augenblick entsetzt angesichts der Schlangengrube von Haß und Ekel, in die er geraten war ... und dann hörte er die Frau schreien, sah den großen Mann mit dem Kartoffelsackbauch auf sie/ihn zulaufen, sah Leute hersehen und übernahm die Kontrolle.

Plötzlich *war* er die Frau mit den dunklen Händen. Er spürte eine seltsame Dualität in ihr, konnte jetzt aber nicht darüber nachdenken.

Er drehte den Stuhl herum und rollte damit fort. Der Gang rollte an ihm/ihr vorbei. Leute sprangen auf beiden Seiten aus dem Weg. Die Handtasche fiel herunter, Dettas Habseligkeiten und der gestohlene Schatz hinterließen eine breite Spur auf dem Boden. Der Mann mit dem dicken Bauch rutschte auf falschen Goldketten und einem Lippenstift aus und fiel auf den Arsch.

7

Scheiße! dachte Halvorsen wütend, und seine Hand verkrampfte sich einen Augenblick unter dem Sportmantel, wo er eine 38er im Halfter hatte. Dann obsiegte die Vernunft. Dies war keine Drogenrazzia oder ein bewaffneter Raubüberfall; es handelte sich um eine verkrüppelte schwarze Dame im Rollstuhl. Sie rollte ihn, als wäre er die Seifenkiste eines Punks, aber sie – war und blieb trotzdem eine verkrüppelte schwarze Dame. Was sollte er machen – sie erschießen? Das wäre großartig, nicht? Und wohin sollte sie schon gehen? Am Ende des Gangs war nichts, abgesehen von zwei Umkleidekabinen.

Er stand auf, massierte den Arsch und lief wieder hinter ihr her, jetzt leicht hinkend.

Der Rollstuhl raste in eine der Umkleidekabinen. Die Tür schlug zu, die Schiebegriffe am Rücken des Rollstuhls paßten gerade noch hinein.

Jetzt hab' ich dich, Miststück, dachte Jimmy. *Und ich werde dir eine Scheißangst einjagen. Es ist mir egal, ob du fünf Waisenkinder und nur noch ein Jahr zu leben hast. Ich werde dir nicht weh tun, aber o Baby, ich werde dir eine verpassen.*

Er erreichte die Umkleidekabine vor dem Abteilungsleiter, sprengte die Tür der Kabine mit der linken Schulter auf, und sie war leer.

Keine schwarze Frau.

Kein Rollstuhl.

Gar nichts.

Er sah den Abteilungsleiter mit weiten Augen an.

»Die andere!« rief der Abteilungsleiter. »Die andere!«

Bevor sich Jimmy in Bewegung setzen konnte, hatte der Abteilungsleiter die Tür der anderen Umkleidekabine aufgerissen. Eine Frau in Leinenrock und Playtex-Büstenhalter schrie spitz auf und verschränkte die Arme vor der Brust. Sie war sehr weiß und eindeutig nicht verkrüppelt.

»Pardon«, sagte der Abteilungsleiter und spürte, wie heißes Scharlachrot sein Gesicht überzog.

»*Verschwinden Sie von hier, Sie Perversling!*« schrie die Frau im Leinenrock und dem BH.

»Ja, Ma'am«, sagte der Abteilungsleiter und machte die Tür zu.

Bei Macy's hatte der Kunde immer recht.

Er sah Halverson an.

Halverson sah ihn an.

»Was soll diese Scheiße?« fragte Halverson. »Ist sie da hineingegangen oder nicht?«

»Ja, ist sie.«

»Und wo ist sie jetzt?«

Der Abteilungsleiter konnte nur den Kopf schütteln. »Gehen wir zurück und räumen das Durcheinander auf.«

»*Sie* räumen das Durcheinander auf«, sagte Jimmy Halverson. »Mir ist, als hätte ich den Arsch gerade in neun Stücke zerbrochen.« Pause. »Und um Ihnen die Wahrheit zu sagen, guter Mann, ich bin auch ziemlich verwirrt.«

8

In dem Augenblick, als der Revolvermann hörte, wie die Tür der Umkleidekabine hinter ihm zuschlug, drehte er den Rollstuhl halb herum und sah nach der Tür. Wenn Eddie getan hatte, was er angedroht hatte, würde sie verschwunden sein.

Aber die Tür stand offen. Roland rollte die Herrin der Schatten hindurch.

Drittes Kapitel

Odetta auf der anderen Seite

1

Nicht lange danach dachte Roland: *Jede andere Frau, verkrüppelt oder sonstwie, die unvermittelt den Gang des Kaufhauses, in dem sie Geschäfte machte – falsche Geschäfte, konnte man sagen –, entlanggeschoben wurde, obendrein von einem Fremden in ihrem Kopf in eine kleine Kabine hinein, während ein anderer Mann hinter ihr herschrie, sie solle stehenbleiben, die dann plötzlich umgedreht und weitergeschoben wurde, obwohl eigentlich kein Platz zum Schieben mehr da war, und die sich dann mit einem Mal in einer völlig fremden Welt wiederfand ... ich glaube, unter diesen Umständen hätte jede andere Frau mit ziemlicher Sicherheit vor allem anderen gefragt »Wo bin ich?«*

Statt dessen fragte Odetta Holmes in beinahe freundlichem Tonfall: »Was genau haben Sie mit diesem Messer vor, junger Mann?«

2

Roland sah zu Eddie empor, der über ihm kauerte und das Messer weniger als einen Zentimeter von seiner Haut entfernt hielt. Nicht einmal mit seiner erstaunlichen Geschwindigkeit hätte der Revolvermann sich schnell genug bewegen können, der Klinge zu entkommen, sollte Eddie planen, sie einzusetzen.

»Ja«, sagte Roland. »Was *hast* du denn damit vor?«

»Ich weiß nicht«, sagte Eddie, der sich wie von sich selbst angeekelt anhörte. »Köder schneiden, schätze ich. Sieht aber nicht so aus, als wäre ich zum Angeln hierhergekommen, was?«

Er warf das Messer zum Rollstuhl der Herrin, aber etwas rechts davon. Es blieb zitternd bis zum Heft im Sand stecken.

Dann drehte die Herrin den Kopf und fing an: »Ich frage mich, ob Sie mir vielleicht erklären könnten, wohin Sie mich gebracht ha ...«

Sie verstummte. Sie hatte *Ich frage mich, ob Sie* gesagt, bevor sie sich weit genug herumgedreht hatte, um zu sehen, daß niemand hinter ihr stand. Der Revolvermann stellte mit echtem Interesse fest, daß sie noch einen Augenblick weitersprach, denn ihre Lebensumstände machten gewisse Dinge zu grundlegenden Wahrheiten ihres Lebens: Wenn sie sich zum Beispiel bewegt hatte, mußte sie jemand bewegt haben. Aber es war niemand hinter ihr.

Überhaupt niemand.

Sie sah wieder zu Eddie und dem Revolvermann, ihre dunklen Augen waren besorgt, verwirrt und erschreckt, und jetzt fragte sie: »Wo bin ich? Wer hat mich geschoben? Wie kann ich hier sein? Wie kann ich überhaupt angezogen sein, wo ich doch gerade im Bademantel zu Hause war und mir die Zwölfuhrnachrichten angesehen habe? Wer bin ich? Wo sind wir hier? Wer sind Sie?«

›Wer bin ich?‹ hat sie gefragt, dachte der Revolvermann. *Der Damm ist gebrochen, und es kam zu einer Flut von Fragen; damit hatte man rechnen können. Aber diese eine Frage: ›Wer bin ich?‹ – ich glaube auch jetzt noch, sie hat nicht einmal gemerkt, daß sie sie gestellt hat.*

Oder wann.

Denn sie hatte sie *vorher* gestellt.

Noch bevor sie gefragt hatte, wer *sie* waren, hatte sie gefragt, wer *sie selbst* war.

3

Eddie sah von dem lieblichen jungen/alten Gesicht der schwarzen Frau im Rollstuhl zu Rolands Gesicht.

»Wie kommt es, daß sie es nicht weiß?«

»Kann ich nicht sagen. Möglicherweise Schock.«

»Der Schock hat sie bis in ihr Wohnzimmer zurückversetzt, bevor sie Macy's besuchte? Du willst mir erzählen, ihre letzte Erinnerung ist, daß sie im Bademantel dasaß und einem hochtrabenden Gecken zuhörte, der erzählte, wie sie diesen Gonzo unten in den Florida Keys gefunden haben, der Christa McAuliffs linke Hand neben seinem preisgekrönten Schwertfisch an der Trophäenwand seiner Jagdhütte befestigt hatte?«

Roland antwortete nicht.

Die Herrin sagte benommener denn je: »Wer ist Christa McAuliff? Ist sie eine der vermißten Freedom Riders?«

Jetzt war es an Eddie, nicht zu antworten. Freedom Riders? Wer, zum Teufel, waren denn *die*?

Der Revolvermann sah ihn an, und Eddie konnte den Ausdruck seiner Augen mühelos lesen: Siehst du denn nicht, daß sie unter Schock steht?

Ich weiß, was du meinst, Roland, alter Kumpel, aber das haut nur bis zu einem gewissen Punkt hin. Ich habe selbst einen gewissen Schock verspürt, als du wie Walter Payton auf Knall und Fall in meinen Kopf hineingeplatzt bist, aber das hat meine Erinnerungsspeicher nicht gelöscht.

Und da er gerade bei Schock war – auch er hatte einen verdammten Schlag abbekommen, als sie durchgekommen war. Er hatte über Rolands reglosem Körper gekniet, das Messer gerade über der verwundbaren Haut am Hals... aber in Wahrheit hätte Eddie das Messer gar nicht benützen können – jedenfalls da nicht. Er hatte hypnotisiert in die Tür gesehen, hinter der ein Gang von Macy's vorbeigerast war – er hatte wieder an *Shining* denken müssen, wo man das sah, was der kleine Junge sah, als er durch die Flure des Spukhotels fuhr. Er erinnerte sich: In einem Flur hatte der Junge das unheimliche tote Zwillingspaar gesehen. Das Ende dieses Gangs hier war wesentlich weltlicher: eine weiße Tür. Die Worte NUR ZWEI KLEIDUNGSSTÜCKE AUF EINMAL standen mit diskreten Buchstaben darauf. Ja, das war Macy's, richtig, eindeutig Macy's.

Eine schwarze Hand schnellte nach vorne und riß die Tür auf, während eine Männerstimme (ein Bulle, wenn Eddie je einen gehört hatte, und er hatte zu seiner Zeit viele gehört) hinter ihr schrie, sie solle aufgeben, es gebe keinen Ausweg, sie mache alles nur verflucht schlimmer für sie. Und Eddie sah die schwarze Frau im Rollstuhl einen ganz kurzen Augenblick im Spiegel zur Linken, und er erinnerte sich, er hatte gedacht: *Herrgott, er hat sie tatsächlich, aber sie sieht eindeutig nicht glücklich darüber aus.*

Dann kippte das Panorama, und Eddie betrachtete *sich selbst*. Das Panorama raste auf den Betrachter zu, und er wollte die Hand mit dem Messer hochreißen, um die Augen zu bedecken, denn das Gefühl, durch zwei Augenpaare zu sehen, war plötzlich zuviel, zu verrückt, es würde ihn verrückt *machen*, wenn er es nicht abschaltete, aber alles passierte so schnell, daß er keine Zeit hatte.

Der Rollstuhl kam durch die Tür. Es war eine knappe Sache, Eddie hörte die Reifen am Türrahmen streifen. Gleichzeitig hörte er einen anderen Laut: einen schweren, *reißenden* Laut, der ihn an ein Wort denken ließ,

(plazental)

das er nicht richtig denken konnte, weil er gar nicht wußte, daß er es kannte. Dann rollte die Frau auf dem festgetretenen Sand auf ihn zu, und sie sah gar nicht mehr wütend wie der Teufel aus. Sie sah, was das anbelangte, gar nicht mehr wie die Frau aus, die Eddie im Spiegel gesehen hatte, aber er vermutete, daß *das* nicht überraschend war; wenn man urplötzlich von einer Umkleidekabine im Macy's an den Strand einer gottverlassenen Welt versetzt wurde, dann fühlte man sich schon ein wenig verstört. Das war ein Thema, zu dem Eddie nach eigener Meinung selbst einiges sagen konnte.

Sie rollte etwa einen Meter, ehe sie anhielt, und sie kam nur so weit, weil der Sand etwas abwärts geneigt und so fest war. Ihre Hände drehten nicht mehr die Reifen, wie sie es eben noch getan haben mußten (*wenn du morgen mit wunden Schultern aufwachst, Herrin*, dachte Eddie säuerlich, *dann kannst du Sir Roland die Schuld dafür geben*). Statt dessen griffen sie nach den Armlehnen des Stuhls, die sie umklammerten, während sie die beiden Männer ansah.

Die Tür hinter ihr war bereits verschwunden. Verschwunden? Das war nicht ganz richtig. Sie schien sich *in sich selbst* zusammenzufalten, wie ein Film, der rückwärts läuft. Dies geschah gerade, als der Kaufhausdetektiv durch die andere, weltliche Tür hereinplatzte – diejenige zwischen dem Kaufhaus und der Umkleidekabine. Er stürzte heftig herein, da er davon ausgegangen war, die Ladendiebin würde die Tür verriegelt haben, und Eddie glaubte, er würde verflucht an die gegenüberliegende Wand klatschen, aber Eddie bekam nie zu sehen, ob das geschah oder nicht. Eddie sah alles auf jener anderen Seite erstarren, bevor der schrumpfende Raum, wo die Tür zwischen jener Welt und dieser verschwand, sich endgültig schloß.

Der Film war zu einem Standfoto geworden.

Zurück blieben nur die beiden Reifenspuren des Rollstuhls, die im Nichts im Sand anfingen und einen Meter bis zu der Stelle verliefen, wo seine Insassin sich jetzt befand.

»Möchte mir nicht jemand bitte erklären, wo ich bin und wie ich hierher gekommen bin?« fragte, flehte die Frau im Rollstuhl fast.

»Nun, eines kann ich dir sagen, Dorothy«, sagte Eddie. »Du bist überhaupt nicht mehr in Kansas.«

In den Augen der Frau schimmerten Tränen. Eddie konnte sehen, wie sie versuchte, sie zurückzuhalten, aber es nützte nichts. Sie fing an zu schluchzen.

Eddie, der wütend war (und darüber hinaus Abscheu vor sich selbst empfand), drehte sich zu dem Revolvermann um, der sich aufgerappelt hatte. Roland bewegte sich, aber nicht zu der weinenden Frau; statt dessen hob er sein Messer auf.

»Sag es ihr!« brüllte Eddie. »Du hast sie hierher gebracht, also sieh zu, *daß du es ihr sagst, Mann!*« Und nach einem Augenblick fügte er mit gedämpfter Stimme hinzu: »Und dann sag mir, wie es kommt, daß sie sich an nichts erinnern kann.«

4

Roland antwortete nicht. Nicht gleich. Er bückte sich, nahm den Griff des Messers sorgfältig zwischen die beiden verbliebenen Finger seiner rechten Hand, wechselte es vorsichtig in die linke über und ließ es in die Scheide am Revolvergurt rutschen. Er versuchte immer noch, sich einen Reim auf das zu machen, was er im Verstand der Herrin gesehen hatte. Sie hatte, anders als Eddie, gegen ihn gekämpft, wie eine Katze, und zwar von dem Augenblick, als er *nach vorne* gekommen war, bis zu dem, als sie durch die Tür gerollt waren. Der Kampf hatte in dem Moment angefangen, als sie ihn gespürt hatte. Keine zögerliche Pause, weil sie keinerlei Überraschung verspürt hatte. Er hatte es selbst erlebt, begriff es aber nicht im geringsten. Keine Überraschung angesichts des in ihren Verstand eingedrungenen Fremden, nur sofortige Wut, Entsetzen und der Wille zu einem Kampf, um ihn abzuschütteln. Sie hatte diesen Kampf nicht einmal ansatzweise gewonnen – konnte ihn gar nicht gewinnen, vermutete er –, aber das hatte sie nicht daran gehindert, es wie der Teufel zu versuchen. Er hatte eine Frau gespürt, die vor Angst und Wut und Haß wahnsinnig gewesen war.

Er hatte nur Dunkelheit in ihr gespürt – es war ein Verstand, der von einer Höhle umschlossen war.

Aber...

Aber in dem Augenblick, als sie durch die Tür geplatzt waren, hatte er sich gewünscht – verzweifelt gewünscht –, er könnte noch einen Augenblick länger verweilen. Ein Augenblick hätte so vieles verraten können. Denn die Frau, die jetzt vor ihnen saß, war nicht die Frau, in deren Verstand er gewesen war. In Eddies Verstand zu sein, war gewesen, als hätte er sich in einem Zimmer mit zuckenden, schwitzenden Wänden befunden. In dem der Herrin zu sein, war gewesen, als hätte er in einem dunklen Raum gelegen, während giftige Schlangen über ihn gekrochen waren.

Bis zum Ende.

Am Ende hatte sie sich verändert.

Und da war noch etwas gewesen, das er als von entscheidender Bedeutung betrachtete, aber er konnte es entweder nicht verstehen oder sich nicht daran erinnern. Etwas wie

(ein flüchtiger Blick)

die Tür selbst, nur in ihrem Verstand. Etwas über eine

(du hast das Besondere *zerbrochen – du warst es)*

plötzliche Erkenntnis. Wie beim Studieren, wenn man endlich begriff...

»Scheiß auf dich«, sagte Eddie voll Abscheu. »Du bist nichts weiter als eine gottverdammte Maschine.«

Er schritt an Roland vorbei, ging zu der Frau, kniete neben ihr nieder, und als sie die Arme um ihn schlang, voll Panik, wie eine ertrinkende Schwimmerin, wich er nicht zurück, sondern umarmte sie ebenfalls und drückte sie fest.

»Schon gut«, sagte er. »Ich meine, es ist nicht toll, aber es ist gut.«

»Wo sind wir?« weinte sie. »Ich saß zu Hause und habe ferngesehen, damit ich erfahre, ob meine Freunde lebend aus Oxford herausgekommen sind, und jetzt bin ich hier UND WEISS NICHT EINMAL, WO HIER IST!«

»Nun, ich auch nicht«, sagte Eddie, der sie noch fester hielt und anfing, sie ein wenig zu wiegen, »aber ich glaube, wir stecken gemeinsam drin. Ich komme von da, wo Sie auch herkommen, aus dem kleinen alten New York City, und ich habe dasselbe durchgemacht – nun, etwas anders, aber dasselbe Prinzip –, und es wird alles gut mit Ihnen werden.« Und als Nachbemerkung fügte er noch hinzu: »Wenn Sie gern Hummer essen.«

Sie umarmte ihn und weinte, und Eddie hielt sie umschlungen und wiegte sie, und Roland dachte: *Jetzt wird mit Eddie alles in Ordnung kommen. Sein Bruder ist tot, aber er hat jetzt jemand anderen, um den er sich kümmern kann, und deshalb wird mit Eddie alles gut werden.*

Aber er verspürte einen Stich, einen tiefen, vorwurfsvollen Schmerz im Herzen. Er konnte schießen – jedenfalls mit der linken Hand –, konnte töten, konnte immer weitermachen, sich mit brutaler Entschlossenheit durch Meilen und Jahre schleppen, sogar Dimensionen, schien es, um zum Turm zu gelangen. Er konnte überleben, manchmal sogar beschützen – er hatte den Jungen Jake vor einem langsamen Tod im Rasthaus gerettet, und vor sexueller Zerstörung durch das Orakel am Fuß der Berge –, aber am Ende hatte er Jake sterben lassen. Und das war kein Unfall gewesen; er hatte einen bewußten Akt der Verdammung begangen. Er betrachtete die beiden, sah Eddie, der sie umarmte, ihr versicherte, daß alles gut werden würde. Er selbst hätte das nicht gekonnt, und nun gesellte sich zum Bedauern in seinem Herzen eine schleichende Angst.

Wenn du dein Herz für den Turm geopfert hast, Roland, dann hast du schon verloren. Ein herzloses Geschöpf ist ein Geschöpf ohne Liebe, und ein Geschöpf ohne Liebe ist eine Bestie. Eine Bestie zu sein, ist wahrscheinlich erträglich, aber der Mann, der zu einer geworden ist, wird letzten Endes den Preis der Hölle dafür bezahlen müssen. Doch was wird, solltest du den Dunklen Turm tatsächlich ohne Herz erstürmen und erobern? Wenn in deinem Herzen nichts als Dunkelheit ist, was könnte anderes passieren, als daß du von der Bestie zum Monster wirst? Das Ziel der Sehnsucht als Bestie zu erringen, wäre nur bitter komisch, als würde man einem Elephanten ein Vergrößerungsglas geben. Aber das Ziel der Sehnsucht als Monster zu erringen ...

Mit der Hölle zu bezahlen, ist eines. Aber möchtest du sie besitzen?

Er dachte an Allie und das Mädchen, das einst am Fenster auf ihn gewartet hatte, dachte an die Tränen, die sie über Cuthberts reglosem Leichnam vergossen hatte. Oh, damals hatte er geliebt. Ja. Damals.

Ich *möchte lieben!* schrie er, doch die Augen des Revolvermanns blieben so trocken wie die Wüste, die er durchquert hatte, um dieses sonnenlose Meer zu erreichen, obwohl Eddie mittlerweile auch ein wenig mit der Frau im Rollstuhl weinte.

5

Er würde Eddies Frage später beantworten. Er würde es tun, weil er dachte, daß Eddie gut daran tat, auf der Hut zu sein. Der Grund, weshalb sie sich nicht erinnerte, war einfach. Sie war nicht eine Frau, sondern zwei.

Und eine davon war gefährlich.

6

Eddie erzählte ihr, was er konnte, er verharmloste die Schießerei ein wenig, aber in allem anderen war er aufrichtig.

Als er fertig war, schwieg sie eine ganz Weile mit im Schoß gefalteten Händen.

Kleine Bächlein ergossen sich von den flacher werdenden Bergen herab und verzweigten sich ein paar Meilen östlich. Von dort hatten Roland und Eddie während ihrer Reise nach Norden ihr Wasser geholt. Zuerst hatte Eddie es geholt, weil Roland zu schwach gewesen war. Später waren sie dann abwechselnd gegangen, und sie hatten immer ein Stück weiter und immer ein wenig länger suchen müssen, um einen Bach zu finden. Je flacher die Berge wurden, desto lustloser wurden sie, aber das Wasser hatte sie nicht krank gemacht.

Bis jetzt.

Gestern war Roland gegangen, und obwohl damit heute Eddie an der Reihe gewesen wäre, war der Revolvermann wieder gegangen, er hatte die Wasserschläuche aus Tierhaut geschultert und war ohne ein Wort davongeschritten. Eddie fand das auf eigentümliche Weise taktvoll. Er wollte sich von dieser Geste nicht rühren lassen – von nichts, was Roland tat – und stellte fest, daß er es dennoch war.

Sie hörte Eddie aufmerkam zu und sagte nichts, ihr Blick hing an ihm. Einmal schätzte Roland, daß sie fünf Jahre älter war als er, im nächsten Augenblick fünfzehn. Bei einem aber stand er über allen Vermutungen: Er war dabei, sich in sie zu verlieben.

Als er fertig war, saß sie einen Augenblick da und sagte gar nichts, und jetzt sah sie ihn nicht an, sondern an ihm vorbei, sah zu den Wellen, denen nach Einbruch der Nacht die Hummer mit ihren fremden, anwaltsmäßigen Fragen entsteigen würden. *Sie* hatte er ganz besonders sorgfältig beschrieben. Es war besser für sie, wenn sie jetzt ein wenig Angst hatte, als später, wenn sie zum Spielen herauskamen, viel Angst. Er vermutete, sie würde sie nicht essen wollen, nachdem sie erfahren hatte, was sie mit Rolands Hand und Fuß gemacht hatten und nachdem sie sie genau angesehen hatte. Aber letztlich würde der Hunger über *did-a-chick* und *dum-a-chum* siegen.

Ihre Augen waren distanziert und verträumt.

»Odetta?« fragte er, nachdem vielleicht fünf Minuten verstrichen waren. Sie hatte ihm ihren Namen gesagt. Odetta Holmes. Er fand, das war ein toller Name.

Sie sah ihn, aus ihrem Nachdenken aufgeschreckt, an. Sie lächelte ein wenig. Sie sagte ein Wort.

»Nein.«

Er sah sie nur an, und ihm fiel keine passende Antwort ein. Er dachte, daß er bis zu diesem Augenblick gar nicht gewußt hatte, wie umfassend eine simple Verneinung sein konnte.

»Ich verstehe nicht«, sagte er schließlich. »Was verneinst du?«

»Dies alles.« Odetta schwang einen Arm (sie hatte, wie ihm aufgefallen war, sehr kräftige Arme – glatt, aber sehr kräftig), deutete auf das Meer, den Himmel, den Strand, die bewaldeten Vorgebirge, wo der Revolvermann momentan wahrscheinlich nach Wasser suchte (oder möglicherweise von einem neuen und interessanten Monster bei lebendigem Leib verspeist wurde, ein Gedanke, den Eddie lieber gar nicht denken wollte), deutete, kurz gesagt, auf die ganze Welt.

»Ich weiß, wie dir zumute ist. Ich hatte anfangs auch ein ordentliches Gefühl des Unwirklichen.«

Aber *hatte* er das gehabt? Zurückblickend schien es ihm, als hätte er es einfach akzeptiert, möglicherweise weil er krank gewesen war und sich vor Verlangen nach einem Schuß geschüttelt hatte.

»Du wirst darüber hinwegkommen.«

»Nein«, sagte sie wieder. »Ich glaube, es ist eine von zwei Möglichkeiten eingetreten, und welche es auch sein mag, ich bin immer noch in Oxford, Mississippi. Dies alles ist nicht wirklich.«

Sie sprach weiter. Wäre ihre Stimme lauter (oder er nicht verliebt) gewesen, hätte es fast eine Moralpredigt sein können. Aber so hörte es sich mehr wie Poesie denn wie eine Moralpredigt an.

Davon abgesehen, mußte er sich vergegenwärtigen, *daß alles Bockmist ist, und davon mußt du sie überzeugen. Ihretwegen.*

»Ich habe vielleicht eine Kopfverletzung abbekommen«, sagte sie. »In Oxford Town haben sie berüchtigte Axtstiel- und Keulenschwinger.«

Oxford Town.

Das löste einen leisen Akkord des Erkennens ganz hinten in Eddies Verstand aus. Sie sprach die Worte mit einem Rhythmus aus, den er aus irgendwelchen Gründen mit Henry assoziierte... mit Henry und nassen Windeln. Warum? Was? War jetzt einerlei.

»Du willst mir erzählen, du hältst das alles hier für eine Art Traum, den du hast, während du bewußtlos bist?«

»Oder im Koma«, sagte sie. »Und du solltest mich nicht ansehen, als hieltest du das für lächerlich, das ist es nämlich nicht. Schau her.«

Sie teilte das Haar sorgfältig auf der linken Seite, und Eddie sah, daß sie es nicht nur seitlich gescheitelt hatte, weil ihr das gefiel. Die alte Verletzung unter dem seitlichen Haarschopf war vernarbt und häßlich, nicht braun, sondern grauweiß.

»Schätze, du hast zu deiner Zeit 'ne Menge Pech gehabt«, sagte er.

Sie zuckte ungeduldig die Schultern. »Eine Menge Pech und eine Menge angenehmes Leben«, sagte sie. »Vielleicht gleicht sich alles aus. Ich habe dir das nur gezeigt, weil ich mit fünf Jahren schon einmal drei Wochen im Koma lag. Damals habe ich eine Menge geträumt. Ich kann mich nicht an die Träume erinnern, aber ich erinnere mich, meine Mama hat gesagt, sie wußte, daß ich nicht sterben würde, solange ich redete, und es schien, als würde ich ständig reden, obwohl sie sagte, sie konnten von einem Dutzend Worten höchstens eins verstehen. Ich *erinnere* mich aber, daß die Träume sehr lebhaft waren.«

Sie machte eine Pause und sah sich um.

»So lebhaft, wie dieser Ort zu sein scheint. Und *du*, Eddie.«

Als sie seinen Namen aussprach, kribbelten seine Arme. Oh, es hatte ihn tatsächlich erwischt. Schlimm erwischt.

»Und *er*.« Sie zitterte. »*Er* scheint der lebhafteste von allen zu sein.«

»Wir *sind* wirklich, was du auch denken magst.«

Sie lächelte ihn freundlich an. Und vollkommen ungläubig.

»Wie ist das passiert?« sagte er. »Dieses Ding an deinem Kopf?«

»Das ist nicht wichtig. Ich wollte nur zeigen, daß etwas, das einmal passiert ist, wieder passieren kann.«

»Nein, aber ich bin neugierig.«

»Ich wurde von einem Backstein getroffen. Es war unsere erste Reise nach Norden. Wir kamen in die Stadt Elizabeth, New Jersey. Wir kamen in einem Jim Crow-Wagen.«

»Was ist das?«

Sie sah ihn ungläubig, beinahe verabscheuend an. »Wo hast du denn gelebt, Eddie? In einem Atomschutzbunker?«

»Ich stamme aus einer anderen Zeit«, sagte er. »Dürfte ich fragen, wie alt du bist, Odetta?«

»Alt genug zu wählen, aber noch nicht alt genug für die Rente.«

»Nun, schätze, das verweist mich auf meinen Platz.«

»Aber sanft, hoffe ich«, sagte sie und lächelte wieder dieses strahlende Lächeln, das seine Arme kribbeln ließ.

»Ich bin dreiundzwanzig«, sagte er, »aber ich wurde 1964 geboren – dem Jahr, in dem du gelebt hast, als Roland dich geholt hat.«

»Das ist Unsinn.«

»Nein, ich habe 1987 gelebt, als er *mich* geholt hat.«

»Nun«, sagte sie nach einem Augenblick, »das stützt deine Argumentation, dies alles wäre die Wirklichkeit, in der Tat, Eddie.«

»Der Jim Crow-Wagen... war das, wo sich die schwarze Bevölkerung aufhalten mußte?«

»Die *Neger*«, sagte sie. »Einen Neger schwarz zu nennen, ist etwas unhöflich, findest du nicht?«

»Um 1980 oder so werdet ihr euch alle selbst so nennen«, sagte

Eddie. »Als ich ein Kind war, brachte es einem höchstwahrscheinlich Prügel ein, wenn man einen schwarzen Jungen Neger nannte. Es war fast, als hätte man ihn Nigger genannt.«

Sie sah ihn einen Augenblick unsicher an, dann schüttelte sie den Kopf.

»Dann erzähl mir von dem Backstein.«

»Die jüngste Schwester meiner Mutter heiratete«, sagte Odetta. »Ihr Name war Sophie, aber meine Mutter nannte sie fast immer Schwester Blau, weil sie diese Farbe immer so gerne mochte. ›Jedenfalls mochte sie es, sie zu mögen‹, pflegte meine Mutter es immer auszudrücken. Daher habe ich sie immer Tante Blau genannt, schon bevor ich sie kennengelernt habe. Es war eine wunderschöne Hochzeit. Hinterher wurde ein Fest gefeiert. Ich erinnere mich an die vielen Geschenke.«

Sie lachte.

»Wenn man ein Kind ist, sehen Geschenke immer so wunderbar aus, findest du nicht auch, Eddie?«

Er lächelte. »Ja, da hast du recht. Geschenke vergißt man nie. Nicht, was man selbst, und auch nicht, was jemand anders bekommen hat.«

»Mein Vater verdiente mittlerweile schon viel Geld, aber ich wußte nur, daß wir *zurechtkamen*. So hat meine Mutter es immer genannt, und als mich ein kleines Mädchen, mit dem ich spielte, einmal fragte, ob mein Vater reich wäre, da sagte sie mir, das sollte ich immer antworten, wenn mir jemand diese Frage stellte: daß wir *zurechtkamen*.

Daher konnten sie es sich leisten, Tante Blau ein hübsches Porzellanservice zu schenken, und ich erinnere mich...«

Ihre Stimme erstarb. Sie griff sich mit einer Hand an die Schläfe und rieb dort abwesend, als würden sich Kopfschmerzen ankündigen.

»Erinnerst du dich an was, Odetta?«

»Ich erinnere mich, daß meine Mutter ihr etwas *Besonderes* schenkte.«

»Was?«

»Tut mir leid. Ich habe Kopfschmerzen. Das verwirrt meine Zunge. Ich weiß sowieso nicht, warum ich mir die Mühe mache, dir das alles zu erzählen.«

»Macht es dir etwas aus?«

»Nein, es macht mir nichts aus. Ich *wollte* sagen, Mutter schenkte ihr einen ganz besonderen Teller. Er war weiß und hatte ein feines blaues Muster um den ganzen Rand herum.« Odetta lächelte ein wenig. Eddie fand, daß es kein vollkommen behagliches Lächeln war. Etwas an dieser Erinnerung machte ihr zu schaffen, und die Tatsache, daß das Vorrang vor der seltsamen Situation erlangte, in der sie sich befand und die ihre gesamte Aufmerksamkeit hätte in Anspruch nehmen sollen, machte *ihm* zu schaffen.

»Ich sehe diesen Teller so deutlich vor mir, wie ich dich jetzt vor mir sehe, Eddie. Meine Mutter gab ihn Tante Blau, und sie hat darüber geweint und geweint. Ich glaube, sie hatte so einen Teller einmal gesehen, als sie und meine Mutter noch Kinder waren, aber ihre Eltern hätten sich so einen Teller natürlich nie leisten können. Keine von ihnen hatte als Kind etwas so *Besonderes* bekommen. Nach der Feier brachen Tante Blau und ihr Mann in die Flitterwochen nach Great Smokies auf. Sie fuhren mit dem Zug.« Sie sah Eddie an.

»In dem Jim Crow-Wagen«, sagte er.

»Ganz recht! Im Jim Crow-Wagen! Damals fuhren Neger damit, und dort aßen sie auch. Und wir versuchen in Oxford Town, das zu ändern.«

Sie sah ihn an, erwartete eindeutig, er würde darauf bestehen, daß sie *hier* war, aber er war wieder im Netz seiner eigenen Erinnerungen gefangen: nasse Windeln und diese Worte. Oxford Town. Doch plötzlich fielen ihm andere Worte ein, nur eine einzige Zeile, aber er erinnerte sich, Henry hatte sie immer wieder gesungen, bis seine Mutter gefragt hatte, ob er endlich damit aufhören würde, damit sie Walter Cronkite hören konnte.

Somebody better investigate soon. Das waren die Worte. Henry hatte sie immer wieder mit einer näselnden, monotonen Stimme gesungen. Er suchte nach mehr, fand aber nichts, aber war das wirklich so überraschend? Er konnte damals höchstens drei gewesen sein. *Somebody better investigate soon.* Die Worte machten ihn frösteln.

»Eddie, alles in Ordnung?«

»Ja. Warum?«

»Du hast gezittert.«

Er lächelte. »Donald Duck muß über mein Grab geschritten sein.«

Sie lachte. »Wie auch immer, es hat wenigstens die Hochzeit nicht verdorben. Es geschah, als wir auf dem Rückweg zum Bahnhof waren. Wir übernachteten bei einem Freund von Tante Blau, und am nächsten Morgen rief mein Vater ein Taxi. Das Taxi kam sofort, aber als der Fahrer sah, daß wir schwarz waren, fuhr er davon als würde sein Kopf brennen und sein Arsch Feuer fangen. Der Freund von Tante Blau war schon mit dem Gepäck vorausgegangen – wir hatten eine Menge, weil wir eine Woche in New York verbringen wollten. Ich erinnere mich, mein Vater sagte, er könne es gar nicht abwarten, mein Gesicht leuchten zu sehen, wenn die Uhr im Central Park die volle Stunde schlug und alle Tiere tanzten.

Mein Vater sagte, wir könnten auch zu Fuß zum Bahnhof gehen. Meine Mutter stimmte so schnell wie ein Speichellecker zu, sie sagte, das wäre eine gute Idee, es wäre kaum eine Meile und es wäre schön, sich die Beine zu vertreten, nachdem wir drei Tage in einem Zug hinter uns und einen halben Tag in einem anderen vor uns hatten. Mein Vater sagte ja, und außerdem war strahlendes Wetter, aber ich glaube, ich wußte schon mit meinen fünf Jahren, daß er wütend und sie peinlich berührt war und beide Angst hatten, noch ein Taxi zu rufen, weil sie befürchteten, dasselbe könnte sich wiederholen.

Also schritten wir die Straße entlang. Ich ging innen, weil meine Mutter Angst hatte, ich könnte zu nahe an den Verkehr kommen. Ich erinnere mich, ich habe mir überlegt, ob mein Vater tatsächlich gemeint hatte, mein Gesicht würde zu *glühen* anfangen oder so etwas, wenn ich die Uhr im Central Park sah, und ob das nicht wehtun würde, und da fiel mir der Backstein auf den Kopf. Alles wurde eine Weile dunkel. Dann fingen die Träume an. Lebhafte Träume.«

Sie lächelte.

»Wie *dieser* Traum, Eddie.«

»Ist der Backstein heruntergefallen, oder wurde er geworfen?«

»Sie haben nie jemanden gefunden. Die Polizei (das hat mir meine Mutter viel später erzählt, als ich sechzehn oder so war) fand die Stelle, wo der Backstein ihrer Meinung nach gewesen war, aber dort fehlten andere Backsteine, und viele waren locker. Das war direkt vor einem Fenster im vierten Stock in einem leerstehenden

Haus, in dem sich aber trotzdem eine Menge Leute aufhielten. Besonders nachts.«

»Logo«, sagte Eddie.

»Niemand hat gesehen, wie jemand das Gebäude verlassen hatte, daher wurde es als Unfall aufgenommen. Meine Mutter sagte, sie hätte es *auch* für einen Unfall gehalten, aber ich glaube, sie hat gelogen. Sie machte sich nicht einmal die Mühe, mir zu sagen, was mein Vater von der Sache hielt. Sie hatten beide noch nicht verwunden, wie uns der Taxifahrer angesehen hatte und dann weggefahren war. Das brachte sie mehr als alles andere zu der Überzeugung, daß jemand dort oben gewesen ist, der herausschaute, uns kommen sah und beschloß, einen Backstein auf die Nigger fallen zu lassen.

Werden deine Hummerwesen bald herauskommen?«

»Nein«, sagte Eddie. »Erst bei Dämmerung. Du hast also die Vorstellung, dies ist einer deiner Koma-Träume, wie du sie gehabt hast, als dich der Backstein auf den Kopf getroffen hatte. Aber du meinst, diesmal war es eine Keule oder so etwas.«

»Ja.«

»Und die andere Möglichkeit?«

Odettas Gesicht und Stimme waren ruhig, aber in ihrem Kopf drängte sich ein häßlicher Reigen von Bildern, die alle auf Oxford Town, Oxford Town hinausliefen. Wie ging das Lied? *Two men killed by the light of the moon / Somebody better investigate soon.* Es stimmte nicht ganz, aber fast. Fast.

»Ich habe den Verstand verloren«, sagte sie.

7

Die ersten Worte, die Eddie einfielen, waren: *Wenn du denkst, du hast den Verstand verloren, Odetta, dann bist du verrückt.*

Aber nach kurzer Überlegung kam er zu dem Ergebnis, daß dies keine lohnende Wendung für das Gespräch bringen würde.

Statt dessen blieb er eine Weile stumm, saß mit angezogenen Knien neben ihrem Rollstuhl und umklammerte mit den Händen seine Handgelenke.

»Warst du wirklich heroinsüchtig?«

»Ich *bin* es«, sagte er. »Das ist, als wäre man Alkoholiker oder Kokser. Man kommt nie ganz darüber hinweg. Ich habe das immer gehört und gedacht: ›Ja, ja, *schon gut*‹, weißt du, aber inzwischen verstehe ich es. Ich will den Stoff immer noch, und ich glaube, ein Teil von mir wird ihn *immer* wollen, aber der körperliche Teil ist überstanden.«

»Was ist ein Kokser?« fragte sie.

»Jemand, der in deiner Zeit noch nicht erfunden war. Koksen macht man mit Kokain, aber es ist, als würde man TNT in eine A-Bombe verwandeln.«

»Hast du es gemacht?«

»Himmel, nein. Mein Trip war Heroin. Habe ich doch gesagt.«

»Du siehst gar nicht wie ein Süchtiger aus«, sagte sie.

Tatsächlich war Eddie ziemlich pingelig... das heißt, wenn man den Geruch, der von seinem Körper und seiner Kleidung ausging, ignorierte (er konnte sich und seine Kleidung säubern und tat das auch, aber da er keine Seife hatte, konnte er sich nicht richtig waschen). Sein Haar war kurz gewesen, als Roland in sein Leben getreten war (damit du besser durch den Zoll kommst, mein Lieber, und als was für ein großartiger Witz sich *das* doch erwiesen hatte), und es hatte immer noch eine respektable Länge. Er rasierte sich jeden Morgen mit der scharfen Klinge von Rolands Messer, anfangs behutsam, aber dann mit zunehmendem Selbstvertrauen. Als Henry nach 'Nam ging, war er so jung gewesen, daß Rasieren noch nicht zu seinem Leben gehört hatte, und Henry hatte es damals auch nicht so wichtig genommen; er hatte sich nie einen Bart wachsen lassen, aber manchmal dauerte es drei oder vier Tage, bis Mutter ihn gedrängt hatte, ›die Stoppeln zu mähen‹.

Aber als er zurückkam, war Henry diesbezüglich besessen gewesen (und bezüglich einiger anderer Gepflogenheiten auch, zum Beispiel Fußpuder nach dem Duschen; drei- bis viermal täglich Zähneputzen, gefolgt von einer Munddusche; immer die Kleidung aufhängen), und er hatte Eddie ebenfalls zum Fanatiker gemacht. Die Stoppeln wurden jeden Morgen und jeden Abend gemäht. Jetzt war ihm diese Gewohnheit so in Fleisch und Blut übergegangen wie viele andere, die ihm Henry beigebracht hatte. Einschließlich der, für die man eine Nadel brauchte.

»Zu glatt rasiert?« fragte er sie grinsend.

»Zu weiß«, sagte sie knapp und schaute dann einen Augenblick stumm und ernst aufs Meer hinaus. Eddie war auch still. Wenn es auf so etwas eine Antwort gab, so wußte er sie nicht.

»Tut mir leid«, sagte sie. »Das war sehr unfreundlich, sehr unfair und sieht mir gar nicht ähnlich.«

»Schon gut.«

»Ist es *nicht*. Es ist, als würde eine weiße Person zu jemand mit sehr heller Haut sagen: ›Herrje, hätte mir nie träumen lassen, daß du ein Nigger bist.‹«

»Du hältst dich sonst für weniger voreingenommen«, sagte Eddie.

»Wofür wir uns halten und wie wir wirklich sind, das hat selten viel miteinander gemeinsam, glaube ich, aber, ja – ich halte mich für unvoreingenommener. Daher solltest du meine Entschuldigung bitte annehmen, Eddie.«

»Unter einer Bedingung.«

»Und die wäre?« Sie lächelte wieder ein wenig. Das war gut. Es gefiel ihm, wenn er sie zum Lächeln bringen konnte.

»Gib *dem hier* eine faire Chance. Das ist die Bedingung.«

»Gib *was* eine faire Chance?« Sie hörte sich etwas belustigt an.

Bei jedem anderen wäre Eddie angesichts dieses Tonfalls wahrscheinlich der Geduldsfaden gerissen, hätte er es satt gehabt, aber bei ihr war es etwas anderes. Bei ihr machte es nichts. Er vermutete, daß bei ihr überhaupt nichts etwas machen würde.

»Das ist die dritte Möglichkeit. Daß dies wirklich geschieht. Ich meine...« Eddie räusperte sich. »Ich bin in Philosphie nicht sehr gut, du weißt schon, Metamorphose oder wie man es immer nennen will...«

»Meinst du Metaphysik?«

»Vielleicht. Weiß nicht. Glaube schon. Aber du weißt, du kannst nicht herumspazieren und dem nicht glauben, was dir deine Sinne sagen. Wenn deine Überzeugung, dies alles ist ein Traum, richtig ist...«

»Ich habe nicht gesagt ein *Traum*...«

»Was du auch immer gesagt hast, darauf läuft es doch hinaus, nicht? Eine Scheinwirklichkeit?«

Hatte ihre Stimme vor einem Augenblick noch etwas leicht Gönnerhaftes gehabt, so war es jetzt verschwunden. »Philosophie und Metaphysik sind vielleicht nicht dein Gedöns, Eddie, aber du mußt in der Schule ein verflucht interessanter Diskussionspartner gewesen sein.«

»Ich war nie in Diskussionsklassen. Die waren für Schwule und Lesben und Spinner. Wie der Schachklub. Was meinst du damit, mein Gedöns? Was ist ein Gedöns?«

»Einfach etwas, das du magst. Und was meinst du mit *Schwulen?* Was sind *Schwule?*«

Er sah sie einen Augenblick an, dann zuckte er die Achseln. »Homos. Tunten. Vergiß es. Wir könnten uns den ganzen Tag über Umgangssprache unterhalten. Das bringt uns nicht weiter. Ich will damit sagen, wenn alles ein Traum ist, könnte es auch meiner sein, nicht deiner. *Du* könntest ein Trugbild *meiner* Fantasie sein.«

Ihr Lächeln verschwand. »Du... niemand hat dich gehauen.«

»Dich hat *auch* niemand gehauen.«

Jetzt war ihr Lächeln völlig verschwunden. »Niemand, an den ich mich *erinnern* könnte«, verbesserte sie ihn mit einiger Schärfe.

»Ich auch nicht!« sagte er. »Du hast mir gesagt, sie sind in Oxford ziemlich rauh. Nun, diese Zollburschen waren auch nicht gerade vor Freude am Platzen, als sie den Stoff nicht finden konnten, den sie suchten. Einer hätte mir mit dem Pistolenkolben auf den Kopf hauen können. Ich könnte momentan in der Intensivstation des Bellevue liegen und von dir und Roland träumen, während sie ihre Berichte schreiben und erklären, wie ich während des Verhörs plötzlich gewalttätig wurde und sie mir eine verpassen mußten.«

»Das ist nicht dasselbe.«

»Warum nicht? Weil du diese intelligente, gesellschaftlich engagierte schwarze Dame ohne Beine bist, und ich nur ein Durchhänger aus Co-Op City?« Er sagte es mit einem Grinsen, meinte es als liebenswürdigen Seitenhieb, aber sie sah ihn böse an.

»Ich wünschte, du würdest aufhören, mich *schwarz* zu nennen!«

Er seufzte. »Okay. Aber ich werde mich daran gewöhnen müssen.«

»Du hättest trotzdem in der Diskussionsklasse sein sollen.«

»Scheiße«, sagte er, und als sie die Augen verdrehte, wurde ihm wieder einmal bewußt, daß der Unterschied zwischen ihnen viel mehr als nur die Hautfarbe war; sie sprachen von separaten Inseln aus miteinander. Das Wasser dazwischen war die Zeit. Egal. Er hatte ihre Aufmerksamkeit geweckt. »Ich will nicht mit dir diskutieren. Ich will dir lediglich die Tatsache bewußt machen, daß du wach bist, das ist alles.«

»Ich kann vielleicht zumindest provisorisch nach dem Diktum deiner dritten Möglichkeit leben, solange diese... diese Situation... andauert, abgesehen von einem: Zwischen dem, was mit dir passiert ist, und dem, was mit mir passiert ist, liegt ein ganz grundlegender Unterschied. So grundlegend und so gewaltig, daß du ihn noch gar nicht gesehen hast.«

»Dann zeig ihn mir.«

»In deinem Denken ist keine Diskontinuität. In meinem sogar eine ziemlich große.«

»Verstehe ich nicht.«

»Ich meine, du kannst lückenlos belegen, wo du warst«, sagte Odetta. »Deine Geschichte verläuft von einem Punkt zum nächsten: das Flugzeug, das Eindringen von diesem... diesem... von *ihm*...«

Sie nickte voll deutlicher Abneigung in Richtung des Vorgebirges.

»Die Übergabe der Drogen, die Beamten, die dich festgenommen haben, alles andere. Es ist eine fantastische Geschichte, aber es gibt keine Lücken darin.

Was nun mich selbst betrifft, ich kam aus Oxford zurück, wurde von Andrew abgeholt, meinem Chauffeur, der mich zu meiner Wohnung fuhr. Ich habe gebadet und wollte schlafen – ich bekam sehr starke Kopfschmerzen, und Schlaf ist die einzige Medizin, die gegen die wirklich schlimmen Schmerzen etwas hilft. Aber es war kurz vor Mitternacht, und ich habe mir gedacht, ich sehe zuerst die Nachrichten an. Viele von uns waren freigelassen worden, aber als ich ging, waren viele auch noch im Knast. Ich wollte herausfinden, ob sie auch freigelassen worden waren.

Ich habe mich abgetrocknet, den Bademantel angezogen und bin ins Wohnzimmer gegangen. Ich habe die Fernsehnachrichten eingeschaltet. Der Nachrichtensprecher begann mit dem Bericht über eine Rede, die Chruschtschow gerade gehalten hatte, über die amerikanischen Militärberater in Vietnam. Er sagte: ›Wir haben eine Filmaufnahme aus...‹ und dann war er verschwunden, und ich rollte auf diesen Strand. Du hast gesagt, du hättest mich in einer magischen Tür gesehen, die jetzt verschwunden ist, und ich wäre in Macy's gewesen und hätte gestohlen. Das alles ist schon lächerlich genug, aber selbst wenn es so wäre, könnte ich etwas Besseres stehlen als Modeschmuck. Ich trage überhaupt keinen Schmuck.«

»Du solltest besser einmal deine Hände ansehen, Odetta«, sagte Eddie leise.

Sie betrachtete den ›Diamanten‹ am linken kleinen Finger sehr lange – zu vulgär und groß, um etwas anderes als Tand zu sein –, dann den Opal am dritten Finger ihrer rechten Hand – zu groß und vulgär, um etwas anderes als real zu sein.

»Nichts von alledem geschieht wirklich«, sagte sie bestimmt.

»Du hörst dich an wie eine Schallplatte mit Sprung!« Er war zum erstenmal richtig wütend. »Jedesmal, wenn jemand ein Loch in deine hübsche kleine Geschichte bohrt, kommst du mit deiner Nichts-geschieht-wirklich-Scheiße daher. Du mußt es endlich einsehen, Detta.«

»*Nenn mich nicht so! Das hasse ich!*« kreischte sie so schrill, daß Eddie zurückschreckte.

»Tut mir leid. Mein Gott. Konnte ich doch nicht wissen.«

»Es war Nacht, und nun ist es Tag – ich war unbekleidet, und jetzt bin ich angezogen, ich kam von meinem Wohnzimmer zu diesem verlassenen Strand. Und in Wirklichkeit hat mir ein fettwanstiger feister Spießerdeputy mit einer Keule auf den Kopf geschlagen, *und das ist alles!*«

»Aber deine Erinnerungen hören nicht in Oxford auf«, sagte er behutsam.

»W-Was?« Wieder Unsicherheit. Vielleicht sah sie es auch und wollte es nicht sehen. Wie bei den Ringen.

»Wenn du in Oxford eine verpaßt bekommen hast, wie kommt es dann, daß deine Erinnerungen nicht dort aufhören?«

»In solchen Dingen waltet nicht immer die Logik.« Sie rieb sich wieder die Schläfen. »Und wenn es dir nichts ausmacht, Eddie, würde ich diese Unterhaltung jetzt gerne beenden. Meine Kopfschmerzen sind wieder da. Ziemlich schlimm.«

»Ich schätze, ob Logik im Spiel ist oder nicht, hängt davon ab, was man glauben will. Ich habe dich in Macy's *gesehen*, Odetta. Ich habe dich beim Stehlen *gesehen*. Du hast mir gesagt, du machst so etwas nicht, aber du hast auch gesagt, du trägst keinen Schmuck. Das hast du mir gesagt, obwohl du beim Reden mehrmals auf deine Hände gesehen hast. Die Ringe waren die ganze Zeit da, *aber es war, als konntest du sie nicht sehen, bis ich deine Aufmerksamkeit darauf gelenkt und dich gezwungen habe, sie zu sehen.*«

»Ich will nicht darüber reden!« brüllte sie. »Ich habe Kopfschmerzen!«

»Schon gut. Aber du weißt, wo du den Überblick über die Zeit verloren hast, und das war nicht in Oxford.«

»Laß mich in Ruhe«, sagte sie mürrisch.

Eddie sah, wie der Revolvermann mit zwei vollen Wasserschläuchen zurückkam, einen hatte er um die Taille, den anderen über die Schulter geworfen. Er sah sehr müde aus.

»Wenn ich dir nur helfen könnte«, sagte Eddie. »Aber um das zu tun, müßte ich wohl wirklich sein.«

Er stand einen Augenblick neben ihr, aber sie hatte den Kopf gesenkt, und ihre Fingerspitzen massierten unablässig die Schläfen.

Eddie ging Roland entgegen.

8

»Setz dich.« Eddie nahm die Schläuche. »Du siehst fix und fertig aus.«

»Bin ich. Ich werde wieder krank.«

Eddie betrachtete die geröteten Wangen und Stirn des Revolvermanns, die aufgesprungenen Lippen, und nickte. »Ich hatte gehofft, daß es anders kommen würde, aber es überrascht mich eigentlich nicht, Mann. Du hast den Zyklus durchbrochen. Balazar hatte nicht genügend Keflex.«

»Ich verstehe dich nicht.«

»Wenn du das Penizillin nicht lange genug nimmst, tötest du die Infektion nicht ab. Du verdrängst sie einfach. Nach wenigen Tagen kommt sie zurück. Wir brauchen mehr, aber wir haben ja noch eine Tür. Bis dahin wirst du dich wohl einfach zusammennehmen müssen.« Aber Eddie dachte unglücklich an Odettas amputierte Beine und die immer länger werdenden Ausflüge, die nötig waren, um

Wasser zu finden. Er fragte sich, ob sich Roland eine schlechtere Zeit für einen Rückfall hätte aussuchen können. Er schätzte, daß es möglich war, aber er konnte sich einfach keine vorstellen.

»Ich muß dir etwas wegen Odetta sagen.«

»Ist das ihr Name?«

»Hm-hmm.«

»Er ist sehr schön«, sagte der Revolvermann.

»Ja. Finde ich auch. Nicht so schön ist, was sie über diesen Ort hier denkt. Sie glaubt nicht, daß sie hier ist.«

»Ich weiß. Und sie mag mich nicht besonders, nicht?«

Nein, dachte Eddie, *aber das hindert sie nicht daran zu glauben, daß du ein* Knüller *von einer Halluzination bist*. Er sagte es aber nicht, sondern nickte nur.

»Die Gründe dafür sind fast dieselben«, sagte der Revolvermann. »Siehst du, sie ist nicht die Frau, die ich herübergebracht habe. Überhaupt nicht.«

Eddie sah ihn an, und plötzlich nickte er aufgeregt. Der kurze Blick in den Spiegel... das verzerrte Gesicht... der Mann hatte recht. Jesus Christus, natürlich hatte er recht! Das war überhaupt nicht Odetta gewesen.

Dann erinnerte er sich an die Hände, die achtlos die Schals durchwühlt und danach ebenso achtlos Modeschmuck in die Tasche gesteckt hatten – es schien, als hatte sie erwischt werden *wollen*.

Die Ringe waren dagewesen.

Dieselben Ringe.

Aber das bedeutet nicht notwendigerweise dieselben Hände, dachte er aufgeregt, doch das dauerte nur einen Augenblick. Er hatte ihre Hände studiert; es waren dieselben Hände, zierlich und mit langen Fingern.

»Nein«, fuhr der Revolvermann fort. »Ist sie nicht.« Seine blauen Augen betrachteten Eddie sorgfältig.

»Ihre Hände...«

»Hör zu«, sagte der Revolvermann, »und hör gut zu. Vielleicht hängt unser beider Leben davon ab – meines, weil ich wieder krank werde, und deines, weil du dich in sie verliebt hast.«

Eddie sagte nichts.

»Sie ist zwei Frauen im *selben Körper*. Sie war eine Frau, als ich in sie eindrang, und eine andere, als wir hier herauskamen.«

Jetzt *konnte* Eddie nichts sagen.

»Da war noch etwas, etwas Seltsames, aber ich habe es entweder nicht verstanden, oder ich habe es verstanden und wieder vergessen. Es schien wichtig zu sein.«

Roland sah an Eddie vorbei, sah zu dem Rollstuhl am Strand, der am Ende seiner kurzen Spur aus dem Nichts stand. Dann sah er wieder zu Eddie.

»Ich verstehe sehr wenig davon, wie so etwas sein kann, aber *du mußt auf der Hut sein.* Begreifst du das?«

»Ja.« Eddies Lungen fühlten sich an, als wäre sehr wenig Luft darin. Er begriff – jedenfalls mit dem Verstehen eines Kinogängers – die Dinge, von denen der Revolvermann sprach, aber er hatte nicht genügend Luft, es zu erklären, noch nicht. Ihm war, als hätte Roland sämtliche Luft aus ihm herausgetreten.

»Gut. Denn die Frau, in der ich auf der anderen Seite war, war so tödlich wie die Hummerwesen, die nachts herauskommen.«

Viertes Kapitel

Detta auf der anderen Seite

1

Du mußt auf der Hut sein, hatte der Revolvermann gesagt, und Eddie hatte zugestimmt, aber der Revolvermann wußte, Eddie hatte keine Ahnung, wovon er sprach; der gesamte hintere Teil von Eddies Verstand, wo das Überleben sitzt – oder auch nicht –, begriff die Botschaft nicht.

Das war dem Revolvermann klar.

Und es war gut für Eddie, daß es ihm klar war.

2

Detta Walker machte mitten in der Nacht die Augen auf. Sternenlicht und klare Intelligenz spiegelten sich darin.

Sie erinnerte sich an alles: Wie sie gegen sie gekämpft und wie sie sie an den Rollstuhl gefesselt hatten, wie sie sie verhöhnt und *Niggerhure, Niggerhure* genannt hatten.

Sie erinnerte sich, wie Monster aus den Wellen gekommen waren, und sie erinnerte sich, wie einer der Männer – der ältere – eines getötet hatte. Der jüngere hatte ein Feuer gemacht und es gekocht, und dann hatte er ihr dampfendes Monsterfleisch an einem Stock angeboten und gegrinst. Sie erinnerte sich, wie sie nach seinem Gesicht gespuckt und wie sich sein Grinsen zu einer wütenden Fratze verzerrt hatte. Er hatte sie ins Gesicht geschlagen und gesagt: *Schon gut, Niggerhure, schon gut, du wirst schon kommen. Mal abwarten, ob es nicht so ist.* Dann hatten er und der Wirklich Böse Mann gelacht, und der Wirklich Böse Mann hatte ein Stück Rindfleisch hervorgeholt und es langsam über dem Feuer am Strand dieser fremden Welt, in die sie sie gebracht hatten, gebraten.

Der Geruch des bratenden Fleisches war verführerisch gewesen, aber sie hatte keine Regung gezeigt. Selbst als der jüngere Mann ein Stück davon vor ihrem Gesicht geschwenkt und dabei gesungen hatte: *Schnapp danach, Niggerhure, komm schon, schnapp danach*, war sie wie ein Fels sitzen geblieben und hatte sich beherrscht.

Dann hatte sie geschlafen, und jetzt war sie wach und die Seile, mit denen sie sie gefesselt hatten, waren weg. Sie war nicht mehr in ihrem Rollstuhl, sondern lag weit oberhalb der Flutlinie auf einer Decke und unter einer anderen, und unten wanderten die Hummermonster immer noch umher und stellten ihre Fragen und schnappten ab und zu eine unglückliche Möwe aus der Luft.

Sie sah nach links und erblickte nichts.

Sie sah nach rechts und sah zwei in zwei verschiedene Decken gewickelte schlafende Männer. Der jüngere war näher, und der Wirklich Böse Mann hatte die Revolvergurte abgenommen und neben ihn gelegt.

Die Revolver waren noch darin.

Hast'n schlimm'n Fehler gemacht, Wichsah, dachte Detta und rollte sich nach rechts. Durch den Wind, die Wellen und die fragenden Monster war das Knirschen und Quietschen ihres Körpers im Sand nicht zu hören. Sie kroch langsam durch den Sand (wie einer der Monsterhummer selbst), ihre Augen glitzerten.

Sie kam zu den Gurten und nahm einen Revolver heraus.

Er war sehr schwer, der Griff glatt und irgendwie tödlich in ihrer Hand. Daß er so schwer war, störte sie nicht. Sie hatte kräftige Arme, die hatte Detta Walker.

Sie kroch ein Stück weiter.

Der jüngere Mann war nichts weiter als ein schnarchender Klotz, aber der Wirklich Böse Mann regte sich ein wenig im Schlaf, und sie erstarrte mit einer ihrem Gesicht eintätowierten Fratze, bis er wieder still war.

Issn verschlagner Hurrnsohn. Sieh nach, Detta. Sieh auf jen' Fall nach.

Sie fand den abgenutzten Trommelhalter und drückte nach vorn, bewirkte nichts und zog statt dessen. Die Trommel klappte heraus.

Geladn! Scheißding is geladn! Erst machste 'n jungen Pißkopf alle, dann wirde Wirklich Böse Mann aufwachn und du grinst'n breit an – lachst mit'm Maul offen, dasser sehn kann, wode bist – und dann knallste seine Uhr aus.

Sie klappte die Trommel wieder hinein und wollte den Hahn spannen... und dann wartete sie.

Als der Wind aufheulte, spannte sie den Hahn ganz.

Detta zielte mit Rolands Revolver auf Eddies Schläfe.

3

Das alles beobachtete der Revolvermann aus einem halb geöffneten Auge. Das Fieber war wieder da, aber noch nicht schlimm, noch nicht so schlimm, daß er sich nicht mehr auf sich verlassen konnte. Daher wartete er mit einem halboffenen Auge und dem Finger am Abzug seines Körpers, des Körpers, der immer sein Revolver gewesen war, wenn er keinen Revolver zur Hand gehabt hatte.

Sie betätigte den Abzug.

Klick.

Selbstverständlich *klick.*

Als er und Eddie mit den Wasserschläuchen von ihrem Palaver zurückgekommen waren, war Odetta Holmes in ihrem Rollstuhl eingeschlafen und auf eine Seite gesunken. Sie hatten ihr, so gut sie konnten, ein Bett im Sand gemacht und sie sanft vom Rollstuhl zu den ausgebreiteten Decken getragen. Eddie war sicher gewesen, daß sie erwachen würde, aber Roland hatte es besser gewußt.

Er hatte getötet, Eddie hatte Feuer gemacht und gekocht, sie hatten gegessen und eine Portion für Odetta für den nächsten Morgen übriggelassen.

Dann hatten sie geredet, und Eddie hatte etwas gesagt, das wie ein plötzlicher Blitzschlag über Roland hereingebrochen war. Zu grell und kurz, um wahrem Verstehen nahezukommen, aber er sah vieles, wie man die Beschaffenheit einer Landschaft bei einem einzigen Blitzschlag erkennen mag.

Da hätte er es Eddie sagen können, tat es aber nicht. Ihm war klar, daß er Eddies Cort sein mußte, und wenn einer von Corts Schülern nach einem unerwarteten Schlag verletzt und blutend am Boden gelegen hatte, war Corts Antwort darauf stets dieselbe gewesen: *Ein Kind begreift erst, was ein Hammer ist, wenn es sich an ei-*

nem Nagel den Finger blutig geschlagen hat. Steh auf und hör auf zu win-
seln, Wurm! Du hast das Antlitz deines Vaters vergessen!

Und so war Eddie eingeschlafen, obwohl Roland ihm gesagt
hatte, er müsse auf der Hut sein, und als Roland sicher war, daß sie
beide schliefen (bei der Herrin wartete er länger, denn sie, dachte
er, konnte listig sein), hatte er seine Revolver mit verbrauchten Patronen geladen, abgeschnallt (das gab einen Knall) und sie neben
Eddie gelegt.

Dann hatte er gewartet.

Eine Stunde; zwei; drei.

Während der vierten Stunde, als sein müder und fiebriger Körper versuchte zu dösen, spürte er mehr, wie die Herrin erwachte,
als er es sah, und war selbst sofort hellwach.

Er sah ihr zu, wie sie sich herumrollte. Er sah zu, wie sie die
Hände zu Krallen formte und sich zu der Stelle schleppte, wo die
Revolvergurte lagen. Er sah zu, wie sie einen Revolver heraus-
nahm, näher zu Eddi kroch, innehielt und mit bebenden Nasenflügeln den Kopf neigte; sie tat mehr, als nur in der Luft riechen; sie
schmeckte sie.

Ja. Das war die Frau, die er mit herübergebracht hatte.

Als sie zum Revolvermann sah, tat er mehr, als Schlaf vorzutäu-
schen, denn sie hätte die Täuschung gewittert; er *schlief* tatsächlich
ein. Als er spürte, wie sie den Blick abwandte, wachte er auf und
machte wieder das eine Auge auf. Er sah, wie sie den Revolver hob
– sie tat es mit weniger Anstrengung als Eddie, als dieser ihn zum
erstenmal gehoben und Roland ihm dabei zugesehen hatte – und
Eddie an die Schläfe hielt. Dann hielt sie inne, und ihr Gesicht war
von unaussprechlicher Verschlagenheit erfüllt.

In diesem Augenblick erinnerte sie ihn an Marten.

Sie machte sich an der Trommel zu schaffen, irrte sich beim erstenmal, dann klappte sie sie heraus. Sie sah sich die Patronen an.
Roland verkrampfte sich, ob sie sehen würde, daß die Zündköpfe
bereits angeschlagen worden waren, wartete, ob sie den Revolver
herumdrehen und auf der anderen Seite hineinsehen würde, um
festzustellen, daß dort Leere statt Blei war (er hatte überlegt, ob er
die Revolver mit Patronen laden sollte, die sich schon einmal als
Fehlzünder erwiesen hatten, aber nur kurz; Cort hatte ihnen beigebracht, daß jede Feuerwaffe letztendlich vom Alten Pferdefuß be-

herrscht wird, und eine Patrone, die einmal nicht gezündet hatte, zündete vielleicht beim zweitenmal). Hätte sie das getan, wäre er sofort aufgesprungen.

Aber sie klappte den Zylinder wieder zu, wollte den Hahn spannen... und dann wartete sie wieder ab. Wartete, bis ein Windstoß das leise Klicken übertönen würde.

Er dachte: *Auch sie ist eine, mein Gott, sie ist böse, diese hier, sie hat keine Beine, aber sie ist ebenso zur Revolverfrau bestimmt wie Eddie zum Revolvermann.*

Er wartete mit ihr.

Der Wind heulte.

Sie spannte den Hahn vollständig und hielt den Lauf einen halben Zentimeter von Eddies Schläfe entfernt. Dann betätigte sie den Abzug mit einem Grinsen, das an die Grimasse eines Ghuls gemahnte.

Klick.

Sie wartete.

Sie drückte noch einmal ab. Und noch einmal. Und noch einmal.

Klick-Klick-Klick.

»*Wichsah!*« schrie sie und drehte den Revolver mit geschmeidigem Geschick herum.

Roland spannte sich, sprang aber nicht. *Ein Kind begreift erst, was ein Hammer ist, wenn es sich an einem Nagel den Finger blutiggeschlagen hat.*

Wenn sie ihn umbringt, bringt sie dich um.

Einerlei, antwortete die Stimme von Cort ungerührt.

Eddie bewegte sich. Und seine Reflexe waren nicht schlecht; er bewegte sich schnell genug, daß er nicht bewußtlos geschlagen oder getötet wurde. Anstatt auf die verwundbare Schläfe, prallte der Kolben des Revolvers auf seinen Kiefer.

»Was... mein Gott!«

»*WICHSAH! BLASSER WICHSAH!*« kreischte Detta, und Roland sah, wie sie den Revolver zum zweitenmal hob. Und obwohl sie keine Beine hatte und Eddie sich wegrollte, wagte er nicht, länger zu warten. Wenn Eddie die Lektion jetzt nicht gelernt hatte, würde er sie nie lernen. Wenn der Revolvermann Eddie das nächstemal sagte, er solle auf der Hut sein, dann *würde* es sein, und außerdem – das Miststück war schnell. Es wäre unklug, sich weiter als bis hierher auf Eddies Schnelligkeit oder die Behinderung der Herrin zu verlassen.

Er schnellte auf, über Eddie hinweg, und er warf sich nach hinten und auf sie.

»*Willstes, Wichsah?*« schrie sie ihn an und rieb gleichzeitig den Schritt an seinen Lenden und hob den Arm, der noch den Revolver hielt, über seinen Kopf. »*Willstes? Ich geb der wasde willst, klaro!*«

»*Eddie!*« brüllte er noch einmal, und jetzt rief er nicht nur, sondern *befahl.* Eddie kauerte einen Augenblick immer noch da, mit aufgerissenen Augen, Blut troff von seinem Kiefer (er fing schon an zu schwellen), gaffend. *Beweg dich, kannst du dich nicht bewegen?* dachte er, *oder willst du es nur nicht?* Seine Kräfte ließen nach, und wenn sie das nächstemal mit dem schweren Revolvergriff zuschlagen würde, würde sie ihm den Arm brechen... das hieß, wenn er den Arm schnell genug hochbrachte. Wenn nicht, würde sie ihm den *Schädel* damit einschlagen.

Dann reagierte Eddie. Er packte die Waffe im Abwärtsschwung, und sie kreischte, drehte sich zu ihm herum, biß wie ein Vampir nach ihm, verfluchte ihn mit Gossenpatois so stark südstaatlichen Akzents, daß nicht einmal Eddie sie verstand; für Roland hörte es sich an, als hätte die Frau plötzlich angefangen, in einer fremden Sprache zu sprechen. Aber es gelang Eddie, ihr den Revolver aus der Hand zu winden, und nachdem die Gefahr, erschlagen zu werden, endgültig abgewendet war, gelang es Roland endlich, sie festzunageln.

Aber nicht einmal da gab sie auf, sondern bockte und fluchte und bäumte sich weiter auf, und jetzt stand ihr der Schweiß in dem schwarzen Gesicht.

Eddie stand da und gaffte, sein Mund ging auf und zu wie der eines Fischs. Er berührte zögernd den Kiefer, zuckte zusammen, zog die Finger weg und betrachtete sie und das Blut daran.

Sie kreischte, daß sie sie beide umbringen würde; sie konnten versuchen, sie zu vergewaltigen, aber sie würde sie mit ihrer Fotze umbringen, sie würden schon sehen, das war ein schlimmes Hurenloch voller Zähne um den Eingang und wenn sie versuchen wollten, in sie einzudringen, würden sie es schon merken.

»Was, zum Teufel...«, sagte Eddie dümmlich.

»Einen Revolvergurt«, keuchte der Revolvermann ihn schroff an.

»Hol ihn. Ich werde sie auf mich rollen, und du packst ihre Arme und fesselst sie hinter dem Rücken.«

»*Das werdet ihr nicht!*« kreischte Detta und bäumte den beinlosen Körper so heftig auf, daß sie Roland beinahe abgeworfen hätte. Er spürte, wie sie versuchte, den Rest ihres rechten Schenkels immer wieder in die Höhe zu rammen, in seine Eier.

»Ich... ich... sie...«

»*Beweg dich, Gott verfluche das Antlitz deines Vaters!*« brüllte Roland, und dann setzte sich Eddie endlich in Bewegung.

4

Beim Fesseln und Binden verloren sie zweimal beinahe die Kontrolle über sie. Aber es gelang Eddie schließlich, einen von Rolands Gurten um ihre Handgelenke zu knüpfen, nachdem Roland sie unter Aufbietung aller Kräfte schließlich hinter ihrem Rücken zusammendrückte (während er die ganze Zeit vor ihren schnappenden Bissen zurückschnellte wie ein Mungo vor einer Schlange; den Bissen konnte er entgehen, aber bevor Eddie mit dem Fesseln fertig war, war der Revolvermann speichelgetränkt), und dann schleifte Eddie sie weg, indem er das kürzere Ende des behelfsmäßigen Knotens nahm und zog. Er wollte diesem um sich schlagenden, kreischenden, fluchenden Ding nicht weh tun. Es war aufgrund seiner höheren Intelligenz häßlicher als die Monsterhummer, aber er wußte, es konnte auch wunderbar sein. Er wollte die andere Persönlichkeit nicht verletzen, die sich irgendwo in diesem Behältnis befand (wie eine lebende Taube irgendwo tief im Geheimfach des Zauberkastens eines Magiers).

Irgendwo in diesem kreischenden, schreienden Ding war Odetta Holmes.

Wenngleich sein letztes Reittier – ein Maultier – schon so lange gestorben war, daß er sich kaum noch daran erinnerte, hatte der Revolvermann noch ein Stück der Zügel (die ihrerseits einstmals ein feines Revolvermannlasso gewesen waren). Damit fesselten sie sie in den Rollstuhl, so wie sie es sich vorgestellt hatte (oder sich fälschlicherweise daran erinnerte, was am Ende auf dasselbe hinauslief, nicht?), sie hätten es bereits getan gehabt. Dann wichen sie vor ihr zurück.

Wären die schleichenden Hummermonster nicht gewesen, wäre Eddie zum Wasser gegangen und hätte sich die Hände gewaschen.

»Ich glaube, ich muß kotzen«, sagte er, und seine Stimme schwoll an und ab wie die Stimme eines heranwachsenden Knaben.

»*Warum lutscht ihr euch nicht gegenseitig die SCHWÄNZE?*« kreischte das zappelnde Ding im Rollstuhl. »*Warum machter das nich' einfach, wenner Angst vorer Muschi vonner schwarzen Frau habt? Nur zu! Klaro! Lutscht euch annen Kerzen! Solange ihr noch könnt, weil Detta Walker ausm Stuhl rauskommen unne mickrigen weißen Piller abschneiden unnen wandelnden Kreissägen da unnen füttern wird!*«

»*Sie* ist die Frau, in der ich gewesen bin. Glaubst du mir jetzt?«

»Habe ich dir schon *vorher* geglaubt«, sagte Eddie. »Das habe ich dir *gesagt*.«

»Du hast *geglaubt*, du würdest es glauben. Du hast es an der Oberfläche deines Verstandes geglaubt. Glaubst du es jetzt bis ganz hinunter? Bis hinunter auf den Grund?«

Eddie betrachtete das kreischende, zuckende Ding im Rollstuhl, dann sah er weg, kalkweiß, abgesehen von der Platzwunde am Kiefer, die immer noch ein wenig tropfte. Diese Seite seines Gesichts sah allmählich wie ein Ballon aus.

»Ja«, sagte er. »Mein Gott, ja.«

»Diese Frau ist ein Monster.« Eddie fing an zu weinen.

Der Revolvermann wollte ihn trösten, brachte ein solches Sakrileg aber nicht über sich (er erinnerte sich zu genau an Jake) und lief statt dessen in die Dunkelheit davon, während das neue Fieber in ihm brannte und schmerzte.

Viel früher an diesem Abend, während Odetta noch schlief, sagte Eddie, er wüßte möglicherweise, was mit ihr los war. *Möglicherweise.* Der Revolvermann fragte, was er meinte.

»Sie könnte schizophren sein.«

Roland schüttelte nur den Kopf. Eddie erklärte ihm, was er über Schizophrenie wußte, Erinnerungen an Filme wie *Die drei Gesichter der Eva* und verschiedene Fernsehsendungen (größtenteils Seifenopern, die er und Henry oft angesehen hatten, wenn sie stoned waren). Roland hatte genickt. Ja. Die Krankheit, die Eddie schilderte, hörte sich passend an. Eine Frau mit zwei Gesichtern, eins hell und eins dunkel. Ein Gesicht, wie es ihm der Mann in Schwarz auf der fünften Tarotkarte gezeigt hatte.

»Und sie – diese Schizophrenen – wissen nicht, daß sie einander haben?«

»Nein«, sagte Eddie. »Aber . . .« Er verstummte und sah düster zu den Monsterhummern, die krochen und fragten, fragten und krochen.

»Aber was?«

»Ich bin kein Seelenklempner«, sagte Eddie, »daher weiß ich wirklich nicht . . .«

»Seelenklempner? Was ist denn ein Seelenklempner?«

Eddie klopfte sich an die Stirn. »Ein Kopf-Doktor. Ein Arzt für den Verstand. In Wirklichkeit nennt man sie Psychiater.«

Roland nickte. *Seelenklempner* gefiel ihm besser. Der Verstand dieser Frau war zu groß. Doppelt so groß wie er sein sollte.

»Aber ich glaube, Schizos wissen fast immer, daß *etwas* nicht mit ihnen stimmt«, sagte Eddie. »Weil es leere Stellen gibt. Vielleicht täusche ich mich, aber ich habe immer gedacht, sie wären zwei Menschen, die glauben, sie leiden unter teilweisem Gedächtnisschwund, weil sie leere Stellen im Gedächtnis haben, wenn die andere Persönlichkeit das Sagen hatte. *Sie . . .* sie sagt, sie erinnert sich an alles. Sie glaubt *wirklich,* daß sie sich an alles erinnert.«

»Ich dachte, du hättest gesagt, sie glaubt gar nicht, daß dies alles geschieht.«

»Ja«, sagte Eddie. »Aber vergiß das vorerst. Ich wollte nur sagen, einerlei, was sie *glaubt,* woran sie sich *erinnert* reicht unmittelbar von ihrem Wohnzimmer, wo sie im Bademantel saß und die Spätnachrichten ansah, bis hierher, ohne Unterbrechung dazwischen. Sie hat keinen blassen Schimmer, daß zwischen dem Zeitpunkt und dem, als du sie in Macy's erwischt hast, eine andere Persönlichkeit den Körper übernommen hatte. Verdammt, das könnte am nächsten Tag oder *Wochen* später gewesen sein. Ich weiß, es war noch Winter, denn die meisten Einkäufer in dem Geschäft hatten Mäntel an...«

Der Revolvermann nickte. Eddies Wahrnehmung wurde schärfer. Das war gut. Er hatte die Stiefel und Schals übersehen, die Handschuhe, die aus Manteltaschen geragt hatten, aber es war dennoch ein Anfang.

»...aber ansonsten kann man unmöglich sagen, wie lange Odetta diese andere Frau war, weil sie es nicht weiß. Ich glaube, sie ist in einer Situation, wie sie noch nie in einer gewesen ist, und ihre Methode, beide Persönlichkeiten zu beschützen, ist die Geschichte, sie hätte eine auf den Kopf bekommen.«

Roland nickte.

»Und dann die Ringe. Als sie die sah, war sie echt fertig. Sie hat versucht, es sich nicht anmerken zu lassen, aber man hat es trotzdem bemerkt.«

Roland fragte: »Wenn diese beiden Frauen nicht wissen, daß sie im selben Körper existieren, und wenn sie nicht einmal vermuten, etwas könnte nicht stimmen, wenn jede über ihre eigene Erinnerung verfügt, teilweise echt, teilweise erfunden, damit sie die Zeiten erklären, wenn die andere da ist, was sollen wir dann mit ihr machen? Wie sollen wir auch nur mit ihr zusammenleben?«

Eddie hatte die Achseln gezuckt. »Frag mich nicht. Das ist dein Problem. Du sagst doch, daß du sie brauchst. Verdammt, du hast deinen Hals riskiert, um sie hierher zu bringen.« Darüber dachte Eddie eine Zeitlang nach; er erinnerte sich, wie er mit Rolands Messer in der Hand über dem Körper des Revolvermanns kauerte, das Messer dicht über dem Hals des Revolvermanns, und er lachte unvermittelt und humorlos. *BUCHSTÄBLICH deinen Hals riskiert, Mann*, dachte er.

Schweigen senkte sich über sie. Mittlerweile atmete Odetta gleichmäßig. Als der Revolvermann seine Warnung wiederholen wollte, Eddie solle auf der Hut sein, und verkünden wollte, er würde schlafen gehen (laut genug, daß die Herrin es hören konnte, sollte sie nur schauspielern), hatte Eddie das gesagt, was den Verstand des Revolvermanns wie ein einziger plötzlicher Blitz erleuchtet hatte, was ihm wenigstens teilweise begreiflich machte, was er so dringend wissen mußte.

Am Ende, als sie durchgekommen waren.

Sie hatte sich am Ende verwandelt.

Und er hatte etwas *gesehen*, *etwas*...

»Ich sag' dir was«, sagte Eddie düster und stocherte mit einer aufgeschnittenen Schere des nächtlichen Fangs im Feuer, »als du sie durchgebracht hast, habe *ich* mich wie ein Schizo gefühlt.«

»Warum?«

Eddie dachte nach, dann zuckte er die Achseln. Es war zu schwer zu erklären, oder vielleicht war er einfach zu müde. »Ist nicht so wichtig.«

»*Warum?*«

Eddie schaute Roland an und sah, daß er eine ernste Frage aus einem ernsten Grund stellte – oder es jedenfalls glaubte –, und nahm sich eine Minute Zeit zum Nachdenken. »Das ist wirklich schwer zu beschreiben, Mann. Es lag daran, daß ich diese Tür gesehen habe. Das hat mich ausflippen lassen. Wenn man sieht, wie sich jemand in dieser Tür bewegt, dann ist es, als würde man sich mit ihm bewegen. Du weißt, wovon ich spreche.«

Roland nickte.

»Nun, ich habe es angesehen wie einen Film – vergiß das, es ist nicht wichtig –, und zwar bis zum Ende. Dann hast du sie auf *diese* Seite der Tür herumgedreht, und ich habe mich *zum erstenmal selbst angesehen*. Es war wie...« Er suchte, fand aber kein Wort. »Weiß nicht. Schätze, es hätte sein sollen, als würde man in einen Spiegel sehen, aber es war nicht so, weil... weil es war, als würde man eine andere Person sehen. Als würde einem das Innerste nach außen gekehrt. Als wäre man gleichzeitig an zwei Plätzen. Scheiße, ich weiß nicht.«

Aber der Revolvermann war wie vom Donner gerührt. *Das* hatte er gespürt, als sie durchgekommen waren; *das* war mit ihr geschehen, nein, nicht nur mit *ihr*, mit *ihnen*: Einen Augenblick hatten sich Detta und Odetta angesehen, nicht wie man sein Spiegelbild in einem Spiegel betrachten würde, sondern als zwei *verschiedene Perso*-

nen; der Spiegel war zu einer Fensterscheibe geworden, und einen Augenblick hatte Detta Odetta und Odetta Detta gesehen, und beide waren gleichermaßen entsetzt gewesen.

Sie wissen es beide, dachte der Revolvermann grimmig. *Sie mögen es vorher nicht gewußt haben, aber jetzt wissen sie es. Sie können versuchen, es vor sich selbst zu verbergen, aber sie haben einen Augenblick lang gesehen, sie wissen es, und dieses Wissen muß noch da sein.*

»Roland?«

»Was?«

»Ich wollte mich nur vergewissern, daß du nicht mit offenen Augen eingeschlafen bist. Einen Augenblick hat es so ausgesehen, weißt du, als wärst du weit fort.«

»Wenn, dann bin ich jetzt wieder da«, sagte der Revolvermann. »Ich werde mich hinlegen. Vergiß nicht, was ich dir gesagt habe, Eddie. Sei auf der Hut.«

»Ich werde aufpassen«, sagte Eddie, aber Roland wußte, ob krank oder nicht, er war derjenige, der heute nacht aufpassen mußte.

Alles andere hatte danach seinen Lauf genommen.

7

Nach dem Zwischenfall schliefen Eddie und Detta Walker schließlich wieder ein (sie schlief weniger, vielmehr verfiel sie in einen erschöpften Zustand der Bewußtlosigkeit, ihr Kopf sank in den beengenden Fesseln auf eine Seite).

Der Revolvermann jedoch blieb wach.

Ich werde die beiden zum Kampf miteinander anstacheln müssen, dachte er, aber er brauchte keinen von Eddies ›Seelenklempnern‹, um zu wissen, daß ein solcher Kampf bis zum Tod gehen mochte. *Wenn die Helle, Odetta, siegreich blieb, konnte noch alles gut werden. Und wenn die Dunkle gewann, war mit ihr sicher alles verloren.*

Doch er spürte, was wirklich getan werden mußte, war kein Töten, sondern ein *Vereinigen.* Er hatte in Detta Walkers Gossenbenehmen bereits vieles gesehen, das für ihn – für *sie* – wertvoll sein konnte, und er wollte sie – aber er wollte sie unter Kontrolle. Es war ein weiter Weg. Detta dachte, daß er und Eddie Monster einer Art waren, die sie Blassewichsah nannte. Das war nur eine gefährliche Täuschung, aber unterwegs würden echte Monster lauern; die Monsterhummer waren nicht die ersten, und sie würden nicht die letzten sein. Die Kämpfen-bis-zum-Umfallen-Frau, in der er gelandet und die heute abend wieder aus ihrem Versteck gekommen war, mochte in einem Kampf gegen solche Monster sehr nützlich sein, wenn sie von Odetta Holmes' kühler Menschlichkeit im Zaum gehalten wurde – besonders jetzt, wo ihm zwei Finger fehlten, ihm die Munition fast ausgegangen war und sein Fieber wieder stieg.

Aber das geht einen Schritt zu weit. Ich glaube, wenn ich sie dazu brin- gen kann, die gegenseitige Existenz anzuerkennen, würde sie das zu einer Konfrontation führen. Aber wie läßt sich das machen?

Er lag die ganze lange Nacht wach und dachte nach, und wenn- gleich er spürte, wie das Fieber in ihm stieg, fand er keine Antwort auf diese Frage.

8

Eddie wachte kurz vor Tagesanbruch auf, sah den Revolvermann mit nach Indianerweise um sich geschlungener Decke neben der Asche des Feuers der letzten Nacht sitzen und gesellte sich zu ihm.

»Wie fühlst du dich?« fragte Eddie mit leiser Stimme. Die Herrin schlief noch in ihrem Wirrwarr von Seilen, wenngleich sie ab und zu stöhnte und murmelte und zusammenzuckte.

»Ganz gut.«

Eddie sah ihn abschätzend an. »Du siehst aber nicht so gut aus.«

»Danke, Eddie«, sagte der Revolvermann trocken.

»Du zitterst.«

»Das geht vorbei.«

Die Herrin zuckte und stöhnte wieder – diesmal ein Wort, das beinahe verständlich war. Es hätte Oxford sein können.

»Großer Gott, ich hasse es, sie so gefesselt zu sehen«, murmelte Eddie. »Wie ein verdammtes Kalb im Stall.«

»Sie wird bald aufwachen. Vielleicht können wir sie dann losbin- den.«

Das war seine verhaltene Art, die Hoffnung auszudrücken, wenn die Herrin im Rollstuhl die Augen aufschlug, könnte sie der ruhige, wenn auch leicht verwirrte Blick von Odetta Holmes begrüßen.

Als fünfzehn Minuten später die ersten Sonnenstrahlen über die Berge schienen, wurden die Augen tatsächlich geöffnet – aber die Männer sahen nicht den ruhigen Blick von Odetta Holmes, sondern das verrückte Glotzen von Detta Walker.

»Wie oft habter mich vergewaltigt wärrendich wech war?« fragte sie. »Meine Fotze is' ganz glitschig und talgig, als wär jemand mit'n par vonnem winzigen Pimmeln drin gewesen, was ihr Wichsahblaßlinge Schwänze nenn' tut.«

Roland seufzte.

»Brechen wir auf«, sagte er und stand mit verzerrtem Gesicht auf.

»Mit dir geh ich nirndwo hin, Wichsah«, spie Detta.

»O doch, das wirst du«, sagte Eddie. »Tut mir schrecklich leid, meine Liebe.«

»Was meintern, wohin wa gehn?«

»Nun«, sagte Eddie, »was hinter Tür Nummer eins war, war nicht so doll, und was hinter Tür Nummer zwei war, das war noch schlimmer, aber anstatt es sein zu lassen, wie vernünftige Menschen, gehen wir direkt weiter und sehen hinter Tür Nummer drei nach. Wie es bisher gelaufen ist, wird uns wahrscheinlich jemand wie Godzilla oder Ghidra das dreiköpfige Monster erwarten, aber ich bin Optimist. Ich hoffe immer noch auf das Geschirr aus rostfreiem Edelstahl.«

»Ich geh nich.«

»Du wirst gehen«, sagte Eddie und trat hinter ihren Rollstuhl. Sie fing wieder an, sich zu wehren, aber der Revolvermann hatte die Knoten gemacht, und ihre Gegenwehr zog sie nur noch fester zusammen. Das sah sie bald ein und gab es auf. Sie war voller Gift, aber alles andere als dumm. Doch sie sah mit einem Grinsen über die Schulter nach hinten zu Eddie, daß dieser zurückschreckte. Für ihn schien es der böseste Ausdruck zu sein, den er jemals auf einem menschlichen Gesicht gesehen hatte.

»Nun, vielleicht geh ich 'n Stückchen mit«, sagte sie, »aber wahrscheinlich nicht so weit, wie du glaubst, weißer Junge. Und sicherlich nich so schnell wiede denkst.«

»Was meinst du damit?«

Wieder dieses höhnische Über-die-Schulter-Grinsen.

»Wirste schon rausfinnen, weißer Junge.« Ihre Augen, verrückt, aber tückisch, sahen kurz zum Revolvermann. »Werdet ihr *beide* rausfinnen.«

Eddie legte die Hände um die Fahrradgriffe an den Enden der Haltegriffe hinten am Rollstuhl, und sie zogen weiter nach Norden, und jetzt hinterließen sie nicht nur Fußspuren, sondern auch die doppelte Reifenspur des Rollstuhls der Herrin, während sie an dem scheinbar endlosen Strand entlangschritten.

9

Der Tag war ein Alptraum.

Es war schwer, die zurückgelegte Entfernung zu schätzen, wenn man sich in einer Landschaft bewegte, die sich so wenig veränderte; aber Eddie wußte, ihr Vorwärtskommen hatte sich zu einem Kriechen verlangsamt.

Und er wußte, wer dafür verantwortlich war.

Oja.

Werdet ihr beide *rausfinnen*, hatte Detta gesagt, und sie waren noch keine halbe Stunde unterwegs, da fing dieses Herausfinden an.

Schieben.

Das war das erste. Den Rollstuhl einen feinen Sandstrand entlangzuschieben wäre ebenso unmöglich gewesen wie mit einem Auto durch tiefen, ungepflügten Schnee zu fahren. An diesem Strand, mit seiner körnigen, festgestampften Oberfläche war es möglich den Stuhl zu bewegen, aber alles andere als leicht. Er rollte eine Zeitlang ungehindert dahin, knirschte über Muscheln, und kleine Steinchen spritzten unter den Vollgummireifen hervor... und dann geriet er in eine Stelle, wo feinerer Sand lag, und Eddie mußte grunzend drücken, um ihn und seine wenig hilfreiche Insassin weiterzubekommen. Der Sand saugte gierig an den Reifen. Man mußte gleichzeitig drücken und das Gewicht abwärts gegen die Griffe des Rollstuhls werfen, damit er und seine gefesselte Insassin nicht kopfüber in den Sand fielen.

Detta gackerte, wenn er versuchte, sie freizubekommen, ohne sie umzuwerfen. »Haste dein' Spaß da hintn, Süßah?« fragte sie jedesmal, wenn der Rollstuhl in eine sandige Stelle geriet.

Wenn der Revolvermann herkam, um ihm zu helfen, winkte Eddie ihn weg. »Du kommst schon noch dran«, sagte er. »Wir wechseln uns ab.« *Aber ich glaube, meine Schichten werden ganz entschieden länger sein als seine, sagte eine Stimme in seinem Kopf. So, wie er aussieht, wird er bald alle Hände voll zu tun haben, sich selbst zu bewegen, geschweige denn die Frau in diesem Stuhl. Nein, Sir, Eddie, ich fürchte, dieses Täubchen ist für dich. Weißt du, das ist Gottes Rache. Du hast alle deine Jahre als Junkie verbracht, und jetzt bist du selber der Pusher!**

Er gab ein kurzes, atemloses Lachen von sich.

»Was ist denn so komisch, weißer Junge?« fragte Detta, und obwohl Eddie meinte, sie hatte es sarkastisch klingen lassen wollen, kam es ein klein wenig wütend heraus.

Ich soll hierbei nichts zu lachen haben, dachte er. Überhaupt nichts. Jedenfalls soweit es sie befrifft.

»Würdest du nicht verstehen, Baby. Laß es einfach liegen.«

»Ich werd *dich* liegenlassn, ehe dies alles vorbei is'«, sagte sie. »Werd dich 'n dein' bösn Arsch von Kumpl 'n Stückn hier am ganzn Strand liegnlassn. Klaro. Bis dahin sollteste besser 'ne Klappe halten und schiebn. Klingst schon, als würdest 'n bißchen kurzatmig werdn.«

»Nun, dann redest du eben für uns beide«, keuchte Eddie. »Dir scheint der Wind ja *nie* auszugehen.«

»Ich werd'n Wind *furzn,* Blaßfleisch! Werd dir innes tote Gesicht furzn!«

»Leere Versprechungen.« Eddie schob den Rollstuhl aus dem Sand in leichteres Gelände – wenigstens eine Weile. Die Sonne war noch nicht ganz aufgegangen, aber er war bereits schweißgebadet.

Dies wird ein amüsanter und informativer Tag werden, dachte er. Das sehe ich jetzt schon.

Anhalten.

Das war das nächste.

---

* Wortspiel. ›Pusher‹ bedeutet einerseits wörtlich übersetzt soviel wie ›Schieber‹, ›Drücker‹ oder evtl. ›Stoßer‹, im Drogenjargon dagegen ist der ›Pusher‹ ein Händler oder Dealer.   *Anmerkung des Übersetzers*

Sie hatten einen festen Strandabschnitt erreicht. Eddie schob den Rollstuhl schneller voran und dachte am Rande, wenn er diese zusätzliche Geschwindigkeit beibehalten konnte, würde es ihm vielleicht gelingen, durch bloßen Schwung die nächste Sandfalle zu überwinden, in die er geriet.

Und plötzlich blieb der Rollstuhl stehen. Total stehen. Die Querstrebe am hinteren Teil prallte gegen Eddies Brust. Er grunzte. Roland drehte sich um, aber nicht einmal die katzenflinken Reflexe des Revolvermanns konnten verhindern, daß der Rollstuhl der Herrin so umkippte, wie es in den Sandfallen stets möglich gewesen war. Er kippte, und Detta mit ihm; sie war gefesselt und hilflos, aber sie gackerte unbeherrscht. Das machte sie immer noch, als es Roland und Eddie schließlich gelungen war, den Rollstuhl wieder aufzurichten. Einige der Seile hatten sich so eng zugezogen, daß sie ihr grausam ins Fleisch schneiden und die Blutzirkulation in die Gliedmaßen abschneiden mußten; ihre Stirn wies eine Platzwunde auf, Blut rann ihr über die Augenbrauen. Und sie gackerte dennoch garstig in sich hinein.

Als sie den Stuhl wieder auf die Räder gestellt hatten, keuchten beide Männer atemlos. Das Gesamtgewicht von Frau und Stuhl mußte bei zweihundertfünfzig Pfund liegen; am meisten wog sicher der Rollstuhl. Eddie mußte denken, wenn der Revolvermann Odetta aus seiner Zeit geholt haben würde, 1987, hätte der Rollstuhl wahrscheinlich gute sechzig Pfund weniger gewogen.

Detta kicherte, schneuzte, blinzelte Blut aus den Augen.

»Also so was auch, de Jungs hammich gekippt«, sagte sie.

»Verklag uns doch«, murmelte Eddie. »Ruf deinen Anwalt an.«

»'n habt euch völlig verausgabt, mich wieder rauf zu bringn. Muß zehn Minuten gedauert ham.«

Der Revolvermann nahm ein Stück von seinem Hemd – mittlerweile war soviel weg, daß es auf den Rest auch nicht mehr ankam – und streckte die Hand aus, um das Blut von der Platzwunde auf der Stirn abzuwischen. Sie schnappte nach ihm, und dem heftigen Klick, mit dem ihre Zähne zusammenschlugen, entnahm Eddie, daß der Revolvermann, wäre er nur etwas langsamer gewesen, wieder einen Finger verloren hätte.

Sie gackerte und sah ihn mit tückisch lustigen Augen an, aber ganz hinten in diesen Augen sah der Revolvermann auch Angst.

Sie hatte Angst vor ihm. Angst, weil er der Wirklich Böse Mann war.

Warum war er der Wirklich Böse Mann? Möglicherweise weil sie auf einer tieferen Ebene spürte, daß er genau über sie Bescheid wußte.

»Fast habbich dich gehabt, Blaßfleisch«, sagte sie. »Diesmal habbich dich fast gehabt.« Und kicherte wie eine Hexe.

»Halt ihren Kopf«, sagte der Revolvermann gleichgültig. »Sie beißt wie ein Frettchen.«

Eddie hielt ihn, während der Revolvermann sorgfältig die Wunde säuberte. Sie war nicht groß und sah nicht tief aus, aber der Revolvermann ging kein Risiko ein; er schritt langsam zum Wasser hinunter, tränkte das Stück Hemd mit Salzwasser und kam wieder zurück.

Sie fing an zu schreien, während er näher kam.

»Faß mich nicht mittem Ding da an! Faß mich nich' mittem Wasser an, wo de giftigen Dinger rauskommn! Hau ab! *Hau ab!*«

»Halt ihren Kopf«, sagte Roland mit derselben gelassenen Stimme. Sie warf ihn von einer Seite auf die andere. »Ich will kein Risiko eingehen.«

Eddie hielt ihn... und drückte fest zu, als sie ihn befreien wollte. Sie merkte, daß es ihm ernst war, und hörte sofort auf und zeigte keine Angst vor dem nassen Tuch mehr. Also war es nur Getue gewesen.

Sie lächelte Roland an, während er die Wunde wusch und sorgfältig die letzten klebenden Sandkörner entfernte.

»*Du* siehst sogar mehr als fertich aus«, stellte Detta fest. »Siehst *krank* aus, Blaßfleisch. Glaub nich', daßde fürne weite Reise gerüstet bist. Glaub nich', daßde so was schaffn kannst.«

Eddie studierte die rudimentären Kontrollen des Rollstuhls. Er hatte eine Notbremse, die beide Reifen blockierte. Detta hatte die rechte Hand dorthin geschoben und geduldig gewartet, bis sie der Meinung war, daß Eddie genügend Geschwindigkeit hatte, dann hatte sie die Bremse gezogen und sich selbst absichtlich herausgekippt. Warum? Um sie zu behindern, das war alles. Es gab keinen Grund, so etwas zu tun, aber eine Frau wie Detta, dachte Eddie, brauchte auch keinen Grund. Eine Frau wie Detta war bereit, solche Sachen aus reiner Boshaftigkeit zu tun.

Roland lockerte ihre Fesseln ein wenig, damit das Blut ungehindert zirkulieren konnte, dann fesselte er ihre Hand so, daß sie nicht an die Bremse herankam.

»Is' schon recht, Mister Man«, sagte Detta und schenkte ihm ein strahlendes Lächeln mit zu vielen Zähnen. »Macht sowieso nix. 's gibt annere Wege, euch Jungs aufzuhaltn. Alle *Artn* von Wegn.«

»Gehen wir«, sagte der Revolvermann tonlos.

»Alles klar mit dir, Mann?« fragte Eddie. Der Revolvermann sah sehr blaß aus.

»Ja. Gehen wir.«

Sie schritten weiter den Strand entlang.

10

Der Revolvermann bestand darauf, eine Stunde lang selbst zu schieben, und Eddie ließ es widerwillig zu. Roland brachte sie durch die erste Sandfalle, aber Eddie mußte ihm schon bei der zweiten helfen, den Rollstuhl zu befreien. Der Revolvermann rang keuchend nach Luft, große Schweißperlen standen ihm auf der Stirn.

Eddie ließ ihn noch ein Stück weitergehen, und Roland war geschickt genug, einen Weg um die Stellen herum zu finden, wo der Sand so locker war, daß die Reifen darin steckengeblieben wären, aber schließlich steckte der Stuhl wieder fest, und Eddie konnte es nur einige Augenblicke ertragen, Roland dabei zuzusehen, wie er sich keuchend und mit fliegender Brust abmühte, ihn freizubekommen, während die Hexe (so nannte er sie bei sich) vor Lachen heulte und den Körper sogar zurückwarf, um ihm die Aufgabe schwerer zu machen; dann stieß er den Revolvermann mit der Schulter beiseite und rammte den Rollstuhl mit einer einzigen wütenden Bewegung frei. Der Stuhl wankte, und jetzt sah/spürte er, wie sie *nach vorne* schnellte, so weit es ihre Fesseln zuließen, was sie mit unheimlicher Vorahnung genau im richtigen Augenblick tat, um den Stuhl wieder nach vorne zu kippen.

Roland warf sein Gewicht neben Eddie auf den Rollstuhl, und er kam wieder ins Gleichgewicht.

Detta drehte sich um und bedachte sie mit einem derartig obszönen Verschwörerblinzeln, daß Eddie spürte, wie sich Gänsehaut auf seinen Armen bildete.

»Habt mich schon wieder fast ummestoßn, Jungs«, sagte sie. »Solltet bessah auf mich aufpassn. Bin nix weiter alsne verkrüppelte Dame, also müßter besser aufpassn.«

Sie lachte so heftig, daß sie zu platzen drohte.

Wenngleich Eddie sich in die Frau verliebt hatte, die der andere Teil von ihr war – er hatte sich einzig auf der Basis der kurzen Zeit in sie verliebt, die er sie gesehen und mit ihr gesprochen hatte –, spürte er, wie seine Hände zuckten, sich um ihren Hals zu legen und dieses Lachen zu ersticken, bis sie nie mehr lachen konnte.

Sie drehte sich wieder um und sah, was er dachte, als wäre es ihm mit roter Tinte ins Gesicht geschrieben, und sie lachte um so heftiger. Ihre Augen forderten ihn heraus. *Komm schon, Blaßfleisch. Komm schon. Du willst es tun? Dann komm und tu es.*

Mit anderen Worten, hopp nicht nur den Stuhl um; kipp die Frau um, dachte Eddie. *Kipp sie ein für allemal um. Denn das mochte sie. Dettas einziges wahres Ziel im Leben, das sie hat, ist es, von einem weißen Mann getötet zu werden.*

»Komm«, sagte er und fing wieder an zu schieben. »Wir machen eine Reise am Strand, Süße, ob es dir paßt oder nicht.«

»Scheiß auf dich«, spie sie.

»Schnauze, Baby«, antwortete Eddie liebenswürdig.

Der Revolvermann schritt mit gesenktem Kopf neben ihm dahin.

11

Als die Sonne sagte, daß es gegen elf war, erreichten sie eine große felsige Stelle; dort rasteten sie fast eine Stunde im Schatten, während die Sonne den Dachfirst des Tages erklomm. Eddie und der Revolvermann aßen Reste vom Fang des gestrigen Tages. Eddie bot Detta eine Portion an, aber sie weigerte sich wieder und sagte ihm, sie wüßte ganz genau, was sie vorhatten, und wenn sie das tun wollten, sollten sie es besser mit bloßen Händen tun und mit den Versuchen aufhören, sie zu vergiften, denn das machten nur Feiglinge.

Eddie hat recht, überlegte der Revolvermann. *Diese Frau hat sich ihre eigenen Erinnerungen zurechtgezimmert. Sie weiß alles, was letzte Nacht mit ihr passiert ist, obwohl sie fest geschlafen hat.*

Sie glaubte, sie hatten ihr Fleischstücke gebracht, die nach Gift und Verwesung rochen, und hätten sie damit gehänselt, während sie selbst gegrilltes Rindfleisch gegessen und eine Art Bier aus Flaschen getrunken hatten. Sie glaubte, daß sie ihr ab und zu Stücke ihres eigenen guten Essens vor die Nase gehalten und im letzten Augenblick zurückgezogen hatten, wenn sie mit den Zähnen danach schnappte – und selbstverständlich hatten sie dabei gelacht. In der Welt von Detta Walker (oder zumindest in ihrem Verstand) machten *Blassewichsah* nur zwei Dinge mit schwarzen Frauen: Sie vergewaltigten sie oder lachten sie aus. Oder beides gleichzeitig.

Es war beinahe komisch. Eddie Dean hatte Rindfleisch zuletzt während seiner Fahrt mit der Himmelskutsche gesehen und Roland keines mehr, seit er sein Dörrfleisch aufgegessen gehabt hatte; die Götter allein wußten, wie lange das schon her war. Was Bier anbelangte... er ging in Gedanken zurück.

Tull.

In Tull hatte er Bier bekommen. Bier und Rindfleisch.

Gott, es wäre schön, ein Bier zu haben. Sein Hals schmerzte, und es wäre schön, wenn er ein Bier hätte, um diese Schmerzen zu lindern. Sogar noch besser als dieses *Astin* aus Eddies Welt.

Sie entfernten sich ein Stück von ihr.

»Bin ich nich fein genuge Gesellschaft für sone weißen Jungs wie euch?« keifte sie hinter ihnen her. »Oder wollter Wichsah euch liber 'ne Weile unbeobachtet annen kleinen weißen Pillern rummachen?«

Sie warf den Kopf zurück und kreischte ein Lachen, das die Möwen erschreckte; sie stoben krächzend von den eine Viertelmeile entfernten Felsen empor, wo sie sich zu einer Versammlung niedergelassen hatten.

Der Revolvermann ließ beim Sitzen die Hände zwischen den Knien baumeln und dachte nach. Schließlich hob er den Kopf und sagte Eddie: »Ich verstehe von zehn Worten, die sie sagt, nur eines.«

»Da bin ich dir weit voraus«, antwortete Eddie. »Ich verstehe wenigstens zwei von dreien. Ist aber egal. Meistens läuft es sowieso nur auf *blasser wichsah* hinaus.«

Roland nickte. »Sprechen dort, wo du herkommst, viele dunkelhäutige Menschen so? Die *andere* hat es nicht getan.«

Eddie schüttelte den Kopf und lachte. »Nein. Und ich will dir etwas irgendwie Komisches erzählen – *ich* finde es jedenfalls komisch, aber das liegt vielleicht nur daran, daß es hier sonst nicht viel zu lachen gibt. Es ist nicht echt, und sie weiß es nicht einmal.«

Roland sah ihn an, sagte aber nichts.

»Erinnerst du dich: Als du ihr die Stirn abwischen wolltest, hat sie getan, als hätte sie Angst vor dem Wasser?«

»Ja.«

»Hast du gewußt, daß sie nur so tut?«

»Zuerst nicht, aber ziemlich schnell.«

Eddie nickte. »Das war geschauspielert, und sie *wußte*, daß es geschauspielert war. Aber sie ist eine verdammt gute Schauspielerin, und sie hat uns beide ein paar Sekunden zum Narren gehalten. Auch ihre Art zu sprechen ist Schauspielerei. Aber nicht so gut. Es ist so dumm, so gottverdammt *klischeehaft!*«

»Du meinst, sie kann nur dann gut täuschen, wenn sie selbst weiß, daß sie es macht?«

»Ja. Sie hört sich an wie eine Mischung zwischen den Farbigen in einem Buch mit dem Titel *Mandingo*, das ich einmal gelesen habe, und Butterfly McQueen in *Vom Winde verweht*. Ich weiß, du kennst diese Namen nicht, aber ich will damit sagen, sie spricht wie ein Klischee. Kennst du dieses Wort?«

»Es bedeutet etwas, das immer von Leuten gesagt oder gedacht wird, die nur wenig oder gar nicht denken.«

»Ja. Ich hätte es nicht halb so gut erklären können.«

»Seid ihr Jungs noch nicht fertich, euch annen Pillern rumzumachn?« Dettas Stimme wurde heiser und brüchig. »Oder vielleicht könnterse nur nich' finnen. Isses das?«

»Komm.« Der Revolvermann stand langsam auf. Er schwankte einen Augenblick, merkte, daß Eddie ihn ansah, und lächelte. »Ich komme schon zurecht.«

»Wie lange noch?«

»Solange ich muß«, antwortete der Revolvermann, und der Ernst seiner Stimme machte Eddie frösteln.

12

An diesem Abend nahm Roland ihre letzte zuverlässige Patrone für den Fang. Morgen abend würde er anfangen, diejenigen, die sie für Luschen hielten, systematisch durchzuprobieren, aber er glaubte, es war ziemlich genau so, wie Eddie gesagt hatte: Sie würden die verdammten Bestien zu Tode prügeln müssen.

Es war wie an den anderen Abenden auch: Feuer, kochen, schälen, essen – das Essen war inzwischen langsam und lustlos. *Wir werden überdrüssig,* dachte Eddie. Sie boten Detta etwas zu essen an, die schrie und lachte und fluchte und fragte, wie lange sie sie noch zum Narren halten wollten, und dann fing sie an, den Körper wild von einer Seite auf die andere zu werfen, ohne darauf zu achten, daß die Fesseln immer enger wurden, sie wollte nur den Rollstuhl umwerfen, damit sie sie wieder aufheben mußten, bevor sie essen konnten.

Eddie packte sie, kurz bevor es ihr gelungen war, und Roland befestigte die Reifen auf beiden Seiten mit Steinen.

»Ich mache deine Fesseln etwas lockerer, wenn du dich still hältst«, sagte Roland.

»Lutsch Scheiße aus meinem Arsch, Wichsah!«

»Ich weiß nicht, ob das ja oder nein bedeutet.«

Sie sah ihn mit zusammengekniffenen Augen an und mutmaßte wohl einen unterschwelligen sardonischen Ton in der gleichgültigen Stimme (das fragte sich Eddie auch, wußte aber nicht, ob es so war oder nicht), und nach einem Augenblick sagte sie mürrisch: »Ich bin still. Zu hungrig zum Rumhampeln. Gebter ma jez was Rechtes zu essn oda wollter mich verhungern lassn? Habter das vor? Ihr seid zu scheißfeige, mich abzumurksn, und Gift eß ich niemals nich', also musses so sein. Aushungern. Nun, wern sehn. Klar. Wern schon sehn.«

Sie schenkte ihnen wieder das grauenerregende Sichelgrinsen.

Wenig später schlief sie ein.

Eddie berührte Rolands Gesicht. Roland sah ihn an, entzog sich der Berührung aber nicht.

»Mir geht es gut.«

»Klar, du bist Jim-dandy. Nun, ich will dir was sagen, Jim, wir sind heute nicht sehr weit gekommen.«

»Ich weiß.« Zudem war da das Problem, daß sie die letzte brauchbare Patrone verbraucht hatten, aber das konnte Eddie gerne vergessen, wenigstens heute abend. Eddie war nicht krank, aber er war erschöpft. Zu erschöpft für weitere schlechte Nachrichten.

Nein, er ist nicht krank, noch nicht, aber wenn er lange genug ohne Rast weitergeht und erschöpft ist, dann wird er krank.

In gewisser Weise war das Eddie auch; sie beide waren erschöpft. In Eddies Mundwinkeln hatten sich Fieberbläschen gebildet, seine Haut wies schuppige Flecken auf. Der Revolvermann konnte spüren, wie seine eigenen Zähne im Zahnfleisch locker wurden, das Fleisch zwischen seinen Zehen platzte auf und blutete, ebenso das zwischen seinen verbliebenen Fingern. Sie aßen, aber sie aßen tagein, tagaus dasselbe. Sie konnten so noch eine Weile weitermachen, aber letztendlich würden sie auf diese Weise ebenso sicher sterben, als würden sie verhungern.

Wir haben die Matrosenkrankheit auf trockenem Land, dachte Roland. *So einfach ist das. Wie komisch. Wir brauchen Obst. Wir brauchen Gemüse.*

Eddie nickte zur Herrin. »Sie wird auch weiterhin versuchen, es uns schwer zu machen.«

»Es sei denn, die andere in ihr kommt zurück.«

»Das wäre schön, aber darauf können wir uns nicht verlassen«, sagte Eddie. Er nahm ein Stück verkohlte Schere und fing an, sinnlose Muster in den Sand zu malen. »Eine Vorstellung, wie weit die nächste Tür entfernt sein könnte?«

Roland schüttelte den Kopf.

»Ich frage nur, weil ich mir denke, wenn die Entfernung zwischen Tür Nummer drei und Tür Nummer zwei dieselbe ist wie zwischen Tür Nummer eins und Tür Nummer zwei, dann könnten wir tief in der Scheiße sitzen.«

»Wir sitzen schon tief in der Scheiße.«

»Bis zum Hals«, stimmte Eddie düster zu. »Ich frage mich schon die ganze Zeit, wie lange ich noch wassertreten kann.«

Roland schlug ihm auf die Schulter, eine so seltene Geste der Anteilnahme, daß Eddie blinzeln mußte.

»Eines weiß die Herrin nicht«, sagte er.

»Ach? Und das wäre?«

»Wir *Blassewichsah* können ziemlich lange wassertreten.«

Darüber mußte Eddie lachen, heftig lachen, und er dämpfte das Lachen im Ärmel, damit er Detta nicht aufweckte. Er hatte den ganzen Tag genug von ihr gehabt, herzlichen Dank, bitte nichts mehr.

Der Revolvermann sah ihn lächelnd an. »Ich werde mich hinlegen«, sagte er. »Sei...«

»...auf der Hut. Klar. Werde ich.«

13

Als nächstes kam das Schreien.

Kaum hatte sein Kopf das zusammengeknüllte Bündel seines Hemdes berührt, schlief Eddie ein, und es schien erst fünf Minuten später zu sein, als Detta zu schreien anfing.

Er war auf der Stelle wach und auf alles gefaßt – einen Hummerkönig, der aus der Tiefe emporgekommen war, um Rache für seine ermordeten Kinder zu nehmen, oder ein Ungeheuer, das von den Bergen heruntergekommen war. Es *schien*, als wäre er sofort wach gewesen, aber der Revolvermann war schon auf den Beinen und hatte eine Pistole in der linken Hand.

Als sie sah, daß beide wach waren, hörte Detta sofort auf zu schreien.

»Hammer nur gedacht, ich schau mal, obber Jungs auf Zack seid«, sagte sie. »Könnten Wölfe hier sein. Sieht nach Wolfsland aus. Wollte mir vergewissahn, obbich euch beizeiten auffe Beine kriegen würde, wennich 'n Wolf seh', der sich anschleicht.« Aber es war keine Furcht in ihren Augen; sie funkelten vor boshafter Freude.

»Herrgott«, sagte Eddie benommen. Der Mond war am Himmel, aber er war gerade erst aufgegangen; sie hatten weniger als zwei Stunden geschlafen.

Der Revolvermann steckte den Revolver in den Halfter.

»Mach das nicht noch mal«, sagte er zur Herrin im Rollstuhl.

»Was wirst'n machen, *wenn* ichs tue? Mich vergewaltijn?«

»Wenn wir dich vergewaltigen wollten, dann wärst du inzwischen schon eine häufig vergewaltigte Frau«, sagte der Revolvermann tonlos. »Mach es nicht noch einmal.«

Er legte sich wieder hin und zog die Decke über sich.

Heiland, gütiger Heiland, dachte Eddie, *was für ein Schlamassel, was für ein verfluchtes...* und weiter kam er nicht, denn er versank wieder in einen erschöpften Schlaf, und dann zerriß sie die Luft mit neuen schrillen Schreien, sie kreischte wie eine Feuersirene, und Eddie war wieder auf, Adrenalin brannte in seinem Körper, er hatte die Fäuste geballt, und dann lachte sie, heiser und rauh.

Eddie sah auf und stellte fest, daß sich der Mond, seit sie sie zum letztenmal geweckt hatte, keine zehn Grad weiterbewegt hatte.

Sie will es die ganze Nacht machen, dachte er müde. *Sie will wach bleiben und uns beobachten, und wenn sie sicher ist, daß wir tief schlafen, um neue Kräfte zu sammeln, wird sie den Mund aufmachen und wieder anfangen zu kreischen. Das wird sie immer weiter machen, bis sie keine Stimme mehr hat, mit der sie kreischen kann.*

Ihr Lachen hörte unvermittelt auf. Roland näherte sich ihr, eine dunkle Gestalt im Mondlicht.

»Bleibma vom Leib, Blaßfleisch«, sagte Detta, aber ihre Stimme hatte einen nervösen, zitternden Unterton. »Du wirstmer nix tun.«

Roland stand vor ihr, und Eddie war einen Augenblick sicher, vollkommen sicher, daß der Revolvermann das Ende seiner Geduld erreicht hatte und sie einfach wie eine Fliege zerquetschen würde. Statt dessen sank er erstaunlicherweise vor ihr auf ein Knie wie ein Bräutigam, der dabei ist, einen Antrag zu machen.

»Hör mir zu«, sagte er, und Eddie konnte sich die seidige Stimme Rolands überhaupt nicht erklären. Er sah dieselbe fassungslose Überraschung in Dettas Gesicht, dort aber mit Angst vermischt. »Hör mir zu, Odetta.«

»Wen nennste *O*-Detta? Das is' nich mein Name.«

»Sei still, Schlampe«, sagte der Revolvermann knurrend, und dann weiter, wieder mit der seidigen Stimme: »Wenn du mich hörst und wenn du sie kontrollieren kannst...«

»Warum redste so mit mir? Warum redste, als würdste zunner annern sprechn? Laß 'se Blassenscheiße! Hör sofort auffemit!«

»...dann sorg dafür, daß sie still bleibt. Ich kann sie knebeln, aber das will ich nicht. Ein fester Knebel ist eine gefährliche Sache. Man kann ersticken.«

»HÖR ENNLICH UFFEMIT DU BLASSER BESCHISSENER VOO-DOOWICHSAH!«

»Odetta.« Seine Stimme flüsterte wie beginnender Regen.

Sie verstummte und sah ihn mit großen Augen an. Eddie hatte in seinem ganzen Leben noch nicht soviel Haß und Angst im Blick eines Menschen vereint gesehen.

»Ich glaube, diesem Dreckstück wäre es egal, ob *sie* an einem festen Knebel stirbt. Sie will sterben, aber noch mehr wünscht sie sich, daß *du* stirbst. Aber du *bist* nicht gestorben, bis jetzt noch nicht, und ich glaube auch nicht, daß Detta neu in deinem Leben ist. Sie fühlt sich in dir zu sehr zu Hause, vielleicht kannst du ja hören, was ich sage, und vielleicht kannst du etwas Kontrolle über sie ausüben, auch wenn du noch nicht herauskommen kannst.

Laß nicht zu, daß sie uns zum drittenmal weckt, Odetta!

Ich will sie nicht knebeln.

Aber ich werde es tun, wenn es sein muß.«

Er stand auf, ging weg, ohne sich noch einmal umzudrehen, rollte sich wieder in seine Decke und schlief sofort ein.

Sie sah ihn immer noch mit weit aufgerissenen Augen und bebenden Nasenflügeln an.

»Blasse Voodooscheiße«, flüsterte sie.

Eddie legte sich hin, aber diesmal dauerte es lange, bis er einschlief, obwohl er schrecklich müde war. Er kam bis an den Rand, rechnete mit ihren Schreien und war wieder wach.

Drei Stunden später, als der Mond sich schon auf dem Rückweg befand, döste er schließlich ein.

Detta schrie in dieser Nacht nicht mehr, entweder hatte Roland ihr Angst gemacht, oder sie wollte ihre Stimme für künftige Erschreckmanöver und Störungen schonen, oder – möglicherweise, nur möglicherweise – Odetta hatte ihn gehört und hatte die Kontrolle ausgeübt, um die der Revolvermann sie gebeten hatte.

Schließlich schlief Eddie ein, aber er erwachte zerschlagen und nicht erfrischt. Er sah zum Rollstuhl und hoffte wider alle Hoffnung, es möge Odetta sein, bitte, lieber Gott, laß es heute morgen Odetta sein...«

»Morn, Weißbrot«, sagte Detta und grinste ihn mit ihrem Haifischgrinsen an. »Dachte schon, du willst'n gansn Tach schlafn. Aber *das* kannste nich' machen, was? Wir müssn 'n paar Meiln weiter, isses nich so? Klaro! Und ich schätze, du mußts Schieben allein übernehmn, weiler annere Bursche, der mitten Voodooaugn, der sieht imma schlechta aus. Das tuter! Glaub nich, dasser noch lange *irjndwas* essen kann, nichmal 's gute Rauchfleisch, was ihr Weißbrote freßt, wenner euch annen winzigen weißen Pimmeln rumgemacht habt. Also los, Weißbrot! Detta will nie nich diejenje sein, was dich aufhalten tut.«

Ihre Lider sanken ein wenig herunter, ihre Stimme wurde tiefer; die Augen sahen ihn aus den Augenwinkeln verschlagen an.

»Jedenfalls nich vom Losgehn.«

Wird'n Tach werden, an dende dich erinnerst, Weißbrot, versprachen diese verschlagenen Augen. *Wird'n Tach werden, an dende dich verflixt lang erinnern wirst.*

Klaro.

14

Sie schafften an diesem Tag drei Meilen, vielleicht eine Winzigkeit weniger. Dettas Stuhl kippte zweimal um. Einmal machte sie es selbst, indem sie die Finger wieder langsam und unauffällig zur Handbremse schob und zog. Beim zweitenmal gelang es Eddie ganz ohne Hilfe, weil er in einer der verdammten Sandfallen zu heftig schob. Das war gegen Ende des Tages, und er geriet einfach in Panik, weil er dachte, daß er sie diesmal *nicht* herausbringen würde, *unmöglich.* Daher gab er ihr mit seinen zitternden Armen diesen letzten heftigen Stoß der natürlich viel zu fest gewesen war, und sie kippte um wie Humpty Dumpty, der von seiner Mauer gestürzt war, und er und Roland hatten Mühe gehabt, sie wieder aufzurichten. Sie wurden gerade noch rechtzeitig damit fertig. Das Seil unter ihren Brüsten war straff über die Luftröhre gespannt. Der wirkungsvolle rutschende Knoten des Revolvermanns würgte sie. Ihr Gesicht hatte eine komische blaue Färbung angenommen, und sie war kurz davor, das Bewußtsein zu verlieren, und dennoch winselte sie ihr garstiges Lachen heraus.

Laß sie doch einfach, warum denn nicht? hätte Eddie beinahe gesagt, als sich Roland rasch nach vorn beugte, um den Knoten aufzumachen. *Laß sie doch ersticken! Ich weiß nicht, ob sie sich selbst-*

fertigmachen will, wie du gesagt hast, aber ich weiß, daß sie UNS fertigmachen will ... also laß sie doch!

Dann erinnerte er sich an Odetta (wenngleich ihre Begegnung so kurz gewesen war und so lange her zu sein schien, daß die Erinnerung vage wurde) und eilte ihm zu Hilfe.

Der Revolvermann stieß ihn ungeduldig mit einer Hand weg. »Nur Platz für einen.«

Als das Seil gelockert war und die Herrin rasselnd nach Luft schnappte (die sie in Salven ihres gehässigen Lachens wieder ausstieß), drehte er sich um und sah Eddie kritisch an. »Ich glaube, wir sollten für heute Schluß machen.«

»Noch ein Stück weiter.« Er flehte beinahe. »Ich kann noch ein Stück gehen.«

»Klaro! Er issn kräftiger Kerl. Er kann noch 'ne Reihe Baumwolle hackn und hat *immah* noch genug Energie, dasser heut nacht dein' blassn kleinen Pimmel gut lutschn kann.«

Sie aß immer noch nicht, und ihr Gesicht bestand aus tiefen Furchen und harten Kanten. Ihre Augen glitzerten tief in den Höhlen.

Roland beachtete sie überhaupt nicht, sondern sah nur Eddie an. Schließlich nickte er. »Noch ein Stück. Nicht mehr weit, aber ein Stück.«

Zwanzig Minuten später gab Eddie selbst auf. Seine Arme fühlten sich wie Gallert an.

Sie saßen im Schatten der Felsen und lauschten den Möwen, sahen zu, wie die Flut kam, warteten darauf, daß die Sonne unterging und die Monsterhummer herauskamen und mit ihren unerschöpflichen Kreuzverhören anfingen.

Roland sagte Eddie mit so leiser Stimme, daß Detta es nicht hören konnte, sie hätten wahrscheinlich keine funktionierenden Patronen mehr. Eddie verkniff den Mund ein wenig, aber das war alles. Roland war zufrieden.

»Du wirst selbst einem den Schädel einschlagen müssen«, sagte Roland. »Ich bin so schwach, daß ich keinen Stein heben kann, der groß genug ist ... und noch sicher zuschlagen.«

Jetzt war es an Eddie, *ihn* zu betrachten.

Es gefiel ihm nicht, was er sah.

Der Revolvermann winkte seinen prüfenden Blick weg. »Vergiß es«, sagte er. »Vergiß es, Eddie. Was ist, das *ist*.«

»*Ka*«, sagte Eddie.

Der Revolvermann nickte und lächelte ein wenig. »*Ka*.«

»Kaka«, sagte Eddie, dann sahen sie einander an und lachten beide. Roland sah verblüfft und möglicherweise sogar ein wenig ängstlich drein, als er den rostigen Laut aus seinem Mund kommen hörte. Sein Lachen dauerte nicht lange an. Als es fertig war, sah er distanziert und melancholisch aus.

»Hattas Lachansu bedeudn, dasser euch ennlich ein' abgejuckelt habt?« schrie Detta mit ihrer heiseren, krächzenden Stimme zu ihnen herüber. »Wann machter euch'n ennlich anns Pimpern. Das willich sehn, 's Pimpern!«

15

Eddie erledigte das Töten.

Detta weigerte sich wie bisher zu essen. Eddie aß ein halbes Stück, so daß sie es sehen konnte, dann bot er ihr die andere Hälfte an.

»Nienich!« sagte sie mit blitzenden Augen. »NieNICH! Du hastes Gift ans annere Ende getan. Jetz versuchste's mir zu gem.«

Eddie nahm ohne ein weiteres Wort den Rest des Stücks in den Mund, kaute, schluckte.

»Hat nixu sagn«, sagte Detta mürrisch. »Laß mich'n Ruhe, Blaßfleisch.«

Das tat Eddie nicht.

Er brachte ihr ein anderes Stück.

»Brich *du* es auseinander. Gib mir die Hälfte, die du willst. Ich esse sie, und dann ißt du den Rest.«

»Auffe miesn BIassentricks fallich nich' rein, Mist'Chahlie. Lassich 'n Ruh, habbich gesacht, 'n lassich 'n Ruh, habbich gemeint.«

In dieser Nacht schrie sie nicht... aber sie war am anderen Morgen immer noch da.

An diesem Tag schafften sie nur zwei Meilen, wenngleich Detta keinen Versuch unternahm, den Stuhl umzukippen; Eddie dachte, daß sie vielleicht zu schwach wurde, um Sabotageakte auszuführen. Vielleicht hatte sie auch eingesehen, daß sie gar nicht nötig waren. Drei fatale Faktoren wirkten hervorragend zusammen: Eddies Erschöpfung, das Gelände, das sich nach tagelanger Einförmigkeit endlich zu verändern anfing, und Rolands Zustand, der sich zunehmend verschlechterte.

Es kamen keine Sandfallen mehr, aber das war ein schwacher Trost. Der Boden wurde körniger und mehr und mehr wie billige, wertlose Krume, weniger und weniger Sand (an manchen Stellen wuchsen Unkräuter, die fast aussahen, als schämten sie sich, das zu sein), und jetzt ragten so viele Steine aus dieser seltsamen Mischung von Sand und Geröll heraus, daß Eddie um sie herummanövrieren mußte, wie er den Rollstuhl der Herrin bisher um die Sandfallen herumgesteuert hatte. Er sah, daß bald kein Strand mehr übrigbleiben würde. Die Hügel, braune, freudlose Erhebungen, kamen unablässig näher. Eddie konnte die Klüfte zwischen ihnen sehen, so daß sie aussahen wie Klötze, die ein ungeschickter Riese mit einem stumpfen Beil gehauen hatte. In dieser Nacht hörte er kurz vor dem Einschlafen etwas, das sich wie eine riesige fauchende Katze anhörte.

Der Strand hatte endlos gewirkt, aber jetzt wurde ihm klar, daß er doch ein Ende hatte. Die verwitterten Berge würden bis zum Wasser herunterkommen und dann hinein, wo sie zuerst zu einem Kap oder einer Halbinsel und später zu einem Archipel werden mochten.

Das beunruhigte ihn, aber Rolands Zustand beunruhigte ihn noch mehr.

Diesmal schien der Revolvermann weniger zu verbrennen als vielmehr dahinzusiechen, er verlor Substanz und wurde durchsichtig.

Die roten Linien waren wieder aufgetaucht und marschierten unaufhaltsam seinen rechten Arm in Richtung Ellbogen hinauf.

Eddie hatte die beiden vergangenen Tage starr geradeaus gesehen, in die Ferne geblinzelt und gehofft, die Tür zu sehen, die Tür, die magische Tür. Er hatte die vergangenen zwei Tage darauf gewartet, daß Odetta wieder auftauchen würde.

Nichts von beidem war geschehen.

Bevor er an diesem Abend einschlief, kamen ihm zwei schreckliche Gedanken, wie ein Witz mit doppelter Pointe:

Was war, wenn keine Tür mehr kam?

Was war, wenn Odetta Holmes tot war?

18

»Aufstehn und los, Wichsah!« kreischte Detta ihn aus der Bewußtlosigkeit. »Ich glaub, jetz sin'd nur noch wir zwei, Süßah. Ich glaub, dein Freund hat ennlich'n Abgang gemacht. Ich glaub, dein Freund is' unnen inner Hölle den Teufel am Pimpern.«

Eddie betrachtete die eingemummte, zusammengerollte Gestalt von Roland und dachte einen entsetzlichen Augenblick, das Miststück hätte recht gehabt. Dann regte sich der Revolvermann, stöhnte heiser und hangelte sich in eine sitzende Haltung.

»Nu schauma sich dassan!« Detta hatte so sehr geschrien, daß ihre Stimme jetzt manchmal vollkommen aussetzte und zu einem unheimlichen Flüstern wurde, wie Winterwind unter einer Tür. »Ich dachte, du bist tot, Mister Man!«

Roland stand langsam auf. Für Eddie sah es immer noch aus, als würde er sich an den Sprossen einer unsichtbaren Leiter hochziehen. Eddie verspürte eine wütende Art Mitleid, und das war ein vertrautes, seltsam nostalgisches Gefühl. Nach einem Augenblick verstand er. Es war wie damals, wenn er und Henry sich Kämpfe im Fernsehen angesehen hatten und einer den anderen verletzte, schlimm verletzte, immer und immer wieder, und die Menge schrie nach Blut, und dann schrie *Henry* nach Blut, aber Eddie saß nur da und verspürte dieses wütende Mitleid, diesen dummen Ekel; er saß da und schickte Gedankenwellen zu dem Gemetzel: *Hör auf Mann, verdammt, bist du blind? Der stirbt doch! STIRBT! Hör mit dem verdammten Kampf auf!*

Es gab keine Möglichkeit, diesen zu beenden.

Roland sah mit seinen gequälten fiebrigen Augen zu ihr. »Das haben schon viele geglaubt, Detta.« Er sah zu Eddie. »Bist du bereit?«

»Ja, schätze schon. *Du auch?*«

»Ja.«

»*Kannst* du?«

»Ja.« Sie gingen weiter.

Gegen zehn Uhr fing Detta an, sich die Schläfen mit den Fingern zu reiben.

»Halt«, sagte sie. »Mir ist schlecht. Ich glaube, ich muß kotzen.«

»Wahrscheinlich das viele Essen von gestern abend«, sagte Eddie und schob weiter. »Du hättest auf den Nachtisch verzichten sollen. Ich habe dir doch gesagt, der Schokoladenkuchen ist zu schwer.«

»Ich muß kotzn! Ich...«

»Halt, Eddie!« sagte der Revolvermann.

Eddie hielt an.

Plötzlich zuckte die Frau im Rollstuhl konvulsivisch, als würde elektrischer Strom durch sie fließen. Sie riß die Augen weit auf, sah aber nichts.

»*ICH HAB' DEIN' TELLER KAPUTTGEMACHT DU STINKENDE OLLE BLAUE DAME!*« kreischte sie. »ICH HAB'N KAPUTTGEMACHT UND ICH BIN VERDAMMICH FROH DASS ICH'S GE...«

Plötzlich sackte sie in ihrem Rollstuhl nach vorne. Wären die Seile nicht gewesen, wäre sie herausgekippt.

Herrgott, sie ist tot, sie hat einen Schlag gehabt und ist tot, dachte Eddie. Er ging um den Rollstuhl herum, erinnerte sich, wie verschlagen und listig und böse sie sein konnte, und dann blieb er so schnell stehen wie er losgegangen war. Er sah Roland an. Roland sah ihn gleichgültig an, seine Augen verrieten überhaupt nichts.

Dann stöhnte sie. Sie machte die Augen auf.

Ihre Augen.

Odettas Augen.

»Meine Güte, ich bin wieder bewußtlos geworden, nicht?« sagte sie. »Tut mir leid, daß Sie mich festbinden mußten. Meine dummen Beine! Ich glaube, ich könnte mich jetzt aufsetzen, wenn Sie...«

Und dann gaben Rolands eigene Beine langsam nach und er sackte dreißig Meilen von der Stelle entfernt, wo der Strand des Westlichen Meeres aufhörte, in sich zusammen.

Neuerliches Mischen

Neuerliches Mischen

1

Eddie Dean hatte den Eindruck, als würden er und die Herrin den restlichen Strandabschnitt nicht mehr entlangstapfen oder gehen. Sie schienen zu *fliegen*.

Odetta Holmes mochte Roland immer noch nicht und vertraute ihm auch nicht; das war klar. Aber sie merkte, wie verzweifelt sein Zustand geworden war, und darauf reagierte sie. Jetzt war Eddie nicht mehr, als müßte er eine tote Last aus Stahl und Gummi schieben, an der eben zufällig ein Mensch befestigt war, es war fast, als würde er einen Schlitten schieben.

Geh mit ihr. Bisher habe ich auf dich aufgepaßt, und das war wichtig. Jetzt würde ich dich nur behindern.

Er hatte fast auf der Stelle eingesehen, wie recht der Revolvermann hatte. Eddie schob den Rollstuhl; Odetta trieb ihn an.

Ein Revolver des Revolvermanns steckte im Saum von Eddies Hose.

Erinnerst du dich noch, wie ich dir gesagt habe, du sollst auf der Hut sein, und du warst es nicht?

Ja.

Ich sage es dir noch einmal: Sei auf der Hut. Jeden Augenblick. Wenn *die* andere zurückkommt, zaudere keine Sekunde. Schlag ihr eins auf den Schädel.

Und wenn ich sie umbringe?

Das wäre das Ende. Aber wenn sie dich *umbringt, ist das auch das Ende. Und wenn sie zurückkommt, wird sie es versuchen. Sie wird es versuchen.*

Eddie hatte ihn nicht alleinlassen wollen. Das lag nicht nur an diesem Katzenschrei in der Nacht (obwohl er ständig daran denken mußte); es war einfach so, daß Roland sein einziger Halt in dieser Welt geworden war. Er und Odetta gehörten nicht hierher.

Aber er hatte eingesehen, daß der Revolvermann recht hatte.

»Möchtest du ausruhen?« fragte er Odetta. »Wir haben noch zu essen. Ein wenig.«

»Noch nicht«, antwortete sie, obwohl ihre Stimme müde klang. »Bald.«

»Also gut, aber dann hör wenigstens auf zu reden. Du bist schwach ... ein Magen, du weißt schon.«

»Also gut.« Sie drehte sich mit schweißnassem Gesicht um und schenkte ihm ein Lächeln, das ihn schwach und stark zugleich machte. Er hätte für so ein Lächeln sterben können ... und dachte, er würde es auch, sollten die Umstände es verlangen.

Er hoffte bei Christus, daß die Umstände es nicht verlangen würden, aber außer Frage war es eindeutig nicht. Die Zeit war etwas so Entscheidendes geworden, daß es zum Schreien war.

Sie legte die Hände in den Schoß, und er schob weiter. Die Spuren, die die Räder hinterließen, waren jetzt undeutlicher; der Strand war immer fester geworden, aber er war jetzt auch mit Geröll übersät, das zu einem Unfall führen konnte. Bei der Geschwindigkeit, die sie hatten, hätte man nichts dazutun müssen, einen zu verursachen. Ein wirklich schlimmer Unfall konnte Odetta verletzen, und das wäre schlimm; ein solcher Unfall konnte auch den Rollstuhl beschädigen, und das wäre schlimm für sie beide und wahrscheinlich noch schlimmer für den Revolvermann, der allein mit Sicherheit sterben würde. Und wenn Roland starb, waren sie für immer in dieser Welt gefangen.

Da Roland zu krank und schwach zum Gehen war, hatte Eddie eine simple Tatsache einsehen müssen: Es waren drei Menschen hier, und zwei davon waren Krüppel.

Also welche Hoffnung, welche Chancen hatten sie?

Der Rollstuhl.

Der Rollstuhl war die Hoffnung, die ganze Hoffnung und nichts als die Hoffnung.

So wahr ihnen Gott helfe.

Der Revolvermann hatte, kurz nachdem Eddie ihn in den Schatten eines Felsüberhangs geschleppt hatte, das Bewußtsein wiedererlangt. Wo sein Gesicht nicht aschefarben war, war es hektisch rot. Seine Brust hob und senkte sich rasch. Sein rechter Arm war ein Netz aus durcheinanderlaufenden roten Linien.

»Gib ihr zu essen«, krächzte er Eddie an.

»Du . . .«

»Kümmere dich nicht um *mich*. Ich komme zurecht. Gib ihr zu essen. Ich glaube, sie wird jetzt essen. Und du brauchst ihre Kraft.«

»Roland, was ist, wenn sie nur so tut, als wäre sie . . .«

Der Revolvermann gestikulierte ungeduldig.

»Sie tut nicht so, als wäre sie etwas, sie ist allein in ihrem Körper. Ich weiß es, und du weißt es auch. Es steht ihr im Gesicht geschrieben. Gib ihr zu essen, bei deinem Vater, und komm zurück zu mir, während sie ißt. Jetzt zählt jede Minute. Jede *Sekunde*.«

Eddie stand auf, und der Revolvermann zog ihn mit der linken Hand zurück. Krank oder nicht, seine Kraft hatte er noch.

»Und sag nichts von der *anderen*. Was immer sie dir sagt, wie immer sie es erklärt, *widersprich* ihr nicht.«

»Warum?«

»Ich weiß nicht. Ich weiß nur, daß es falsch wäre. Und jetzt tu, was ich dir gesagt habe, und vergeude keine Zeit mehr!«

Odetta saß in ihrem Rollstuhl und sah mit einem Ausdruck gelinden und amüsierten Staunens aufs Meer hinaus. Als Eddie ihr übriggebliebene Hummerstücke vom vergangenen Abend hinhielt, lächelte sie leutselig. »Ich würde, wenn ich könnte«, sagte sie, »aber du weißt, was dann passiert.«

Eddie, der keine Ahnung hatte, wovon sie sprach, konnte nur die Achseln zucken und sagen: »Es kann nicht schaden, wenn du es noch einmal versuchst, Odetta. Weißt du, du mußt essen. Wir müssen so weit gehen, wie wir können.«

Sie lachte kurz und berührte seine Hand. Er spürte, wie eine Art elektrischer Ladung von ihr auf ihn übersprang. Und sie war es; Odetta. Er wußte es so sicher wie Roland.

»Ich liebe dich, Eddie. Du hast dir soviel Mühe gegeben. Warst so geduldig. Und *er* auch . . .« Sie nickte zu der Stelle, wo der Revolvermann an den Fels gelehnt saß und sie betrachtete.».. . aber er ist ein Mann, den man nur schwer lieben kann.«

»Ja. Wem sagst du das.«

»Ich versuche es noch einmal.«

»Für dich.«

Sie lächelte, und er konnte spüren, wie sich die ganze Welt für sie drehte, wegen ihr drehte, und er dachte: *Bitte, lieber Gott, ich habe nie viel gehabt, also nimm sie mir bitte nicht wieder weg. Bitte.*

Sie nahm die Hummerstücke, rümpfte die Nase, ein leutseliger, komischer Ausdruck, und sah zu ihm auf.

»Muß ich?«

»Versuch es einfach«, sagte er.

»Ich habe nie wieder Muscheln gegessen«, sagte sie.

»Bitte?«

»Ich dachte, ich hätte es dir erzählt.«

»Hast du vielleicht«, sagte er und lachte nervös. Was der Revolvermann gesagt hatte, er solle sie nichts von der *anderen* wissen lassen, ragte in diesem Augenblick drohend in seinem Denken auf.

»Eines Abends, als ich zehn oder elf war, gab es welche bei uns zum Essen. Ich verabscheute, wie sie schmeckten, wie kleine Gummibälle, und später mußte ich mich erbrechen. Ich habe nie wieder welche gegessen. Aber...« Sie seufzte. »Wie du gesagt hast, ich werde es ›einfach versuchen‹.«

Sie nahm ein Stück in den Mund wie ein Kind einen Löffel Medizin, von der es genau weiß, daß sie abscheulich schmeckt. Zuerst kaute sie langsam, dann schneller. Sie schluckte. Nahm noch ein Stück. Kaute. Schluckte. Noch eins. Jetzt *verschlang* sie es fast.

»Puh, mach langsam!« sagte Eddie.

»Das muß eine andere *Art* sein! Das ist es, natürlich, das *ist* es!« Sie sah Eddie strahlend an. »Wir sind weiter am Strand entlanggegangen, und die Art hat sich verändert! Scheint so, als wäre ich nicht mehr allergisch dagegen! Es schmeckt nicht *übel*, so wie vorher... und ich *habe* versucht, es unten zu behalten, nicht?« Sie sah ihn unverhohlen an. »Ich habe es *sehr* versucht.«

»Ja.« Er fand, daß er sich wie ein Radio anhörte, das einen sehr weit entfernten Sender übertrug. *Sie denkt, sie hat jeden Tag gegessen und dann alles wieder ausgekotzt. Sie glaubt, daß sie deshalb so schwach ist. Allmächtiger Heiland.* »Ja, du hast es verdammt versucht.«

»Es schmeckt...« Er konnte die Worte kaum verstehen, weil sie den Mund so voll hatte. »Es schmeckt so *gut!*« Sie lachte. Der Laut war zaghaft und lieblich. »Es wird unten bleiben! Ich werde mich ernähren! Ich weiß es! Ich *fühle* es!«

»Aber übertreib nicht!« ermahnte er sie und gab ihr einen der Wasserschläuche. »Du bist nicht daran gewöhnt. Das viele...«

Er schluckte, und in seinem Hals gab es einen (jedenfalls für ihn) hörbaren Schnalzlaut. »Das viele Erbrechen.«

»Ja. Ja.«

»Ich muß ein paar Minuten mit Roland sprechen.«

»Gut.«

Aber bevor er gehen konnte, nahm sie wieder seine Hand.

»Danke, Eddie. Danke, daß du so geduldig warst. Und bedank dich auch bei *ihm.*« Sie machte eine ernste Pause. »Danke ihm, aber sag ihm nicht, daß er mir Angst macht.«

»Werde ich nicht«, hatte Eddie gesagt, und dann war er zum Revolvermann zurückgegangen.

3

Auch wenn sie nicht mitschob, war Odetta eine Hilfe. Sie navigierte mit der Präzision einer Frau, die lange Zeit einen Rollstuhl durch eine Welt geschoben hatte, die erst in kommenden Jahren lernen würde, behinderte Menschen wie sie zu akzeptieren.

»Links«, rief sie, und Ed die fuhr nach links, an einem Felsen vorbei, der wie ein verfaulter Fangzahn aus dem Geröll herausragte. Er allein hätte ihn vielleicht gesehen... oder auch nicht.

»Rechts«, rief sie, und Eddie lenkte nach rechts und entging knapp einer der immer seltener werdenden Sandfallen.

Schließlich hielten sie an, und Eddie legte sich schweratmend hin.

»Schlaf«, sagte Odetta. »Eine Stunde. Ich wecke dich.« Eddie sah sie an.

»Ich lüge nicht. Ich habe den Zustand deines Freundes gesehen, Eddie...«

»Weißt du, er ist nicht gerade mein Fr...«

».. . und ich weiß, wie wichtig Zeit ist. Ich werde dich nicht aus einem irregeleiteten Gefühl von Mitleid länger als eine Stunde schlafen lassen. Ich kann den Stand der Sonne ziemlich gut lesen. Du wirst dem Mann nichts nützen, wenn du dich so sehr strapazierst, oder?«

»Nein«, sagte er und dachte: *Aber du verstehst nicht. Wenn ich schlafe und Detta Walker kommt zurück...*

»Schlaf, Eddie«, sagte sie, und da Eddie zu müde war (und zu verliebt), ihr nicht zu vertrauen, schlief er. Er schlief, und sie weckte ihn, wie sie es versprochen hatte, und sie war immer noch Odetta, und sie gingen weiter, und sie half wieder beim Schieben. Sie rasten den schmaler werdenden Strand entlang auf die Tür zu, die Eddie verzweifelt suchte und die er nicht sah.

4

Als er Odetta ihrer ersten Mahlzeit seit Tagen überlassen hatte und zum Revolvermann zurückgegangen war, schien es Roland ein wenig besser zu gehen.

»Bück dich«, sagte er zu Eddie.

Eddie bückte sich.

»Laß mir den halbvollen Schlauch da. Mehr brauche ich nicht. Bring sie zu der Tür.«

»Und wenn ich sie nicht...«

»Finde? Du wirst sie finden. Die ersten beiden waren da, diese wird auch da sein. Wenn du sie heute vor Sonnenuntergang findest, töte zwei. Du mußt ihr zu essen dalassen und sicherstellen, daß sie so geschützt wie möglich ist. Wenn du sie heute nacht nicht findest, töte drei. Hier.«

Er reichte ihm eine seiner Pistolen.

Eddie nahm sie voll Respekt und war wieder überrascht, wie schwer sie war.

»Ich dachte, alle Patronen wären Luschen.«

»Sind sie wahrscheinlich auch. Aber ich habe die geladen, die meiner Meinung nach am wenigsten naß geworden sind – drei von rechts der Gürtelschnalle, drei von links davon. Eine könnte feuern. Zwei, wenn du Glück hast. Aber schieß nicht auf die Kriecher.« Seine Augen musterten Eddie kurz. »Es könnten andere Gefahren da draußen lauern.«

»Du hast es auch gehört, nicht?«

»Wenn du das meinst, was in den Bergen geheult hat, ja. Wenn du den Schwarzen Mann meinst, wie deine Augen sagen, nein. Ich habe eine Wildkatze im Wald gehört, mehr nicht, möglicherweise mit einer Stimme, die viermal so groß wie ihr Körper war. Es könnte sein, daß man sie mit einem Stock vertreiben kann. Aber wir müssen an sie denken. Wenn die *andere* zurückkommt, mußt du...«

»Ich werde sie nicht umbringen, wenn du das denkst!«

»Du mußt sie vielleicht bewußtlos schlagen. Ist dir das klar?«

Eddie nickte widerwillig. Die verdammten Patronen würden wahrscheinlich sowieso nicht feuern, daher hatte es keinen Zweck, sich deswegen in die Hosen zu machen.

»Wenn du zu der Tür kommst, laß sie zurück. Schütze sie, so gut es geht, und komm mit dem Rollstuhl zu mir zurück.«

»Und dem Revolver?«

Die Augen des Revolvermanns funkelten so sehr, daß Eddie den Kopf zurückriß, als hätte Roland eine brennende Fackel im Gesicht. »Ihr Götter, ja! Willst du ihr eine geladene Waffe lassen, wo die andere jederzeit zurückkommen kann? Bist du verrückt?«

»Die Patronen...«

»*Scheiß* auf die Patronen!« schrie der Revolvermann, und eine ungünstige Drehung des Windes trug die Worte davon. Odetta drehte den Kopf, sah sie einen Augenblick an und wandte sich dann wieder dem Meer zu. »Laß ihn nicht bei ihr!«

Eddie hielt die Stimme gedämpft, falls der Wind sich wieder drehen sollte. »Und wenn etwas von den Bergen herunterkommt, während ich auf dem Rückweg bin? Zum Beispiel eine Art Katze, die viermal größer ist als ihre Stimme, anstatt umgekehrt? Etwas, das man nicht mit einem Stock vertreiben kann?«

»Gib ihr einen Stapel Steine«, sagte der Revolvermann.

»*Steine!* Meine Fresse! Mann, du bist so ein verdammter Scheißer!«

»Ich *denke*«, sagte der Revolvermann. »Etwas, das du nicht fertig zu bringen scheinst. Ich habe dir die Pistole gegeben, damit du sie vor den Gefahren beschützen kannst, von denen du jetzt schon halb so lange sprichst wie die Reise dauern muß. Würde es dir besser gefallen, wenn ich sie dir wieder wegnehme? Dann könntest du möglicherweise für sie *sterben*. Würde dir *das* gefallen? Sehr romantisch... aber dann würde nicht nur sie sterben, sondern wir alle drei.«

»Sehr logisch. Und du bist trotzdem ein verdammter Scheißer.«

»Geh oder bleib. Hör auf, mich zu beschimpfen.«

»Du hast etwas vergessen«, sagte Eddie wütend.

»Und das wäre?«

»Du hast vergessen, mir zu sagen, daß ich erwachsen werden soll. Das hat Henry immer zu mir gesagt. ›Ach, werd erwachsen, Junge.‹«

Der Revolvermann hatte gelächelt, ein müdes, seltsam schönes Lächeln. »Ich glaube, du *bist* erwachsen geworden. Gehst du oder bleibst du?«

»Ich gehe«, sagte Eddie. »Was wirst du essen? Sie hat die Reste verdrückt.«

»Der verdammte Scheißer wird sich etwas einfallen lassen. Der verdammte Scheißer hat sich schon seit Jahren immer wieder etwas einfallen lassen.«

Eddie sah weg. »Ich glaube... ich glaube, es tut mir leid, daß ich dich so genannt habe, Roland. Es war...« Er lachte plötzlich und schrill. »Es war ein sehr anstrengender Tag.«

Roland lächelte wieder. »Ja«, sagte er. »Das war es.«

5

An diesem Tag legten sie die weiteste Strecke der ganzen Reise zurück, aber als die Sonne anfing, ihre goldenen Strahlen über das Meer zu werfen, war immer noch keine Tür zu sehen. Obwohl sie ihm sagte, sie könne noch eine halbe Stunde weitermachen, hielt er an und half ihr aus dem Rollstuhl. Er trug sie zu einem flachen Stück Strand, das hinreichend eben aussah, holte die Kissen von Stuhlsitz und Lehne und schob sie unter sie.

»Guter Gott, es ist schön, wenn man sich ausstrecken kann«, seufzte sie. »Aber...« Ihre Stirn umwölkte sich. »Ich denke immerzu an den Mann dort hinten, Roland, ganz allein, und das macht mir wirklich keine Freude. Eddie, wer ist er? *Was* ist er?« Und fast als Nachgedanken: »Und warum *schreit* er so oft?«

»Ich schätze, das liegt in seiner Natur«, sagte Eddie und machte sich unvermittelt davon, um Steine zu sammeln. Roland schrie kaum jemals. Er vermutete, einiges stammte von heute morgen – SCHEISS *auf die Patronen!* –, aber der Rest waren falsche Erinnerungen an die Zeit, die sie Odetta gewesen zu sein *glaubte.*

Er tötete drei, wie es ihm der Revolvermann aufgetragen hatte, und er konzentrierte sich so sehr auf das dritte, daß er im allerletzten Augenblick vor einem vierten zurücksprang, das sich rechts von ihm angeschlichen hatte. Er sah, wie die Scheren klappernd ins Leere griffen, wo eben noch sein Fuß und das Bein gewesen waren, und er mußte an die fehlenden Finger des Revolvermanns denken.

Er kochte über einem trockenen Holzfeuer – die nahen Hügel und die zunehmende Vegetation vereinfachten die Suche nach brennbarem Material, das war immerhin etwas –, während am westlichen Himmel das letzte Tageslicht erlosch.

»Schau, Eddie!« rief sie und deutete nach oben.

Er sah nach oben und erblickte einen einzigen Stern, der auf der Brust der Nacht leuchtete.

»Ist das nicht *wunderschön?*«

»Ja«, sagte er, und plötzlich füllten sich seine Augen ohne ersichtlichen Grund mit Tränen. Wo war er eigentlich sein ganzes verdammtes Leben über gewesen? Wo war er gewesen, was hatte er gemacht, wer war bei ihm gewesen und warum fühlte er sich mit einemmal so schmutzig und unendlich beschissen?

Ihr erhobenes Gesicht war schrecklich in seiner Schönheit, in diesem Licht unwiderstehlich, aber diese Schönheit war seiner Besitzerin, die den Stern mit großen Augen betrachtete und leise lachte, unbekannt.

»Sternenglanz, Sternenpracht«, sagte sie und verstummte. Sie sah ihn an. »Kennst du es, Eddie?«

»Ja.« Eddie hielt den Kopf gesenkt. Seine Stimme hörte sich ganz normal an, aber wenn er den Kopf hob, würde sie sehen, daß er weinte.

»Dann hilf mir. Aber du mußt hinsehen.«

»Okay.«

Er wischte die Tränen in eine Handfläche und sah mit ihr zu dem Stern empor.

»Sternenglanz...« Sie sah ihn an, und er stimmte mit ihr ein. »Sternenpracht...«

Sie streckte tastend die Hand aus, und er ergriff sie, eine so köstlich braun wie helle Schokolade, die andere so weiß wie die Brust einer Taube.

»Erster Stern in dieser Nacht«, sagten sie feierlich gemeinsam, vorerst nur Junge und Mädchen, nicht Mann und Frau, wie sie es später sein würden, wenn sich das Dunkel gänzlich herniedergesenkt haben würde und sie ihm zurief, ob er schon schlief, und er nein sagte, und sie ihn bat, er möge sie in den Arm nehmen, weil sie fror. »Ich wünsch mir, was auch passiert...«

Sie sahen einander an, und er stellte fest, daß auch ihr Tränen die Wangen hinabliefen. Seine eigenen quollen wieder, und er ließ sie vor ihr strömen. Es war keine Schande, sondern grenzenlose Erleichterung.

Sie lächelten einander an.

»Daß mein Wunsch erfüllt wird«, sagte Eddie und dachte: *Bitte, immer nur du.*

»Daß mein Wunsch erfüllt wird«, wiederholte sie und dachte: *Wenn ich an diesem seltsamen Ort sterben muß, dann laß es nicht zu schwer werden und diesen guten jungen Mann bei mir sein.*

»Tut mir leid, daß ich geweint habe«, sagte sie und wischte sich die Augen ab. »Normalerweise mache ich das nicht, aber es war...«

»Ein sehr anstrengender Tag«, beendete er ihren Satz.

»Ja. Und du mußt essen, Eddie.«

»Du auch.«

»Ich hoffe nur, daß mir nicht wieder übel wird.« Er lächelte sie an. »Das glaube ich nicht.«

Später, als sich fremde Milchstraßen in einer langsamen Gavotte über ihnen drehten, dachten beide, daß der Liebesakt noch nie so schön, so erfüllt gewesen war.

Bei Dämmerung brachen sie eiligst wieder auf, und um neun wünschte sich Eddie, er hätte Roland gefragt, was sie tun sollten, wenn sie an die Stelle kamen, wo die Berge den Strand abschnitten und sie immer noch keine Tür gefunden hatten. Das schien eine einigermaßen wichtige Frage zu sein, denn das Ende des Strandes kam zwangsläufig einmal. Die Berge kamen immer näher und verliefen diagonal auf das Wasser zu.

Der Strand selbst war eigentlich überhaupt kein Strand mehr; der Boden war jetzt fest und überraschend glatt. Etwas – Abrieb, vermutete er, oder Überflutung während einer Regenzeit (seit er in dieser Welt war, hatte er keinen gesehen, nicht einen Tropfen; der Himmel hatte sich ein paarmal bewölkt aber dann waren die Wolken wieder fortgeweht worden) – hatte den größten Teil der vorstehenden Steine abgeschliffen.

Gegen halb zehn rief Odetta: »Halt, Eddie! Halt!«

Er hielt so unvermittelt an, daß sie die Armlehnen des Rollstuhls packen mußte, damit sie nicht herausgeschleudert wurde. Er war schnell wie der Blitz bei ihr vorne.

»Tut mir leid«, sagte er. »Alles in Ordnung?«

»Fein.« Er sah, daß er ihre Aufregung für Angst gehalten hatte. Sie deutete. »Da oben! Siehst du etwas?«

Er schirmte die Augen ab, sah aber nichts. Er blinzelte. Einen Augenblick nur dachte er... nein, das war sicher nur Hitzeflimmern, das von dem harten Boden aufstieg.

»Ich glaube nicht«, sagte er und lächelte. »Außer vielleicht deinen Wunsch.«

»Ich glaube doch!« Sie drehte ihm das lächelnde Gesicht zu. »Sie steht ganz alleine. Fast dort, wo der Strand zu Ende ist.«

Er sah noch einmal hin, und diesmal strengte er sich so sehr an, daß seine Augen feucht wurden. Er glaubte wieder nur einen Augenblick, er hätte etwas gesehen. *Hast du*, dachte er und lächelte. *Du hast ihren Wunsch gesehen.*

»Vielleicht«, sagte er, nicht weil er davon überzeugt war, sondern sie.

»Gehen wir!«

Eddie trat wieder hinter den Stuhl; er ließ sich einen Augenblick Zeit und massierte den Rückenansatz, wo sich ein dumpfer Schmerz eingestellt hatte. Sie drehte sich um.

»Worauf *wartest* du?«

»Du glaubst wirklich, daß wir sie gesehen haben, was?«

»Ja!«

»Nun, dann laß uns gehen!«

Eddie fing wieder an zu schieben.

8

Eine halbe Stunde später sah er sie auch. *Herrgott*, dachte er, *ihre Augen sind so gut wie die von Roland. Vielleicht sogar besser.*

Sie wollten beide mittags keine Rast machen, aber sie mußten etwas essen. Sie nahmen eine hastige Mahlzeit ein und eilten dann weiter. Die Flut kam, und Eddie sah mit wachsendem Unbehagen nach rechts – nach Westen. Sie befanden sich immer noch ein gutes Stück oberhalb der ungleichmäßigen Linie von Tang und Schlick, die die Flutgrenze markierte, aber er glaubte, wenn sie die Tür erreicht hatten, würden sie in einem ungemütlich spitzen Winkel zwischen dem Meer auf einer Seite und den Bergen auf der anderen sein. Diese Berge konnte er jetzt sehr deutlich sehen. Ihr Anblick hatte nichts Angenehmes an sich. Sie waren felsig und von niederen Bäumen bewachsen, die ihre Wurzeln wie arthritische Finger in den Boden gruben und sich grimmig festhielten, und von dornigem Gestrüpp. Steil waren sie eigentlich nicht, aber zu steil für einen Rollstuhl. Er konnte sie ein Stück hinauftragen, was er vielleicht sogar tun mußte, aber der Gedanke gefiel ihm nicht, sie dort alleine zu lassen.

Er hörte zum erstenmal Insekten. Das Geräusch ähnelte dem von Grillen ein wenig, war aber höher und wies keinerlei Schwankungen auf – es war einfach ein stetes, monotones *Riiiiii*, wie von Hochspannungskabeln. Und er sah zum erstenmal andere Vögel als Möwen. Einige waren groß und kreisten mit starren Schwingen. Falken, dachte er. Von Zeit zu Zeit sah er sie die Schwingen einklappen und wie Steine in die Tiefe stoßen. Sie jagten. Jagten was? Nun, kleine Tiere. Das machte nichts.

Aber er mußte an das Heulen denken, das er in der Nacht gehört hatte.

Am frühen Nachmittag konnten sie die dritte Tür deutlich sehen. Sie war, wie die beiden anderen, etwas Unmögliches, das dennoch unverrückbar wie ein Pfosten dastand.

»Erstaunlich«, hörte er sie leise sagen. »Wie vollkommen erstaunlich.«

Sie war genau dort, wo er sie zu vermuten begonnen hatte, in dem Winkel, der das Ende der mühevollen Reise nach Norden bedeutete. Sie stand unmittelbar oberhalb der Flutlinie und weniger als neun Meter von der Stelle entfernt, wo die Berge plötzlich wie eine gigantische Hand aus dem Boden ragten, die mit graugrünem Gestrüpp anstelle von Haaren überzogen war.

Während sich die Sonne dem Wasser näherte, erreichte die Flut ihren Höchststand, und schätzungsweise gegen vier Uhr – das sagte Odetta, und da sie gesagt hatte, sie könne die Sonne gut lesen (und weil sie seine Liebste war), glaubte Eddie ihr – erreichten sie die Tür.

9

Sie sahen sie einfach an, Odetta im Stuhl, die Hände im Schoß gefaltet, Eddie auf der Meerseite. In gewisser Weise sahen sie sie an, wie sie in der vergangenen Nacht den Abendstern betrachtet hatten – was heißen soll, wie Kinder etwas betrachten –, aber in anderer Hinsicht sahen sie sie anders an. Als sie sich beim Anblick des Sterns etwas gewünscht hatten, waren sie Kinder der Freude gewesen. Jetzt waren sie ernst, wie Kinder, die die deutliche Verkörperung von etwas sehen, das eigentlich in ein Märchen gehört.

Zwei Worte standen auf dieser Tür.

»Was bedeutet das?« fragte Odetta schließlich.

»Ich weiß nicht«, sagte Eddie, aber diese Worte erfüllten ihn mit hoffnungsloser Kälte; er spürte, wie sich eine Finsternis über sein Herz schob.

»Nicht?« sagte sie und betrachtete ihn eingehender.

»Nein. Ich...« Er schluckte. »Nein.«

Sie sah ihn noch einen Augenblick an. »Schieb mich bitte dahinter. Ich würde das gerne sehen. Ich weiß, du willst zu ihm zurück, aber würdest du es dennoch für mich tun?«

Er tat es.

Sie gingen an der höheren Seite der Tür herum.

»Warte!« rief sie. »Hast du das gesehen?«

»Was?«

»Geh zurück! Sieh hin. Paß auf!«

Diesmal achtete er auf die Tür und nicht auf eventuelle Hindernisse vor ihnen. Als sie daran vorbeigingen sah er, wie sie perspektivisch schmäler wurde, sah die Scharniere, die an nichts befestigt zu sein schienen, sah ihre Stärke.

Dann war sie verschwunden.

Die Stärke der Tür war verschwunden.

Der Blick auf das Wasser hätte von sechs, möglicherweise sogar acht Zentimeter massivem Holz unterbrochen sein sollen (die Tür sah außergewöhnlich stabil aus), aber diese Unterbrechung war nicht da.

Die Tür war verschwunden.

Der Schatten war da, aber die Tür war weg.

Er rollte den Stuhl zwei Schritte zurück, damit er gerade eben südlich der Stelle war, wo die Tür stand, und sie war wieder da.

»Siehst du das?« fragte er mit keuchender Stimme.

»Ja! Sie ist wieder da!«

Er rollte den Stuhl einen Schritt nach vorne. Die Tür war immer noch da. Weitere fünfzehn Zentimeter. Noch da. Noch fünf Zentimeter. Noch da. Zwei Zentimeter... und da war sie weg. Einfach weg.

»Jesus«, flüsterte er. »Jesus Christus.«

»Könntest du sie aufmachen?« fragte sie. »Oder ich?«

Er trat langsam nach vorne und ergriff den Knauf der Tür mit den zwei Worten darauf.

Er versuchte es im Uhrzeigersinn; er versuchte es im Gegenuhrzeigersinn.

Der Knauf bewegte sich kein Jota.

»Gut.« Ihre Stimme war ruhig und resigniert. »Also ist sie für ihn. Ich glaube, wir haben es beide gewußt. Geh ihn holen, Eddie. Gleich.«

»Zuerst muß ich dich versorgen.«

»Ich komme zurecht.«

»Nein, kommst du nicht. Du bist zu dicht an der Flutlinie. Wenn ich dich hier lasse, werden die Hummer bei Einbruch der Nacht herauskommen, und du wirst ihr Abendes...«

Plötzlich schnitt das hustende Knurren einer Katze oben in den Bergen durch das, was er sagte, wie ein Messer durch eine dünne Schnur. Sie war ein gutes Stück entfernt, aber näher als die andere gewesen war.

Ihr Blick fiel einen Moment auf die Waffe des Revolvermanns, die im Saum seiner Hose steckte, dann wieder in sein Gesicht. Er spürte dumpfe Wärme in den Wangen.

»Er hat dir gesagt, du sollst ihn mir nicht geben, nicht?« sagte sie sanft. »Er will nicht, daß ich ihn bekomme. Aus irgendwelchen Gründen will er nicht, daß ich ihn bekomme.«

»Die Patronen sind naß geworden«, sagte er linkisch. »Sie würden wahrscheinlich sowieso nicht feuern.«

»Ich verstehe. Bring mich ein Stück den Hang hinauf, Eddie, kannst du das? Ich weiß, wie müde du sein mußt, Andrew nennt es das Rollstuhlbücken, aber wenn du mich ein Stückchen hoch bringst, werde ich vor den Hummern sicher sein. Ich bezweifle, ob sich etwas anderes in ihre Nähe wagt.«

Eddie dachte: *Sie hat wahrscheinlich recht – wenn die Flut da ist... aber was ist, wenn sie wieder zurückgeht?*

»Gib mir etwas zu essen und ein paar Steine«, sagte sie, und ihre unwissentliche Wiederholung dessen, was der Revolvermann gesagt hatte, ließ ihn wieder erröten. Eddies Wangen und Stirn fühlten sich wie die Seiten eines Kachelofens an.

Sie sah ihn an, lächelte ein wenig und schüttelte den Kopf, als hätte er laut gesprochen. »Wir werden deswegen nicht streiten. Ich habe gesehen, wie es mit ihm steht. Seine Zeit ist sehr kurz. Wir haben keine Zeit für Diskussionen. Bring mich ein Stück nach oben, gib mir zu essen und ein paar Steine, und dann nimm den Rollstuhl und geh.«

10

Er richtete sie ein, so schnell er konnte, dann zog er die Pistole des Revolvermanns hervor und hielt sie ihr, Knauf voraus, hin. Aber sie schüttelte den Kopf.

»Er wird auf uns beide wütend sein. Auf dich, weil du ihn mir gegeben hast, aber noch mehr auf mich, weil ich ihn genommen habe.«

»Mist!« schrie Eddie. »Wie kommst du darauf?«

»Ich weiß es«, sagte sie, und ihre Stimme war über jeden Zweifel erhaben.

»Nun, angenommen, es stimmt. Nur angenommen. Ich werde wütend auf dich sein, wenn du ihn *nicht* nimmst.«

»Steck ihn wieder weg. Ich mag Waffen nicht. Ich weiß nicht, wie ich sie benützen sollte. Wenn etwas in der Dunkelheit auf mich zukäme, würde ich mir als erstes die Hose naß machen. Und danach würde ich sie verkehrt herum halten und mich selbst erschießen.« Sie machte eine Pause und sah Eddie ernst an. »Da ist noch etwas, das du wissen solltest. Ich will nichts anfassen, was ihm gehört. *Gar* nichts. Für mich könnten diese Gegenstände etwas haben, was meine Mutter Hoodoo genannt hat. Ich betrachte mich gerne als moderne Frau . . . aber ich will kein Hoodoo an mir haben, wenn du fort bist und ich im Schatten des dunklen Landes liege.«

Er sah von dem Revolver zu Odetta, und sein Blick war immer noch fragend.

»Steck ihn *weg*«, sagte sie so streng wie eine Lehrerin. Eddie fing an zu lachen und gehorchte.

»Warum lachst du?«

»Weil du dich wie Miß Hathaway angehört hast, als du das gesagt hast. Sie war meine Lehrerin in der dritten Klasse.«

Sie lächelte ein wenig, aber ihre glänzenden Augen wichen nicht von seinen. Sie sang leise, mit süßer Stimme: »*Heavenly shades of night are falling... it's twilight time...*« Sie verstummte, und beide sahen nach Westen, aber der Stern, angesichts dessen sie sich gestern abend etwas gewünscht hatten, war noch nicht wieder zum Vorschein gekommen, obwohl ihre Schatten lang geworden waren.

»Kann ich noch etwas tun, Odetta?« Er verspürte den Drang zu verzögern und zu verzögern. Er glaubte, das würde vorbeigehen, wenn er tatsächlich auf dem Rückweg war, aber momentan war der Drang, jede Ausrede zu nützen, sehr stark.

»Ein Kuß. Das würde mir gefallen, wenn es dir nichts ausmacht.«

Er küßte sie lange, und als ihre Lippen sich nicht mehr berührten, ergriff sie sein Handgelenk und sah ihn durchdringend an. »Vor gestern nacht habe ich noch nie mit einem weißen Mann geschlafen«, sagte sie. »Ich weiß nicht, ob das wichtig für dich ist oder nicht. Ich weiß nicht einmal, ob es für *mich* wichtig ist. Aber ich dachte, du solltest es wissen.«

Er überlegte.

»Für mich nicht«, sagte er. »Ich glaube, wir waren im Dunkeln beide grau. Ich liebe dich, Odetta.«

Sie legte eine Hand auf seine.

»Du bist ein lieber junger Mann, und vielleicht liebe ich dich auch, aber ich finde, es ist zu früh für uns beide...«

In diesem Augenblick knurrte, wie auf ein Stichwort hin, eine Wildkatze in den Bergen oben. Es hörte sich immer noch an, als wäre sie vier oder fünf Meilen entfernt, aber das war trotzdem vier oder fünf Meilen näher als beim letztenmal, und sie hörte sich groß an.

Sie drehten die Köpfe in Richtung des Geräuschs. Eddie spürte, wie sich seine Nackenhaare aufrichten wollten. Sie schafften es nicht ganz. *Tut mir leid, Härchen,* dachte er albern. *Ich schätze, meine Haare sind einfach ein bißchen zu lang geworden.*

Das Knurren wurde zu einem gequälten Schrei, der sich wie der Schrei von etwas anhörte, das einen schrecklichen Tod starb (tatsächlich hätte er aber auch nichts weiter als eine erfolgreiche Paarung bedeuten können). Er hielt einen Augenblick beinahe unerträglich an, dann ließ er nach, wurde immer tiefer und tiefer, bis er verstummt oder unter dem unablässigen Heulen des Windes begraben war. Sie warteten darauf, daß er noch einmal ertönen würde, aber der Schrei wurde nicht wiederholt. Was Eddie anbetraf, so spielte das keine Rolle. Er zog noch einmal den Revolver aus dem Saum und hielt ihn ihr hin.

»Nimm ihn und widersprich nicht. Wenn du ihn tatsächlich brauchen solltest, wird er keinen Scheißdreck funktionieren – das ist bei solchen Sachen immer so –, aber nimm ihn trotzdem.«

»Suchst du Streit?«

»Oh, du kannst streiten. Du kannst streiten, soviel du willst.«

Nach einem nachdenklichen Blick in Eddies fast mandelbraune Augen lächelte sie ergeben. »Ich glaube, ich werde nicht streiten.« Sie nahm den Revolver. »Bitte mach so schnell du kannst.«

»Das werde ich.« Er küßte sie noch einmal, diesmal eiliger, und hätte ihr beinahe gesagt, sie solle vorsichtig sein... aber wie vorsichtig konnte sie in der Situation sein, in der sie war?

Er suchte sich in den dunkler werdenden Schatten einen Weg den Hang hinunter (die Monsterhummer waren noch nicht herausgekommen, aber sie würden bald ihren nächtlichen Auftritt haben) und betrachtete noch einmal die Worte auf der Tür. Dieselbe Gänsehaut überlief ihn. Sie waren passend, diese Worte. Großer Gott, sie waren so passend. Dann sah er wieder den Hang empor. Einen Augenblick konnte er sie nicht erkennen, und dann sah er, wie sich etwas bewegte. Die hellere Seite einer Handfläche. Sie winkte.

Er winkte zurück, dann drehte er den Rollstuhl herum und fing an zu laufen, wobei er ihn gekippt hielt, so daß die kleineren Vorderräder den Boden nicht berührten. Er lief nach Süden, zurück in die Richtung, aus der er gekommen war. In der ersten halben Stunde lief sein Schatten mit ihm, der unpassende Schatten eines hageren Giganten, der an seinen Turnschuhen befestigt war und sich lange Meter nach Osten erstreckte. Dann ging die Sonne unter, sein Schatten war verschwunden und die Monsterhummer kamen aus den Wellen gekrochen.

Etwa zehn Minuten nachdem er ihre ersten summenden Rufe gehört hatte, sah er auf und erblickte den Abendstern, der ruhig am dunkelblauen Samt des Himmels leuchtete.

Heavenly shades of night are falling... it's twilight time...

Laß sie in Sicherheit sein. Seine Beine schmerzten bereits, sein

Atem war zu heiß und schwer in den Lungen, und es lag immer noch eine dritte Reise vor ihm, die mit dem Revolvermann als Passagier, und obwohl er wußte, daß der Revolvermann mindestens hundert Pfund schwerer als Odetta sein mußte und er seine Kräfte schonen sollte, lief Eddie dennoch weiter. *Laß sie in Sicherheit sein, das ist mein Wunsch, laß meine Liebste in Sicherheit sein.*

Dann schrie wie ein schlechtes Omen irgendwo in den gequälten Klüften zwischen den Bergen eine Wildkatze... aber diese Wildkatze hörte sich so groß wie ein Löwe an, der im afrikanischen Busch brüllt.

Eddie lief noch schneller und stieß den ungenutzten Rollstuhl vor sich her. Bald blies der Wind ein dünnes, garstiges Winseln zwischen den sich ungehindert drehenden Speichen der erhobenen Vorderreifen hindurch.

11

Der Revolvermann hörte, wie ein dünnes Pfeifen auf ihn zukam, verkrampfte sich einen Augenblick, hörte dann keuchendes Atmen und entspannte sich. Es war Eddie. Das wußte er auch, ohne die Augen aufzumachen.

Als das Pfeifen nachließ und die laufenden Schritte langsamer wurden, machte Roland die Augen auf. Eddie stand keuchend vor ihm, Schweiß strömte ihm an den Seiten des Gesichts hinab. Sein Hemd klebte als einziger dunkler Fleck an seiner Brust. Die letzten Spuren des College-Jungen-Aussehens, auf dem Jack Andolini bestanden hatte, waren verschwunden. Das Haar hing ihm in die Stirn. Er hatte die Hose im Schritt aufgerissen. Die blau-purpurnen Halbmonde unter den Augen rundeten das Bild ab. Eddie Dean war am Ende.

»Ich habe es geschafft«, sagte er. »Ich bin hier.« Er sah sich um, dann wieder zum Revolvermann, als könnte er es nicht glauben. »Jesus Christus, ich bin wirklich *hier*.«

»Du hast ihr den Revolver gegeben.«

Eddie fand, daß der Revolvermann schlecht aussah – so schlecht, wie er vor der zu knappen Dosis Keflex ausgesehen hatte, vielleicht sogar noch ein wenig schlechter. Fieberhitze schien in Wellen von ihm auszugehen, und er wußte, er hätte ihm leid tun sollen, aber augenblicklich schien er nichts anderes als eine teuflische Wut empfinden zu können.

»Ich habe mir den Arsch aufgerissen, um rechtzeitig hier zu sein, und dir fällt nichts anderes ein als: ›Du hast ihr den Revolver gegeben‹. Danke, Mann. Ich meine, ich habe mit einem gewissen Dank gerechnet, aber dies ist schlicht und einfach verdammt überwältigend.«

»Ich finde, ich habe das einzige gesagt, das zählt.«

»Nun, jetzt wo du es sagst – ich habe es tatsächlich getan«, sagte Eddie, stemmte die Arme in die Hüften und sah trotzig auf den Revolvermann herab. »Und jetzt hast du die Wahl. Du kannst in diesen Stuhl klettern, oder ich werde ihn zusammenklappen und ihn dir in den Arsch rammen. Was ziehst du vor, Massah?«

»Keins von beidem.« Roland lächelte ein wenig, das Lächeln eines Mannes, der nicht lächeln *will*, aber nicht anders kann. »Zuerst wirst du ausschlafen, Eddie. Wir werden sehen, was es zu sehen gibt, wenn die Zeit gekommen ist, es zu sehen, aber vorläufig brauchst du Schlaf. Du bist fix und fertig.«

»Ich will zu ihr zurück.«

»Ich auch. Aber wenn du nicht schläfst, wirst du unterwegs umkippen. So einfach ist das. Schlecht für dich, noch schlimmer für mich, aber am schlimmsten für *sie*.«

Eddie stand einen Augenblick unentschlossen da.

»Du hast eine gute Zeit geschafft«, gab der Revolvermann zu. Er blinzelte in die Sonne. »Es ist vier, möglicherweise Viertel nach. Du schläfst fünf, vielleicht sieben Stunden, dann wird es dunkel sein...«

»Vier. Vier Stunden.«

»Also gut. Bis es dunkel ist; das ist wichtig. Dann ißt du. Dann brechen wir auf.«

»Du ißt auch.«

Wieder das andeutungsweise Lächeln. »Ich versuche es.« Er sah Eddie ruhig an. »Mein Leben ist jetzt in deinen Händen; ich schätze, das weißt du.«

»Ja.«

»Ich habe dich entführt.«

»Ja.«

»Willst du mich umbringen? Wenn ja, dann solltest du es jetzt
tun und uns nicht beide den Strapazen aussetzen...« Sein Atem
ging pfeifend aus. Eddie hörte seine Brust rasseln, und das Geräusch gefiel ihm überhaupt nicht. »...die uns bevorstehen«, endete er.

»Ich will dich nicht umbringen.«

»Dann...« Er wurde von einem plötzlichen, heftigen Hustenanfall unterbrochen. »...leg dich hin.«

Eddie gehorchte. Der Schlaf stahl sich nicht über ihn, wie das
manchmal der Fall war, sondern packte ihn mit den rauhen Händen eines Liebhabers, der in seiner Begierde ungeschickt ist. Er
hörte Roland sagen: *Aber du hättest ihr den Revolver nicht geben sollen*
(oder vielleicht war es nur ein Traum), und dann war er eine unbekannte Zeitlang einfach in Dunkelheit, und dann schüttelte Roland
ihn wach, und als er sich schließlich aufgesetzt hatte, schien sein
Körper nur aus Schmerzen zu bestehen: Schmerzen und Gewicht.
Seine Muskeln waren zu rostigen Winden und Seilzügen in einem
verlassenen Gebäude geworden. Seine erste Anstrengung, auf die
Beine zu kommen, führte zu nichts. Er plumpste schwer in den
Sand zurück. Beim zweiten Versuch gelang es ihm, aber ihm war,
als würde es ihn zwanzig Minuten kosten, den simplen Vorgang
des Herumdrehens auszuführen. Und obendrein würde es weh
tun.

Rolands Augen sahen ihn fragend an. »Bist du bereit?«

Eddie nickte. »Ja. Und *du?*«

»Ja.«

»*Kannst* du?«

»Ja.«

Und so aßen sie... und dann begann Eddie seine dritte und letzte
Reise diesen verfluchten Strandabschnitt entlang.

12

Sie kamen in dieser Nacht ein gutes Stück voran, aber Eddie war trotzdem enttäuscht, als der Revolvermann den Halt verkündete. Er widersprach nicht, weil er einfach zu erschöpft war, ohne Rast weiterzugehen, aber er hatte gehofft, sie würden weiter kommen. Das Gewicht. Das war das große Problem. Verglichen mit Odetta mußte er Roland wie eine Ladung Eisen schieben. Eddie schlief weitere vier Stunden bis zur Dämmerung, erwachte, als die Sonne über die Hügel schien, die als einziges vom Gebirge übriggeblieben waren, und hörte zu, wie der Revolvermann hustete. Es war ein schwaches, verschleimtes Husten, das Husten eines alten Mannes, der eine Erkältung bekommen hat.

Sie sahen einander an. Rolands Hustenkrampf wurde zu einem Lachen.

»Ich bin noch nicht am Ende, Eddie, ganz egal, wie ich mich anhören mag. Und du?«

Eddie dachte an Odettas Augen und schüttelte den Kopf.

»Nicht am Ende, aber ich könnte einen Cheeseburger und ein Bud gebrauchen.«

»Bud?« sagte der Revolvermann zweifelnd und dachte an Apfelbäume und die Frühlingsblüten im königlichen Hofgarten.*

»Vergiß es. Hüpf rein, mein Bester. Keine vier auf dem Boden, kein T-Top, aber wir werden trotzdem ein paar Meilen rollen.«

Das gelang ihnen auch, aber als die Sonne am zweiten Tag seiner Trennung von Odetta unterging, hatten sie die Stelle, wo sich die dritte Tür befand, immer noch nicht erreicht. Eddie wollte weitere vier Stunden schlafen, aber der kreischende Ruf einer Wildkatze riß ihn nach nur zwei Stunden aus dem Schlaf, und sein Herz schlug heftig. Großer Gott, das Ding hörte sich verdammt *riesig* an.

Er sah den Revolvermann auf den Ellbogen gestützt, und seine Augen leuchteten im Dunkeln.

»Bist du bereit?« fragte Eddie. Er stand langsam auf und verzog das Gesicht vor Schmerzen.

---

* Wortspiel: »Bud« bedeutet im Englischen »Knospe« ist hier aber selbstverständlich als Kurzform von »Budweiser« Bier gemeint.
Anmerkung des Übersetzers

»Und *du?*« fragte der Revolvermann wieder leise.

Eddie drehte den Rücken, was ein Knacken in seinen Wirbeln erzeugte. »Ja. Aber einen Cheeseburger könnte ich vertragen.«

»Ich dachte, du wolltest Hähnchen.«

Eddie stöhnte. »Verschon mich, Mann.«

Als die Sonne über den Hügeln aufging, war die dritte Tür deutlich zu sehen. Zwei Stunden später hatten sie sie erreicht.

Alle wieder vereint, dachte Eddie und war bereit, sich in den Sand fallen zu lassen.

Aber dem war offensichtlich nicht so. Von Odetta Holmes war keine Spur zu sehen. Überhaupt keine Spur.

13

»*Odetta!*« schrie Eddie, und jetzt war seine Stimme gebrochen und heiser, wie es die Stimme von Odettas *anderem* Selbst gewesen war.

Nicht einmal ein Echo antwortete, das er vielleicht fälschlicherweise für Odettas Stimme gehalten haben könnte. Diese flachen, verwitterten Hügel warfen kein Geräusch zurück. Nur das Donnern der Wellen, das in dieser engen Pfeilspitze des Landes viel lauter war, das rhythmische, hohle Plätschern der Brandung, die ans Ende eines Tunnels schlug, den sie in den schutzlosen Fels gebohrt hatte, und das ständige Heulen des Windes.

»*Odetta!*«

Diesmal schrie er so laut, daß seine Stimme brach, und einen Augenblick streifte etwas Scharfes, wie eine Gräte, über seine Stimmbänder. Seine Augen suchten verzweifelt die Hügel ab und hielten nach einem helleren braunen Fleck Ausschau, der ihre Handfläche sein würde, hielt nach Bewegung Ausschau, wenn sie sich aufrichtete... hielt (Gott vergebe ihm) nach hellen Blutspuren und rötlichgrauem Fels Ausschau.

Er fragte sich, was er machen würde, wenn er letzteres sah oder den Revolver fand, mit tiefen Bißspuren im glatten Sandelholz der Griffe. So ein Anblick hätte ihn zur Hysterie treiben können, ihn vielleicht sogar verrückt machen, aber er suchte dennoch danach – oder nach etwas anderem.

Seine Augen sahen nichts; seine Ohren hörten nicht den allerleisesten Ruf.

Derweil hatte der Revolvermann die dritte Tür studiert. Er hatte ein einziges Wort erwartet, das Wort, das der Mann in Schwarz ausgesprochen hatte, als er die sechste Tarotkarte in dem staubigen Golgatha umgedreht hatte, wo sie ihr Palaver abgehalten hatten. *Der Tod*, hatte Walter gesagt, *aber nicht für dich, Revolvermann.*

Auf dieser Tür stand nicht ein Wort, sondern zwei ... und keines davon war TOD. Er las noch einmal und bewegte lautlos die Lippen dabei:

DER MÖRDER

Aber es bedeutet *Tod*, dachte Roland und wußte, daß es so war.

Als er Eddies Stimme hörte, die sich entfernte, drehte er sich um. Eddie hatte angefangen, den ersten Hang zu erklimmen, wobei er immer wieder Odettas Namen rief.

Roland überlegte einen Augenblick, ob er ihn einfach gehen lassen sollte.

Er fand sie vielleicht, fand sie vielleicht lebend, nicht allzu schlimm verletzt und immer noch sie selbst. Er dachte, daß die beiden sich vielleicht sogar ein gemeinsames Leben hier aufbauen konnten, daß Eddies Liebe zu Odetta und ihre Liebe zu ihm irgendwie den Nachtschatten, der sich Detta Walker nannte, ersticken mochte. Ja, er vermutete, es war möglich, daß Detta einfach zwischen ihnen zu Tode gedrückt wurde. Auf seine eigene brutale Weise war das romantisch ... aber er war realistisch genug zu wissen, daß Liebe manchmal *tatsächlich* alles eroberte. Und er selbst? Selbst wenn es ihm gelang, die Droge aus Eddies Welt zu bekommen, die ihn einmal fast geheilt hatte, würde sie ihn auch diesmal heilen können oder wenigstens wirken? Er war jetzt sehr krank, und er überlegte sich, ob er nicht vielleicht etwas zu weit gegangen war. Seine Arme und sein Hals schmerzten, sein Kopf pochte, seine Brust war schwer und voller Schleim. Wenn er hustete, verspürte er ein schmerzhaftes Kratzen in der linken Seite, als wären dort Rippen gebrochen. Sein linkes Ohr brannte. Vielleicht, dachte er, war das Ende gekommen; einfach abtreten.

Darauf fing alles in ihm an zu protestieren.

»*Eddie!*« rief er, und jetzt hustete er nicht. Seine Stimme war tief und kräftig.

Eddie drehte sich herum, er hatte einen Fuß im Sand, der andere stand auf einem vorstehenden Stein.

»Nur zu«, sagte Eddie und machte eine knappe, seltsam winkende Geste mit der Hand, eine Geste, die sagen sollte, er wolle den Revolvermann loswerden, damit er seinem *wahren* Geschäft nachgehen könne, dem *wichtigen* Geschäft, nämlich Odetta zu finden und zu retten, sollte eine Rettung notwendig sein. »Schon gut. Geh durch und hol dir alles, was du brauchst. Wir werden beide hier sein, wenn du zurück bist.«

»Das bezweifle ich.«

»Ich muß sie finden.« Eddie sah Roland an, und sein Blick war sehr jung und vollkommen offen. »Ich meine es ernst, ich *muß*.«

»Ich verstehe deine Liebe und deine Bedürfnisse«, sagte der Revolvermann, »aber ich möchte, daß du dieses Mal mit mir kommst.«

Eddie sah ihn lange Zeit an, als wolle er erst verarbeiten, was er eben gehört hatte.

»Mit dir kommen«, sagte er schließlich verblüfft. »*Mit dir kommen!* Heiliger Gott, ich glaube, jetzt habe ich *wirklich* alles gehört. Diedel-dudel-dadel *alles*. Letztes Mal warst du so entschlossen, daß ich hierbleiben sollte, du warst bereit, das Risiko einzugehen, daß ich dir die Kehle durchschneide. Und dieses Mal möchtest du das Risiko eingehen, daß etwas *ihre* einfach durchbeißt.«

»Das könnte bereits geschehen sein«, sagte er, obwohl er wußte, daß es nicht so war. Die Herrin mochte verletzt sein, aber er wußte, sie war nicht tot.

Unglücklicherweise wußte das auch Eddie. Eine Woche oder zehn Tage ohne seine Droge hatten seinen Verstand bemerkenswert geschärft. Er deutete auf die Tür. »Du weißt, daß es nicht so ist. Wäre sie tot, wäre das gottverdammte Ding verschwunden. Es sei denn, du hättest gelogen, als du gesagt hast, es würde nur mit uns dreien funktionieren.«

Eddie wollte sich wieder dem Hang zuwenden, aber Rolands Augen hielten ihn fest.

»Also gut«, sagte der Revolvermann. Seine Stimme war beinahe so sanft wie damals, als er an dem haßerfüllten Gesicht und der schreienden Stimme von Detta vorbei zu der Frau gesprochen hatte, die irgendwie dahinter gefangen war. »Sie lebt. Und da das so ist, warum antwortet sie nicht auf deine Rufe?«

»Nun... eines dieser Katzenwesen könnte sie weggeschleppt haben.« Aber Eddies Stimme klang nicht überzeugend.

»Eine Katze hätte sie getötet, gefressen, was sie wollte, und den Rest liegengelassen. Sie hätte die Leiche bestenfalls in den Schatten geschleppt, damit sie heute abend noch einmal zurückkommen und Fleisch fressen kann, das die Sonne nicht verdorben hat. Aber wenn das der Fall wäre, wäre die Tür verschwunden. Katzen sind keine Insekten, die ihre Beute lähmen und fortschleppen, um sie später zu verzehren, das weißt du auch.«

»Das stimmt nicht unbedingt«, sagte Eddie. Einen Augenblick hörte er Odetta sagen: *Du hättest trotzdem in der Diskussionsklasse sein sollen, Eddie,* und er verdrängte den Gedanken. »Könnte sein, daß sich eine Katze an sie angeschlichen hat, und sie hat versucht, sie zu erschießen, aber die ersten paar Patronen in deinem Revolver waren Fehlzündungen. Verflucht, vielleicht sogar die ersten vier oder fünf. Die Katze geht zu ihr, fällt über sie her, und kurz bevor sie sie tötet... *PENG!*« Eddie schlug mit der Faust in die Handfläche; er sah das alles so deutlich vor sich, als wäre er Zeuge davon gewesen. »Die Kugel tötet die Katze, oder verwundet sie vielleicht nur, oder verscheucht sie. Was wäre damit?«

Roland sagte behutsam: »Dann hätten wir einen Schuß gehört.«

Eddie konnte einen Augenblick nur stumm dastehen, ihm fiel kein Gegenargument ein. Natürlich hätten sie ihn gehört. Als sie die erste Katze heulen gehört hatten, mußte diese gut fünfzehn, möglicherweise zwanzig Meilen entfernt gewesen sein. Ein Pistolenschuß...«

Er sah Roland mit plötzlicher Verschlagenheit an. »Vielleicht hast *du* es«, sagte er. »Vielleicht hast *du* einen Pistolenschuß gehört, während ich geschlafen habe.«

»Er hätte dich geweckt.«

»Nicht so müde, wie ich war, Mann. Wenn ich schlafe, dann ist es, als wäre ich...«

»Tot«, sagte der Revolvermann im selben behutsamen Tonfall. »Ich kenne das Gefühl.«

»Dann wirst du verstehen...«

»Aber es *ist* nicht der Tod. Gestern nacht warst du genauso weggetreten, aber als eine dieser Katzen schrie, warst du innerhalb von Sekunden wach und auf den Beinen. Weil du dir um sie Sorgen machst. Da war kein Pistolenschuß, das weißt du ganz genau, Eddie. Du hättest ihn gehört. Weil du dir um sie Sorgen machst.«

»Vielleicht hat sie sie mit einem Stein erschlagen!« brüllte Eddie. »Wie, zum Teufel, soll ich das je herausfinden, wenn ich hier stehe und mit dir streite, anstatt die Möglichkeiten zu überprüfen? Ich meine, sie könnte irgendwo da oben verletzt liegen, Mann! Verletzt oder verblutend! Wie würde es dir gefallen, wenn ich mit dir durch diese Tür gehe und sie stirbt, während wir drüben sind? Wie würde es dir gefallen, wenn du dich umdrehst, und die Tür ist da, und im nächsten Augenblick ist sie nicht mehr da, weil *sie* nicht mehr ist? Dann wärst du in *meiner* Welt gefangen, und nicht umgekehrt!« Er stand keuchend da und sah den Revolvermann böse an; die Hände hatte er zu Fäusten geballt.

Roland verspürte erschöpfte Gereiztheit. Jemand – es hätte Cort sein können, aber er glaubte, daß es sein Vater gewesen war – hatte gesagt: *Wenn man mit einem Verliebten zankt, könnte man ebensogut versuchen, das Meer mit einem Löffel leerzutrinken. Wenn* dieses Sprichwort eines Beweises bedurfte, so stand dieser über ihm – in einer Haltung, die ganz Trotz und Ablehnung war. *Los doch*, sagte die Haltung von Eddie Deans Körper. *Los doch, ich kann jede Frage beantworten, die du mir stellst.*

»Vielleicht hat gar keine Katze sie gefunden«, sagte er jetzt. »Dies mag deine Welt sein, aber ich glaube, du bist ebensowenig schon einmal in diesem Teil gewesen wie ich in Borneo. Du weißt nicht, was in diesen Bergen hausen könnte, oder? Könnte sein, daß ein Affe oder so etwas sie geschnappt hat.«

»Etwas hat sie tatsächlich geschnappt«, sagte der Revolvermann.

»Nun, Gott sei Dank hat die Krankheit dir nicht vollkommen den Verstand geraubt, M...«

»Und wir wissen beide, was es war. Detta Walker. Die hat sie geschnappt. Detta Walker.«

Eddie machte den Mund auf, aber kurze Zeit – nur Sekunden, aber genügend, daß beide die Wahrheit einsahen – brachte das überzeugte Gesicht des Revolvermanns sämtliche Argumente zum Schweigen.

14

»Es muß nicht so sein.«

»Komm ein Stück näher. Wenn wir reden wollen, dann laß uns reden. Jedesmal, wenn ich über eine der Wellen hinweg zu dir hinaufbrüllen muß, reißt es mir ein Stück vom Hals weg. Jedenfalls fühlt es sich so an.«

»Großmutter, was hast du für große Augen«, sagte Eddie, der sich nicht rührte.

»Wovon, zum Teufel, sprichst du?«

»Von einem Märchen.« Eddie kam ein kurzes Stück den Hang herunter – vier Meter, nicht mehr. »Und du *glaubst* an Märchen, wenn du denkst, du kannst mich nahe genug zu diesem Rollstuhl locken.«

»Nahe genug *wofür*? Ich verstehe dich nicht«, sagte Roland, obwohl er vollkommen verstand.

Beinahe hundertfünfzig Meter über ihnen und gut eine Viertelmeile östlich beobachteten dunkle Augen – Augen, die so voller Intelligenz wie bar jeder menschlichen Güte waren – dieses Schauspiel genau. Es war unmöglich zu hören, was sie sprachen; der Wind, die Wellen und das hohle Dröhnen der Brandung, die ihren unterirdischen Tunnel bohrte, sorgten dafür, aber Detta mußte nicht hören, was sie *sagten*, um zu wissen, worüber sie *redeten*. Sie brauchte kein Teleskop, um zu sehen, daß der Wirklich Böse Mann mittlerweile auch der Wirklich Kranke Mann war, und der Wirklich Böse Mann war vielleicht bereit, ein paar Tage oder ein paar Wochen lang eine Negerfrau ohne Beine zu quälen – wie es aussah, wurde hier kaum Unterhaltung geboten –, aber sie glaubte, der Wirklich Kranke Mann wollte nur eines, und das war, seinen Weißbrotarsch von hier verschwinden zu lassen. Diese magische Tür, um den Wichser verschwinden zu lassen. Aber vorher hatte er keinen Arsch verschwinden lassen. Vorher hatte er gar nichts verschwinden lassen. Vorher war der Wirklich Böse Mann nirgendwo anders als *in ihrem eigenen Kopf* gewesen. Sie dachte immer noch nicht gerne daran, wie das gewesen war, wie es sich angefühlt hatte, wie mühelos er ihre hektischen Bemühungen, ihn hinauszuwerfen, *fort*, damit sie selbst wieder die Kontrolle hatte, überwunden hatte. Das war schrecklich gewesen. Gräßlich. Was es noch schlimmer machte war, daß sie es nicht verstand. Was genau war die wahre Quelle ihres Entsetzens? Daß es nicht das Eindringen selbst war, war furchteinflößend genug. Sie wußte, sie würde es verstehen, wenn sie sich selbst genauer betrachtete, aber das wollte sie nicht tun. Eine solche Betrachtung mochte sie an einen Ort führen, vor dem sich Matrosen früherer Zeiten gefürchtet hatten, einen Ort, der nicht mehr und nicht weniger als der Rand der Welt war, ein Ort, den Kartographen mit den Worten HIER SEYEN SCHLANGEN gekennzeichnet hatten. Das Gräßliche am Eindringen des Wirklich Bösen Mannes war das Gefühl des *Vertrauten* gewesen, welches damit einhergegangen war, als wäre diese erstaunliche Sache schon einmal geschehen – nicht einmal, sondern oft. Aber, ängstlich oder nicht, sie hatte die Panik überwunden. Sie hatte, während sie gekämpft hatte, beobachtet, und sie erinnerte sich, sie hatte in diese Tür gesehen, während der Revolvermann ihre Hände benützt hatte, um den Rollstuhl dorthin zu bringen. Sie erinnerte sich, sie hatte den Körper des Wirklich Bösen Mannes im Sand liegen sehen, und Eddie kauerte mit einem Messer in der Hand über ihm.

Hätte dieser Eddie dem Wirklich Bösen Mann doch das Messer in den Hals gestoßen! Besser, als ein Schwein zu schlachten! Um eine Meile besser!

Hatte er nicht, aber sie hatte den Körper des Wirklich Bösen Mannes gesehen. Er hatte geatmet, aber Körper war genau das richtige Wort dafür; er war nichts weiter als eine wertlose *Hülle* gewesen, wie ein weggeworfener Sack, den irgendein Idiot mit Unkraut und Maisschoten vollgestopft hatte.

Dettas Verstand war vielleicht so häßlich wie ein Rattenarsch, aber er war noch schneller und schärfer als der von Eddie. *Der Wirklich Böse Mann da war voller Pisse un Essich. Jezt nichmehr. Weiß, dass ich hier omn bin und will nix weiter als fort, eh' ich runterkomm un' sein' Arsch abmurkse. Aber sein kleiner Kumpel – der is'* immer noch ziemlich *kräftig und der hatt' sein Anteil, mich zu quälen, noch nich' gehabt. Will hier raufkommen un' mich jagen, scheißegal wiesem Wirklich Bösen Mann geht. Klaro. Er denkt sich: Schwarze Dame ohne Beine is' wirklich kein Gegner nich' für 'n großen Hängeschwanz wie mich. Will nich' weglaufn. Will diese schwarze Nutte jagn. Willse einzweimal pimpern,* dann könn-wer gehn wiede willst. *Das wird er denken, und das is gut. Dassisgut,*

Blaßfleisch. Denkst, kannst Detta Walker nehmn, dann komm doch rauf hier un' versuchs. Wirst feststellen, wennde mit mir rum machst, machste mitter besten von allen rum, Süßbubilein! Wirst rausfinnen...

Aber der Lauf ihrer Gedanken wurde von einem Geräusch unterbrochen, das trotz Gischt und Wind deutlich bis zu ihr heraufdrang: dem lauten Knall eines Pistolenschusses.

15

»Ich glaube, du verstehst mehr, als du zugibst« sagte Eddie. »*Verdammt viel* mehr. Du möchtest gerne, daß ich in deine Reichweite komme, das ist meine Meinung.« Er nickte mit dem Kopf in Richtung Tür, ohne den Blick von Rolands Gesicht abzuwenden. Ohne zu wissen, daß nicht weit entfernt jemand genau dasselbe dachte, fügte er hinzu: »Ich weiß, du bist krank, schön und gut, aber es könnte sein, daß du dich viel schwächer stellst, als du tatsächlich bist. Könnte sein, daß du dich ein wenig im hohen Gras versteckt hast.«

»Könnte sein«, sagte Roland, ohne zu lächeln, und fügte hinzu: »Tu ich aber nicht.«

Aber er tat es... ein wenig.

»Aber noch ein paar Schritte können nicht schaden, oder? Ich werde nicht mehr lange brüllen können.« Die letzte Silbe verwandelte sich in ein froschartiges Krächzen, wie um das zu beweisen. »Und ich muß dich dazu bringen, daß du über das nachdenkst, was du tust – was du vorhast. Wenn ich dich nicht überzeugen kann, mit mir zu kommen, kann ich vielleicht wenigstens wieder... deine Wachsamkeit herstellen.«

»Für deinen kostbaren Turm«, höhnte Eddie, aber er kam näher, er rutschte den Hang, den er erklommen hatte, halb wieder herunter, und seine abgenutzten Turnschuhe wirbelten lustlose Wolken kastanienfarbenen Staubs auf.

»Für meinen kostbaren Turm und *deine* kostbare Gesundheit«, sagte der Revolvermann. »Ganz zu schweigen von deinem kostbaren *Leben*.«

Er holte den verbliebenen Revolver aus dem linken Halfter und sah ihn mit einem traurigen und zugleich seltsamen Ausdruck an.

»Wenn du glaubst, du kannst mir damit Angst machen...«

»Glaube ich nicht. Du weißt, daß ich dich nicht erschießen kann, Eddie. Aber ich glaube, du brauchst Anschauungsunterricht, wie sich die Dinge verändert haben. Wie sehr sich die Dinge verändert haben.«

Roland hob den Revolver, dessen Mündung nicht auf Eddie deutete, sondern auf den leeren, wogenden Ozean, und er spannte den Hahn. Eddie wappnete sich gegen das laute Krachen der Waffe.

Nichts dergleichen. Nur ein dumpfes Klicken.

Roland spannte den Hahn erneut. Der Zylinder drehte sich. Er drückte wieder ab, und wieder kam nur ein dumpfes Klicken.

»Vergiß es«, sagte Eddie. »Wo ich herkomme, hätte dich das Verteidigungsministerium schon nach dem ersten Fehlschuß eingestellt. Du kannst ebensogut aufhö...«

Aber das laute *KA-BUMM* des Revolvers schnitt seine Worte so sauber ab, wie Roland als Schüler bei Schießübungen kleine Zweige von Bäumen geschossen hatte. Eddie zuckte zusammen. Der Schuß brachte das unablässige *Riiiiii* der Insekten in den Bergen vorübergehend zum Verstummen. Erst nachdem Roland den Revolver in den Schoß gelegt hatte, stimmten sie sich langsam und vorsichtig wieder ein.

»Was, zum Teufel, beweist das?«

»Ich schätze, das hängt davon ab, was du dir anhörst und was du dich weigerst zu hören«, sagte Roland nicht ohne Schärfe. »Es *soll* beweisen, daß nicht alle Patronen Luschen sind. Weiterhin deutet es darauf hin – deutet *stark* darauf hin –, daß einige, möglicherweise *alle* Patronen in dem Revolver, den du Odetta gegeben hast, gut sein könnten.«

»Bockmist!« Eddie machte eine Pause. »Warum?«

»Weil ich den Revolver, den ich gerade abgefeuert habe, mit Patronen vom *hinteren* Teil meines Gurts geladen habe – mit anderen Worten, mit den Patronen, die am schlimmsten naß geworden sind. Das habe ich getan, um mir die Zeit zu vertreiben, während du weg warst. Nicht, daß es viel Zeit erfordert, einen Revolver zu laden, auch wenn einem zwei Finger fehlen, wie du wissen solltest!« Roland lachte ein wenig, und das Lachen wurde zu einem

Husten, den er mit einer verstümmelten Faust dämpfte. Als der Hustenanfall vorbei war, fuhr er fort: »Aber wenn man versucht hat, naß gewordene abzufeuern, muß man die Maschine zerlegen und die Maschine reinigen. *Die Maschine zerlegen und die Maschine reinigen, ihr Würmer* – das war das erste, was Cort, unser Lehrmeister, uns eingebleut hat. Ich wußte nicht, wie lange ich mit einer und einer halben Hand brauchen würde, meinen Revolver zu zerlegen, zu reinigen und wieder zusammenzubauen, aber ich dachte mir, wenn ich weiterleben möchte – und das möchte ich, Eddie, wirklich –, sollte ich es besser herausfinden. Herausfinden und dann lernen, es schneller zu machen, findest du nicht? Komm ein wenig näher, Eddie! Komm ein wenig näher, bei deinem Vater!«

»Damit ich dich besser sehen kann, mein Kind«, sagte Eddie, aber er kam ein paar Schritte näher zu Roland. Nur ein *paar*.

»Als die erste Patrone, die ich ausprobierte, gezündet hat, habe ich mir beinahe in die Hosen gemacht«, sagte der Revolvermann. Er lachte wieder. Eddie stellte erschrocken fest, daß sich der Revolvermann am Rand des Deliriums befand. »Die erste Patrone, aber glaub mir, es war das *letzte*, womit ich gerechnet hätte.«

Eddie versuchte abzuschätzen, ob der Revolvermann log, ob er log, was den Revolver anbetraf, aber auch, was seinen Zustand anbetraf. Die Katze war krank, ja. Aber war er wirklich so krank? Eddie wußte es nicht. Wenn Roland schauspielerte, dann machte er das großartig; und was die Pistolen anbelangte, so konnte Eddie dazu nichts sagen, weil er keine Erfahrung damit hatte. Bevor er sich plötzlich bei Balazar in einem Feuergefecht befunden hatte, hatte er vielleicht dreimal in seinem Leben eine Waffe abgefeuert. *Henry* hätte es vielleicht gewußt, aber Henry war tot – ein Gedanke, der Eddie überraschenderweise jedesmal mit neuer Trauer erfüllte.

»Keine der anderen hat gezündet«, sagte der Revolvermann, »daher habe ich die Maschine gereinigt, wieder geladen und wieder die ganze Trommel durchprobiert. Diesmal mit Patronen, die ein wenig näher an den Gürtelschnallen gewesen waren. Diejenigen, die weniger naß geworden sind. Die Patronen, mit denen wir uns Essen erlegt haben, waren diejenigen direkt neben den Gürtelschnallen.«

Er verstummte, hustete sich trocken in die Hand und fuhr dann fort.

»Beim zweitenmal hatte ich zwei funktionierende Schüsse. Ich habe den Revolver wieder zerlegt, wieder gereinigt und dann zum drittenmal geladen. Du hast gerade miterlebt, wie ich drei Schuß dieser dritten Ladung ausprobiert habe.« Er lächelte dünn. »Weißt du, nach den ersten beiden Klicks habe ich geglaubt, mein verdammtes Pech wäre, daß ich die Trommel diesmal nur mit nassen bestückt hatte. Das wäre sehr überzeugend gewesen, nicht? Kannst du ein wenig näher kommen, Eddie?«

»Wirklich nicht sehr überzeugend«, sagte Eddie, »und ich glaube, ich werde keinen Schritt mehr näherkommen, danke. Welche Lektion soll ich aus alledem lernen, Roland?«

Roland sah ihn an, wie man einen Schwachsinnigen ansehen würde. »Weißt du, ich habe dich nicht zum Sterben hierher gebracht. Ich habe *keinen* von euch zum Sterben hierher gebracht. Großer Gott, Eddie, wo hast du nur deinen Verstand? Sie hat *funktionierende Munition!*« Seine Augen sahen Eddie eindringlich an. »Sie ist irgendwo da oben in den Bergen. Du glaubst vielleicht, du kannst sie aufspüren, aber das wird dir nicht gelingen, wenn es so felsig ist, wie es von hier unten aussieht. Sie liegt dort oben, Eddie, nicht Odetta, sondern Detta, sie liegt dort oben mit funktionierenden Patronen in der Waffe. Wenn ich dich zurücklasse und du sie suchen gehst, wird sie dir die Eingeweide zum Arschloch rauspusten.«

Es folgte ein weiterer Hustenanfall.

Eddie betrachtete den hustenden Mann im Rollstuhl, und die Wellen rauschten und der Wind blies seinen ständigen idiotischen Heulton.

Schließlich hörte er seine Stimme sagen: »Du könntest *eine* Patrone zurückgehalten haben, von der du wußtest, daß sie funktioniert. Das würde ich dir zutrauen.« Und nachdem er das gesagt hatte, wußte er, daß es wahr war: Er würde Roland das und einiges mehr zutrauen.

Sein Turm.

Sein gottverdammter Turm.

Und wie gerissen, daß er die funktionierende Patrone in die *dritte* Kammer gesteckt hatte! Das verlieh dem Ganzen gerade den erforderlichen realistischen Anstrich, nicht? Machte es schwer, es nicht zu glauben.

»In meiner Welt gibt es ein Sprichwort«, sagte Eddie. »›Dieser Bursche könnte Eskimos Kühlschränke aufschwatzen.‹ So lautet das Sprichwort.«

»Was bedeutet es?«

»Es bedeutet, geh im Sand spielen.«

Der Revolvermann sah ihn lange an, dann nickte er. »Du möchtest bleiben. Also gut. Als Detta ist sie sicherer vor... vor irgendwelchen wilden Tieren hier, als sie es als Odetta gewesen wäre, und du wärst – vorläufig – sicherer, würdest du dich von ihr fernhalten; aber mir ist klar, wie das ist. Es gefällt mir nicht, aber ich habe keine Zeit, mich mit einem Narren zu streiten.«

»Soll das heißen«, fragte Eddie höflich, »daß keiner je versucht hat, über diesen Dunklen Turm mit dir zu streiten, den du so unbedingt erreichen willst?«

Roland lächelte müde. »Das haben sogar viele versucht. Daher ist mir vielleicht klar, daß du dich nicht umstimmen lassen wirst. Ein Narr erkennt einen anderen. Wie auch immer, ich bin zu schwach, dich einzufangen, du bist offensichtlich zu argwöhnisch, daß du dich in Reichweite heranlocken läßt, und die Zeit ist so knapp, daß ich nicht mehr streiten kann. Ich kann nur gehen und das Beste hoffen. Und bevor ich gehe, sage ich dir zum letztenmal, und hör mir gut zu, Eddie: *Sei auf der Hut!*«

Dann tat Roland etwas, daß sich Eddie all seiner Zweifel schämte (ihn aber keineswegs von seinem festen Entschluß abbrachte): Er klappte mit einer geübten Handbewegung die Trommel des Revolvers auf, kippte alle Patronen heraus und lud ihn mit neuen aus der Nähe der Gürtelschnallen nach. Er rastete den Zylinder mit einer weiteren Handbewegung wieder ein.

»Keine Zeit, die Maschine zu reinigen«, sagte er, »aber wird wohl nichts machen, schätze ich. Und jetzt fang, und fang gut – mach meine Maschine nicht schmutziger als sie schon ist. In meiner Welt gibt es nicht mehr viele Maschinen, die funktionieren.«

Er warf den Revolver über den Zwischenraum zwischen ihnen. Eddie ließ ihn in seiner Ängstlichkeit beinahe *wirklich* fallen. Aber dann hatte er ihn wohlbehalten in den Saum gesteckt.

Der Revolvermann erhob sich aus dem Rollstuhl; er wäre beinahe gestürzt, als dieser unter seinen sich aufstützenden Händen wegrutschte, dann wankte er zur Tür. Er ergriff den Knauf; in *sei-*

ner Hand drehte er sich mühelos. Eddie konnte die Szene nicht sehen, in die sich die Tür öffnete, aber er hörte gedämpften Verkehrslärm.

Roland sah wieder zu Eddie, seine blauen Kanoniersaugen leuchteten aus einem Gesicht, das schrecklich blaß war.

16

Detta beobachtete das alles mit gierig funkelnden Augen von ihrem Versteck aus.

17

»Vergiß nicht, Eddie«, sagte er mit heiserer Stimme, und dann trat er nach vorne. Sein Körper brach am Rand der Tür zusammen, als wär er nicht ins Nichts, sondern gegen eine solide Mauer gelaufen.

Eddie verspürte einen fast unbezähmbaren Drang, zu der Tür zu gehen und nachzusehen, wohin – und in welche *Zeit* – sie führte. Statt dessen drehte er sich um und sondierte wieder die Hügel; eine Hand hatte er auf dem Revolvergriff.

Ich sage es dir zum letzten Mal.

Plötzlich hatte Eddie Angst, als er die braunen Hügel studierte.

Sei auf der Hut.

Dort oben bewegte sich nichts.

Jedenfalls konnte er nichts *sehen.*

Aber er spürte sie nichtsdestotrotz.

Nicht Odetta; diesbezüglich hatte der Revolvermann recht.

Er spürte *Detta.*

Er schluckte und hörte ein Schnalzen im Hals.

Sei auf der Hut.

Ja. Aber er hatte noch nie in seinem Leben ein so tödliches Bedürfnis nach Schlaf verspürt. Er würde ihn bald überkommen; wenn er sich ihm nicht freiwillig fügte, würde der Schlaf ihn vergewaltigen.

Und während er schlief, würde Detta kommen.

Detta.

Eddie kämpfte gegen die Müdigkeit an, betrachtete die reglosen Hügel mit Augen, die geschwollen und schwer schienen, und fragte sich, wie lange es dauern würde, bis Roland mit dem – oder der – dritten zurückkam, dem Mörder, wer immer er sein mochte.

»Odetta?« rief er ohne große Hoffnung.

Nur Schweigen antwortete ihm, und für Eddie begann die Zeit des Wartens.

Der Mörder

Erstes Kapitel

Bittere Medizin

1

Als der Revolvermann in Eddie eingedrungen war, hatte Eddie einen Augenblick der Übelkeit verspürt und das Gefühl gehabt, als würde er *beobachtet* werden (das hatte Roland nicht gespürt; Eddie hatte es ihm später gesagt). Er hatte, mit anderen Worten, eine unbestimmte Ahnung von der Präsenz des Revolvermanns gehabt. Bei Detta Walker war Roland gezwungen gewesen, sofort *nach vorne* zu kommen, ob es ihm gefiel oder nicht. Sie hatte ihn nicht nur gespürt, es war auf unheimliche Weise gewesen, als hätte sie auf ihn *gewartet* – ihn oder eine andere, häufigere Besucherin. Wie dem auch sei, sie war sich seiner Anwesenheit vom ersten Augenblick, als er in ihr erschienen war, bewußt gewesen.

Jack Mort spürte überhaupt nichts.

Er konzentrierte sich zu sehr auf den Jungen.

Er beobachtete den Jungen schon seit zwei Wochen. Heute würde er ihn stoßen.

2

Obwohl der Junge den Augen, durch die der Revolvermann jetzt sah, den Rücken zugekehrt hatte, erkannte Roland den Jungen. Es war der Junge, den er im Rasthaus in der Wüste getroffen hatte, der Junge, den er vor dem Orakel in den Bergen gerettet hatte, der Junge, dessen Leben er geopfert hatte, als er vor der Wahl stand, ihn zu retten oder den Mann in Schwarz endlich einzuholen; der Junge, der gesagt hatte: *Dann geh – es gibt andere Welten als diese*, bevor er in den Abgrund gestürzt war. Und der Junge hatte ganz eindeutig recht gehabt.

Der Junge war Jake.

Er hielt eine schmucklose braune Papiertüte in der einen und einen blauen Leinenranzen am Deckelgriff in der anderen Hand. An den Kanten, die gegen die Seiten des Ranzens drückten, konnte der Revolvermann sehen, daß er Bücher enthielt.

Verkehr floß auf der Straße, die der Junge überqueren wollte eine Straße in derselben Stadt, aus der er den Gefangenen und die Herrin geholt hatte, wurde ihm klar, aber vorerst war das alles unwichtig. Es war nur wichtig, was in den nächsten Sekunden geschehen oder nicht geschehen würde.

Jake war nicht durch eine magische Tür in der Welt des Revolvermanns gebracht worden; er war durch eine gewöhnlichere, weitaus verständlichere Pforte gekommen: Er war in Rolands Welt hineingeboren worden, weil er in seiner eigenen gestorben war.

Er war ermordet worden.

Genauer, er war *gestoßen* worden.

Er war auf die Straße gestoßen worden; auf dem Weg zur Schule, mit einem Vesperpaket in der einen und seinen Büchern in der anderen Hand, hatte ihn ein Auto überfahren.

Der Mann in Schwarz hatte ihn gestoßen.

Er wird es tun! Er wird es gleich jetzt tun! Das ist meine Strafe dafür, daß ich ihn in meiner Welt habe sterben lassen – ich muß zusehen, wie er in dieser Welt sterben muß, bevor ich es verhindern kann!

Doch die Beeinflussung eines gleichgültigen Schicksals war zeit seines Lebens Sache des Revolvermanns gewesen – sein *Ka*, wenn man so wollte –, und daher kam er, ohne nachzudenken, *nach vorne* und handelte mit fest verwurzelten Reflexen, die schon fast zu Instinkten geworden waren.

Und während er das tat, blitzte in seinem Kopf ein gleichermaßen ironischer wie gräßlicher Gedanke auf: *Was war, wenn der Körper, in den er gekommen war, der des Mannes in Schwarz selbst war? Was war, wenn er dem Jungen zu Hilfe eilen wollte und seine eigenen Hände sah, die ihn stießen? Was war, wenn dieses Gefühl der Kontrolle nur eine Illusion war – und Walters letzter garstiger Scherz, daß* Roland selbst *den Jungen ermorden würde?*

Einen einzigen Augenblick verlor Jack Mort den dünnen, kräftigen Pfeil seiner Konzentration. Als er kurz davor war, nach vorne zu schnellen und den Jungen in den Verkehr zu stoßen, spürte er etwas, das sein Verstand falsch übermittelte, so wie der Körper Schmerzen an einer Stelle fälschlich einer anderen zuschreiben kann.

Als der Revolvermann *nach vorne* kam, glaubte Jack, ein Insekt wäre in seinem Nacken gelandet. Keine Wespe oder Biene, nichts tatsächlich *Stechendes,* aber etwas, das biß und juckte. Möglicherweise ein Moskito. Darauf führte er seine mangelnde Konzentration im entscheidenden Augenblick zurück. Er schlug danach und wandte sich wieder dem Jungen zu.

Er glaubte, das alles wäre binnen eines winzigen Augenblicks geschehen; tatsächlich waren sieben Sekunden verstrichen. Er spürte weder das rasche Vordringen des Revolvermanns noch seinen gleichermaßen schnellen Rückzug, und keiner der umstehenden Passanten (die zur Arbeit gingen; die meisten kamen aus der U-Bahn-Station am nächsten Block, und ihre Gesichter waren noch vom Schlaf aufgedunsen, die Blicke verinnerlicht) bemerkte, daß sich die Farbe von Jacks Augen hinter der Nickelbrille vorübergehend von ihrem dunkelblauen Farbton zu einem helleren verfärbte. Niemand bemerkte auch, wie die Augen ihre normale kobaltblaue Farbe wieder annahmen, aber als das geschehen war und er sich wieder auf den Jungen konzentrierte, sah er voll ohnmächtigen Zorns, so stechend wie ein Dorn, daß seine Chance dahin war. Die Ampel hatte umgeschaltet.

Er sah zu, wie der Junge zusammen mit der anderen Hammelherde die Straße überquerte, dann drehte Jack selbst sich in die Richtung um, aus der er gekommen war, und schob sich drängend gegen den Strom der Passanten.

»He, Mister! Passen Sie doch auf...«

Ein milchgesichtiges Teenagermädchen, das er kaum sah. Jack stieß sie grob beiseite und sah nicht einmal zurück, als sie zu keifen anfing, weil ihre Armladung Schulbücher heruntergefallen war. Er ging die Fifth Avenue hinunter, weg von der Dreiundvierzigsten, wo der Junge heute hatte sterben sollen. Er hatte den Kopf geneigt und die Lippen so fest zusammengepreßt, daß es schien, als hätte er überhaupt keinen Mund, sondern nur die Narbe einer längst verheilten Verletzung über dem Kinn. Nachdem er den Engpaß an der Ecke hinter sich gelassen hatte, wurde er nicht langsamer, sondern schritt noch schneller, überquerte die Zweiundvierzigste, Einundvierzigste, Vierzigste. Irgendwo in der Mitte des nächsten Blocks kam er an dem Haus vorbei, in dem der Junge wohnte. Er sah es kaum an, obwohl er dem Jungen seit mindestens drei Wochen an jedem Schultag von dort aus gefolgt war, von dem Gebäude bis zur Ecke der Fifth, dreieinhalb Blocks weiter, der Ecke, die er schlicht und einfach als Stoß-Ecke betrachtete.

Das Mädchen, das er angerempelt hatte, schrie hinter ihm her, aber Jack Mort bemerkte es gar nicht. Ein Amateurschmetterlingssammler hätte einem gewöhnlichen Schmetterling ebensowenig Aufmerksamkeit geschenkt.

Auf seine Weise war Jack ein Amateurschmetterlingssammler.

Er war erfolgreicher Wirtschaftsprüfer von Beruf.

Stoßen war nur sein Hobby.

4

Der Revolvermann kehrte in den hinteren Teil des Verstandes dieses Mannes zurück, und dort wurde er ohnmächtig. Wenn es eine Erleichterung gab, dann schlicht und einfach die, daß dieser Mann nicht der Mann in Schwarz war, nicht Walter.

Der Rest war völliges Entsetzen... und völlige Erkenntnis.

Von seinem Körper getrennt, war sein Verstand – sein *Ka* – gesund wie eh und je, aber das plötzliche *Wissen* traf ihn wie ein Hammerschlag auf die Schläfe.

Nicht, als er *nach vorne* kam, sondern als er sicher war, daß der Junge gerettet war, und sich wieder zurückzog. Er sah die Verbindung zwischen diesem Mann und Odetta, die zu fantastisch und dennoch zu gräßlich passend war, als daß sie ein Zufall hätte sein können, und er begriff endlich, was das wirkliche Auserwählen der Drei sein könnte, und *wer* sie sein mochten.

Der dritte war nicht dieser Mann, dieser Mörder; der dritte, den Walter genannt hatte, war der Tod gewesen.

Der Tod... aber nicht für dich. Das hatte Walter gesagt, selbst am Ende noch schlau wie der Satan. Eine Anwaltsantwort... so nahe an der Wahrheit, daß sich die Wahrheit in ihrem Schatten verstecken konnte. Nicht Tod für ihn; er *wurde zum Tod.*

Der Gefangene, die Herrin.

Der dritte war der Tod.

Plötzlich war er von der Gewißheit erfüllt, daß er selbst der dritte war.

5

Roland kam wie ein Projektil *nach vorne,* als hirnloses Geschoß, das darauf programmiert war, den Körper, in dem er sich befand, in dem Augenblick auf den Mann in Schwarz zu werfen, als er ihn sah.

Gedanken daran, was geschehen könnte, wenn er den Mann in Schwarz daran hinderte, Jake zu töten, kamen ihm erst viel später – das mögliche Paradoxon, der Bruch in Zeit und Raum, der alles auslöschen konnte, was geschehen war, nachdem er in dem Rasthaus eingetroffen war... denn wenn er Jake in dieser Welt rettete, konnte in der anderen sicherlich kein Jake auf ihn warten, und alles, was danach geschehen war, würde sich verändern.

Welche Veränderungen? Es war unmöglich, auch nur Spekulationen darüber anzustellen. Daß eine davon das Ende seiner Suche sein konnte, daran dachte der Revolvermann überhaupt nie. Und solche verspäteten Spekulationen waren sicherlich auch müßig; wenn er den Mann in Schwarz gesehen hätte, hätte ihn nichts, weder Paradoxon noch vorherbestimmter Lauf des Schicksals, daran hindern können, einfach den Kopf dieses Körpers, in dem er sich befand, zu senken und Walters Brust damit zu rammen. Roland hätte ebensowenig etwas daran ändern können, wie eine Kugel den Finger beeinflussen kann, der abdrückt und sie auf ihren Kurs bringt.

Wenn er alles zum Teufel schickte, dann zum Teufel damit.

Er sondierte hastig die Leute, die an der Kreuzung standen, und betrachtete jedes Gesicht (auch die Gesichter der Frauen, um sicherzugehen, daß keine dabei war, die nur *so tat*, als wäre sie eine Frau).

Walter war nicht da.

Er entspannte sich allmählich, wie ein um den Abzug gekrümmter Finger sich im letzten Augenblick entspannen mochte. Nein, Walter war nicht in der Nähe des Jungen, und der Revolvermann war irgendwie sicher, daß dies nicht die richtige Zeit war. Nicht ganz. Diese Zeit war *nahe* – zwei Wochen entfernt, eine, vielleicht nur einen einzigen Tag –, aber noch nicht gekommen.

Also ging er *nach hinten*.

Und unterwegs *sah* er ...

6

... und wurde besinnungslos vor Schock: Dieser Mann, in dessen Verstand sich die dritte Tür geöffnet hatte, hatte einstmals am Fenster einer leerstehenden Mietwohnung in einem Gebäude voller leerstehender Wohnungen – leerstehend, abgesehen von den Pennern und Spinnern, die manchmal ihre Nächte darin verbrachten – gesessen. Man kannte die Penner, weil man ihren verzweifelten Schweiß und ihre wütende Pisse riechen konnte. Man erkannte die Spinner, weil man den Gestank ihrer irregeleiteten Gedanken riechen konnte. Die einzigen Möbelstücke in diesem Zimmer waren zwei Stühle. Jack Mort verwendete sie beide: auf einem saß er, mit dem anderen hatte er die Tür zum Flur versperrt. Er rechnete nicht mit plötzlichen Störungen, aber es war besser, kein Risiko einzugehen. Er war nahe genug am Fenster, daß er hinaussehen konnte, aber so weit davon entfernt, daß er von einem beiläufigen Betrachter unten nicht gesehen werden konnte.

Er hatte einen verwitterten roten Backstein in der Hand.

Er hatte ihn direkt unterhalb des Fensters weggebrochen, wo eine ganze Menge locker waren. Er war alt und an den Kanten abgebröckelt, aber schwer. Klumpen alten Mörtels klebten wie Muscheln daran.

Der Mann wollte den Backstein auf jemanden fallen lassen.

Es war ihm einerlei, auf wen; wenn es um Mord ging, ging Jack Mort nach dem Prinzip vor: Gleiches Recht für alle.

Nach kurzer Wartezeit kam eine dreiköpfige Familie den Gehweg unten entlang: Mann, Frau, kleines Mädchen. Das Mädchen ging innen, wahrscheinlich, damit sie vor dem Verkehr sicher war. So nahe am Bahnhof herrschte eine Menge Verkehr, aber Jack Mort lag überhaupt nichts an den Autos. Ihm war wichtig, daß sich direkt gegenüber keine Häuser befanden; diese waren bereits abgerissen worden, zurück blieb eine Wüstenlandschaft mit abgebrochenen Brettern, Mauerresten, glitzernden Scherben.

Er würde sich nur ein paar Sekunden hinauslehnen, und er hatte eine Sonnenbrille vor den Augen und eine für die Jahreszeit unpassende Strickmütze über dem blonden Haar. Das war wie mit dem Stuhl unter dem Türgriff. Selbst wenn man vor erwarteten Risiken sicher war, konnte es nicht schaden, wenn man auch die unerwarteten ausschloß.

Außerdem hatte er ein Sweatshirt an, das ihm viel zu groß war – es reichte ihm bis weit über die Schenkel. Dieses Kleidungsstück würde dazu beitragen, seine tatsächliche Körpergröße zu verbergen (er war ziemlich mager), sollte er gesehen werden. Es diente auch noch einem anderen Zweck: jedesmal, wenn er jemanden ›tiefenbehandelte‹ (denn so nannte er es immer, ›tiefenbehandeln‹), ergoß er sich in seine Hose. Das weite Shirt verbarg den nassen Fleck, der sich unweigerlich auf seinen Jeans abzeichnete.

Jetzt kamen sie näher.

Nicht übermütig werden, warten, einfach abwarten...

Er erschauerte am Rand des Fensters, hob den Backstein hoch, führte ihn zum Magen, streckte ihn wieder nach vorne, zog ihn wieder zurück (aber dieses Mal nur halb) und beugte sich dann vollkommen kalt hinaus. Er kannte immer den entscheidenden Augenblick.

Er warf den Backstein und sah ihm beim Fallen nach.

Er fiel, sich überschlagend, nach unten. Jack sah die daran haftenden Mörtelreste deutlich im Sonnenlicht. In solchen Augenblicken war immer alles klarer als in allen anderen, alles hob sich exakt und geometrisch perfekt ab; hier war etwas, das er in die Welt gestoßen hatte, so wie ein Bildhauer mit dem Hammer auf einen Meißel schlägt und dadurch eine neue Substanz aus dem rohen *caldera* erschafft; hier war die bemerkenswerteste Sache der Welt: Logik, die gleichzeitig Ekstase war.

Manchmal verfehlte er oder traf schräg, so wie ein Bildhauer schlecht oder vergeblich schnitzen konnte, aber dies war ein perfekter Schuß. Der Backstein traf das Mädchen im hellen Baumwollkleid direkt am Kopf. Er sah Blut – es war heller als der Backstein, würde aber bald denselben kastanienbraunen Farbton annehmen – aufspritzen. Er hörte, wie die Mutter zu schreien anfing. Dann setzte er sich in Bewegung.

Jack hastete durch das Zimmer und kickte den Stuhl unter dem Türknauf in die gegenüberliegende Ecke (den anderen – auf dem er gesessen hatte – hatte er schon beim Aufspringen weggekickt). Er zog das Sweatshirt hoch und holte ein Taschentuch aus der Tasche. Damit drehte er den Knauf

Keine Fingerabdrücke hinterlassen.

Nur faule Bienen hinterließen Fingerabdrücke.

Noch während die Tür aufschwang, steckte er das Tuch wieder ein. Als er den Flur hinabschritt, ahmte er den Gang eines Betrunkenen nach. Er drehte sich nicht um.

Auch das Umdrehen war nur etwas für faule Bienen.

Fleißige Bienen wußten: Wenn man sich umsah, ob man jemandem auffiel, erreichte man damit genau das. Wenn man sich umsah, *konnte* sich ein Zeuge nach einem Unfall daran erinnern. Und dann konnte ein klugscheißerischer Bulle auf die Idee kommen, daß es ein *verdächtiger* Unfall war, worauf es zu einer Untersuchung kommen würde. Und das alles wegen einem einzigen nervösen Umsehen. Jack glaubte nicht, jemand könne ihn mit dem Verbrechen in Verbindung bringen, selbst wenn jemand dachte, daß der ›Unfall‹ verdächtig war und es zu einer Untersuchung kam, aber . . .

Nur akzeptable Risiken eingehen. Die verbleibenden so gering wie möglich halten.

Mit anderen Worten, immer Stühle unter den Türknauf schieben.

Daher wankte er den staubigen Flur entlang, wo sich das Gitterwerk unter herabgefallenem Verputz zeigte, und er wankte mit gesenktem Kopf und murmelte vor sich hin wie die Saufbrüder, die man auf der Straße sah. Er konnte die Frau – die Mutter des kleinen

Mädchens, vermutete er – immer noch schreien hören, aber dieser Laut kam von der Vorderseite des Gebäudes; er war leise und unwichtig. *Alles,* was *danach* geschah – die Schreie, die Verwirrung, das Wimmern der Verletzten (sofern die Verletzten noch wimmern konnten) – spielte keine Rolle für Jack. Was zählte, war das Ding, welches Veränderungen in den gewöhnlichen Lauf der Dinge zwängte und neue Linien im Strom eines Lebens erschuf... und möglicherweise nicht nur im Schicksal der Getroffenen, sondern in einem sich ausdehnenden Kreis um sie herum, wie die Wellen eines Steins, den man in einen Teich geworfen hatte.

Wer konnte sagen, ob er heute nicht den Kosmos beeinflußt hatte, oder es an einem zukünftigen Tag tun würde?

Herrgott, kein Wunder, daß er sich in die Jeans spritzte!

Er begegnete niemandem, als er die beiden Treppenfluchten hinunterging, aber er behielt das Schauspielern dennoch bei, wankte ein wenig beim Gehen, torkelte aber nicht. An einen Schwankenden würde man sich nicht erinnern. An einen übertrieben Torkelnden vielleicht schon. Er murmelte, sagte aber nichts, das jemand verstehen konnte. Überhaupt nichts zu tun, wäre in jedem Fall besser als übertreiben.

Er trat durch die zerschmetterte Hintertür in einen Hinterhof hinaus, der von Abfall und zerbrochenen Flaschen, die Galaxien Sonnenfünkchen reflektierten, übersät war.

Er hatte seine Flucht vorausgeplant, wie er alles vorausplante (nur akzeptable Risiken eingehen, die verbleibenden so gering wie möglich halten, in jeder Beziehung eine fleißige Biene sein); dieses Planen war der Grund dafür, daß er von seinen Kollegen als jemand geschätzt wurde, der es weit bringen würde (und er hatte auch *vor,* es weit zu bringen, aber eines wollte er ganz sicher nicht, er wollte sich nicht selbst ins Gefängnis oder auf den elektrischen Stuhl bringen).

Ein paar Leute liefen auf die Straße, in die der Hinterhof mündete, aber sie wollten alle sehen, was es mit dem Schreien auf sich hatte, und keiner sah Jack Mort an, der die unangemessene Strickmütze abgenommen hatte, aber nicht die dunkle Brille (die an einem so strahlenden Morgen nicht unpassend wirkte).

Er bog in einen anderen Hinterhof ein.

Kam an einer anderen Straße heraus.

Danach ging er durch einen Hinterhof, der nicht ganz so schmutzig war wie bisher – fast schon ein Durchgang. Dieser mündete in eine andere Straße, und ein Block weiter befand sich eine Bushaltestelle. Weniger als eine Minute später kam der Bus, was ebenfalls zum Plan gehörte. Jack stieg ein, nachdem die Ziehharmonikatür aufgegangen war, und warf seine fünfzehn Cents in den Schlitz des Fahrkartenautomaten. Der Fahrer sah ihn nicht einmal an. Das war gut, aber selbst wenn er es getan haben würde, hätte er nur einen unauffälligen Mann in Jeans gesehen, einen Mann, der vielleicht arbeitslos war – das Sweatshirt, das er anhatte, sah wie aus einer Wühlkiste der Heilsarmee aus.

Sei bereit, sei vorbereitet, sei eine fleißige Biene.

Jack Morts Geheimnis des Erfolges beim Arbeiten und beim Spielen.

Neun Blocks entfernt war ein Parkplatz. Jack stieg aus dem Bus aus, betrat den Parkplatz, schloß sein Auto auf (einen unauffälligen Chevrolet, ein älteres Baujahr, der noch gut in Schuß war) und fuhr nach New York City zurück.

Er war frei und fein raus.

7

Das alles sah der Revolvermann in einem einzigen Augenblick. Bevor sein schockierter Verstand die anderen Bilder aussperren konnte, indem er einfach abschaltete, sah er noch mehr. Nicht alles, aber genug. Genug.

8

Er sah Mort, wie er mit einem Exacto-Messer einen Artikel aus dem *New York Daily Mirror* ausschnitt, wobei er pingelig darauf achtete, daß er genau am Rand der Spalte entlangschnitt. NEGERMÄDCHEN NACH TRAGISCHEM UNFALL IM KOMA, lautete die Schlagzeile. Er sah, wie Mort mit einem Pinsel, der im Leimtopf steckte, Kleber auf der Rückseite des Ausschnitts auftrug. Sah, wie Mort ihn in die Mitte einer leeren Seite in einem Notizbuch klebte, in dem sich, wie man den ungleichmäßig aufgeblähten Seiten davor entnehmen konnte, schon viele ähnliche Zeitungsausschnitte befinden mußten. Er sah die erste Zeile des Artikels: ›Die fünf Jahre alte Odetta Holmes, die nach Elizabethtown, N. J. gekommen war, um an einem freudigen Anlaß teilzunehmen, wurde jetzt das Opfer eines grausamen Unfalls. Nach der Hochzeit ihrer Tante vor zwei Tagen ging das Mädchen mit seiner Familie zum Bahnhof, als ein lockerer Backstein...‹

Aber das war nicht das einzige Mal, daß er mit ihr zu tun gehabt hatte, nicht? Nein. Ihr Götter, nein. In den Jahren zwischen jenem Morgen und der Nacht, als Odetta ihre Beine verloren hatte, hatte Jack Mort eine Menge Sachen fallenlassen und eine Menge Leute gestoßen.

Und dann war er Odetta wieder begegnet.

Beim erstenmal hatte er etwas auf sie gestoßen.

Beim zweitenmal stieß er sie *vor* etwas.

Was ist das für ein Mensch, den ich zu Hilfe holen soll? Was für ein Mensch...

Aber dann dachte er an Jake, dachte an den Stoß, der Jake in diese Welt gebracht hatte, und er glaubte, das Lachen des Mannes in Schwarz zu hören, und das gab ihm den Rest.

Roland verlor das Bewußtsein.

9

Als er wieder zu sich kam, betrachtete er fein säuberliche Zahlenreihen auf einem Streifen grünen Papiers. Das Papier wies beidseitig Spalten auf, so daß jede einzelne Zahl wie ein Gefangener in einer Zelle aussah.

Er dachte: *Noch etwas.*

Nicht nur Walters Lachen. Etwas – ein Plan?

Nein, ihr Götter, nein – nichts so Komplexes oder Hoffnungsvolles.

Aber wenigstens eine Idee. Ein Kribbeln.

Wie lange war ich weggetreten? dachte er plötzlich erschrocken. *Es war gegen neun, als ich durch die Tür gekommen bin, vielleicht etwas früher. Wie lange...?*

Er kam *nach vorne.*

Jack Mort – der jetzt lediglich eine vom Revolvermann kontrollierte menschliche Marionette war – sah ein wenig auf und stellte fest, daß die Zeiger der teuren Quartzuhr auf seinem Schreibtisch auf Viertel nach eins standen.

Ihr Götter, so spät? So spät? Aber Eddie... er war so müde, er kann unmöglich so lange wach geblieben s...

Der Revolvermann drehte Jacks Kopf. Die Tür war noch da, aber was er durch sie sah, war viel schlimmer, als er zu träumen gewagt hätte.

An der Seite der Tür standen zwei Schatten; einer war der des Rollstuhls, der andere der eines menschlichen Wesens... aber das menschliche Wesen war unvollständig und stützte sich auf die Arme, weil der untere Teil seiner Beine mit derselben Brutalität abgetrennt worden war wie Rolands Finger und der Zeh.

Der Schatten bewegte sich.

Roland riß Jack Morts Kopf mit der Schnelligkeit einer zubeißenden Schlange herum.

Sie darf nicht hereinsehen. Erst wenn ich bereit bin. Bis dahin sieht sie nichts anderes als den Hinterkopf dieses Mannes.

Detta Walker konnte Jack Mort ohnehin nicht sehen, denn die Person, die zu der offenen Tür hereinsah, sah nur das, was der Gastkörper sah. Sie konnte Morts Gesicht nur sehen, wenn dieser in einen Spiegel blickte (doch das mochte ebenfalls zu schrecklichen Konsequenzen von Paradoxon und Wiederholung führen), und selbst dann würde es keiner Herrin etwas sagen; und auch das Gesicht der Herrin würde Jack Mort nichts sagen. Sie waren einander zweimal tödlich nahe gewesen, hatten aber niemals ihre Gesichter gesehen.

Der Revolvermann wollte nicht, daß die Herrin die *Herrin* sah. Jedenfalls noch nicht.

Der Funke der Eingebung wuchs zu einer Art Plan.

Aber dort drüben war es spät – das Licht sagte ihm, daß es drei Uhr nachmittags sein mußte, möglicherweise vier.

Wie lange würde es dauern, bis der Sonnenuntergang die Monsterhummer hervorlockte und damit Eddies Leben ein Ende setzte?

Drei Stunden?

Zwei?

Er konnte zurückkehren und versuchen, Eddie zu retten... aber genau das wollte Detta. Sie hatte eine Falle gestellt, so wie Dorfbewohner, die einen tödlichen Wolf fürchteten, ein Opferlamm auslegen mochten, um ihn in Reichweite ihrer Bogen zu locken. Er würde in seinen kranken Körper zurückkehren... aber nicht so schnell. Der Grund, weshalb er nur ihren Schatten gesehen hatte, war der, daß sie mit einem seiner Revolver in der Faust neben der Tür lag. In dem Augenblick, wenn sich Rolands Körper bewegte, würde sie auf ihn schießen und ihn töten.

Und weil sie Angst vor ihm hatte, würde *sein* Ende immerhin barmherzig sein.

Eddies Tod würde kreischendes Entsetzen sein.

Er schien Detta Walkers garstige Kicherstimme hören zu können: *Willste an mich ran, Blaßfleisch? Klaro willste an mich ran! Hast keene Angst vor ner verkrüppelten altn Dame, nich?*

»Nur ein Weg«, murmelte Jacks Mund. »Nur einer.«

Die Bürotür ging auf, und ein kahler Mann mit Gläsern vor den Augen sah herein.

»Wie kommen Sie mit der Dorfman-Bilanz voran?« fragte der kahle Mann.

»Mir ist schlecht. Ich glaube, es war das Essen. Ich sollte besser nach Hause gehen.«

Der kahle Mann sah besorgt drein. »Wahrscheinlich ein Virus. Ich habe gehört, daß ein ziemlich übler umgehen soll.«

»Möglich.«

»Nun... solange Sie die Dorfman-Sachen bis morgen abend fünf Uhr fertig haben...«

»Ja.«

»Sie wissen ja, wie ungemütlich er werden kann...«

»Ja.«

Der kahle Mann, der jetzt ein wenig unbehaglich dreinsah, nickte. »Ja, gehen Sie heim. Sie scheinen gar nicht Sie selbst zu sein.«

»Bin ich nicht.«

Der kahle Mann ging eiligst zur Tür hinaus.

Er hat mich gespürt, dachte der Revolvermann. *Das war ein Teil davon. Ein Teil, aber nicht alles. Sie haben Angst vor ihm. Sie wissen nicht, warum, aber sie haben Angst vor ihm. Und sie haben guten Grund, Angst zu haben.*

Jack Morts Körper stand auf, fand den Aktenkoffer, den er bei sich hatte, als der Revolvermann in ihn eingedrungen war, und schob sämtliche Papiere auf dem Schreibtisch hinein.

Er verspürte den Drang, zu der Tür zurückzuschauen, widerstand ihm aber. Er würde erst wieder hineinsehen, wenn er bereit war, alles zu riskieren, und zurückkehrte.

Bis dahin blieb wenig Zeit, und es mußte viel getan werden.

Zweites Kapitel

Der Honigtopf

1

Detta lag in einer schattigen Kluft zwischen Felsen, die aneinander lehnten wie alte Männer, die zu Stein geworden waren, während sie sich ein unheimliches Geheimnis erzählten. Sie sah Eddie zu, wie er die geröllübersäten Hänge der Hügel auf und ab schritt und sich heiser schrie. Der Entenflaum auf seinen Wangen wurde endlich zu einem Bart, und man hätte ihn für einen erwachsenen Mann halten können, abgesehen von den zwei, drei Malen, als er nahe an ihr vorbeigekommen war (einmal so nahe, daß sie die Hand ausstrecken und ihn am Knöchel hätte packen können). Wenn er in die Nähe kam, dann sah man, daß er nur ein Junge war, und zwar einer, der bis auf die Knochen müde war.

Odetta hätte Mitleid empfunden; Detta verspürte nur die stumme, gespannte Aufmerksamkeit eines natürlichen Raubtiers.

Als sie zum erstenmal hier hereingekrochen war, hatte sie gespürt, wie unter ihren Händen Sachen gebrochen waren wie altes Herbstlaub. Als ihre Augen sich umgestellt hatten, sah sie, daß es keine Blätter waren, sondern die Knochen kleiner Tiere. Hier hatte einst ein (längst verschwundenes, wenn man den gelben Knochen Glauben schenken durfte) Raubtier gehaust, ein Wiesel oder ein Frettchen. Möglicherweise war es nachts herausgekommen und seiner Nase weiter hinauf in die Berge gefolgt, wo Bäume und Unterholz dichter waren – wo es mehr Beute gab. Es hatte getötet, gefressen und dann die Überreste hierher gebracht, um am darauffolgenden Tag einen Happen zu haben, während es darauf wartete, daß mit der Nacht wieder die Zeit zum Jagen kam.

Jetzt war ein größeres Raubtier hier, und Detta hatte anfangs gedacht, sie würde genau das tun, was der Vormieter auch getan hatte: warten, bis Eddie schlief, was er höchstwahrscheinlich tun würde, und ihn dann umbringen und seinen Leichnam hier heraufschleppen. Wenn sie dann beide Revolver in ihrem Besitz hatte, konnte sie sich wieder zur Tür hinunterschleppen und warten, bis der Wirklich Böse Mann zurückkam. Ihr erster Gedanke war gewesen, den Körper des Wirklich Bösen Mannes zu töten, sobald sie sich um Eddie gekümmert hatte, aber das hätte nichts genützt, oder? Wenn der Wirklich Böse Mann keinen Körper mehr hatte, in den er zurückkommen konnte, hatte Detta keine Möglichkeit, von hier zu verschwinden und wieder in ihre eigene Welt zu gelangen.

Konnte sie den Wirklich Bösen Mann zwingen, sie zurückzubringen?

Vielleicht nicht.

Vielleicht doch.

Wenn er wußte, daß Eddie noch lebte, vielleicht doch. Und das führte zu einem viel besseren Einfall.

2

Sie war äußerst verschlagen. Sie hätte zwar jeden ausgelacht, der ihr das gesagt haben würde, aber sie war auch äußerst unsicher. Und aufgrund dessen schrieb sie das erstere jedem zu, den sie kennenlernte, dessen Intellekt ihrem gleichzukommen schien. So empfand sie gegenüber dem Revolvermann. Sie hatte einen Schuß gehört, und als sie hingesehen hatte, hatte sie Rauch von der Mündung seines verbliebenen Revolvers aufsteigen gesehen. Er hatte neu geladen und Eddie den Revolver zugeworfen, bevor er durch die Tür gegangen war.

Sie wußte, was das Eddie sagen sollte: es waren doch nicht alle Patronen naß geworden; die Waffe würde ihn beschützen. Sie wußte auch, was es *ihr* sagen sollte (denn der Wirklich Böse Mann hatte natürlich gewußt, daß sie zusah; selbst wenn sie geschlafen hätte, als die beiden zu palavern anfingen, der Schuß hätte sie geweckt): *Bleib ihm vom Leibe. Er ist bewaffnet.*

Aber Teufel konnten subtil sein.

Wenn diese kleine Vorstellung *ihretwegen* inszeniert worden war, konnte der Wirklich Böse Mann nicht noch einen anderen Grund haben, einen, den *weder* sie noch Eddie sehen sollten? Könnte der Wirklich Böse Mann nicht gedacht haben: *Wenn sie sieht, daß dieser* hier *gute Patronen abfeuert, wird sie dann nicht denken, daß derjenige, den sie Eddie weggenommen hat, es auch tut?*

Aber angenommen, er hatte vorausgesehen, daß Eddie einschlafen würde? Würde er nicht wissen, daß sie genau darauf wartete, darauf wartete, bis sie den Revolver nehmen und langsam den Hang hinauf in Sicherheit kriechen konnte? Ja, dieser Wirklich Böse Mann konnte das alles vorhergesehen haben. Für einen Blassen war er schlau. Jedenfalls schlau genug zu sehen, daß Detta mit diesem kleinen weißen Jungen abrechnen wollte.

Daher hatte der Wirklich Böse Mann diesen Revolver möglicherweise absichtlich mit schlechten Patronen geladen. Er hatte sie einmal getäuscht; warum nicht noch einmal? Diesmal hatte sie sorgfältig nachgeprüft, ob die Trommel mit mehr als nur leeren Hülsen bestückt war, und ja, es *schienen* echte Patronen zu sein, was aber nicht bedeutete, daß sie es waren. Er mußte nicht einmal das Risiko eingegangen sein, daß *eine* trocken genug zum Feuern sein könnte, oder? Er konnte sie irgendwie präpariert haben. Schließlich waren Revolver das Geschäft des Wirklich Bösen Mannes. Und warum sollte er das tun? Nun, natürlich um sie dazu zu bringen, sich sehen zu lassen! Dann konnte Eddie sie mit dem Revolver, der *wirklich* funktionierte, in Schach halten, und er würde denselben Fehler nicht zweimal machen, müde oder nicht. Er würde sogar ganz besonders darauf achten, denselben Fehler nicht zweimal zu machen, eben *weil* er müde war.

Guter Versuch, Blasser, dachte Detta in ihrem schattigen Unterschlupf, diesem engen, aber irgendwie beruhigenden dunklen Ort, dessen Boden mit den verfallenden Gebeinen toter Tiere bedeckt war. *Guter Versuch, aber ich werd nich auffe Scheiße reinfalln.*

Sie mußte Eddie ja auch gar nicht erschießen; sie mußte nur warten.

3

Sie hatte Angst, der Revolvermann würde zurückkommen, bevor Eddie eingeschlafen war, aber er war immer noch fort. Der schlaffe Körper vor der Türschwelle regte sich nicht. Vielleicht hatte er Probleme, sich die Medizin zu beschaffen, die er brauchte – oder irgendwie Ärger. Männer wie er schienen Ärger so leicht zu finden wie eine läufige Hündin einen geilen Hund fand.

Zwei Stunden vergingen, während Eddie nach der Frau suchte, die er ›Odetta‹ nannte (wie sehr sie den Klang dieses Namens haßte); er ging die flachen Hügel auf und ab und schrie ihren Namen, bis er keine Stimme mehr hatte.

Schließlich machte Eddie das, worauf sie gewartet hatte: er ging zu dem schmalen Strandabschnitt hinunter, setzte sich neben den Rollstuhl und sah sich untröstlich um. Er berührte einen der Reifen des Stuhls, und die Berührung war beinahe eine Liebkosung. Dann ließ er die Hand sinken und seufzte tief.

Dieser Anblick zauberte stählerne Schmerzen in Dettas Kehle; Schmerzen schossen quer durch ihren Kopf wie Blitze eines Sommergewitters, und sie schien eine Stimme rufen zu hören... rufen oder fordern.

Nein, wirst du nicht, dachte sie, hatte aber keine Ahnung, an wen sie dachte oder zu wem sie sprach. *Wirst du nicht, diesmal nicht, nicht jetzt. Nicht jetzt, und vielleicht nie wieder.* Der Blitzschlag der Schmerzen zuckte wieder durch ihren Kopf, und sie ballte die Hände zu Fäusten. Ihr Gesicht verkrampfte sich ebenfalls, es verzerrte sich zu einer Fratze der Konzentration – ein Ausdruck, der in seiner Mischung von Häßlichkeit und beinahe übermenschlicher Entschlossenheit bemerkenswert und faszinierend war.

Der Blitzschlag der Schmerzen kam nicht wieder. Und auch die Stimme nicht, die manchmal durch diese Schmerzen zu sprechen schien.

Sie wartete.

Eddie legte das Kinn auf die Hände und stützte den Kopf. Wenig später sank er dennoch nach unten, und die Hände glitten an den Wangen hinauf. Detta wartete, ihre schwarzen Augen leuchteten.

Eddies Kopf schnellte hoch. Er mühte sich auf die Beine, schritt zum Meer hinunter und spritzte sich Wasser ins Gesicht.

So isses recht, weißer Junge. Jammahschade, dasses in dieser Welt hier kein' Hallowach nich' gibt, sonst würdste das auch nehm', isses nich' so?

Eddie setzte sich wieder, diesmal *in* den Rollstuhl, aber offenbar war ihm das ein wenig *zu* gemütlich. Nachdem er lange in die Tür gesehen hatte *(was siehst'n da drin, weißer Junge? Detta würd'n Zwan-*

ziger hergem, um das zu wissn), setzte er sich wieder runter in den Sand.

Stützte den Kopf wieder mit den Händen.

Bald sank der Kopf wieder nach unten.

Diesmal konnte er es nicht verhindern. Sein Kinn ruhte auf der Brust, und sie konnte ihn trotz der Brandung schnarchen hören. Wenig später kippte er auf die Seite und rollte sich zusammen.

Sie stellte überrascht, abgestoßen und ängstlich fest, daß sie plötzlich Mitleid mit dem weißen Jungen dort unten empfand. Er sah aus wie ein kleiner Racker, der an Silvester versuchte, bis zwölf Uhr wachzubleiben und das Rennen verloren hatte. Dann fiel ihr wieder ein, wie er und der Wirklich Böse Mann ihr vergiftetes Essen geben wollten und sie dabei immer mit ihrem eigenen gehänselt hatten ... das sie ihr im letzten Augenblick wegzogen, jedenfalls bis sie Angst gehabt hatten, sie könnte sterben.

Wenn sie Angst hatten, du könntest sterben, warum haben sie dir dann überhaupt Gift geben wollen?

Diese Frage machte ihr ebenso Angst wie das vorübergehende Gefühl des Mitleids. Sie war nicht daran gewöhnt, ihr Tun in Frage zu stellen, und darüber hinaus schien die fragende Stimme in ihren Gedanken überhaupt nicht ihre eigene zu sein.

Wolldn mich nich middm gift'en Essen abmurksn. Wollen mich nur krank machn. Wollten dasitzen 'nlachen, während ich kotze, nemmich an.

Sie wartete zwanzig Minuten, dann kroch sie zum Strand hinunter, zog sich mit ihren kräftigen Armen und Händen vorwärts, wand sich wie eine Schlange und ließ Eddie nie aus den Augen. Sie hätte es vorgezogen, noch eine Stunde zu warten, mindestens aber eine halbe. Aber das Warten war ein Luxus, den sie sich einfach nicht leisten konnte. Der Wirklich Böse Mann konnte jeden Augenblick zurückkommen.

Während sie sich der Stelle näherte, wo Eddie lag (er schnarchte immer noch; es hörte sich an wie eine Säge im Sägewerk kurz vor dem Durchdrehen), hob sie einen Stein auf, der auf der einen Seite hinreichend glatt und auf der anderen hinreichend kantig war.

Sie schloß die Handfläche über der glatten Seite und kroch weiter dorthin, wo er lag; in ihren Augen stand die nackte Mordlust.

Was Detta vorhatte, war schrecklich einfach: Sie wollte mit der kantigen Seite des Steins auf Eddie einschlagen, bis er so tot wie der Stein selbst war. Dann wollte sie den Revolver nehmen und darauf warten, daß Roland zurückkam.

Wenn sein Körper sich aufrichtete, würde sie ihm zwei Möglichkeiten lassen: Er konnte sie in ihre eigene Welt zurückbringen, oder er konnte sich weigern und sterben. *Wirst so 'or so mitmer feddich sein, Hübschah*, würde sie sagen, *und weil dein Bübchen tot is', kannste auch nix mehr machn, wasde 'sacht hast.*

Wenn die Pistole, die der Wirklich Böse Mann Eddie gegeben hatte, nicht funktionierte – das war möglich; sie hatte noch nie einen Mann kennengelernt, den sie so sehr haßte und fürchtete wie Roland, und sie hätte ihm einfach jede abgrundtiefe Verschlagenheit zugetraut –, würde sie ihn trotzdem allemachen. Sie würde ihn mit dem Stein oder den bloßen Händen allemachen. Er war krank und ihm fehlten zwei Finger. Sie konnte ihn packen.

Aber während sie sich Eddie näherte, kam ihr ein beunruhigender Gedanke. Es war wieder eine Frage, und es schien wieder eine andere Stimme zu sein, die sie stellte.

Was ist, wenn er es weiß? Was ist, wenn er in der Sekunde, in der du Eddie tötest, Bescheid weiß?

Garnix widda wissn. Is' zu beschäffticht, seine Medizin zu kriegn. 'n wahrscheinlich, sich wassum Fickn zu suchn, könnt ichmer vorstelln.

Die fremde Stimme antwortete nicht, aber die Saat des Zweifels war gesät. Sie hatte sie reden gehört, als sie glaubten, sie wäre eingeschlafen. Der Wirklich Böse Mann mußte etwas machen. Sie wußte nicht, was es war. Detta wußte nur, es hatte etwas mit einem Turm zu tun. Konnte sein, daß der Wirklich Böse Mann dachte, dieser Turm wäre voll mit Juwelen oder Gold oder so etwas. Er sagte, er brauchte sie und Eddie und einen dritten, um dorthin zu gelangen, und Detta schätzte, daß das auch so sein konnte. Warum wären die Türen sonst da?

Wenn es Zauberei war und sie Eddie umbrachte, *könnte* er es wissen. Wenn sie seinen Weg zum Turm tötete, tötete sie wahrscheinlich alles, wofür dieser blasse Wichsah lebte. Und wenn er wußte, daß er nichts mehr hatte, wofür er lebte, konnte der Wichsah alles tun, weil dem Wichsah dann ein Scheißdreck an allem liegen würde.

Die Vorstellung, was passieren konnte, wenn der Wirklich Böse Mann so zurückkam, ließ Detta erschauern.

Aber wenn sie Eddie nicht umbringen konnte, was sollte sie tun? Sie konnte die Pistole nehmen, während Eddie schlief, aber wenn der Wirklich Böse Mann zurückkam, würde sie mit beiden fertig werden?

Sie wußte es einfach nicht.

Ihr Blick fiel auf den Rollstuhl, wollte weiter wandern, schnellte wieder zurück. An der Rückseite der Lehne hing eine Tasche. Daraus ragte das Seil hervor, mit dem sie sie an den Stuhl gefesselt hatten.

Als sie das sah, wurde ihr plötzlich klar, wie sie alles machen konnte.

Detta änderte die Richtung und kroch auf den reglosen Körper des Revolvermanns zu. Sie wollte sich aus dem Rucksack, den er seine ›Tasche‹ nannte, alles holen, was sie brauchte, dann so schnell wie möglich das Seil nehmen... aber vorerst hielt die Tür sie starr im Bann.

Sie interpretierte das, was sie sah, genau wie Eddie in der Filmsprache... aber dies sah mehr wie ein Fernsehkrimi aus. Die Kulisse war eine Drogerie. Sie sah einen Drogisten, der vor Angst blöd geworden zu sein schien, und Detta machte ihm deshalb keinen Vorwurf. Eine Waffe deutete dem Drogisten direkt ins Gesicht. Der Drogist sagte etwas, aber seine Stimme war fern und verzerrt. Sie konnte nicht hören, was er sagte. Sie konnte auch nicht sehen, wer die Waffe hielt, aber sie brauchte den Strohmann auch gar nicht zu sehen, oder? Sie wußte, wer es war, klaro.

Es war der Wirklich Böse Mann.

Sieht da drüm vielleicht nich' wie er aus, sieht aus wie'n knubbeliger kleiner Sack Scheiße, vielleicht sogar wie'n Bruder, aber innen drin würd er's sein, klaro. Hatte nich' lange gebraucht, 'ne neue Knarre zu finnen, nich'? Wette, brauchter nie. Beweg dich, Detta Walker.

Sie machte Rolands Tasche auf, und der schwache, nostalgische Geruch von lange verwahrtem, aber längst verschwundenem Tabak drang heraus. In gewisser Weise war sie wie die Handtasche einer Dame, so sehr war sie auf den ersten Blick mit einem wahllosen

Durcheinander bestückt... aber genaueres Hinsehen zeigte die Reiseausrüstung eines Mannes, der auf praktisch alles vorbereitet ist.

Sie gewann den Eindruck, als wäre der Wirklich Böse Mann schon ziemlich lange zu diesem Turm unterwegs. Wenn das so war, dann war allein die Anzahl der Dinge, die noch vorhanden waren, so armselig sie sein mochten, Grund zum Staunen.

Beweg dich, Detta Walker.

Sie nahm sich, was sie brauchte, dann arbeitete sie sich stumm und schlangengleich zum Rollstuhl zurück. Dort angekommen, stützte sie sich auf einen Arm und zog das Seil aus der Tasche wie eine Anglerin, die die Schnur einholt. Ab und zu sah sie zu Eddie hinüber und vergewisserte sich, daß er noch fest schlief.

Er rührte sich nicht, bis Detta ihm eine Schlinge um den Hals warf und fest zuzog.

5

Er wurde nach hinten gezogen und dachte zuerst, er schliefe noch und dies wäre ein schrecklicher Alptraum, lebendig begraben oder möglicherweise erdrosselt zu werden.

Dann spürte er die Schmerzen der Schlinge, die sich in seinen Hals grub, spürte warmen Speichel sein Kinn hinuntertropfen, während er würgte. Das war kein Traum. Er griff nach dem Seil und versuchte aufzuspringen.

Sie zog mit ihren kräftigen Armen fest daran. Eddie fiel klatschend auf den Rücken. Sein Gesicht lief purpurn an.

»Hör damit auf!« zischte Detta hinter ihm, »Ich werdich nich' umbringen, wennde damit aufhörst, abba wennich, würg ich dich tot.«

Eddie senkte die Hände und versuchte, still zu liegen. Der rutschende Knoten, den ihm Odetta um den Hals gelegt hatte, lockerte sich so weit, daß er mühsam brennenden Atem holen konnte. Man konnte lediglich sagen, daß es etwas besser war, als überhaupt nicht zu atmen.

Als sich sein panischer Herzschlag etwas verlangsamt hatte, versuchte er sich umzusehen. Die Schlinge wurde sofort wieder straff gezogen.

»Lass es. Du wirstda einfach weiter's Meer betrachtn, Blaß-fleisch. Mehr willste momentan nich' sehn.«

Er sah wieder zum Meer, und der Knoten lockerte sich so weit, daß er wieder diese kläglichen brennenden Atemzüge machen konnte. Seine linke Hand tastete sich unauffällig zum Saum der Hose hinunter (aber sie sah die Bewegung, und sie grinste, auch wenn er das nicht sehen konnte?). Dort war nichts. Sie hatte die Pi-stole weggenommen.

Sie hat sich an dich angeschlichen, als du geschlaftn hast, Eddie. Das war natürlich die Stimme des Revolvermanns. *Jetzt hat es natürlich keinen Zweck mehr zu betonen, daß ich es dir gesagt habe, aber ... ich habe es dir gesagt. So weit bringt dich Romantik – zu einer Schlinge um den Hals und einer verrückten Frau mit zwei Pistolen irgendwo hinter dir.*

Aber wenn sie mich umbringen wollte, hätte sie es längst getan.

Und was wird sie deiner Meinung nach machen, Eddie? Dir einen be-zahlten Urlaub für zwei Personen in Disney World spendieren?

»Hör zu«, sagte er. »Odetta ...«

Er hatte das Wort kaum ausgesprochen, da wurde die Schlinge brutal zugezogen.

»Wirsse aufförn, mich sozu nenn'. Wenndste mich nochmal so nennst, wirste kein' mehr irgendwas sachn könn'. Mein Name ist *Detta Walker*, und wennde weiter Luft inne Lungen kriegen willst, du kleines Stück weiße Scheiße, solltste das nich' vergessn.«

Eddie gab erstickende, würgende Laute von sich und krallte an dem Seil. Große schwarze Flecken explodierten vor seinen Augen wie böse Blumen.

Schließlich wurde das würgende Band um seinen Hals wieder gelockert.

»Kapiert, Blassah?«

»Ja«, sagte er, aber es war nur ein heiseres Krächzen von einem Wort.

»Dann sachn. Mein' Namn.«

»Detta.«

»Sach mein' gansn Namn!« Gefährliche Hysterie hallte in ihrer Stimme mit, und in diesem Augenblick war Eddie froh, daß er sie nicht sehen konnte.

»Detta Walker.«

»Gut.« Die Schlinge wurde noch ein Stück mehr gelockert. »Und jetzt hörst du mir zu, Weißbrot, und zwar gut, wenn du bis Sonnenuntergang überleben willst. Du wirst nich' versuchen, gerissen zu sein, wiedes grad versucht hast, als ich gesehn hab', wiede nach-'ner Waffe greifen wolltest, was ich dir weggenommn hab', während du geschlafn hast. Wirste nich' machen, weil Detta die Gabe zu sehen hat. Sieht, wasde machn willst, bevordes machst. Klaro.

Wirst auch nich' versuchn, was Schlaues zu machn, weil ich keine Beine mehr hab'. Seit ichse verlorn hab, habbich 'ne Menge Sachn zugelernt, un nu habbich *beide* Revolver vonnem blassen Wichsah, und das will was heißn. Meinste nich' auch?«

»Ja«, krächzte Eddie. »Ich werde nichts Schlaues machen.«

»Nu, gut. Dassis *echt* gut.« Sie gackerte. »Ich warn emsiges Miststück, während du 'schlafn hast. Habma alles zurechtelecht. Nu sollste folchendes machn, Weißbrot: Streckste Hänne hinna dich bisse 'ne Schlinge finnest wiede eine ummen Hals hast. Insesamt sindse dreie. Hab'n bißchen geknüpft, während du 'schlafn hast, Schnarchsack!« Sie gackerte wieder. »Wennde die Schlinge gefunnen hast, wirste beide Hände zusammpressn 'n durchsteckn.

Dann wirste spüren, wie meine Hände'n Rutschknoten festzurrn, und wenne das spürst, wirste denken, dassis meine Chance, mich rumzudrehn unner Niggerhure zu zeign. Sofort, so lange se kein festen Halt umme andere Schlinge nich' hat. Aber...« Hier wurde Dettas Stimme gedämpft, ebenso wie die Karikatur der Südstaatenstimme einer Schwarzen. »...solltes dich beesah rumdrehn, bevorde was Unüberlechtes machst.«

Eddie gehorchte. Detta sah mehr denn je wie eine Hexe aus, ein schmutziges, zerzaustes Ding, das tapfereren Leuten als ihm Angst gemacht haben würde. Das Kleid, das sie in Macy's angehabt hatte, als der Revolvermann sie herüberholte, war schmutzig und zerrissen. Sie hatte das Messer aus der Tasche des Revolvermanns – mit dem Roland und er das Klebeband durchgeschnitten hatten – genommen und ihr Kleid an zwei Stellen aufgeschnitten, um direkt über der Rundung ihrer Hüften behelfsmäßige Halfter zu machen. Aus ihnen ragten die abgegriffenen Griffe der Pistolen des Revolvermanns hervor.

Ihre Stimme war gedämpft, weil sie das Ende des Seils zwischen den Zähnen hatte. Aus einer Seite ihres Grinsens ragte ein frisch abgeschnittenes Ende hervor; der Rest des Seils, der zu der Schlinge um seinen Hals führte, kam auf der anderen Seite heraus. Dieses Bild hatte etwas so Raubtierhaftes und Barbarisches an sich – das zwischen dem Grinsen festgeklemmte Seil –, daß er erstarrte und sie mit einem Entsetzen ansah, das ihr Grinsen nur noch breiter machte.

»Wenne was versuchst, währen ich 'ne Hänne binne, Blassah«, sagte sie mit ihrer gedämpften Stimme, »zii ech der mitten Zähnen 'n Halssu, Weißbrot. Un dann werrich nichmäh loslassn. Hasse kapiert?«

Er wußte nicht, ob er sprechen konnte. Daher nickte er nur.

»Gut. Vielleicht wirste doch noch'ne Weile länger lernn.«

»Wenn nicht«, krächzte Eddie, »wirst du nie wieder das Vergnügen haben, in Macy's zu klauen, Detta. Weil er es wissen wird, und dann ist das Spiel für alle aus.«

»Sei still«, sagte Detta... krähte beinahe. »Sei eiffach still. Lasses Denken'n Leuten, die wasses können. *Du* mußt nur nacher Schlinge tastn.«

6

Hab'n bißchen geknüpft, währendde 'schlafn hast, hatte sie gesagt, und Eddie stellte voll Schrecken und wachsendem Entsetzen fest, daß sie buchstäblich gemeint hatte, was sie sagte. Das Seil war zu drei rutschenden Knoten geworden. Den ersten hatte sie ihm im Schlaf um den Hals gelegt. Der zweite fesselte seine Hände hinter dem Rücken. Dann stieß sie ihn auf die Seite und sagte ihm, er solle die Füße hochstrecken, bis die Fersen den Arsch berührten. Er sah, wohin das führen würde, und wehrte sich. Sie holte einen von Rolands Revolvern aus einem Schlitz in ihrem Kleid, spannte den Hahn und drückte die Mündung an Eddies Schläfe.

»Du kannstes machen oder ich werd's machen, Blaßfleisch«, sagte sie mit dieser krähenden Stimme. »Aber wenn ich's mache, wirste tot sein. Ich kick einfach'n bißchen Sand übers Jehirn, was aufer annern Seite von deinem Kopf rausläuft, und deckes Loch mit Haarn zu. Er wird denken, daßde schläfst.« Sie gackerte wieder.

Eddie zog die Füße hoch, und sie legte rasch die dritte Schlinge um seine Knöchel.

»So. Sauber zusammnebunnen wie'n Kalb beim Roh-deh-oh!«

Diese Beschreibung war so gut wie jede andere, dachte Eddie. Wenn er versuchte, die Füße aus der Stellung, die bereits recht ungemütlich wurde, nach unten zu bringen, würde er den Knoten, der seine Knöchel band, noch fester zuziehen. Das wiederum würde das Seil zwischen den Knöcheln und Handgelenken straffziehen und damit *diesen* Knoten fester machen, und das Seil zwischen den Handgelenken und der Schlinge um seinen Hals, und...

Sie zog ihn, zog ihn irgendwie zum Strand hinunter.

»He! Was...«

Er versuchte, sich zu widersetzen und spürte, wie sich alles fester zusammenzog – einschließlich seiner Luftröhre. Er machte sich so schlaff wie möglich (und laß die Füße oben, Arschloch, vergiß das nicht, denn wenn du die Füße weit genug runterdrückst, erwürgst du dich) und ließ sich von ihr über den rauhen Boden ziehen. Ein spitzer Stein schälte ihm die Haut von der Wange, und er spürte warmes Blut fließen. Sie keuchte heftig. Das Geräusch der Wellen und der Brandung, die in den Felstunnel toste, war lauter.

Mich ertränken? Helliger Himmel, hat sie das mit mir vor?

Nein, natürlich nicht. Er glaubte zu wissen, was sie vorhatte, noch ehe sein Gesicht durch den Schlick und Tang glitt, der die Flutlinie markierte, tote, nach Salz riechende Substanzen, die so kalt wie die Finger ertrunkener Seeleute waren.

Er erinnerte sich, wie Henry einmal gesagt hatte: *Manchmal erschossen sie einen unserer Jungs. Ich meine, einen Amerikaner – sie wußten, ein anderer würde nichts nützen, weil wegen einem Vietnamesen keiner von uns in den Busch gegangen wäre. Es sei denn, es wäre ein Frischling direkt aus den Staaten gewesen. Sie haben ihm den Bauch aufgeschlitzt und schreiend liegengelassen, und dann haben sie alle fertig gemacht, die ihm helfen wollten. Das haben sie gemacht, bis der Bursche gestorben ist. Weißt du, wie sie so einen Burschen genannt haben, Eddie?*

Eddie hatte den Kopf geschüttelt und gefroren, als er es sich vorgestellt hatte.

Sie haben ihn Honigtopf genannt, hatte Henry gesagt. *Etwas Süßes. Etwas, das Fliegen anzog. Oder vielleicht sogar einen Bären.*

Das machte Detta jetzt mit ihm: Sie benützte ihn als Honigtopf.

Sie ließ ihn sieben Schritte unterhalb der Flutlinie liegen, ließ ihn ohne ein Wort da liegen, ließ ihn dem Meer zugewandt liegen. Der Revolvermann sollte nicht die Flut sehen, die hereinkam und ihn ertränkte, denn es war Ebbe, und die Flut würde erst in etwa sechs Stunden wiederkommen. Aber lange vorher...

Eddie drehte die Augen ein wenig nach oben und sah die Sonne, die eine breite goldene Spur über das Meer zog. Wie spät war es? Vier Uhr? Ungefähr. Die Sonne würde gegen sieben untergehen.

Es würde, lange bevor er sich wegen der Flut Gedanken machen mußte, dunkel sein.

Und wenn die Dunkelheit kam, würden die Monsterhummer aus den Wellen gekrochen kommen; sie würden Fragen stellend am Strand zu der Stelle heraufkriechen, wo er hilflos gefesselt lag, und dann würden sie ihn in Stücke reißen.

7

Für Eddie Dean dehnte sich dieser Zeitraum unendlich aus. Die Vorstellung der Zeit selbst wurde zum Witz. Sogar seine Angst davor, was mit ihm geschehen würde, sollte es dunkel werden, verblaßte allmählich, als seine Beine anfingen, mit einem Unbehagen zu pulsieren, das sich die Gefühlsskala hinaufarbeitete bis zu Schmerzen und schließlich zu kreischender Qual. Er entspannte die Muskeln, sämtliche Knoten wurden straffgezogen, und wenn er kurz vor dem Ersticken war, gelang es ihm irgendwie wieder, die Knöchel hochzuziehen, den Druck zu beseitigen und wieder etwas zu atmen. Er war nicht mehr sicher, ob er überhaupt bis Einbruch der Dunkelheit durchhalten würde. Es konnte der Zeitpunkt kommen, da es ihm schlichtweg unmöglich sein würde, die Beine wieder hochzuziehen.

Drittes Kapitel

Roland nimmt seine Medizin

1

Jetzt wußte Jack Mort, daß der Revolvermann da war. Wäre er ein anderer gewesen – zum Beispiel ein Eddie Dean oder eine Odetta Walker –, hätte Roland sich mit dem Mann unterhalten, und wäre es nur gewesen, um seine verständliche Panik und Verwirrung darüber zu beruhigen, daß er sich plötzlich grob auf den Beifahrersitz des Körpers gedrängt sah, den sein Gehirn sein ganzes Leben lang betrieben hatte.

Aber weil Mort ein Monster war – schlimmer als Detta Walker jemals gewesen war oder sein konnte –, unternahm er keine Anstrengung zu sprechen oder etwas zu erklären. Er konnte das Toben des Mannes hören – *Wer bist du? Was geschieht mit mir?* –, achtete aber nicht darauf. Der Revolvermann konzentrierte sich auf die kurze Liste dessen, was notwendig war, wobei er den Verstand des Mannes ohne Gewissensbisse benützte. Das Toben wurde zu Entsetzensschreien. Auch darauf achtete der Revolvermann nicht.

Er konnte es nur auf eine Weise in der Schlangengrube des Verstandes dieses Mannes aushalten, indem er ihn lediglich als eine Mischung aus Atlas und Enzyklopädie betrachtete. Mort besaß sämtliche Informationen, die Roland brauchte. Der Plan, den er machte, war grob, aber ein grober Plan war häufig besser als ein ausgefeilter. Wenn es ums Planen ging, gab es keine zwei verschiedeneren Geschöpfe im Universum als Roland und Jack Mort.

Wenn man nur in groben Zügen plante, ließ man Freiraum für Improvisationen. Und kurzfristiges Improvisieren war schon immer Rolands Stärke gewesen.

Ein dicker Mann mit Gläsern vor den Augen, genau wie der kahle Mann, der vor fünf Minuten den Kopf in Morts Büro gesteckt hatte (es schien, als würden in Eddies Welt viele solche Gläser tragen, die seine Mortzyklopädie als ›Brillen‹ identifizierte), betrat mit ihm den Fahrstuhl. Er betrachtete die Aktentasche in der Hand des Mannes, den er für Jack Mort hielt, dann Mort selbst.

»Unterwegs zu Dorfman, Jack?«

Der Revolvermann sagte nichts.

»Wenn du glaubst, du kannst ihm das Subleasing ausreden, dann sage ich dir, das ist reine Zeitverschwendung«, sagte der dicke Mann, dann blinzelte er, als sein Kollege hastig einen Schritt zurücktrat. Die Türen der kleinen Kabine hatten sich geschlossen, und plötzlich fielen sie.

Er kramte, ohne auf die Schreie zu achten, in Morts Verstand und stellte fest, daß alles in Ordnung war. Der Absturz war kontrolliert.

»Tut mir leid, wenn ich was Falsches gesagt habe«, sagte der dicke Mann. Der Revolvermann dachte: *Auch dieser hat Angst.* »Sie sind besser als jeder andere in der Firma mit dem Dickkopf zurechtgekommen, das ist meine Meinung.«

Der Revolvermann sagte nichts. Er wartete nur darauf, daß er den abstürzenden Sarg verlassen konnte.

»Das sage ich auch jedem«, fuhr der dicke Mann eifrig fort. »Erst gestern war ich beim Essen bei...«

Jack Mort drehte den Kopf, und hinter der Nickelbrille sahen Augen, die irgendwie heller blau wirkten, als die von Jack es jemals gewesen waren, den dicken Mann an. »Seien Sie still«, sagte der Revolvermann tonlos.

Alle Farbe wich aus dem Gesicht des dicken Mannes, und er trat erschrocken zwei Schritte zurück. Seine wabbligen Gesäßbacken klatschten gegen das Holzimitat an der Wand des kleinen fallenden Sarges, der plötzlich anhielt. Die Türen gingen auf, und der Revolvermann, der Jack Morts Körper wie eng sitzende Kleidung trug, trat hinaus, ohne sich umzusehen. Der dicke Mann hielt den Finger auf dem TÜR ÖFFNEN-Knopf und wartete im Inneren, bis Jack Mort nicht mehr zu sehen war. *Hatte schon immer eine Schraube locker*, dachte der dicke Mann, *aber dies könnte ernst sein. Dies könnte ein Zusammenbruch sein.*

Der dicke Mann fand die Vorstellung, daß Jack Mort irgendwo sicher in einem Sanatorium eingesperrt sein könnte, sehr beruhigend.

Den Revolvermann hätte das nicht überrascht.

3

Irgendwo zwischen dem hallenden Saal, den seine Mortzyklopädie als *Lobby* identifizierte, ein Ort des Ein- und Ausgehens von und zu den Büros, die sich in diesem Wolkenkratzer befanden, und dem hellen Sonnenschein der Straße (seine Mortzyklopädie identifizierte diese Straße als 6th Avenue oder *Avenue of the Americans*) hörte das Schreien von Rolands Wirtskörper auf. Mort war nicht aus Angst gestorben; Roland spürte mit sicherem Instinkt, sollte der Gastkörper sterben, würden ihrer beide *Kas* für alle Zeiten in die Leere der Möglichkeiten hinausgestoßen werden, die jenseits aller stofflichen Welten lag. Er war nicht tot, er war ohnmächtig geworden. Ohnmächtig aufgrund einer Überdosis Schrecken und Seltsamkeiten, wie es Roland selbst ergangen war, als er in den Verstand des Mannes eingedrungen war und seine Geheimnisse und verknüpften Schicksale erfahren hatte, die so groß waren, daß sie kein Zufall mehr sein konnten.

Er war froh, daß Mort bewußtlos geworden war. Solange die Bewußtlosigkeit des Mannes Rolands Zugriff zum Wissen und den Erinnerungen des Mannes nicht beeinträchtigte – was nicht der Fall war –, war er froh, ihn aus dem Weg zu haben.

Die gelben Autos waren öffentliche Transportmittel, die *Tack-Siehs* oder *Tcksen* genannt wurden. Die Leute, die sie fuhren, informierte die Mortzyklopädie ihn, gehörten zum Stamm der *Cabbies* oder dem der *Schofföhren*. Um eines dieser *Tack-Siehs* anzuhalten, hielt man die Hand hoch wie ein Schüler im Unterricht.

Das machte Roland, und nachdem mehrere *Tack-Siehs* vorbeigefahren waren, die abgesehen von ihren Fahrern offensichtlich leer waren, sah er, daß diese Schilder mit der Aufschrift *Nicht im Dienst* ausgeklappt hatten. Da es sich um Großbuchstaben handelte, brauchte der Revolvermann die Hilfe von Mort nicht. Er wartete, dann hob er wieder die Hand. Diesmal hielt das *Tack-Sieh* an. Der Revolvermann nahm auf dem Rücksitz Platz. Er roch alten Rauch, alten Schweiß, altes Parfüm. Es roch wie eine Kutsche in seiner eigenen Welt.

»Wohin, mein Freund?« fragte der Fahrer – Roland hatte keine Ahnung, ob er zum Stamm der *Cabbies* oder *Schofföhren* gehörte, und er hatte auch nicht die Absicht, ihn danach zu fragen. Es könnte in dieser Welt unhöflich sein.

»Ich bin nicht sicher«, sagte Roland.

»Dies ist keine Selbsterfahrungsgruppe, mein Freund. Zeit ist Geld.«

Sag ihm, er soll den Wimpel runterklappen trug ihm die Mortzyklopädie auf.

»Klappen Sie die Flagge runter«, sagte Roland.

»Kostet nix als Zeit«, antwortete der Fahrer.

Sag ihm, du gibst ihm fünf Piepen Trinkgeld, riet die Mortzyklopädie.

»Ich gebe Ihnen fünf Piepen Trinkgeld«, sagte Roland.

»Laß sehen«, antwortete der Fahrer. »Der Spatz in der Hand...«

Frag ihn, ob er das Geld haben oder sich ins Knie ficken will, riet die Mortzyklopädie auf der Stelle.

»Wollen Sie das Geld oder wollen Sie sich ins Knie ficken?« fragte Roland mit kalter, toter Stimme.

Die Augen des Fahrers sahen nur einen Augenblick aufgebracht in den Rückspiegel, dann sagte er nichts mehr.

Roland studierte Jack Morts aufgehäuftes Wissen ein wenig genauer. Während der fünfzehn Sekunden, die sein Fahrgast einfach nur mit gesenktem Kopf dasaß, die linke Hand an die Stirn gepreßt, als hätte er Excedrin-Kopfschmerzen, sah der Taxifahrer noch einmal auf. Der Fahrer hatte gerade beschlossen, ihm zu sagen, er solle aussteigen, sonst würde er einen Polizisten rufen, als der Fahrgast aufsah und freundlich sagte: »Bitte bringen Sie mich zur Ecke Seventh Avenue und 49. Straße. Ich zahle Ihnen für diese Reise zehn Dollar mehr als den Betrag auf dem Taxameter, einerlei, zu welchem Stamm Sie gehören.«

Ein Irrer, dachte der Fahrer (ein WASP aus Vermont, der versuchte, den Durchbruch im Showbiz zu schaffen), *aber möglicher-*

weise ein reicher Irrer. Er legte den Gang ein. »Sind schon so gut wie da, Kumpel«, sagte er, während er sich in den Verkehr einfädelte, und im Geiste fügte er hinzu: *Je früher desto besser.*

4

Improvisieren. Das war das Wort.

Der Revolvermann sah das blauweiße Auto am anderen Ende des Blocks parken und las *Polizei* als *Polisse,* ohne Morts Wissen anzuzapfen. Drinnen saßen zwei Revolvermänner, die etwas – wahrscheinlich Kaffee – aus weißen Papiergläsern tranken. Revolvermänner, ja – aber sie sahen dick und lasch aus.

Der Revolvermann griff in Jack Morts Börse (aber sie war viel zu klein für eine *echte* Börse; eine *echte* Börse war fast so groß wie eine Tasche und konnte alle Habseligkeiten eines Mannes aufnehmen, wenn er nicht mit zu schwerem Gepäck reiste) und gab dem Fahrer einen Schein mit der Zahl zwanzig darauf. Der Cabbie fuhr rasch davon. Es war locker das beste Trinkgeld, das er heute bekommen hatte, aber der Fahrgast war so unheimlich gewesen, daß er der Meinung war, er hatte jeden Cent davon verdient.

Der Revolvermann studierte das Schild über dem Laden. CLEMENTS SCHUSSWAFFEN UND SPORTAUSRÜSTUNG, stand darauf. MUNITION, ANGELZEUG, OFFIZIELLE URKUNDEN.

Er verstand nicht alle Worte, aber er mußte nur einen Blick ins Schaufenster werfen, um festzustellen, daß Mort ihn zum richtigen Geschäft gebracht hatte. Da waren Armbänder ausgestellt, Rangabzeichen... und Waffen. Größtenteils Gewehre, aber auch Pistolen. Sie waren angekettet, aber das machte nichts.

Er würde wissen, was er brauchte, wenn – *falls* – er es sah.

Roland konsultierte Jack Morts Verstand – der gerade listig genug für seine Zwecke war – länger als eine Minute.

Einer der Polizisten in dem Streifenwagen stieß den anderen an. »Das«, sagte er, »nenne ich einen wirklich preisvergleichenden Kunden.«

Sein Partner lachte. »O *Gott*«, sagte er mit femininer Stimme, als der Mann im Anzug und mit Nickelbrille das Studium der Ware im Schaufenster beendete und hineinging. »Ich glaube, er hat fich gerade für die Handfellen mit Lavendelgefmack entfieden.«

Der erste Polizist verschluckte sich an dem lauwarmen Kaffee und spie ihn unter Lachsalven in den Plastikbecher zurück.

Ein Verkäufer kam fast auf der Stelle herüber und fragte, ob er ihm helfen könnte.

»Ich habe mich gefragt«, antwortete der Mann im konservativen blauen Anzug, »ob Sie ein Papier...« Er machte eine Pause, schien intensiv nachzudenken und sah dann wieder auf. »Ich meine, eine *Karte* haben, auf der Bilder von Revolvermunition zu sehen sind.«

»Sie meinen eine Kalibertabelle?« fragte der Verkäufer.

Der Kunde machte eine Pause, dann sagte er: »Ja. Mein Bruder hat einen Revolver. Ich habe damit geschossen, aber das ist schon ein paar Jahre her. Ich glaube, ich kenne die Patronen, wenn ich sie sehe.«

»Nun, das glauben Sie vielleicht«, antwortete der Verkäufer, »aber es wird schwer zu sagen sein. Was ist es, ein 22er? Ein 38er? Oder vielleicht...«

»Wenn Sie eine Karte haben, werde ich es wissen«, sagte Roland.

»Einen Augenblick.« Der Verkäufer sah den Mann im blauen Anzug einen Moment zweifelnd an, dann zuckte er die Achseln.

Scheiße, der Kunde hatte immer recht, auch wenn er nicht recht hatte... das heißt, wenn er die Knete zum Bezahlen hatte. Geld zählte. »Ich habe eine *Schützenbibel*. Vielleicht sollten Sie da mal reinschauen.«

»Ja.« Er lächelte. *Schützenbibel* war ein nobler Titel für ein Buch.

Der Mann kramte unter dem Ladentisch und brachte einen abgegriffenen Band zum Vorschein, das dickste Buch, das der Revolvermann je gesehen hatte – und dennoch ging dieser Mann damit um, als wäre es nicht wertvoller als eine Handvoll Steine.

Er schlug es auf dem Ladentisch auf und drehte es um. »Sehen Sie es sich an. Aber wenn es Jahre her ist, schießen Sie im Dunkeln.« Er sah überrascht drein, dann lächelte er. »Bitte das Wortspiel zu entschuldigen.«

Roland hörte ihn nicht. Er war über das Buch gebeugt und studierte Bilder, die beinahe so echt wirkten wie das, was sie darstellten, erstaunliche Bilder, die die Mortzyklopädie als *Fottergrafien* identifizierte.

Er blätterte langsam die Seiten um. Nein... nein... nein... Er hatte schon fast die Hoffnung aufgegeben, als er sie sah. Er sah mit so strahlender Aufregung zu dem Verkäufer auf, daß dem Verkäufer ein wenig unbehaglich zumute wurde.

»Da!« sagte er. »Da! *Genau hier!*«

Das Foto, auf das er deutete, war das einer 45er Winchester-Pistolenpatrone. Sie war nicht exakt wie seine eigenen Patronen, weil sie nicht handgegossen oder handgeladen war, aber er konnte, auch ohne die Zahlen zu lesen (die ihm sowieso nichts gesagt hätten), sehen, daß er seine Revolver damit laden und schießen konnte.

»Ja, schon gut, ich schätze, Sie haben sie gefunden, das ist noch lange kein Grund, einen Abgang in die Hose zu haben, Kumpel. Ich meine, es sind doch nur *Patronen*.«

»Haben Sie sie?«

»Klar. Wieviel Schachteln wollen Sie denn?«

»Wie viele sind denn in einer Schachtel?«

»Fünfzig.« Der Verkäufer sah den Revolvermann voll Argwohn an. Wenn der Bursche vorhatte, Patronen zu kaufen, mußte er wissen, daß er einen Waffenschein und einen Ausweis vorzeigen mußte. Kein Waffenschein, keine Munition, nicht bei Handfeuerwaffen; so lautete das Gesetz in Manhattan. Und wenn dieser Tölpel einen Waffenschein hatte, wie kam es dann, daß er nicht wußte, wieviel Patronen sich in einer Normschachtel Muni befanden?

»Fünfzig!« Jetzt sah ihn der Mann mit vor Überraschung offenem Mund an. Er war tatsächlich völlig aus dem Häuschen.

Der Verkäufer ging ein wenig näher an die Registrierkasse... und, kein Zufall, etwas näher zu seiner eigenen Waffe, einer 57er Mag, die er geladen in einem Federhalfter unter dem Ladentisch aufbewahrte.

»*Fünfzig!*« wiederholte der Revolvermann. Er hatte mit fünf gerechnet, zehn, bestenfalls einem Dutzend, aber das... das...

Wieviel Geld hast du? fragte er die Mortzyklopädie. Die Mortzyklopädie wußte es nicht genau, schätzte aber, daß noch mindestens sechzig Piepen in der Börse sein mußten.

»Und wieviel kostet eine Schachtel?« Er vermutete, daß es mehr als sechzig Dollar sein würden, aber er konnte den Mann vielleicht dazu bringen, ihm den *Teil* einer Schachtel zu verkaufen, oder...

»Siebzehn fünfzig«, sagte der Verkäufer. »Aber, Mister...

Jack Mort war Buchhalter, und diesmal gab es keine Wartezeit; Übersetzung und Antwort erfolgten gleichzeitig.

»Drei«, sagte der Revolvermann. »Drei Schachteln.« Er klopfte mit einem Finger auf die *Fottergrafie* der Patronen. Hundertfünfzig Schuß! Ihr Götter! Was für ein verrücktes Lagerhaus von Schätzen diese Welt war!

Der Verkäufer bewegte sich nicht.

»So viele haben Sie nicht«, sagte der Revolvermann. Er war eigentlich nicht überrascht. Es wäre zu schön gewesen, um wahr zu sein. Ein Traum.

»Oh, ich habe 45er Winchester, ich habe 45er Winchester bis zum Erbrechen.« Der Verkäufer ging einen weiteren Schritt nach links, einen Schritt näher zur Registrierkasse und der Pistole. Wenn der Bursche ein Verrückter war, was der Verkäufer seiner Meinung nach jeden Augenblick herausfinden würde, würde er bald ein Verrückter mit einem ziemlich großen Loch im Bauch sein. »Ich habe 45er Munition bis über beide Ohren. Aber ich wüßte gerne, Mister, ob Sie einen Schein haben.«

»Schein?«

»Einen Waffenschein für Handfeuerwaffen, mit Foto. Ich kann Ihnen Munition für Handfeuerwaffen nur dann verkaufen, wenn Sie mir den zeigen. Wenn Sie Handfeuerwaffenmunition ohne Schein kaufen wollen, müssen Sie rauf nach Westchester.«

Der Revolvermann sah den Mann verständnislos an. Das war nur Geschwätz für ihn. Er begriff nichts davon. Seine Mortzyklopädie hatte eine ungefähre Vorstellung davon, was der Mann meinte, aber Morts Gedanken waren so vage, daß er ihnen in diesem Fall nicht trauen konnte. Mort hatte in seinem ganzen Leben keine Schußwaffe besessen. Er machte seine schmutzige Arbeit auf andere Weise.

Der Mann trat einen weiteren Schritt nach links, ohne den Blick vom Gesicht des Kunden abzuwenden, und der Revolvermann dachte: *Er hat eine Pistole. Er rechnet damit, daß ich Ärger mache... oder vielleicht* will *er, daß ich Ärger mache. Will eine Entschuldigung, mich zu erschießen.*

Improvisieren.

Er erinnerte sich an die Revolvermänner, die in ihrer weißblauen Kutsche unten an der Straße saßen. Revolvermänner, ja, Friedensbringer, Männer, die die Aufgabe hatten zu verhindern, daß die Welt sich weiterdrehte. Aber diese hatten – wenigstens auf den ersten Blick – ebenso weich und unaufmerksam wie alle anderen in dieser Welt der Lotosesser ausgesehen; nur zwei Männer mit Uniformen und Mützen, die sich auf den Sitzen ihrer Kutsche fläzten und Kaffee tranken. Aber er konnte sich täuschen. Und hoffte für sie alle, daß er es nicht tat.

»Oh! Ich verstehe«, sagte der Revolvermann und zauberte ein entschuldigendes Lächeln auf Jack Morts Gesicht. »Tut mir leid. Ich schätze, ich habe nicht darauf geachtet, wie sehr die Welt sich weitergedreht – verändert – hat, seit ich zuletzt eine Waffe besessen habe.«

»Nichts passiert«, sagte der Verkäufer und entspannte sich etwas. Vielleicht war der Bursche doch in Ordnung. Oder er zog eine Schau ab.

»Ob ich wohl dieses Putzzeug ansehen könnte?« Roland deutete auf ein Regal hinter dem Verkäufer.

»Sicher.« Der Verkäufer drehte sich herum, um es zu holen, und während er das tat, nahm der Revolvermann die Börse aus der Innentasche von Morts Jackett. Das machte er mit der atemlosen Geschwindigkeit eines schnellen Ziehens. Der Verkäufer hatte ihm weniger als vier Sekunden den Rücken zugedreht, aber als er sich wieder zu Mort umdrehte, lag die Brieftasche auf dem Boden.

»Eine Schönheit«, sagte der Verkäufer lächelnd, da er zu der Überzeugung gekommen war, der Bursche war doch in Ordnung.

Verdammt, er wußte, wie beschissen man sich fühlte, wenn man sich selbst zum Arsch gemacht hatte. Das war ihm bei der Marine oft genug passiert. »Und Sie brauchen auch keinen Schein, um das Reinigungsset zu kaufen. Ist Freiheit nicht etwas Herrliches?«

»Ja«, sagte der Revolvermann ernst und tat so, als würde er das Reinigungsset genau betrachten, obwohl er mit einem Blick gesehen hatte, daß es ein schäbiges Ding in einer schäbigen Kiste war. Während er es betrachtete, schob er Morts Brieftasche sorgfältig mit dem Fuß unter den Ladentisch.

Nach einem Augenblick schob er es mit einem passablen Ausdruck des Bedauerns zurück. »Tut mir leid, ich fürchte, ich muß passen.«

»Schon gut«, sagte der Verkäufer und verlor unvermittelt das Interesse. Da der Bursche nicht verrückt war und offensichtlich nur ein Anseher, kein Käufer, war ihre Beziehung am Ende. »Sonst noch was?« fragte sein Mund, während seine Augen den Mann im blauen Anzug aufforderten, den Laden zu verlassen.

»Nein, danke.« Der Revolvermann ging hinaus, ohne sich noch einmal umzudrehen. Morts Börse lag unter dem Ladentisch. Roland hatte seinen eigenen Honigtopf aufgestellt.

7

Die Beamten Carl Delevan und George O'Mearah hatten ihren Kaffee getrunken und wollten gerade weiterfahren, als der Mann im blauen Anzug aus Clements' – das beide Männer für ein Pulverhorn hielten (für einen gesetzlich genehmigten Waffenladen, der manchmal Waffen an unabhängige Kunden mit beglaubigten Papieren verkauft und manchmal Geschäfte mit der Mafia macht) – herauskam und sich dem Streifenwagen näherte.

Er beugte sich herunter und sah durch das Beifahrerfenster zu O'Mearah herein. O'Mearah erwartete, daß der Bursche sich wie ein Süßer anhören würde – wahrscheinlich so süß wie sein Witz über die mit Lavendel parfümierten Handschellen, aber trotzdem eine Schwuchtel. Abgesehen von Waffen betrieb Clements' einen lebhaften Handel mit Handschellen. Das war in Manhattan erlaubt,

574

und die meisten Leute, die sie kauften, waren keine Amateur-Houdinis. Der Polizei gefiel es nicht, aber wann hatte die Meinung der Polizei zu einem bestimmten Thema *jemals* etwas geändert? Die Käufer waren Homosexuelle mit einer Neigung zu S & M. Aber der Mann hörte sich überhaupt nicht wie eine Tunte an. Seine Stimme war nüchtern und ausdruckslos, höflich, aber irgendwie tot.

»Der Verkäufer da drinnen hat meine Brieftasche gestohlen«, sagte er.

»*Wer?*« O'Mearah richtete sich rasch auf. Es juckte sie schon seit eineinhalb Jahren, Justin Clements hochgehen zu lassen. Wenn ihnen das gelang, konnten sie beide möglicherweise diese Blaumänner endlich gegen Detective-Marken eintauschen. Wahrscheinlich nur ein Wunschtraum – es war zu schön, um wahr zu sein –, aber dennoch...

»Der Händler. Der...« Eine kurze Pause. »Der Verkäufer.«

O'Mearah und Carl Delevan sahen einander an.

»Schwarzes Haar?« fragte Delevan. »Untersetzt?«

Wieder eine kurze Pause. »Ja. Seine Augen waren braun. Kleine Narbe unter einem.«

Dieser Bursche hatte etwas an sich... O'Mearah konnte es momentan nicht greifen, aber später fiel es ihm wieder ein, als er nicht mehr über so vieles nachdenken mußte, zuerst natürlich darüber, daß die goldene Detective-Marke nicht so wichtig war als sich herausstellte, daß es ein hochkarätiges Wunder sein würde, wenn sie nur die Jobs behalten konnten, die sie hatten.

Doch Jahre später erfolgte ein kurzer Augenblick der Rückbesinnung, als O'Mearah mit seinen beiden Söhnen ins Museum of Science in Boston ging. Dort hatten sie eine Maschine – einen Computer –, die Tic-Tac-Toe spielte, und wenn man sein Kreuz nicht gleich beim ersten Zug ins mittlere Kästchen machte, verpaßte sie einem jedesmal eine Abreibung. Sie machte immer eine Pause, während sie in ihren Speichern alle Möglichkeiten durchspielte. Er und seine Jungs waren fasziniert gewesen. Aber sie hatte auch etwas Unheimliches... und da fiel ihm der Mann im blauen Anzug wieder ein. Er fiel ihm ein, weil der dieselbe verdammte Angewohnheit gehabt hatte. Mit ihm zu sprechen war gewesen, als hätte man mit einem Roboter gesprochen. Delevan dachte nichts dergleichen, aber als er neun Jahre später mit seinem eigenen Sohn ins

Kino ging (der gerade achtzehn war und sich aufs College vorberei-
tete), sprang Delevan unvermittelt von seinem Sitz auf, als der
Hauptfilm gerade dreißig Minuten lief, und schrie: »*Das ist er! Das
ist ER! Das ist der Bursche in dem verdammten blauen Anzug! Der Bursche, der bei Cle*...«

Jemand würde *Ruhe da unten!* brüllen, hätte sich die Mühe aber
sparen können; Delevan, der siebzig Pfund Übergewicht hatte und
Kettenraucher war, wurde von einem tödlichen Herzschlag ereilt,
noch ehe der Mann das zweite Wort ausgesprochen hatte. Der
Mann, der an diesem Tag zu ihrem blauweißen Streifenwagen gekommen war und ihnen von seiner gestohlenen Brieftasche erzählt
hatte, sah nicht genauso aus wie der Star des Films, aber er hatte die
Worte ebenso tonlos ausgesprochen; und die irgendwie rastlose
und doch anmutige Art, sich zu bewegen, war auch dieselbe gewesen.

Der Film war natürlich *Terminator* gewesen.

8

Die Polizisten wechselten einen Blick. Der Mann, von dem der Bursche im blauen Anzug sprach, war nicht Clements, aber fast ebenso
gut: ›Fat Johnny‹ Holden, Clements' Schwager. Aber etwas so unglaublich Bescheuertes zu tun, wie einfach einem Kunden die Brieftasche zu stehlen, das...

...*das würde genau zu dem Blödian passen*, beendete O'Mearahs
Verstand den Satz, und er mußte die Hand vor den Mund halten,
um ein vorübergehendes Grinsen zu verbergen.

»Vielleicht sagen Sie uns besser genau, was geschehen ist«, sagte
Delevan. »Sie können mit Ihrem Namen anfangen.«

O'Mearah kam die Antwort des Mannes wieder ein wenig falsch,
ein wenig daneben vor. In einer Stadt, in der es manchmal schien,
als wären siebzig Prozent der Bevölkerung der Meinung, *Fick dich
doch ins Knie* wäre amerikanisch für *Schönen Tag noch*, hätte er erwartet, daß der Mann etwas sagen würde wie: *He, der Dreckskerl hat
meine Brieftasche genommen! Wollt ihr mir sie wieder holen, oder sollen
wir hier stehenbleiben und Frage und Antwort spielen?*

Aber da waren der maßgeschneiderte Anzug und die manikürten Fingernägel. Ein Mann, der es wahrscheinlich gewöhnt war, sich mit bürokratischer Scheiße herumzuärgern. In Wahrheit war es George O'Mearah ziemlich egal. Der Gedanke, Fat Johnny Holden hochzunehmen und als Hebel gegen Arnold Clements einzusetzen, machte ihm den Mund wäßrig. Einen schwindelerregenden Augenblick stellte er sich sogar vor, wie er über Holden an Clements und über Clements an einen der wirklich großen Fische herankam – zum Beispiel diesen Itaker Balazar oder vielleicht Ginelli. Das wäre nicht übel. Wirklich gar nicht übel.

»Mein Name ist Jack Mort«, sagte der Mann.

Delevan hatte einen Spiralblock aus der Tasche geholt. »Adresse?«

Wieder diese kurze Pause. *Wie eine Maschine*, dachte O'Mearah. Ein Augenblick Schweigen, dann ein fast hörbares Klick.

»409 Park Avenue South.« Delevan schrieb es auf.

»Sozialversicherungsnummer?« Nach einer weiteren kurzen Pause sagte Mort sie auf.

»Sie müssen wissen, ich muß Ihnen diese Fragen für Identifizierungszwecke stellen. *Wenn* der Mann Ihre Brieftasche genommen hat, ist es schön, wenn ich sagen kann, daß ich Ihnen gewisse Fragen gestellt habe, bevor ich sie an mich genommen habe. Sie verstehen sicher.«

»Ja.« Jetzt war ein leiser ungeduldiger Unterton in der Stimme des Mannes. Irgendwie wurde er O'Mearah dadurch etwas sympathischer: »Machen Sie nur nicht länger als unbedingt nötig. Die Zeit vergeht und...«

»Es passieren einfach Sachen, ja, ich verstehe.«

»Es passieren einfach Sachen«, stimmte der Mann im blauen Anzug zu. »Ja.«

»Haben Sie in Ihrer Brieftasche ein Foto, das eindeutig ist?«

Eine Pause. Dann: »Ein Bild meiner Mutter, das vor dem Empire State Building aufgenommen wurde. Auf der Rückseite steht: ›Es war ein herrlicher Tag und eine herrliche Aussicht. Alles Liebe, Mom.‹«

Delevan schrieb hektisch, dann klappte er den Block zu. »Okay. Das dürfte genügen. Wenn wir die Brieftasche wiederhaben, muß ich Sie nur noch bitten zu unterschreiben, damit ich die Unterschrift mit denen auf Ausweis, Führerschein, Kreditkarten und so weiter vergleichen kann. Okay?«

Roland nickte, obwohl ein Teil von ihm begriff, daß er zwar aus Jack Morts Erinnerungen und Wissen alles über diese Welt herausholen konnte, er aber keine Chance hatte, die Unterschrift des Mannes nachzuahmen, wenn Morts Bewußtsein abwesend war, so wie jetzt.

»Erzählen Sie uns, was passiert ist.«

»Ich bin hineingegangen, um Patronen für meinen Bruder zu kaufen. Er hat einen 45er Winchester-Revolver. Der Mann fragte mich, ob ich einen Waffenschein hätte. Ich sagte, natürlich. Er wollte ihn sehen.«

Pause.

»Ich habe die Brieftasche herausgeholt. Ich habe ihm den Schein gezeigt. Aber als ich die Börse herumgedreht habe, um ihn zu zeigen, muß er gesehen haben, daß eine ganze Menge...« kurze Pause – »...Zwanziger darin waren. Ich bin Steuerbuchhalter. Ich habe einen Kunden namens Dorfman, der nach einer ausgedehnten...« – kurze Pause – »...Steuerprüfung eine geringe Steuerrückvergütung bekommen hatte. Es handelte sich nur um achthundert Dollar, aber dieser Mann, dieser Dorfman, ist der...« – kurze Pause – »...größte Schwanz, den wir an der Hand haben.« Pause. »Bitte das Wortspiel zu entschuldigen.«

O'Mearah ging die letzten Worte des Mannes im Geiste noch einmal durch, und plötzlich verstand er. Der größte Schwanz, den wir handhaben. Nicht schlecht. Er lachte. Gedanken an Roboter und Maschinen, die Tic-Tac-Toe spielten, verschwanden aus seinem Kopf. Der Bursche war vollkommen echt, er war nur aufgebracht und versuchte es zu überspielen, indem er auf cool machte.

»Wie auch immer, Dorfman wollte Bargeld. Er *bestand* auf Bargeld.«

»Sie glauben, Fat Johnny hat ein Auge auf die Knete Ihres Kunden geworfen«, sagte Delevan. Er und O'Mearah stiegen aus dem Blauweißen aus.

»Nennen Sie den Mann in dem Laden dort so?«

»Oh, gelegentlich haben wir schlimmere Namen für ihn«, sagte Delevan. »Was ist passiert, nachdem Sie ihm Ihren Schein gezeigt haben, Mr. Mort?«

»Er wollte ihn sich genauer ansehen. Ich gab ihm die Börse, aber er hat sich das Bild nicht angesehen. Er ließ sie auf den Boden fallen. Ich fragte ihn, warum er das getan hatte. Er sagte, das wäre eine dumme Frage. Dann sagte ich ihm, er solle mir die Brieftasche zurückgeben. Ich war wütend. Er lachte. Ich wollte um den Ladentisch herumgehen und sie mir holen. Da hat er eine Waffe gezogen.«

Sie waren auf den Laden zugegangen. Jetzt blieben sie stehen. Sie sahen mehr aufgeregt als ängstlich aus. »Waffe?« fragte O'Mearah, der sich vergewissern wollte, daß er richtig gehört hatte.

»Sie war neben der Kasse unter dem Ladentisch«, sagte der Mann im blauen Anzug. Roland erinnerte sich an den Augenblick, als er den ursprünglichen Plan beinahe aufgegeben und nach der Waffe des Mannes gegriffen hätte. Jetzt sagte er diesen beiden Revolvermännern, warum er es nicht getan hatte. Er wollte die beiden benützen, wollte aber nicht, daß sie zu Schaden kamen. »Ich glaube, sie war in einer Dockerklammer.«

»Einer *was*?« fragte O'Mearah.

Diesmal eine längere Pause. Der Mann runzelte die Stirn. »Ich weiß nicht genau, wie ich es sagen soll ... ein Ding, in das man eine Pistole steckt. Niemand kann sie herausholen, nur man selbst, es sei denn, jemand weiß genau, wie er drücken muß ...«

»Ein Federhalfter!« sagte Delevan. »Heilige Scheiße!« Wieder wechselten die Partner einen Blick. Keiner wollte diesem Burschen als erster sagen, daß Fat Johnny das Bargeld aus der Brieftasche wahrscheinlich schon genommen und versteckt und die Börse selbst über den Zaun in den Hinterhof geworfen hatte ... aber eine Pistole im Federhalfter ... das war etwas anderes. Raub war möglich, aber eine Anklage wegen einer verborgenen Waffe schien plötzlich mehr als wahrscheinlich. Vielleicht nicht ganz so gut, aber immerhin ein Fuß in der Tür.

»Was dann?« fragte O'Mearah.

»Dann sagte er mir, ich hätte keine Brieftasche. Er sagte ...« – Pause »... ich hätte auf der Straße die Taube gerascht bekommen – ich meine, die Tasche geraubt –, und das sollte ich besser nicht vergessen, wenn ich gesund bleiben wollte. Ich erinnerte mich, ich hatte ein parkendes Polizeiauto vor dem Block gesehen, und ich dachte mir, Sie wären vielleicht noch da. Also bin ich gegangen.«

»Okay«, sagte Delevan. »Ich und mein Partner gehen zuerst und schnell rein. Lassen Sie uns eine Minute Zeit – eine *ganze* Minute –, falls es Ärger gibt. Dann kommen Sie herein, bleiben aber an der Tür stehen. Verstanden?«

»Ja.«

»Okay. Lassen wir den Hurensohn hochgehen.«

Die beiden Polizisten gingen hinein. Roland wartete dreißig Sekunden, dann folgte er ihnen.

9

›Fat Johnny‹ Holden tat mehr als nur protestieren. Er brüllte.

»Der Kerl ist verrückt! Kommt hier rein, weiß nicht mal, was er will, als er in der *Schützenbibel* gesehen hat, wußte er nicht, wieviel in einer Schachtel sind, wieviel sie kosten, und was er behauptet, ich wollte seinen Schein genauer ansehen, ist die allergrößte Scheiße, die ich je gehört habe, weil er keinen Schein *hat*...« Fat Johnny verstummte. »Da ist er! Da ist der Spinner! Genau hier! Ich seh dich, Kumpel! Ich seh dein Gesicht! Und wenn du meines das nächstemal siehst, dann wird dir das verdammt leid tun! Das garantiere ich dir! Das garantiere ich dir! Das garantiere ich dir, verflucht nochma...«

»Sie haben die Brieftasche dieses Mannes nicht?« fragte O'Mearah.

»Sie *wissen*, daß ich seine Brieftasche nicht habe!«

»Macht es Ihnen was aus, wenn ich mal hinter diese Auslage sehe?« gab Delevan zurück. »Um mich zu vergewissern?«

»Himmel-Herrgott-Arsch-und-Zwirn-noch-mal! Die Theke ist aus *Glas!* Sehen Sie da irgendwelche Brieftaschen?«

»Nein, nicht da...ich meine da«, sagte Delevan und ging zur Registrierkasse. Seine Stimme war wie das Schnurren einer Katze. An dieser Stelle verlief eine Verstärkung aus Chromstahl fast sechzig Zentimeter breit an der Wand des Ladentischs hinunter. Delevan sah zu dem Mann im blauen Anzug, der nickte.

»Ich möchte, daß Ihr Jungs sofort von hier verschwindet«, sagte Fat Johnny. Er war etwas blaß geworden. »Kommt mit einem

Durchsuchungsbefehl zurück, das ist etwas anderes. Aber jetzt möchte ich, daß ihr verdammt noch mal verschwindet. Ist immer noch ein freies Land, wißt i... he! *He! HE, LASST DAS!*«

O'Mearah sah über den Tresen.

»Das ist illegal!« heulte Fat Johnny. »*Das ist verdammt illegal, die Verfassung... mein verfluchter Anwalt... Sie gehen sofort wieder auf Ihre Seite, oder...*«

»Ich wollte mir nur die Auslage etwas genauer ansehen«, sagte O'Mearah sanftmütig, »weil das Glas Ihres Schaukastens so verflucht schmutzig ist. Darum habe ich darüber weggesehen. Ist es nicht so, Carl?«

»Klar wie Scheiße, Kumpel«, sagte Delevan ernst.

»Und sehen Sie mal, *was* ich gefunden habe.«

Roland hörte ein Klicken, und plötzlich hatte der Revolvermann in der blauen Uniform eine große Pistole in der Hand.

Fat Johnny, dem plötzlich klar geworden war, daß er der einzige im Laden war, der eine andere Geschichte als das Märchen erzählen würde, welches ihm der Bulle mit seiner Mag aufgetischt hatte, wurde mürrisch.

»Ich habe einen Waffenschein«, sagte er.

»Sie zu tragen?«

»Ja.«

»Verborgen zu tragen?«

»Ja.«

»Ist die Waffe registriert?« fragte O'Mearah. »Ist sie doch, oder?«

»Nun... könnte ich vergessen haben.«

»Könnte heiß sein, und das haben Sie vielleicht auch vergessen.«

»Scheiß auf euch. Ich rufe meinen Anwalt an.«

Fat Johnny wollte sich abwenden. Delevan hielt ihn fest. »Und dann ist da noch die Frage, ob Sie die Erlaubnis haben, eine tödliche Waffe in einem Springhalfter verborgen zu tragen«, sagte er mit derselben sanften, schnurrenden Stimme. »Das ist eine interessante Frage, denn soweit ich weiß, gibt die Stadt New York *keine* Erlaubnis für so etwas.«

Die Polizisten sahen Fat Johnny an; Fat Johnny sah sie an. Daher merkte keiner, daß Roland das Schild an der Ladentür von OFFEN auf GESCHLOSSEN drehte.

»Vielleicht könnten wir anfangen, dieses Problem zu lösen,

wenn wir die Brieftasche dieses Herrn gefunden haben«, sagte O'Mearah. Satan selbst hätte nicht mit so genialer Überzeugungskraft lügen können. »Wissen Sie, vielleicht hat er sie ja nur fallengelassen.«

»Ich habe euch doch schon gesagt! Ich weiß nichts von der Brieftasche von dem Burschen! Der Bursche hat den Verstand verloren!«

Roland bückte sich. »Da ist sie«, sagte er. »Ich kann sie gerade sehen. Er steht mit dem Fuß darauf.«

Das war eine Lüge, aber Delevan, der die Hand immer noch auf Fat Johnnys Schulter liegen hatte, stieß ihn so schnell zurück, daß man unmöglich sagen konnte, ob der Fuß des Mannes auf ihr gewesen war oder nicht.

Jetzt oder nie. Roland schlich lautlos zum Ladentisch, während sich die beiden Revolvermänner bückten und unter den Ladentisch sahen. Sie standen dicht nebeneinander, daher waren auch ihre Köpfe dicht beisammen. O'Mearah hatte immer noch die Pistole, die der Mann unter dem Tresen gehabt hatte, in der rechten Hand.

»Gottverdammt, sie ist da!« sagte Delevan aufgeregt. »Ich sehe sie!«

Roland warf dem Mann, den sie Fat Johnny genannt hatten, einen raschen Blick zu, weil er sich vergewissern wollte, daß dieser keine Dummheit machte. Aber er stand nur an der Wand, *drückte* sich dagegen, als wollte er sich durch sie hindurchdrücken – und ließ die Hände an den Seiten herunterhängen, und seine Augen waren große verletzte Os. Er sah aus wie ein Mann, der sich fragte, warum in seinem Horoskop nicht gestanden hatte, er sollte sich vor diesem Tag hüten.

Kein Problem.

»Ja!« antwortete O'Mearah voller Wonne. Die beiden Männer sahen mit auf die Uniformknies gestützten Händen unter die Theke. Jetzt entfernte sich O'Mearahs Hand vom Knie, um die Brieftasche zu holen. »Ich sehe sie, s...«

Roland ging einen letzten Schritt nach vorne. Er nahm Delevans rechte Wange in eine und O'Mearahs linke in die andere Hand, und plötzlich wurde der Tag, den Fat Johnny schon für bodenlos beschissen hielt, noch viel schlimmer. Das Gespenst im blauen Anzug schlug die Köpfe der beiden Bullen so hart zusammen, daß es sich anhörte, als würden pelzgefütterte Steine aufeinanderprallen.

Die Polizisten brachen zusammen. Der Mann mit der Nickelbrille stand da. Er richtete die 357er Mag auf Fat Johnny. Die Mündung sah so groß aus, als könnte eine Mondrakete darin sein.

»Wir werden doch keine Schwierigkeiten miteinander haben, oder?« sagte das Gespenst mit toter Stimme.

»Nein, Sir«, sagte Fat Johnny auf der Stelle. »Kein bißchen.«

»Bleiben Sie genau da stehen. Wenn Ihr Arsch Kontakt mit der Wand verliert, verlieren Sie den Kontakt mit dem Leben, wie Sie es bisher gekannt haben. Kapiert?«

»Ja, Sir«, sagte Fat Johnny. »Vollkommen.«

»Gut.«

Roland schob die beiden Polizisten auseinander. Sie lebten beide noch. Das war gut. Wie langsam und unvorsichtig sie auch sein mochten, sie waren Revolvermänner, die versucht hatten, einem in Schwierigkeiten geratenen Fremden zu helfen. Er verspürte keinen Wunsch, Männer seiner Art zu töten.

Aber er hatte es schon einmal getan, nicht? Ja. War nicht Alain selbst, einer seiner vereidigten Brüder, unter Rolands und Cuthberts rauchenden Revolvern gestorben?

Ohne den Blick vom Verkäufer abzuwenden, tastete er mit dem Zeh von Jack Morts Halbschuh von Gucci unter den Ladentisch. Er spürte die Brieftasche. Er kickte sie weg. Sie kam auf der Seite des Verkäufers unter dem Tisch hervorgewirbelt. Fat Johnny kreischte und hüpfte wie eine Zimperliese, die eine Maus gesehen hat. Sein Arsch verlor tatsächlich einen Augenblick Kontakt mit der Wand, aber der Revolvermann sah darüber hinweg. Er hatte nicht die Absicht, eine Kugel in diesen Mann zu schießen. Bevor er einen Schuß abgab, würde er die Pistole nach ihm werfen und ihn damit bewußtlos schlagen. Eine Pistole, die so absurd groß war wie die, würde wahrscheinlich die gesamte Nachbarschaft anlocken.

»Aufheben«, sagte der Revolvermann. »Langsam.«

Fat Johnny bückte sich, und als er die Brieftasche aufhob, furzte er laut und schrie. Der Revolvermann begriff belustigt, daß er seinen eigenen Furz für einen Pistolenschuß gehalten und gedacht hatte, seine Zeit zu sterben wäre gekommen.

Als Fat Johnny sich aufrichtete, errötete er heftig. Vorne auf seiner Hose war ein großer nasser Fleck.

»Legen Sie die Börse auf den Tisch. Die Brieftasche, meine ich.«

Fat Johnny gehorchte.

»Und jetzt die Patronen. 45er Winchester. Und ich will jede Sekunde Ihre Hände sehen.«

»Ich muß in die Tasche greifen. Meine Schlüssel.«

Roland nickte.

Während Fat Johnny den Schrank mit den gestapelten Kartons Munition aufschloß und aufmachte, überlegte Roland.

»Geben Sie mir vier Schachteln«, sagte er schließlich. Er konnte sich nicht vorstellen, daß er so viele Patronen brauchte, aber die Verlockung, sie zu *haben*, war unbestreitbar da.

Fat Johnny legte die Kartons auf den Ladentisch. Roland machte eine davon auf, weil er immer noch kaum glauben konnte, daß es kein Witz oder ein Trick war. Aber es waren durchaus Patronen, glänzend und sauber, ohne Spuren, noch nie abgefeuert, nie nachgeladen. Er hielt eine einen Moment ins Licht, dann steckte er sie wieder in den Karton.

»Und jetzt nehmen Sie ein paar von diesen Gelenkfesseln.«

»Gelenkfesseln...?«

Der Revolvermann konsultierte die Mortzyklopädie. »Handschellen.«

»Mister, ich weiß nicht, was Sie vorhaben. Die Registrierkasse ist...«

»Tun Sie, was ich gesagt habe. Sofort.«

Herrgott, das wird nie aufhören, stöhnte Fat Johnnys Verstand. Er machte einen anderen Teil des Tresens auf und holte die Handschellen heraus.

»Schlüssel?« fragte Roland.

Fat Johnny legte den Schlüssel der Handschellen auf den Tresen. Er machte ein leises Geräusch. Einer der bewußtlosen Polizisten gab ein plötzliches Schnarchen von sich, und Johnny stieß einen spitzen Schrei aus.

»Umdrehen«, sagte der Revolvermann.

»Sie werden mich doch nicht erschießen, oder? Sagen Sie, daß Sie das nicht tun.«

»Nicht«, sagte Roland tonlos, »wenn Sie sich sofort umdrehen. Wenn Sie das nicht tun, dann doch.«

Fat Johnny drehte sich um und fing an zu stammeln. Natürlich sagte der Bursche, er würde es nicht tun, aber der Gestank von

Mordlust war so stark, daß er ihn nicht ignorieren konnte. Und dabei hatte er nicht mal viel genommen. Sein Stammeln wurde zu einem erstickten Wimmern.

»Bitte, Mister, um meiner Mutter willen, erschießen Sie mich nicht. Meine Mutter ist alt. Sie ist blind. Sie...«

»Sie ist mit dem Fluch eines verweichlichten Sohnes geschlagen«, sagte der Revolvermann mürrisch. »Hände zusammen.«

Wimmernd und mit im Schritt klebender nasser Hose preßte Fat Johnny sie zusammen. Die Stahlbänder waren in Null Komma nichts an Ort und Stelle. Er hatte keine Ahnung, wie das Gespenst so schnell über den Ladentisch oder um ihn herum hatte gelangen können. Und er *wollte* es auch nicht wissen.

»Bleiben Sie hier stehen und sehen Sie die Wand an, bis ich Ihnen sage, daß Sie sich umdrehen dürfen. Wenn Sie sich vorher umdrehen, bringe ich Sie um.«

Hoffnung erhellte Fat Johnnys Verstand. Vielleicht hatte der Bursche doch nicht vor, ihn abzumurksen. Vielleicht war der Bursche gar nicht verrückt, nur etwas daneben.

»Das werde ich nicht, ich schwöre bei Gott. Schwöre bei allen Seinen Heiligen. Schwöre bei allen Seinen Engeln. Schwöre bei allen Seinen Erz...«

»*Ich* schwöre, wenn Sie nicht sofort still sind, schieße ich Ihnen eine Kugel durch den Hals«, sagte das Gespenst.

Fat Johnny verstummte. Er hatte den Eindruck, als würde er eine Ewigkeit mit dem Gesicht zur Wand stehen. In Wirklichkeit waren es nur etwa zwanzig Sekunden.

Der Revolvermann kniete nieder, legte die Pistole des Verkäufers auf den Boden, vergewisserte sich mit einem raschen Blick, ob der Wurm brav war, dann rollte er die beiden anderen auf den Rücken. Beide waren weggetreten, aber nicht ernsthaft verletzt, urteilte Roland. Sie atmeten beide gleichmäßig. Aus dem Ohr desjenigen, der Delevan hieß, rann ein klein wenig Blut, aber das war alles.

Er warf dem Verkäufer noch einen raschen Blick zu, dann machte er die Revolvergurte der Revolvermänner auf und entfernte sie. Dann zog er Morts blaues Jackett aus und schnallte sich selbst einen Gurt um. Es waren die falschen Waffen, aber es war dennoch ein gutes Gefühl, wieder bewaffnet zu sein. *Verdammt gut.* Besser als er geglaubt hätte.

Zwei Pistolen. Eine für Eddie, und eine für Odetta... wenn und falls Odetta reif für eine Waffe war. Er zog Jack Morts Mantel wieder an, steckte zwei Schachteln Patronen in die rechte und zwei Schachteln Patronen in die linke Tasche. Der bisher makellose Mantel wies jetzt zwei unpassende Ausbeulungen auf. Er hob die 357er Mag des Verkäufers auf und steckte die Patronen in die Hosentasche. Dann warf er die Waffe durch das Zimmer. Als sie auf dem Boden aufschlug, machte Fat Johnny einen Satz, gab einen weiteren schrillen Schrei von sich und drückte noch etwas warmes Wasser in seine Hose.

Der Revolvermann richtete sich auf und sagte Fat Johnny, er solle sich umdrehen.

10

Als Fat Johnny sich den Spinner im blauen Anzug und der Nickelbrille noch einmal ansah, klappte sein Mund auf. Einen Augenblick verspürte er die überwältigende Gewißheit, daß der Mann, der hier hereingekommen war, zum Gespenst geworden war, während Fat Johnny ihm den Rücken zugewandt hatte. Fat Johnny glaubte, er könne durch den Mann hindurch eine viel lebensechtere Gestalt erkennen, einen der legendären Pistoleros, über die sie Filme und Fernsehserien drehten, als er noch ein Kind war; Wyatt Earp, Doc Holliday, Butch Cassidy, einer von diesen Kerlen.

Dann klärte sich sein Sehvermögen, und ihm wurde klar, was der wahnsinnige Irre getan hatte: Er hatte sich den Revolvergurt eines der Bullen umgeschnallt. Verbunden mit Anzug und Krawatte hätte die Wirkung eigentlich lächerlich sein sollen, aber irgendwie war sie es nicht.

»Der Schlüssel der Gelenkfesseln ist auf dem Tisch. Wenn die beiden Polissesten aufwachen, werden sie Sie befreien.«

Es war unglaublich, aber er nahm die Brieftasche, machte sie auf und legte vier Zwanzigdollarscheine auf den Tresen, bevor er die Brieftasche wieder in die Tasche zurücksteckte.

»Für die Munition«, sagte Roland. »Die Patronen aus Ihrer eigenen Pistole habe ich mitgenommen. Ich werde sie wegwerfen, wenn ich ihr Geschäft verlassen habe. Ich glaube, mit ungeladener Waffe und ohne Brieftasche dürfte es schwerfallen, Sie eines Verbrechens anzuklagen.«

Fat Johnny schluckte. Es war einer der wenigen Anlässe in seinem Leben, da er regelrecht sprachlos war.

»Und wo ist die nächste...« Pause. »...die nächste Drogerie?«

Plötzlich begriff Fat Johnny – oder bildete es sich jedenfalls ein – alles. Der Bursche war natürlich ein Suchti. Das war die Lösung. Kein Wunder, daß er so unheimlich war. Wahrscheinlich bis zu den Augäpfeln zugedröhnt.

»Gleich um die Ecke ist eine. Einen halben Block die Neunundvierzigste runter.«

»Wenn Sie lügen, komme ich zurück und schieße ihnen eine Kugel ins Gehirn.«

»Ich lüge nicht!« heulte Fat Johnny. »Ich schwöre vor Gott dem Vater. Ich schwöre bei allen Heiligen! Ich schwöre beim Grab meiner...«

Aber da fiel die Tür zu. Fat Johnny stand einen Augenblick schweigend da und konnte nicht glauben, daß der Verrückte gegangen war.

Dann ging er, so schnell er konnte, um den Ladentisch herum zur Tür. Er kehrte ihr den Rücken zu und tastete, bis es ihm gelang, das Schloß umzudrehen. Er tastete noch eine Weile weiter, bis er auch noch den Riegel vorgeschoben hatte.

Erst dann ließ er sich in eine sitzende Haltung hinabrutschen, er keuchte und stöhnte und schwor bei Gott und allen Heiligen und Engeln, daß er noch an diesem Nachmittag in die St. Anthony's Kirche gehen würde, sobald einer der Bullen aufwachte und ihn von den Handschellen befreite. Er wollte beichten, Buße tun und das Abendmahl nehmen.

Fat Johnny Holden wollte seinen Frieden mit Gott machen. Das war verdammt zu knapp gewesen.

11

Die untergehende Sonne wurde über dem Westlichen Meer zu einem Bogen. Sie schwand zu einer schmalen grellen Linie, die in Eddies Augen brannte. Wenn man lange genug in so grelles Licht sah, konnte man sich die Netzhaut auf Dauer verbrennen. Das war nur eine der interessanten Sachen, die man in der Schule lernte, Sachen, die einem halfen, einen befriedigenden Job zu bekommen, zum Beispiel halbtags als Barkeeper zu arbeiten, und interessante Hobbies, zum Beispiel ganztags auf der Straße nach Stoff zu suchen und nach dem Zaster, um ihn zu kaufen. Eddie hörte nicht auf hinzusehen. Er glaubte nicht, daß es noch lange eine Rolle spielen würde, ob er sich die Augen verbrannte oder nicht.

Er flehte die Hexenfrau hinter ihm nicht an. Zunächst einmal hätte es sowieso nichts genützt. Zweitens würde es ihn entwürdigen, wenn er flehte. Er hatte ein entwürdigtes Leben geführt; er stellte fest, daß er sich in den letzten Minuten dieses Lebens nicht noch weiter entwürdigen lassen wollte. Und jetzt blieben ihm nur noch Minuten. Mehr war es nicht mehr, bis die helle Linie verschwinden und die Zeit der Monsterhummer anbrechen würde.

Er hatte die Hoffnung aufgegeben, daß eine wundersame Verwandlung Odetta im letzten Augenblick zurückbringen würde, ebensowenig wie er noch hoffte, Detta würde einsehen, daß sein Tod sie mit ziemlicher Sicherheit in dieser Welt festsetzen würde. Bis vor fünfzehn Minuten hatte er geglaubt, daß sie bluffte; jetzt wußte er es besser.

Nun, besser als zentimeterweise zu ersticken, dachte er, aber nachdem er die Hummerwesen Nacht für Nacht gesehen hatte, glaubte er eigentlich selbst nicht, daß das stimmte. Er hoffte, es würde ihm gelingen, ohne zu schreien zu sterben. Er glaubte auch nicht, daß das möglich war, aber er würde es versuchen.

»Se wern gleich zudir kommn, Blassah!« kreischte Detta. »Wern jen' Aujnblick kommn! Wirddes besse Essn wern, wasse Viecher je hattn!«

Es war kein Bluff, Odetta kam nicht zurück... und der Revolvermann auch nicht. Letzteres schmerzte irgendwie am meisten. Er war sicher gewesen, er und der Revolvermann wären – nun, Partner, wenn nicht gar Brüder geworden, während sie am Strand entlang gereist waren, und Roland würde wenigstens einen *Versuch* unternehmen, ihm zu helfen.

Aber Roland kam nicht.

Vielleicht ist es nicht so, daß er nicht kommen will. *Vielleicht kann er nicht kommen. Vielleicht ist er tot, von einem Wachmann in der Drogerie erschossen – Scheiße, das wäre ein Lachschlager, der letzte Revolvermann der Welt von einem Mietbullen abgeknallt – oder vielleicht von einem Taxi überfahren. Vielleicht ist er tot und die Tür ist verschwunden. Vielleicht blufft sie deshalb nicht. Vielleicht hat sie gar nichts mehr zu bluffen.*

»Wern jez jede Minute da sein!« schrie Detta, und dann mußte sich Eddie keine Sorgen wegen seiner Netzhaut mehr machen, denn der letzte schmale Lichtstreifen verschwand, zurück blieb nur ein Nachglimmen.

Er sah in die Wellen, das grelle Phantombild verschwand langsam aus seinen Augen und wartete darauf, daß der erste Monsterhummer torkelnd aus den Fluten gekrochen kam.

12

Eddie versuchte, den Kopf wegzudrehen, um dem ersten auszuweichen, aber er war zu langsam. Es riß ihm mit einer Schere ein Stück aus dem Gesicht, matschte das linke Auge zu Gallert und legte in der Dämmerung den weißen Knochen frei, während es seine Fragen stellte, und die Wirklich Böse Frau lachte...

Hör auf befahl Roland sich selbst. Solche Gedanken zu denken ist schlimmer, als hilflos zu sein; es ist eine Ablenkung. Und das darf nicht sein. Es könnte noch Zeit sein.

Und es war noch Zeit. Während Roland in Jack Morts Körper die Neunundvierzigste hinunterschritt, die Arme schwingen ließ und die Kanoniersaugen fest auf das Schild mit der Aufschrift DROGE-RIE gerichtet hielt, ohne auf die Blicke, die ihm zugeworfen wurden, und die Leute, die ihm aus dem Weg gingen, zu achten, war die Sonne in Rolands Welt noch nicht untergegangen. Ihr unterer Rand würde die Stelle, wo sich Wasser und Luft vereinigten, erst in etwa fünfzehn Minuten erreichen. Wenn für Eddie die Zeit des Leidens kommen sollte, so lag sie immer noch in der Zukunft.

Der Revolvermann wußte das jedoch nicht mit Sicherheit; er wußte nur, daß es dort drüben später war als hier, und die Sonne *sollte* drüben noch scheinen, aber die Vermutung, daß die Zeit in dieser und der anderen Welt gleich schnell verlief, konnte tödlich sein... besonders für Eddie, der einen unvorstellbar grausamen Tod sterben würde, den sich sein Verstand trotzdem vorzustellen versuchte.

Der Drang, sich umzudrehen und nachzusehen, war fast übermächtig. Aber er wagte es nicht. *Durfte* es nicht.

Die Stimme von Cort unterbrach den Strom seiner Gedanken streng: *Kontrolliere die Dinge, die du kontrollieren kannst, Wurm. Laß alles andere einen Scheißdreck auf dich wirken, und wenn du denn untergehen mußt, dann geh mit blitzenden Revolvern unter.*

Ja.

Aber es war schwer.

Manchmal *sehr* schwer.

Wäre er etwas weniger darauf konzentriert gewesen, seine Aufgabe in dieser Welt so schnell es ging zu erfüllen und wie der Teufel wieder zu verschwinden, hätte er gemerkt, warum die Leute ihn anstarrten und dann auswichen, aber es hätte nichts geändert. Er stapfte so hastig dem blauen Schild entgegen, wo er laut der Mortzyklopädie die Keflex genannte Substanz bekommen konnte, die sein Körper so dringend brauchte, daß Morts Mantelschöße trotz der schweren Patronenladung in jeder Tasche hinter ihm flatterten. Die über seiner Hüfte überkreuzten Revolvergurte waren deutlich zu sehen. Er trug sie nicht, wie ihre eigentlichen Besitzer sie getragen hatten, sauber und ordentlich, sondern so, wie er seine eigenen getragen hatte: überkreuz und tief an den Hüften.

Für die Einkäufer, Spaziergänger und Passanten auf der Neunundvierzigsten Straße sah er aus, wie er für Fat Johnny ausgesehen hatte: wie ein Desperado.

Roland erreichte Katz' Drogerie und ging hinein.

Der Revolvermann hatte in seiner Zeit mit Zauberern, Magiern und Alchimisten zu tun gehabt. Manche waren gerissene Scharlatane gewesen, einige dumme Betrüger, an die nur Menschen glauben konnten, die noch dümmer als sie selbst waren (aber in der Welt hatte nie Knappheit an Narren bestanden, daher konnten selbst die dummen Betrüger überleben; tatsächlich ging es den meisten sogar blendend), und ein paar waren sogar tatsächlich imstande gewesen, die schwarzen Dinge zu tun, von denen die Menschen flüsterten. Diese wenigen konnten Dämonen und die Toten beschwören, konnten mit einem Fluch töten oder mit seltsamen Lotionen heilen. Einer dieser Männer war ein Geschöpf gewesen, das der Revolvermann selbst für einen Dämon gehalten hatte, ein Geschöpf, das sich als Mensch ausgegeben und sich Flagg genannt hatte. Er hatte ihn nur ganz kurz gesehen, und das gegen Ende, als Chaos und der endgültige Zusammenbruch über sein Land hereingebrochen waren. Ihm auf den Fersen waren zwei junge Männer gewesen, die verzweifelt und doch entschlossen ausgesehen hatten; Dennis und Thomas hießen sie. Diese hatten nur sehr kurze und obendrein verwirrte und verwirrende Zeit an Rolands Leben teilgehabt, aber er würde nie den Anblick vergessen, wie Flagg einen Mann, der ihn erzürnt hatte, in einen heulenden Hund verwandelte. Daran konnte er sich noch gut erinnern. Und dann war da der Mann in Schwarz gewesen.

Und Marten.

Marten, der seine Mutter verführte, während sein Vater weg war, Marten, der Rolands Tod herbeiführen wollte und statt dessen seine frühe Mannbarkeit erreicht hatte, Marten, den er, vermutete er, wiedersehen würde, bevor er den Turm erreichte... oder dort selbst.

Das alles soll nur verdeutlichen, daß seine Erfahrung mit Zauberei und Zauberern ihn etwas völlig anderes erwarten ließ, als er tatsächlich in Katz' Drogerie fand.

Er hatte einen düsteren, von Kerzen erhellten Raum voll bitterer Gerüche, Kolben mit unbekannten Flüssigkeiten und Pulvern und Flaschen erwartet, viele davon mit dicken Staubschichten bedeckt oder von jahrhundertealten Spinnweben verborgen. Er hatte einen

Mann in Kutte erwartet, einen Mann, der gefährlich sein konnte. Er sah durch die durchsichtigen Fensterscheiben, wie sich Menschen so beiläufig wie in jedem beliebigen Geschäft darin bewegten, und er glaubte, sie müßten eine Illusion sein.

Waren sie nicht.

Daher stand der Revolvermann einen Augenblick unter der Tür, zuerst erstaunt und dann ironisch amüsiert. Er befand sich hier in einer Welt, die ihn scheinbar auf Schritt und Tritt mit neuen Wundern aus der Fassung brachte, einer Welt, wo Kutschen durch die Luft flogen und Papier offenbar so billig wie Sand war. Und das neueste Wunder war, daß für diese Menschen die Wunder schlichtweg ausgegangen waren: Er sah hier, an einem Ort der Wunder, nur gelangweilte Gesichter und schlurfende Körper.

Da waren Tausende Flaschen, da waren Lotionen, da waren Kolben, aber die Mortzyklopädie identifizierte die meisten als Gepränge und Schau. Hier war eine Salbe, die Haarausfall heilen sollte, es aber nicht tat; hier eine Creme, die versprach, unschöne Flecken auf Händen und Armen zu beseitigen, was aber nicht stimmte. Hier gab es Heilung für Dinge, die gar nicht geheilt werden mußten: Mittel, die die Eingeweide zum Überlaufen brachten oder genau das verhinderten, die die Zähne weiß und das Haar schwarz machten, Mittel, die den Atem besser machen sollten, als könnte man das nicht einfach erreichen, indem man Erlenrinde kaute. Hier war keine Zauberei; nur Triviales – aber es *gab* Astin und ein paar andere Mittel, die zu wirken schienen. Aber Roland fühlte sich größtenteils abgestoßen. An einem Ort, der Alchimie versprach und statt dessen mehr Parfüm als wirksame Mittel anbot, war es da ein Wunder, daß die Wunder ausgegangen waren?

Aber als er die Mortzyklopädie konsultierte, fand er heraus, daß sich die Wahrheit dieses Ortes nicht nur in den Mitteln äußerte, die er sah. Die Mittel, die wirklich funktionierten, waren an sicheren Orten verstaut. Man konnte sie nur erhalten, wenn man die Erlaubnis eines Zauberers hatte. Solche Zauberer hießen in dieser Welt DOCKTORREN, und sie schrieben ihre Zauberformeln auf Papierblätter, die die Mortzyklopädie RESEBDE nannte. Dieses Wort kannte der Revolvermann nicht. Er vermutete, er hätte das Thema noch weiter verfolgen können, machte sich aber nicht die Mühe. Er wußte, was er brauchte, und ein kurzer Blick in die

Mortzyklopädie sagte ihm, in welchem Teil des Ladens er es bekommen konnte.

Er schritt einen der Gänge entlang zu einem Platz mit den Worten VERSCHREIBUNGSPFLICHTIGE MEDIKAMENTE darauf.

14

Der Katz, der Katz' Pharmacy and Soda Fountain (Diverses und Galanteriewaren für Damen und Herren) im Jahre 1927 an der Neunundvierzigsten Straße eröffnet hatte, war schon lange im Grab, und sein einziger Sohn sah aus, als wäre er auch kurz davor. Er war zwar erst sechsundvierzig, sah aber zwanzig Jahre älter aus. Er war kahl, hatte gelbe Haut und war gebrechlich. Er wußte, die Leute sagten, daß er wie der leibhaftige Tod aussah, aber keiner verstand *warum*.

Dabei mußte man nur einmal diese Idiotin am Telefon nehmen, Mrs. Rathbun. Lamentierte, sie würde ihn verklagen, wenn er ihr gottverdammtes Valiumrezept nicht einlöste, und zwar *sofort, IN DIESEM AUGENBLICK*.

Was stellen Sie sich vor, Lady, daß ich einen Strom blauer Bomber durchs Telefon schicke? Wenn er das tat, würde sie ihm wenigstens den Gefallen tun und das Maul halten. Sie würde einfach den Hörer über den Mund halten und diesen weit aufsperren.

Dieser Gedanke löste ein garstiges Grinsen aus, das eingefallenes Zahnfleisch entblößte.

»Sie verstehen nicht, Mrs. Rathbun«, unterbrach er sie, nachdem er sich ihr Plärren eine Minute – eine volle Minute – angehört hatte. Er würde nur ein einziges Mal gern imstande sein zu sagen: *Hör endlich auf mich anzubrüllen, dumme Möse! Brüll deinen DOKTOR an. Er ist derjenige, der dich nach diesem Scheißzeug süchtig gemacht hat!* Richtig. Die verdammten Quacksalber verschrieben es, als wäre es Kaugummi, und wenn sie beschließen, die Versorgung abzudrehen, wer hatte dann die Scheiße am Hals? Die Knochensäbler? O nein! *Er!*

»Was meinen Sie damit, ich verstehe nicht?« Die Stimme in seinem Ohr war wie eine wütende Wespe, die in einem Glas summte.

»Ich weiß, daß ich eine *Menge* in Ihrer Drogerie einkaufe. Ich weiß, daß ich all die Jahre eine treue *Kundin* war, ich weiß..

»Sie müssen sich an Ihren...« Er studierte die Rolodex-Karte der Frau noch einmal mit seiner Halbbrille. »...Dr. Brumhall wenden, Mrs. Rathbun. Ihr Rezept ist abgelaufen. Es ist ungesetzlich, Valium ohne Rezept herauszugeben.« *Und es sollte auch ungesetzlich sein, es überhaupt erst zu verschreiben... das heißt, wenn man dem Patienten, dem man es verschrieb, nicht gleichzeitig noch seine Geheimnummer dazu sagte*, dachte er.

»*Das war ein Versehen!*« kreischte die Frau. Jetzt schwang ein schriller Unterton von Panik in ihrer Stimme mit. Eddie hätte diesen Unterton sofort erkannt: Es war der Ruf des ängstlichen Süchtigen.

»Dann rufen Sie ihn an und bitten ihn, es zu verlängern«, sagte Katz. »Er hat meine Nummer.« Ja. Sie hatten alle seine Nummer. Genau das war das Problem. Er sah mit sechsundvierzig wie ein todkranker Mann aus, und das alles nur wegen den *Schlawinern* von Ärzten.

Und wenn ich will, daß das letzte bißchen Profit, das dieser Laden noch abwirft, auch zum Teufel geht, muß ich nur ein paar von diesen Suchtweibern sagen, sie sollen sich doch ins Knie ficken. Mehr nicht.

»*ICH KANN IHN NICHT ANRUFEN!*« schrie sie. Ihre Stimme bohrte sich schmerzhaft in sein Ohr. »*ER UND SEIN TUNTEN-FREUND SIND IRGENDWO IN URLAUB, UND NIEMAND WILL MIR SAGEN, WO SIE SIND!*«

Katz spürte Säure in seinen Magen fließen. Er hatte zwei Magengeschwüre, eins verheilt, das andere momentan offen, und Frauen wie dieses Miststück waren der Grund dafür. Er machte die Augen zu. Daher sah er nicht, wie sein Assistent den Mann im blauen Anzug und mit der Nickelbrille betrachtete, der sich dem Schalter für verschreibungspflichtige Medikamente näherte, und er sah auch nicht, wie Ralph, der dicke alte Sicherheitsmann (Katz bezahlte dem Mann einen Hungerlohn, aber selbst diese Ausgabe reute ihn noch bitter; sein *Vater* hatte keinen Sicherheitsmann gebraucht, aber sein *Vater*, Gott verderbe seine Seele, hatte auch in einer Zeit gelebt, als New York noch eine Stadt und keine Kloschüssel gewesen war), plötzlich aus seinem üblichen Dämmerzustand erwachte und nach der Pistole an seiner Hüfte griff. Er hörte eine Frau schreien, dachte aber, das läge daran, daß sie plötzlich festgestellt hatte, daß es alle Revlon-Präparate im Angebot gab; er war gezwungen gewesen, es ins Angebot zu nehmen, weil dieser *Schmendrick* Dollentz am anderen Ende der Straße ihn unterbot.

Er dachte nur an Dollentz und diese Idiotin am Telefon, als sich der Revolvermann wie das drohende Schicksal näherte, und stellte sich vor, wie schön die beiden nackt und mit Honig beschmiert über Ameisenhaufen draußen in der Wüste aussehen würden. DAMEN-Ameisenhügel und HERREN-Ameisenhügel. Herrlich. Er dachte, schlimmer könnte es nicht mehr werden, schlimmer nicht mehr. Sein Vater war entschlossen gewesen, daß sein einziger Sohn in seine Fußstapfen treten sollte, und Gott verderbe die Seele seines Vaters, denn dies war sicherlich der absolute Tiefpunkt eines Lebens voller Tiefpunkte, eines Lebens, das ihn vor seiner Zeit alt gemacht hatte.

Dies war der totale Tiefpunkt.

Dachte er jedenfalls mit geschlossenen Augen.

»Wenn Sie vorbeikommen, Mrs. Rathbun, könnte ich Ihnen ein Dutzend Fünf-Milligramm-Valium geben. Wäre das in Ordnung?«

»Der Mann kommt zur Vernunft! Gott sei Dank, der Mann kommt zur Vernunft!« Und dann legte sie auf. Einfach so. Kein Wort des Dankes. Aber wenn sie dieses wandelnde Rektum, das sich Arzt nannte, wiedersah, würde sie auf die Knie fallen und ihm die Spitzen seiner Schuhe von Gucci mit der Nase polieren, sie würde ihm einen blasen, sie würde...

»Mr. Katz«, sagte sein Assistent mit einer Stimme, die sich seltsam gepreßt anhörte. »Ich glaube, wir haben ein Prob...«

Wieder ein Schrei. Dem folgte der Knall einer Pistole, der ihn so sehr erschreckte, daß er einen Augenblick glaubte, sein Herz würde einen monströsen Schlag in seiner Brust machen und dann einfach stehenbleiben.

Er machte die Augen auf und sah in die Augen des Revolvermanns. Katz senkte den Blick und sah die Pistole in der Faust des Mannes. Er sah nach rechts und erblickte Ralph, der sich eine Hand rieb und den Mann mit Augen ansah, die aus seinem Gesicht zu platzen drohten. Ralphs eigene Waffe, eine 38er, die er während achtzehn Jahren Polizeidienst gepflegt hatte (und die er nur auf dem Schießstand im Keller des dreiundzwanzigsten Reviers abgefeuert hatte; er *behauptete*, er habe sie zweimal während eines Einsatzes ziehen müssen ... aber wer konnte das schon sagen?), lag als Schrott in der Ecke.

»Ich brauche Keflex«, sagte der Mann mit den Kanoniersaugen ausdruckslos. »Ich brauche viel. Sofort. Vergessen Sie das RESEBD.«

Katz konnte ihn einen Augenblick nur anstarren, sein Mund stand offen, das Herz hämmerte in seiner Brust, und sein Magen war eine brodelnde Säuregrube.

Hatte er wirklich gedacht, er hätte den Tiefpunkt erreicht? Hatte er das *wirklich* geglaubt?

15

»Sie verstehen nicht«, brachte Katz schließlich hervor. Seine Stimme hatte einen seltsamen Klang für ihn, und daran war eigentlich nichts Seltsames, denn sein Mund fühlte sich wie ein Flanellhemd an und seine Zunge wie eine Mullbinde. »Es gibt *kein* Kokain hier. Das ist ein Medikament, das unter gar keinen Umständen abgege...«

»Ich habe nicht Kokain gesagt«, sagte der Mann mit der Nickelbrille im blauen Anzug. »Ich sagte *Keflex*.«

Das hatte ich gedacht, sagte Katz diesem verrückten Monster beinahe, entschied dann aber, daß ihn das provozieren könnte. Er hatte von Drogisten gehört, die wegen Speed überfallen worden waren, wegen Bennies, wegen einem halben Dutzend anderer Mittel (darunter auch Mrs. Rathbuns kostbares Valium), aber er dachte, dies könnte der erste Penicillinraub der Geschichte sein.

Die Stimme seines Vaters (Gott verderbe den alten Scheißkerl) sagte ihm, er solle aufhören zu bibbern und zu sabbern und etwas *tun*.

Aber ihm fiel nichts ein, was er *tun* konnte.

»Bewegung!« sagte der Mann mit der Pistole. »Ich habe es eilig.«

»W-wieviel wollen Sie denn?« fragte Katz. Seine Augen blickten kurz über die Schulter des Mannes, und er sah etwas, das er kaum glauben konnte. Nicht in *dieser* Stadt. Aber es sah so aus, als wäre es dennoch so. Glück? Sollte Katz tatsächlich einmal *Glück* haben? *Das* könnte man ins *Guinness-Buch der Rekorde* aufnehmen!

»Ich weiß nicht«, sagte der Mann mit der Pistole. »Soviel Sie in eine Tüte packen können. Eine große Tüte.« Dann wirbelte er ohne Vorwarnung herum, und die Pistole in seiner Hand knallte wieder. Ein Mann schrie. Fensterglas fiel als Regen von Scherben und Splittern auf den Gehweg. Mehrere vorübergehende Passanten schnitten sich, aber keiner ernsthaft. Im Innern von Katz' Drogerie schrien Frauen (und auch ein paar Männer). Die Alarmanlage fing ihr heiseres Bellen an. Die Kunden gerieten in Panik und rannten auf die Tür zu. Der Mann mit der Pistole drehte sich zu Katz um, und sein Ausdruck hatte sich überhaupt nicht verändert: Sein Gesicht hatte dieselbe Miene furchteinflößender (aber nicht unerschöpflicher) Geduld, die es von Anfang an gehabt hatte. »Gehorchen Sie schnell. Ich habe es eilig.«

Katz schluckte.

»Ja, Sir«, sagte er.

16

Der Revolvermann hatte den gekrümmten Spiegel in der linken oberen Ecke des Ladens gesehen und bewundert, während er noch auf halbem Weg zu dem Ladentisch war, hinter dem sie die *wirksamen* Mittel aufbewahrten. So, wie die Dinge jetzt lagen, wäre kein Handwerker seiner eigenen Welt fähig gewesen, so einen gekrümmten Spiegel herzustellen, aber es hatte eine Zeit gegeben, da konnten solche Sachen – und viele andere, die er in Eddies und Odettas Welt gesehen hatte – angefertigt worden sein. In dem Tunnel unter den Bergen hatte er die Überreste von einigen gesehen, und er hatte sie auch an anderen Orten erblickt ... so uralte und geheimnisvolle Relikte wie die *Druit*steine, die an den Orten standen, wohin Dämonen kamen.

Er begriff auch den Zweck des Spiegels.

Er hatte die Bewegung der Wache etwas spät gesehen – er hatte sich immer noch nicht daran gewöhnt, wie verheerend die Gläser, welche Mort vor den Augen hatte, seine periphere Sehfähigkeit einschränkten –, aber er hatte dennoch genügend Zeit gehabt, sich umzudrehen und dem Mann die Waffe aus der Hand zu schießen. Es war ein Schuß, den Roland lediglich als Routine betrachtete, auch wenn er sich ein wenig hatte beeilen müssen. Der Wachmann dagegen war anderer Meinung. Ralph Lennox würde bis an sein Lebensende schwören, daß der Mann einen unmöglichen Schuß abgefeuert hatte ... möglich vielleicht nur in so kindischen Western wie *Annie Oakley*.

Dank des Spiegels, der offenbar dort angebracht worden war, um Diebe zu entdecken, konnte Roland sich um den anderen schneller kümmern.

Er hatte gesehen, wie ihm der Alchimist einen Augenblick über die Schulter gesehen hatte, und der Revolvermann selbst hatte sofort in den Spiegel gesehen. Darin hatte er einen Mann mit Lederjacke gesehen, der sich im Gang hinter ihm an ihn heranschlich. Er hatte ein langes Messer in der Hand und zweifellos Visionen von Ruhm im Kopf.

Der Revolvermann drehte sich um und feuerte einen einzigen Schuß ab, indem er aus der Hüfte zielte, wobei er sich darüber im klaren war, daß der erste Schuß danebengehen konnte, weil er nicht mit der Waffe vertraut war, aber er war dennoch nicht bereit, das Risiko einzugehen, einen der Kunden zu verletzen, die erstarrt hinter dem Möchtegern-Helden standen. Besser zweimal aus der Hüfte schießen und Kugeln abfeuern, die sich aufwärts bewegten und so die anderen Kunden nicht in Gefahr brachten, als möglicherweise eine der Frauen zu töten, deren einziges Verbrechen es gewesen war, daß sie sich den falschen Tag ausgesucht hatte, um ihr Parfüm zu kaufen.

Die Pistole war gut gepflegt. Sie war zielgenau. Er dachte an das schwammige, untrainierte Aussehen der Revolvermänner, denen er sie abgenommen hatte, und war der Meinung, sie sorgten besser für die Waffen, die sie bei sich trugen, als für die Waffen, die sie *waren*. Das schien eine seltsame Einstellung zu sein, aber dies war auch eine seltsame Welt, und Roland konnte sich kein Urteil anmaßen; er hatte gar keine *Zeit* für ein Urteil, was das anbelangte.

Der Schuß war gut gewesen, er hatte das Messer des Mannes am Ansatz der Klinge zertrümmert, so daß er jetzt nur noch den Griff in der Hand hielt.

Roland sah den Mann in der Lederjacke gelassen an, und etwas in seinem Blick schien den Möchtegern-Helden an eine dringende Verabredung anderswo erinnert zu haben, denn er wirbelte herum, ließ die Überreste seines Messers fallen und gesellte sich zum allgemeinen Exodus.

Roland drehte sich um und gab dem Alchimisten seine Befehle. Noch mehr Verzögerungen, und Blut würde fließen. Als sich der Alchimist abwandte, klopfte Roland ihm mit dem Lauf der Pistole auf das knochige Schulterblatt. Der Mann gab ein ersticktes »Iiiiiii!« von sich und drehte sich sofort wieder um.

»Nicht Sie. Sie bleiben hier. Ihr Sistent soll es machen.«

»W-wer?«

»Er.« Der Revolvermann gestikulierte ungeduldig zu dem Gehilfen.

»Was soll ich tun, Mr. Katz?« Akne leuchtete grell auf dem weißen Gesicht des Teenagers.

»Das, was er sagt, *Schmendrick!* Die Bestellung ausführen! Keflex!«

Der Gehilfe ging zu einem Regal hinter dem Ladentisch und ergriff eine Flasche. »Herumdrehen, damit ich sehen kann, welche Worte darauf geschrieben sind«, sagte der Revolvermann.

Der Gehilfe gehorchte. Roland *konnte* es nicht lesen; zu viele Buchstaben waren nicht aus seinem Alphabet. Er konsultierte die Mortzyklopädie. *Keflex*, bestätigte sie, und Roland wurde klar, daß das Überprüfen dumme Zeitverschwendung gewesen war. *Er* wußte, daß er nicht alles in dieser Welt lesen konnte, aber diese beiden Männer wußten es nicht.

»Wie viele Tabletten sind in dieser Flasche?«

»Nun, eigentlich sind es Kapseln«, sagte der Assistent nervös. »Wenn Sie sich für eine Zillindroge in Tablettenform interessieren...«

»Vergessen Sie das. Wie viele Portionen?«

»Oh. Äh...« Der eingeschüchterte Gehilfe sah die Flasche an und ließ sie beinahe fallen. »Zweihundert.«

Roland fühlte sich genauso wie vorhin, als er festgestellt hatte, welche Mengen Munition man in dieser Welt für lächerliche Summen kaufen konnte. Im Geheimfach von Enrico Balazars Bad waren neun Probepackungen Keflex gewesen, insgesamt sechsunddreißig Portionen, und er hatte sich wieder wohl gefühlt. Wenn er die Infektion mit *zweihundert* Portionen nicht zur Strecke brachte, konnte sie nicht besiegt werden.

»Geben Sie her«, sagte der Mann im blauen Anzug.

Der Gehilfe gab sie ihm.

Der Revolvermann schob den Ärmel des Jacketts zurück und legte Morts Rolex frei. »Ich habe kein Geld, aber dies dient vielleicht als angemessene Entschädigung. Hoffe ich jedenfalls.«

Er drehte sich herum, nickte dem Wachmann zu, der immer noch neben seinem umgekippten Stuhl auf dem Boden saß und den Revolvermann mit aufgerissenen Augen ansah, dann ging er hinaus.

So einfach.

Fünf Sekunden lang war kein Laut in der Drogerie zu hören, abgesehen vom Plärren des Alarms, der so laut war, daß er sogar das Geschwätz der Leute auf dem Gehweg übertönte.

»Gott im Himmel, Mr. Katz, was machen wir jetzt?« flüsterte der Assistent.

Katz nahm die Uhr und betrachtete sie.

Gold. Massiv Gold.

Er konnte es nicht glauben.

Er mußte es glauben.

Ein Irrer kam von der Straße herein, schoß seinem Wachmann die Pistole und einem anderen ein Messer aus der Hand, und das alles, um die unwahrscheinlichste Droge zu bekommen, die er sich vorstellen konnte.

Keflex.

Keflex für vielleicht sechzig Dollar.

Für das er mit einer Rolex für sechseinhalbtausend Dollar bezahlt hatte.

»Machen?« fragte Katz. »*Machen?* Als erstes verstecken Sie diese Armbanduhr unter dem Ladentisch. Sie haben sie nie gesehen.« Er sah Ralph an. »Und Sie auch nicht.«

»Nein, Sir«, sagte Ralph sofort. »Solange ich meinen Anteil bekomme, wenn Sie sie verkaufen, habe ich nie eine Uhr gesehen.«

»Sie werden ihn auf der Straße wie einen Hund abknallen«, sagte Katz voll unüberhörbarer Zufriedenheit.

»Keflex! Und dabei hat der Typ nicht mal ausgesehen, als hätte er einen Tripper«, sagte der Assistent verwundert.

Viertes Kapitel

Das Auserwählen

1

Als der untere Rand der Sonne in Rolands Welt das Westliche Meer berührte und eine goldene Bahn über das Wasser bis zu der Stelle zog, wo Eddie verschnürt wie ein Truthahn lag, erlangten die Beamten O'Mearah und Delevan in der Welt, aus der Eddie geholt worden war, benommen wieder das Bewußtsein.

»Würden Sie mich von diesen Handschellen befreien, ja?« fragte Fat Johnny mit bescheidener Stimme.

»Wo ist er?« fragte O'Mearah mit belegter Stimme und griff nach seinem Halfter. Weg. Halfter, Gürtel, Munition, Pistole. *Pistole.*

Ach du Scheiße.

Er fing an, sich die Fragen vorzustellen, die die Pißköpfe von der Verwaltung stellen würden, Burschen, die alles, was sie über die Straße wußten, von Jack Webb in *Stahlnetz* gelernt hatten, und der momentane Wert seiner verschwundenen Pistole war ihm plötzlich so wichtig wie die Bevölkerung von Irland oder die wichtigsten Mineralvorkommen von Peru. Er sah Carl an und stellte fest, daß auch Carl seiner Waffe beraubt worden war.

O gütiger Heiland, laß die Clowns kommen, dachte O'Mearah kläglich, und als Fat Johnny wieder fragte, ob O'Mearah seine Handschellen mit dem Schlüssel auf dem Tresen aufschließen würde, sagte O'Mearah: »Ich sollte...« Er verstummte, denn er hatte sagen wollen: *Eigentlich sollte ich Sie lieber erschießen,* aber er konnte Fat Johnny ja wohl schlecht erschießen, nicht? Die Waffen hier im Laden waren angekettet, und der Verrückte mit der Nickelbrille, der Verrückte, der so sehr wie ein unbescholtener Bürger ausgesehen hatte, hatte ihm und Carl ihre so mühelos abgenommen, wie O'Mearah einem Kind sein Platzpatronengewehr wegnehmen mochte.

Daher sprach er nicht zu Ende, sondern nahm den Schlüssel

und schloß die Handschellen auf. Er sah die 357er Magnum, die Roland in die Ecke geworfen hatte, und hob sie auf. Sie paßte nicht in sein Halfter, daher steckte er sie in den Gürtel.

»He, das ist meine!« plärrte Fat Johnny.

»Ja? Wollen Sie sie zurückhaben?« O'Mearah mußte langsam sprechen. Er hatte schlimme Kopfschmerzen. In diesem Augenblick wollte er nur eines, nämlich Mr. Nickelbrille finden und an eine passende Mauer nageln. Mit stumpfen Nägeln. »Ich habe gehört, daß sie in Attica dicke Männer wie Sie mögen, Johnny. Sie haben dort ein Sprichwort: ›Ist der Mann dick, um so besser der Fick.‹ Wollen Sie sie wirklich wiederhaben?«

Fat Johnny wandte sich ab, aber vorher sah O'Mearah noch die Tränen in seinen Augen und den nassen Fleck an der Hose. Er empfand kein Mitleid.

»Wo ist er?« fragte Carl Delevan mit belegter, pelziger Stimme.

»Gegangen«, sagte Fat Johnny verdrossen. »Mehr weiß ich nicht. Er ist gegangen. Ich hatte Angst, er würde mich umbringen.«

Delevan stand langsam auf. Er spürte klebrige Nässe seitlich am Gesicht und betrachtete seine Finger. Blut. Scheiße. Er griff nach seiner Pistole, und griff und griff, und er hoffte auch dann noch, als seine Finger ihm bestätigt hatten, daß Halfter und Pistole fort waren. O'Mearah hatte nur Kopfschmerzen. Delevan war zumute, als hätte jemand das Innere seines Kopfes für einen Atombombentest hergenommen.

»Der Kerl hat meine Pistole mitgenommen«, sagte er zu O'Mearah. Seine Stimme klang so nuschelnd, daß die Worte fast nicht zu verstehen waren.

»Willkommen im Club.«

»Ist er noch da?« Delevan ging einen Schritt auf O'Mearah zu, kippte nach links, als wäre er bei schwerem Seegang an Bord eines Schiffes, fing sich aber wieder und richtete sich auf.

»Nein.«

»Wie lange?« Delevan sah Fat Johnny an, der nicht antwortete, weil Fat Johnny, der ihnen den Rücken zugekehrt hatte, vielleicht dachte, daß er noch mit seinem Partner sprach. Delevan, der selbst unter günstigsten Umständen nicht dafür bekannt war, daß er über ein ausgeglichenes Temperament und zurückhaltendes Benehmen verfügte, brüllte den Mann an, obwohl sich sein Kopf dabei anfühlte, als würde er in tausend Stücke zerspringen: »*Ich habe dir eine Frage gestellt, du fetter Scheißer! Wie lange ist dieser Wichser schon weg?*«

»Vielleicht fünf Minuten«, sagte Fat Johnny mürrisch. »Hat seine Patronen und eure Pistolen genommen.« Er machte eine Pause. »Hat für die Munition bezahlt. Ich konnte es nicht glauben.«

Fünf Minuten, dachte Delevan. Der Bursche war mit dem Taxi gekommen. Sie hatten ihn aussteigen sehen, als sie im Streifenwagen saßen und Kaffee getrunken hatten. Es war Hauptverkehrszeit. Um diese Tageszeit waren Taxis schwer zu bekommen. *Vielleicht.*

»Los, komm«, sagte er zu George O'Mearah. »Wir haben vielleicht noch eine Chance, ihn zu schnappen. Wir brauchen eine Knarre von diesem Stinker hier...«

O'Mearah hielt ihm die Magnum hin. Delevan sah zuerst zwei dann kamen die Bilder zur Deckung.

»Gut.« Delevan kam zu sich, nicht besonders schnell, aber es klappte wie bei einem Preisboxer, der eine Gerade aufs Kinn bekommen hat. »Behalte du sie. Ich nehm die Flinte unter dem Armaturenbrett.« Er wollte zur Tür gehen, und dieses Mal schwankte er nicht nur, er mußte sich an der Wand festklammern, damit er nicht umfiel.

»Kommst du zurecht?« fragte O'Mearah.

»Nur, wenn wir ihn erwischen«, sagte Delevan.

Sie gingen. Fat Johnny war darüber nicht ganz so froh wie über den Abgang des Gespensts im blauen Anzug, aber fast. *Fast.*

2

Delevan und O'Mearah mußten nicht einmal erraten, in welche Richtung der Mistkerl gegangen war, als sie den Waffenladen verlassen hatten. Sie mußten lediglich den Polizeifunk abhören.

»Kode 19«, wiederholte die Stimme immer wieder. *Einbruch im Gange. Schüsse wurden gehört.* »Kode '9. Kode 19. Ort ist 395 West 49., Katz' Drogerie, Täter groß, blond, blauer Anzug...«

Schüsse wurden gehört, dachte Delevan, dessen Kopf schlimmer denn je schmerzte. *Ich frage mich, ob sie mit Georges Waffe oder meiner abgefeuert wurden? Oder mit beiden? Wenn dieser Scheißkerl jemanden umgebracht hat, sind wir im Arsch. Wenn wir ihn nicht erwischen.*

»Abflug«, sagte er höflich zu O'Mearah, der sich das nicht zweimal sagen ließ. Er begriff die Situation so gut wie Delevan. Er schaltete Blinklicht und Sirene ein und fuhr kreischend in den Verkehrsstrom. Es wurde schon dicht, die Stoßzeit fing an, und daher fuhr O'Mearah den Streifenwagen mit zwei Reifen im Rinnstein und zwei auf dem Gehweg, und die Fußgänger stoben wild auseinander. Er riß die hintere Stoßstange eines Lieferwagens weg, der auf die 49. fuhr. Vorne konnte er Glas auf dem Gehweg funkeln sehen. Sie konnten beide das Plärren einer Alarmsirene hören. Fußgänger hatten in Einfahrten und hinter Müllstapeln Schutz gesucht, aber die Bewohner der oberen Wohnungen sahen begierig herunter, als wäre dies eine besonders gute Fernsehsendung oder ein Film, für den man nicht einmal Eintritt bezahlen mußte.

Vor diesem Block herrschte keinerlei Automobilverkehr; Taxis und Pendler hatten sich gleichermaßen verdünnisiert.

»Ich hoffe nur, daß er immer noch da ist«, sagte Delevan und nahm den Schlüssel, mit dem er die Stahlklammern über Kolben und Lauf der Schrotflinte unter dem Armaturenbrett aufmachen konnte. Er zog sie aus der Halterung. »Ich hoffe nur, daß der verfluchte Drecksker immer noch da ist.«

Keiner der beiden wußte, daß man es besser dabei bewenden ließ, wenn man es mit dem Revolvermann zu tun hatte.

3

Als Roland aus Katz' Drogerie herauskam, hatte sich die große Flasche Keflex zu den Munitionsschachteln in Jack Morts Manteltaschen gesellt. In der rechten Hand hatte er Carl Delevans 38er Dienstpistole.

Er hörte die Sirene und sah das Auto die Straße herunterrasen.

Sie, dachte er. Er wollte die Pistole heben, aber dann fiel ihm ein: Sie waren Revolvermänner. Revolvermänner, die ihre Pflicht taten. Er drehte sich um und ging wieder in den Laden des Alchimisten.

»Stehenbleiben, Wichser!« schrie Delevan. Rolands Blick fiel gerade noch rechtzeitig auf den gewölbten Spiegel, so daß er einen der Revolvermänner sehen konnte – derjenige, dessen Ohr geblutet hatte –, der sich mit einer Flinte aus dem Fenster beugte. Als sein Partner ihre Kutsche quietschend zum Stillstand brachte, so daß die Gummireifen auf dem Pflaster rauchten, rammte er eine Patrone in die Kammer.

Roland warf sich auf den Boden.

4

Katz brauchte keinen Spiegel, um zu sehen, was passieren würde. Zuerst der verrückte Mann, und jetzt die verrückten Polizisten. *Au weh.*

»Runter!« rief er seinem Assistenten und Ralph, dem Sicherheitsmann, zu, dann ließ er sich hinter dem Ladentisch auf die Knie fallen und wartete nicht, ob sie ihm folgen würden. Dann, einen Sekundenbruchteil, bevor Delevan den Abzug der Schrotflinte betätigte, warf sich sein Assistent auf ihn wie ein eifriger Angriffsspieler, der beim Footballspiel den Quarterback einsargt, er schlug Katz den Kopf auf den Boden und brach ihm an zwei Stellen den Kiefer.

Er hörte den Knall der Schrotflinte durch die plötzlichen Schmerzen hindurch, die durch seinen Kopf brüllten, hörte das restliche Glas der Schaufenster splittern – zusammen mit Flaschen voll Rasierwasser, Kölnisch, Parfüm, Mundwasser, Hustensaft und weiß Gott was noch allem. Tausend widerstreitende Gerüche stiegen auf und erzeugten einen Höllengestank; und bevor er das Bewußtsein verlor, wünschte sich Katz noch einmal, Gott möge seinen Vater verderben, weil er ihm den Klotz einer Drogerie ans Bein gebunden hatte.

Roland sah Flaschen und Gläser im Wirbelsturm des Schusses davonfliegen. Ein gläserner Schaukasten mit Zeitmessern zerplatzte. Die meisten Uhren darin ebenfalls. Die Teile flogen als glitzernde Wolke davon.

Sie können nicht wissen, ob noch unschuldige Menschen hier drinnen sind oder nicht, dachte er. *Sie können es nicht wissen, und sie haben dennoch eine Schrotflinte benützt!*

Das war unverzeihlich. Er verspürte Zorn und unterdrückte ihn. Sie waren Revolvermänner. Besser zu glauben, daß der heftige Schlag auf die Köpfe, den sie bekommen hatten, ihnen das Gehirn verwirrte, als überzeugt zu sein, daß sie das absichtlich gemacht haben, ohne Rücksicht darauf, ob sie jemanden verletzen oder töten konnten.

Sie würden davon ausgehen, daß er entweder weglaufen oder schießen würde.

Statt dessen kroch er tief geduckt vorwärts. Er schnitt sich Hände und Knie an Glasscherben auf. Die Schmerzen brachten Jack Mort wieder zu Bewußtsein. Er war froh, daß Mort wieder da war. Er würde ihn brauchen. Und Morts Hände und Knie waren ihm einerlei. Er konnte die Schmerzen mühelos ertragen, und die Verletzungen wurden dem Körper eines Monsters zugefügt, das es nicht besser verdiente.

Er erreichte die Stelle direkt unterhalb der Überreste des Glasfensters. Er war rechts von der Tür. Dort kauerte er mit angespanntem Körper. Er steckte die Pistole, die er in der rechten Hand gehalten hatte, in den Halfter.

Er würde sie nicht brauchen.

»*Was machst du denn, Carl?*« schrie O'Mearah. Er sah in Gedanken plötzlich die Schlagzeile in den *Daily News* vor sich: POLIZIST TÖTET VIER MENSCHEN BEI ÜBERFALL AUF DROGERIE AN DER WEST SIDE.

Delevan achtete nicht auf ihn und pumpte eine frische Patrone in die Schrotflinte. »Schnappen wir uns den Scheißer.«

7

Alles kam genauso, wie es der Revolvermann gehofft hatte.

Sie waren wütend darüber, daß sie von einem Mann, der ihnen wahrscheinlich nicht gefährlicher als alle anderen Lämmer auf den Straßen dieser scheinbar endlosen Stadt erschienen war, so leicht hatten übertölpelt und entwaffnet werden können, und sie waren noch benommen von dem Schlag auf die Köpfe; und so stürmten sie herein, der Idiot, der die Flinte abgefeuert hatte, voraus. Sie liefen leicht gebückt, wie Soldaten, die eine feindliche Stellung stürmen, aber das war die einzige Anerkennung der Tatsache, daß sich ihr Gegner vielleicht noch im Inneren befinden mochte. In ihren Gedanken war er bereits zur Hintertür hinaus und floh durch Hinterhöfe.

Daher liefen sie knirschend über das Glas auf dem Gehweg, und als der Revolvermann mit der Schrotflinte die Tür ohne Glas aufriß und hereinstürmte, schnellte der Revolvermann in die Höhe (die Hände hatte er zu einer einzigen Faust verschränkt) und schlug dem Beamten Carl Delevan so fest er konnte auf den Nackenansatz.

Beim Verhör vor dem Untersuchungsausschuß behauptete Delevan später, er könne sich an nichts mehr erinnern, was geschehen war, nachdem er bei Clements' niedergekniet war, um die Brieftasche des Scheißers unter dem Ladentisch hervorzuholen. Die Mitglieder des Komitees fanden, daß ein solcher Gedächtnisschwund unter den gegebenen Umständen verdammt passend kam, und Delevan hatte Glück und kam mit einer sechzigtägigen unbezahlten Suspendierung davon. Roland dagegen hätte ihm geglaubt und unter anderen Umständen (wenn der Narr nicht eine Flinte in einen Laden geschossen hätte, der noch voll unschuldiger Menschen sein konnte) Mitleid mit ihm gehabt. Wenn man innerhalb einer halben Stunde zweimal eine auf den Schädel gebrannt bekam, durfte man mit etwas Gehirnkuddelmuddel rechnen.

Als Delevan wie ein Sack zu Boden stürzte, nahm ihm Roland die Schrotflinte aus den erschlaffenden Händen.

»*Keine Bewegung!*« schrie O'Mearah, und seine Stimme war eine Mischung aus Zorn und Fassungslosigkeit. Er hob Fat Johnnys Magnum, aber es war, wie Roland vermutet hatte: Die Revolvermänner dieser Welt waren bemitleidenswert langsam. Er hätte O'Mearah dreimal erschießen können, aber dafür bestand keine Veranlassung. Er schwang die Schrotflinte einfach in einem weiten Bogen aufwärts. Man hörte ein lautes Klatschen, als der Kolben gegen O'Mearahs linke Wange prallte, das Geräusch eines Baseballhandschuhs, der eine echte Granate von einem Schlag auffängt. O'Mearahs gesamtes Gesicht rutschte plötzlich von der Wange abwärts zwei Zentimeter nach rechts. Es erforderte drei Operationen und vier Stahlklammern, um ihn wieder richtig hinzubekommen. Er stand einen Augenblick ungläubig da, dann verdrehte er die Augen, daß nur noch das Weiße zu sehen war. Seine Knie gaben nach, und er brach zusammen.

Roland stand unter der Tür und achtete gar nicht auf die näherkommenden Sirenen. Er knickte die Schrotflinte, dann riß er am Ladegriff und ließ sämtliche roten Patronen auf Delevans Körper regnen. Nachdem er das getan hatte, warf er die Waffe selbst auf Delevan.

»Du bist ein gemeingefährlicher Narr, den man nach Westen schicken sollte«, sagte er zu dem bewußtlosen Mann. »Du hast das Antlitz deines Vaters vergessen.«

Er stieg über den Körper hinweg und ging zur Kutsche der Revolvermänner, die noch müßig draußen stand. Er stieg zur gegenüberliegenden Tür ein und nahm hinter dem Lenkrad Platz.

8

Kannst du mit dieser Kutsche fahren? fragte er das kreischende, schlotternde Ding, das Jack Mort war.

Er bekam keine zusammenhängende Antwort; Mort schrie einfach immer weiter. Das erkannte der Revolvermann als Hysterie, aber eine, die nicht durch und durch echt war. Jack Mort hatte absichtlich einen hysterischen Anfall, damit er einer Unterhaltung mit seinem unheimlichen Entführer aus dem Weg gehen konnte.

Hör zu, sagte der Revolvermann zu ihm. *Ich habe nur Zeit, dies einmal zu sagen – und alles andere auch. Meine Zeit ist sehr knapp geworden. Wenn du meine Fragen nicht beantwortest, stoße ich dir den rechten Daumen in dein rechtes Auge. Ich stoße ihn so weit hinein, wie ich kann, und dann ziehe ich dir den Augapfel aus dem Kopf und wische ihn wie Rotz am Sitz dieser Kutsche ab. Ich komme mit einem Auge sehr gut zurecht. Und außerdem ist es ja nicht so, daß es meines wäre.*

Er hätte Mort ebensowenig anlügen können wie Mort ihn; die Natur ihrer Beziehung war auf beiden Seiten kalt und widerwillig, aber dennoch intimer, als es der leidenschaftlichste Akt von Geschlechtsverkehr jemals hätte sein können. Immerhin waren hier keine Körper vereinigt, sondern Seelen.

Was er gesagt hatte, war sein völliger Ernst.

Und Mort wußte es.

Die Hysterie hörte unvermittelt auf. *Ich kann fahren*, sagte Mort. Es war die erste sinnvolle Kommunikation mit dem Mann, seit Roland in seinem Kopf angekommen war.

Dann fahr.

Wohin soll ich fahren?

Kennst du einen Ort, der ›Village‹ genannt wird?

Ja.

Dorthin.

Wo im Village?

Vorerst genügt es, wenn du fährst.

Wenn ich die Sirene benütze, kommen wir schneller voran.

Fein. Schalt sie ein. Und das Blinklicht auch.

Roland zog sich zum erstenmal, seit er Kontrolle über ihn erlangt hatte, ein wenig zurück und gestattete Mort, wieder zu übernehmen. Als Mort den Kopf drehte, um das Armaturenbrett von Delevans und O'Mearahs Streifenwagen zu studieren, verfolgte Roland die Drehung, löste sie aber nicht aus. Aber hätte er ein stoffliches Wesen gehabt, nicht nur sein eigenes körperloses *Ka*, dann hätte er auf Zehenspitzen gestanden und wäre bereit gewesen, jederzeit wieder nach vorne zu springen und beim geringsten Anzeichen von Meuterei die Kontrolle wieder zu übernehmen.

Aber dazu kam es nicht. Dieser Mann hatte weiß Gott wie viele unschuldige Menschen getötet und verkrüppelt, aber er wollte keines seiner eigenen kostbaren Augen verlieren. Er drückte Knöpfe und zog einen Hebel, und plötzlich waren sie in Bewegung. Die Sirene heulte, und der Revolvermann sah rote Lichtreflexe über die Haube der Kutsche flimmern.

Fahr schnell, befahl der Revolvermann grimmig.

9

Trotz Sirene und Blinklicht, und obwohl Jack Mort ständig auf die Hupe drückte, brauchten sie im Feierabendverkehr zwanzig Minuten, bis sie Greenwich Village erreicht hatten. In der Welt des Revolvermanns brachen Eddies Hoffnungen wie ein Damm unter einer Sturmflut. Bald sollten sie vollkommen dahin sein.

Das Meer hatte die halbe Sonne verschlungen.

Nun, sagte Jack Mort, *wir sind da.* Er sagte die Wahrheit (er hätte auch nicht lügen können), obwohl für Roland hier alles wie überall sonst aussah: erstickende Gebäude, Menschen und Kutschen. Die Kutschen erstickten nicht nur die Straßen, sondern auch die Luft selbst – mit ihrem endlosen Dröhnen und ihren stinkenden Ausdünstungen. Sie stammten, vermutete er, vom Treibstoff, den sie verbrannten. Es war ein Wunder, daß diese Menschen überhaupt leben und die Frauen Kinder gebären konnten, die keine Monster waren, so wie die Langsamen Mutanten unter den Bergen.

Wohin gehen wir jetzt? fragte Jack Mort.

Jetzt kam der schwierige Teil. Der Revolvermann machte sich bereit – jedenfalls so bereit, wie er konnte.

Schalte Sirene und Licht aus. Halt am Straßenrand an.

Mort parkte den Streifenwagen vor einem Hydranten.

In dieser Stadt gibt es unterirdische Eisenbahnen, sagte der Revolvermann. *Ich möchte, daß du mich zu einer Haltestelle bringst, wo diese Züge anhalten und Passagiere ein- und aussteigen lassen.*

Welche? fragte Mort. Der Gedanke war mit der geistigen Farbe von Panik getönt. Mort konnte nichts vor Roland verheimlichen, und Roland konnte nichts vor Mort verheimlichen – jedenfalls nicht lange.

Vor ein paar Jahren – ich weiß nicht, wie vielen – hast du eine junge

Frau in einer dieser unterirdischen Haltestellen vor einen Zug geworfen. Dorthin sollst du mich bringen.

Das löste einen kurzen, heftigen Kampf aus. Der Revolvermann siegte, aber es fiel ihm überraschend schwer. Jack Mort war auf seine Weise ebenso zweigeteilt wie Odetta. Er war nicht schizophren, so wie sie; er wußte ganz genau, was er von Zeit zu Zeit tat. Aber er hielt sein heimliches Selbst – den Teil von ihm, der der Mörder war – sorgfältig verborgen, so wie ein Betrüger seine heimliche Beute versteckt halten muß.

Bring mich dorthin, Hund, wiederholte der Revolvermann. Er hob langsam den Daumen vor Morts rechtes Auge. Er war weniger als zwei Zentimeter davon entfernt und bewegte sich immer noch, als Mort aufgab.

Morts rechte Hand bewegte wieder den Hebel am Lenkrad, und dann fuhren sie in Richtung der Haltestelle Christopher Street, wo drei Jahre zuvor der legendäre A-Zug die Beine einer Frau namens Odetta Holmes abgerissen hatte.

10

»Nun sieh sich einer das an«, sagte der Streifenpolizist Andrew Staunton zu *seinem* Partner, Norris Weaver, als Delevans und O'Mearahs weißblauer Streifenwagen einen halben Block entfernt zum Stillstand kam. Es gab keine Parkplätze, und der Fahrer machte sich auch gar nicht erst die Mühe, einen zu suchen. Er hielt einfach in zweiter Reihe und ließ den Verkehrsstrom hinter sich mühsam Zentimeter für Zentimeter durch das verbliebene Nadelöhr kriechen, gleich einem Blutstrom, der versucht, ein hoffnungslos von Cholesterol verstopftes Herz zu beliefern.

Weaver überprüfte die Nummer auf der rechten Seite neben dem Frontscheinwerfer. 744. Ja, das war die Nummer, die sie über Funk bekommen hatten, richtig.

Das Blinklicht war an, und alles sah koscher aus – bis die Tür aufging und der Fahrer herauskam. Er hatte durchaus einen blauen Anzug an, aber keinen mit goldenen Knöpfen und einem silbernen Abzeichen. Auch seine Schuhe stammten nicht aus dem Polizeibestand, es sei denn, Staunton und Weaver hätten das Rundschreiben nicht bekommen, daß die Dienstschuhe künftig von Gucci geliefert werden würden. Das schien unwahrscheinlich. Wahrscheinlicher schien, daß dies der Dreckskerl war, der die Polizisten in der Stadt überrumpelt hatte. Er stieg aus und achtete nicht auf das Hupen und Protestieren der Fahrer, die versuchten, an ihm vorbeizukommen.

»Gottverdammt«, hauchte Andy Staunton.

Nur mit äußerster Vorsicht nähern, hatten sie über Funk gesagt. *Der Mann ist bewaffnet und* extrem *gefährlich.* Funker hörten sich normalerweise wie die gelangweiltesten Menschen auf Erden an – waren sie auch, soweit Andy Staunton wußte –, aber die beinahe ehrfürchtige Art, wie dieser das Wort *extrem* betont hatte, hatte sich ihm wie ein Bohrer eingebrannt.

Er zog zum erstenmal in den vier Jahren bei der Streife seine Waffe und sah Weaver an. Weaver hatte ebenfalls gezogen. Die beiden standen etwa dreißig Schritte von der IRT-Treppe entfernt vor einem Feinkostladen. Sie kannten einander schon lange genug, daß sie auf eine Weise aufeinander eingestimmt waren, wie dies nur bei Polizisten und Soldaten der Fall ist. Sie traten ohne ein gesprochenes Wort in die Einfahrt des Delikatessengeschäfts und hielten die Pistolen hoch.

»U-Bahn?« fragte Weaver.

»Ja.« Andy warf einen kurzen Blick auf den Eingang. Die Stoßzeit hatte ihren Höhepunkt erreicht, die Treppe war dicht gedrängt mit Leuten, die zu den Zügen wollten. »Wir müssen ihn sofort erwischen, bevor er in die Nähe der Menge kommen kann.«

»Dann los.«

Sie traten in völliger Übereinstimmung aus der Einfahrt hervor, Revolvermänner, die Roland sofort als gefährlicher als die ersten beiden erkannt haben würde. Zunächst einmal waren sie jünger; und obwohl er es nicht wußte, hatte ihn ein unbekannter Funker als *extrem gefährlich* eingestuft, und das machte ihn für Andy Staunton und Norris Weaver zum Äquivalent eines wilden Tigers. *Wenn er nicht in dem Augenblick stehen bleibt, wenn ich es ihm sage, ist er tot*, dachte Andy.

»*Stehenbleiben!*« schrie er und sackte mit vor sich ausgestreckter

Waffe in eine kauernde Haltung. Weaver neben ihm hatte dasselbe getan. »Polizei! *Nehmen Sie die Hände an den Ko . . .*«

Weiter kam er nicht, bevor der Mann zur IRT-Treppe lief. Er bewegte sich mit einer plötzlichen Geschwindigkeit, die unheimlich war. Dennoch war Andy Staunton gespannt und sämtliche Knöpfe in ihm auf Höchstleistung gestellt. Er wirbelte auf den Absätzen nach rechts und spürte, wie sich ein Mantel emotionsloser Kälte über ihn senkte – auch das wäre Roland bekannt gewesen. Er hatte es in ähnlichen Situation selbst schon oft verspürt.

Andy folgte der laufenden Gestalt ein Stück, dann drückte er mit seiner 38er ab. Er sah, wie der Mann im blauen Anzug herumwirbelte und versuchte, auf den Beinen zu bleiben. Dann stürzte er auf den Gehweg während Pendler, die sich noch vor Sekunden einzig darauf konzentriert hatten, eine weitere Heimfahrt mit der U-Bahn zu überleben, schrien und auseinanderstoben wie eine verschreckte Herde. Sie hatten festgestellt, daß es heute abend mehr als nur den Nachhausezug zu überleben galt.

»Heilige Kacke, Partner«, hauchte Norris Wheaver, »du hast ihn weggepustet.«

»Ich weiß«, sagte Andy. Seiner Stimme merkte man keine Unsicherheit an. Das hätte der Revolvermann bewundert. »Gehen wir nachsehen, wer er war.«

11

Ich bin tot! kreischte Jack Mort. *Ich bin tot, du bist schuld, daß ich ermordet wurde, ich bin tot, ich . . .*

Nein, antwortete der Revolvermann. Er sah aus zusammengekniffenen Augen, wie die Polizisten näherkamen; sie hatten die Pistolen immer noch gezückt. Jünger und schneller als die, die vor dem Waffenladen geparkt hatten. Schneller. Und wenigstens einer von ihnen war ein verdammt guter Schütze. Mort – und Roland mit ihm – hätte tot sein, im Sterben liegen oder zumindest ernsthaft verletzt sein *sollen*. Andy Staunton hatte geschossen, um zu töten, und seine Kugel hatte sich durch den linken Aufschlag von Morts Mantel gebohrt. Ebenso hatte sie sich durch die Brusttasche von

Morts Arrow-Hemd gebohrt – aber weiter war sie nicht gekommen. Das Leben beider Männer – des äußeren wie des inneren – war von Morts Feuerzeug gerettet worden.

Mort rauchte nicht, aber sein Boß – Mort hatte darauf vertraut, daß er nächstes Jahr um diese Zeit selbst dessen Job haben würde – rauchte. Daher hatte Mort ein Dunhill-Feuerzeug für zweihundert Dollar gekauft. Er zündete nicht jede Zigarette an, die sich Mr. Framingham in die Klappe steckte – dann hätte er zu sehr wie ein Arschkriecher ausgesehen. Nur ab und zu einmal... und normalerweise dann, wenn ein noch größeres Tier dabei war, jemand, der a) Jack Morts stille Höflichkeit und b) Jack Morts guten Geschmack zu schätzen wissen würde.

Fleißige Bienen dachten eben an alles.

Diesmal rettete ihm das sein Leben – und das von Roland. Stauntons Kugel zertrümmerte das silberne Feuerzeug anstatt Morts Herz.

Er war natürlich trotzdem verletzt. Wenn man von einem großkalibrigen Geschoß getroffen wurde, gab es keine Freifahrt. Das Feuerzeug wurde so heftig gegen seine Brust gepreßt, daß ein Hohlraum entstand. Es wurde flachgedrückt und platzte dann auseinander, wobei es flache Splitter in Morts Haut drückte; ein Schrapnellsplitter schnitt Morts Brustwarze beinahe auseinander. Die heiße Kugel entzündete darüber hinaus das Gas des Feuerzeugs. Dennoch lag der Revolvermann völlig still, während sie näherkamen. Derjenige, der nicht geschossen hatte, sagte den Passanten, sie sollten zurückbleiben, einfach zurückbleiben, Gottverdammt.

Ich brenne! kreischte Mort. *Ich brenne, mach es aus! Mach es aus! MACH ES AUUUUUUUU...*

Der Revolvermann lag still, lauschte dem Knirschen der Schuhe der Revolvermänner auf dem Boden, achtete nicht auf Morts Schreie, *versuchte*, nicht auf die Kohle zu achten, die plötzlich an seiner Brust glühte, und auf den Geruch von verbranntem Fleisch.

Ein Fuß glitt unter seinen Brustkasten, und als er angehoben wurde, ließ sich der Revolvermann schlapp auf den Rücken fallen. Jack Morts Augen waren offen. Sein Gesicht war schlaff. Trotz der zertrümmerten, brennenden Überreste des Feuerzeugs war nichts von dem schreienden Mann in seinem Inneren zu merken.

»Großer Gott«, rief jemand, »haben Sie ihn mit einem Phosphor-
geschoß abgeknallt, Mann?«

Rauch quoll aus dem Loch im Mantel von Jack Mort, eine fein
säuberliche Säule. Am Rand des Kragens kam er in unregelmäßige-
ren Schwaden hervor.

Die Polizisten konnten verbranntes Fleisch riechen, als das mit
Ronson-Feuerzeugbenzin gefüllte Innere des Feuerzeugs wirklich
zu lodern anfing.

Andy Staunton, der sich bisher vorbildlich verhalten hatte,
machte jetzt seinen einzigen Fehler, einen, für den Cort ihn trotz
seiner vorherigen bravourösen Leistungen mit einem schmerzenden Ohr heimgeschickt und ihm mit auf den Weg gegeben haben
würde, daß ein Fehler meistens ausreichte, den vorzeitigen Tod
herbeizuführen. Staunton war in der Lage gewesen, den Mann zu
erschießen – etwas, das kein Polizist wirklich weiß, bis er in eine Situation gerät, in der er es herausfinden muß –, aber die Vorstellung,
daß seine Kugel den Mann irgendwie *in Brand gesteckt* haben
könnte, erfüllte ihn mit unglaublichem Entsetzen. Daher beugte er
sich ohne nachzudenken nach vorne, um es auszumachen, und die
Füße des Revolvermanns traten ihm in den Bauch, bevor er noch
Zeit gehabt hatte, mehr zu tun als den lebhaften Ausdruck der Augen wahrzunehmen, die eben noch, worauf er jeden Eid geschworen hätte, tot gewesen waren.

Staunton flog mit rudernden Armen gegen seinen Partner. Die
Pistole fiel ihm aus der Hand. Wheaver hielt seine eigene fest, aber
als er sich endlich von Staunton freigemacht hatte, hörte er einen
Schuß und seine Pistole war wie durch Zauberei verschwunden.

Die Hand, mit der er sie eben noch gehalten hatte, fühlte sich
taub an, als hätte sie einen Schlag mit einem sehr großen Hammer
abbekommen.

Der Bursche im blauen Anzug stand auf, sah sie einen Augenblick an und sagte: »Ihr seid gut. Besser als die anderen. Daher will
ich euch einen Rat geben. Folgt mir nicht. Es ist fast vorbei. Ich will
nicht gezwungen sein, euch umzubringen.«

Dann wirbelte er herum und lief zur U-Bahn-Treppe.

12

Die Treppe war voller Menschen, die innegehalten hatten und umgekehrt waren, als das Schreien und Schießen anfing, weil sie von der eigentümlich morbiden und irgendwie einzigartigen New Yorker Neugier befallen waren, unbedingt zu sehen, wieviel Blut auf den schmutzigen Beton vergossen worden war. Dennoch fanden sie irgendwie einen Weg, vor dem Mann im blauen Anzug zurückzuweichen, der die Treppe heruntergehastet kam. Das war kein Wunder. Er hatte eine Pistole in der Hand, und eine zweite war um seine Taille geschlungen.

Und außerdem schien er zu brennen.

13

Roland achtete nicht auf Morts zunehmende Schmerzensschreie, als sein Hemd, das Unterhemd und das Jackett heftiger zu brennen anfingen, als das Silber des Feuerzeugs zu schmelzen anfing und in brennenden Rinnsalen von der Brust zum Bauch hinabfloß.

Er konnte schmutzige, bewegte Luft riechen, hörte das Dröhnen eines einfahrenden Zuges.

Die Zeit war fast gekommen; der Augenblick war beinahe da, der Augenblick, da er die Drei auserwählen oder alles verlieren würde. Zum zweitenmal schien er Welten um seinen Kopf kreisen und erbeben zu spüren.

Er erreichte die Ebene der Bahnsteige und warf die 38er fort. Er machte den Knopf von Jack Morts Hose auf und ließ sie achtlos hinunterrutschen, so daß eine Unterhose zum Vorschein kam, die wie das Höschen einer Hure aussah. Er hatte keine Zeit, über diese Besonderheit nachzudenken. Wenn er sich nicht beeilte, mußte er sich keine Sorgen mehr machen, bei lebendigem Leib zu verbrennen; die Patronen, die er gekauft hatte, würden so heiß werden, daß sie losgingen, und dieser Körper würde schlicht und einfach explodieren.

Der Revolvermann steckte die Schachteln mit den Patronen in die Unterwäsche, nahm die Flasche Keflex heraus und machte damit dasselbe. Jetzt waren die Unterhosen grotesk ausgebeult. Er streifte das brennende Jackett ab, machte sich aber nicht die Mühe, das brennende Hemd auszuziehen.

Er konnte den Zug in die Haltestelle dröhnen hören, konnte seine Lichter sehen. Er konnte nicht wissen, ob es ein Zug war, der dieselbe Richtung fuhr wie der, der Odetta überfahren hatte, und dennoch *wußte* er es. Was den Turm anbetraf, so war das Schicksal so gütig wie das Feuerzeug, welches sein Leben gerettet hatte, und so schmerzhaft wie das Feuer, das das Wunder entzündet hatte. Es folgte, gleich den Rädern des heranbrausenden Zuges, einem Kurs, der logisch und zerschmetternd brutal war, einem Kurs, gegen den nur Stahl und Liebreiz bestehen konnten.

Er zog Morts Hosen hoch und fing an zu laufen, und er bemerkte die Menschen kaum, die sich aus seinem Weg warfen. Das Feuer, das jetzt mehr Luft hatte, erfaßte zuerst den Hemdkragen und dann sein Haar. Die schweren Schachteln in Morts Unterwäsche schlugen ihm dauernd gegen die Eier und quetschten sie; unerträgliche Schmerzen machten sich in seinem Unterleib breit. Er sprang auf das Drehkreuz, ein Mann, der zum Meteor wurde. *Lösch* mich! schrie Mort. *Lösch mich, bevor ich verbrenne!*

Du solltest verbrennen, dachte der Revolvermann grimmig. *Was mit dir geschehen wird, ist barmherziger, als du es verdienst.*

Was meinst du damit? WAS MEINST DU DAMIT?

Der Revolvermann antwortete nicht; er schaltete ihn sogar völlig ab, während er zum Rand des Bahnsteigs lief. Er spürte, wie eine der Munitionsschachteln aus Morts albernem Höschen zu rutschen drohte und hielt sie mit einer Hand fest.

Er schickte jeden Funken seiner Geisteskraft zur Herrin. Er hatte keine Ahnung, ob ein solcher telepathischer Befehl gehört werden oder ob der, der ihn hörte, zum Gehorchen gezwungen werden konnte, aber er schickte ihn trotzdem los, einen schnellen, scharfen Gedankenpfeil:

DIE TÜR! SCHAU IN DIE TÜR! JETZT! JETZT!

Das Donnern des Zuges füllte seine Welt aus. Eine Frau schrie: »*O mein Gott, er wird springen!*« Eine Hand schlug ihm auf die Schulter und versuchte, ihn zurückzureißen. Dann stieß Roland den Körper von Jack Mort über die gelbe Warnlinie und kippte über den Rand des Bahnsteigs. Er kippte mit auf die Lenden gepreßten Händen vor den einfahrenden Zug; er hielt das Gepäck, das er mitbringen würde... das hieß, wenn er schnell genug war, genau im richtigen Augenblick aus Mort zu entkommen. Während er fiel, rief er wieder nach ihr – *ihnen:*

ODETTA HOLMES! DETTA WALKER! SEHT HER!

Während er rief, während der Zug auf ihn zuraste, dessen Räder sich mit gnadenloser silberner Geschwindigkeit drehten, drehte der Revolvermann endlich den Kopf und sah durch die Tür.

Und direkt in ihr Gesicht.

Gesichter! Beide, ich sehe sie beide gleichzeitg.

NEEEEE...! kreischte Mort, und im letzten Sekundenbruchteil, bevor ihn der Zug überfuhr und nicht über den Knien, sondern oberhalb der Hüfte in zwei Hälften schnitt, schnellte Roland zur Tür... und hindurch.

Jack Mort starb alleine.

Die Munitionsschachteln und die Flasche Keflex erschienen neben Rolands leiblichem Körper. Seine Hände verkrampften sich konvulsivisch um sie und entspannten sich dann. Der Revolvermann richtete sich auf, er spürte, daß er sich wieder in seinem kranken, pulsierenden Körper befand, hörte, daß Eddie schrie, hörte Odetta mit zwei Stimmen schreien. Er sah hin – nur einen Augenblick – und sah genau das, was er hörte: nicht eine Frau, sondern zwei. Beide hatten keine Beine, beide waren dunkelhäutig beide waren von außerordentlicher Schönheit. Dennoch war eine davon eine Hexe, deren innere Häßlichkeit von der äußeren Schönheit nicht verborgen, sondern sogar noch verstärkt wurde.

Roland sah die Zwillinge an, die eigentlich gar keine Zwillinge waren, sondern negative und positive Abbilder derselben Frau. Er betrachtete sie mit fiebriger, hypnotischer Intensität.

Dann schrie Eddie wieder, und der Revolvermann sah die Monsterhummer aus dem Wasser kommen und auf die Stelle zukriechen, wo Detta ihn gefesselt und hilflos hatte liegen lassen.

Die Sonne war untergegangen. Die Dunkelheit war da.

14

Detta sah sich in der Tür, sah sich selbst durch ihre Augen, sah sich durch die Augen des *Revolvermanns*, und ihr Gefühl der Verwirrung war ebenso plötzlich wie das von Eddie, aber viel heftiger.

Sie war da.

Sie war da, in den Augen des Revolvermanns.

Sie hörte den heranbrausenden Zug.

Odetta! schrie sie, und plötzlich verstand sie alles: Was sie war und wann und warum es geschehen war.

Detta! schrie sie, und plötzlich verstand sie alles: Was sie war und wer es getan hatte.

Ein kurzes Gefühl, als würde ihr Innerstes nach außen gekehrt... und dann ein ungleich schmerzhafteres.

Sie wurde in Stücke gerissen.

15

Roland schlurfte den kurzen Hang hinab zu der Stelle, wo Eddie lag. Er bewegte sich wie ein Mann, der seine Knochen verloren hat. Eines der Hummerwesen schnappte nach Eddies Gesicht. Eddie schrie. Der Revolvermann trat es weg. Er bückte sich wie verrostet und packte Eddies Arme. Er zog ihn zurück, aber es war zu spät, seine Kräfte waren zu gering, sie würden Eddie bekommen, sie würden *sie beide* bekommen...

Eddie schrie erneut, als einer der Monsterhummer ihn fragte:

Did-a-chick? und dann ein Stück von seiner Hose abriß, zusammen mit einem Stück Fleisch. Eddie versuchte noch einen Schrei, aber es kam nur ein ersticktes Röcheln dabei heraus. Er erstickte in Dettas Knoten.

Die Biester waren rings um sie herum, umzingelten sie, ihre Scheren klapperten erwartungsvoll. Der Revolvermann legte all seine Kraft in eine allerletzte Anstrengung... und stolperte nach hinten. Er hörte sie kommen, mit ihren höllischen Fragen und mahlenden Kiefern. Vielleicht war es gar nicht so schlimm, dachte er. Er hatte alles gesetzt, und jetzt würde er alles verlieren.

Das Donnern seiner eigenen Pistolen erfüllte ihn mit dumpfer Verwunderung.

16

Die beiden Frauen lagen Gesicht bei Gesicht, ihre Körper waren wie die von Schlangen kurz vor dem Biß erhoben, Finger mit identischen Abdrücken waren um Hälse mit identischen Falten verkrampft.

Die Frau versuchte, sie zu töten, aber die Frau war nicht real, ebensowenig wie das Mädchen real gewesen war; sie war ein Traum, den ein herunterfallender Backstein geschaffen hatte ... aber jetzt war der Traum Wirklichkeit geworden, und der Traum krallte nach ihrem Hals und versuchte, sie umzubringen, während der Revolvermann versuchte, ihren Freund zu retten. Der Gestalt gewordene Traum kreischte und schrie Obszönitäten und regnete heißen Speichel in ihr Gesicht. »Ich habe den blauen Teller genommen, weil mich diese Frau ins Krankenhaus gebracht hat und weil ich keinen besonderen Teller bekommen habe, und ich habe ihn kaputtgemacht, weil er kaputtgemacht werden mußte, und wenn ich einen weißen Jungen sah, den ich kaputtmachen konnte, dann habe ich ihn auch kaputtgemacht. Ich habe den weißen Jungs weh getan, weil es notwendig war, daß ihnen weh getan wurde. Ich habe in den Geschäften gestohlen, die nur Sachen verkaufen, die etwas Besonderes sind, und nur an Weiße, während die Brüder und Schwestern in Harlem hungrig hausen und die Ratten ihre Kinder fressen; ich bin diejenige, du Miststück, ich bin diejenige, ich ... ich ... ich!

Bring sie um, dachte Odetta und wußte, daß sie es nicht konnte.

Sie konnte die Hexe ebensowenig umbringen und überleben, wie die Hexe sie umbringen und davonkommen konnte. Sie konnten einander zu Tode würgen, während Eddie und derjenige,

(Roland)/(Wirklich Böse Mann)

der sie gerufen hatte, dort unten bei lebendigem Leib gefressen wurden. Das wäre das Ende von ihnen allen. Oder sie konnte

(lieben)/(hassen)

loslassen.

Odetta ließ Dettas Hals los, achtete nicht auf die begierigen Hände, die sie würgten und ihre Luftröhre zusammendrückten.

Anstatt die andere mit ihren eigenen Händen zu erwürgen, umarmte sie sie.

»*Nein, Miststück!*« kreischte Detta, aber ihr Schrei war unendlich komplex, haßerfüllt und dankbar zugleich. »*Nein, laß mich in Ruhe, laß mich einfach in Ruhe*...«

Odetta hatte keine Stimme, mit der sie antworten konnte. Als Roland den ersten angreifenden Monsterhummer fortkickte, und als sich der zweite anschickte, von Eddies Arm zu speisen, konnte sie der Hexenfrau nur ins Ohr flüstern: »*Ich liebe dich.*«

Die Hände formten einen Augenblick eine tödliche Schlinge... dann entspannten sie sich.

Waren verschwunden.

Ihr Innerstes wurde wieder nach außen gekehrt... und dann war sie plötzlich, ein *Segen*, wieder heil. Zum erstenmal, seit ein Mann namens Jack Mort einen Backstein auf den Kopf eines kleinen Mädchens geworfen hatte, das nur dort gewesen war, weil ein weißer Taxifahrer nach einem Blick weitergefahren war (und hatte ihr Vater in seinem Stolz sich nicht geweigert, es ein zweites Mal zu versuchen, weil er Angst vor einer zweiten Zurückweisung gehabt hatte?), war sie wieder *heil*. Sie war Odetta Holmes, aber die andere...?

Beeil dich, Hure! schrie Detta... aber es war immer noch ihre eigene Stimme; sie und Detta waren miteinander verschmolzen. Sie war eine gewesen, sie war zwei gewesen, und jetzt hatte der Revolvermann die dritte in ihr auserwählt. *Beeil dich, oder sie werden gefressen!*

Sie sah die Patronen an. Keine Zeit, sie zu benützen. Bis sie sie geladen hatte, würde es vorbei sein. Sie konnte nur hoffen.

Aber gibt es etwas anderes? fragte sie sich selbst und drückte ab. Und plötzlich strömte Donner aus ihren braunen Händen.

17

Eddie sah einen der Monsterhummer über seinem Gesicht aufragen, die Stielaugen waren tot und funkelten doch vor bösartigem Leben. Die Scheren näherten sich seinem Gesicht.

Dod-a... begann er, und dann wurde er in Fetzen zurückge-
schleudert.

Roland sah einen auf seine rudernde linke Hand zukriechen und
dachte: *Fort ist die andere Hand...* und dann war der Monsterhummer nur noch Schalentrümmer und grüne Eingeweide, die in die
dunkle Luft davonflogen.

Er drehte sich um und sah eine Frau, deren Schönheit atembe-
raubend war und deren Wut einem das Herz gefrieren lassen
konnte.

»*KOMMT SCHON, WICHSAH!*« schrie sie. »*KOMMT NUR HER!
KOMMT NUR ZU IHNEN! ICH WERD EUCH'E AUGEN DURCH
DE VERDAMMTEN ARSCHLÖCHER RAUSPUSTEN!*«

Sie erledigte einen dritten, der emsig zwischen Eddies gespreizte
Beine krabbelte und ihn gleichzeitig verspeisen und kastrieren
wollte.

Er flog wie ein Flohhüpfmännchen fort.

Roland hatte vermutet, daß sie über eine rudimentäre Intelligenz
verfügten, jetzt sah er den Beweis dafür.

Die anderen wichen zurück.

Der Hahn des Revolvers schlug auf eine Lusche, und dann pustete sie eines der verbliebenen Monster in Stücke.

Die anderen liefen noch schneller zum Wasser zurück. Es schien,
als hätten sie ihren Appetit verloren.

Derweil erstickte Eddie.

Roland machte sich an dem Seil zu schaffen, das eine tiefe Furche
in seinen Hals schnitt. Er konnte sehen, wie Eddies Gesicht sich
langsam von purpur zu schwarz verfärbte. Eddies Bewegungen
wurden immer schwächer.

Dann wurden seine Hände von kräftigeren weggestoßen.

»Ich kümmere mich darum.« Sie hatte ein Messer in der Hand...
sein Messer.

Kümmere mich worum? dachte er, während sein Bewußtsein
schwand. *Worum kümmerst du dich, wo wir jetzt beide deiner Gnade aus-
geliefert sind?*

»Wer bist du?« fragte er heiser, während sich eine Dunkelheit
schwärzer als die Nacht über ihn senkte.

»Ich bin drei Frauen«, hörte er sie sagen, und es war, als würde
sie vom Rand eines tiefen Brunnens zu ihm sprechen, in den er fiel.

»Ich, die war; ich, die kein Recht zu sein hatte und dennoch war; ich, die Frau, die du gerettet hast.

Ich danke dir, Revolvermann.«

Sie küßte ihn, das wußte Roland noch, aber danach kannte Roland lange Zeit nur noch Dunkelheit.

Letztes Mischen

Letztes Mischen

1

Zum erstenmal seit scheinbar tausend Jahren dachte der Revolvermann nicht an den Dunklen Turm. Er dachte nur an den Hirsch, der zum Teich auf der Lichtung im Wald heruntergekommen war.

Er zielte mit der linken Hand über den umgestürzten Baumstamm.

Fleisch, dachte er und feuerte, während ihm warmer Speichel in den Mund schoß.

Verfehlt, dachte er in dem Sekundenbruchteil nach dem Schuß. *Dahin. Meine Fähigkeit... dahin.*

Der Hirsch brach tot am Rand des Teichs zusammen.

Bald würde der Gedanke an den Turm ihn wieder erfüllen, aber vorerst dankte er nur allen Göttern, die existieren mochten, daß er noch zielen konnte, und er dachte an Fleisch, an Fleisch, an Fleisch. Er steckte den Revolver wieder in den Halfter – den einzigen, den er jetzt trug – und stieg über den Baumstamm, hinter dem er geduldig gelegen hatte, während der Spätnachmittag in die Dämmerung übergegangen war, und auf etwas wartete, das groß genug zum Essen sein würde.

Ich werde gesund, dachte er voller Staunen, während er das Messer zog. *Ich werde wirklich gesund.*

Er sah die Frau nicht, die hinter ihm stand und ihn mit abschätzenden braunen Augen betrachtete.

Im Anschluß an die Konfrontation am Ende des Strandes hatten sie ausschließlich Hummerfleisch gegessen und brackiges Bachwasser getrunken. Roland konnte sich kaum an diese Zeit erinnern; er war tobend im Delirium gewesen. Manchmal nannte er Eddie Alain, manchmal Cuthbert, und die Frau nannte er immer Susan.

Sein Fieber ließ allmählich nach, und sie begannen den mühsamen Weg in die Berge. Eddie schob die Frau manchmal im Rollstuhl, und manchmal schob er Roland darin, während er sie huckepacktrug, ihre Arme fest um seinen Nacken geschlungen. Meistens ließ der Weg es aber nicht zu, daß einer von beiden fuhr, und das erschwerte das Vorankommen. Roland wußte, wie erschöpft Eddie war.

Die Frau wußte es auch, aber Eddie beschwerte sich nie.

Sie hatten zu essen; in den Tagen, als Roland zwischen Leben und Tod im Fieber lag und von längst toten Personen und längst vergangenen Zeiten sprach, töteten Eddie und die Frau immer und immer und immer wieder. Allmählich hielten sich die Monsterhummer von ihrem Strandabschnitt fern, aber da hatten sie schon genügend Fleisch, und als sie endlich in ein Gebiet kamen, wo Obst und Pflanzen wuchsen, aßen sie alle drei heißhungrig davon. Sie hungerten nach Gemüse. Und die wunden Stellen auf ihrer Haut verschwanden eine nach der anderen. Einige der Gräser waren bitter, andere süß, aber sie aßen alles, wie es auch schmeckte... nur einmal nicht.

Der Revolvermann war aus einem ermüdeten Schlummer erwacht und hatte gesehen, wie die Frau an einem Büschel Gras zog, das er nur zu gut kannte.

»Nein! Nicht das!« krächzte er. »Niemals das! Merk es dir und vergiß es nicht! Niemals davon!«

Sie sah ihn lange an, dann ließ sie, ohne eine Erklärung zu verlangen, davon ab.

Der Revolvermann lehnte sich zurück, und ihm war kalt, so knapp war es gewesen. Einige der anderen Pflanzen mochten sie töten, aber was die Frau gepflückt hatte, würde sie verdammen. Es war Teufelsgras gewesen.

Das Keflex hatte Explosionen in seinen Eingeweiden bewirkt,

und er wußte, Eddie hatte sich deswegen Sorgen gemacht, aber die Pflanzen, die er gegessen hatte, hatten das schließlich beseitigt.

Schließlich hatten sie den echten Wald erreicht, und das Geräusch des Westlichen Meeres wurde zu einem dumpfen Dröhnen, das sie nur noch hören konnten, wenn der Wind günstig stand.

Und jetzt... *Fleisch.*

3

Der Revolvermann kam zu dem Hirsch und versuchte, ihn mit dem Messer auszuweiden, das er zwischen dem dritten und vierten Finger seiner rechten Hand hielt. Ging nicht. Seine Finger waren nicht kräftig genug. Er wechselte das Messer in die linke Hand und schaffte einen ungeschickten Schnitt von den Lenden des Hirschs bis zu seiner Brust. Das Messer ließ das dampfende Blut herausfließen, bevor es im Fleisch gerinnen und es verderben konnte... aber es war dennoch ein schlechter Schnitt. Ein kleines Kind hätte ihn besser machen können.

Du wirst lernen müssen, schlau zu sein, sagte er zu seiner linken Hand und machte sich bereit, noch einmal zu schneiden, tiefer.

Zwei braune Hände schlossen sich über seiner und nahmen das Messer.

Roland drehte sich um.

»Ich werde es tun«, sagte Susannah.

»Hast du es je getan?«

»Nein, aber du wirst mir sagen, wie.«

»Gut.«

»Fleisch«, sagte sie und lächelte ihn an.

»Ja«, sagte er und lächelte auch. »Fleisch.«

»Was ist los?« rief Eddie. »Ich habe einen Schuß gehört.«

»Vorbereitungen fürs Erntedankfest!« rief sie zurück. »Komm her und hilf uns!«

Später aßen sie wie zwei Könige und eine Königin, und als der Revolvermann eindöste und zu den Sternen aufsah und die kühle Reinheit der Hochlandluft roch, dachte er, daß er endlich, seit zu vielen Jahren, wieder einmal der Zufriedenheit nahe war.

Er schlief.
Und träumte.

4

Es war der Turm. Der Dunkle Turm.

Er stand am fernen Ende einer Ebene, die im brutalen Licht einer sterbenden Sonne die Farbe von Blut hatte. Er konnte die Treppe nicht sehen, die spiralförmig nach oben führte, immer weiter hinauf innerhalb der Hülle aus Stein, aber er konnte die Fenster sehen, die sich an dieser Treppe entlang erstreckten, und er sah die Geister aller Menschen, die er je gekannt hatte, an ihnen vorübergehen. Immer weiter gingen sie hinauf, und ein heftiger Wind trug den Klang von Stimmen zu ihm, die seinen Namen riefen.

Roland ... komm ... Roland ... komm ... komm ... komm ...

»Ich komme«, flüsterte er, und als er erwachte, saß er kerzengerade aufrecht und schwitzte und zitterte, als wäre das Fieber immer noch in seinem Körner.

»Roland?«

Eddie.

»Ja?«

»Schlechter Traum?«

»Schlecht. Gut. *Dunkel.*«

»Der Turm?«

»Ja.«

Sie sahen zu Susannah, doch die schlief ungestört weiter. Einst hatte eine Frau mit Namen Odetta Susannah Holmes existiert; später eine Frau mit Namen Detta Susannah Walker. Jetzt gab es eine dritte: Susannah Dean.

Roland liebte sie, weil sie kämpfen und niemals aufgeben würde; er hatte Angst um sie, weil er wußte, er würde sie opfern – und Eddie –, ohne eine Frage oder einen Blick zurück.

Für den Turm.

Den gottverdammten Turm.

Den gottverdammten Dunklen Turm.

»Zeit für eine Tablette«, sagte Eddie.

»Ich will sie nicht mehr.« »Nimm sie und sei still.«

Roland schluckte sie mit einem Schluck kalten Wassers aus einem der Schläuche, dann rülpste er. Es machte ihm nichts aus. Es war ein *fleischiger* Rülpser.

Eddie fragte: »Weißt du, wohin wir gehen?«

»Zum Turm.«

»Nun, schon«, sagte Eddie, »aber das ist, als würde ein Dummkopf aus Texas sagen, daß er ohne Karte nach Achin' Asshole, Alaska, geht. Wo ist er? In welcher Richtung?«

»Bring mir meine Tasche.«

Eddie gehorchte. Susannah regte sich, und Eddie hielt inne; sein Gesicht bestand im erlöschenden Licht des Lagerfeuers aus roten Flächen und schwarzen Ebenen. Als sie wieder ruhig schlief, kam er zu Roland zurück.

Roland kramte in der Tasche, in der jetzt schwer die Patronen aus der anderen Welt lagen. Es dauerte nicht lange, und er hatte in dem, was ihm noch von seinem Leben verblieben war, gefunden, was er suchte.

Den Kieferknochen.

Den Kieferknochen des Mannes in Schwarz.

»Wir werden eine Weile hier bleiben«, sagte er. »Und ich werde wieder gesund werden.«

»Weißt du, wann das sein wird?«

Roland lächelte ein wenig. Das Zittern ließ nach, der Schweiß trocknete in der kühlen Nachtluft. Aber in Gedanken sah er immer noch die Gestalten, die Ritter und Freunde und Geliebten und Feinde alter Zeiten, die immer nach oben gingen, die er flüchtig in den Fenstern gesehen hatte, ehe sie verschwunden waren; er sah den Schatten des Turms, in dem sie gefangen waren, schwarz und lang und gnadenlos über eine Ebene des Blutes und des Todes und der unbarmherzigen Prüfungen fallen.

»*Ich* nicht«, sagte er und nickte zu Susannah. »Aber sie wird es wissen.«

»Und dann?«

Roland hielt Walters Kieferknochen hoch. »Der hier hat gesprochen.«

Er sah Eddie an. »Er wird wieder sprechen.«

»Es ist gefährlich.« Eddies Stimme war tonlos.

»Ja.«

»Nicht nur für dich.«

»Nein.«

»Ich liebe sie, Mann.«

»Ja.«

»Wenn du ihr weh tust...«

»Ich werde tun, was ich tun muß«, sagte der Revolvermann. »Und wir sind unwichtig. Ist es so?«

»Ich liebe euch beide.«

Der Revolvermann sah Eddie an, und Eddie stellte fest, daß Rolands Wangen im vergehenden Bernsteinlicht des Lagerfeuers feucht glitzerten.

Der Revolvermann weinte.

»Das beantwortet nicht meine Frage. Du wirst weitermachen, nicht?«

»Ja.«

»Bis zum bitteren Ende.«

»Ja. Bis zum bitteren Ende.«

»Was auch geschieht.« Eddie sah ihn voller Liebe und Haß und voll des schmerzenden Eifers eines Mannes an, der sterbend und hoffnungslos nach dem Verstand, dem Willen und den Bedürfnissen eines anderen Mannes greift.

Der Wind ließ die Bäume stöhnen.

»Du hörst dich an wie Henry, Mann.« Eddie hatte selbst angefangen zu weinen. Er wollte nicht. Er haßte es zu weinen. »Auch er hatte einen Turm, aber der war nicht dunkel. Erinnerst du dich, wie ich dir von Henrys Turm erzählt habe? Wir waren Brüder, und ich schätze, wir waren Revolvermänner. Wir hatten diesen Weißen Turm, und er bat mich auf die einzige Weise, die er konnte, mit ihm dorthin zu gehen. Also habe ich gesattelt, weil er mein Bruder war, kapierst du das? Wir sind auch dort angekommen. Wir haben den Weißen Turm gefunden. Aber er war Gift. Er hat ihn umgebracht. Er hätte mich auch umgebracht. Du hast mich gesehen. Du hast mehr als nur mein Leben gerettet. Du hast meine verfluchte Seele gerettet.«

Eddie hielt Roland und küßte seine Wange. Schmeckte seine Tränen.

»Also? Wieder satteln? Wieder losziehen und auf den Mann warten?«

Der Revolvermann sagte kein Wort.

»Ich meine, wir haben nicht viele Menschen gesehen, aber sie sind irgendwo, und wenn ein Turm im Spiel ist, ist auch ein Mann im Spiel. Und du wartest auf den Mann, weil du den Mann treffen mußt und letztendlich zählt nur das Geld, oder vielleicht sprechen auch die Kugeln und nicht das Geld. Ist es das? Satteln? Den Mann treffen? Denn wenn sich die ganze Scheiße nur wiederholen soll, hättet ihr beiden mich den Hummern überlassen sollen.« Eddie sah ihn mit dunklen Ringen unter den Augen an. »Ich war dreckig, Mann. Und wenn ich etwas herausgefunden habe, dann ist es, daß ich nicht dreckig sterben will.«

»Es ist nicht dasselbe.«

»Nein? Du willst mir sagen, daß du nicht süchtig bist?« Roland sagte nichts.

»Wer wird durch eine verzauberte Tür kommen und *dich* retten, Mann? Weißt du das? *Ich* weiß es. Niemand. Du hast alle auserwählt, die du auserwählen konntest. Von jetzt an hast du keine andere Wahl mehr, als deine verfluchte Pistole zu ziehen, denn mehr hast du nicht mehr. Genau wie Balazar.«

Roland sagte nichts.

»Willst du das einzige wissen, das mich mein Bruder je gelehrt hat?« Seine Stimme war belegt und von Tränen gedämpft.

»Ja«, sagte der Revolvermann. Er beugte sich nach vorne und sah Eddie durchdringend in die Augen.

»Er hat mich gelehrt: Wenn man tötet, was man liebt, ist man verflucht.«

»Ich bin schon verflucht«, sagte Roland ruhig. »Aber vielleicht können selbst die Verfluchten gerettet werden.«

»Wirst du uns alle miteinander umbringen?«

Roland sagte nichts.

Eddie packte die Fetzen von Rolands Hemd. »*Wirst du zulassen, daß sie umgebracht wird?*«

»Früher oder später müssen wir alle sterben«, sagte der Revolvermann. »Nicht nur die Welt dreht sich weiter.« Er sah Eddie unverwandt an, und im erlöschenden Licht waren seine blauen Augen beinahe schieferfarben. »*Aber wir werden unvergleichlich werden.*« Er machte eine Pause. »Es gibt mehr als eine Welt zu erringen, Eddie. Ich würde dich und sie nicht riskieren – ich hätte den Jungen nicht sterben lassen –, wenn das alles wäre.«

»Wovon redest du?«

»Von allem, was existiert«, sagte der Revolvermann ruhig. »Wir werden gehen, Eddie. Wir werden wieder und wieder kämpfen. Wir werden verwundet werden. *Aber am Ende werden wir unseren Mann stehen.*«

Jetzt war es Eddie, der nichts sagte. Ihm fiel nichts ein.

Roland ergriff sanft Eddies Arm. »Sogar die Verfluchten lieben«, sagte er.

5

Schließlich schlief Eddie neben Susannah, der dritten, die der Revolvermann auserwählt hatte, um die Drei zu vervollständigen, aber Roland saß wach und lauschte den Stimmen der Nacht, während der Wind die Tränen auf seinen Wangen trocknete.

Verdammnis?

Erlösung?

Der Turm.

Er würde zum Dunklen Turm kommen, und dort würde er ihre Namen singen; dort würde er ihre Namen singen; dort würde er all ihre Namen singen.

Die Sonne färbte den östlichen Himmel rosa, und endlich schlief auch Roland, der jetzt nicht mehr der letzte Revolvermann war, sondern zu den drei letzten gehörte, und er träumte seine wütenden Träume, durch die sich nur ein einziger roter Faden zog:

Dort werde ich ihre Namen singen!

Nachwort

Hiermit ist das zweite von sechs oder sieben Büchern zu Ende, die zusammen eine lange Geschichte mit dem Titel *Der Dunkle Turm* bilden. Das dritte Buch, *The Waste Lands*, erzählt die Hälfte der Suche von Roland, Eddie und Susannah nach dem Dunklen Turm; das vierte, *Wizard and Glass*, berichtet von einer Verzauberung und einer Verführung, vor allem aber von allem, was Roland widerfuhr, bevor die Leser ihm auf der Spur des Mannes in Schwarz zum erstenmal begegneten.

Meine Überraschung darüber, wie positiv das erste Buch dieser Serie aufgenommen wurde, das ganz anders als die Geschichten ist, für die ich bekannt bin, wird nur noch von meiner Dankbarkeit denen gegenüber übertroffen, die es gelesen haben und denen es gefallen hat. Wissen Sie, dieses Werk scheint mein eigener Turm zu sein; diese Menschen verfolgen mich, allen voran Roland. Weiß ich wirklich, was der Turm ist und was Roland dort erwartet (sollte er ihn erreichen; und Sie müssen sich auf die sehr reale Möglichkeit vorbereiten, daß er nicht derjenige sein wird, dem es gelingt)? Ja... und nein. Ich weiß nur, daß mich die Geschichte über einen Zeitraum von siebzehn Jahren hinweg immer wieder gerufen hat. Dieser längere zweite Band läßt immer noch viele Fragen unbeantwortet, und der Höhepunkt der Geschichte liegt noch in ferner Zukunft, aber ich finde, es ist ein wesentlich in sich abgeschlossenerer Band als der erste.

Und der Turm ist nähergerückt.

Stephen King
1. Dezember 1986

James Herbert

Unheimliche Psychoschocker des englischen Horrorspezialisten von internationalem Rang. James Herbert hat weltweit über 27 Millionen Bücher verkauft!

01/8772

Wilhelm Heyne Verlag
München

HEYNE
BÜCHER

Ridley Pearson

Ridley Pearson schreibt packende, psychologische Spannungs-
romane der Spitzenklasse.

»Ein herausragender neuer Thrillerautor.« Los Angeles Times

Außerdem lieferbar:

Mordfalle
01/8249

01/8668

Wilhelm Heyne Verlag
München